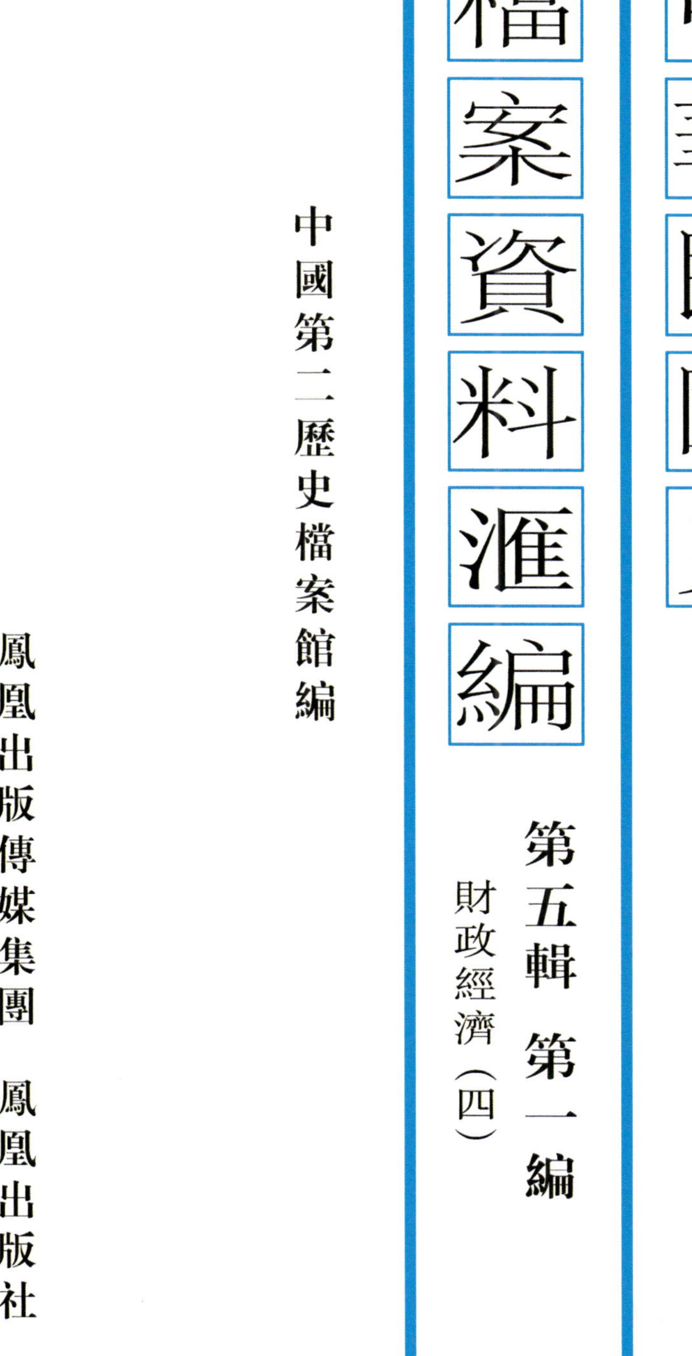

中華民國史檔案資料滙編

第五輯　第一編

財政經濟（四）

中國第二歷史檔案館編

鳳凰出版傳媒集團　鳳凰出版社

目　录

〔五〕金融货币

(一)金融概况

一、金融统制机构与法规

(二)货币与金银问题

(1)货币概况

(三)国家金融垄断机构的建立

一、对中国交通两银行的控制

(五)特种金融

一、交易所

〔五〕 金融货币

（一） 金融概况

一、金融统制机构与法规

1.国民政府财政部金融监理局组织条例

（1927年11月19日）

国民政府财政部金融监理局组织条例　十六年十一月十九日国民政府公布

第一条　金融监理局隶属国民政府财政部，监理全国关于金融行政上一切事宜。

第二条　金融监理局设第一、第二、第三课。

第三条　第一课职掌如左。

一、关于审核银行之章程、则例事项。

二、关于检查银行业务及财产事项。

三、关于监察银行纸币之发行及准备事项。

四、关于银行及其他一切事项。

第四条　第二课职掌如左。

一、关于审核交易所、保险公司、信托公司、储蓄公司、储蓄会等之业务事项。

二、关于检查前项各种金融机关之财产事项。

三、关于征收交易所特税事项。

四、关于本条第一项各种金融机关之其他一切事项。

第五条　第三课职掌如左。

一、关于厘定一切金融法规、章程事项。

二、关于调查国内外金融状况事项。

三、关于编制金融各项统计事项。

四、关于编译及报告事项。

五、关于其他调查事项。

第六条　金融监理局设局长、副局长各一人，局长综理局务，副局长襄助之。

第七条　金融监理局设秘书二人，承长官之命办理机要、文书、庶务、收发、出纳及其他不属各课一切事项。

第八条　金融监理局设课长三人，承长官之命分掌各该课事项。

第九条　金融监理局设检查员四人至八人，承长官之命办理各种检查事项。

第十条　金融监理局设办事员若干人，承长官之命分办各课及秘书各事项，各部分得视事务之繁简酌用雇员。

第十一条　秘书、课长、检查员由财政部长荐任，办事员由财政部长委任。

第十二条　金融监理局得聘任经济或会计专门人才襄赞局务。

第十三条　金融监理局检查银行等金融机关后，应随时将检查情形呈请财政部核办。

第十四条　金融监理局关于各种金融机关之设立、注册等，经详密审查核议后，呈请财政部核办。

第十五条　金融监理局关于金融制度之兴革事宜，应随时拟具意见，呈请财政部核办。

第十六条　金融监理局检查章程及办事细则，另以财政部令定之。

第十七条　本条例有修改之必要时，由财政部呈请国民政府修改之。

第十八条　本条例自公布之日施行。

〔国民政府财政部档案〕

2.财政部公布之金融监理局检查章程

（1927年11月28日）

金融监理局检查章程　十六年十一月二十八日公布

第一条　金融监理局依据组织条例第三、第四条之规定，有检查全国各金融机关之权责。

第二条　检查分定期、临时两种。定期检查每年施行一次或两次，临时检查如遇本局认为有必要，得随时行之。

第三条　前条两种检查均不预定日期，由本局随时行之。

第四条　检查事项如左。

一、关于一切业务及财产事项。

二、关于银行纸币及其他流通性储蓄券之发行及准备事项。

施行前两项检查时，并得检查一切文件帐簿及库存各项，被检查机关不得托词抗拒。

第五条　检查终了后，检查员应在文件及帐簿上签名、盖章，以资证明。

第六条　检查结果，遇有关系重要事项，应由本局随时呈财政部请示。

第七条　检查员服务规则另定之。

第八条　本章程自财政部核准公布之日施行。

〔国民政府财政部档案〕

3.金融监理局补行注册简章

（1927年12月2日）

金融监理局补行注册简章　十六年十二月二日公布

第一条　凡已开业之银行、交易所、信托公司、保险公司、储蓄公司、储蓄会等各金融机关不论已否注册，概自通告之日起，在一个月内，照下列各项填具注册呈报书，向本局呈请补行注册，换取执照。应缴注册费，照全国注册条例第九条办理。但因交通不便或有其他特别情形呈准财政部者，得展期两月。

(一)公司之组织。

(二)股本总额。

(三)已缴股本数目。

(四)每股银数。

(五)每股已缴银数。

(六)官利定率。

(七)公积金数目。

(八)特别公积金数目。

(九)营业年限。

(十)总行开业年月日。

(十一)总行所在地。

(十二)曾在何处注册。

(十三)分行所在地。

(十四)董事姓名。

(十五)监察人姓名。

第二条　各金融机关在此次补行注册时，应将最近股东名簿、现行各项章程抄呈备案。

其曾经注册或立案者，应呈验执照凭证，并抄具原呈。

第三条　第一条内第三、第七、第八各项内之数目，应照最近之数填写。其历年增减数目，应按年另行列表，附呈备案。

第四条　第一条内第十四、第十五两项，应照现在在职人名填写。其以前历任各董事、监察人，应按年另行列表，附呈备案。

第五条　呈请注册者，如为官有营业，应将关于成立该机关之一切重要文件，抄呈备案。

第六条　呈请注册者，如为商有营业，而其股本内有官股时，应另行声叙，详陈备案。

第七条　交易所应造具自开业之日起至本年六月三十日止之简明业务报告书，并将历年各种交易情形分别列表，呈报备案。

第八条　银行、信托公司、保险公司、储蓄公司、储蓄会，应造具自开业之日起至本年六月三十日止之简明业务报告书，以资查核。

第九条　凡有发行纸币权之银行，应将取得发行权之经过、发行限额、最近发行数目及准备状况，分别种类，列表具报。

第十条　呈请注册者，如为分行、分公司或分会，而关于呈报各件有属于总行、总公司或总会范围内者，其应行填报各件，由在上海之各该分行、分公司或分会代办之。

第十一条　上列各条应行填报之各种表报书类，均应由各机关负责人签名盖章。

第十二条　交易所之经纪人应依照第一条之期限，请由各该交易所代请注册，并同时将原照呈验，其应行填报各事项，由本局分别印制空白注册呈报书，以备领用。

第十三条　如有违背本章，不依限呈请注册者，依注册条例第十条办理。

第十四条　本简章自财政部核准公布之日施行。

［国民政府财政部档案］

4.财政部呈送银行注册章程

（1929年1月21日）

为呈请事。窃查本部核办银行注册事件，旧订章程多有未尽合宜之处，近来各处拟设银行呈请注册者日益加多，亟应将该项旧章改订，以期适用。兹由本部参酌现在情形，制订银行注册章程共十二条，已于本年一月十二日以部令公布施行在案。除分别函知通令外，理合缮具清折，备文呈请钧院鉴核，准予备案，并请转呈备案。谨呈

行政院

附呈银行注册章程清折二扣

国民政府行政院财政部长宋子文（印）

中华民国十八年一月二十一日

谨将本部制定银行注册章程共十二条缮具清折，呈请钧鉴。

计开：

第一条　凡开设银行，经营存款、放款、汇兑、贴现等业务者，须依本章程注册。

凡经营前项之业务不称银行而称公司、庄号或店铺者，均须依本章程办理。

第二条　开设银行时，应先拟具章程，将左列各款订入，呈由地方政府转呈或径呈财政部核准。

一、商号。

二、组织。

三、资本总额。

四、总行所在地。

五、营业范围。

六、存立年限。

七、创办人姓名、籍贯、住址。

如系招股设立之银行，除遵照前项办理外，并应订立招股章程，呈由地方政府转呈或径呈财政部核准后，方得招募资本。

第三条　凡核准设立之银行，应备具左列各件，呈由地方政府转呈或径呈财政部验资注册，发给营业执照后，方得开始营业。

一、出资人姓名、籍贯、住址清册。

二、各出资人已交未交资本数目清册。

三、各职员姓名、籍贯、住址清册。

四、所在地银行公会或商会之保结。

五、注册费。

第四条　独资或其他无限责任组织之银行，除遵照第三条第一款办理外，并应添具左列各件：

一、出资人详细履历；

二、出资人财产证明书。

第五条　股份有限组织之银行，除遵照第三条第一款办理外，并应添具左列各件：

一、创立会决议录；

二、监察人或检查员报告书。

第六条　银行与他银行合并或增减资本时，应呈由地方政府转呈或径呈财政部核准注册。

第七条　银行呈请注册时，应依左列资本总额分别附缴注册费。

五十万元以下五十元，

一百万元以下一百元，

二百万元以下一百五十元，

三百万元以下二百五十元，

五百万元以下四百元，

一千万元以下六百元，

一千万元以上每多一百万元加收五十元，其不满一百万元者，亦按一百万元计算。

第八条　银行遵照前条规定呈经注册后，由财政部给予营业执照，不另收费。

第九条　银行增加资本呈请注册时，应依前条之规定，照增加后之资本总额缴纳注册费，但从前所缴银数得扣除之。

遵照前项规定办理之银行，应换领新执照，并将原领执照缴由财政部注销。

第十条　银行如有变更执照所载事项时，应将原领执照缴还财政部换领新执照，但应缴纳执照费十元。

第十一条　本章程施行前业已开始营业而未呈经前金融监理局注册之银行，均应于本章程施行后六个月内补行注册，但在前清度支部及北平旧财政部注册之银行，其注册费得依第七条之规定减半缴纳，并由财政部换给新执照，其前领旧执照应即同时缴销。

第十二条　本章程自公布之日施行。

注：同年一月三十日国民政府指令(第193号)行政院：呈据财政部呈称制定银行注册章程十二条请鉴核备案呈由及章程均悉，应准备案，仰即转饬知照，章程存。此令。

［国民政府行政院档案］

5.财政部呈送银行注册章程施行细则

（1929年4月27日）

为呈请事。窃查银行注册章程前经本部公布施行，并呈奉令准备在案。兹以施行以来所有一切验资办法暨补行注册手续亟应详密规定，以资遵循，特制定银行注册章程施行细则十二条，于本年四月二十日以部令公布施行。除分别函咨通令外，理合缮具清折，备文呈请钧院鉴核，准予备案，并请转呈备案。谨呈
行政院

附呈银行注册章程施行细则清折二扣

财政部长　宋子文(印)

中华民国十八年四月廿七日

谨将银行注册章程施行细则缮呈钧鉴

计开：

第一条　银行注册之呈请人为独资组织之营业主体人、无限责任组织之全体股东、有限责任组织之全体董事及监察人。

第二条　银行径呈财政部核准注册时，应于核准后抄具原呈批示及其附属文件呈报地方政府备案。

第三条　银行呈请验资注册时，应将所收资本储存于所在地之中央银行或其代理处，取具该银行证明书，附呈地方政府转请或径呈财政部核准。

所在地未设有中央银行或代理处时，得储存于其他之注册银行或殷实商号，其取具证明书与前项同，但财政部认为不当时，得令改存于其指定之银行。

依第一项规定取具中央银行存款证明书者，得免缴注册章程第三条第四款所规定之保结。

第四条　银行呈请验资注册时，应抄录收股存根，附呈地方政府转请或径呈财政部查核。

第五条　财政部对于银行附呈之证明书及其保结认为有疑义时，得派员或委托地方政府查验之。

第六条　银行呈由地方政府转请财政部验资注册时，其资本及证明书经地方政府查明属实者，得由该政府出具印文证书，附送财政部查核，依前项规定取具地方政府之印文证书者，得免缴注册章程第三条第四款所规定之保结。

第七条　银行依注册章程第十一条规定补行注册时，应于其呈请书内声叙其从前呈请之年月日及核准年月日，并抄附其核准之批示。

第八条　银行依注册章程第十一条规定呈请补行注册时，应添具最近营业报告书、资产负债表、损益表及其他足以证明其历年营业之文件。

第九条　银行依注册章程第十一条规定呈请补行注册时，得不依本细则第二条至第六条之规定。

第十条　银行依注册章程第十一条规定呈请补行注册时，得省略注册章程第三条第一款至第四款及第四条、第五条所列添具之各件，但出资人姓名或其出资数目及职员姓名与原案有变更时，仍须补具各清册及履历证明书。

第十一条　银行依注册章程第十一条规定呈请补行注册时，其章程与旧财政部原案无变更者，得免再行抄送，但与国民政府法令抵触者无效。

第十二条　本细则自公布日施行。

注：同年五月六日国民政府指令(第895号)令行政院：呈件均悉，应准备案。

〔国民政府行政院档案〕

6.财政工商两部遵令会商救济金融办法呈

(1930年2月1日)

为呈复事。案准钧府文官处函开：奉钧府令开：查近日金价暴涨，银价低落，于国计民生关系甚巨，此种情形虽为国际汇兑之变动，惟上海交易所商人投机买卖，影响金融经济，亦复匪细。着财政、工商两部迅筹办法，以资救济，此令。等因。除分函外，相应录令函达查照，办理为荷。等因。准此。除关于交易所投机一项，节经电饬上海交易所遵照防止外，当于本月十五日，会派主管部员在工商部筹商救济办法。据呈报讨论结果，以此次金价暴涨原因极为复杂，而我国生产能力日趋薄弱，入超过巨，以致金融上恐慌现象为前此所未有，影响所及，政府方面，外债、关税两项损失极巨，社会方面，进出口业、机械及原料一般物价、生活程度，均感受极大威胁。现在欲求救济之法虽日急治标，但以此次金银市价之变迁，原系世界金融大势，动因不在我国，特我国种种情形适构成被操纵之现象，故欲求完善之治标办法，求其有利无弊，尚难期诸实行。两部出席人员意见为：(一)关税抽收现银，损失甚巨，亟应改收金币，既免除以后损失，复可吸收现金，以为实行金本位之准备，即于公债担保亦不至动摇。(二)关税收金，如决定实行，则缴纳方法固不便用外币征收，但折金为银缴纳，亦有考量余地，至由中央银行发行一种专为纳税用之金券，并有研究价值。(三)吾国银两名称极为庞杂，实为改良币制之梗，而市场上犹实用之，亟应加以制止，改用元为计算本位，辅币情形亦与银两相同，复应加以规定，使其划一，此皆为统一银本位而趋于金本位一途之先着。上陈三点，皆属切要之举，实行上似无何种困难，然犹非根本办法，论者多以改用金本位制为根本之图，而事实上，除以上三点外，尚须经过相当过程，方可达此目的。(一)国内生产能力日益薄弱，已属无可讳言，应绝对保障人民财产，使得投资于各种事业，增加生产数量。(二)应防范及禁止无意识之罢工，使劳资共同努力生产。(三)便利交通，使物尽其利、货畅其流，僻塞之区设法开发，阻滞者先行恢复之。(四)捐税一项关系生产事业至巨，应详晰调查，其稍涉烦者，即予免除，以谋生产事业之发展及成本之减少。(五)督促国际汇兑银行从速添设国外分行，以免汇价为人操纵，兼可用为发展对外贸易之工具。(六)欲减少入超损失，端赖积极提倡国货，且金价高涨，洋货必贵，更可利用此机会，使国货发达。(七)我国东三省、西藏等处，皆富于金矿，未加开采，不特弃利于地，且易生外人觊觎，自宜设法开采，富源一辟，实行金本位固无足虑，即其他经济问题亦可联带解决。(八)经过相当过程及应有准备后，即应定期颁布金本位制见诸实行。等语。查核所陈尚属扼要，所有奉令筹商救济金融办法情形，理合备文呈复鉴核，伏候采择施行。再此呈由工商部起稿合并声明。谨呈

国民政府

财政部部长　宋子文(印)

工商部部长　孔祥熙(印)

中华民国十九年二月一日

［国民政府档案］

7.国民政府公布银行法训令

（1931年3月30日）

国民政府训令　字第一八六号

令行政院

为令知事。查银行法业经制定，明令公布。除施行日期以命令定之，并分行外，合行抄发原条文令仰知照，并转饬所属一体知照。此令。

计抄发银行法一份

国民政府主席　蒋中正

立法院院长　邵元冲代

中华民国二十年三月卅日

银行法

第一条　凡营左列业务之一者为银行。

一、收受存款及放款。

二、票据贴现。

三、汇兑或押汇。

营前项业务之一而不称银行者视同银行。

第二条　银行应为公司组织，非经财政部核准不得设立。

第三条　凡创办银行者应先订立章程，载明左列各款事项，呈请财政部或呈由所在地主管官署转请财政部核准。

一、银行名称。

二、组织，

三、总行所在地。

四、资本总额。

五、营业范围。

六、存立年限。

七、创办人之姓名、住所。

如系招股设立之银行、除遵照前项办理外，并应订立招股章程，呈请财政部或呈由所在地主管官署转请财政部核准后方得招募资本。

第四条　银行经核准并登记后满六个月尚未开始营业者，财政部应通知实业部撤销其登记，但有正当事由时，银行得呈请延展。

第五条　股份有限公司、两合公司、股份两合公司组织之银行，其资本至少须达五十万元。

无限公司组织之银行，其资本至少须达二十万元。

前二项规定之资本在商业简单地方得呈请财政部或呈由所在地主管官署转请财政部核准。但第一项所规定者至少不得在二十五万元以下，第二项所规定者至少不得在五万元以下。

股份有限公司之股东及两合公司，股份两合公司之有限责任股东应负所认股额加倍之责任。

第六条　凡经核准登记之银行，应俟资本全数认足并收足总额二分之一时，分别备具左列条件，呈请财政部派员或委托所在地主管官署验资具证，经认为确实由财政部发给银行营业证书后，方得开始营业。

一、出资人姓名、住所清册。

二、出资人已交、未交资本数目清册。

三、各职员姓名、住所清册。

四、所在地银行公会或商会之保结。

五、证书费。

如系无限责任组织之银行，除遵照第一项办理外，并添具左列各条件。

一、出资人详细经历。

二、出资人财产证明书。

如系股份有限公司组织之银行，除遵照第一项办理外，并应添具左列各件。

一、创立会决议录。

二、监察人或检查员报告书。

第七条　银行未收之资本应自开始营业之日起，三年内收齐，呈请财政部派员或委托所在地主管官署验资具证后备案。

如于前项所定期限内未经收齐，应减少认定资本或增加实收资本，使认足资本与实收资本相符。

第八条　银行之股票应为记名式。

第九条　银行除左列附属业务外，不得兼营他业。

一、买卖生金银及有价证券。

二、代募公债及公司债。

三、仓库业。

四、保管贵重物品。

五、代理收付款项。

第十条　银行不得为商店或他银行、他公司之股东，其在本法施行前已经出资入股者应于本法施行后三年内退出之，逾期不退出者，应按入股之数核减其资本总额。

第十一条　银行不得收买本银行股票，并以本银行股票作借款之抵押品。

除关于营业上之必需之不动产外，不得买入或承受不动产。

因清偿债务受领之本银行股票，应于四个月内处分；受领之不动产，应于一年内处分。

第十二条　银行放款收受他银行之股票为抵押品时，不得超过该银行股票总额百分之一。如对该银行另有放款，其所放款额连同上项受押股票数额合计不得超过本银行实收资本及公积金百分之十。

第十三条　非营银行业务之公司，不得用表明其为银行之文字。

第十四条　无限责任组织之银行应于其出资总额外照实收资本缴纳百分之二十现金为保证金，存储中央银行。

前项保证金在实收资本总额超过五十万元以上时，其超过之部份得按百分之十缴纳，以达到三十万元为限。

前二项之保证金非呈请财政部核准，不得提取。

第十五条　保证金如经财政部核准，得按市价扣足，用国家债券或财政部认可之债券抵充全部或一部。

保证金为维持该银行信用起见，得由财政部处分之。

第十六条　有限责任组织之银行于每届分派盈余时应先提出十分之一为公积金。但公积金已达资本总额一倍者不在此限。

第十七条　银行营业年度为一月至六月及七月至十二月。

第十八条　每营业年度终，银行应造具营业报告书呈报财政部查核并依财政部所定表式造具左列表册公告之。

一、资产负债表。

二、损益计算书。

如系有限责任组织之银行，除遵照前项办理外，并应添具左列表册登载总分行所在地报纸公告之。

一、公积金及股息。

二、红利分派之议案。

第十九条　银行公布认定资本之总数时应同时公布实收资本之总数。

第二十条　银行营业时间自上午九时起至十二时止、下午一时起至四时止。但因营业上之必要得延长之。

第二十一条　银行休息日以星期日、法定纪念日、营业地之例假日及银行结账日为限。但每营业年度之结帐日不得超过三日。

除前项规定外，如因不得已事故须临时休息者，应即呈请所在地主管官署核准公告。

第二十二条　财政部得随时命令银行报告营业情形及提出文书账簿。

第二十三条　财政部得于必要情形派员或委托所在地主管官署检查银行之营业情形及财产状况。

第二十四条　银行营业情形及财产状况经财政部检查后认为难于继续经营时，得于一定期间内变更执行业务之方法或改选重要职员，并为保护公众之权利起见，得令其停止营业或扣押其财产及为其他必要处分。

第二十五条　检查员应于检查终了十五日内将检查情形呈报财政部或呈由所在地主管官署转报财政部查核。

检查员对于前项报告内容，应严守秘密，违者依法惩处。

第二十六条　银行于左列情事须得财政部之核准。

一、变更名称。

二、变更组织。

三、合并。

四、增减资本。

五、设置分支行及办事处或代理处。

六、变更总分支行及其他营业所在地。

七、分行以外之营业机关改为分行。

第二十七条　银行增加资本时，其应行呈请验资程序准用第六条之规定。但非收足资本全额后不得增加资本。

第二十八条　银行减少资本时，应自呈经财政部核准之日起十五日内将减资数额、减资方法及资产负债表登报公告之。

第二十九条　银行非经财政部之核准不得经营信托业务。

本法施行前兼营信托业务之银行，非经财政部之核准不得继续其业务。

第三十条　银行经营信托业务之资本不得以银行之资本与法定公积金抵充。

第三十一条　银行收受之信托资金应分别保存，不得与银行其他资产混合，非因特别事故预得委托人之同意者，不得以信托资金转托他银行或他公司。

第三十二条　经营信托业务之银行对其受托之事务，除向委托人收取相当报酬外，不得再从信托上取得不正当之利益，并不得为有损受益人利益之行为。

第三十三条　同一区域内之银行得共同办理左列各款事项，但须受财政部之指导或监督。

一、增进金融业之公共利益。

二、矫正金融业上之弊害。

三、办理票据交换所及征信所。

四、协助预防或救济市面之恐慌。

五、其他关于金融业之公共事项。

第三十四条　银行对于任何个人或法人团体、非法人团体之放款总额不得超过其实收资本及公积金百分之十。但有左列情形之一者不在此限。

一、超过部份之债务，有各种实业上之稳当票据为担保者。

二、超过部份之债务，附有确实且易于处分之担保品者。

第三十五条　本法施行前业已开始营业而未呈经财政部核准之银行，应于本法施行后六个月内补请核准。逾期不呈请者，财政部得令停止其业务。

第三十六条　本法施行前业呈经财政部核准之银行，其已设立之分支行及办事处或代理处未经核准者，应于本法施行后六个月内补请核准。逾期不呈请者，财政部得令停止其业务。

第三十七条　本法施行前业已开始营业之银行，其资本总额于本法施行后三年内得不依第五条之规定。

第三十八条　本法施行前业已开始营业之银行，其额定或认足而未收齐之资本，应于本法施行后三年内收齐之。

第七条第二项之规定于前项情形准用之。

第三十九条　本法施行前兼营非本法所许业务之银行于本法施行后三年内仍得继续其业务。

第四十条　非公司而经营第一条业务者，应于本法施行后三年内变更为公司之组织。

第四十一条　银行改营他业，其存款、债务尚未清偿以前，财政部得令扣押其财产或为其他必要之处置，其因合并而由非银行之商号承受银行之存款及债务时，亦同。第二十二条及第二十三条之规定，于前项情形准用之。

第四十二条　银行清算时，其清偿债务依左列之次序。

一、银行发行兑换券者其兑换券。

二、有储蓄存款者其储蓄存款。

三、一千元未满之存款。

四、一千元以上之存款。

第四十三条　银行如因破产或其他事故停业或解散时，除依其他法令规定办理外，应即开具事由，呈请财政部或呈由所在地主管官署转请财政部核准后，方生效力。银行停止支付时，除详具事由呈请所在地主管官署核办外，应即在总、分行所在地报纸公告之，并呈请财政部查核。

第四十四条　银行解散时，应将营业证书缴呈所在地主管官署转送财政部注销。

第四十五条　银行违反法令或其行为有害公益时，财政部得令停止其业务，撤换其职员或撤销其营业证书。银行于撤销营业证书时解散之。

第四十六条　凡银行未经财政部核准擅自开业者，财政部得令其停业，并处以五千元以下一千元以上之罚金。

第四十七条　银行之重要职员如有左列各款行为之一时，得处以一年以下之徒刑，并千元以下之罚金。

一、于营业报告中为不实之纪载或为虚伪之公告，或以其他方法欺蒙官署及公众时。

二、于检查时隐蔽文书、账簿，或为不实之陈述，或以其他方法妨碍检查时。

第四十八条　银行有左列行为之一时，处其重要职员十元以上千元以下之罚金。

一、违反第五条第四项、第九条至第十二条、第十四条、第十六条、第十九条、第二十六条、第三十条至第三十二条、第三十四条、第四十条及第四十三条之规定时。

二、怠于为本法规定之呈报或公告时。

第四十九条　第二十四条、第四十七条及第四十八条所称之重要职员指经理人、独资之商业主、合伙之合伙人、无限或两合公司之执行业务股东、股份有限公司之董事与监察人、股份两合公司中代表公司之无限责任股东与监察人，及分支行办事处或代理处之代表人。

第五十条　特种银行除法律别有规定外，适用本法之规定。

第五十一条　本法施行日期以命令定之。

［国民政府行政院档案］

8.国府文官处抄送财政部提议征收银行兑换券发行税有关文件函

（1931年7月13日）

国民政府文官处公函　字第五七三八号

径启者：中央政治会议函，为准行政院函，据财政部提议征收银行兑换券发行税一案，经本会议第二七九次会议决议，原则通过，交立法院录案，函请转饬遵办，并令行政院知照一案。奉主席谕，交立法院遵办，并函知行政院等因。除分行并函复外，相应抄同原件，函达查照。此致

行政院

计抄送原函及提案暨草案共三件。

代理文官长　叶楚伧

中华民国二十年七月十三日

抄函

径启者：准行政院函称本院第二十九次国务会议据财政部宋部长子文提议请征收银行兑换券发行税一案，经决议通过，送中央政治会议。特检送原提案及银行兑换券发行税法草案，请核议等由。当经提出本会议第二七九次会议讨论，并经决议，原则通过。交立法院。相应抄附原案及油印草案录案函达，请烦查照。转饬立法院遵照办理，并令行行政院知照为荷。此致

国民政府

附抄原提案及油印银行兑换券发行税法草案各一份。

中央执行委员会政治会议

二〇、七、一〇

抄原提案

为提案事。查兑换券发行税东西各方创立已久。一方求币制政策之贯彻，一方谋国库收入之增加，用意至善。我国各银行在北京旧财政部时代，取特许发行权者，不下十有余家。自应参酌世界先例，审度国内现情，举办兑换券发行税。举其理由约有三端：各银行发行兑换券须得政府特许权，其获得利益之原因无非凭藉公权之结果。在各银行既因国家权力享发行之利益，自不可不对于国家尽纳税之义务。此其一。兑换券准备有现金准备、

保证准备两部分，兹所拟课之税仅为保证准备部份，而于现金准备部分特从宽免，是按准备种类之性质而定税金征免之标准，揆诸事理，洵属持平。此其二。查征收手续贵乎简便，各银行兑换发行之额本有册籍可考，兹定每年征收一次，在征税机关既易勾稽，在纳税商民亦多便利。此其三。基上各端，谨拟具兑换券发行税法草案八条，提请呈送中央政治会议议决施行，是否有当，敬请公决。

计附呈银行兑换券发行税法草案一份

财政部长宋子文提议

银行兑换券发行税法草案

第一条　凡经政府特许发行兑换券之银行应依照本法完纳兑换券发行税。

第二条　银行发行兑换券应具十足准备，以六成为现金准备，四成为保证准备。

第三条　凡发行兑换券之银行应开具左列事项，请领发行税调查证。

一、银行名称及所在地。

二、兑换券之种类（如银元券辅币券等）。

三、准备金之种类及详细数目。

四、最近一年度发行总额。

前项发行税调查证每年度换领一次，不取证费。

第四条　发行税率以保证准备额为标准，定为百分之二。五，其现金准备之部分免征发行税。

第五条　发行税每年征收一次，于每年度开始时征收之。

第六条　财政部对于银行依第三条所开事项认为不确实时，得临时组织评议委员会评定之。

评议委员会由财政部代表、银行公会代表及财政部指定之会计师组织之。

第七条 银行如不遵照本法纳税时，财政部得撤消其特许发行权。

第八条 领用兑换券部份应纳之税金，仍由发行银行负担。惟发行银行得向领用银行收回税金。

〔国民政府行政院档案〕

9.财政部为修订银行兑换券发行税法缮具清折呈①

（1932年9月15日）

呈。为修订银行兑换券发行税法缮具清折请予转咨审核公布施行仰祈鉴核事。窃查银行兑换券发行税法曾于民国二十年八月一日奉国民政府明令公布施行，并于同年八月十二日奉钧院抄发条文令饬遵照各等因，遵即由部筹备征收，并令饬各发行银行遵照税率缴纳去后。旋据中国、交通、中南、四明、中国实业、中国通商、浙江兴业、中国垦业、中国农工各发行银行会呈称，窃奉钧部训令内开：依据银行兑换券发行税法规定应缴纳发行税按四成保证准备数目百分之二。五等因，经敝行等会同集议，佥以发行税影响金融，各银行骤难负担，业经二十年九月十一日前上海银行公会呈复在案，迄未奉批。事隔经年，灾患迭乘，金融枯竭更达极点，维持调剂，尚且不易转机，若再科以重税，直接影响各银行业务，间接牵动全国金融，各行一时之负担固感痛苦，设因此而引起金融紧缩，其结果有不忍言者。所有种种困难迭经推举代表晋谒面陈，兹再为钧部缕陈之。查各国发行征税制度，关于政府之收益者小，而关于通货之调剂者大，如照目前税率征收，窃恐金融益将紧缩，反失调剂之实效而促成外币之充斥。更就银行本身言，“一·二八”以来元气未复，各业凋敝，无可讳言，正赖金融为之维持。今若科以重税，银行只可取偿于各

① 该修正法于是年十一月十二日奉行政院令施行。

业，否则必致收缩放款，而市面实受其害。况发行各行因辅助国库，投资保证准备之债券类，皆遵依部定价格购入，国难遽作，债价狂跌，又经整理积损尤属不赀，利益之微，不待明言。惟念钧部统筹计政，当此国库奇绌，全赖开辟税源，藉资挹注，敝行等素托帡幪，无论如何为难，苟为力所能及，自应兼筹并顾，藉效壤流之助。但百分之二。五之税率负担实属过重，行力断不能胜。惟有据情环请钧部俯恤商艰，顾念民困，复赐考虑，迅将前定税率准予减轻，至多不得逾保证准备数百分之一。二五，并恳迅赐转呈行政院、咨行立法院改订税率，以恤商艰，等情前来。查本部据各银行上呈十二月底所送损益报告，如中国银行计纯益一百八十三万七千四百余元，交通银行计纯益七十八万七千五百余元，而此次所征中国银行应缴税额计一百五十三万五千五百七十四元，交通银行应缴税额计六十二万二千六百九十元。以此相衡，全年纯益最大如中、交两行者已几尽充缴税之需，其他更可概见。是该银行等所称负担过重，力不能胜，应请减轻照保证准备数百分之一。二五各节，尚属实情。所请将银行兑换券发行税法第四条原定税率百分之二.五改为百分之一.二五，似应准如所请办理，庶于国库收益之中仍寓体恤商艰之意。并查该法其他各条条文，或因词句稍欠明晰，或因推行不无窒碍，自应按切事理一并修订，以期法立令行无虞扞格，除批示准予转呈，并应将二十一年度税款仍照原定税率缴纳外，所有修订银行兑换券发行税法缘由，理合缮具清折备文，呈请钧院鉴核。即乞转咨立法院审核。呈请公布施行。至为公便。谨呈

行政院

计清折一扣，附表式二纸。

财政部长　宋子文

中华民国二十一年九月十五日

修正银行兑换券发行税法草案

第一条　凡经特许发行兑换券之银行，应依本法完纳兑换券发行税。

理由：查本条原文用国民政府特许，则中央、中国、交通三行固可适用，其余有发行权之各行或系前清奏准或系北京政府核准而呈经本部补行注册者，似嫌未当，故改如本文，概括规定较为妥适。

第二条　兑换券发行税不分银元券、辅币券一律完纳。

前项辅币券以十角为一元计算之。

理由：查原法关于辅币之征税，本无明文，仅于原第三条第二项为银行应开事项之一，似欠明晰，故添入本条，并于旬报表中将辅币合作大洋记入，以期周密。

第三条　银行发行兑换券应具十足准备金，至少以六成为现金准备，余为保证准备，其现金准备部份得免征发行税。

理由：查原第二条仅规定准备成数，应属于发行兑换券条例，与本法有不相联属之嫌，故将原第四条现金准备免征一项列入本条较为适当。

第四条　凡发行兑换券之银行，应照财政部所定旬报表式，将发行数及现金保证准备各数分别据实填报，其表式另定之。

前项填报数目由财政部按旬分别登记后届满一年以十二个月平均计算之。

理由：查原第三条之规定仅由各银行开列事项，经部调查确实为征税之根据，稍觉含混，且本部对于发行银行曾经规定表式，颁发各行按旬填报，历有年所，故改正如本文，既以免取巧逃税之弊，又得平均核算之便。

第五条　兑换券发行税税率依实际保证准备额定为百分之一．二五征收之。

理由：查原第四条规定税率为保证准备百分之二．五时，认为尚属相当。至此次实征，查据上年终各银行所送损益报告以纯益数目与应征税额相衡，自属过重，且据各发行银行环请减轻税率为百分之一。二五。本部体察实情，似应准如所请，以期于增益国库与体恤商艰双方兼顾，改如本文。

第六条　兑换券发行税于每会计年度开始时，按照上年度之平均数一次征收之。

理由：查原第五条对于何年度之发行数额为征税之标准，尚未明确规定，故改如本文，既与此次征税之事实相符，且与本法第三条所规定者，亦相吻合。

第七条　凡应完纳兑换券发行税之银行，接受财政部征收通知书后，由各该总行于十日内缴由所在地中央银行代收制取收据，并呈报财政部查核。

理由：查原法关于征收手续阙而未详，此次征税办法即如本条所规定者办理，似应增列本条，以期完善。

第八条　银行如不遵照本法完纳兑换券发行税时，财政部得撤销其特许发行权。

理由：查本条即原第七条酌改文字，与原旨毫无更易。

第九条　财政部对于银行依第四条所报事项认为不确实时，得派员检查发行帐及准备金帐，如确有隐匿漏报情事，除责令补缴外并处以五百元以上、三千元以下罚金。

理由：查原第六条之规定组织评议委员会手续稍嫌繁琐，且如此次征税系按照本年六月底发行总额计算，由本部派员检查各银行各项帐目，并无争议，自无组设评议会之必要。至隐匿漏报责令补税及罚金之规定原属应有之义，其数目亦酌中拟定，似无畸轻畸重之嫌。

第十条　凡发行兑换券之银行对于其他银行领用兑换券部份应纳之税金一并缴纳，但得向领用银行收回之。

理由：查本条系修正原第八条，与原旨并无变更，酌改文字以期简明。

第十一条　本法自公布日施行。

〔国民政府行政院档案〕

10.财政部通饬实行修正银行兑换券发行税法的训令

（1932年11月25日）

财政部训令　钱字第四三〇〇号
二十一年十一月二十五日

本部附属各机关各发行银行

为奉行政院令奉国府令公布修正银行兑换券发行税法通饬遵照等因转饬遵照

为令遵事。案奉行政院第四四四二号训令，内开：案奉国民政府洛字第三零八号训令内开：查银行兑换券发行税法，前经制定，明令公布在案。兹将该法酌加修正，应再通饬施行。除分令外，合行抄发修正原条文，令仰知照，并转饬所属一体知照。此令。等因。计抄发修正银行兑换券发行税法一份，奉此。除分行外，合行抄发修正原条文令仰知照，并饬属一体知照。此令。等因。计抄发修正银行兑换券发行税法一份。奉此，除分别咨令外，合行抄发原条文，①令仰遵照，并转饬所属一体知照。此令。

〔国民政府财政部档案〕

11.中法储蓄会股份有限公司改正章程

（1933年5月）

中法储蓄会股份有限公司改正章程　二十二年五月呈准备案

第一章　组织

第一条　本会为完全华商股份有限公司，由创办人及现今与将来之入股人，依照公司法银行通行则例、储蓄银行则例组织而

① 修正原文见前，此略。

成。并分别呈请财政、实业两部核准注册。

第二条　本会定名曰中法储蓄会股份有限公司。

第三条　本会先办有奖储蓄存款，但须另拟有奖储蓄章程，呈请财政部核准。

例如，发行记名之储蓄存单，依照章程，由储户分期或一次缴款，由本会照上述有奖储蓄章程，按期或用抽签法发奖还本，但此种储蓄期限，最长不得逾十五年。

兹就有奖储蓄特别规定如左：

无论储蓄数目之大小，本会帐面上向该储券征取之费用，不得逾所缴千分之八十五，即第一年不得逾所缴千分之五十四，第二、第三、第四、第五、第六、第七、第八、第九、第十、第十一、第十二、第十三年所缴数目千分之二．五及第十四年所缴数目千分之一，如有不足，得由放款或投资等帐内提取，以补足为度。所定储蓄存单作废条件，对于记名之储户，于用挂号信件，限期缴款，而未付之时，方能发生效力。

储金欠缴以六个月为宽限，若再逾限，本会得将该户储号注销之。

记名储户中，如有谢世物故者，其储蓄存单，由其承继人承接，应即通知本会过户，方为有效。

第四条　本会总会设在北平，将来得由股东大会议决迁移之，但应呈报财政、实业两部备案。

第五条　本会之营业年限，自成立之日起，以四十五年为限，但期满时，依公司法得呈请财政、实业两部核准展期。

第二章　股本

第六条　本会为酬劳创办人起见，将设置创办股四百股。创办人股份，对于本公司财产并无权利，惟有共同分派红利之权，此权即在本公司延长年限时，仍将继续有效。

创办人股份之股东，不得干预本公司所办各事或监察本公司之管理，即在清算时期内，亦不得干涉，此项股东不得出席于各种股东大会。

第七条 本会资本总额为通用银元二十万元，分为二千股，每股定为一百元。此二千股之股金总数，先于认股时缴付二分之一，即每股五十元，此项股金一律以现洋交付，并由本会呈请财政部验资注册。

其余股金由董事会随时议决，于一次或分数次收集。在收集时，董事会应于缴款日期前一个月，函告各股东，如逾期不缴，将再酌定一个月以上之期限催缴，此项函件只须寄到各股东之存记地址，即为有效。

逾期未交之股金，如在发信后一个月，并不照交，本会应即登报公告后，在一个月内仍不交付者，即将此项股份拍卖，另给同号之新票。拍卖股票如有余款，应即交还持票人，不足仍由持票人补足。

第八条 本会之股票皆须具有存根，并由董事五人签字及盖有本会戳记，方得有效。

第九条 本会之股票皆用记名式，其买卖让与以中华民国人民为限。

第十条 此种记名股票之让与，必须注明于本会所专备之转移簿，并由让与人与让受人或其代理人及董事五人签字，方得有效。

此项股票之转移费及发给新股之费用，由董事会议定之，本会只认按照本条第一项所定之手续，在本会股票转移簿注明之转移为有效。

第十一条 各股东对于本会财产所有之权利，皆按其实缴款股金数目，平均推算。

第十二条 本会发给官利、红利，经正式公告并函知后，于五年足满，无人领取，即为本会所得之利。

第十三条　本会之各种股份，皆为整股。本会对于每股只认股东一人，凡用无论何种名义数人同有一股者，必须公举一人为代表。

第十四条　本会股东，如欲查阅本会之账簿财产，应遵公司法及其他法令办理。

第十五条　凡系属于本会股份之权利义务，皆随股票发生效力，又凡有本会股份者，自须承认本会之章程与股东大会之议决。

第十六条　本会之股票如有遗失，应由失票人提出保证，方得补领新股票。

此项新股票，须俟遗失股东在本会总会所在地报章之一，登载告白声明遗失，至三个月后无发生异议，方得补给。

此种遗失告白之条文，须照董事会议定之格式行之。

第三章　董事

第十七条　本会由董事会管理之，董事会以最少五人最多十五人组织之，各董事由股东大会于股东中选举之。

本会之董事得被选为总理或协理。

第十八条　本会股东，须有股份六股以上方能当选为董事。本会董事应自到任之日起至卸任之日止，将被选合格之股票提出，完全作为各董事之责任保证金，此项保证金非唯担保董事会全体之办事责任，即各董事关于本会之个人行为亦担保在内。

此项股份系属不能让与者，且盖有不能让与之印章，必须存贮于本会，由本会监察人执掌。

第十九条　本会各董事之任期以三年为限。

董事中有因死亡或辞职时，得以当选票数次多者递补为董事。

第二十条　本会董事会每年在其会员中互选会长一人，如经认为必要，加选副会长一人或二人。此等职员得被永久重选。

本会董事会得设秘书一人，且得于董事外选任之。会长、副会长同时缺席时，董事会每次开会时，得指定会员中一人代理会长职务。

第二十一条　本会之董事对其职务行为分别担负责任。

第二十二条　本会之董事按其出席次数支给酬金，其酬金之数目，由股东大会议定之。

此项酬金交与董事摊分支付。

各董事之出席酬金归入营业费项下，如未经股东大会公议更改，不得增减。

除此项酬金之外，当得摊分红利一份，其数目详见本章程第四十四条。

第二十三条　本会之董事会，由会长或会员二人审察本会营业情形，随时召集开会，其集会地点或在本会总会或在别处别地，可在召集通告书内临时指定之，董事会之召集方法，由董事会议定之。

每次开会，各董事得委托其同事中一人为代表，但一董事每次只能代表一人。

此种代理权之格式与期限，由董事会另订办事细则。

此种办事细则得由董事会随时修正之。

董事会每次开会至少须董事总额半数之亲自出席或派有代表，方得议事表决。

董事会之议案，按出席董事之多数表决之。

兼代他人之董事在投票时得享二权，在赞成反对票数相等时，以会长之同意为准。

第二十四条　本会之董事会每次开会，应将其议决各事记载于议事录，其记载既经认可之后，即由会长及董事二人凡抄录此项议事录之全文或撷录其要端，作为法庭证据或他用者，皆须由会长或董事二人签字，方将有效。

第二十五条　凡关系本会营业及与其目的不相背之事，董事会得用本会名义全权办理，凡与本会有益之营业，董事会得提议之。

第二十六条　本会之董事不得利用其职务直接或间接经营与本会营业竞利之事，本会之董事如未经本会特别许可，不得与本会作何买卖或他交易，但于本会对于第三人共同订立义务不在禁例。

第二十七条　本会董事暨总协理等，对经手各种储蓄存款，应负无限责任。

第二十八条　本会有奖储蓄之储户，每年如集得全体储户百分之十以上，公举检查员一人至二人，向本会总管理处检查款项、账目，但储户公举检查员时，应先行知照本会会同审验选举人之储券，经本会承认一切均合手续，该检查员之资格方能成立。

在此项检查员未曾举出之前，得由本会监察人担任查核一切。

若此项检查员于股东大会开会之二个月前，未经举定，本会之监察人，应于其报告内关于本会义务是否满意，必须切实声明。

第四章　监察人

第二十九条　本会股东须有股份二股以上者，方得被选为监察人，人数定为三人至七人，其任期以一年为限。

在每年度之终，监察人应编具报告，将本会之地位、营业之成绩，以及董事会所交出之各项账目，详细报告于股东大会。

此项报告最迟应于股东大会开会前十五日送交本会总会，凡有关系之人皆得向董事会索取一份。

本会各种储蓄之存单持有人，未按上条所定之权利选举检查员时，本会之监察人应于其常年报告内特别声明。本会对于存单持有人之义务是否已经完全履行，在紧急时，监察人得召集股东大会。

监察人之职务酬金，由股东大会议定之。

第五章　股东大会

第三十条　凡依照法定手续成立之股东大会，得代表全体股东，凡在开股东大会一个月前，已有本会股份一股之股东，皆得为股东大会之会员。

本会股票之特权，自登记于本会册簿之日成立，但董事会得用统一办法缩短以上所定一个月之期限，凡为本会股东者，得派代表赴会，但此代表必须自已为股东大会会员，此种代表之代理权限，由董事会议定之。

董事会应于开会之前一日，编造可以为股东大会会员之股东名单，且于各股东衔名之傍注明股份之数目及其应得权数，此项名单经各股东亲自签字或由代表签字之后，交与经理处收存，以备各股东自由查阅。

第三十一条　常年股东大会应于每年度结账后三个月内，由董事会指定地点、日期，时刻召集之。

如经董事会认为有益，得随时召集临时股东大会，在紧急时本会之监察人或有股份二十分之一以上之股东提出理由请求开会时，亦得召集此种临时大会。

第三十二条　召集常年股东大会之通告书，应最迟于通告前一个月用挂号信寄与各股东，召集临时股东大会通告书之期限得减为十五天。

各种通报书当述明开会之宗旨。

自收到通告书之日起至开会之前一日止，各股东得到本会总会查阅财产目录、资产负债表、损益表及股东名单与监察人之报告。

第三十三条　出席或派有代表之股东，如已占资本总额之半数，股东大会即能成立。

如在第一次召集时，不足以上所定之数额，则须按第三十二条所定之手续重行召集，在第二次召集时，无论出席之股东多少，即得议决。但其议案以列入第一次开会之议事日程者为限。

凡变更本会营业性质或修改章程，召集常年股东大会或临时股东大会时，其召集及议决各手续，均照公司法办理。

第三十四条　股东大会之议事日程，由董事会议定之，议事日程所列议题，须由董事会提出或由代表资本总额二十分之一之股东，最迟在开会前一星期交与董事会，列入议事日程。

除议事日程所列议题外，股东大会不得提议他项问题。

第三十五条　股东大会由董事会会长，或在其缺席时，由副会长一人或由董事会所指定之董事主席。

出席股东中之最大股东二人，或自为股东或代表他人者，应充监视投票员，如该股东不愿担任斯职，则次要股东挨次推充之，股东大会之秘书由主席选派，且得于股东以外选任之。

第三十六条　股东大会之决议，以投票多数为准，股东大会之会员，每人投票之权数，按每股(或为己有或为代表者)一权计算，但一股东而有十一股以上者，自十一股起，每二股一权。

凡在赞成、反对之票数相等时，以会长之意思为准。

第三十七条　凡依章程表决之决议，对于全体股东无论缺席反对或受监护者，皆为有效。

第三十八条　常年股东大会收受董事会与查帐员所编造关于本会地位、资产负债表、损益表，与董事会交出之各项帐目之报告，股东大会得自由讨论、批准改正或拒绝资产负债表、损益表各项帐目。又批准此项表册帐目之决议，如在未经宣读查帐员报告之前成立者，不能有效。

股东大会准董事会之提议，议定各种红利之数目。

股东大会得自营业盈余上提出款项，设立各种特别储备金。

第三十九条　本会召集股东大会议决增减资本或合并、解散或其他修改章程重大事件，均应照公司法办理。

第四十条　股东大会之议事，当记载于议事录，由主席签名盖章，交存经理处。

各出席股东之姓名及住址，亦须另开一单，以备证明出席股东及其股份之数目，此项名单应附载于议事录，且须由同一之职员签名盖章。

第四十一条　凡股东大会议决之副本，或摘录对于第三人作为证据者，须由董事会会长或副会长一人或董事二人签字，方能有效。

第六章　会计

第四十二条　本会之营业年度分为两期，每年一月至六月为上期，七月至十二月为下期。

第四十三条　每六个月本会应结帐一次，在每年年终应编造财产目录一次，编造财产目录之时，董事会应审定各种财产，例如，房屋、材料、生财等物，同时用所减之价值，以将其现有实价列入表内。

此项财产目录、资产负债表、损益表以及盈余亏折之细帐，应最迟于开股东大会前四十日交与本会之监察人。

前项财产目录、资产负债表、损益表，除呈送财政、实业两部外，并应将资产负债表登报公告。

第四十四条　本公司之创办费另立一帐，其偿付之期限与方法由董事会议决之。

自每年度营业所得之盈余总数除去一切费用，例如，寻常营业费、广告费、薪金、奖励金、债款、利金、财产耗折金等费之后，所余之款即为本会之余利。

自每年度之余利上应提取：

一、百分之十作为法定公积金。

二、其余得按照已缴资本之实数发给第一种红利七厘，但某年余利如不足，发给此项红利股东不得在下年度之余利上要求补发，然此项七厘红利如经董事会提议，复经股东大会议决，得于特别储备金或他种特别积款项下提取补足之。

在除去此种款项之后，如再有余款，由董事会酌定，交由股东大会议决分派之。

关于分派红利，创办人股份之股东，必须服从股东大会之决议，彼等不得藉词反对。

第四十五条 如按每年六月三十日所结帐目，本年度营业获利足以发给红利，董事会得预先暂发第一种红利，其数最多不得逾七厘。

第四十六条 本会依照本章程第三条所收有奖储蓄存款，每届总结帐后，除章程提配奖金外，应照存款总额四分之一以现金或公债票存于就近中央银行，作为偿还有奖储款本利之准备，取其存据呈送财政部查核。

第七章 附则

第四十七条 本章程未经规定事宜，悉照公司法、银行通行则例、储蓄银行则例办理。

第四十八条 本章程自呈奉财政部、实业部批准之日施行。

〔国民政府中央储蓄会及分支机构档案〕

12.财政部关于取消北洋政府财政部核准各银行发行权呈

（1935年1月28日）

查银行发行纸币，关系社会金融，至重且巨。在昔北京政府时代，银行或假借振兴实业及拓殖边疆等名义，或以中外合资关系呈准旧财政部取得发行权者，竟至数十家之多。中有组织并不健全，资本亦非雄厚，仅藉发钞为挹注，故其发行数额漫无限制，准备复甚空虚，一遇顿挫，营业即行停歇，纸币亦立成废纸，贻害社会，实非浅鲜。本部惩前毖后，故对于新设银行从未准许发行。惟旧部核准发行之银行，现在业经停业从事清理者，计有华威银行等十余家。因本部不准新发行之故，颇有人欲利用此种特准发行原案，冀可避免批驳，坐袭该项权益。若不豫为之所，深恐覆辙相寻，无以整肃币政。且各该银行所发钞票，前既失信社会，嗣后如准其再发，极易引起金融风潮。此外尚有呈经旧财政部核准有发行权之行号，迄未开始发行者，亦有数家。现既事阅多年，久失时效，嗣后亦未便再准发行。拟请对于(一)业已停业清理各银行之发行权及(二)经旧财政部核准迄未开始发行各行号之发行权，概予取消。其已停业清理各行号，嗣后虽呈准复业，亦不得再有发行，藉以杜绝觊觎，维护金融。是否有当，理合呈请钧院鉴核，提出院议通过，作为定案，以资遵守。　谨呈
行政院

财政部长　孔祥熙(印)

中华民国二十四年一月二十八日

注：此案经行政院第一九七次会议决议通过，并于一月三十日以行政院指令第二九九号令财政部遵照执行。

〔国民政府行政院档案〕

13.财政部公布之金融顾问委员会章程

(1935年1月29日)

金融顾问委员会章程　二十四年一月二十九日部令公布

第一条　财政部为研究改进通货现状，调剂各地金融，特设金融顾问委员会。

第二条　本会设主席、副主席各一人，委员若干人，均为名誉职，由财政部长就素有财政、经济学识经验者聘任之。中央银行总裁、副总裁、财政部钱币司司长为当然委员。

主席由中央银行总裁任之，副主席由财政部长在委员中指定。

第三条　本会职务如左。

一、关于改进通货现状事项。

二、关于安定汇市事项。

三、关于改善国际收付事项。

四、关于调剂内地金融事项。

五、财政部长其他咨询事项。

第四条　本会就前条所列职务分设四组如左。

第一组　研究改进通货现状事项。

第二组　研究安定汇市事项。

第三组　研究改进国际收付事项。

第四组　研究调剂内地金融事项。

各组设主任一人，委员若干人，均由主席就委员中分别指定之。

第五条　本会得设专门委员若干人，由各组主任就现在执行财政金融事务富有经验学识之人员荐请主席聘任之。

第六条　本会开会由主席召集之，其议案在大会一时不能解决或主席认为应先交付审查者，俟审查完毕再交大会决议。

第七条　本会决议事件陈述财政部采择施行。

第八条　本会认为必需派员调查时，得就委员中公推一人或一人以上担任调查，其调查所需费用由本会支给之。

第九条　本会设职员若干人，由主席分配办理一切事务。

第十条　本会经费由财政部支给之。

第十一条　本章程自公布之日施行。

［国民政府财政部档案］

14.蒋介石为调整银行布局及人事安排事致邹琳密电暨财政部呈稿

（1937年6月）

（1）蒋介石致邹琳密电 （6月5日）

南京。财政部邹次长：力密。（1）国、省经营之银行，如中央、中国、交通、农民、四明、实业、通商、国货、农工等九余家萃于一隅，而其董、监事及上级干部不出沪上数人，业务往往仅注意上海一埠，而有忽略全地之弊；（2）中央银行分支行45处，全年开支预算七百万元，实支达九百万元。查农民银行分支行百余处，开支不过一百七十万元，两行事务虽有不同，但为数相差甚远。又中行制印钞券价格高于农行几及一倍，应切实调整，其他各家银行亦希分别注意整顿为要。中正。微。侍秘牯印。

（2）财政部呈稿 （6月11日）

窃奉钧座微侍秘牯电开：（内容见上文，略）等因。具见钧座关怀金融，至为佩仰。兹谨分陈于次。查各银行因上海系全国金融总枢，总行大都设于上海。惟近年以来，本部鉴于农村凋敝，内地金融机关颇少，以致金融呆滞，迭经令饬各行应向内地推设分行，以资调剂。自法币施行以后，中、中、交、农四行所发法币通行全国，为便利流通、收兑银币，并经函令各该行积极向内地设行，以期灵活内地金融。本部前次讨论非常时期经济财政时，企以为避免敌人袭击、巩固金融起见，内地设行尤属重要，并已由部督促实施。至各银行之董监事及上级干部不出沪上数人，自系目前事实，将来如遇各行董监事及上级干部改选改派时，自当遵谕注意改正，以利整顿。关于中央支行开支一节，兹制成中、中、交、农四行最近三年全行开支表附呈。综观各行开支，中、中、交三行开支不免较巨，惟三行以代理国库、经理公债还本付息事宜，所设分行又多在通都大邑，用费较繁，并以各行历史悠久，所用人员积资既深，俸给自巨，而各行以体制关系，广罗专家，开支增加，亦属实情。又中央等行印制钞券印价，亦经分别查明，另附简要说明及样张，附呈钧察。至于其他各行监督整顿事宜，自应遵照钧谕，切实办理，谨呈
院长蒋

（钱币司司长戴铭礼注）：“此稿徐次长阅定缮正，携帖面呈矣。已钞呈邹次长，原件存档。”

二、金融业工作计划及报告选

1.顾翊群拟中国货币金融政策草案

（1933年8月15日）

中国货币金融政策草案

顾翊群

绪　言

中国当前之迫切问题无他，一言以蔽之，曰经济问题而已。苟经济问题得一解决途径，则一切军事上、政治上、社会上难题，举可以迎刃而解，此非独中国然也。欧战以还，举世各国当局者，腐首焦心未由奏效者，非经济问题耶。自经济战争日益激烈以来，各国学者首倡计划经济之议，当局者采纳其议，实施而有效者，为苏俄及意大利。斯二国者，虽政制不同，然成效则一。近来美国亦将起而效法矣。我国将来欲立国于大地之上，恐非循此途径不为功。

顾经济政策与财政政策及货币政策非相辅而行不能奏效。而现代学者对于货币政策则尤加注意，则因今日人类之种种活动，

附：　　　　最近三年中中交农四行

行名	二十三年			二十四年	
	预算	决算	超过预算	预算	决算
中央银行	2,832,019.38	4,119,265.52	1,287,246.14	3,446,202.81	5,032,942.79
中国银行	5,305,927.24	5,971,100.85	665,173.61	5,873,114.63	6,491,572.24
交通银行	3,195,610.12	3,405,033.65	209,423.53	3,743,402.72	4,033,463.88
中国农民银行		476,205.98		831,175.00	852,219.37

全行开支预算决算数目表

	二十五年			说明
超过预算	预算	决算	超过预算	
1,566,739.98	3,848,021.88	6,090,019.89	2,241,998.01	中央银行分支行处共四十五处，计一等分行八处，二等分行十六处，三等分行四处，办事处十七处。
618,457.61	6,163,652.40	7,061,555.25	897,902.85	中国银行分支行处共贰百十三处，分行十一处，支行三十八处，办事处一百六十二处，国外经理处二处。
290,061.16	3,857,708.16	4,669,611.94	812,303.78	交通银行分支行处共一百二十一处，分行七处，支行六十九处，办事处四十五处。
21,044.37	1,209,090.00	2,024,709.23	815,619.23	中国农民银行分支行处共七十七处，分行十五处，支行七处，办事处五十五处。
				以上各分支行处系根据各该行二十五年十二月份报告。

靡不假手货币以表现。一国苟有积极的货币政策，则经济建设事易功倍。当此世界经济战白热化之时，特草拟一积极的中国货币金融政策，以候教正。

（1）目的

一、藉货币金融之管理，以维持本国物价之安定。

二、藉货币金融之管理，以发展本国企业界之生产力。

三、藉货币金融之管理，以图政府财政之平衡。

四、藉货币金融之管理，以逐渐储积海外资金。俟（一）世界各大国货币安定，（二）我国经济能力有相当发展，（三）在外资金达相当数额后，采取与各国相同之本位货币。

理由：现在世界经济战争日烈，各国相率放弃金本位，而采取货币管理制，其用意厥有下列五项。

（一）保护并奖励本国产业界。

（二）提高国内物价。

（三）恢复商业繁荣，使政府收入增加，预算不致不敷。

（四）增加出口，使国际收支顺差，可以积储外汇或生金。

（五）俟以上诸项达到希望之后，再恢复金本位。

我国对于货币金融，因种种关系，而取放任政策。此在各国均用金本位，货币且未下跌时，尚不受若何压迫，且银价涨落，与用金国物价互相呼应，吾国颇受其益，论者遂以为可以长此终古。但今日则英、美、日三大国均用货币管理制，对我国经济竭力压迫，放任政策遂不能适用。举其恶果，约有下列数端。

（一）物价惨落。

（二）生产（农业）停顿。

（三）金融呆滞一隅（上海）。

（四）政府收支不敷。

（五）人民对租税及负债感觉过重，无力负担，铤而走险，遂成共党之患。

现在国力日弱，政府亟应采有效措置。为今之计，首应令物价有相当之提高，俾生产者不致全体破产。顾欲提高物价，必须采行货币管理制。差幸吾国系银本位国，对于货币虽加以管理，并不需放弃银本位，不似英美等国，欲管理货币，必假于停兑或禁金出口，致酿成人民对金融界之暂时不信任。

货币管理制固可使产业界兴盛以及提高物价，但苟不行计划经济，将全国主要实业，由政府提倡津贴或主持办理，则其效亦不过暂时的。因据现代货币学说，一国之货币，不必即须金银。但一国欲求货币之安定，必须发达相当之生产力。盖生产力之大小，乃决定货币能否安定之要素也。兹假定吾国同时实行计划经济，将各种实业次第举办。拟货币管理制之前提及步骤如下。

(2)实行货币管理制之两前提

一、统一发行权及中央银行与商业银行合作

各国之发行权大多属诸中央银行，吾国则事实上各商业银行发钞在前，信用亦著。若一举取消，于市面将有大害。好在中央银行信用卓著，与各商业银行关系亦极良好，似可定一过渡时期，由各行设立公库，共同管理，于无形中逐渐转移于中央银行，庶不致影响金融。又中央银行业务应与各行划分，以免竞争。各行准备应存放中央银行，以增实力。总以加厚力量，对外一致为主。中央银行之准备金，除银币及公债外，生金、外汇及国外票据债券，均可充数。如此乃可与汇兑基金合作，达到货币管理之目的。

二、设立汇兑平衡基金

国内物价与世界物价之关系，全恃外汇汇率为枢纽，故汇兑基金为货币管理制所不可少者。汇兑基金之目的有二，(一)防止外汇暂时之过度涨落(次要)。(二)使中国货币之对内购买力，高于其对外购买力，以便提高本国物价，及大量购进外汇(主要)。

汇兑基金不须巨额，而贵在来源不可间断，大约有五千万至一万万国币，即可足用。但司基金者(假定属财部)，必须与司发行者(中央银行)有密切之合作，始克运用圆满。在英国，管理基金之财部与管理发行之英兰银行，本质上不啻为一机关。汇兑基金如因购进生金或外汇过多，而资金有不足时，即将一部份转售英兰银行。英兰银行因之可以增加商业银行所存之准备金，或增发钞票，而全国物价乃逐渐上涨，工商业遂有兴盛气象。

汇兑基金有类于蓄水池，池不须大，但使来源不竭，池水即日日长流。物价高起后，所发展之生产力，即池水之来源也。

(3)实行货币管理制之步骤

一、设立一货币管理委员会，司通货管理之执行。此委员会附设于财部及中央银行，所需人员即由两机关调用，并与司计划经济之委员会密切合作。委员会应有顾问，自金融界、实业界中聘请之。又应有研究机关，由专家主持之。

二、指拨美国棉麦借款一部或发行内国公债若干万元，充汇兑基金。

三、第一时期(委员会成立后之首六个月)

汇兑基金之运用，以防止外汇过度之涨落为主，此时中央银行与其他发行之银行之合作问题应解决就绪。国内外金融界对政府之信任亦有增进，全国物价应中止下落，全国现金停止来沪，沪上各大银行开始向内地放款。

四、第二时期(约一年至二年)

汇兑基金应着手购进外汇，对有膨胀性之美元及日金，应阻止其对我国货币之跌落(日汇最低国币一元，美汇最低国币三元五角)，对英镑、法郎酌为抬高。

同时，中央银行应着手以外汇生金等为基础，逐渐增发钞票，或膨胀商业银行之准备金。此时上海现金或将流出一部，以易外汇。但因外汇紧缩后，出口增加，在外资金有余，金融界当无不便。

斯时国内物价已行上涨，实业界颇有生气，出口贸易活动，进口农产减少，农村之不景气略有转机。政府应（一）取缔投机，(二)对实业界之过度利益抽税，(三)开始建设种种之必需工业。

洋商银行因汇兑业务受汇兑基金之统制，逐渐收缩业务，国人存款一部投资企业，一部改存华商银行。华商银行对国外押汇业务，因有中央银行之外汇资金低息供给，亦较前为盛，洋商进出口业务逐渐移归华商。内地对上海之资金收付转为顺差，上海各银行纷赴内地设立分行放出资金。

五、第三时期(约一年至二年)

世界各国业照新平价恢复金本位，我国物价仍继续上涨，企业界希图厚利，有发达过度之危险，农业亦有进步，外国棉麦进口已显然减少。

斯时亟应设立两种金融市场，即(一)长期的证券市场，俾银行界之长期存款可变为公司之证券，不致金融之过分膨胀。(二)短期的票据承受市场，俾游资有运用之途。两种市场成立之后，中央银行即可藉贴现利率之高下及公开市场之运用，以统制金融。

政府对各项事业业已次第举办。

汇兑基金不复抬高外汇，唯着手觅取安定点，希望在此点上，我国物价水平既可与世界物价水平相联结，而我国企业界亦不致受恶影响。

二、我国实业已相当发展，农业亦达到自足自给程度。中央银行存海外资金甚多，洋商银行在华无足重轻，外汇安定点，经年余之试验，亦经觅得。我国遂将汇兑基金归还国库，正式实行金本位。

斯时我国货币政策须与各国协调，暂时产业界受其影响，略为不振，幸所定平价不高，政治经济情形亦极安定，采行金本位当利多于害也。

二十二年八月十五日　汉口

（杨永泰批：顾君为国内研究经济之有名学者，所拟货币金融政策确有商榷之价值，非普通条陈可比。请阅全文，如认为诚有可采之处，可抄交庸之总裁、子文部长，并另行指定数人切实讨论，再行具签呈核。）

（蒋介石批：可抄交宋部长、孔总裁采阅。）

〔资源委员会档案〕

2.财政部秘书处钱币司拟定币制金融等项六年工作计划签呈

（1936年3月20日）

案准行政院秘书处二十五年二月廿三日函称：奉院长谕：本院会议决议，行政院工作纲要原则通过，交秘书、政务两处参酌各部会中心工作计划，拟提具体方案一案，其原纲要所列各项，与各部会职掌有关者，应先由各关系部会于二十天内各就主管范围分别拟具六年计划，并须注明逐年进展程度。其有关二部以上之职掌者，由各主管部先自商洽，拟议送院，再由处拟定整个具体方案，审定实施，等因。抄同工作纲要，函达查照办理，等由。并附行政院工作纲要一件到部。查原纲要第八项币制金融政策督促完成一节，系属本部主管事项。兹经详细研究，拟定完成币制金融政策六年计划，计分关于完成法币政策者：为统一发行、统一辅币两项；关于改善金融制度者：拟议改订各项银行法规，以谋健全金融组织，统制金融，而达经济建设之目的。以上两项，均经分别注明逐年进展程度，俾期完成货币金融之中心工作。至有关二部以上之职掌，如原纲要所列关于实业者：第一项国民经济建设运动、第八项交易所监理与督察施行办法，与金融经济均有密切关系，应请实业部会同本部商洽拟议。可否即将拟定完成币制金融政策六年计划函送院秘书处转呈之处？理合检同该项计划一份，签请部次长鉴核示遵。

秘书处钱币司谨签(印)三月二十日

币制金融事项六年工作计划

近世社会经济，日趋繁复，生产畸形发展，分配失其均衡，致经济上之自动调节作用，失其效力，遂以暴露生产过剩，购买力减低，失业增加等现象，演成经济恐慌。各国在此情形之下，感于自由主义之经济思想已不适用，莫不幡然改图，作有效之计划，以谋复兴经济。

惟复兴经济，首应谋货币金融之统制。盖货币金融，为财政上之核心，而财政又为庶政之根本，其与社会经济，关系尤密。如安定物价、稳定汇价等问题，胥视货币制度、金融组织之健全与否为转移。倘货币制度、金融组织未臻健全，则物价常有异常之涨落，汇市呈过度之升降，任何经济行为，如生产、交易、分配、消费各方面，均将感受威胁，且足破坏一国经济之平衡，而常陷于经济恐慌之域。故各国近年挽救经济恐慌之对策，于货币则采取通货管理，于金融则实施统制，以集中全国经济力量，而维护其本国利益。

我国经济情形虽与各国不同，但以我国向为银本位国家，与金本位国交易，辄因汇价变动关系，感觉不利。尤自美国实施购银法案以来，国外银价高于我国，存银陆续流出，在二十三年上半年内竟达二万万元之巨。而白银关系我国货币币材，亦即国家命脉所系，长此外流，则整个国民经济，将有完全崩溃之虞。本部鉴于此种危机，力图挽救，为稳定货币价值、保存国内现银计，虽于二十三年十月十五日实施银出口税兼课平衡税，现银外流减少。惟系暂时救济，尚非根本办法。乃于二十四年十一月四日进而实施法币政策，以奠定货币基础，而求物价汇价之永久安定。并以我国金融制度，向乏系统组织，亦应规划完密，俾利运用。故拟对于中央银行组织，力求改善；□□银行制度，力求健全。务使在稳妥适宜条件之下，增加资金效用，以应工商业之需要。又拟修正不动产抵押法令，增设不动产抵押放款银行，使活泼地产，发展地利，以谋全国土地之合理使用。凡此规划，均经本部分别积极进行，已具端倪。惟我国货币金融情形，向极复杂，断非短期间内所可整理蒇事，自应依照原定政策，详拟工作计划，继续办理。

一、币制

自上年十一月三日公布实施法币，规定六项办法施行以来，颇著成效。关于法币准备金检查，前已由部公布发行准备管理委员会检查规则施行。当由该会照章按月检查公告，前项检查事务，自应监督继续办理，关于稳定法币外汇价格，前经函令中中交三行无限制买卖外汇，稳定法币外汇价格。数月以来，法币汇价极称稳定，自应本既定方针，切实办理。关于运用法币政策，改善国际贸易，自上年十二月份起迄本年二月份止，各月出超自数百万元至千万元不等，为近数十年所未有，嗣后益应善为运用，调整贸易。关于法币兑换期间，依照公布兑换法币办法，应截至二十五年二月三日届满，旋经核定自本年二月四日起至五月三日止，展期三个月通行遵照，并咨各省市政府迅速督饬派往各地收兑委员，加紧收兑银币，掉换法币，务于展限期内，一律办竣。关于边省推行法币，迭经商由中央银行派员赴青海、宁夏、西藏、云南、广西、广东等省调查金融状况，以便设立分行，推行法币。关于督促接收各银行发行部份，除旧部核准有案之各发行银行及陕西省银行、河南农工银行、浙江地方银行、湖北省银行发行部份，业由中中交三行分别接收或正在接收外，其余各省银行或类似省银行之发行部份，概定由中国农民银行接收，并以该行为复兴农村而设立，为复兴农村经济、完成法币政策起见，前经令饬该行至少应以五千万元经营土地抵押放款及农村放款。复为督促实施，又规定放款办法六项，特注重于自耕农之救济。以上各节，或已预定期限督促办竣，或已筹有办法相机进行，自应按照预定计划分别继续办理。至所需经费计：

（一）委托各省市收兑银币杂银手续费　　该项手续费依照本部规定办法，自二十四年十一月四日起，至二十五年二月三日止，最多酌给百分之六。嗣经展限自二十五年二月四日起，至二十五年五月三日止，最多酌给百分之三。现以收兑银币杂银正在进行之中，约计该项手续费，当在五百万元左右。

（二）巩固法币安定金融维持整理款项　　查各国统一发行先例，对于发行银行，类多特定办法，以资维持。我国施行法币既属创举，各发行银行在发行权取消以后，具有特殊情形，有待政府特定办法予以维持者，尤以各省省银行发行部份，准备空虚，未容漠视。为巩固法币信用，安定市面金融，对于具有前项特殊情形之发行银行及省银行，亟须统筹兼顾，妥拟维持整理之法，以免影响金融，动摇全局。此项维持整理款项，估计约为五千万元。

（三）中央造币厂扩充费　　该厂铸造能力与拟定铸币数目相差尚多，拟令该厂添购机器，增加铸造辅币数量，以符拟订计划。该项添购机器等费，共为二百万元。

（四）各造币分厂整理费　　依照原拟计划，在十年内应铸辅币总数仅以中央造币厂担任，力有弗及，拟即整理旧有各造币厂局四处，筹备开铸。关于修缮厂房添购机器及一切开办费用，每厂应需五十万元，共为二百万元。

以上各项经费，共为五千九百万元，依后述六年实施办法，均应于第一、第二两年内支出。

（甲）关于法币者

上年十一月三日实施法币后，规定中央、中国、交通三行所发钞票为法币。嗣并核准中国农民银行发行钞票，以一万万元为限，与法币同样行使。除中、中、交、农四行以外，其他旧部核准发行银行及各省省银行所发钞票，规定以中央钞票逐渐收回，两年以后，并由中央银行享有发行专权，届时中国、交通、农民三行钞票，亦应逐渐以中央钞票收回。谨将逐年进行事项分述于次。

第一年实施事项

中央、中国、交通、农民四行以外各发行银行钞票，原定由本部酌定期限，逐渐以中央钞票收回。兹定于第一年内，逐渐收回各该发行银行钞票，代以中央银行法币。查本部核准各发行银行之钞票，截至上年十一月三日止之流通总额，计有浙江兴业银行九，四四八，七七三元，中国实业银行五四，二一一，八〇九元，四明银行一九，二二〇，八〇〇元，中国垦业银行七，四九六，〇〇〇元，中国农工银行一六，四五四，五一七元，农商银行二，八二四，三〇〇元，中国通商银行二八，六〇八，〇〇〇元，中南银行七二，二八二，四〇〇元，边业银行三五一，七〇〇元，浙江地方银行三，四九三，八二二元，大中银行一，七一二，五二一元，北洋保商银行六，五八〇，〇〇〇元，共为二二二，六八四，六四二元。其未经核准发行之各省省银行钞票，已据报有发行数额者，计有湖北省银行三，四四二，八五六元，陕西省银行四，七一九，二一五元，河南农工银行七五八，四三六元，共为八，九二〇，五〇七元，综计二三一，六〇五，一四九元。其尚未报明发行数额者计有河北、山西、绥远、湖南、云南、广东、广西等各省银行钞票。兹拟将业已报明发行数额之各行钞票二三一，六〇五，一四九元，其准备金已接收完竣者，于第一年内陆续以中央钞票收回外，对于准备金未完全接收各行，督促交足，一面令行未经报明发行数额之各省银行，即日报明数额，以便核办。并请中央银行于未设有分行各省区，逐渐推设，藉资便利。并为中央银行享有发行专权起见，停止中国、交通、农民三行印制新钞，如有需要，应由中央银行增印发行。

第二年实施事项

中、中、交、农四行以外各发行银行及各省省银行所发之钞票，限定于本年内收换完竣。中国、交通两行所发钞票，应以本年年底发行总额为限，中国农民银行应以一万万元为限，均不得继续增发。

第三年实施事项

自本年起发行统一于中央银行，但中国、交通、农民三行所发钞票，仍准流通，从本年起逐渐收回代以中央钞票。

第四年实施事项

本年内尽量推行中央银行法币，仍继续以中央银行法币收回中国、交通、农民三行所发钞票，其中国、交通、农民三行设有分支行处地方尚未设立中央银行分行处者，并应一律设立，以便换回三行所发钞票。

第五年实施事项

本年内继续进行第四年办法，对于中国、交通、农民三行所发钞票继续收换。

第六年实施事项

中国、交通、农民三行所发钞票，于第五年内尚未收换净尽者，应于本年内继续收换。

（乙）关于辅币者

我国旧铸各种辅币，种类繁杂，色量参差，以致流通区域，各有界限。各地方银钱行号及普通商号所发辅币券，种类尤多，均足紊乱金融，影响民生。本部对于整理辅币，且经遵照辅币条例，饬由中央造币厂铸造辅币，交由中央银行发行，一面收回旧币改铸。惟查我国平民生活，多数系以辅币为交易媒介，依照各国人民需要辅币比例，每人至少应需二元，并查历年各省造币厂所铸单双铜元数在四百万万枚以上，合以其他铜元及银角等类，其值当在六万万元以上。衡以此数，假定最低限度为每人需用辅币一元，以四万万人口计，共应铸造辅币面值四万万元。兹分配此项辅币之种类铸数如左：

二十分镍币　五万万枚　面值一万万元

十分镍币　七万五千万枚　面值七千五百万元

五分镍币　十五万万枚　面值七千五百万元

一分铜币　一百万万枚　面值一万万元

半分铜币　一百万万枚　面值五千万元

共计　二百二十七万五千万枚　面值四万万元

以上各种镍铜辅币共为二百二十七万五千万枚，如在六年内分期铸造，每年应铸三十七万九千万余枚。此项巨额铸数，实非中央造币厂及各旧造币厂机力所能胜任，似非斟酌情形，延长至十年以上不可。现查中央造币厂铸造能力，每日工作十小时，可铸造镍铜辅币五、六十万枚，如加班铸造可达一百一、二十万枚，每月可铸三千万枚，每年可铸三万六千万枚，核与应需数目相差甚多。除督饬中央造币厂增加铸造能力外，拟就旧有各造币厂局整理应用，交由中央造币厂监督管理，筹备开铸，以应需要。假定上项估计数量分作十年铸造，每年铸造二十二万七千五百万枚，除中央造币厂外酌设分厂四处，每处每年各铸四万五千万枚，共为一十八万枚，其余四万七千五百万枚，则扩充中央造币厂铸造能力，由该厂承铸，并由该厂筹划提炼铜元制钱改铸新币，至各地方银钱行号及普通商号所发辅币券，迭经本部严令取缔收毁，或以地方政府奉行不力，或以辅币缺乏，暂资周转，致私擅发行，尚未绝迹。兹为统一辅币，自应限期勒令收毁，务绝根株。谨将逐年进行事项，分述于次。

第一年实施办法

本年上半年内，将应行整理可资利用之厂局，一律交由中央造币厂监督管理，除整理筹备期间外，自下半年起，酌设分厂四处开铸，本年年底铸数以六个月计，每厂应铸二万二千五百万枚，共为九万万枚，连同中央厂铸数四万一千七百五十万枚（除上半年六个月应铸一万八千万枚外，自下半年起扩充铸造能力，以六个月计，为二万三千七百五十万枚，共合加上数），合计十三万一千七百五十万枚。在本年内，仍准旧辅币流通，但由中央银行斟酌各地方需要辅币情形，积极调整铜元价值，由部严禁私人贩运牟利，以维新辅币价格。一面由中央造币厂预备提炼收回铜元制钱，作为新铜辅币币材，各地方私发辅币券，应于本年勒令一律收毁，其经部核准发行之辅币券，并令各发行银行不得再发，分期收回。

第二年实施办法

在本年内除上年发行之辅币一十三万一千七百五十万枚外，各厂应铸成二十二万七千五百万枚，交由中央银行发行。其收回旧币，陆续发交中央厂提炼净铜，充作币材。

第三年实施办法

本年继续进行上年办法，除第一、第二两年发行之辅币三十五万九千二百七十五万枚外，各厂应铸成二十二万七千五百万枚，交由中央银行发行，收回旧币改铸。

第四年实施办法

本年继续进行上年办法，除前三年发行之辅币五十八万六千七百五十万枚外，各厂铸成二十二万七千五百万枚，交由中央银行发行，收回旧币改铸。

第五年实施办法

本年继续进行上年办法，除前四年发行之辅币八十一万四千二百五十万枚外，各厂铸成二十二万七千五百万枚，交由中央银行发行，收回旧币改铸。

第六年实施办法

本年继续进行上年办法，除前五年发行之辅币一百零四万一千七百五十万枚外，各厂应铸成二十二万七千五百万枚，交出中央银行发行，共计六年铸造数量为一百二十六万九千二百五十万枚，较估计数目，尚少一百万零五千七百五十万枚。此项短少之数，应继续分于四年内铸造足额，其以前各年未经收尽旧辅币，并应继续于四年内收换完竣。至各行所发辅币券，则统限于本年内一律收销竣事，在本年年底，应只有新辅币及残留少数旧辅币流通。

二、金融

各国自实施通货管理以来，原有银行组织□□本统制之原则，改弦更张，以收运用之效。诚以昔日之银行组织，其实□□调节金融为限。而自实施通货管理之后，银行自调节金融外，并负有平衡物资，以发展整个国民经济之责，为增加控制力量，对于国家银行之职权，与夫政府对于私立银行之监督，类均有详密之规定，故现时各国中央银行除负调节金融之使命外，更以调节国民经济为职志。一般私立银行，前由中央银行之间接统制者，亦改由政府直接管理。至于财政政策多采膨胀主义，发行大量公债，吸收游资，举办有利国民事业，以代专事营利之投资，使过剩物资有所利用，增进一般购买力，以达供求相应之目的。

我国自上年十一月三日宣布新货币政策后，已渐进而为金融统制。但以生产能力尚低，与各国情形颇异，故如扩大信用，膨胀通货，提高物价，增进一般购买力，似均未便采用。诚以我国生产能力既低，物货未到过剩时期，对于物资之需要一旦剧增，反易增加输入，而予国内仅有产业以重大打击。但自实施新货币政策，关于我国物价汇价，虽已不受世界银价涨落影响，然于全国金融，若不加以统制，实不足以促进经济建设，发展国民经济。

职是之故，为增加资金效用，促进经济建设起见，自应参酌各国统制金融先例，由中央银行运用利率政策，□全国财政经济情形，决定利率之高低，以为全国金融上之控制。并□□渐采取汇兑管理，以平衡国际贸易。复为增加中央银行之统制能力，所有一般私立银行及信托公司所收存款，统应依照银行法规定营业准备定率，存于中央银行，一面由中央银行对于一般银行予以重贴现之便利。至于交易所之管理以及普通储蓄、保险、信托等资金，亦应以有效方法规定其运用范围，依国家立场以从事投资之途径。

以上种种虽为统制金融之急务，但须金融制度组织完密，方可有济。本部熟筹深思，早虑及此，故于上年布告新货币制度，即郑重声明，中央银行之组织将力求改善，以尽银行之职务，其一般银行制度更须改革健全，并增设不动产抵押放款银行，以谋地产之活泼，等语。此为谋健全金融组织，以利统制金融，而达经济建设之目的。惟各种银行法规亟应彻底清厘，公布施行，俾可依法办理，经已由部分别改订，酌量补充，计修订及草拟之各项法案共十一种，分述于次。

甲、关于中央金融者

(一)修正中央银行法　　使处于超然地位，以尽银行之银行之职务。

(二)修正中国银行条例　　依照国际汇兑银行性质，本协助发展对外贸易之原则，厘订业务。

(三)修正交通银行条例　　依照实业银行性质，本发展全国实业之原则，厘定业务，并赋与发行实业债券之权，充实资力。

乙、关于银行通则者

(四)修正银行法　　原法规定窒碍难行之点，如股东负双倍责任等类，予以删除。又如银行不得为商店或他银行、他公司股东等类，予以修正，以期推行尽利。兼为厚集准备，保障银行信用，订入银行营业准备金之规定，期与中央银行法呼应，以便实施准备制度。

（五）修正储蓄银行法　储蓄银行法实施后，迭经各地银行公会列举困难，现经斟酌实际情形，量予修正。

丙、关于地方金融者

（六）拟订省银行法草案　省银行系属特殊组织，而各省省银行所营业务，实际与普通商业银行无别，性质不明，殊多窒碍。兹为便于监督兼顾实事起见，严格规定省银行之性质，并将其业务分别列举，注重于省地方经济建设，俾有遵循。

（七）拟订县银行法草案　全国各县地方素乏供给资金机关，致各地方建设未能普遍发展。兹拟订县银行法，俾各县地方得依法逐渐设立银行，以调剂地方金融，扶助当地经济建设。

丁、关于特种金融者

（八）拟订农业银行法草案　吾国农业亟待振兴，兹为协助发展农业起见，拟订农业银行法，予农民以低利为不动产及农产品之抵押放款，以调剂农民资金，并准该项银行发行债券，充裕资力。

（九）拟订地产银行条例草案　该项银行专以发展地利为宗旨，并限定分区设立分支行，俾可普遍经营都市或县乡之不动产抵押放款，并准发行地产债券，充实资力。

（十）拟订信托法草案　信托事业在吾国尚属萌芽，但与社会上经济上相互间之行为，关系颇巨。兹为保障此种特殊行为起见，该法规定私益公益信托两种，其信托之成立存续及消灭与受托人、委托人、受益人间之权利义务关系，亦经分别规定，俾资遵守。

（十一）拟订信托公司法草案　信托公司为经营以信托为基础之各种信托业务之营利公司，属于特殊金融之一种，兹将专营该项业务及银行设立专部或其他法人经营该项业务为业者，分别规定，俾责任分明，监督便利。

以上各种银行法规，于全国金融之机构，已具规模。除修改中央银行法已呈行政院核定外，其余各种法规，现由本部整理审核，拟即呈请核定，并案转送中政会审核，经过立法程序，公布施行。至所需经费，据所拟地产银行条例草案规定，资本总额为壹万万元，由政府与人民合资设立。兹拟按照资本总额十分之四加入官股，计为四千万元，应于第一年度内开支。兹拟具六年计划于次。

第一年实施办法

本年内中央银行依法改组，运用利率政策，办理重贴现业务，逐渐采取汇总管理。中央信托局开始办理公务员储蓄及该局章程规定之信托保险业务。中国、交通银行依法办理各该银行业务，并成立地产银行，办理不动产抵押放款业务。

各地方政府就各县乡地方需要银行情形，拟定县银行及农业银行分布数目，积极筹设。

中央、中国、交通、农民四行，就地方需要情形，酌定设立分支行处数目，于六年内，分别国内外逐渐设立分支行处。

地产银行依照法定分区办法，于二年内普遍设立分支行。

普通银行及储蓄银行，依照修正法规切实办理。

以上各办法，应于以后各年内继续办理。

第二年实施办法

本年内各省市银行及类似农业银行法规定之农业、农民、农工等银行，各储蓄银行、信托公司等，除依照各该银行法规办理业务外，其原有组织及业务不合于各该银行法规者，并应开始纠正或停止之，其余银行仍本上年已定方针，继续迈进。

第三年实施办法

本年中央银行已享有发行专权，应以贴现率控制整个金融市场。中国、交通两行在停止发行权以后，中国银行应纯粹为国际汇兑银行，交通银行应纯粹为发展实业之银行，中央金融组织应于是年完成。

中央信托局增办社会保险、失业保险等业务，俾民间资金集中运用，必要时并开办公务员保险，以养廉隅。

地产银行在前二年内未设立之分支行，应于本年内一律成立。

第四年实施办法

本年内各省市银行及农业、农民、农工等银行、各储蓄银行、信托公司原有组织及业务不合于各该银行法规之规定者，本年内应完全纠正或停止之，地方及特种金融组织，应于是年完成。

中央信托局对于公有财产保险，分别承保接收，期于本年内完全办竣。

第五年实施办法

本年内中央、中国、交通、农民四行，照原拟设立分支行处数目，至少设立五分之四以上。

各地方政府照原拟设立县银行及农业银行数目，督饬各县乡至少设立五分之四以上。

第六年实施办法

本年内中央、中国、交通、农民四行应设之分支行处及各县乡应设之县银行及农业银行一律成立，其在原拟设立数目以外因需要增加之数，均应于本年内成立。

所有第六年以前拟定应行继续办理各项事务，统限于本年内办理完竣。

再，查工作纲要内所列关于实业者，一、国民经济建设运动，八、交易所监督与督察施行办法两项，与金融经济均有密切关系，应请实业部会同本部商洽拟议，以期周密，合并声明。

〔国民政府财政部档案〕

3.对于统制外汇节略①

（1936年10月10日）

照译对于统制外汇节略

谨按近来有人建议统制外汇，其理由为三行外汇准备外流，须将对于外汇之需求加以统制，并将正当需要与投机营业加以区别，以资节制。

此等区别，骤视之，似甚简便，不知事实上极难施行。盖请购外汇之时，固须声明用途，但其声明难免作伪，对此实无防范之可能。且各国对华尚有治外法权，绝对统制殊属非常困难，外籍银行之可得其合作者虽多，然设有一家不能合作，统制之法即完全不能施行。且以各国曾经试办外汇统制之经验而言，政府所立之条例，无论如何周密，不肖之徒自有其取巧规避之方。凡出口商家有外汇款项可收者，自有人欲购外汇而其用途在禁例之列者，向彼申水收买，似此即于中央银行之外，另有外汇副市场，即所谓“黑市场”者存在。在此市场内，国币之易外汇，必有一种折扣。

为避免此种情事，除统制进口贸易之外，尚须统制出口。然统制出口比之统制进口尤为繁难。盖一种繁重之出口申请及检查制度，必须制定，海关关员亦须增添，以备稽核激增之出口估价，并给准予货物过关之凭证，而在边疆地方着手更难。故此制施行之后，恐于进口走私以外，又将有出口走私盛行。至于收取出口货价之外汇，其困难与迟延，殆将尤甚。中国之出口货物，种类繁多，一一稽察，劳人费时，势有难能。况乎扰害商业亦不在少，兴言及此，能无动怀。一言以蔽之，统制之制度，隙漏太多，万无补苴之术也。中央银行对于出口之进款，既难收到，而对于进口之付款则仍须支出，于是外汇准备不免直趋降落，而一般情形，

① 译文。作者不详。

且较统制以前尤为恶劣。

除上所述各项反对理由之外，尚有信用上之影响，亦应考虑。统制之议一经传出，民间必将惊慌相告，赶早将其资财移至国外，以免统制之后不能移动。盖此种制度即使决定施行，设立机关需时，消息难免走漏，故于颁布之前中央银行之外汇准备恐已消耗不少矣。

不自然之统制徒损商业而无一利。彼英德二国机构完备，而其国民性又极能守法，尚且深悔其两国间统制外汇之孟浪，其他各国之实地经验亦属相同，更可谓无一得有统制之益，而莫不悔作此无益之举。各国之经历既若此，中国乌可再蹈其覆辙耶。总之，外汇之统制乃国家最后一着，必至各种办法皆已失败，乃姑作此举之尝试。中国情形尚不至此，故无论如何，此议必宜拒绝。

今请再就主张此议者所持之理由而论之，彼固曰中国之外汇日渐短绌也，窃曾就国家银行所售之外汇而分析之，大致可别为三项：(一)投机者所购入，(二)进口商欲结外汇所购入，(三)资金之逃避。(一)、(二)两项之影响，系暂时性质，投机者早晚必须抵补，而进口商之汇款则不过提前办理，中央银行正可因此得免嗣后货到时之需求。唯有资金逃避一项，实属可虑。但此事亦无从直接处治，其唯一之可能救济方法，乃尽力避免摇动信用之举而已。乃外汇统制之谣传，正大足以摇动人心，一经传布，必致疑虑大兴而争购外汇，是外汇准备非特不能维持，而且消耗更多，与建议者之目的，结果适得其反。

今日中国之货币情形，殊为稳固。外汇标准价格亦甚适当。吾人殊无惶虑之理，不然，年来汇兑，安能若是之稳定，而国家银行之准备，亦安能如目前之充足，故对于货币之安定如怀悲观之态度，实属非是。至若战争发生，则不可同日而语。然今日尚非至此，万不得已之时，作无病之呻吟，虽非图自杀，亦至愚之计也。

基于以上之论列统制外汇之议，实属有害而非必要，其施行也有万难而足以致绝大之祸患。谨略。

〔中国国货银行档案〕

4.1936年行政总报告（钱币部分）①

（1937年1月8日）

钱币

一、推行法币　自二十四年十一月四日施行法币以来，金融渐臻活泼，农工商业，交蒙其利，全国人民莫不竭诚拥护，中外舆论，亦复同声赞美。惟以我国幅员广大，金融情形互殊，举历来庞杂货币，一旦摧陷而廓清之，自非熟筹审处莫能集事。一年以来，关于法币之推行，经财政部缜密筹度，先后厘订各种章则，以利施行。如兑换办法除二十四年已规定兑换法币办法及收兑杂币杂银简则之外，复督促中中交三行与邮政机关洽商代理办法，于二十五年一月间订定邮局代兑法币合同十一条。据三行报告，计全国各省邮区代兑法币各级邮局，达一千六百余所，其普遍与便利，可以概见。至兑换之期间，前于兑换法币办法内规定自二十四年十一月四日起以三个月为限，应于二十五年二月三日截止，惟查各地银币银类，未能如期兑换法币者，为数尚多，而偏远地方现尚无法币流通亟待推行者，亦属不少，自应酌将限期延展，以便人民，经该部一度展限。为特示体恤起见，对偏远省区及法币尚少流通地方兑换法币事项，准其继续办理，并规定将来由部斟酌各地兑换情形，随时随地，分别明令截止。一面并电令中中交三行尽量推行法币，以应各该地之需要。期早收集中管理之效。关于法币之保障，则由该部由本年五月间宣布施行事项三项，规定法币之现金准备仍以金银及外汇充之，内白银准备最低限度应占发行总额百分之二十五。俾我国币制仍保持其独立地位，不受任

① 此件系财政部钱币司所拟，日期为钱币司抄送秘书处时间。

何国家币制变动之牵制。而对外汇兑准备，益加充实，法币信用因以日臻稳固。

二、铸发辅币　我国旧铸各种辅币，种类复杂，色量参差，兑价不一，流通区域，各有界限，紊乱币制，妨碍民生实非浅鲜。迭经财政部详加研究，博采各国新制，衡酌国民生计情形，本十进原则，拟具辅币条例九条，于施行法币后提请本院核定，依法呈经国民政府于二十五年一月十一日公布施行。该条例中规定辅币之种类有五：镍币分二十分十分五分三种，铜币分一分半分两种。镍币每次授受以合法币二十元为限，铜币以合法币五元为限。铸造之专属于中央造币厂，其发行则由中央银行专司之。旋以中央造币厂铸造新辅币已积有成数，遂定于二月十日为辅币开始发行日期。由中央银行陆续运往各地流通。嗣因中央银行分行及办事处设立尚未普遍，又核准由中央银行委托中国交通两行各分支行处代为发行之办法，以收推行尽利之实效。近据报告，新辅币流通，已逐渐遍于各省。一面更由财政部拟具计划，将原有各省造币厂局，加以切实整理，令饬中央造币厂先就通货集散重要地方，如武昌、重庆、西安等处厂局整理应用，改为分厂，筹备开铸，以应需要。其旧日银铜辅币则逐渐收销。以期十进制度，于相当期间内，可以先□完成。兹将中央造币厂按月铸造辅币种类及数目列表后。

三、改善银行制度　中央银行为我国唯一之国家银行，负有安定全国金融之使命。自法币实施后，该行对于推广法币流通，稳定法币外汇价格，以及发行新辅币，调整各地金融，均能依据财政部之计划切实进行。财政部为充分发挥其效能起见，以该行亟有改善为绝对超然组织，俾尽银行之银行职务必要，因于二十五年一月呈准国府，将中央银行法第七条原规定商股总数百分之四十之限制，修正扩充为百分之六十，并准各银钱业各省市政府及人民均得认股，以示与民共有而昭大公。嗣又草拟修正法案五

年　月	铸造数量					值国币
	二十分镍币	十分镍币	五分镍币	一分铜币	半分铜币	
二四·一二	无	无	无	3,100,000枚	无	31,000.00元
二五·一	140,000枚	630,000枚	760,000枚	2,400,000枚	1,840,000枚	257,200.00元
二	1,010,000枚	2,340,000枚	4,200,000枚	2,500,000枚	7,240,000枚	797,200.00元
三	3,838,327枚	1,960,000枚	12,775枚	18,400,000枚	17,440,000枚	1,235,554.25元
四	994,604枚	2,398,630枚	7,844,427枚	27,860,000枚	9,960,000枚	1,159,405.15元
五	2,852,004枚	6,086,635枚	19,680,000枚	23,640,000枚	1,880,000枚	2,408,861.30元
六	2,873,609枚	4,717,902枚	18,240,000枚	24,080,000枚	2,880,000枚	2,195,312.00元
七	5,950,000枚	3,360,000枚	6,800,000枚	24,740,000枚	760,000枚	3,017,200.00元
八	9,680,000枚	2,120,000枚	1,040,000枚	24,820,000枚	720,000枚	3,351,800.00元
九	8,740,000枚	9,200,000枚	无	30,460,000枚	无	2,972,600.00元
十	8,080,000枚	7,980,000枚	无	32,180,000枚	无	2,735,800.00元
十一	5,180,000枚	3,560,000枚	无	32,940,000枚	2,400,000枚	1,733,400.00元
合　计	19,248,514枚	62,403,668枚	58,577,202枚	265,120,000枚	45,040,000枚	21,895,335.70元

（附注）二十五年十二月份尚未奉呈报

十七条，呈转审定，以厚集实力，俾得担负控制全国通货之重任，而助政府法币政策之完成。至其他各种银行法规，亦经该部详加研究，正在分别增订补充提请审定中。务使成为有系统之组织，藉以促进全国金融之发展。

四、救济农村金融　近年以来，农村破产，经济凋敝，故救济农村金融，实属刻不容缓。二十三年，政府制定储蓄银行法，即于七八两条内规定各银行对于农村合作社之质押放款及农产物为质之放款总额不得少于储蓄存款总额五分之一等语，并经财政部督饬办理储蓄各行会切实奉行。迨法币政策实施，对于救济农村，更明定进一步之办法由部明令中国农民银行至少应以五千万元经营土地抵押放款及农村放款。嗣为督促实施，又规定上项放款办法六项，责令低利贷款，注重于自耕农之救济。一年以来，该行此项贷款数额，按月均有增加。财政部现仍随时督促该行切实推进，至其他兼办储蓄各行办理农村质押放款，亦逐渐增加，对于复兴农村经济，流通农村金融，裨益颇多。

五、整理粤省金融　广东地方滨海，对外贸易最早，粤民侨居海外者亦众，就增进国民经济而言，实为全国最重要之省区。不幸过去粤省昧于货币与经济之关系，滥发毫券，截至二十五年七月中旬，有帐可稽者，竟达二万四千九百余万元之巨，所有现金准备，只合百分之四十三，其充作保证准备之省库券九千二百万元，基金又不确实。以致信用丧失，汇价反常，人心恐慌。中央顾念粤省民生，力谋整理，经由财政部派员偕同金融界领袖及经济专家赴粤考查，悉心研究，深觉整理粤币，应以粤民全体之利益为前提，不应着眼于少数人之利益，更应严防过去滥发钞票及不正当之买卖。一再妥筹，决定先从稳固毫券本身信用入手，所有现金准备项下短少之百分之十七及四成保证准备全数，先行筹措基金，发行公债，以资补充，用符法定。并于点验现金审核帐目详查其所发行之正确数目期内，暂特定办法如下：(一)广东省市两银行原有毫券发行总额，共计二万四千九百五十八万元，在粤省境内，一切收付仍照常行使。(二)粤省一切税收，其向以中央法币为本位者，仍照旧办理。如无法币，应按当日市价计算，折合抵缴，但不得超过加五计算。上述办法，已于二十五年八月二十日实施。并由部拟订整理广东金融公债条例，经过立法程序，于二十五年九月十九日由国府公布。此整理粤省金融经过之大略也。

六、检查法币准备金　法币施行以后，设立发行准备管理委员会，赋予检查法币准备金之权，该会自二十四年十一月成立后，即于同年十二月起，依照财政部所定检查规则，作第一次检查，嗣后按月举行一次，计二十五年底，已检查至第十三次，每次检查结果，现金准备均在百分之六十以上，保证准备，均在百分之四十以下，与部规则相符。由该会先后函报财政部备案，一面公告社会，以昭大信。兹将该会历次检查结果列表附录于后：

日期	检查次数	行名	兑换券发行数	兑换券准备金		
				现金准备	保证准备	准备金总数
24、12、31	1	中央银行	179,064,899.00	28,256,899.00	60,808,000.00	179,064,899.00
又	1	中国银行	286,245,041.92	201,152,344.85	65,092,797.07	286,245,041.92
又	1	交通银行	176,244,950.00	23,409,133.00	62.835,817.00	176,244,950.00
		合计	641,554,890.92	432,818,276.85	208,736,614.07	641,554,890.92
25、1、25	2	中央银行	220,641,090.00	159,308,210.00	61,332,830.00	220,641.090.00
又	2	中国银行	308,118,309.42	221.472,966.97	86,645,342.45	308,118,309.42
又	2	交通银行	190,809,700.00	122,734,623.00	68,075,077.00	190,809,700.00
		合计	719,569,099.42	503,315,799.97	216,053,299.45	719,569,099.42
25、3、1、	3	中央银行	224,324,443.00	153,281,763.00	71,042,680.00	224,324,443,00
又	3	中国银行	293,838,239.42	226,862,812.37	66,975,427.05	293,838,239.42
又	3	交通银行	181,883,700.00	125,000,823.00	56.882,877.00	181,883,700.00
		合计	700,046,382.42	505,145,398.37	194,900,984.05	700,046,382.42

（续表）

日期	检查次数	行名	兑换券发行数	兑换券准备金		
				现金准备	保证准备	准备金总数
25、3、23	4	中央银行	251,303,350.00	168,771,650.00	82,731,700.00	251,503,350.00
又	4	中国银行	310,150,610.92	235,176,425.75	74,974,205.17	310,150,610.92
又	4	交通银行	186,697,700.00	129,278,853.00	57,418,847.00	186,697,700.00
		合计	748,331,660.92	533,226,908.75	215,124,752.17	748,351,660.92
25、4、25	5	中央银行	262,247,473.00	180,021,173.00	82,226,300.00	262,247,473.00
又	5	中国银行	323,282,986.92	236,368,977.27	86,914,009.65	323,282,986.92
又	5	交通银行	196,065,640.00	134,475,793.00	61,589,847.00	196,065,640.00
		合计	781,596,099.92	550.865,943.27	230,730,156.65	781,596,099.92
25、5、30	6	中央银行	277,775,264.00	190,025,364.00	87,749,900.00	277,775,264.00
又	6	中国银行	343,155,283.92	229,156,077.60	23,999,208.32	343,155,285.92
又	6	交通银行	201,401,740.00	139,672,360.00	61,729.380.00	201,401,740.00
		合计	822,322,289.92	558,853,801.60	263,478,488.32	822,332,289.92

（续表）

日　期	检查次数	行　名	兑换券发行数	兑换券准备金		
				现金准备	保证准备	准备金总数
25、6、28	7	中央银行	299,253,125.00	201,881,825.00	97,371,300.00	299,253,125.00
又	7	中国银行	351,772,791.92	232,062,761.27	29,710,030.65	351,772,791.92
又	7	交通银行	204,912,051.00	143,188,671.00	61,723,380.00	204,912,051.00
		合　计	855,937,967.92	577,133,257.27	278,804,710.65	855,937,967.92
25、7、26	8	中央银行	300,871,929.00	201,712,229.00	99,159,700.00	300,871,929.00
又	8	中国银行	365,674,338.92	232,723,470.18	132,950,868.74	365,674,358.92
又	8	交通银行	210,409,551.00	146,951,971.00	63,457,580.00	210,409,551.00
		合　计	876,955,818.92	581,387,670.18	295,563,148.74	876,955,818.92
25、8、30	9	中央银行	305,955,375.00	204,637,275.00	101,318,100.00	305,955,375.00
又	9	中国银行	367,425,895.92	228,338,607.49	139,087,288.43	367,425,895.92
又	9	交通银行	206,476,451.00	146,077,821.00	60,398,630.00	206,476,451.00
		合　计	879,857,721.92	579,053,703.49	300,804,018.43	879,857,721.92

（续表）

日期	检查次数	行名	兑换券发行数	兑换券准备金		
				现金准备	保证准备	准备金总数
25、9、26	10	中央银行	313,435,165.00	22,274,063.00	102,161,100.00	313,435,165.00
又	10	中国银行	377,768,425.92	238,375,133.85	139,293,293.07	377,768,425.92
又	10	交通银行	217,110,411.00	151,943,181.00	65,167,230.00	217,110,411.00
		合计	908,313,999.92	601,592,376.85	306,721,623.07	908,313,999.92
25、10、25	11	中央银行	305,833,781.00	200,173,681.00	105,660,100.00	305,833,781.00
又	11	中国银行	411,073,781.92	260,892,291.19	150,181,490.73	411,073,781.92
又	11	交通银行	244,620,711.00	149,538,181.00	95,082,530.00	244,620,711.00
		合计	961,528,273.92	610,604,153.19	350,924,120.73	961,528,273.92
25、11、29	12	中央银行	312,941,477.00	204,567,177.00	108,374,300.00	312,941,477.00
又	12	中国银行	439,895,436.42	274,279,079.54	165,616,356.88	439,895,436.42
又	12	交通银行	272,845,434.50	165,513,514.70	107,331,909.80	272,845,424.50
		合计	1,025,682,337.92	644,359,771.24	381,322,566.68	1,025,682,337.92

（续表）

日期	检查次数	行名	兑换券发行数	兑换券准备金		
				现金准备	保证准备	准备金总数
25、12	13	中央银行	325,592,469.00	212,238,769.00	113,353,700.00	325,592,469.00
又	13	中国银行	459,310,240.42	283,509,569.82	175,800,670.60	459,310,240.42
又	13	交通银行	295,045,524.50	179,423,054.70	115,622,469.80	295,045,524.50
		合计	1,079,948,233.92	675,171,393.52	404,776,840.40	1,079,948,233.92

〔国民政府财政部档案〕

(二)货币与金银问题

一、中央造币厂

1.财政部令饬各造币厂停铸袁币改铸孙币呈

（1927年6月10日）

为呈复事。案奉钧政府天字第三十八号训令内开：据国民革命军总司令蒋中正呈：据浙江财政委员会主任陈其采呈称：为转呈事。案据杭州造币厂厂长金百顺、会办沈维桢呈称：窃厂长百顺前奉钧会函知转奉总司令感电，委任为杭州造币厂厂长，饬即赶速开铸等因。厂长遵于一日就职，即日开工鼓铸，分别呈报鉴核在案。惟查职厂现用铸币祖模，系于民国十年间，由沈前厂长呈准北京币制局，令饬天津造币厂制就给领。兹值政局鼎新，前项铸币祖模，自有更易必要。惟究应改用何种花纹形式，事关币制，职厂未便擅拟，理合具文，呈请仰祈钧会鉴核，俯赐转呈改颁指令祇遵。再，现值沪上洋用需要甚紧，职厂暂用旧模加工赶铸，仍俟新模颁到，再行易换，合并陈明，等情。据此。查该厂铸币祖模，系由前北京政府制发，所有花纹、形式，现在已不适用，自应另行改颁，以重币制。除指令该厂在新模尚未颁到以前，暂用旧模开铸，以利进行外，理合据情转呈，仰祈钧部鉴核，颁发新模，实为公便。等情。据此。查铸币祖模，关系国家币制甚为重大，职部未便专擅，理合备文，呈请鉴核批示祇遵。等情。据此。除指令外，合行令仰该部即便遵照，酌核办理，并将办理情形具报。等因。查停铸袁币，换铸先总理像币新模，前经政治会议议决。旋因宁厂呈请权铸旧模，为调剂金融起见，又经中央财政委员会议决：先总理像币绘样镌模需时，准暂用民国元年所铸先总理纪念币旧模，先行铸用，成色、分量，均照袁币办理，各等因。业经通电所属各造币厂，一律停铸袁币，如在镌刻新模未成以前须先开铸，即向宁厂领取纪念币旧模，先行仿铸在案。奉令前因，除再令饬浙厂遵照前令办理外，理合呈复察核。谨呈

国民政府

代理财政部长　古应芳(印)

中华民国十六年六月十日

〔国民政府档案〕

2.中央造币厂组织章程

（1929年4月10日）

中央造币厂组织章程　民国十八年四月十日公布

第一条　中央造币厂直隶于财政部，掌理国币之铸造、销毁及生金银之精炼、分析事项。

第二条　中央造币厂设于上海，就原有造币厂旧址改设之。

第三条　中央造币厂置厂长一人、副厂长一人，由财政部长呈请简任。

第四条　中央造币厂设监理委员会，以委员七人至九人组织之。

前项委员以造币厂厂长、副厂长、中央银行代表、钱币司司长为当然委员，其他由财政部部长选派之。

第五条　监理委员会置常务委员五人，由财政部部长就委员中指派之。

第六条　监理委员会职权如左。

一、关于前上海造币厂债务之整理事项。

二、关于中央造币厂一切规程之拟订事项。

三、关于中央造币厂一切设计事项。

四、关于中央造币厂购置营造之审核事项。

五、关于中央造币厂收支及预算决算之审核事项。

六、关于技师之聘用事项。

七、关于建议于财政部长或财政部长交议事项。

第七条　监理委员会议决事件，交由厂长及副厂长执行，但遇重大事件得径呈财政部部长。

第八条　中央造币厂设检查委员会，以左列各委员组织之。

一、财政部部长选派一人。

二、上海总商会推选二人。

三、上海银行公会推选二人。

四、上海钱业公会推选二人。

第九条　检查委员会置常务委员三人，由委员中互选之。

第十条　检查委员会职权如左。

一、关于新币成色之化验检查事项。

二、关于新币重量之校准检查事项。

三、关于检查结果之公布事项。

第十一条　检查委员会对于检查结果认为有不合法定之成色、重量时，应即通知厂长或副厂长改铸。

第十二条　中央造币厂设左列各科。

一、总务科。

二、会计科。

三、工务科。

四、化验科。

第十三条　总务科职掌如左。

一、关于文牍之撰拟收发及保管事项。

二、关于物品及材料之购买出纳及保管事项。

三、关于营缮事项。

四、关于稽查事项。

五、关于其他不属各科事项。

第十四条　会计科职掌如左。

一、关于预算决算及统计之编制事项。

二、关于款项之收支事项。

三、关于生金银及各种铸币之出纳事项。

四、关于收发生金银及条片饼币之较准事项。

第十五条　工务科职掌如左。

一、关于生金银及旧货币之熔化事项。

二、关于生金银及旧货币之精炼改铸事项。

三、关于国币之铸造事项。

四、关于机器之使用配置修理及保管事项。

五、关于钢模之雕刻事项。

六、关于徽章奖牌之制造事项。

第十六条　化验科职掌如左。

一、关于生金银及各种货币成色之化验事项。

二、关于金属矿质之试验事项。

三、关于煤炭及其他材料之试验事项。

第十七条　中央造币厂置秘书二人，各科置科长一人、科员若干人，承厂长及副厂长之命，办理各科事务。

秘书及各科科长由厂长及副厂长呈请财政部长核准委派，科员由厂长及副厂长选派后，呈报备案。

第十八条　中央造币厂置技师一人、技正三人、技士若干人、承厂长副厂长之命，办理技术事务。

技师由厂长荐请财政部长核准后，即以厂长名义签订契约聘任之，技正荐任，技士委任，亦均由厂长及副厂长呈请财政部长核准派充。

第十九条　中央造币厂因缮写核算及其他事务得酌用雇员。

第二十条　中央造币厂应根据此项组织章程另订办事程序，呈请财政部长核定遵守之。

第二十一条　本章程自公布之日施行。

〔国民政府财政部档案〕

3.中央造币厂监理会成立以来经办重要事件清折

（1929年8月14日）

谨将重要案件开列于左。

（甲）关于中央造币厂事项

第一项　呈部核发中央造币厂建设费四万两，并向中央银行接洽借垫，以度年关。

第二项　自二月一日本会成立始，中央造币厂建设费财政权移交本会，凡支用国款在五百元以上者，先行提交本会核议，在五百元以下者，可事后提请追认，又支取国款时由郭厂长及本会临时主席双方盖章。

第三项　审核中央造币厂全部建设费概算书，由厂呈部核准。

以上属于中央造币厂建设费事项。

第四项　公推各委员，分任中央造币厂内部组织组，各项工程组，结束旧债组事务，以期三个月内筹备竣事。

第五项　将中央造币厂房屋机器保险，规元二百五十万两正。

以上属于协助整理中央造币厂内部及对外事项。

第六项　结束通和洋行债款，原要求打样监工费尾欠洋八千四百三十三元三角三分（规元六千零五十五两一钱三分），延付利息五千二百二十二元五角，经磋议结果将利息全部减让，其尾欠洋八千四百三十三元三角三分，以一次现款付清，作为了结。经呈奉核准支付。

第七项　结束新孚洋行债款，原要求全部电气工程造价洋四万二千八百七十五元五角一分，延付利息及栈租洋三万五千二百零三元三角八分，经磋议结果将利息及栈租全部减让。付与现款洋一万三千四百九十四元八角三分（规元九千六百八十九两二钱九分），作为该行已完成之工程造价及留厂之材料价，并即了结。经呈奉核准支付。

第八项　结束华昌公司债款，原要求机价尾欠美金二万七千三百四十九元二角五分，延付利息美金五万八千三百八十九元七角三分，代垫各款规元七千七百七十八两三钱三分，延付利息规元九千九百九十三两五钱九分，悬欠保险费规元三千七百六十七两三钱，以上经磋议结果，除保险费照付外，其机价尾欠及垫款均以七折偿付，所有延付利息，则均照原欠之数，以八厘计算。故机价本利项下，共付美金四万二千八百六十九元三角八分，以每百两作美金五十九元八角七分五厘伸算，合计规元七万一千五百九十八两一钱三分，垫款本息项下共付规元一万二千九百四十一两三钱一分，连保险费总共计规元八万八千三百零六两七钱四分。以现款一次付清作为了结。经呈奉部长面谕核准支付。

第九项　结束蓝烟囱公司栈租，此乃华昌公司机器一部分之栈租，原要求欠租及延付利息共计规元三万二千零六十九两九钱六分，经磋议结果，一次付与规元二万两，作为了结，经呈奉部长面谕核准支付。

第十项　结束旗昌洋行栈租，此乃华昌公司机器又一部分之栈租，原要求欠租及延付利息共计规元三千一百零三两，经磋议结果，一次付与规元三千两，作为了结，经呈奉部长面谕核准支付。

第十一项　结束姚新记债款，原要求造价尾欠规元十二万零零二十两七钱一分，延付利息规元十一万零七百三十五两九钱七分，看守厂屋工资杂费洋四千六百八十元正，经磋议结果，只付造价尾欠，即作为了结，其余要求之利息看守等款，一概减让，应付之款，先于六月十二日付予现款十万两，其余之二万零零二十两七钱一分，自该日起至迟四个月内付清，据呈奉部长面谕准予支付。

第十二项 结束建昌公司债款，原要求积欠规元一万四千一百零四两二钱，延付利息九千余两，经磋议付与规元一万八千零零五两三钱四分，即作为了结，经呈奉部长面谕核准支付。

以上属于中央造币厂旧债之清理事项。(所有债务，除允元公司监工费规元壹千余两未付外，均经结束)

第十三项 议决，并呈奉核准中央造币厂开凿水井案。

第十四项 议决，并呈奉核准中央造币厂建筑桥梁案。

第十五项 议决，并呈奉核准中央造币厂建筑工人宿舍，应依照投标手续案。

第十六项 议决，并呈奉核准中央造币厂新建工程，除本会业有决议案在前者，仍依照各该决议案办理外，以后如有其价值超过五千元者，应由厂长先行拟具计划书，详细载明该项工程之需要、范围、价目及限期等等，交由本会议决，通知厂长登报投标招工承办。

以上属于中央造币厂新建工程事项。

(乙)关于南京造币分厂事项

第十七项 公推徐杨两委员接收南京造币厂，并负责办理该厂改组并开铸事宜。

第十八项 议决南京造币分厂组织章程。

第十九项 与中国交通两银行磋议并签定前南京造币厂旧欠十万元偿还办法，并呈奉核准。

第二十项 与中央中国交通三银行签定南京造币分厂铸币合同。

第二十一项 代购南京造币分厂所需铸币材料。

(丙)关于武昌造币厂事项

第二十二项　委托洪君钟美驰往武昌接收武昌造币厂。(已由部加委)

(丁)杂项

第二十三项　会同郭厂长标点收煤油特税局移交之机器及物料。

中央造币厂监理委员会谨呈

[国民政府财政部中央造币厂档案]

4.中央造币厂审查委员会章程

(1933年4月14日)

中央造币厂审查委员会章程　二十二年四月十四日奉院令准予备案

第一条　财政部为审查中央造币厂之铸造及厂务，特设中央造币厂审查委员会。

第二条　审查委员会设委员若干人，由财政部长聘任，其任期均为二年，期满得续聘连任。

第三条　审查委员会由财政部长于委员中指定一人为主席。

第四条　审查委员会设化验师一人，办理检验事务，由主席委员遴选，提出委员会决定派充。

第五条　审查委员会设秘书一人，办事员若干人，办理考核厂务、审查帐目事宜。由主席委员遴选提出委员会决定派充。

第六条　中央造币厂应逐日将所铸新币或厂条数目及所用银类名称、数量、配铜数量列表函送审查委员会审核。

第七条　审查委员会于中央造币厂所铸新币每万枚中随意提出一枚至三枚化验校准，如其成色重量与法定相合，即给予证明书，并公布之，如不合法定重量、成色时，即函请中央造币厂重熔改铸。

第八条　中央造币厂所铸新币非有审查委员会证明书于箱面粘贴后，不得运送出厂。

第九条　中央造币厂所铸厂条其校准标记时，须经审查委员会派化验师监视加戳，方得运送出厂。

第十条　中央造币厂每届月终，应将所铸新币或厂条数目及成色、重量列表报告审查委员会。

第十一条　中央造币厂每届月终，应将该月份会计及开支情形列表报告审查委员会。

第十二条　审查委员会每月开常会一次，由主席召集之。如有委员五人以上认为必要时，得请求主席召开临时会。

第十三条　审查委员会开会，须有委员过半数之出席，其决议事件须有出席委员过半数之同意。

第十四条　审查委员会于每月常会后，将一月间会务及工作情形报告财政部。

第十五条　审查委员会开会时，得请中央造币厂厂长或工务化验处长列席。

第十六条　审查委员会为谋促进统一币制起见，对于中央造币厂有改善或增进之计划时，建议于财政部。

第十七条　审查委员会之经费，由财政部规定按月拨付。

第十八条　本章程由财政部呈准行政院施行，修改时亦同。

〔国民政府财政部档案〕

5.中央造币厂审查委员会会议记录

（1933年5—6月）

中央造币厂审查委员会第一次会议记录

二十二年五月二十六日于中央造币厂

（本纪录各委员如有异议请书面声明，以便更正）

出席 孔委员祥熙 李委员馥荪 陈委员健庵 唐委员寿民 陈委员蔗青 徐委员寄庼 叶委员琢堂 徐委员新六 吴委员蕴齐 叶委员扶霄 简委员东浦（林毅伯代） 李委员润卿 谢委员韬甫 张委员公权（经润石代） 贝委员淞孙（经润石代）

缺席 钱委员新之 陈委员光甫 胡委员筠庄

列席 卢厂长润泉 韦副厂长敬周 王副厂长晓籁

主席 孔委员祥熙

纪录 范鹤言 李骏耀

行礼如仪。

主席致开会词略谓：余代表政府致谢各位委员惠然莅临参与中央造币厂审查委员会第一次会议。余深信以银行家、商界、名人，以及专家集合于一堂。本会必将有显著之成绩，现在卢厂长欲有数言以与诸君一谈。

卢厂长致欢迎词略谓：今日中外英彦惠然莅厂，深觉荣幸。本厂自三月一日开铸，机力、人工，均属生疏。四月中浣以后，内部整理就绪，出数每日自数万元，增至二十万元。所出新币，无不严密检查。稍有不合，皆剔出回炉重铸，燃料、工力不惜牺牲。现在审查委员会在孔总裁领导之下宣告成立，孔总裁以党国先进主持全会，诸君子又皆系中外闻名银钱两界领袖，集合一堂。本厂得蒙指导利赖无穷，尤为欣幸。

主席谓：本会负审查之使命，责任重大。审查是否尽职，动关金融经济。诸君热心慨允负此重寄，良深欣幸。鄙人不才，谬任主席，深虞弗胜。惟望一致工作实心实意做去，查本会章程已经财政部呈准行政院施行，无庸再议。现在会务亟待进行，拟即议订办事细则，以资率循，兹将草案先请研究，应否逐条付议，请发表意见。

郝枢民委员（Mr.HenChmen）提议为本会工作便利起见，最好组织分组委员(Sub—Cornmittee)，一切会务由分组委员 办理后，每月报告于大会。

李委员馥荪附议，并谓：本会应有常务委员七人处理日常事务。

马锡尔委员 (Mr · Calder—Marshall) 以分组委员 (Sub—Cornmittee)为然。

席委员德懋附议，并谓：常务委员与分组委员微有不同，常务委员只能有一个组织，分组委员则可有一组或若干组。

陈委员健庵谓：本会以查验新币为主要职务，按章程第十六条规定，审查委员会为谋促进统一币制起见，对于中央造币厂有改善或增进之计划时，得建议于财政部，则本会又有建议改善币厂计划，币制之责任，再查章程第十七条规定，本会经费由财政部按月拨付，则本会经费预算、决算，亦待计议。以上三种工作，设置常务委员会，抑分组委员，颇费研究，虽章程并无明文规定，如经大会通过，拟具办事细则草案，经财政部核准备案，即可依据，拟请主席付表决。

来纳委员(Mr·Lennie)提议，目前只须组织一分组委员，其惟一职务即查验新币之是否合乎法定重量、成色。至陈委员所提关于章程第十六、十七条之职务，现在似无庸另组分组委员。

主席谓：为本会工作效能增进及经济时间起见，亦主张组织分组委员，即以(一)常务委员抑分组委员；(二)人数；(三)人选付表决。

林枢委员 (Mr·Lynch)提议：常务委员七人，主席为当然常务委员。

席委员德懋附议，并提议其余六人，应中外委员各三人。

议决：推常务委员七人。英文曰SubCommittee。七人中，主席为当然委员，余中外各三人。至人选问题，主席谓：有人提出Mr.Henchmen, Mr·Mackay, Mr·Speelman，李馥荪君、贝淞荪君、陈健庵君等六人，各位意见如何？

众无异议，一致通过。

主席谓：依据章程第四条，应设化验所；第五条，应设秘书，虽规定由主席遴选。如诸君有适当人才，不妨提出。并不限于华人。

林枢委员(Mr•Lynch)谓：化验师及秘书办事员等，可由主席遴选提出，常务委员会议决定派充之。

耿爱德委员(Mr•Kann)、戴景福委员(Mr•Tavella)附议。

经润石君代表张委员公权、贝委员淞荪附议。

议决：关于化验师及秘书之人选由常务委员酌议办理。

席委员德懋谓：化验师宜聘西人，并以二华人副之。

来纳委员(Mr•Lennie)谓：化验师□□用西人，俟华人助手，技术深造，足资担任时，则改用华人较为经济。

郝枢民委员(Mr•HenChmen)谓：化验师聘用西人，恐所费太巨，吾人应为政府撙节。目前似可暂缓，本会可随时以银币寄送本埠或外埠化验机关，代为化验，为费较省。同时，本会可熟知新币内容。

主席谓：郝枢民委员之提议，想各委员俱表同意。

议决：通过。

来纳委员(Mr • Lennie) 主张：办事细则先由各委员详细研究，下次会议再付议。

议决：通过。

李委员馥荪提议，关于下次会议日期、时间及地点。

议决：本会每月常会定每月第二星期五下午四时半，在中央银行举行。

郝枢民委员(Mr•Hen Chmen) 提议，应将议事录分送各委员。

议决：通过。

郝枢民委员(Mr.Hen Chmen)提议，向主席致谢意。

六时三刻散会。

中央造币厂审查委员会第二次会议记录

二十二年六月九日于中央银行

(本记录如有不符，请书面声明，以便更正)

出席　孔委员庸之　李委员馥荪　陈委员健庵　陈委员蔗青　徐委员寄庼　席委员德懋　胡委员苇江　胡委员孟嘉　叶委员琢堂　徐委员新六　叶委员扶霄　简委员东浦(林毅伯君代)　秦委员润卿　谢委员韬甫　张委员公权(李馥荪君代)　钱委员新之　陈委员光甫

缺席　唐委员寿民　吴委员蕴齐　贝委员淞孙　胡委员筠庄

列席　格兰德君　卢厂长润泉　韦副厂长敬周　稽核处长卫德涛君

主席　孔委员庸之

记录　范鹤言　李骏耀

主席宣告开第二次会议，嘱秘书朗读上次会议记录。

范鹤言读中文会议录。

李骏耀读英文会议录。

众无异议。

李委员馥荪提议，谓：会议录既经分送各委员，似无庸再行朗读，藉节时间。以后但请主席征询各委员有无异议可矣。

史比门委员附议。

通过。

李凯委员谓，本会发给证明书，派员封箱之手续，其证明书是否每纸须有化验师签字，并经本会委员二人副签，再每箱亲自加封。

戴景福委员谓：如是则化验师之设置，实为必要。

主席谓：若向国外聘请专家，至少须数星期，方能来华，目前对于此问题，亟应解决。

马锡尔委员谓：可否请造币厂厂长为本会化验师。

陈委员健庵谓：化验师为本会所设置，其唯一职务为稽核关于造币之一切事务。造币厂厂长为币厂之主管者，似未便任为化验师。

戴景福委员谓：证明书可暂时由顾问（指格兰德君）签字，由本会常务委员二人副签。

史比门委员提出本埠各化验机关，对于化验新币之报告书结果互异，似难据为准则。

主席谓：在化验师未聘定之前，最好请格兰德君担任，化验报告本会，以资依据。

众赞成此议。

主席介绍格兰德君，谓：币厂顾问格兰德君适于今晨抵沪。格君担任英国各币厂之主管，垂十载，并在澳洲为矿务工程师，与Mr•Herbe—ef Hoover合作。经验之宏富，实堪钦佩。今兹来沪，对于吾国币厂在化验及管理上，深信格君将有极大之贡献也。

格氏演词略谓：鄙人今日得预此会，甚觉荣幸，顷承主席过奖，感愧交萦。余当尽力为币厂工作。上午已赴中央造币厂作一度观察，觉其设备宏大，实所罕见。在美国新币出厂，必经财政部之检验，于每千元检出一枚以化验。其成色及重量更由总统委派专司化验之官吏一人，每年在五千元中检取一枚以供化验。故流通市上鲜有不合法定重量、成色者，此无他，在乎熔铸时是否精细缜密而已。诸君如有以美国币厂之情形垂询者，余当一一奉答。

麦凯委员提议，请格君出席第二次常务委会。

主席同意。

主席嘱秘书报告关于常务委员会议议决各事。

范鹤言诵读报告事项。

李骏耀译读英文。

报告事项。

甲、按照章程第八条之规定，中央造币厂所铸新币非得本会审查后发给证明书，不得运送出厂。现造币厂为增进工作速率计，拟随成随解中央银行暂作寄存性质，俟检验发给证明书后，再行流通市面事，尚可行。已复照准，查现存中央银行已有一百三十万元。

乙、中央造币厂函称，中央银行以元宝托铸银元，以元宝成色过杂，请按照银本位币铸造条例第十一条第三项及第十三条第二项之规定，酌取炼费。已复。依照银本位币铸造条例办理。

丙、中央造币厂函送厂条一条，经常务委员议决，拟先征询格兰德专家意见。

丁、中央造币厂新铸之银本位币，现由常务委员各检若干枚，非正式委托化验机关代为化验。

戊、物色化验师一节，拟与Mr•Griant商酌后再定，秘书职务，现暂由中央银行人员代办。

主席询各委员有无意见，并谓：甚愿格君对于报告各点发抒宏见。

格氏谓：甚愿随时供给意见。

主席谓：如并无其他问题，拟嘱秘书读今日议题。

范鹤言读议题如下。

一、办事细则草案，现已根据第一次会议议决各点加以修正，业经奉请公决案。

李骏耀译成英文。

主席询对于办事细则有无意见。

陈委员健庵谓：办事细则草案第十五条关于本会办公时间应定若干小时，请主席或各委员决定之。

主席：据造币厂韦副厂长云币厂每日工作十小时。

麦凯委员提议定为八小时，必要时得延长之。

陈委员健庵附议。

通过。

郝枢民委员谓：办事细则第十一条规定证明书应由本会主席签字，其发贴时并派化验师或技士前往监视，于证明书上副签，以昭郑重等语。手续得毋太繁。

陈委员健庵谓：此项规定并非请主席及化验师在每一证明书上握管签名，乃可仿照钞票格式将主席及化验师签字印于其面，本会可派技士或办事员前往币厂验明加封，将证明书粘贴箱上，并在箱上签字，以示负责。

众赞成此议。

耿爱德委员谓：办事细则第十四条（指英文译本）："It is the duty of all members of the Advisory Committee to attend all its meetings"拟改为"members of the Advisory Committee are requested to attend all its meetings"。

众无异议。

主席谓：办事细则第十四条末段以委员因故不能出席时，得就委员中委托一人代表，此问题即为委员因故不能出席时，是否得委托任何人代表抑仅就委员中委托代表。

来纳委员谓：委员不能出席时，似无须委托代表。

耿爱德委员谓：委员代表他人出席时，表决是否占有两权？

主席答：可以占有两权。

陈委员健庵谓：本会章程第十三条规定审查委员会开会须有委员过半数之出席，其决议事件须有出席委员过半数之同意，等语。足见开会有过半数之委员出席，方为合法。

主席谓：如各委员对于办事细则并无其他意见，作为通过。

通过。

主席谓：厂条之形式，各委员有无高见。

郝枢民谓：以愚人之见，厂条应易于携取。

格氏谓：美国厂条其底圆，并无耳钩等之构造。

主席主张厂条式样由币厂及格君定之。

众无异议。

六时散会。

〔国民政府交通银行档案〕

6．中央造币厂铸造甲乙两种厂条与各方来往文件

（1933年5—12月）

（1）中央银行公函（5月25日）

中央银行公函　总字第一七一号

径启者：查自废两以来，银元收解频繁，银行同业往来为免除点验起见，向用封箱制度。然封条擦损，事属常有，设有短缺或混入劣币，无人负责，亦非正办。现查银本位币铸造条例第十二条规定，贵厂得铸厂条，其成色为千分之九九九，每条重量与银本位币一千元所含之纯银数量相等。若以此厂条充作本行发行准备或代替银币收解，便利良多，拟请贵厂从速开铸厂条，以应需要。相应函达，即希查照见复为荷。此致

中央造币厂

中华民国廿二年五月廿五日

（2）中央造币厂公函稿（6月6日）

公函　字第99号

径复者：案准贵行公函总字第一七一号为嘱从速开铸厂条一案，本厂迭经筹划，多方试验，业已告成。现将试铸厂条样子一条于本月六日送交审查委员会照章审查，俟得证明合格后，当即照铸，以应需要。但此项厂条必须用九九九成色大条银方能鼓铸，

如用元宝，因混熔手续太繁，须俟本厂精炼厂设立后，始克照样办理。相应函复，即希查照为荷。此致

中央银行

中华民国廿二年六月六日

（3）中央造币厂熔炼处呈（6月6日）

呈为呈报拟具铸造八八纯银千圆厂条计划仰祈鉴核事：窃奉副厂长韦面谕：着即拟具八八纯银千圆厂条计划呈报核夺等因。奉此，自应祗遵。查铸造八八纯银千圆厂条，事属可行。兹谨就职所知各点，撮要陈述：(一)关于成色一项，该条成色规定八八，按诸我国现有生银原料成色情形，如无精细提炼设备，鲜能洽合规定数目，倘能遵照现行标准币制条例，规定成色、公差限度，则可施行。(二)关于重量一项，该条重量根据现行标准新币每元重量○·八五八三三三三五盎斯计算，宝重八五八·三三三三盎斯，至于厂中铸造费百分之二·二五，内中未便剔除，乃因防恐以标准新币千枚调换厂条壹锭或不另取铸造费之故。将来如系生银铸条，自当照章取费。(三)关于体积一项，该条体积约计高九公分，平面上长二十七公分，宽十二公分，底长二十五公分，宽十公分。至于详细尺寸大小，须经试验后方可确定。奉令前因，合将计划八八纯银千圆厂条各点备文呈报，伏乞钧夺示遵，实为公便。谨呈

正副厂长卢韦王

熔炼处处长黄祸祥呈

中华民国二十二年六月六日

（4）中央造币厂呈稿（8月15日）

呈为加铸八八零千元银条，仰祈核示祗遵事：查审查委员会议决，除现铸九九九成色千元厂条外，拟加铸八八零千元银条，

以应社会需要，业经呈请钧部核示。本厂于十五日厂务会议时，亦经提出讨论，决定应请钧部核示遵行。再，所有是项八八零千元银条如准加铸，拟在银条上标明号码及千元银条字样，不印成色、重量，以资识别。是否有当，理合备文呈请，仰祈钧部俯赐核示，以便赶制模型，克日鼓铸，实为公便。谨呈

部长宋

次长邹
李

（5）徐堪致韦宪章函（9月20日）

敬周[①]仁兄左右：展奉大函，敬悉一是。承探铜价来电，昨已收悉，费神谢谢。八八零厂条现定为乙种厂条，昨经行政院会议通过，咨立法院审议矣。乙种厂条模子及应有计划，即希早为筹备，俟议决公布，即可开铸。特以奉闻，专复，顺颂筹绥。

弟徐堪再拜

九月廿日

附抄修正条文一纸

修正银本位币铸造条例第十二条条文如下：

第十二条　中央造币厂得铸厂条，分为甲、乙两种。甲种重二三四九·三四四八公分，成色为千分之九九九。乙种总重二六六九·七一公分，银八八〇，铜一二〇，合银本位币一千元，均于其面标记之。

乙种厂条重量、成色之公差，悉依本条例第六条、第七条之规定。

（6）财政部训令（12月23日）

① 韦宪章，字敬周，时任中央造币厂副厂长。

财政部训令　钱字第1598号

令中央造币厂

查修正银本位币铸造条例第十二条载：中央造币厂得铸厂条，分为甲、乙两种，其重量、成色等均有明白规定，业经公布施行，并由部核定两种厂条型式，呈奉行政院转呈国民政府备案，一面令饬该厂从速铸造在案。兹定于中华民国二十三年一月一日为甲、乙两种厂条开始发行日期，以应市面之需要。惟乙种厂条原为便利银钱业同业间收解之用，不适用于私人之授受，以示限制。除分别布告函令知照，并令行银钱业同业公会转饬各同业恪遵乙种厂条授受限制，不得对外行使干究外，合亟令仰该厂知照。此令。

部长　孔祥熙

中华民国二十二年十二月廿三日

〔中央造币厂档案〕

7.财政部关于中央造币厂应与中央银行订立铸币契约训令

（1933年7月8日）

财政部训令　钱字第八一八二号

令中央造币厂

为令遵事。准中央银行函开：案查中央造币厂自开铸以来，迭由本行供给生银，鼓铸银币。初该厂请存常备大条银壹千条方足周转，旋以出数增加，要求至少须有常备银三百万两，节经本行暂允照借，陆续供给，核所存常备银，辄在三百万两以上。因铸造国币与本行有密切关系，虽大宗生银常存该厂，初未计及利息。惟事关垫款，本行为确定债权起见，自应与该厂商订契约，以昭郑重。前项供给铸币之常备银究竟何时可以偿还，应请贵部核示，以便载入契约。相应函达，即烦查照见复，并转饬该厂知照为荷。等由。到部。查中央银行为发行新币机关，该厂为铸造新币机关，中央银行供给该厂铸币生银，自应由双方订立铸币契约，一方供给应需生银，一方交付同额新币，似非债务性质。惟该厂工作较精，与旧有各厂不同，中央银行供给生银为数较巨，而该厂不能如旧有各厂于次日即交付同额新币，亦系实情。至该厂开支，不得于中央银行所供铸本内动用，以免中央银行受损。除函复中央银行外，合行令仰该厂遵照，径向中央银行商订契约为要。此令。

部长　宋子文

中华民国二十二年七月八日

〔中央造币厂档案〕

8.中央造币厂抄送铸币合同函

（1933年8月30日）

公函　字第199号

径复者：案准贵行业字第四三三五号函送铸币合同一式三份，嘱签章留存一份，其余两份仍送还，分别存报。等由。业经签字盖章，除留存一份外，相应备函送还二份，即希查照为荷。此致

中央银行

附送铸币合同贰份

中华民国廿二年八月　日

合　同

立契约中央银行/中央造币厂（以下简称甲/乙方）：今因乙方铸造银币本位币，由甲方供给铸币材料。所有甲方交付银类、乙方铸送新币以及记帐办法，经双方同意，订立条款如左：

一、乙方铸造银本位币，由甲方供给生银，无论宝银或大条，以合成银币四百万元为限，但必要时，甲方得临时通知停止供给。

二、乙方所铸之银本位币及厂条，应逐日悉数送交甲方，列

收乙方铸币材料户之帐。

三、乙方接到甲方停止供给生银之通知书后，所有逐日铸出之银本位币仍应拨送甲方，以还清为止。

四、甲方以九九九成色之大条交付乙方时，应按每一盎斯合银本位币一•三二二五九八元列付乙方铸币材料户之帐。

五、甲方以宝银交付乙方时，应俟乙方化验成色，申合银本位币知照甲方，列付乙方铸币材料户之帐。

六、乙方应取之铸费，甲方得依照本年四月二十五日三行借款合同之规定先行扣除。

七、甲方供给之生银不计利息。

八、因甲方有铸造国币及发行之权，所有商民依照银本位币铸造条例，以可供铸币之银类请求铸币者，概由甲方经理之。

九、商民以银类请求铸币者，先将生银送交甲方，给予临时收据，由甲方送交乙方，另掣正式收据，换回甲方临时收据，俟铸成后通知兑取。

十、乙方开支不得动用铸本。

十一、甲方于六月二十日及十二月二十日或必要时，得商请中央造币厂审查委员会查核乙方各部所存生银与应交甲方新币之数是否相符。

十二、乙方因铸币发生之盈损，与甲方无涉。

十三、本契约有效时间以一年为限，经双方同意，得续订之。

十四、本契约一式三份，甲乙两方各执一份，其余一份由甲方函送财政部备案。

中央银行
业务局　　席德懋
总经理

中央造币厂　　卢学溥

民国二十二年八月二十八日

〔中央造币厂档案〕

9.中央造币厂拟具本厂沿革变迁稿[①]

（1934年11月1日）

本厂之沿革变迁

本厂建设之动机，始于民国八年，其时欧战甫停，中外商人深感币制紊乱，洋厘涨落不定，影响商业甚巨，遂由沪地金融界提议设立上海造币厂铸造新币。前总税务司安格联亦向政府条陈改善币制，乃于九年春间，部派钟文耀为厂长　筹划进行。当时部库支绌，无款可拨，因与上海银团商议成立借款计金额二百五十万元作为基金，复聘美国人赫维特为技师规划一切，即在上海小沙渡地方购定威金生地一百零三亩有奇为厂基，建筑厂屋订购机器，至十一年厂屋将次落成，机器也相继运到。惟前项借款业经用罄，以致机器到沪无款交付不能提取。诸事均行停顿，由继任厂长罗鸿年与银团续商第二批借款事未成，罗旋去职，由朱有济接充。时部令已将沪厂叙列为一等厂，改厂长为监督。朱氏接任后，赓继前议，拟增借款额为三百五十万元。呈准部局由盐余项下指拨还本，旋以借款条件未能允洽，事遂延搁。十三年八月部令，以借款既未成立，欠债无从清偿，而厂中按月开支尚须六千元，徒资靡费，乃将本厂行政部分，自监督以下一律撤销，所有厂屋机器等项，即交上海银行公会保管，文件送部保存，技师赫维特亦解职回国。此本厂筹备停顿之情形也。

自国民政府成立，财政部整理币制，即拟恢复上海造币厂。十七年派唐寿民为厂长，未几辞职，以郭林继任，并先后委任韦宪章、王晓籁为副厂长，改名中央造币厂，积极筹备。先行整理旧

① 本件系抄送财政部财政年鉴编纂处秘书室之资料。

债，一面函致银行公会，将保管之本厂房屋机器等件移交接收，存部文档亦经发还，并续聘前技师赫维特来华，复聘任技师钟望荣、黄福祥、温宗禹三人赴美国研究熔金铸币化验各项工作。二十年郭标因病出缺，徐寄庼继任。适值一二·八战祸，厂务又形停顿。是年九月徐解职，郭承恩继任，继续进行。二十二年政府实行废两改元，并颁布铸币条例，遂于三月一日实行开铸。四月郭辞职，以卢学溥继任。时赫维特已解职回国，由财政部继聘美国造币专家葛兰德博士为本厂顾问。本厂设备悉参照美国最新之厂铸币成色、重量，力求准确，凡不合法定标准公差以内，概须回炉重铸，铸成之币逐日经审查委员会化验合格方得出厂，交由中央银行发行。又遵照铸币条例，铸造甲乙两种厂条流行市面，以备中外商家收解便利。复以本厂煤汽力量有限，改用外来煤汽。一年以来，每年铸币成数由五千元迭臻至三十九万元。乙种厂条每日出品二百条。机器能力已臻极点。关于本厂组织法，业经立法院公布，遵照实行，呈部备案。此本厂成立经过之情形也。

〔国民政府财政部驻港办事处档案〕

10. 中央造币厂遵令填送铸币厂及币制调查表函

（1935年4月3日）

案奉钧部训令钱字第一三二七六号内开：案准外交部咨开：准英国贾德干公使照送英国铸币厂长兼监督所具访询，一九三四年全年中国铸币情形及有关各问题英文表格一件，请转行主管机关依式填明见复等因前来；相应检送原附调查表一份，咨请贵部查照办理见复，以便转复。等因，并附件，到部。自应填送。合行检同原附件，令仰该厂遵照，依式填列中英文表各三份，呈部核转，勿延。此令。等因，附表格一份。奉此。遵经依据本厂铸币情形，填具中英文表格各三份。理合备文呈送，仰祈鉴核存转，实为公便。谨呈

财政部

计呈送铸币及币制调查表中英文各三份

中华民国廿四年四月

外国铸币及币制调查表

国名：中华民国

（一）西历一九三四年内总计铸出钱币数量：119,071,000元。

（在可能情形内下列各项务请逐一述之，但国币通用于殖民地或其他各部份者，及造币厂有数处者，并其钱币由私家公司或外国造币厂承造者，统希分别注明）

金属名称	成色或配合	钱币单位名称	单位币铸出数	铸成总值
金	无			
银	银880 铜120	标准银元 厂条	70,950,000枚 48,121条	70,950.000元 48,121,000元
纯镍	无			
铜镍	无			
青铜	无			
纯铜	无			
铝铜				
其他金属或合金				

附注：如无造币厂之设置，其钱币系由他国造币厂或私家公司代铸者，亦须照上列各项分别载明。

（二）西历一九三四年内，共计收集废币若干，在可能情形内请将各币名称分别开示，此数或此数之一部分是否即系上表内所填注者，亦须述明。

甲、广东二角辅币：25,555,714枚，1,601，512.68纯盎斯。

乙、一元废币：311,159枚；238,863.22纯盎斯。

丙、以上二项之收集即系铸出上表币数之一部分。

（三）西历一九三四年内，（甲）共计收入英国金币若干。（乙）造币厂共计熔去者若干。

无。

（四）西历一九三四年内，造币厂曾否铸造徽章、奖章等项。如有铸造，则其所铸数目及金属种类，请分别述明。

无。

（五）西历一九三四年内，关于铸币及币制条例有否修改，如有修改，请详为抄述，并请将关于此项印就之议案及条例等掷赐数份。

（六）西历一九三四年内，纯银之重量作为下列之用者，请逐一述之。

甲、用于本国及殖民地之铸币。

乙、用于代他国之铸币。

以上二项再以下列三项分析之：

1.铸币银条系购自市场而有熔制家之戳记者。

2.银料取自本国或外国旧式钱币者。

3.银料取自徽章、奖章及器皿者。

甲、用于本国：89,628,191.33纯盎斯。

乙、无。

1.无。

2.取自宝银及旧币者：87,640,389.49纯盎斯。

取自银砖者：1,882,339.18纯盎斯。

取自杂银者：105,462.66纯盎斯。

3.无。

（七）请将西历一九三四年内，所卖出由旧币中提取之纯银重量开示。

无。

（八）各造币厂在何地点及现在均开铸否。

中央造币厂设于上海，现正在开铸中。

（九）如有印就关于造币厂工作之报告，请即寄下一份。

尚无工作报告刊出。

（十）关于币制其他任何情形或条例，为贵国具有特殊学识人士所建议者，尤所珍贵。

铸造厂条以通行市面其每条所含银铜数，即等于银元一千元。

〔财政部驻港办事处档案〕

11.中央造币厂拟具设厂缘由及其经过报告①

（1935年8月）

中央造币厂工作经过报告书

总纲

沿革

设厂之缘起

吾国设立造币厂，已有数十年之历史。当时各省开厂鼓铸各为风气，重量、成色并无标准，各地不能流通，人以为病。而历来沿用银两之习惯，未能改革。洋厘涨落无定，铸币盈亏无所操纵，实为币制上重大之障碍。推其原因，由于无健全统一之币政，是以币厂愈多，币制益紊。民国九年，欧战甫定，国内感受银价高涨及银元缺乏之影响，遂由上海金融界提议设立上海造币厂，鼓铸新币，以立统一币制之基础。时周自齐任币制局总裁，据以陈请政府韪之，乃简派钟文耀为厂长，委筹备员若干人，设筹备处于上海银行总会，计划购地建厂、购机诸大端。并规定预算，议定筹备大纲，以策进行。此筹设本厂之起因也。

筹备时代之概况

① 摘自《中央造币厂工作经过报告书》。

筹备处成立后，当由钟文耀将议定大纲呈准币制局，次第进行。并聘美国人赫维特为总技师，计划工程事宜。惟经费一项，当时国库支绌，无款可拨，乃由厂方向沪地华银团商借。儿经磋议，始成立。借款二百五十万元，以盐余为担保。由银团代募国库券作为开办基金。至是勘定沪西小沙渡迤北苏州河沿岸，计地一百零三亩有奇，作为厂基。惟建筑厂屋需合于工厂设备，除办公部分外，余为熔炼铸造化验、修理、发电等工厂所用，因征工务专家绘图规划以臻完善。关于订购机器，从前各省旧厂式样陈旧，不甚适用。因由赫技师详细研究，仿照美国费城造币厂订购最新式之机器，以合现代铸币之用。订购标准，预计以日出新币四十万元为率。附属设备，如煤、气、电力及自流井咸备。十一年，钟文耀辞职，改派萨福懋继任，继续进行清付厂基地价及与茂生洋行华昌公司订购机器，又与姚新记营造厂订立建筑厂屋合同。原定厂屋工程一年完竣，届时机器运到，即可装置。讵知支出款项，超过预算甚巨，前项借款悉数付给外，尚不敷一百六十万七千余元，其他工程及事务上所需之款，为数甚巨，以致机器到沪，无款交付，不能提取，诸事均行停顿。萨旋辞职，罗鸿年继之与银团磋商第二次借款三百四十万元，未成。罗又他去，由朱有济继任。赓续前议，拟增款额为三百五十万元，呈准仍由盐余项下指拨还本。后因磋商条例不合，又中止。十三年八月，财部以借款既未成立，债务无从清偿，而厂内每月经费已增至六千元以上，徒资糜费，乃令将行政部份概行裁撤，所有厂屋、道契、生财等项，交由上海银行公会暂行保管。文件、档案送部保存。总技师赫维特亦以合同期满，解约回国，此为筹备处停顿之情形也。

成立时代之概况

民国十六年，国民政府成立，财政部拟恢复上海造币厂，派唐寿民为厂长，拟具进行计划。先向银行公会收回厂屋、机器等项，道契仍存银团，以昭信用，惟清理旧债，虽由部与上海银团商订裁兵借款，于借约内乙项规定移转前上海造币厂所欠银团债务，并解决华昌机器押汇一部之余欠。然其时正筹备北伐，军用浩繁，未遑顾及，以是厂务无法进行。十七年唐辞职，以郭标继任；复续聘前技师赫维特来华襄理化验工程事项。至是改名中央造币厂，所有各省造币厂渐次通饬停铸，以期统一币政，并委韦宪章、王孝赉为副厂长。又因整理债务，筹备开铸事极繁重，特组织监理委员会，以处理之。综计各项旧欠，如茂生、华昌等洋行之机器押汇、姚新记营造厂之建筑费、华洋各商号之栈租运费，以及银团借款本息等等，约合三百十余万元。内已清付茂生债款一百三十九万元(系部拨现款四十万元以及裁兵公债一百三十五万元，与厂中茂生部分机器作抵押，向中央银行息借一百零一万二千五百元，内拨出九十九万，合计一百三十九万元)。其余尚欠银团三十五万一千八百元及华昌机器押汇一部之余欠四十一万六千元，业于裁兵项下扣抵，其余亦经分别拟定偿还办法。十九年清理就绪，监理委员会至是裁撤。二十一年，财政部派赫维特率同技师温宗禹、钟望荣、黄福祥三人赴美国费城造币厂实地考察，以期于本厂铸币工作益臻完善。惟时厂内工事，次第完竣。郭氏于翌年一月因病出缺，徐寄庼继任。适值闸北战祸，厂事又行停顿。是年七月，徐氏辞职，时正筹备开铸工作，未可延缓。至是宋前部长特命副厂长韦宪章积极布置工作，寻派郭承恩继任厂长。业将厂内设施整理就绪。二十二年，政府实行废两改元，并颁布银本位币铸造条例，统一法币，为我国币制上一大改革。本厂遂于三月一日奉命正式开铸。

开铸时期之概况

本厂铸造银类，悉由中央银行将中外银行登记之宝银，送由本厂鼓铸，经化验、熔炼、铸造三处精密工作，铸成新币，解送中央银行发行。每元重量成色遵照铸币条例规定，公差凡不合标准之银币，概须回炉重铸，手续甚繁。当二十二年三月一日开铸后，因本厂造币机件系参照美国最新工厂设备完密，非旧厂工匠所能滥竽，且训练员工非短期所能纯熟，是以每日出品为数仅数万元。是年四月，郭承恩辞职，卢学溥继任。体察工务情形，改工务处为化验、熔炼、铸造三处，以技师温宗禹等兼任处长，俾专其事。时赫总技师已解约归国，另聘美国人葛兰德博士为币制顾问，驻厂办事。在葛兰德未到厂以前，以副厂长韦宪章代理总技师职务。本厂员工自经训练，技术已有增进，复经各技师等将各项机器随时修配，加以改善，收效速，而费用省。未半年，每日出品已增至二十余万元，又因本厂自置煤气，火力不足不特熔银多耗时间，并阻碍其他铸务，乃与自来火公司订立合同，接通煤气。经年以后，据铸造、熔炼、化验三处报告，工作成绩列表说明与开铸时逐项比较，均有突飞之进步。曾呈报财政部在案。且从前未经铸行之厂条，亦已遵照部定条例，先于二十二年九月铸造成色九九九之厂条（即甲种厂条），并于十一月改铸成色八八〇之厂条（即乙种厂条），以应中外银钱业收解便利之需要。截止二十三年十二月三十一日止，本厂铸成新币总数为九九，〇一七，三八二元，厂条总值为五一八，八七五，〇〇〇元，所有逐月出品银币厂条数量均由审查委员会列表布告，成色、重量悉经审查委员会所组织之化验处抽验，确合法定公差，方行出厂，以是信用尤著，曾经美国费城及旧金山造币厂化验（二十二年八月葛兰德顾问报告）、印度孟买造币厂化验（二十三年十二月，上海汇丰银行总经理在审查委员会开会报告），均甚合格。二十三年九月，卢学溥因病辞职，奉部令给假休养，厂长职务委副厂长韦宪章代理，至二十四年一月以中央银行副总裁陈行兼任厂长。此为本厂开铸以后之概况也。

［国民政府财政部档案］

12.中央造币厂报告调查武昌等造币厂情形呈稿

（1936年2月11日）

呈。案奉钧部二十五年一月十八日钱字第二一九〇八号训令内开：本部为依法统一铸造权并整理各旧造币厂局以期应用起见，所有杭州、武昌、重庆、成都、西安、兰州各造币厂局，均交由该厂监督管理，除分行暨咨请川、陕、甘省政府查照饬遵外，仰即遵照办理，并迅予派员查明各该厂局机器房屋情形，拟定整理应用办法呈核。此令。等因，奉此。遵即遴派技师孙秉垣、技士罗甫民前赴杭州，技师王文亩前赴武昌、成都、重庆、长沙等处分别调查具报，兹据各该员先后回厂报告调查情形，除西安、兰州两处俟调查完竣再行呈报外，理合缮具报告书，备文呈送，仰祈鉴核。谨呈

财政部

计呈送报告书一份

中央造币厂厂长　陈〇

中华民国二十五年二月

报告书

（一）技师孙秉垣技士罗甫民调查杭州造币厂报告

该厂现存信义洋行美式印花机四部，本国造英式印花机九部，又英制小印花机十二部，以及三尺六寸车模车床四部，六尺及十二尺车床各二部，又锈坏车床数部。查本国造英式印花机九部中，有四部因生铁牌楼已经损坏，不堪再用，其美式者四，英式者五，尚可修用，每机每分钟可印四五十枚，所有小印花机十二部，能力不知，另件不全，亦无图样可查，实难修复，至大小车床共八部，略加修理，即合本厂需要，又锈坏车库，运回添配后，亦能合用。该厂原动力，向以蒸汽机拖动，所有机件，均系

吊轴皮带法传动，如搬来本厂，可改成Motor Belting Driving电力拖动，惟每印花机，须用八匹马力马达一座，以及皮带等，方可使用，复查本厂印花课窄狭，拟搬机器来厂，势必另盖厂屋，预计盖屋时间，约须半年之久。屋成装机，亦须时日，故是项增加生产能力，须至下半年方可见诸事实。再印花机搬来后，本厂现有车床，即不敷应用，同时须将大小车床一并移回，附列机器数目表格后：

名称	式样	制造地	部数	备考
印花机	美	信义洋行	4	
印花机	英	本国	9	内四部不能用
小印花机	英	games Watt d Co Boulton d Watt Qoho Besmingham, Eng 1904	12	另件不全
三尺六车床			4	车钢模
六尺车床	英	茂成洋行	2	
十二尺车床		茂成洋行	2	

（二）技师王文宙调查武昌、成都、重庆、长沙各造币厂报告

甲、武昌造币厂

厂屋颓旧，屋顶多圮，辗桩机皆系最老式齿轮机，用汽力发动，与杭州造币厂所置者相似，皆废弃不适于用。铸铜币用印花机五十座，极旧式，系四十余年前之物，皆废弃不堪，不能应现代迅速工作之用。铸银币用印花机，旧式者五座，压力约七十吨，废弃不能适用。英国式印花机二十八座，系一九〇五年所制，式样较新，其中八座，曾于该厂停铸以前运用（十余年前），设为应急起见，则是项印花机可以修缮，其遗失机件，亦可由本厂修理间配制，以应铸造铜币之用，但不能使之运用迅速，以适合本厂现时工作情形。锅炉亦废弃不堪。

乙、成都造币厂

厂屋系古旧衙门式，尚完整，辗桩机三座，用汽力皮带发动，尚佳。另有二座，亦用汽力引擎皮带发动，可辗桩十寸直径片，系美国制造，机器甚佳，可以改用电力马达发动。轧片机皆系旧式，每次只能轧片一枚，机器不佳。银币印花机三座，系一九〇五年式，英国制造，机器尚佳。铜币印花机十二座，系一九〇五年式，英国制造，机器尚佳，锅炉亦佳。

丙、重庆造币厂

该厂现改制来福枪子弹，用辗桩机制造弹壳。至铸币机器，计英国式印花机十二座，德式印花机十座，皆系旧式，且遗失机件不少，业经拆卸，与其他附属机器贮藏一室，该项机器尚佳，闻缺乏原料，(铜料尤甚)以制造弹壳。该厂乃买铜币熔炼制弹，且闻该厂自铸钢模，每枚可印币二〇，〇〇〇枚，本厂现时所铸钢模，每枚可印币一三〇，〇〇〇枚。

丁、长沙造币厂

该厂现属省建设厅管理，改为机器工厂。造币机器，均已拆卸，堆存空地，难以修理，厂屋皆旧式，但尚好，现在改为各种机器工作场所。长沙省城，地处中枢，富于矿物及煤斤，闻该省有紫铜矿二处，虽尚未积极开采，但在该处设立铜币厂，则可以辅助铜矿事业之发展，并可于精炼时提取银质，且该处交通利便，可以运输制品及原料。该地尚有炼铅厂一所，每月提炼银质一万盎斯。

戊、结论

各地造币厂厂屋，皆系古旧衙门式，其构造系砖墙木桁方砖，或泥土地板，对于收提币屑，损失极大。

成都造币厂，所处地点，交通不便，运输原料制品，均感困难。

武昌造币厂，虽地点适宜，交通利便，然厂屋机件均已颓废，欲使之恢复工作状况，须费巨资及时日。

长沙造币厂占地点、交通、原料、煤斤种种优点，将来或可成为支配铜币之中枢。

综观各造币厂设备，皆极陈旧，且用蒸汽发动，不经济而缺少工作效率，与本厂相比，用煤较多，其出品速率最高时，仅及本厂百分之六十。加以管理及其他费用，则出品成本甚大。至于蒸汽发动，每匹马力约需三十五磅，以视本厂每匹马力十七磅，兰觇新旧两式之经济比较焉。

〔国民政府财政部驻港办事处档案〕

13. 甘肃制造局报告历年来西北铸币概况呈

（1936年2月11日）

抄原呈。案奉钧部钱字第二一九零八号训令内开：本部为依法统一铸造权，并整理旧造币厂、局，以期应用起见，所有各省造币厂、局，均交中央造币厂监督管理，并查明机器厂屋情形，拟整理应用计划呈核。除分行外，仰即遵照。等因。奉此。查甘肃造币厂，于民国十五年运搬陇南造币厂机器就兰设立。历年出币总数因案卷不全，已无精确统计，惟其所造银币成色仅及六八，故于去岁九月间即将该厂改为民生工厂，内附设肥皂、麦粉二部，并供给制造局动力及辗片等工作。惟以人事开支浩大，收支难得平衡，旋于同年十一月间改隶省制造局合并办理。此该厂经过之大略也。惟该厂机器均属专机，改作他项利用，殊不经济。考该厂历年在设备上之支用，已达一百七十余万元。若以之废弃，自甚可惜。自中央法币政策实行后，该厂重造银币，自属不可能之事实。惟辅币的需要在广漠的西北区域内，为数亦颇可观。甘、宁、青等省可资为制造辅币之利用者，仅有该厂，故若将该厂作为辅币之制造，似属最为便利。据该厂机力之计算，每日可出银币三万枚，若以之改铸辅币，则生产数量更可增加。惟原料之运入，平均每公斤须加三角五分运费。此项运费支出，似属不利之点，但以中央造币厂所造成之辅币运至此间，亦须加入相当运费。故西北民间旧铜之存量甚富，如麻钱、铜制钱、铜等，每元可购五公斤，以之提炼，尚较沪价为廉，不过镍块一项一时仍须外购，将来若能作进一步之计划开采西北铜、镍等矿，则同时更可诱起西北富源之开发，对于中央及地方，两均利便。惟本省财政困难，工业建设一无规模，此后若能利用造币盈利，指作工业建设之经费，于国计民生实均有所稗补。故该厂之辅币制造，其经营之权应以暂归省府较为妥切，惟对于辅币之成分、式样及数量，应受中央造币厂之监督，以期划一。或将该厂全部生财机器、厂房作价，由中央造币厂每年划拨造币盈利若干归给省府，亦属可行。奉令前由。除呈报甘肃省政府外，理合赍呈整理计划书一份，连同主要机器清册一份、厂房图一份，备文呈请鉴核。谨呈
财政部

呈赍主要机器清册一份，整理计划书一份，厂房图一份(略)

甘肃制造局局长方兆镐

中华民国二十五年二月十一日

〔国民政府财政部驻港办事处档案〕

14. 中央造币厂抄送1935年全年铸造厂条银元数目表便函稿

（1936年2月13日）

便函　第731号

案准函开：兹以二十四年份一月至十二月止，甲种厂条、乙种厂条及银元制造数量、重量及成色等项数字，敝室尚付阙如，为特函请逐一填注，克日惠下，以利统计，无任感荷。等由。准此。兹已将二十四年份银元厂条铸造表填制完竣，相应备函检送，即希查照为荷。此致
中国银行总管理处经济研究室　　　　二十五年二月十三日发

中央造币厂银元厂条铸造表

中华民国二十四年份

月份	银元				乙种厂条			
	枚数	毛盎斯重量	成色	纯盎斯重量	条数	毛盎斯重量	成色	纯盎斯重量
1	7,467,589	6,409,616.86	0.880	5,640,462.81	2,410	2,068.579.10	0.880	1,820,349.64
2	3,892.072	3,340,618.16		2,939,743.97	1,852	1,539,630.07		1,398,874.44
3	2,911.163	2,498,797.79		2,198,942.06	124	106,433.11		93,661.14
4	6,115,978	5,249,648.45		4,619,690.61				
5	6,916,826	5,936,887.92		5,224,461.36				
6	6,265,388	5,377,907.44		4,732,558.56				
8	1,599,982	1,373,371.99		1,208,567.36				
9	4,082,687	3,504,368.99		3,083,844.69				
10	4,489,989	3,853,690.54		3,391,247.66				
11	3,243,961	2,784,406.28		2,450,277.53				
12	1,439,312	1,235,502.05		1,087,241.79	2,861	2,455,686.68		2,161.004.29
合计	48,124.947	41,564,816.47		36,577,038.40	7,247	6,220,328.96		5,473,889.51

附注：(一)表内银元每枚合国币一元，厂条每条合国币一千元。

(二)本年份销毁二十一版银元二百二十万元，乙种厂条一万三千一百四十条。

计送二十四年份银元厂条铸造表一纸

厂戳启

〔国民政府财政部驻港办事处档案〕

15.孙秉垣等建议分别整理各地造币厂致陈行呈

（1936年3月13日）

呈。为呈复事。案准总务处抄发财政部钱字第22807号指令，为本厂前于上月十一日呈报派员调查杭州、武昌、成都、重庆、长沙各造币厂机器情形由，内开：呈及附件均悉。查本部前令原为注重整理应用起见，应就各旧厂地点、建筑设备、机件等项分别拟定整理及利用办法或存或废，均应切实统筹，仰再详细研究，熟筹具复。等因。奉经钧座批交职等研究具报，以凭转复等因。奉此。职等正详筹核办间，复奉钧座交下部发甘肃制造局长方兆镐呈拟整理甘肃造币厂计划书附机器清册及甘肃制造局技术员陆龙庆呈报甘肃省昔年铸币出品实况各一份，嘱即并案具复，各等因。奉此。查武昌、杭州、成都、重庆、长沙各造币厂，均经职等前往实地察勘，具报有案，各厂大部因停铸多年，机件锈损，房屋圮颓，如欲全部利用，实难通盘筹划，且重庆造币厂现已改造枪弹，长沙造币厂现已改为机器工厂，若一一设法修复，在事实上，决非短期内所可办到，且需费过巨，尤非百数十万元所能蒇事。至甘肃造币厂据来呈及厂图查之，该厂实与甘肃造币局合建一处，其铸币工作场所又不连贯，对于工作手续上，殊不便利。又该厂既与兵工厂合办，工人自较杂沓，一旦制造钱币，窃恐流弊滋多，且该厂远处西北边境，交通不便，运费激增，影响成本甚大。至于机器能力，每天工作八小时，最多仅能出币二十四万枚，实为全国规模最小之设备。所有各项机件，亦皆由国人仿造，停铸既久，恐不准确。来呈所述，就兰采购铜元制钱，以充原料一节。查旧式铜元所含纯铜最多百分之九十，至于清代制钱则仅含纯铜百分之五十有奇。如以之铸造现行之九五铜币，非再搀熔燐铜不可，则原料之供给，仍须仰赖他处。故该厂整复之后，非但无利可寻，且将损蚀成本。窃意造币厂之设立，以地位言，应择交通便利之处，期其便于采购原料，流布货币也。以机器言，尤宜取其式样新颖机械精良，方能铸出美善而准确之制币，不独倍增其出数，且易防民于奸伪。以上两点，实为设厂时最要之准绳。是故本厂滨海设立，北通于冀鲁，南接乎闽越，中贯长江流域，辐辏四方，水陆畅达，地位之优胜，实甲于全国。至于本厂机械及技术等方面尤皆采取美国最新方式，故所有各项出品，无不合乎制式而整洁可观也。今查内地各厂，非远处边陲，交通梗阻，即机械朽窳，难期整理，若勉强设法修复，窃恐需费虽巨，收效实微。职等奉命之下，详为考虑，认为各厂一一修复，在事实上恐难办到，若将各厂全部废弃，又似可惜。然查重庆、长沙、成都、兰州等四厂远在内地，机件亦不完整，实无复工之必要。故拟建议，将此四厂废弃之，而择其较良之机器运往他厂利用。至武昌及杭州两厂设备较为完全，如设法稍加改良，从事整理，未始不可利用。兹拟具整复武昌及杭州造币厂之计划分别陈之如次。

(甲)武昌造币厂

武昌位居我国中部，北有平汉铁路可达豫晋秦陇，南毗湘黔，西及长江上游，而东又可与本厂遥相呼应，地据中枢，四方绾毂之所也。如就原造币厂之设备拓为中央造币厂武昌分厂，极为相宜。惜乎机器陈旧，设备简陋，即使整理复工，其出品能力亦远不及本厂之产额。查该厂所存尚可修用之机器，仅有英式印花机二十八部，桩饼机四部，其他各机大多不能利用，所差尚多。兹拟将重庆及成都两厂所存堪用之机器，运往武昌以资利用。计查有：

英式印花机十二部。

桩饼机二部。

以上二项渝厂存品。

小印花机十二部。

桩饼机二部。

辗片机五部。

大印花机三部。

以上四项蓉厂存品。

以上各机连同武昌旧存机器，共计大小印花机五十五部，桩饼机八部，辗片机五部。稍加改良，即能装用，但尚有后列困难各点。

一、以上各项旧式机器皆用蒸汽拖动，计每小时约需二万磅之蒸汽，但查各厂原存锅炉，皆因使用日久，大都汽压太低，不堪胜任，且难免危险之发生。

二、各厂共有桩饼机八部，每天仅能出饼六十四万枚，实不能供给印花出品之需要。

三、辗片机成都只有五部，武昌及重庆两厂所存者，皆因年久失修不能利用，故辗片机太少，亦有上述之困难。

四、各厂对于洗饼干饼等工作，向系墨守旧法，以人工举之，工作既缓复不经济。

因上述困难各点，必须添购下列各项机器：

水管式蒸汽锅五座，约价洋七万五千元。

三匹马力桩饼机六部，约价洋七万五千元。

七匹马力辗片机一部，约价洋四万一千元。

五十匹马力辗片机五部，约价洋十五万四千三百元。

洗饼机九部，约价洋七千二百元。

干饼机三部，约价洋五万五千七百元。

以上共约计四十万八千二百元。

根据以上新旧机器能力，按每天工作十小时计算，可出铜辅币一百三十二万枚。若完全改为电力拖动，除省购上列蒸汽锅炉一座外，再添购下列各项电机。计：

三四马力马达十二部，约价洋一千八百元。

五四马力马达五十五部，约价洋一万三千七百五十元。

五十四马力马达五部，约价洋一万二千五百元。

三百基罗发电机二部，约价洋八万元。

以上共约计十万八千零五十元。

则全厂改用电力拖动后，每天工作十小时出品可增至二百万枚

其他修葺房屋、建筑、烘炉、装置设备以及零星添购等项，须俟将来实地测量勘察后，方能着手核估。

(乙)杭州造币厂

杭州位于钱塘江口沪杭甬及杭江两铁路通其南北，地势之迸要亦不亚于上海、武昌两处，惟该厂之机器亦多不能适用，若整复以铸辅币必须大加整饰。兹将该厂机器情形及修复计划述之如左。

一、查该厂原有之锅炉及引擎，皆系三十年前英国博明康喜敦厂所造，故陈旧不堪，费煤尤多，其汽压已由一百六十磅，降至六十磅，且炉胆已坏，随时有发生危险之可能，故整修杭厂必先另购锅炉一座，以资更替，而便修理。

二、该厂共有大印花机十四部，小印花机二十部，惟小印花机现均卸下散置库中,，零件均不完整。前杭厂技术员许宝驹条陈日出三十六万枚之计划，系指将大印花机改造辅币而言，如将小印花机由该厂设法修配完好与大印花机同时装用，出品当可增加，惟原有印花间太狭不敷装置，拟将印花间稍加扩充。

三、该厂对于洗饼及干饼设备向付阙如，拟将添购洗饼机七部，干饼机二部。

四、该厂共有桩饼机七部，光边机三部，辗片机十二部，设法改善尚可应用。惟辗片机均系以牙轮拖动，工作较钝，能否充分供给，未敢臆断，因该机皆已陈旧故也。

五、该厂除大部分机器用蒸汽拖动外，尚需添购一百五十四马力马达一部，以供其他各机之工作，电流拟由杭州电力厂供应。

以上各项设计约估价值如左。

扩充锅炉间四千元。

水管式蒸汽锅炉一座，一万五千元。

洗饼机七部，五千六百元。

干饼机二部，三万七千二百元。

一百五十四马力马达一部，六千元。

扩充印花间，五千五百元。

以上共计国币七万三千三百元。

其他零件及地面装修尚不在内，按照以上机器（除辗片机未敢断定外）能力，每日工作十四小时，可出铜辅币九十二万枚。

兹复将本厂现在出品情况及将来增加出品计划，并为钧长陈之，以资比较。查本厂现有大印花机九部，小印花机七部，每天日夜两班工作二十小时，可出各种辅币一百四十万枚，现在小印花机改良完竣，每天可达一百六十万枚，俟一月后设法再将大印花机改善，每天可达一百八十万枚，若将印花间稍加扩充，向美购添小印花机六部（价值约十二万元）即每天可增至二百五十万枚矣，而于其他支出方面除酌添少数工人外，余均仍旧毫不增加。兹奉前因，理合会陈刍见，具文呈复，是否有当，仰祈钧裁。谨呈

厂长陈、副厂长韦

机械技师　孙秉垣（印）

铸造处技师　王文宙（印）

二五·三·一三

〔国民政府财政部驻港办事处档案〕

16.中央造币厂会计处抄送最近四年铸币情形函

（1936年6月19日）

径启者：案准贵处总字第四三一三号函，为中国银行经济室函请编制统计表一纸，嘱于本星期内查填寄达，等由。兹依照该室来表式样填制就绪，相应随函附奉，惟本年六月份一行，因六月份尚未结束，不能填列即妥，查照办理为荷。此致

总务处

附件

会计处启

廿五年六月十九日

中央造币厂生产统计(二十二年至二十五年) 表甲(1)

时间	银元	甲种厂条	乙种厂条	一分铜币
民国二十二年	28,060,918枚	3,556条	227条	
民国二十三年	70,956,464	65	48,027	
民国二十四年				
一月	7,467,589		2,410	
二月	3,892,072		1,852	
三月	2,911,163		124	
四月	6,115,978			
五月	6,916,826			
六月	6,265,388			
七月				
八月	1,599,982			

表甲(2)

九　　月	4,082,687			
十　　月	4,489,989			
十一月	3,243,961			
十二月	1,439,312		2,861	3,100,000枚
民国二十五年				
一　　月			692	11,400,000
二　　月			88	11,500.000
三　　月			390	18,400,000
四　　月			23	27,860,000
五　　月			423	23,640,000
六　　月				
合　　计	147,442,329枚	3,621条	57,117条	95,900,000枚

表乙(1)

半分铜币	五分镍币	十分镍币	廿分镍币	熔化厂币	熔化乙种厂条
					300条
					300
					300
					712
					3,887

表乙（2）

九　月						
十　月						
十一月						
十二月					2,200,000枚	166
民国二十五年						
一　月	1,840,000枚	760,000枚	680,000枚	140,000枚		
二　月	7,240,000	4,200,000	2,340,000	1,010,000		
三　月	17,440,000	12,775	1,960,501	3,838,327		
四　月	9,960,000	7,844,427	2,398,630	994,604		
五　月	1,880,000	19,680,000	6,086,635	2,852,004		
六　月						
合　计	38,360,000枚	32,497,202枚			2,200,000枚	13.140条

注：（一）查熔化厂币及厂条栏系指本厂出币条熔化之数，熔化其他各种杂币并未列入

（二）二十五年六月份尚未结束未能填列

制表员　　　簿记课长　　　会计处处长

〔国民政府财政部驻港办事处档案〕

17.财政部准刘昌景呈报扩充中央造币厂计划(密)训令

(1937年4月28日)

财政部密训令　钱字第36500号

令中央造币厂

案据本部技正刘昌景折呈称：查中央造币厂原有印花机十六座，每月铸数约四千五百万枚，俟新购印花机八座装竣，月可增铸至六千五百万枚，惟查本部最近拟具五年经济建设计划，关于预定每年铸造辅币数目，以该厂机力而论，相差甚巨，亟应积极扩充该厂机力，并从速成立造币分厂，以供需要。谨拟逐步扩充该厂机力计划，请鉴核施行。等情，查本部奉：中央政治会议交拟经济建设五年计划一案，业由部拟具计划，呈候核定施行。关于该计划内铸造辅币事项，自应预为筹度，俾便实施。兹据该技正呈拟扩充该厂机力计划前来，除所称成立造币分厂一节由部另案核办，查核所拟各节，尚属周妥，所有实施步骤，应由该厂长及葛兰德顾问与该技正详商具复，以凭核夺，除指令外，合行抄发原呈，令仰遵照。此令。

附件

部长　孔祥熙

中华民国廿六年四月廿八日

扩充中央造币厂铸造机力计划

查中央造币厂原有印花机十六座，每日铸数约一百八十万枚，月铸约四千五百万枚，俟本年七月新购印花机八座装竣后，每日铸数可增至二百六十万枚，月铸可增至六千五百万枚。惟查本部最近拟具五年经济建设计划，预定于十年之内，铸造辅币一百九十三万五千万枚。其分配率如左。

二十分镍币，七万五千万枚，面值一万五千万元。

十分镍币，十万万枚，面值一万万元。

五分镍币，十六万万枚，面值八千万元。

一分铜币，八十万万枚，面值八千万元。

半分铜币，八十万万枚，面值四千万元。

共计，一百九十三万五千万枚，面值四万五千万元。

依据该厂最近铸数推算，截止二十六年六月底止，可达八万万枚之谱，以与上项预定铸数相比，尚须陆续于十年之内，铸造一百八十万五千万枚，即自二十六年度起，每年应铸十八万五千五百万枚。但以该厂机力而论，则可自二十六年度起，月铸六千五百万枚，年铸七万八千万枚，与预定年铸之数，相差甚巨，极应一面积极扩充本厂机力，并从速成立造币分厂，以供需要。兹谨拟具逐步扩充该厂机力计划如左。

第一步，查该厂原有辗片机十二座，现只开动半数，即可供给原有印花机力之用，虽本年七月添装新印花机后，亦尚有敷余辗片机能力。故第一步计划，应即以辗片机能力为标准，迅速补充印花机，使与辗片机力相衔接。

第二步，查该厂原有熔化炉四十座，现在每日开用者不过数十座，敷余甚多，如俟全部设计改用柴油完竣，则熔化时间缩短，生产力量更为增大。故第二步计划，应即以熔化能力为标准，迅速补充辗片印花机使与熔化能力相衔接。

第三步，研究改进各部机器效率，并添装各部机器，使全厂铸造能力，与五年计划每年预定铸数相合，除分厂供给铸数一部份外，其余铸数，应即全恃该厂供给。

上述步骤扩充计划，自应精密计算，方能互相衔接，运用裕如，但同时尚应研究自制机器，减轻成本，兹分述于左。

一、充实修机间各部分制造及修理能力，增设翻砂厂，研究自制印花辗片及各种机器及其零件。如有某部分机器非本厂所能装制者，亦应制造模型，向厂外分别定制，自行装配，其辗片滚辊如非中央研究院工程研究所所能代制，亦向外洋预先定购，以资应用。

二、研究改良印花机舂头，使成品字形，每次可印三枚，并试制特种钢模，每面雕刻三型，以促进印花机力，增加铸数。

三、设计提炼铜元，建筑反射炉，使能提炼以每日铸数面值所换回相当数量之铜元制钱，供给铜币币材，并以其余铜，供给市场需要。

四、设计自制镍饼，添购电炉，熔化镍锭，添设高压辗片机，辗制镍片，并增加舂饼光边机，以期减轻镍币成本。

五、节省开支，减少消耗，贵价物料须求低价者替代，购进物料价格须严密考察比较，务求物尽其利，人尽其才为原则。

以上所陈各节，均系荦荦大纲，详细条件，自非就实地状况，逐步研究，方能精密计算。应否由部督饬该厂依照进行之处，理合拟具管见，呈请鉴核，转呈部、次长鉴核施行。谨呈
司长

技正　刘昌景

四月十五日

〔国民政府中央造币厂档案〕

18.刘昌景等拟具扩充中央造币厂机力计划呈稿

（1937年5月22日）

密呈　中字第五二号

本年四月二十九日奉钧部密训令钱字第三六五〇〇号内开：案据本部技正刘昌景折呈称：查中央造币厂原有印花机十六座，每月铸数约四千五百万枚云云。叙至。应由该厂长及葛来德顾问与该技正详商具复，以凭核夺。除指令外，合行抄发原呈，令仰遵照，此令。附件。等因。奉此。昌〇遵于五月十五日到厂，当经德〇召集总技师葛来德及工务各处长开会讨论，即以昌〇所拟十

年铸币计划，每年应铸辅币十八万五千五百万枚，即每年以工作三百天计，每天应铸六百十八万三千三百三十三枚。数量范围，关于机力种种，商定计划如左。

第一步，按现有辗片机能力，每天分日夜两班工作，其产量如下：

专铸一分辅币，计产三百万枚。

如铸一分、半分各半，共产三百五十万枚。

根据现有辗片机能力计算，所需印花机数：

每天铸造一分、半分各半，共三百五十万枚，需印花机三十二部。

如铸镍币一百万枚，需印花机十部。

备用印花机两部。

以上共计四十四部。

本厂现有印花机十六部，再加新购之八部，共二十四部，尚需添购二十部。加此项印花机，现拟由厂研究试制四、五部，所有零件归本厂修机间自配，其大件如轮架，拟向江南造船厂、上海炼钢厂及其他厂家定制，惟时间至少半年以上方可完成，俟试用满意再行续制，如钧部对于辅币出品急需增加，似可先向外洋订购十部，或五部，俾资应用。以上办法敬请采择示遵。

第二步，熔炉产量，本厂原有熔炉四十座，但因占地局促，而熔化间面积又小，以致工作诸多不便，曾于二十四年七月六日拆卸两座，现余三十八座，其用途分配如左。

熔制铜块者，二十五炉。

熔制银币者，四炉。

混熔铜料等，四炉。

烘搅拌器者，二炉。

预备修理者，三炉。

以上共计三十八炉。

熔炉分配，有如上述，其实际熔制铜块者，不过二十五炉，估计每日工作日夜两班，每班十小时，熔化铜块产额最多不过约一百万盎斯，用之铸造一分辅币，约可制造三百万枚。复查本厂辗片额，每日亦不过可供给制造铜币三百万枚之用，是以本厂熔化能力与辗片额数，暂时处于相等地位，惟照目前熔化建筑情形，似无扩充之余地，至于改用柴油为燃料，其目的在减轻成本，而熔化时间，亦可缩短，惟此项办法，正在研究进行之中，将来究加产量若干，尚须经过相当实验时间，方能决定。

第三步，依照十年铸币计划，每天应铸六百十八万三千三百三十三枚，但照本厂现有各印花机及连同新购印花机之能力计之，每日可出四百五十万枚，将来如再加改良，增进工作效率，最高产额，或可达日出五百万枚，其相差一百十八万三千三百三十三枚之数，俟分厂成立后，可由分厂铸造，以期与原计划相符合。

研究各项：

(一)扩充修理间及设立翻砂厂

本厂修理间，照目前人工机力言之，应付本厂现在出数之修配工程，尚能裕如，惟将来印花间建筑完成，添置新机八部后，恐因出品增加，修理较繁，机力人工，俱有不敷之虞，势非酌加扩充，不克完成所负使命。至于翻砂厂之设置，就本厂现在情况观察，似无积极设备之必要，盖本厂对于铸铜铸铁工程，每月多寡不等，难以预定。每月有数千元者，有仅十元者，如为节省经费，并求机器自给计，本厂将尽量扩充修机能力，供给本厂修理各部机件，而以余力制造铸币机器，至研究制造铸币用之印花、辗片机器，其零件可由本厂修理间配制，如铸钢轮架，将向上海炼钢厂及各机器厂家分别接洽办理。

(二)三枚印花计划

本厂现在研究每次印花二枚之技术，迄今半载，虽经精密之研究、深切之考虑，尚未达到试验地步。如将来能达每次印制二枚之目的，自当更进一步研求每次印制三枚，以增加工作效率。惟此种计划，非比仿造性质稍加改良即可成功者，必经相当时期之研究，方能达到发明成功之途也。

（三）自制镍饼机件之设备

此种计划，亦极困难，盖此项设备，规模宏大，非如炼钢厂之易于计划也。在美国有炼铸镍料专权者，亦仅有International nickel Co一家有此设备，此项镍币原料熔化成饼，须经十六次特殊手续与深奥技术，现在葛总技师即将赴美医病，将即请其详细调查，再行考虑进行。

（四）节省物料

自本厂开铸以来，向以节省为唯一方针，故年来消耗日见减少，嗣后当更随时格外注意，以期款不虚糜。

以上各节，除关于炼铜厂、购机价格与自制成本比较及增加印花机应添建机房之预算，容俟分别另案呈报外，理合将商定扩充机力等计划具文会呈，仰祈鉴核示遵，实为公便。谨呈

财政部部长、次长

技正　刘昌○

中央造币厂厂长　席○○

财政部技正　刘昌景

钱币司

〔国民政府中央造币厂档案〕

19.财政部准湖北省政府咨请多铸辅币并恢复武昌造币分厂训令

（1937年5月24日）

财政部训令　钱字第37454号

令中央造币厂

案准湖北省政府二十六年五月十一日省财一字第八五〇五六号咨开：案据汉口市市长吴国桢，二十六年四月三十日呈称：案据本市典当业同业公会呈称，窃自改革币制后，当二十铜元渐至绝迹，虽经开铸一分辅币替代流通，总以行用太广供不应求，遂致市面感受零币恐慌，惟汉市为特甚。在其他商业或抬高物价预图弥补，或按整币售货避免找零，均有伸缩之余地，独典业情形特殊，且日与贫民周旋，既不能适合整币交易，又不能暗中抬高货价，明抛尾数不收，更有极苦伶贫之当户，其当本不过三角五角，购当利息仅只一分二分，既难责令当户缴纳分币，而典商又无分币找出，对于此类三角五角衣物，若概拒绝不当，贫民何堪？双方交困，痛苦莫名。在去岁犹蒙中央银行每日兑给分币，赖以接济。后因四乡铜元均告绝迹，分币行销更广，属会每月仅能兑到千元。综计本市典业二十八家，日需分币六百元六万枚，故□□□月后，各典即出高价每元补价一角，沿街收买以维业务，乃正苦此项亏损力难担负，不意分币愈艰愈贵，虽出高价派人四出搜求，亦仅买到零星小数，几至收无可收，买无徒买，各典因此时与当户发生口角。属会亦经推派代表，并一再致函中央银行邀求逐日兑换，终托空言，无补实际。典商因无零币找补，竟至无法营业。于是纷纷请求设法维持到会，属会经于本月二日召开紧急会议，提议之下，佥以无法营业确系实情，若对一元以下三角五角衣物拒绝不当，殊与贫苦民众有关，其典业便民之谓何，于万无奈何之中，只有由会负责发行价值法币一分筹码，或制竹筹加盖火印，或印纸票发给各典，替代找零，权救一时。凡集成筹码十枚，可持向本市各典兑换纸币一角，此项准备金由全体典商摊派，交存银行，待市面分币充裕后，即将筹码收回销毁，所有发行管理各办法及数目，一俟呈准，再行详细规定。惟制造筹码耗费殊巨，倘蒙政府别赐救济办法，即将此议打销等语，一致赞同，纪录在卷。上拟办法，属会亦深知与金融系统觉有不合，实则迫不得已，权谋救济，是否可行，理合备文呈请钧府，核示祇遵，如蒙俯赐别项救济办法，尤不胜铭感之至，等情。据此。查呈称各节核属实情。若于铜辅币尚未调节圆滑以前，念其由公会负责准予暂行试办，则与财政部取缔商号私发纸币原案不合，若照案驳斥，则典当一业，谨厚者因亏累可虞，势必停贸，狡黠者或故抑当本，或选择允拒，在本市贫贷基础未固，推设未广之际，影响贫民融通，殊非浅鲜。唯一方法，惟有转函中央银行汉口分行，请其电部饬厂，尽量运汉。然本府自上年十一月后，节据杂货店业、机器米业等同业公会之请转函该行，准各该商店直接兑换，或由公会日兑千元，卒因求过于供，未能照办，无济钱荒。所请代筹别项救济办法，实苦计无所出，所有该会呈请由会发行一分筹码，权济一时之处，应如何处理，理合据情转请钧府鉴核示遵。再汉市自实行法币后，本府鉴于市场换价紊乱，规定每元法币换双铜元六串，当经电陈财政部，并呈报钧府有案。是时市面一致奉行，异常安定，良由通行辅币只此一种法价低于市价，且双铜元较为充实之故。迨至新铜辅币发行，质量较轻，运汉不多，辅币有二种，遂生差异，双铜元之在本市者，逐渐逃匿，在市外者，裹足不前。商店找零率以货物或以邮票，物价高涨，单位以分交易以角，甚有因双方意见歧异之故，交易不成或口角者，似此纠纷，日必多起。且法币换价暗盘不居，高价买卖铜元之案层见迭出，严办则商店维持营业换以找零其情可原，从轻则相率肆行无忌，影响金融，后患可虑，轻重之间殊难允当。此犹就平时而言，设遇非常，何堪设想。窃思武汉居长江上游，绾毂中原，交通便利，中央运到辅币数额虽巨，就本市需要情形论，尚感不敷，况上游各省内河各县个人之携带商贾之兑运数亦可惊，兼之造币机厂只有总厂一处，即令日夜鼓铸，于现时铜元缺乏，辅币未充之状况下，欲求调剂全国，得其平衡，势非经过长久时间，恐难奏效。为救济目前急需维持贫民生计，减少社会纠纷起见，诚宜急筹善策为曲突徙薪之计，因召集本市商会及钱业公会主席来府共商办法，计得结论有二：（一）呈请省政府转请中央多铸分币，尽量运汉。惟总厂产量有限，并请将停工已久之武昌造币厂迅予筹设恢复，以宏产量。（二）呈请省政府饬由湖北省银行于铜辅币铸造未充分以前，暂为印发铜分辅币券，以资周转。各等语。经核均属切要，据呈前情。除转函中央银行汉口分行设法尽量应兑，并指令呈悉。所陈各节，虽属实情，惟发行筹码类似纸币，核与财政部取缔商号私发纸币之案不合，已由府拟具办法，据情转请湖北省政府核示，并函中央银行汉口分行，尽量对于该会必需铜币设法应兑，仰即推举代表径赴该行洽办，并将商洽情形具报为要，等语。印发外，理合将典当公会所请，并本府召集商钱两会筹议各情形，一并转呈钧府鉴核示遵，等情。据此。查本府前以各地铜元绝迹，铜镍辅币供不应求，以致百物腾贵，影响平民生计，且各县市借口找零不便，私发铜元票迭有发生，流弊滋深。经于上月号日电请贵部速定救济方略，以维市面，并拟先饬湖北省银行酌发铜元券周转。嗣准贵部感钱电后，已电中央银行速运大宗一分辅币前来维持，省铜元券，毋庸另发。至各县私发铜元票，应饬属严禁，等因。当经通令各县政府遵照，无论团体或个人倘有故违政令，借词滥发铜元票及类似市票之流通券者，应即依照迭颁法令，严行查禁罚办，专案报核，一面转函中央银行汉口分行查照，对于各县前来请求掉换分币，尽量予以应兑，各在案。据呈前情。除指令分别核示外，所请多铸分币尽量运汉，并请将停工已久之武昌造币厂，迅予筹备恢复，以宏产量一节，相应咨复贵部迅赐，查核办理，等因到部。查湖北省缺乏辅币，迭经本部函请中央银行运往接济，并经令饬该厂迅即赶铸，以供需要暨饬一面积极扩充机力，一面先行成立武昌分厂。应将该分厂修理费，遵照部定限度补编二十五年度岁出概算书，呈候核定施行。各在案。兹准前由。除所请将分币尽量运汉一节函请中央银行酌办外，至所请多铸分币暨恢复鄂厂一节，合亟令仰该厂遵照迭令，分别办理。此令。

〔国民政府中央造币厂档案〕

20.中央造币厂会计处拟送该厂历年铸币概况函

(1941年2月28日)

查前奉部令饬编自开办以来业务内容及盈亏概况一案，遵经编制就绪，除已呈部核转外，兹送上一份，用请察收归卷为荷。此致总务处

会计处启

附本厂历年铸币概况一本 （自中华民国二十二年三月一日起至二十九年十二月三十一日止）

中央造币厂历年铸币概况

我国设立造币厂，虽已数十年，惟因各省个别管理，产品重量成色不齐，市场交易对银币信用反不若旧用银两之坚定。二十一年秋政府决心统一币制，筹设本厂，所有各省造币厂一律停办。本厂产品之重量、成色须绝对合于规定成色，方能出厂发行，无丝毫上下，历年均本此计划铸造，以适应市场需要。自二十二年三月开铸起至二十四年底止，为铸造银币时期。当时废两改元政策方始实行，银本位币之需要正殷，中外人士对于我国国币之信仰心，亦正赖本厂所产本位币之实际成绩，使以坚定。在此项铸造银币时期内，铸成一元银本位币解交中央银行发行者，计一四七，三九五，〇〇〇枚(见附表二①)。除收回改铸者外，计一四五，一九五，〇〇〇枚，合面值五，一九五，〇〇〇元。同时，并熔铸千元甲乙两种厂条（厂条铸造时期于法币政策行施后，仍继续进行，至二十六年八月上海战争发生，方始停止）全期解交中央银行发行者计六三，六一一条（见附表二），除收回改铸者

① 附表均略。

外，计五〇，四七一条，合面值五〇，四七一，〇〇〇元，总计解交中央银行发行之银币总数，合国币面值一九五，六六六，〇〇〇元。二十四年十一月法币政策宣布施行，一元银本位币之需要，骤然截止，而当时各地市场通用辅币种类不一，急需整理。当由国民政府公布辅币条例，本厂于二十五年一月起，即遵照条例铸造二十分及五分、十分三种镍币及一分、半分两种铜币。截至二十六年八月上海战事发生日止，铸成上项辅币解交中央银行发行者，计二十分镍币五〇，二五〇，〇〇〇枚，十分镍币七一，九八〇，〇〇〇枚，五分镍币七四，〇四〇，〇〇〇枚。一分铜币六三六，〇八〇，〇〇〇枚，半分铜币五三，二〇〇，〇〇〇枚，合计国币面值二七，五七六，八〇〇元。八·一三后因本厂厂址系在上海战区，不能继续开工，因即先后在武昌、成都、桂林、兰州、昆明等处，设立分厂（武昌、兰州两分厂，因故于二十七年七月及二十八年十月，相继停办）。自二十六年十月至二十八年底止，各分厂先后开铸各种镍铜辅币，铸成后分别解交各地中央银行发行，计二十分镍币九八，九三二，二三一枚，十分镍币一五五，五九八，〇一四枚，五分镍币二八，七九九，九五六枚，一分铜币一四四，六八三，七八一枚。同时本厂以各分厂动力有限，设备须时，又向奥国定印二十分镍币四〇，〇〇〇，〇〇〇枚，十分镍币六〇，〇〇〇，〇〇〇枚，五分镍币二〇，〇〇〇，〇〇〇枚，于二十七年间分批解交中央银行一并发行。合计本分各厂自八·一三后至二十八年底止，解交中央银行发行总数合值国币五三，二三三，〇八三，二一元。二十八年间各地物价渐涨，战区日广，辅币原料价值超过辅币面值，易为奸人收购，偷运出境，用以资敌，因于二十九年起，奉国民政府公布修正辅币条例，减低重量，另配成分，铸造铜镍锌十分（三公分）、五分（二公分）及铜锌二分（二公分）、一分（一·五公分）四种合金辅币，以供市场流通。二十九年全年间各分厂铸成，解交各地中央银行发行者，计十分辅币六八，三二〇，〇〇〇枚，五分辅币五七，〇四〇，〇〇〇枚，二分辅币一二四，二五〇，〇〇〇枚，一分辅币八九，六五〇，〇〇〇枚，合计国币面值一三，一一五，五〇〇元。此外，上海市场因内地铸成辅币，无法运往应用，为抵制敌伪私发辅币起见，就地另托外商特铸铝质辅币，以应需要。二十九年全年铸成铝币，会同中央银行送交上海银行同业公会代为发行者，计五分一〇二，一〇〇，〇〇〇枚，一分五〇，〇〇〇，〇〇〇枚，合国币面值五，六〇五，〇〇〇元。计自二十五年一月起至二十九年十二月底止，共解各种辅币，合国币面值九九，四八〇，三八三，二一元。综计本厂自二十二年三月开铸日起至二十九年十二月底止，解交中央银行发行本位币及辅币，总值国币二九五，一四六，三八三，二一元。

本厂铸币费用之取偿，银币部份遵照银本位币条例，完全取代铸性质，以中央银行交来纯银数量，交还同银量之新币，每百元收取二·二五元之铸费。至铸造辅币则所有原料系由本厂购置，铸就成品后，交与中央银行。所收铸费系遵照部定铸费率，向中央银行结收，此项铸费率之规定，系参照本厂实际成本而核定。在二十五年上半年为试办时期，廿分镍币规定收取铸费，每千枚七十元，十分镍币每千枚四十五元，五分镍币每千枚三十元，一分铜币每千枚九元，半分铜币每千枚四·七五元。二十五年七月份起，二十分镍币，则改为每千枚收四十四元，十分镍币每千枚收三十三元，五分镍币每千枚收二十二元，一分铜币每千枚收八元，半分铜币每千枚收四·七〇元。二十七年七月份起，一分铜币又改为收九元，二十九年所铸之五分、十分铜锌镍合金及一分、二分铜锌合金辅币，现定为每千枚十分币收三十八元，五分币收二十七元五角，二分币收十六元，一分币收九元。综计铸造银币时期及战前上海一厂单独开铸时，历年所收铸费，除二十一年度（二十二年三月至六月）因开铸伊始，各部分尚在试验时期，不敷开支外，其余各年度均能有所盈余。二十六年度（二十六年七月至二十七年六月）开始时，适值八·一三战事发生，本厂奉令停工，迁移内地，各分厂虽在计划筹设中，但至是年十月及翌年五月，武昌、桂林两分厂始行相继开铸，以致是年度收支不能相抵。二十七年度（二十七年七月至十二月）各分厂次第成立，故未亏折。二十八年度（二十八年全年）则因各地物价力价突然增涨，而本厂向中央银行所收铸费，则仍根据二十五年间成本核定之旧铸费率计算，因之所收铸费不足以抵偿辅币原料一项之市值，故是年度亦在亏损之列。二十九年度则辅币重量成色，均已改订，而铸费率亦经修改，计是年度得以盈三，九四九，三九二．〇五元（见附表四）截至二十九年底止，历年盈亏滚结除支付非常时期一切特殊用款外，计仍盈余三，七七八，二一一．三一元（见附表五）。总之，本厂历年计算铸费均系根据工料成本实数呈部核定，如无特殊情形，本厂每年结算，尚可略有盈余。若果物价工资有不能预计增涨时，则铸费收入不足以抵偿工料成本，故本厂损益系表示铸费与工料成本收支之结果，而实际上，历年所铸辅币，其面值与铸费相比，尚有盈余，此项盈余即为铸币余利。在战事发生以前，计一四，九八九，〇四二．〇〇元，战事发生以后，计四三，七九〇，七六七．五二元，合计五八，七七九，八〇九．五二元（见附表三）。是项余利统归财政部，储为币制基金之用。此本厂历年来铸币状况之大概情形也。

［国民政府财政部中央造币厂档案］

二、金银问题与白银外流

1.国有铁路运送铜元制钱铜块办法

（1929年10月23日）

国有铁路运送铜元制钱铜块办法　十八年九月二日咨商本部

订定十月二十三日由铁道部公布

一、凡往来乘车客商，每人或每批携带单铜元（即满十铜元）在二千枚以内，或双铜元（即满二十铜元）在一千枚以内，制钱在五千枚以内者，免收运费。

二、客商每人或每批所带单铜元在二千枚以上、二万枚以内，或双铜元在一千枚以上、一万枚以内，制钱在五千枚以上、五万枚以内者，应照章缴纳运费给票起运。倘有隐匿私运情事，应按照货车运输通则第三十九条规定，科以十倍罚金放行。若无人认领，即行充公。

三、客商每人或每批携带单铜元在二万枚以上或双铜元在一万枚以上，在本省区往来者，应持有各关监督所发护照。其运往他省区及携带制钱在五万枚以上者，应准缴费起运。倘无护照及无人承领者，即一律扣留，报局呈部核办。

四、凡持有护照之铜元、制钱起运时，应按普通全价核收。倘有私运情事，虽有护照，亦应按货车运输通则第三十九条规定，科以五十倍罚金放行。

五、各路员役来往各该本路者，每人每次携带铜元以一千枚为限，或双铜元以五百枚为限。至制钱一项，现在不甚通用，只以一百枚为限，免收运费。如逾此数，无论多寡，一律充公。

六、铜块一项，如非由制钱融化而成，并持有铺发单者，准予缴费起运。倘有融化制钱痕迹，无论多寡，一律禁运。

七、私运铜块查无融化制钱痕迹者，照货车运输通则第三十九条规定，科罚放行。无人认领，即行充公。倘有融化制钱痕迹，即将铜块及运送人一并扣留，报局呈部核办。

八、以上各项办法自公布之日施行。

［国民政府财政部档案］

2.工商部奉拟金贵银贱之原由影响及救济办法呈

（1930年1月15日）

呈。为拟具金贵银贱之原由、影响、及救济办法之意见仰祈鉴核事。案准钧府文官处函开奉国民政府令开：查近日金价暴涨、银价低落，于国计民生关系甚巨，此种情形虽为国际汇兑之变动，唯上海交易所商人投机买卖，影响金融经济，亦复匪细，着财政、工商两部迅筹办法，以资救济。此令。等因。除分函外，相应录令，函达查照办理为荷，等因。准此。查此次金价暴涨关系我国国家经济以及社会生计至重且巨，职部当即分别咨询审核情势，拟具金贵银贱之原由、影响及救济办法之意见，除遵令会同财政部筹商呈复并提出行政会议外，理合将前项意见录呈鉴核，谨呈国民政府

附呈金贵银贱之原由、影响及救济办法之意见

工商部部长　孔祥熙

中华民国十九年一月十五日

金贵银贱之原由、影响及救济办法之意见（工商部拟）

一、原由　原由可分远因、近因二种

（一）远因

甲、世界银产之过剩　近数年来银产年有增加，每年产量总在二万万五千万左右，而世界各国则先后皆已实行金本位制，即连金本位制所用之银辅币亦渐有以纸币取而代之之势，是以银之用途更见减少。惟我中国仍采银本位制，而为用银最多之国。于是各国过剩之银量输行来华，竞作投资，致使银价低落，此经济学上供求原理所必有之结果也。

（二）近因

甲、印度之实行金本位制　世界用银最多国之印度，自改行

金本位制以来，信用日见巩固，势必吸收巨量金额而售出多量生银。

乙、越南之改用金本位制　越南近改用金本位制，对于金货与印度有同样之需求。

丙、日本之金解禁　日本实行金解禁自无须巨量银货，而与越南有同样需要金货之情形。

丁、投机者之激动　年来国内多故，以致交通阻隔，商货滞积，加以水旱时见，工商益形凋敝，人民苦于投资无方，于是银量集中上海，而使上海存银之多超越以往之纪录，一般投机者从而投机，遂造成此飞涨之情势。其实银多本不足为害，但无利用之法则，足以为害。

二、影响

(一)物价继涨　我国市上货物大半系舶来品，购货以金为单位，金价涨则物价势必随之飞涨，而银价低落，则人民之购买力自薄弱矣。

(二)关税收入之损失　关税税率向以银为单位，而所担保偿还各国债款则以美金计算。闻连日以来，其相差之损失约在七百万美金云。

(三)汇兑上之损失　金贵银贱，汇兑上势必以多量之银方能得少量之金额。

(四)外债之损失　吾国外债素以金额单位计算，银价低落则无形中将增加五分之二之担负矣。

(五)商业上之损失　据近日报载，商人在昔定货只在八两左右者，今低至十两有余，以致货到而不敢提取。长此以往，商情势必扰乱，社会将成恐慌状态。

三、救济之办法　救济之办法又可分临时、初步、根本三种。临时办法为一种亟宜施行以救济危局之办法，于必要时施行之。初步办法，作根本办法之阶梯，为准备定期实行金本位制必经之程序。

(一)临时办法

甲、禁止交易所投机者之激动　投机者之竞购多头已为此金价飞涨之近因，故应设法限止投机者之激动，而免至一发而不可收拾。

乙、生银进口征税　银价低落厥为存银过多所致，故应征取进口税以相限制，此近来美国有取缔生银进口，以每盎斯征金三十仙之议。

(二)初步办法

甲、关税改征金币　由上已知金贵银贱于关税收入之损失甚大，故拟改为按金价抽征，既可应世界各国金本位制之制度，复可为我国改行金本位制之准备，且对于外债便于清算、关余易于确定，即对于各项内外债亦易于整理矣。

乙、发行金币券　政府应指定中央银行发行金币券，专供商人付纳关税之用，而此项金币券应有确定之额数，不得滥发，并设立保管委员会，妥为保管。关于关税所收入之金币，除偿还外债外，其余留作实行金本位制之准备金。

丙、废两为元　欲行金本位制，先废两为元，划一币制。因我国银两名称因地而异、因类而异、繁复庞杂，估计至难，若改两为元，则全国划一，以备施行金本位制。

丁、辅币划一　吾国辅币既有如银两名称之复杂，而市价折合又复各地殊异，亟宜规定辅币，以收划一之效。划一辅币须设立铸币局，此总理所以于“钱币革命”篇上有筹备设立之议。

(三)根本办法

甲、保障人民财产　吾国灾祸频仍，内乱不息，人民不能安居，循至视租界为乐土，拥财自娱，不愿投资，政府应设法使人民财产有所保障，俾得乐于从事生产。

乙、促进劳资合作　欲求生产之增加，必须求劳资双方合作。

丙、便利交通运输　运输便利则商货荟萃，原料易于征集，货物藉以行运，此乃物尽其利，货畅其流之原则，而间接亦增加生产也。

丁、免除人民苛捐，以苏民困，而增进其生产之能力。

戊、设立国际汇兑银行　吾国一切对外汇兑，素赖外人设立之银行，其间受汇价及操纵之损失，实属甚大。且华人对外贸易以本国缺乏直接汇兑机关而所受之损失亦至重且巨，故为今之计，应设立国际汇兑银行以塞汇价损失之漏卮，而奖励出口商之对外贸易，并可集收华侨所入之现金，同时奖励华侨回国投资生产事业。

己、明令服用国货　我国出口少而入口多。考查近十年来我国海关贸易报告，每年平均入超在二万万两左右，且历年所出者，多原料品，而入者多消费品。今若再加上金涨银跌汇兑上之损失，此后我国之金融恐慌不堪设想。政府应乘此时机厉行提倡国货，增加国内产业，以及输出入之相等。

庚、定期颁布金本位制　今世界各国既均已改用金本位制，我国自亦宜改行金本位制，以适应时势之需要。但一时难得巨额现金，其实力及信用不易立致，故须经以上所述各项之程序，以促进金本位制之施行。总理有言：其本位可仿日本以金为定制，出若干之时，便可发命令颁行，限期将市面现银之币收换，过期有仍用旧币者，如数没收充公，并严罚其授受之人。此则吾政府所尤须注意者也。

［国民政府档案］

3.工商部报告办理救济金贵银贱经过情形呈

（1930年1月22日）

呈。为呈报办理救济金贵银贱经过情形，仰祈鉴核事。窃查此次金价暴涨、银价低落，为前此所未有之现象。国计民生胥受影响，自宜积极救济，藉补艰虞。职部主管工商，默审情势，尤觉首当其冲。当风潮初起之时即经提出中央政治会议加以讨论，于文日严电上海金业交易所制止操纵垄断，以免风潮扩大。嗣奉钧令遵再电饬制止。同时电令职部驻沪办事处会同上海特别市社会局及全国商会联合会、上海商人团体、整理委员会、银行公会、钱业公会等团体，就近查明真相，妥拟办法，一面由职部拟具救济金融意见，分为临时、初步、根本三种办法提出行政会议讨论，并呈报钧府鉴核有案。惟以兹事体大，为集思广益起见，经约集经济专家多人作学理及事实上之讨论，以期周密，并于本月十五日约同财部派员遵令会商救济办法，业将会商结果另文呈报。以上所陈各节，对于根本救济之研究，尤所重视。良以经济潮流动机复杂，非一朝一夕之故。欲图挽救，宜从实地着手，方足以扼未来之危机也。现在海关进口税改征金单位，既奉明令，职部前拟初步办法一部分，已见诸实施，实足树金本位之先声，固内外债之基础。唯与有连带关系亟待施行者，如改良币制，便利运输、废除苛捐等项，宜早事规划，兼程并进。职部拟有方案，拟即分别提出，务期于最近期间克收实效，国家经济前途实利赖之。所有办理救济金贵银贱经过情形，理合先行备文呈报钧府鉴核，指令示遵。谨呈

国民政府

工商部部长　孔祥熙

中华民国十九年一月二十二日

〔国民政府档案〕

4.孔祥熙拟请禁止外国银币进口以解救金贵银贱代电

（1930年2月6—8日）

（1）2月6日

南京。国民政府蒋主席钧鉴：近来金贵银贱，社会经济顿现恐慌。前曾奉令拟具具体方案，以图救济，适值熙卧病海上，殊深忧虑，亟欲调查真相，藉图补救。乃昨日金价又复暴涨，竟达五百零壹两之巨。顷据确实报告，始悉系外国银行运进大宗外国银币，熔化生银，购买金币，操纵鱼利，遂致助长此种现象（东方汇理昨日运进越南银币叁百万元）。若不设法禁止，窃恐长此以往，吾国金融必致紊乱，商业将受更重大影响。为急则治标计，拟请财政部训令总税务司禁止外国银币入口，俾资救济（各国皆不许大宗外币入口）。再，印度自逐渐施行金本位以来，于去年起出售大宗银货，以致银价日落，影响及于世界，殊非浅鲜。近闻国际联盟有拟召集会议，研究救济之说。应请外交部训令国际联盟代表向联盟大会提议，请英政府转令印度政府，所有印度现存银币，在二年内不得向外转售，俟金银价格相平回复至二先令六便士旧状时，方能再行出售。如此，则全世界金融俱臻巩固，中外贸易交受其赐矣。事关全国经济安危，略贡愚见，诸祈察纳施行。孔祥熙叩。鱼。

（2）2月8日

南京。国民政府蒋主席钧鉴：鱼代电计达。顷据确实报告，日前进口之越南银币五百万元，现正向金融界磋商售价，一俟化验成色确定，即可成立。去岁秋冬之间，外币进口为数极巨，本月初旬以来，复两次运进五百万元。最近金价续涨，此事实有以促成之，如不设法禁止，则外币必仍源源而至。银货愈多，金价愈涨，影响国内金融，实非浅鲜，中外商务同受损失。除已由熙就沪召集英、美重要商人于本星期三开会，采集意见，讨论救济办法后，再行出席报告外，拟请先饬财部令行海关，除经特许外，所有外国银币一律不准入口，藉图稍资补救。当否，仍候卓裁。孔祥熙叩。齐。

〔国民政府档案〕

5.中政会转浙江上海执委会建议持行金本位制及救济金贵银贱办法函

（1930年2月12日）

径启者：准中央执行委员会移送浙江省执行委员会转呈吴兴县执行委员会请中央咨国府迅即采用金本位制并附陈施行方法九项一案请鉴核施行。又准移送上海特别市执行委员会转呈第二区党部第二十一分部贡献救济金贵办法三项一案请鉴核采纳施行各等情，相应抄附各该原呈函达，烦请查核办理，见复为荷。此致行政院

附抄原呈二件

中央执行委员会政治会议

十九、二、十二

抄原呈

呈。为转呈事。案据职会属第二区党部呈称：案据职会所属第廿一分部呈称：呈为贡献对抗金贵之根本办法事。窃最近金价大涨致使用银为本位之中国大被损害，人心惶惶，不可终夕。属区分部于第二十二次党员大会提出讨论，结果得有左列之办法：1.提倡国货，扩大宣传，期使民众移其购用舶来品之心以爱用国货，尤期望国府执政官员身为表率，促其速行。2.请农矿部即设专司探采国中金矿，以供国用。3.实行改用金本位制免为通商国所操纵。右议决三种办法，理合备文贡献，即请转呈中央采纳施行，则彼大倡经济侵略之帝国主义者当未由施其技巧矣。所有呈请转呈之处，务乞核准施行，至为公便等情。据此。理合备文转呈钧会鉴核办理。实为党便，等情。据此。查所呈金贵救济办法三项，颇有见地，据呈前情，理合具文，呈请钧会仰祈鉴核采纳施行，实为党便。谨呈

中央执行委员会

上海特别市执行委员会

常务委员 范争波

汤德民

潘公展

抄原呈

呈。为转呈请咨国府迅即采用金本位制，并贡呈实施办法九项，仰乞鉴核事。窃据吴兴县执行委员会呈称：呈。为呈请转呈事。窃吾国币制庞杂已极，不但用银元而辅之以制钱，复有规元、银两，币无定格，制无单位，即以银元而论，花纹、表识、重量、成色，省自为政，紊乱之至。又以银元与制币间无一定之比价，时酿金融恐慌。且也与我国有政治经济之关系者，多为金本位制之国家，是以数十年来，交易上、关税上、外债上、汇兑上，折耗至巨。一般奸商又从中操纵，以致洋价时涨时落，物价难于规算。即如此次标金风潮，金价暴涨，银价低落，吾国所受之耗蚀，尤为不赀。考厥原因，亦何莫非吾国不以金本位为币制之故。虽前清末季以来已有整理币制之说，以国情及经济现状与他国不同，主张采用银本位制仍无具体整理方案，有银本位制之名而无其实，因袭至今，未曾切实整理。然币制一日不整理，吾国商业与实业一日无振兴之望，即吾国一日不能除去他国经济之压迫。为今之计，唯有早日从事整理旧有币制。默察世界趋势，强国都已采用金本位制，即如印度、墨西哥、菲列宾等，昔亦采用银本位制，今皆改用金本位制矣。故吾国今日亦非采用金本位，不足与语改善经济状况。惟国家困于经济现状、社会习惯，欲一时实行金本位，实非易易，或竟造成纠纷局面。故揆情度势，不妨从统一币制，暂行虚金本位制着手，而渐进于金本位制，为效似较宏大。今分述其实施步骤：(一)采用虚金本位制，又名金汇兑本位制。此制初由美人精琦氏主张，即对内统一银币，废去规元银两，并规定银洋与制钱之比价，俾国内金融稳定，奸商亦不得逞其狡谋，对外贸易或整理外债则为减少汇兑之亏耗。计暂时采用金汇兑本位制，以法律厘定金之分量作银币之准则，而为虚金币，实际上并不铸造金币。至国内银币暂限铸造而不限使用，同时国民政府发行有抵押之国库券逐渐收回旧币，吸收巨款存储国家银行。银价高涨时，政府可购买金汇票，至银价低落时售与民间。于是，外债可以金汇票清偿还之。（二）实行金本位制为改良币制之最后目的。虚金本位制固可减少国际汇兑之损失，亦不乱国内之市场。惟虚金本位制可行之于暂，不可为久长之计，盖金、银比价不免有所涨落，有涨落则物价难于规定，金融即以此而呈紊乱矣。此弊唯有金本位制可免之，其施行方法略述于下：一、由中央政府选定合于经济原理、国内情形，划一模样，整齐成色之币制，以金为本位，银、铜为辅币。二、统一造币厂，由中央管理，不准私铸旧式与非法之币。三、金币制实行，人民得自由制造，如人民有条金可由造币厂代铸金币，酌收铸费。此举可轻中央收集巨金之困难，并可使金融市场调节合度，供求相应。四、改轻辅币成色，且由中央铸造。五、将金本位币制先在交通便利之区施行，然后推及内地，渐至全国。六、限制银、铜辅币之使用，俾可普及金币之流通。七、发行新币时，中央须先发兑换券以收旧币，兑换时则以新币。在新币未足前，仍须承认未收回之旧币，以完全收回为止。八、调查国内情形，须币若干，方可敷用。然后再定应铸本、辅币各若干，勿使币多于求，至高物价而碍民生。九、设造币厂于交通最便利之上海。为此，职会提出第七次会议讨论决议，呈请上级党部转呈中央咨行国府迅即采用金本位制，以维民生而利国计。是否有当，理合备文呈请钧会察核，准予转呈，实为党便，等情。据此。查来呈尚不为无见，经提交职会第七八次会议讨论决议转呈中央在卷。除令复外，理合备文，呈

请钧会鉴核施行。谨呈

中央执行委员会

中国国民党浙江省执行委员会常务委员：

朱家骅

黄溯中

陈希豪

十九年一月三十一日

〔国民政府行政院档案〕

6.中政会通过外交经济财政三组关于救济金贵银贱审查意见函

（1930年2月26日）

径启者：准行政院函称，准国民政府文官处函送工商部长孔祥熙鱼日呈主席代电一件，请饬财政部令海关禁止外国银币进口，并饬外交部电令国际联盟中国代表向国际汇兑会议提议，商请英法政府转令印度安南政府，于一定期间内停止向外输售现存银货。等由。又据工商部长孔祥熙以前情拟具提案到院，经并案提经第五十七次院会议决，送请政治会议决定，等因。准此。并另据孔委员提出救济金贵银贱意见书，计分禁止现金出口、充实银行发行准备、进口生银酌量征税、铸造五角银币四项，经一并发交外交、经济、财政三组审查。兹据报告审查意见，称中国因金贵银贱，金融不能安定，其弊害已影响及于国际，与英法两国关系尤巨，此事似应由中国与英法两国代表会商救济办法，由外交部酌量情形与商进行办法。至禁止外国银币入口及铸造五角银币，由财政部酌办，其余俟统一币制时再议等语。经本会议第二百八十次会议议决，照审查报告通过，相应录案，并检同原代电、提案、意见书及审查报告书各油印件函达，希查照转饬遵办为荷。此致

国民政府

附孔部长鱼日代电一件、提案一件、意见书一件、外交组等审查报告书一件

中央执行委员会政治会议(印)

十九年二月二十六日

行政院转工商部长孔祥熙提议禁止外国银币入口并请提议国际汇兑会议商由英法政府转知印度安南政府于一定期内停止向外输售现存银货案

一、孔部长向行政院原提案

为提案事。查年来银货进口为数极巨,银价暴落,早现危象。至去冬安南政府因改采金汇兑本位,将所有存银开始脱售,前后在上海一埠售出为数已属不少,遂致银价一再低落。至本月三、四两日复两次运进安南银币五百万元。最近,金价续涨,此事实为其促成之一因,如不设法禁止,则外币源源而至,银货价格势必愈趋愈下,影响国内金融实非浅鲜。拟请一面由财政部令行海关,除经财部特许外,所有外国银币一律不准进口,一面由外部电国际联盟中国代表处,提出国际汇兑会议,商由英法政府转知印度安南政府,于一定期间内停止向外输售现存银货,藉资补救,事关中外商务利害,想可得与会各国之赞同也。是否有当,敬祈公决。

提案人:孔祥熙

二、孔部长致谭院长函

组庵先生院长暨行政院诸公均鉴:昨据报告,最近复有大宗越南银币入口,共有五百万元,交由上海易买金币。查禁止外国银币入口,系各国通例,似可由财部以命令行之。查本月二十七日在日内瓦举行国际汇兑会议,讨论银价低落救济问题,关系我国至巨,似可由外部提议,请英政府暂缓出售印度大宗存银,事

关国际贸易，影响驻华外人商业，而于英商尤甚。斯项提议定可得其同情。熙病未痊愈，弗克出席。惟银价低落，关系国家前途，至为重大。提案敬候公决外，用特转函陈明。并颂

勋祺

孔祥熙敬启

附奉越南银币一枚。

三、孔部长致蒋主席电（略，见上）

工商部长孔祥熙提救济金贵银贱问题意见书

窃祥熙前以年来外国银币进口数巨，银价愈趋愈下，国内金融受害非浅，曾经提出会议，请一面由财政部令行海关，除经财政部特许外，所有外国银币一律不准进口，此系世界各国通例，我国自应仿照办理。又外币在我国内使用，自应一并禁止，一面由外交部向英法政府商请转知印度、越南政府，于一定期间内停止向外输售现存银货在案。近日，在沪邀集上海特别市社会局、全国商会联合会、上海银行公会、钱业公会、上海特别市商人团体整理委员会暨英、法、美、日、德、意诸国驻沪工商、金融各界领袖共同讨论补救金潮办法，多数赞同者约有四端。

一、禁止现金出口

我国拟改行金本位已为确定政策，国内现存金货有限，亟宜设法保存。为谋金本位之实施起见，禁止现金出口，实为必要之方策。

二、充实银行发行准备

现在国内发钞银行固有公开准备按照法令办理者，亦有仅储存款准备而不严格遵照发钞规程办理者，据银钱业领袖之估计，现在发行钞票，仅就江浙区域之内，共计在二百万万元以上，若依照六成现银准备之规定，则已能销纳一万二千万元之谱，故此项法令之实施，不独可以防止纸币滥发之弊，于推广银货用途为益亦复不浅。

三、进口生银酌量征税

查生银进口，我国尚未实行废两为元时间，绝对禁止生银入口，非惟势所不能，亦理所不许，惟任外人输运生银入口，漫无限制，为害匪浅，=故银价暴落。在□相当之时，所有入口生银暂加入口税百分之十至二十。

四、铸造五角银币

此项银币足以便利金融，推广银货用途，但必须确定币制，预防流弊。

金潮治本之策，莫如发展工业，整顿交通，废除苛捐杂税，奖励输出贸易数端，治标办法，凡上述洵谋佥同，敬祈公决，采择施行。

外交财政经济三组报告

奉交审查工商部长孔祥熙提议，禁止外国银币入口，并请提议国际汇兑会议商请英法政府转知印度、安南政府，于一定期内停止向外输售现存银货一案及孔部长另送救济金贵银贱问题意见书，计分禁止现金出口、充实银行发行准备、进口生银酌量征税、铸造五角银币四端。业于二月二十五日下午开会审查，经讨论后，议得中国因金贵银贱，金融不能安定，其弊害已影响及于国际，与英法两国关系尤巨，此事似应由中国与英法两国代表会商救济办法，由外交部酌量情形，先与商进行办法，禁止外国银币入口及铸造五角银币，由财政部酌办，其余俟统一币制时再议。又关于救济标金狂涨，并防止商业恐慌，邵委员力子曾提有请禁止商人定购外货延不结算汇价一案，本日审查会经济组各委员意见，以买卖是商人自由，事实上不能禁止。总上审查意见，是否有当，统请公决。

谭延闿

胡汉民

陈果夫

王宠惠

孔祥熙

宋子文

［国民政府档案］

7．国府文官处转发北平总商会建议仍准现银入口函

（1930年3月25日）

国民政府文官处公函　字第二〇〇二号

径启者：奉主席发下北平特别市总商会代电，据该会主席杨以俭建议仍准现银入口以维国内经济之状况，并提高银价之地位等情，经提付执行委员会表决通过，电请采择施行一案，奉谕交行政院等因，相应抄同原件，函达查照。此致

行政院

计抄送原代电一件

文官长　古应芬

中华民国十九年三月廿五日

抄代电

南京。国民政府钧鉴：顷据敝会主席杨以俭建议案称：屡阅报载政府现以金价暴涨，为维持银价地位起见，有禁国外现银入口之说，未免失计。查物价之贵贱以需要之多寡为断，倘能使之调和而无盈缺之弊，其价自平，事理所在，毫无可虑，如中国以现银为重，需求正广，金价无形自落。刻内地各省并无大规模之银矿，所有流通现银，尚有不足之处，而各国又多改为金本位，所产现银除造物器以外，不能充作钱币原料之用。倘再禁止入口，势必更无用途。各国之漂流无用之现银愈多，其价亦必日益低落，影响我国银价，关系尤甚。日久恐怕有不如铜铁价值之时。果欲维

持国内经济之状况，提高银价之地位，惟有仍准入口，以后再行审时度势，渐图挽救之策。庶几国内经济不致暴发危险，而无形中即可打破金价再行增高之患。事关全国商业存亡，用特聊陈管见，是否有当，敬请大会公决等情。据此。当經提付执行委员会讨论，一致赞成，表决通过，理合电请鉴择施行。以维国内银价，实为公便。北平特别市总商会常务委员高伦堂、冷家骥、杨以俭、高玺钊、杨绍业、白宝铵叩。元。

[国民政府行政院档案]

8.中政会因金贵银贱饬各机关分别调查金银产销等情形函

（1930年6月11日）

径启者：查现在金价飞涨，银价日益低落，其有关于我国工商业前途者至为重大。本会议为通盘筹划起见，认为亟应先行调查者计有六点：(一)各地存金数之估量，(二)各地存银数之估量，(三)最近一年来进出口之报告，(四)世界产银数，(五)世界各银矿之生产价格，(六)世界银销路之现象。相应函达，即希查照，分饬各主管机关于文到日三星期内，分别详细查明具复，以凭核议为荷。此致

行政院

中央执行委员会政治会议

十九年六月十一日

[国民政府行政院档案]

9.上海特别市执委会严惩奸商偷运黄金出口呈

（1930年7月15日）

抄原呈

呈。为呈请严惩奸商永昌祥、汇大二号私运条金出口，破坏政府禁令，以儆奸恶而维民生事。窃据报载昌兴公司世界班巨轮

加拿大皇后号，于十二日由香港抵沪，十三日出口赴港。当轮在招商北栈码头行将起碇出口之际，海关方面事先得密报，谓有大宗金条秘密附该轮出口，故特派中西抄班关员多名驰往登轮搜查，当场在舱获三箱累累尽系黄物，共计大小金条三百余条，大者约重二十余两，小者五、六两、十余两不等，价值五十余万美元。该项巨量之金既经发现，随由关员一并驳上小轮运至关栈暂存，而海关当局对以第一次查获偷运巨金出口巨案，认为关系非细，益极重视，同时，政府机关纷纷派员到关视察，一面对于查获之金暂仍保存栈内，派探捕守护，云云。查自金价暴涨，银价惨落以后，我国以银本位关系，对内对外俱蒙莫大影响，以后百物昂贵，民生憔疲，而国家之经济几陷于根本破坏之危险，节经政府当局妥筹救济之策，金以立时改换金本位，事实上实施一时殊有种种困难，为救济眉急起见，除通令各海关对于进出口货物税一律改用金单位征收外，近又下令严禁标金出口与生银进口，以期补救于万一。讵禁令下后，一般万恶奸商竟有不顾国计民生，仍有秘密将金输出之行为。此次海关破获偷运巨金出口案发生后，职会即据密告为此次巨金为本埠著名奸商永昌祥及汇大二号所偷运，案发后，二号主又以贿赂行为暗使东华银行买办邵长春，向海关及财政当局运动释放，以期逃罪等语。职会认为，该永昌祥、汇大二号偷运巨金出口一案，非特破坏国家经济，抑且危害民族生存，若不从严惩治，罚一儆百，将见效尤迭起，贻患无穷。为特具文呈请钧会迅赐转饬国府，对偷运巨金出口之永昌祥、汇大二号，严厉惩治。除将偷运出口之金条悉数没收外，并处以违反国家禁令之罪。至东华银行买办邵长春代为奔走运动，亦应治以附从之罪，以儆奸恶而维民生。是否有当，仰祈鉴核祗遵，实为党便。谨呈

中央执行委员会

上海特别市执行委员会常务委员

范争波

潘公展

吴伯匡

十九年七月十五日

〔国民政府档案〕

10.中政会议决通过财政经济两组对于金贵银贱所列治本治标办法密函

（1930年9月26日）

径密启者：本会议前以金贵银贱，关系国家财政、国民经济至巨，经交财政、经济两组研究救济办法。兹据报告称，遵经召集两组委员及立法院、财政、经济两委员会委员讨论，据孔委员祥熙、邵委员元冲及立法院各委员提出意见，计所列治本办法有：（一)力求国际贸易之入超变为出超。(二)试行金银并行本位制或金本位制。(三)改革银行制度等项。所列治标办法有：(一)邀集国际经济会议或金融会议。(二)取缔交易所投机买卖。(三)发行金公债。(四)禁银入口。(五)奖励华侨回国兴办实业等项。委员等复加审核，以为各种意见书中所举治本办法各项关系经济政策，本会议前经决定召集全国经济会议，拟请俟召集全国经济会议时交付讨论。其关系治标办法各项：(一)邀集国际经济会议，恐于我国未必有若何利益，似不必举行。(二)取缔交易所投机买卖一节，拟请交工商部拟详细办法。(三)发行金公债以吸收外人及华侨投资一节，拟请交财政部研究。(四)禁银入口一节，前已有令禁止外国银币入口。(五)奖励华侨回国投资兴办实业，如开矿、创办电气事业、创办各种制造事业、办理沿海渔业等，可交工商部与侨务委员会会商具体办法等因。经本会议第十八次临时会议议决，照审查意见通过，除关于治本办法各节俟全国经济会议开会时，由本会议径交讨论，治标办法各节，另交财政部、

工商部、侨务委员会外，相应录案函达，希查照。此致
国民政府

中央执行委员会政治会议
十九年九月二十六日
〔国民政府档案〕

11.驻美公使伍朝枢建议由中国召集国际银会议电

（1931年4月25日）

南京。外交部并转行政院钧鉴：致部十日电计达。据确息，美政府若召集国际会议维持银价，恐英、法等国会议时提出关税、赔款、战债等美国所不愿闻之问题，故不欲召集。枢意银价低落，影响我国最大，宜由我国召集会议，以示外交独立。惟议案以讨论维持银价方法，如定金银汇兑率之类为限，不及其他，则美国、印度、Canada、其他英属独立国、南美洲诸国可望加入。如此则英、法等为势所迫，或将加入。开会后有成绩，世界人将感激我国救济银价，如不能，则我国举人所不能举之事，处领导地位，世界人亦当推许我有魄力，政府声威大振，无论如何，外交上有裨益。如以为可行，请电示三二重要国驻使，饬与各国政府接洽，得复允加入，即可召集。统乞钧裁。枢。二十五日

（原注）：十日电——美政府对毕特门银价提案将不作何举动由。

〔国民政府行政院档案〕

12.行政院秘书处抄送林百克函请借麦借银方针公函

（1932年6月11日）

径启者：奉院长谕：奉国府交办顾问林百克函为此次由美返华之目的，在向政府请示关于借银借麦及其他各事之方针一案，应案交财政、外交两部及救济水灾委员会，等因。除分函外，相

应抄检原件，函达查照。此致

财政部

计抄送文官处原函一件，检送洋文原函一件，报纸一张

行政院秘书长　褚民谊

中华民国二十一年六月十一日

国民政府文官处原密函

国民政府法律顾问林百克函译件

南京国民政府诸公钧鉴：兹有数事，报告于下：

鄙人在华盛顿工作已毕，拟于三月二十六日动身，绕道欧洲各国来华，大约于七月十五日以前可以抵达南京。鄙人此次返华，目的系向政府请示各下列事项：

一、银借款问题：此事对于中国政治，必须有进步，如此则美国对中国始有信用。

二、借麦问题：鄙人对于此事亦正极力进行。

三、鄙人在美国组织抵制日本丝业、日本陶器及其余物品之运动，此种抵制日货之运动，均系私人组织，在鄙人离美后亦仍进行。

四、鄙人在华盛顿亦正极力从事于发展中国友好会之运动，此事亦已有相当成绩。

五、改组大学工作，亦在相当进行，惟以此间事冗，对于各校召请往参观或演说，未能悉数应命。

六、日本在美国费极大金钱作中国之恶劣宣传，谓中国无真正国民政府。但鄙人在广播台及演说中力矫此说，鄙人此种之努力，各报亦有所记载。

七、废除不平等条约，亦为鄙人在广播台及各演说中之必要工作。来年(1933)十月八日美国商业条约重订时，此种不平等条约当可废除，鄙人颇觉满意，以后中美两国之日进和睦及国民政

府之更有功能，当予全世界以惊奇也。

林百克谨上

三月二十三日于华盛顿

（英文原函及剪报《WASHINGTON HERALD》1932年2月3日，均从略）

〔国民政府财政部档案〕

13.财政部关于征收银条等出口税令

（1933年4月5日）

财政部令　第六三四六号

定四月六日起，凡有以银条等运送出口者，除中央造币厂厂条外，征税百分之二。二五，令仰即日转电所属遵办。

令关务署

为令遵事。兹定四月六日起，凡有以银条、银块、银锭及其他可供铸币之银类运送出口者，除中央造币厂厂条外，征税百分之二。二五。合亟令仰该署长即日电令各关监督暨总税务司转电所属即日遵照办理。此令。

〔国民政府财政部档案〕

14.行政院秘书处抄送顾翊群关于防止银价提高说帖函

（1934年1月23日）

奉院长谕：本院长提，据农村复兴委员会专门委员顾翊群说帖称：关于银价提高，吾国应有之对策，亟应实行（一）治标办法：先使美国不再购买世界生银，以免沪上银底大批流出，而肇金融恐慌。（二）治本办法：为采用积极货币政策，以压低我国对外汇价，膨胀国内货币及信用，以抬高物价一案。经第一四四次院议决议：交财政、实业两部审查。应由处函知该部等，并定于本月二十六日（星期五）下午三时，在本院开会。等因。除分函

外，相应抄同原件，函达查照。此致
实业部

附抄送原说帖一件

行政院秘书长　褚民谊(印)

中华民国二十三年一月廿三日

关于防止银价提高之说帖

农村复兴委员会专门委员
顾翊群

一、银购买力与中国经济

1.银在世界为商品，而在中国则为货币。故银对货物之购买力之变化，对世界各国无直接关系，对中国则有莫大之影响。

2.银价与购买力之变化不必相同，在金本位国，苟通货收缩时，银价与百物价跌度适同；或通货膨胀时，银价与百物价涨度亦适同时，中国之物价大体得以保持平衡，国内经济界无大变动，此即因银对百物之购买力无大变动之故。

3.在过去若干年，银购买力大概下跌，故中国物价有上涨之趋势，因之中国之生产、贸易、财政及金融，均有发展状况。自民国十八年至二十年，世界经济恐慌自初期而入二期，迩时银价较其他物价跌落为甚。故中国物价有上涨趋向，政府及银行暨私人企业，债务膨胀过度，生产及贸易虽略加增，不足以副之。

4.自民国二十年满变后，中国通货收缩开始，银购买力与金购买力对百物同涨，中国遂陷于苦痛之深渊。

二、通货收缩之恶果

1.对于政府者，为收入减缩，支出增加，国库债务（以实物计）之加重，社会秩序之不易维持。

2.及于金融界者，为沪上银行对内地之收回放款，内地钱庄、当铺之倒闭，内地现金之来沪，入于洋商银行，以抵补逆垫。

3.及于贸易者，为进出口价值之激减，以及国内贸易之减退，其原因之由于数量减缩者轻，而由于物价跌落者重。物价跌落，又可就趸售输入及输出等各方论之。

第一，输入物价在二十一及二十二两年间跌落程度，尚不及十九年及二十年上涨程度之烈。此因(一)输入品大都为制造品，在恐慌时在本国跌落有限；(二)前年以来，各国大多放弃金本位，致物价上涨。

第二，输出物价在十九及二十两年间，上涨本不甚巨，在二十一、二十二年下跌最甚。其中尤甚者，如农产品一项，二十年指数为一〇七，去年十一月竟降至七二·七，约跌去百分之三十二。推其故，因出口货多系内地土货，本来此次恐慌中，农产品跌价过于工业品，益以我国内地通货收缩过于通商口岸，故收缩之结果，在出口物价表现最显。

第三，趸售物价跌落程度较进口为重，较出口为轻。

第四，零售物价、生活费用、工资、房租等虽均下跌，但复较趸售物价为轻。

4.及于生产者，为生产者债务之加重，货物之滞销，引起破产及生产总量(农、工、商业)之减退。

5.及于纳税者，为负担之增加：(一)由于加税；(二)由于物价跌落后，实物缴纳之无形增加。

6.及于债权人者，为债务破产而债权无着，即不破产，而所欠债务亦须延期归还。

7.及于公务员及工人者，为失业及薪金之减低，引致过激思想。

三、美国提高银价之经过

1.美国在胡佛总统时代，产银州议员即有抬银运动，但因胡佛不为后援，结果失败。

2.罗斯福氏当选后，此运动声势更盛，去岁罗氏就职后，将金本位放弃，国会复通过议案，准总统自债务国接受白银，以充战债，以及自定美国国内金银货币比率。

3.四月间我国宋财长赴美时，罗总统复邀其共发宣言，希望提高银价。

4.七月间世界经济会议上，以美参议员毕特门氏之努力，成立九国白银协定。

5.根据上协定，罗斯福氏于年终下令，按每盎斯六角四分半，收买本国产银。

6.本年国会开幕后，议员复主令政府收买世界白银十万万盎斯，尚在讨论中。

7.近数日，白银派要人先后参加政府。

四、美国提高银价对我国之影响

1.自美国提高银价运动以来，海外银价恒高于上海银价，上海购买力复高于内地之银购买力，结果，内地之现银大批运沪，由华商银行而外国银行，以运往纽约、大连、香港诸地。

2.上海银行库存，自二十年底之二万六千四百万元上升至二十二年底之五万零九百万元，在此增加之二万四千五百万元中，华商银行所增不过四千六百万元，洋商银行所增，则为一万九千九百万元。现在华商银行存底为二万二千五百万元，而洋商银行存底，则为二万八千四百万元。

3.内地因现洋他去，纸币充斥，时有金融风潮，钱庄倒闭，几无日无之，各地风潮渐有波及上海之势。

4.向来主张提高银价论者，有三理由：

第一，银价高则中国购买力增。此说迭经翊群驳斥，已不能成立。盖中国购买力基于中国之出口货物，银价高后，中国之出口数量虽无大变更，然出口物价则大跌落，故出口物价值反形减缩，中国对外购买力更为衰落。

第二，银购买力大，则中国以少数货物劳力，换得多量之外国货物劳力。此说系根据正统派自由经济论者之主张，兹先就反面论之。中国近年来对外贸易之不利，因中国系农产国而非工业国之故，加拿大、澳洲、印度等，均同感受此不利。即美国农夫，亦久已感受农产品对工业品交换之不利，故谓银价跌为中国物物交换条件不利之理由根据甚浅。再就正面论之，近二年来银价及银购买力同升，中国之物物交换条件理应转为有利，然照统计观之(如下表)：

年　份	上海进口物价	上海出口物价	进出口物价比率
1926	100	100	100
1930	127	108	117
1931	150	108	140
1932	140	90	135
1933(NOV)	127	76	167

(即一九二六年每一百元出口货可换一百元进口货，现在须一百六十七元出口货，方可换一百元进口货。)不利之程度逐渐加甚。苟通货收缩，更形激烈化，恐本年之中国人(大部系为农民)欲购买民十五年之进口货，非出较民十五年加一倍之出口货以交换不可，尚能谓银价高，则中国可以少数之货物劳力换得多数之外国劳力货物乎？

第三，银价高后，中国可以低价购进外国生产品。此说实为上说之余绪，然试一观中国今日生产减退、企业衰败之情形，则知苟通货收缩一日不停止，中国生产者决无扩充之可能，亦决不至购买外国之机器等生产品。近二年来，唯有中国各大都会之新兴资产家于银价涨后，大事购买外国之消费品，只此等人对美国之抬高银价乃为真正受益者。然果中国通货收缩至于极点，生产全行停顿，则虽此新兴之资产家，亦将不克存在，外货虽廉，奈中国无货可以交换矣！

五、中国政府应有之对策

1.在自由经济未衰败、国际金本位未崩溃时，中国独用银本位，世界银市场中之银价，受中国经济势力之支配，中国政府取放任态度，殊无不可。独在举世盛倡统制经济、管理货币之今日，银市之前途不操之中国，而为纽约之投机家与华盛顿之议员所挟持，四万万中国人之命运，一听美国少数人之决定，驯至全国财产暨所得逐渐缩小，人民生活程度低下，至于不堪设想之境界。大多数均以衣食无着，营养不良，濒于死亡，或流为盗匪。整个民族行将毁灭，政府尚安所辞其责乎？翊群愚见，窃以为亟应实行以下两种办法：

第一，治标办法：先使美国不再购买世界生银，以免沪上银底大批流出，而肇金融恐慌。计三步骤：

(一)由政府训令施公使，向罗斯福及毕特门诸氏详述中国受银购买力抬高后通货收缩之苦状，请其尽可抬高美国产银，而不向世界购银，庶免中国之崩溃。此训令秘密发出，结果亦不发表，使投机家不克利用。

(二)苟施公使陈述无效后，政府不得不采稍为积极之手段，以图生效，可由汪院长、孔部长向外国记者发表谈话，对美国复兴计划、抬高物价之企图加以赞扬，而谓中国亦有此种需要，故深望银价之上升停止，否则不能不采有效手段，以图自卫。

(三)苟以上步骤仍不能使银价跌而使中国物价回涨时，政府应请立法院将九国白银公约不予追认，同时通告各签字国，声述不能批准之理由，以使美国议员沮丧而停止活动。

(四)苟以上诸步骤均无效果，而美国会竟通过购银议案时，则惟采用治本办法，以避免崩溃。大要如下：

第二，治本办法：为采用积极货币政策，以压低我国对外汇价，膨胀国内货币及信用，以抬高物价。其工具对外为汇兑平衡基金，对内为各发行银行之钞票准备金，最终目的为金本位之采用，银货之售出，而在中间期间则为管理制之采用，以与统制计划相辅佐。盖不如此，不能抗各国之倾销、完建国之大业也。详细办法载《银行周报》拙著“中国货币应若何安定”一文。

〔国民政府档案〕

15.行政院关于审查银价提高应付对策密令

（1934年2月1日）

行政院密令　字第五四二号

令实业部

案查本院第一四四次会议，本院长提，据农村复兴委员会专门委员顾翊群说帖称：关于银价提高，吾国应有之对策，亟应实行两点：（一）治标办法：先使美国不再购买世界生银，以免沪上银底大批流出，而肇金融恐慌。（二）治本办法：为采用积极货币政策，以压低我国对外汇价，膨胀国内货币及信用，以抬高物价。一案，经决议：交财政、实业两部审查。嗣据报告审查结果称：（一）原拟治本办法，关系调节物价、变更金融组织，事极重大，似应由院另设研究委员会，详细讨论具体办法，对于白银购买力与中国物价之关系，及稳定物价之货币政策，尤应注意。（二）原拟治标办法，美国购买白银政策现在进行至如何程度，似应先密电施公使查明详复后，再定办法。等语。复经提出本院第一四五次会议讨论，佥以原审查报告第一项治本办法，与其另设研究委员会，似不如先交财政、实业两部及全国经济委员会、农村复兴委员会分别研究，再行讨论。关于治标办法，则因银价抬高，确于我国不利，且影响国内经济甚巨。美国抬高银价，虽自近事观察，仅有征兆，尚未见诸事实，但实有防止之必要。拟暂先由外交部密电施公使，密告美国政府以我国不愿抬高银价之意，并探明美国政府真意具报，再行核办。经决议通过。除令外交部遵照办理，并函全国经济委员会暨分会、农村复兴委员会及财政部分别研究外，合行令仰该部遵照，会同将第一项治本办法，详加研究具报。此令。

院长　汪兆铭

中华民国二十三年二月一日

〔国民政府实业部档案〕

16.实业部关于银价提高白银外流等事与各省市政府来往咨

（1934年3－5月）

（1）实业部咨稿（3月27日）

查白银市价之涨落，与我国经济关系甚巨。最近美国政府倡议提高银价，国内经济专家拟议对策，主张不一，各省之中对于现银出省，或已实行禁止。究竟此种方策利弊如何，自应详加研究，以供政府确定对策之参考。兹有亟欲明瞭者数项：(一)各省银币及银条出口单行条例，(二)该条例所取缔或禁止出口者为何种银币，(三)该条例何时实行，(四)取缔或禁止出口之目的何在，(五)实施条例之方法，(六)实施中有无困难，(七)各省取缔或禁止银币出口前后物价之比较。现在贵省是否禁银出省，抑或曾有此项拟议，尚未施行。相应咨请贵省政府查点上开各项，详为查明见复。再，贵省政府对于提高银价问题意见若何，请一并详示，以利研究为荷。此咨

〇〇省政府

〇〇市政府（直隶于行政院之各市）

（2）浙江省政府咨（4月16日）

浙江省政府咨　财字第四五〇号

案准贵部商字第二四八五九号咨询本省有无取缔或禁示〔止〕银币及银元出口单行条例，现在有否禁银出省，并对于提高银价问题意见如何，嘱即见复等由。准此。查浙省对于现银出口，向

无限制，银货流通，悉任金融市场之供需而定。即有时偶受时局影响，金融发生恐慌，暂行禁止现洋出境，以维市面。然一经平定，立即弛禁，故并未订有此项单行条例。惟银为我国币材，价值之涨落，与全国经济荣枯所关甚大。我国国际贸易历年入超迭有增加，若银价一旦提高，则外汇下落，洋货进口得廉价之利，势必充斥市面，侵夺国货之销路，影响所及，原有各种产业之基础，均将被其摧毁。保护术穷，漏卮莫塞，国计民生，交受其害。浙省国货营业，近年以来因外货之倾销，莫不亏闭相望，朝不保暮。银价提高，益增洋货竞争之助力，亦即减少国货发展之机会，维持救济，更难为计。至于谷贱伤农，已为农业生产上一重大之问题，提高银价，必将增加洋米之输入，更促农村经济之破产。是以就浙省目前情形而论，如果银价提高，于农工商各业均有妨碍，实属害多利少。本政府对于提倡国货，救济农村，现正积极进行。此项银价问题，应请中央统筹应付，设法稳定，藉维产业，而固国本。准咨前因，相应咨复贵部，请烦查照。此咨

实业部

主席　鲁涤平

中华民国二十三年四月十六日

(3)山西省政府咨(4月17日)

山西省政府咨　财字第九号

案准贵部商字第二四八五九号咨开：(同前，从略)等因。准此。查本省过去对于银币及银条，并无取缔或禁止出口之事实及规定单行条例，现在亦未有此项拟议，故对于取缔或禁止银币出口前后物价之比较无从调查。

对于提高银价一节，经研究结果，认为利少害多。除一时国人购买力之增加，偿付外债之便宜，似属利益外，其不利各点如

下：(一)促进输入。因银价提高后，外货进口利益高涨，输入自必增加。(二)阻滞输出。提高银价，则我国出口货物适与前反，对外售价自然相形见贵，我出口货势必减少。(三)输入增加、输出减少之结果，现金更必外溢，通货益形紧缩，国家之经济血液，自必日趋枯竭。(四)外货输入愈多，土产衰落愈甚，国内产业倒闭，国人失业更多。(五)关税减少。因银价提高后，由关税金单位折合之关税收入即形减少。我国关税近年每岁收入三万万余元，其减收数目，当不在少。以上所具意见，是否有当，相应一并咨复，即请查酌为荷。此咨

实业部

徐永昌

中华民国二十三年四月十七日

(4)江苏省政府咨(9月26日)

江苏省政府咨　财字第一五〇号

案准大部咨开：(同前，从略)等由。准此。查本省并无银币及银条出口单行条例，亦无取缔或禁止银币出口之实施。至对于提高银价意见，略抒于后。

(一)美国提高银价，对于我国影响至巨，最显明之影响：

1.银价提高，美汇价涨，外货源源而入，在洋货倾销、国产不振之时，我国新兴工业，更当受重大影响。

2.美汇价涨，洋货入口增加，在我国贸易入超更当加甚。数年以前，入超尚不过一万万余关两，十九年增至四万万余关两，继又增至五万万余关两，及八万万元。入超之数，甚且超过出口数，为各国未有之恶象。而所谓无形收入最巨之华侨汇款，虽无确切统计，然逐年下落，自属实况。一方面商品贸易入超增加，一方面无形收入之弥补，又趋减少，国际贷借，更无平衡之望，国民经济更当衰落不堪。

3.每年国际贷借巨量之差额，自不得不仰赖现银之清算。现银需要既多，国内准备更加空虚，影响全国金融，亦非浅鲜。

4.银价抬高，根据货币原则，银货必将巨量流出，现银更加缺乏，国内物价跌落，更显著经济衰敝之象征。

(二)禁银出口，虽属治标，似非根本办法。且禁银出口，系在一时银价狂涨，大量流出，临时遏止之比较有效救济办法。至就银价提高而论，则在我国工业幼稚时期，重要工业用品，以及机械，均非仰给于外洋不可，此其特殊情形，故美汇价涨，亦未始绝对无利。同时对于商业之结价，在美汇价涨时期，亦有相当利益，未可忽视。窃以为对美既不能请其取消提高办法，禁银出口，又非治本之举，根本问题，仍在积极提倡国内工商业，作有计划之施行，按步推进，以应付国际间环境之变迁，则银价之高，亦未始绝非我国之利也。准咨前由，相应咨复，即希查照为荷。

此咨

实业部

主席　陈果夫

中华民国二十三年四月二十六日

(5)甘肃省政府咨(5月25日)

甘肃省政府咨　财字第408号

案查前准贵部商字第二四八五九号咨开：美国政府倡议提高银价，请将对于现银出省方策及提高银价意见，一并查明见复。等因。到府。经令行本省民、财、建三厅会同核办具复，去后。兹据该三厅会呈，内称：遵将甘肃省禁止现金原委暨对美国提高银价意见，分别具复如左。

甲、查甘肃生产未兴，商业衰落，流通银币，为数本属无多，益以各地多用块银，以致全省金融常感紧迫。民国二十一年元月间，省城于政变之后，银价突然低落，不肖奸商，乘机图利，收买市上现金，偷运出城，以致现洋日少，市面发生恐慌。甘肃省政府临时维持委员会不得已饬由财政厅拟定《禁止贩运现金出境办法七条》，实行制止现洋、生银运出省城以外。同年六月奉行政院哿电，遵令撤销。至十月间，陕西省银行甘肃分行发生挤兑风潮，市面现金，骤感缺乏；社会金融，顿形紧迫。财厅以非予紧急处置，不足挽回危机，乃重订《禁运现金出境办法七条》，对于现洋、生银在规定数目外，禁止运出省城或省境。当提由省府会议通过，公布施行，至今尚未废止。颁布禁令前后之物价，亦无甚上落。

乙、查美国提高银价，影响国际经济，而于我用银之中国，尤有深切之利害关系。缘自一九二九年秋，美国交易所大崩溃，演为世界不景气以来，美国经济恐慌，危机日露。罗斯福总统就任后，力图复兴，采用金银复本位制，励行通货膨胀、美金贬值、提高银价政策。其主要目的：(一)对内为抬高物价，以求恢复景气，(二)对外为减低美金对于用银国之汇率，以便向用银国实施“探并”政策，夺取其他国家商品之地位，(三)完成去年八月二十三日《八国白银协定》提高银价之主旨，以拥护产银诸州之利益，而保全其产银国资格上之美利坚利益。此项政策之影响于我国者，以害言之：(一)银贵则输入易，而输出难，势必入超加增，白银外流，(二)银贵则物价低落，国货产业，必受打击，民族工业，且难维持，遑言振兴，(三)农产品因银贵输出更难，势将使凋敝之农村破产益亟，(四)如继续入超，白银大量流出，则全国金融紧缩，恐慌难免。若自利益方面言之，白银政策亦足使：(一)吾国建设事业易于进行，以建设事业，需用生产工具，银贵自易于购办，(二)足使政府便于偿还外债，减轻负担，(三)足使关税收入增加。盖弊之所在，利亦往往随之。故对付之策，要在从大处着眼，善为自处。职厅之意，以为(一)宜由中央设立国外贸易机关，统制对外贸易，使无关国计民生之消耗品限制入口，(二)我国既与国联技术合作，努力从事生产建设，积极开发西北，对于生产工具，如机器、马达、汽车、铁路材料等，需要甚大，亟应与美国交涉，订立信用购买办法，(三)限制白银出口，勿使银价飞腾，稳定国内金融市场，(四)加征农业品入口税，保护国内农业生产。如此种种，或足以资应付。奉令前因，理合会同具文呈请钧府鉴核转咨。再，此案系职财政厅主稿，合并声明。等情。前来。除指令外，相应据情转咨，即希查照核办，并见复为荷。此咨

实业部

主席　朱绍良

中华民国二十三年五月廿五日

(6)北平市政府咨(5月30日)

北平市政府咨　市字第三九八号

案准贵部商字第二四八五九号咨略开：(略)等因。准此。查本市关于现洋出境，于十七年十月，曾规定出境限制办法，每次如超过三百元以上，须请领护照，违则扣留罚办。此外并无单行条例，亦未有别项取缔办法。至提高银价筹议对策一节，查吾国为用银国，而非产银国，国际贸易，则系入超，每年进出口之差额，皆赖现银清算，又为债务国，每年公私偿还外债，为数甚巨，故提高银价一节，关系我国经济前途，至深且巨。谨就管见所及，缕陈于下：(一)银价低则国货廉，外货昂。外货昂则购买力微，入超可以减少，国货廉则外国购买力强，出口可以增加，似为有利。但双方之货币价格不相等，于偿债清算、兑换货币等项，皆不利于货币价低之国。(二)银价高则情形与上述相反。利幣[弊]兼有，非骤然所可推断，须视日后国际贸易之变化情形而定。所可虑者，银为吾国货币之基础，如银价过高，则物价益趋

低落，工商业恐皆蒙受影响，我国似宜预筹救济之策，应先限制现银流出，增加生银出口税。至根本办法，似宜准备改用金本位制，以免受金银比价变动之亏耗。惟骤行改动金本位制，自难免有物价变动，生活提高及牵动社会之虞。然为巩固我国金融计，不妨坚决进行，未可因噎废食。并于银价提高时逐渐收买现金，贮存国库，以备实行后有以应付。准咨前因，相应咨复，即希查照为荷。此咨

实业部

袁　良

中华民国二十三年五月三十日

〔国民政府实业部档案〕

17.财政部重申运送银两应呈准本部发给护照令

（1934年8月1日）

财政部训令　钱字第七〇三二号
二十三年八月一日

以后凡由内地运输银两至上海、汉口、天津三处者，应由各关依照向例办理。其由上海、汉口、天津三处运往内地者，须依照前令呈准本部发给护照方得起运。

令　江海关监督总税务司
江汉关监督总税务司
上海汉口天津银行钱业公会
市商会

查运输银两，应呈准本部发给护照，方得起运一案，原系防止运银入内地私铸起见，所有内地存银，除请求代铸或兑换银本位币外，不得行使。兹为便利商民起见，特再通令，以后凡由内地运输银两至上海、汉口、天津三处者，应由各关依照向例办

理。其由上海、汉口、天津运往内地，或由沪、汉、津三处相互运输者，须依照前令，呈准本部发给护照，方得起运。除令知上海汉口天津银行业钱业公会转知各同业
江海江汉津海各关监督暨总税务司转行
一体知照外，合行令仰遵照。此令。

〔国民政府财政部档案〕

18.行政院转呈财政部关于禁止外国银币进口应分别情形办理呈

（1934年8月20日）

案据财政部呈称：案查十九年五月间，奉钧院第一八〇二号训令，禁止大宗外国银币进口，当经通令各关遵办，嗣准驻纽约总领事馆函询，墨洋在华，是否仍合法适用，而无限制，经函复墨洋不准进口，并通令禁止各在案。现查外国银币，可分两种，一为向在市面行使之鹰洋（即墨洋）、人洋（即站人洋）、日洋（即龙番）。二为其他国家之银主辅币。关于第一项，查鹰洋系墨西哥铸造销华，以供东方贸易之用，人洋情形亦同，日洋则为该国已废之货币，均非各该国自行通用之法币，自应一律禁止进口，以重国体，而肃币政。至第二项其他国家之银主辅币，在我国不能行使，仅有旅客随身携带，于抵埠后，交由各小钱庄兑换，与我国币政无关，自可勿庸禁止进口。除照此规定通令各关遵办外，理合呈报鉴核备案。等情。据此。查前奉钧府训令，准中央政治会议函请禁止金出口，并禁止银进口一案，令院遵办，当经令行财政部转饬查禁，并分令前工商部知照，在案。兹据前情，除指令备案外，理合备文呈报钧府鉴核。谨呈

国民政府

行政院院长　汪兆铭　（印）

中华民国二十三年八月二十日

〔国民政府档案〕

19. 国民政府主计处统计局编印上海现银移动状况

（1934年8月25日）

上海现银移动状况

弁　　言

我国向为吸收白银之国家。对外贸易虽为入超，然赖外人对华投资及华侨汇款等无形输出之挹注，现银进口仍属多于出口。自一九三一年以还，对外贸易愈呈逆势。同时外人对华投资及华侨汇款受世界经济恐慌之影响，均见减少，我国现银进口遂亦随之而减。去年现银出口竟较进口多一千四百余万元。今年上半年出超复多至三千万元。最近美政府宣布白银收归国有后，海外银价提高，我国现银流出为数更巨。七月份一个月内出口达二千三百万元，其给与我国金融界不良之影响，可以想见。

上海为我国金融商业中心。据已往统计，每年对外进出口现银价值常占全国进出口总值三分之二以上。而国内各地现银之进出，亦以上海为枢纽。爰根据财政部关务署及京沪沪杭甬两路局所送之资料，编制下列各表，按期刊布，藉以显示我国最大金融市场现银移动之情形，及内地资金集中都市之趋势。想为关心白银问题者之所许也。

表一： 上海现银运出入价值总数

TABLE 1.SHIPMENT OF SILVER TO AND FROM SHANGHAI THROUGH MAKITIME CVSTOMS AND BY RAILWAYS

（单位： 国币银元 Unit: $1.00）

时期 Period	总计 Total		由江海关（3）Through Maritime Customs		由京沪路（1）及沪杭甬路（2）By N.S.Ry. &S.H.N.Ry	
	运入 To Sh'ai	运出 From Sh'ai	运入 To Sh'ai	运出 From Sh'ai	运入 To Sh'ai	运出 From Sh'ai
民国十八年1929	280,599,223	202,454.297	183,961,938	91,899,969	96,637,285	110,554,328
十九年1930	212,369,718	190,524.789	118,554,050	106,271,309	93,815,668	84,253,480
二十年1931	163,106,552	195,613,911	69,525.272	109,797,182	93,581,280	85,816,729
二十一年1932	248,088,002	65,805,404	204,315,388	61,338,870	43,772,614	4,466,534
二十二年1933	175,292,856	102,772,509	150,811,824	95,204,109	24,451,032	7,568,400
民国二十三年1933						
一月Jan	12,237,884	3,799,412	11,998,[illegible]	[illegible]3,112	239,650	2,656,300
二月Feb	18,917,403	1,331,053	18,[illegible]	[illegible]153	545,600	277,900
三月Mar	23,770,752	4,035,359	21,[illegible]	[illegible]359	2.548,970	151,000
四月Apr	20,229,911	11,889,339	16,573,961	[illegible]5,539	3,655.950	224,300
五月May	20,700,911	43845,672（4）	1[illegible]00,571	48.551,772	5,600,340	293,900

续 表

时 期 Period	总 计 Total 运 入 To Sh'ai	总 计 Total 运 出 From Sh'ai	由江海关(3) Through Maritime Customs 运 入 To Sh'ai	由江海关(3) Through Maritime Customs 运 出 From Sh'ai	由京沪路(1)及沪杭甬路(2) By N.S.Ry. & S.H.N.Ry 运 入 To Sh'ai	由京沪路(1)及沪杭甬路(2) By N.S.Ry. & S.H.N.Ry 运 出 From Sh'ai
六月June	26,864,544	16,326,943	22,192,320	16.167,043	4,672.224	159,900
七月July	12,480.358	949,409	11,600,860	854,609	879,498	94,800
八月Aug	6.401,981	770,900	5,714,781	286,500	687,200	484,400
九月Sept	7,809,871	686,900	7,525,371	467.900	284,500	219,000
十月Oct	4,680,240	8,312,729	4,422,440	8.063,329	257,800	249,400
十一月Nor	11,059,256	1,906,780	9,969,156	1,421,880	1,090,100	484,900
十二月Dec	10,139,745	3,917,513	6,150,545	1,644,913	3,989,200	2,272,600
民国二十三年1934						
一月Jan	3,772,947	1,604,747	2,905,317	969,947	867,630	634,800
二月Feb	533,363	2,035,746	370,963	1,660,546	162,400	375,200
三月Mar	5,993,594	996,875	4,566,194	720,075	1,427,400	276,800
四月Apr	14,335,144	16,331,445	8,313,244	16,202,845	6,021,900	128,600
五月May	5,434,357	2,625,941	1,575,857	2,520,141	3,858,500	105,800
六月June	6,007,450	13,263,997	1.807.050	12,952,797	4,200,400	311,200

材料来源Source：

1.财政部关务署 Official reports of Customs Administration。

2.京沪沪杭甬铁路管理局报告 Official reports of Nanking-Shanghai and Shanghai-Hangchow-Ningpo Railway Administration to this Directorate。

说明 Notes：

（1）二十一年，二、三、四月因上海战事铁路被毁，无现银运输。所有银两数字，均按各该月上海平均洋厘折合为国币银元。

No shipment during February to April, 1932 on account of the Shanghai hostilities between China and Japan。All tael figures are converted into dollars at the rate at the time of arrival or of ahipment。

（2）二十一年二月以前包括银两数字，均按各该年月上海平均洋厘折合为国币银元。

Prior to February, 1932 all tael figures are converted into dollars at the rate at the time of arrival or of Shipment。

（3）民国二十二年三月以前，原用海关两估值，现按关银与规元之比价1∶114及各该年月上海平均洋厘折合为国币银元。

Prior to March,1933 all values are in HK。taels which are now converted into dollars at the rate at the time of arrival or of shipment。

（4）因美国停止金本位，纽约银价提高，故现银输出甚巨。

Orring to the abandonment of gold standard by the U.S。A。silrer price in Nerr York rrent higher, the amount of silver exported rras therefore greater during this month。

表二： 上海现银对国外运出入价值(3)

TABLE2. SILVER IMPORTED INTO SHANGHAI FROM ABROAD AND EXPORTED ABROAD FROM SHANGHAI (3)

(单位：国币银元 Unit $ 1.00)

时期 Period	由外洋运入 Imported from Abroad	运往外洋 Exported Abroad	出超(+)或入超(-) Excess of Exports(+) or of Imports(-)
民国十八年1929	156,803,244	20,548,245	-136,254,999
十九年1930	103,308,069	49,347,146	-53,960,923
二十年1931	51,702,222	31,167,905	-20,534,317
二十一年1932	85,244,197	45,856,032	-39,388,165
二十二年1933	75,785,514	85,153,927	+9,368,413
民国二十二年1933			
一月Jan	10,601,471	546,481	-10,054,990
二月Feb	13,976,311	1,039,128	-12,937,183
三月Mar	8,166,710	1,516,103	-6,650,607
四月Apr	6,237,817	9,466,429	+3,228,612
五月May	2,733,155	48.547.696(4)	+45,814,541
六月June	5,214,641	15,167,043	+9,952,402
七月July	5,468,750	454,609	-5,014,141
八月Aug	3,859,304	266,500	-3,592,804
九月Sept	5,741,757	267,900	-5,473,857
十月Oct	1,863,654	7,480,829	+5,617,175
十一月Nov	7,194,322	221,880	-6,972,443
十二月Dec	4,727,622	179,329	-4,548,293
民国二十三年1934			
一月Jan	2,089,336	127,000	-1,962,336
二月Feb	50.146	1,660,546	+1,610,400
三月Mar	1,978,187	415,375	-1,562,812
四月Apr	238,045	14,310,835	+14,072,790
五月May	197,016	2,510,670	+2,313,654
六月June	15,050	12,948,997	+12,933,947

材料来源Source：见第一表。of Table 1.

说明Note：(3),(4)见第一表。of Table 1, Notes(3),(4)

表三：上海现银对国内运出入价值

TABLE 3. SILVER SHIPPED TO SHANGHAI FROM INTERIOR PORTS AND VICE VERSA

（单位：国币银元 Unit：$1.00）

时期 Period	运入 To Shanghai			
	总计 Total	由京沪路(1) By N.S.Ry.	由沪杭甬路(2) By.S.H.N.Ry.	经江海关由国内各通商口岸(3) From Interior Ports, Through Customs
民国十八年1929	123,795,979	13,915,130	82,722,155	27,158,694
十九年1930	109,061,649	13,750,927	80,064,741	15,245,981
二十年1931	111,404,330	16,666,300	76,914,980	17,823,050
二十一年1932	162,843,805	34,087,200	9,685,414	119,071,191
二十二年1933	99,507,342	21,235,200	3,215,832	75,056,310
民国二十二年1933				
一月 Jan	1,636,413	206,100	33,550	1,396,763
二月 Feb	4,941,092	170,600	375,000	4,395,492
三月 Mar	15,604,042	1,710,100	838,870	13,055,072
四月 Apr	13,662,094	3,638,350	17,600	10,336,144
五月May	17,967,756	5,418,200	182,140	12,367,416

续表

时期 Period	运入 To Shanghai			
	总计 Total	由京沪路(1) By N.S.Ry.	由沪杭甬路(2) By S.H.N.Ry	经江海关由国内各通商口岸(3) From Interior Ports, Through Customs
六月 June	21,649,903	3,563,300	1,108,924	16,977,679
七月 July	7,011,608	601,350	278,148	6,132,110
八月 Aug	2,542,677	520,500	166,700	1,855,477
九月 Sept	2,068,114	281,300	3,200	1,783,614
十月 Oct	2,816,586	256,100	1,700	2,558,786
十一月 Nov	3,864,934	916,700	173,400	2,774,834
十二月 Dec	5,412,123	3,952,600	36,600	1,422,923
民国二十三年1934				
一月 Jan	1,683,611	825,430	42,200	815,981
二月 Feb	483,217	144,600	17,800	320,817
三月 Mar	4,015,407	1,204,100	223,300	2,588,007
四月 Apr	14,097,099	5,657,700	364,200	8,075,199
五月 May	5,237,341	3,799,900	58,600	1,378,841
六月 June	5,992,400	3,898,600	301,800	1,792,000

上海现银对国内运出入价值（续）

TABLE 3. SILVER SHIPPED TO SHANGHAI FROM INTERIOR PORTS AND VICE VERSA (Cont'd)

续表　　（单位：国币银元　Unit: $1.00）

时期 Period	运出 From Shanghai			
	共计 Total	由京沪路（1） By N.S.Ry.	由沪杭甬路（2） By S.H.N.Ry.	经江海关运往国内各通商口岸（3） To Interior Ports, Through Customs
民国十八年1929	181,906,052	24,970.567	85,583,761	71,351,724
十九年1930	141,177,643	9,895,010	74,358,470	56,924,163
二十年1931	164,446,006	7,804,800	78,011.929	78,629,277
二十一年1932	19,949.372	1,969,700	2,496,834	15,482,838
二十二年1933	17,618,582	2,501,200	5,067,200	10,050,182
民国二十二年1933				
一月 Jan	3,252,931	866,700	1,789,600	596,631
二月 Feb	291.925	250,400	27,500	14,025
三月 Mar	2,519,256	107,800	43,200	2,368,256
四月 Apr	2,423,410	53,600	170,700	2,199,110
五月 May	297,976	110,600	183,300	4,076

续表

时期 Period	运出 From Shanghai			
	共计 Total	由京沪路(1) By N.S.Ry.	由沪杭甬路(2) By S.H.N.Ry.	经江海关运往国内各通商口岸(3) To Interior Ports, Through Customs
六月 June	1,159,900	8,700	151,200	1,000,000
七月 July	494,800	15,600	79,200	400.000
八月 Aug	504,400	42,000	442,400	20,000
九月 Sept	419,000	67,600	151,400	200,000
十月 Oct	831,900	140,200	109.200	582,500
十一月 Nov	1,684,900	298,700	186,200	1,200,000
十二月 Dec	3,738,184	539,300	1,733,300	1,465,584
民国二十三年1934				
一月 Jan	1,477,747	304.700	330,100	842,947
二月 Feb	375,200	115.900	259,300	—
三月 Mar	581,500	265,200	11,600	304,700
四月 Apr	2,020,610	126,600	2,000	1,892,010
五月 May	115,271	105,800	—	9,471
六月 June	315.000	255,800	55,400	3,800

20.财政部关于核减限制铜元银角运输数量令

（1934年9月24日）

财政部训令 钱字第八三 八三号
二十三年九月二十四日

令知原海关方面限制铜元银角各数量已分别核减，仰即遵照，并转饬所属一体遵照。

令各海关监督

前据上海市商会呈：为铜元、劣角充斥市面，请严厉取缔。等情来部。当以钱字第六五六二号令饬各海关，遵照以前迭令严切查禁。在案。兹据总税务司呈复内称：铜元、劣角之未能严禁私运，非由海关检查不力，缘铁路运输及专载乘客之各种小船装载，均不在海关管理范围之内。并请将以前规定运输铜元、银角各数量，分别减少，俾奸商无从牟利，查禁亦易为力。等情前来。查海关方面，限制铜元、银角，原规定每一旅客准带单铜元一万枚，银角如非劣质轻角，无论单双，其数在五百枚以内者，准商人自由运输，经本部于二十二年五月以前，先后以关字第七一三二号、钱字第三二四九号训令饬知各海关遵办。各在案。其原定限制数量，自属较宽。兹据该总税务司呈请分别减少，尚非无见。现经本部详加酌核，为严格限制私运计，原规定每一旅客准带铜元一万枚，兹改为五千枚。原规定银角如非劣质轻角，无论单双，其数在五百枚以内者，准商人自由运输，兹改为三百枚以内准商人自由运输。除铁路暨内河小船运输铜元、银角分别咨由铁道部并各省政府转饬所属各路局及水上公安局或内河警察局个别依照本部所定限制数目严密检查外，合将核减原定海关方面限制铜元、银角数目，令仰该关遵照，并转饬所属一体遵照。此令。

［国民政府财政部档案］

21.财政部关于制定银出口税税率代电

（1934年10月13日）

财政部代电　补字第二八二号　二十三年十月十三日

为制定银出口税税率，电令转行总税务司等一体遵办。

代电关务署

本部关务署沈署长览：据上海银行业同业公会、钱业公会、上海市商会呈称：近来海外银价高涨，国内存银出口日增，诚恐富源日竭，影响金融，国计民生，交受其害，恳请迅为设法防止。等情。查我国以银为本位，币材自应注意保存。设使银价激涨，与一般物价相差过巨，必致牵动金融，妨害社会。对于国际汇价，尤应维持平衡。该公会等所请设法防止，以保富源，自属切要。兹特制定银出口税率如下：

（一）银本位币及中央造币厂厂条，征出口税百分之十，减去铸费百分之二.二五，净征百分之七.七五。

（二）大条、宝银及其他银类，加征出口税百分之七.七五，合原定百分之二。二五，共为百分之十。如伦敦银价折合上海汇兑之比价，与中央银行当日照市核定之汇价相差之数，除缴纳上述出口税而仍有不足时，应按其不足之数，并行加征平衡税。即自本月十五日起，一律施行。合行电令该署长转行总税务司暨各关监督、各税务司一体遵照办理。此令。

［国民政府财政部档案］

22.孔祥熙关于征收白银出口税及平衡税以防止白银外流提案

（1934年10月14日）

窃我国以银为本位，世界银价之上落，于我国社会经济有密切之关系。溯自民国二十年起，银价因外币减值而上升，我国已感觉不利，幸其趋势尚属和缓。乃自美国施行购银法案以来，银价高涨，我对外输出既已感受极大之困难，而以中外银价悬殊遂致白银巨量流出，迄现在止已达二万万元，影响金融、破坏经济不言可喻，早经中央政治会议顾虑及此。又奉钧院密饬妥筹办法，本部职责所在，迭经召集专家及金融界领袖缜密讨论，并约外商银行代表，切实开导商请合作，一面严令取缔标金及外汇之投机，以冀稳定汇价，保持平衡，减少白银之流出。虽稍稍收效于一时，而一般奸商唯利是图，罔顾大局，装运牟利者，仍源源不绝。复思此次银价之高涨，本具有因果关系，如果美政府购银政策不致妨害我国存银，并与我国合作，依照伦敦白银协定之原意稳定银价，则我国受害之程度或可减轻。即本此意先后与美政府磋商，至本月十二日始接到美政府最后复文，对于我政府意见，虽表示容纳，但毫无具体办法。挽救危机，仍在我国之自定办法。同时，据全国商会联合会、上海市商会、上海银钱业公会代表呈称，近来海外银价高涨，国内存银出口日增，诚恐富源日竭，影响金融，国计民生交受其害，恳请迅为设法防止等情。祥熙环顾世界趋势，内观社会状况，处此危急情形之下，若不采取紧急处置，实不足以定人心，而安社会。筹议再四决定，暂行征收银出口税，以防止巨量白银继续流出，经制定银出口税税率如次：(一)银本位币及中央造币厂厂条征出口税百分之十，减去铸费二·二五，净征百分之七·七五。(二)大条宝银及其他银类加征出口税百分之七·七五，合原定百分之二·二五，共为百分之十。如伦敦银价折合上海汇兑之比价与中央银行当日照市核定之汇价相差之数，除缴纳上述出口税，而仍有不足时，应按其不足之数，并行加征平衡税。当以事机迫切□□救济，如提请核定，再为施行，深恐稍延时日，助长投机扰乱市场，并激起白银巨量之流出，故即自本月十五日起，一律施行，由部电令关务署，转行总税务司遵照办理在案。所有处置防止白银流出及制定银出口税情形，相应报告，并请转呈备案，实为公便。

财政部长　孔祥熙

〔国民政府行政院档案〕

23.蒋介石指示白银出口税征收应坚持到底电

（1934年10月26日）

孔部长庸之兄勋鉴：浚密。白银出口税应坚持到底，此为经济政策初步试办之一种。如果因反对而中止，致半途而废，则后事更难为继。故任何牺牲亦所不惜也。中正叩。寝机平。印。

〔国民政府财政部档案〕

24.军政部等呈报稽查白银运输严防走私办法

（1935年2月15日）

案奉钧院第一二八号密令，以本财政部提议，海关为稽查白银流动，便于防私起见，请由铁路当局转饬各路局，每星期将运银总数，及到达地点，开具报告两份，分寄上海总税务司署及中央银行知照，并饬各路站长对于白银运输，如有发生可疑情形，随时迅电有关系出口之海关税务司，以资防堵一案，经提出钧院第一九四次会议决议通过，分令财政部、铁道部、军政部，各派出重要职员会商办法，切实执行，令仰遵照办理。等因。奉此。遵由本财政部分咨铁道部、军政部各派代表于二月二日上午十时来部会商，兹经决议办法七项，理合抄同会议记录，呈请钧院鉴核指令祇遵。谨呈

行政院

附会议记录一份

军政部长　何应钦

铁道部长　顾孟余代行

财政部长　孔祥熙

中华民国二十四年二月十五日

奉院令会商关于财政部提请铁道部转饬路局将运银数量及到达地点每星期开具报告寄总税务司及中央银行一案记录

日期：二十四年二月二日上午十时

地点：财政部关务署

出席代表：铁道部全国联运处副处长　杨先芬

铁道部路警管理局保安处长　吴季度

军政部军需署副署长　陈　良

军政部军务司司长　王文宣

军政部交通司科长　庄　达

财政部钱币司科长　戴铭礼

财政部关务署科长　王志南

吴　竞

主席：吴竞

决议：

一、上海、南京、广州、汉口、济南、北平、天津七起运站遇有报运白银应通知上海总税务司署及中央银行，并将数量及报运到达地点一并通知。

二、每星期通知一次，至迟不能超过下星期二。

三、如由中央银行运送白银可不必通知。

四、通知期限暂定半年，如有必要再行展期。

五、以上七站如报运白银发生可疑情形，应克日迅电有关系出口之海关税务司，以资防堵。

六、广州、北平、天津三处应请路局特别注意。

七、沿边沿海驻军如发现私运白银出口情事，应立即通知附近海关处理，但不得自行扣留。关于白银走私，如遇有海关请求协助时，应尽力协助。

以上决议七项，由财政部主稿，会同铁道部、军政部呈复行政院鉴核施行。

［国民政府行政院档案］

25. 农村复兴委员会关于应付白银及入超等问题说帖

（1935年2月28日）

笺函 920

查农村复兴委员会说帖，为应付白银及入超问题，拟请统制贸易，力谋自给自足一案，业经由院提出第二〇一次院议，决议：先交孔副院长、陈部长、彭处长、唐次长初步审查，如有必要，约集专门人才，共同研究。除俟孔副院长定期开会再行函知外，相应抄同原件函达查照。此致

实业部陈部长、外交部唐次长、彭处长

计抄送说帖一份

行政院秘书长　褚〇〇

中华民国廿四年三月十三日

（密件）

为应付白银及入超问题拟请统制贸易力谋初步自给自足说帖

二十四年二月二十八日①

白银问题甚为复杂，举凡国际贸易、国外汇兑、财政实业、币制金融等等，均有关系。一年以来，议者蜂起，聚讼纷纭，政府当局，听取意见，不易抉择。本组心所为危，实难缄默不言，用就管窥所及，请将此问题之重要各方面，以及补救各办法，敬请许为剖晰陈之。

美国抬高银价政策，对于吾国影响甚大，尤其重要者，有下

① 此系文到时间。

列三方面。

(一)国外贸易方面　美国抬高银价，吾国以用银关系，国币之汇价日涨，外币之汇价日跌。例如美金一元，从前须合国币五元，近已跌至二元七八角。设不加征银出口税及平衡税，则美金至多不过二元五角，必致输入日增，输出益形困难。

(二)农工商业方面　民国十八、九年以来，以金价高涨之故，我国市面顿呈兴旺气象，物价步涨，商业活泼。至二十年沈阳事变，公债惨跌，通货紧缩，已肇其端，其时犹以金贵，勉可维持。至二十二年，美国放弃金本位，抬高银价，我国银价步跌，工商凋敝，农村破产。二十三年下半年，物价勉能站住，不致惨跌者有三种原因。一以旱灾之故，粮食涨价。二则生产减少，据去年十二月十五日纽约时报通信员估计，各业生产减少甚多，纺织业百分之二十五，制帽业百分之三十，丝厂百分之八十，染料业百分之四十，印刷业百分之四十五，油漆业百分之四十，电气用具百分之四十五，铁器及玻璃百分之五十，橡胶业百分之三十五。(花旗银行月报正月号第六页)三则一部分人虑纸币本位之实现，故收买货物以为胜于货币也。

第一表　国定税则委员会之上海趸售物价指数

物价指数	年　别
104.6	民10年
98.6	11年
102.0	12年
99.9	13年
99.8	14年
100.0	15年
104.4	16年
101.7	17年
104.5	18年

104.8	19年
126.7	20年
112.4	21年
103.8	22年
98.3	23年11月

（三）金融方面　自去年六月美国通过购银法案以来，我国白银流出甚多，据海关报告，去年全年白银净输出二万二千七百余万元，与路透社之查仓报告亦相符合，自六月底至今年一月底止，路透社报告上海存银共减少二万三千万元，除一小部分流入内地外，其余全部均运往伦敦或美国，目前所存约三万万元，因此之故，发生下列三种现象。（a）资金逃避，外国资金逃避最早。去年十二月汇丰银行有一度提存风潮，此非汇丰银行信用发生动摇之故，乃外国资本逃避之结果。盖外人存银大都存于汇丰银行也。（b）藏现，去年下半年屡有集中现银停止兑现之谣传，故藏现之现象亦已发生。（c）通货紧缩，洋商银行在上海市场本有大宗拆款，但去年装出之现银，大多为洋商银行之库存。至今年一月所有存银三万一千万元之中，华商银行占二万七千万元，洋商银行只有四千万元。故洋商银行不惜出二分左右之重利，套出外汇，套进现银，对于一切放款，已无余力，可想而知。华商银行及钱庄方面，自亦竭力紧缩，收回放款，通货紧缩，日甚一日。工商业周转不灵，亦日益凋敝，银根奇紧，金融紧张，此最近之情势也。对此问题，时贤对策甚多。惟或则无关大体，或则缓不济急，均可不论。下列三说，较为重要，请先一论其利弊得失，然后再贡管见，聊备采择。

（A）集中现银纸币停兑　关于此说，债权者与债务者利害相反，争论最烈。大抵赞成此说者，为工商界及学者中一部分；反对此说者，为银行家及学者中一大部分。其利有下列四点：（一）现银集中，偷运可免，存银不致再行减少。（二）纸币停兑，外货输入可减，等于统制贸易。(三)物价可涨，农工商业皆呈活气。(四)通货膨胀，可解金融恐慌之危。其害则有下列六点。(一)物价飞涨，生活困难，而固定收入之人为尤甚。(二)偷运虽或可免，而存银能否维持，尚有问题。盖输出之货物即或可抵，而每年外债还本付息，尚须付一万万余元，此非运现不可。平时虽有华侨汇款，为数非小，今改纸本位，则华侨之款非万不得已，决不汇回。(三)依本年度政府预算，关税占收入全部百分之四十四，今改纸本位，输入大减，关税短收，财政方面，势必大受影响。而支出方面，则以物价腾贵之故，大有增加之势。收支不能相抵，势非增发纸币不可。纸币有渐增之趋势，存银有渐减之趋势，危险实甚。(四)纸币停兑，对于输入品之影响与统制贸易不同。盖纸币停兑，将一切货物全行逐出，而无选择也。(五)停止兑现，一时虽能解金融恐慌之危，然我国社会向无组织，国权又不完整，资金逃避必益加甚。(六)纸币跌价如不甚大，社会或不致发生重大纠纷。但若纸币跌价甚烈，则社会基础，难免动摇。

(B)改金汇兑本位　赞成此说者，为洋商银行、进出口商人及学者中之一部分，其利有二：(一)外国用金，我国用银，今日美英诸国虽已停兑，然其纸币背后之大部准备仍为黄金，曩年金贵银贱，我国工商受其利，今则金贱银贵，我国用银为不利，不如趁此时机，改用金汇兑本位。(二)金银比价，常有变动，输出入商除货物本身市价变动外，又多一层风险。其弊则有下列四点：(一)金汇兑本位，必须以金准备，存放外国市场。此项准备如何取得，不出二途，或装现银，或借外债。装出现银，则国内存银益减，恐慌立至，外债则以外交关系恐无希望，英美各国恐难单独承借。(二)即假定此项准备金已有着落，贸易逆势，如无办法，则银固流尽，金准备亦无法维持，结果还是纸币本位而已。(三)金汇兑本位，向只应用于殖民地国家，至于四万万人口之大国能否维持尽利，亦是疑问。况英美均已放弃金本位。金镑、美金均是管理通货，无论与任何一种外币发生连系，均有危险。（四）尚有一重要问题，即改金汇兑本位以后，旧时之银元、纸币及银元存款，是否仍以银元兑付，抑以外国汇票兑付？如其仍兑银元，则人民危疑之余，提存挤兑，银元必纷纷藏匿。如以外国汇票兑付，则外国金准备亦必减少甚速。若曰可用统制汇兑办法，以限止汇票之买卖，则亦不然。有洋商银行在，统制汇兑，似难实行。洋商银行果能与我合作，则统制汇兑，已足减少入超，挽救危局，金汇兑本位似可不必。

（C）减低国币成色　赞成此说者，为工商界及学者中一小部分，其利如下：（一）减低国币成色，可使入口货减少，出口货增加，物价可稍回高，农工商业均有裨益。（二）可腾出一笔巨款，作救济农工商业之用。（三）使通货膨胀，以解金融恐慌之危。（四）物价回高，不如纸币本位下之飞涨，故纠纷较少。其弊则（一）贸易入超，如其仍无办法，则白银依然流出，减低成色，不过将大银元改为小银元，大银元固将流尽，小银元亦难幸免。（二）财政方面之影响与纸币停兑相似，或不致如纸币本位之甚耳。（三）入口货固能减少，而出口货能否增加，尚有问题。何则，我国之出口货如其性质不能改善，成本不能减轻，则外国是否需要，未可断言。且我国减轻成色，外国亦可使用制止汇价倾销税，以为抵制。（四）减低成色，足以引起提存挤兑风潮，即不然，藏现及资本逃避之现象，亦必加甚。（五）美国黄金均在政府库中，故减低成色，其利归诸政府。我国白银均在银行库中，政府是否能得一笔巨款，亦是疑问。

以上诸法，利弊得失，略已论及。次请申述鄙说，就金融贸易二方面，分为办法九条，依次铨释如下。

金融方面：

（一）白银出口税及平衡税照旧。（同时严禁偷运）

（二）政府设法推广黄金用途，金银并为钞票准备，俾成金银并行本位制，必要时自动以银易金。

（三）政府设法筹借巨款，以作维持金融救济实业之用。

（四）中央银行会同中国、交通二行办理重贴现及放款业务。

贸易方面：

（五）增加进口税。（棉布品棉花毛及毛制品鱼介海产品谷米小麦面粉糖烟叶煤人造丝茶等十二品）

（六）就六种主要农产品，试行限额分配输入制。（棉花谷米小麦面粉糖烟叶六品）

（七）试行物物交易。（以丝茶或其他原料品设法交换他国机器煤油等）

（八）减免出口税。（动物猪鬃蛋及蛋制品桐油花生花生油棉花及废棉等）

（九）对于统制汇兑之国家，政府设法商订汇兑划帐协定。

（十）切实设法，使国产货物自由流通，运销便利。

以上各点，请再略加说明如下：

（一）白银出口税及平衡　有人以为今日之金融恐慌，由于银出口税，设政府不加征出口税，今日银根不致奇紧，如此白银可去，但亦可来，听其自然可也。今日征出口税，则银遂有只去不来之势。银在香港可值一元，一到上海便值九角，如何肯来。在华外人大都持此见解（参阅金融商业周报）。金融界中亦多与之同情。不知此说似是实非，伦敦、纽约银价未提高前，银确有去有来，可去可来。但自银价抬高以后，纽约、伦敦之银价常高出上海银价之上。水由高趋下，水之性也，物由贱趋贵，物之性也。物之不能由贵而趋贱，亦由水之不能由下而趋高。去年六月以后，由上海运银至伦敦出售，除去一切开支外，其纯益常在百分之十五以上，若运一千万元，可赢一百五十万元以上，大利所在，谁不趋之。从去年六月底至十月底止，据海关报告，净输出二万万元以上，而十一、十二两月，仅装出一二千万元，可见银出口税，并非完全无效。设无此税，则今日存银尚有几何，颇成问题。故在美国不变更购银政策及银未购足以前，此税暂应维持。

（二）金银并行　我国币制，亦一难问题，用金用银争论已久。以前金贵银贱，有或以用银为有利，今金贵银贱，用银已有种种不利，况区区存银，尚难保持，故不如设法实行金银并行制。伦敦银价若在二十五便士以下，自可暂维现状，如再高涨三四便士，则我国存银更难保存，不如自动以银易金，国内货币金银并用，纸币准备亦可以金充任，将来世界各国如行国际复本位，我国亦已有相当预备，各国如恢复金本位，吾国亦已有相当黄金，万一银价再跌，我国倘欲回复银本位，则再以金易银，亦无不可。（参阅社会经济月报第一卷第十期）

（三）借款　政府能借外债，最为上策。惟以外交关系，希望甚微。政府借款如不成功，则第二办法似可由中央、中国、交通三行出面向外国银行界接洽借款，外交阻力庶几稍减。如再不能，只有再发内债一万万元，其用途如下：①以一千万元办理中央农业银行。②其余分拨中央、中国、交通三行，办理重贴现及放款业务。

（四）重贴现及放款业务　近来银根奇紧，固由于白银流出，上海地产跌价等等关系。而最大原因，实在中央银行之未办重贴现业务，银行钱庄既收存款，断不肯坐耗利息，势必从事投资或放款。而在金融紧张之时，除政府公债尚可随时售出外，其他各种放款或投资，均难立时变现，在外国有中央银行为之后盾，只须有头等票据，即可以重贴现，货物或其他有价证券亦可转押，故金融恐慌[illegible]辄能渡过难关。我国中央、中国、交通三行，对于同业虽亦尝拆出数百万元，然每家以十万元为限，其效甚微。故须设法筹措巨款，尽量办重贴现及放款业务，其范围如下：

甲、银行承兑票据及商业票据，适合中央银行规定之条件，而由银行背书者，准予重贴现。

乙、由上海各银行合资组织一机关，专办承兑业务，货物押款押汇，得仿美国成法，酌量改为承兑汇票，其办法另定之。

丙、货物押款，亦得向中央银行转押，但不得超过市价对折。（银行钱庄承押之时，通常已打七折，今中央银行承押，再打七折，风险极轻）

丁、其他有价值之资产，由中央银行呈经政府核准者，亦得作押，其办法由政府规定之。

如此放出巨款几千万元，市场银根顿宽，物价可以回高，此所谓信用膨胀之政策也。

（五）增加进口税　欲减少入超，必就主要输入品增高税率，我国关税虽已号称自主，然尚不宜牵涉过广，故宜从少数主要物品入手。烟叶为消耗品，鱼介海产品以及毛与毛制品，似近奢侈品，故非加税略予限制不可。至于棉花，我国正在提倡植棉，糖广东亦可生产，人造丝与天然丝竞争，外煤与国煤竞争，棉布品与本国布竞争，而谷米、小麦、面粉、茶，尤为我国主要农产物，非加保护不可。故此十二种物品，均应加高税率。

（六）限额输入制　我国以农立国，每年输入大宗农产品，不唯损失，且亦国耻。故拟就最重要之六种农产品，（如棉花、谷米、小麦、面粉、糖及烟叶）除加税外，尚应试行限额输入制，如此则牵涉之国家不多，外交阻力，谅不致十分困难。唯此层较其他各点障碍略大，应详密研究，相机进行。

第二表　重要农产品之输入额（单位一百万元）

品名	二十年	二十一年	二十二年	二十三年	主要输入国
棉花	279.0	185.0	98.2	90.5	美，印
谷米	100.3	185.8	150.1	66.1	安南、暹罗、缅甸
小麦	136.5	80.8	87.8	31.9	美、澳、阿根廷
面粉	37.9	54.6	27.8	7.0	加拿大、日
糖	131.4	71.2	40.8	31.5	和属东印度、日

烟叶	64.2	36.8	26.2	30.9	美
合计	749.3	614.4	430.9	257.9	
输入品总值	2,233.4	1,634.7	1,345.6	1,029.7	
以上六品对总值所占百分数	34%	38%	32%	25%	
各年入超	818	866	733	494	

（七）物物交易　我国所产为原料品，外国所产为制成品，互相交换，当为各国所欢迎。惟须与各国个别交涉耳。德国方面提倡最力，不妨由德入手，他若俄国及其他诸国亦可试与交涉，此法可以增加订约国双方间之贸易，双方有利。

第三表　主要农产品输出额（单位一百万元）

品名	二十年	二十一年	二十二年	二十三年
动物	10.5	10.4	9.2	8.9
猪鬃	15.2	11.0	11.7	15.1
蛋制品	48.0	38.4	30.9	26.0
鲜蛋	10.8	5.9	5.6	4.2
花生油	19.8	6.8	5.6	4.2
桐油	31.8	23.6	30.3	26.2
花生	43.6	30.3	17.5	12.4
茶叶	51.8	38.6	34.2	37.0
棉花	46.8	34.8	33.9	20.0
杂粮粉	52.0	40.1	5.0	2.4
丝茧	147.0	56.4	57.7	29.0
合计	477.3	296.3	241.6	185.5
出口总值	1,417.0	767.5	611.8	535.2
以上十一种所占百分数	34%	37%	39%	35%

（八）减免出口税　出口税为吾国经济上之一陋习，其害不亚于厘金。右表所列各出口货物，居出口货总值三分之一以上，其所纳出口税，除已免税者外，总计不过七百万元，即使全部免除，对于财政部税收，尚不致有重大影响。如能免税，必可于市场竞争上更占有利地位，且可压倒其他代用品，增加输出。

第四表　减免出口税之影响

品名	民国二十三年输出额（单位千元）	现行出口税率	从量税各品输出额（单位千公担）	出口税约数（单位千元）
动物	8,914	7½%		668.6
猪鬃	15,127	7½%		1,134.5
蛋制品	26,009	5%		1,300.5
鲜蛋	4,234	5%		211.7
花生油	4,191	公担$48	194.7	93.5
桐油	26,217	公担4.10	652.8	2,676.5
花生	12,371	公担·24（带壳） 公担·30（花生仁）	362.4 1,012.2	87.0 303.6
茶叶	36,957	免税		
棉花	19,970	公担$3.10（棉花） 公担 .34（废棉花）	209.4 261.0	649.1 88.7
杂粮粉	2,415	免税		—
丝茧	28,980	免税（丝） 7½%（烂蚕茧 野蚕茧）		— 16.8
（烂蚕茧 野蚕茧 224在内）				7,230.5

（九）汇兑划帐　例如德国实行统制汇兑，我国山东商人输出花边发网，收款无着，似应由政府与该国商订汇兑划帐协定，二国商人输出物品，各向本国中央银行收款，输入物品各缴款于本

国中央银行，而由二国中央银行互相划帐。（参阅社会经济月报第一卷第十一、十二两期）如其推行尽利，既可保护本国商人，复可减少现银流出，亦可增加订约国间双方之贸易，诚一举两得之计也。

（十）切实设法使国产货物自由流通运销便利　现今厘金虽已取销，然各地方每每征收产销税、粮食出口税、码头税等等，名目繁多，致同属一国，甲省与乙省之间，货物即不能自由流通，加以交通不便，遂致沿海沿江各埠购买外国粮食、煤、铁，其价恒低于国内产品。此种障碍，并非由于国产质量之贫劣，而全由于作茧自缚，实属遗憾。急应取销一切国内流通之障碍，由主管机关就每种国产大宗货物，计议便利运销办法，切实执行。

以上各端，均尚切近易行，统制农产品贸易，最为解决白银问题之治本要着。信用膨胀，则是救济通货紧缩之唯一良法。金银并行本位，较之金汇兑本位，流弊既鲜，危险绝无。汇兑划帐协定，较之他种统制汇兑办法，阻力既少，推行稍易，而于保持存银、改善币制、维持工商、保护农业、救济金融诸大问题，尚能兼顾，不致偏废。他若限制外币买卖，则以洋商银行目下正套卖外汇，赖以维持，恐难同意，暂不列入。至于提倡国货，改良国产，组织同业公会，奖励工商航业，亦均切要之图，应请钧院分饬各主管机关妥拟办法，共策进行。是否有当，敬请裁示。

农村复兴委员会一般经济组

［国民政府行政院档案］

26.财政部防止私运现银出口电

（1935年5月·日）

案准财政部删沪处电开：近日美国提高银价，中外银价，差额益巨，贩运出口，为利更大。本部为巩固金融起见，迭经约集上海外商银行领袖，共商补救方法，各外商银行，佥愿诚意合作，不再运银出口，妨碍我国金融。惟迭据密报，时有奸商偷运出口，及假借名义，运售为利情事。现当金融紧迫之际，运银出口，足以摇动人心，凡属国民共其休戚。况旅华外商尚允合作，如国人仍有运输为利之举，非惟贻笑外人，亦见甘心祸国，依法应予严办。应请转饬所属，遇有商人运银出口，如无正当需要，确切证据，应即分别劝阻勿许运出，至防止偷运出口一节，应经本部规定办法，严密查缉在案。并希转知沿海军警一体协助海关办理，除分电外，特电请查照，转饬遵照。

又准财政部驻沪处电开：删电计达，枢密极密。迭经密报，天津租界及华北战区等处，日本浪人勾结汉奸偷运白银，由长城出口谋利。又厦门因与台湾接近，亦有日浪人、台人、汉奸勾结偷运情事。查偷运白银出口，不独有碍我国金融之安定，抑且妨害各国在华商业。日昨晤及日本有吉公使商请协同严加取缔，日使深表同情，业允分电查禁，应请转饬所属并转商当地日领对于各该地区严密侦缉杜绝偷运，以维金融。除分电外，即希查照，转饬遵照。

嗣准津海关监督公署第一一零八号公函开：案奉财政部巧电开：顷据天津报称，该埠中央、中国、交通三行会同约集汇丰、麦加利、花旗、大通、华比、正金、朝鲜汇理、中法、工商、德华、华义等十一家外商银行津行经理会商防止现洋出口，各该外商银行表示，均愿根据上海中外银行合作办法，一律不运现洋出口，并希望地方当局对于私运现洋出口设法严为取缔等情，合亟电饬遵照。对于私运现洋出口，尤须严密查缉，以维金融。等因。奉此。除转知本关税务司遵照并分函外，相应函达贵政府查照，即希对于私运现洋出口，设法严为取缔，并饬属一体严密查缉，以维金融。各等因。正核办间，复准天津市银行业同业公会函称：案准中国、交通两行函开：敬启者，查近日英、美银价飞涨，国内白银有继续流出国外之虞，上海中外各银行为安定国内金融起见，业经共同约定在相当期内停运现银出口，并劝告有关系商号一致停运，此间自应一致进行。兹经敝两行会同中央银行邀集津市各外商银行洽商，仿照沪例，合作停运现银出口，各外商银行均表赞同，允照上海中外银行约定办法一致办理。惟各外国银行以近来国内牟利之徒，尚不乏私运现银出口者，现在中外银行既然约定自动停运现银出口，对于私运，亦应同时设法加以取缔等语。查此间中外银行既经洽定仿照上海各银行办法办理，一致停运现银出口，其私运现银出口者，自应设法加以取缔，事关安定市面金融，相应函达贵公会即祈查照，与省市当局洽商，酌定取缔办法，以杜私运，至深公盼。等因到会。查现在国外银价飞涨，牟利之徒私运现银出口，在所难免，准函前因，事关安定市面金融，相应函请钧府查照，设法加以取缔，藉杜私运。等因，到府。查关于禁运现银出口一案，本府迭奉中央电令严密制止，节经通饬遵办在案。兹为便于执行起见，经比照财政部规定海关查获私运现银处罚给奖办法，订定河北省查禁私运现银出口暂行办法，提经本府第六一三次委员会议议决通过。通饬施行，俾收实效。除分呈并分行遵办外，理合抄附办法一份，具文呈请鉴核。谨呈行政院

附呈河北省查禁私运现银出口暂行办法一份

河北省政府主席　于学忠

中华民国二十四年五月四日

河北省查禁私运现银出口暂行办法

民国二十四年五月四日河北省第26号令公布

第一条　凡旅客出口及前往不通用国币之各地方者，一律不准携带银币或银类，否则一经查获，以私运论即依本办法罚之。

第二条　查缉私运现银出口，除由海关暨本省军警政机关负

责施行外，并准由人民随时向各海关暨军警政机关告密举发。

第三条　查缉私运现银或银类出口者，除由海关缉获者，应按照财政部二十三年十二月九日第一零六五零号咨原定处罚给奖办法办理外，其由本省各军警政机关查获者，应按照本办法现定标准处罚提奖。

第四条　缉获私运出口之银币或银类，送交该管市县局，除将银币或银类充公外，并照偷运数额加一倍处罚，唆使之人从严惩办。

第五条　前条充公之银币或银类(变价后)照下列成数提奖

(甲)如由本省各军警政机关单独缉获者，异常劳绩，给予百分之六十，寻常劳绩，给予百分之四十。

(乙)如本省各军警政机关得举发人告密，因而查获者，查获人员及举发人，各得百分之四十。举发人姓名，应为代守秘密。

第六条　第四条所规定之加一倍罚金，应加给第五条(甲)(乙)两项有关系之军警及举发人各二成，余数充公。但偷运人逃逸，无从处罚，或偷运人无力缴纳罚金者，不在此例。

第七条　市县局查获之私运现银或银类，除变扣应提奖金外，应按月报解财政厅，并分报省政府查核。

第八条　本办法自省政府公布之日施行。

〔国民政府财政部档案〕

27.谭光报告厦门等地将银币化成银条出口密电

(1935年5月8日)

南京。李秘书长、徐司长勋鉴：部密。据厦行阳电称：海关规定现币出国须由银行担保办法施行以来，公然装运果见停止，最近当地银炉以银条出口装往汕头、广州甚多，闻系以现币化制，此间银钱业深望政府对于银条出口亦加以银行担保手续。海关因近日在海船上查得银条出口颇多，拟仿照津关办法，加以限制。本日已电总税务司请示，可否转陈总座，俯准所拟转饬厦关照行，以杜走漏，等语。请君转陈部座，电令厦关照办为荷。弟光叩。庚。

［国民政府财政部档案］

28.财政部令总税务司转饬厦门关查禁将银币化为银条出口密电(稿)

（1935年5月9日）

电1883

上海总税务司览：国密。顷据密报：厦门银炉销毁银币，制成银条，运往汕头、广州一带甚多，请予查禁，等语。查销毁银币、意图偷运出口，亟应查禁。至银条运往汕头、广州，并应依照厦门关现定运送银币办法，由银行出具保结，始得放行。除电请福建省政府转饬厦门市查缉销毁银币之银炉予以封闭，并将销毁银币所得之银料悉数充公外，以后厦门关遇有报运银条出口，应即验明银行保结，方准放行，以杜辗转偷运。合行电仰遵照，转饬厦门关税务司遵照办理为要。财政部。佳。钱。印。

［国民政府财政部档案］

29.孔祥熙关于按危害民国治罪法处罚偷运白银出口人犯的提案

（1935年5月22日）①

自美国一再提高银价以来，国外银价高于国内，运银出洋，利益颇巨。前经施行银出口税及平衡税，以资防止，但沿海沿边各地方，每有不肖之徒，利用地理交通之便利，竞事偷运。虽本部有查获偷运银币银类出洋奖惩办法之规定，然以利重罚轻，偷运

① 行政院收文日期。此提案经国民党中央政治会议第四五八次会议通过，并由国民政府于5月28日训令遵照。

之风，仍难稍戢，甚或勾结浪人，倚赖特殊势力，变本加厉，其只知一己私利，罔顾国家利害，情节显然。

查我国以银为主币，银之于国家，犹之血于人身，血液充足，周流全身，则体力壮强，存银充足，则整个国民经济健全。今施行银出口税及平衡税，虽仍不禁白银外运，但中外正当商人，尚知顾全大体，数月以来，正式报关完税输运出国者，已日渐减少，若偷运出洋，不加严惩，以我国海岸之长，港汊之多，则偷运者肆无顾忌，群趋若鹜，非俟国内存银流罄不已。存银流罄，不仅整个国民之经济，立有崩溃之虞，且恐引起全国恐慌，发生骚动，民命国运，危险万状，言念及此，不寒而栗。

是偷运白银出洋，实足以酿成国民经济之崩溃，国民经济崩溃，国家何以自存，故其罪实较其他平常危害民国之行为尤为险恶，拟请将偷运银币、银类出洋或前往不行使银本位币地方之人犯，一律准照《危害民国紧急治罪法》，分别情节轻重，处以死刑、无期徒刑或五年以上有期徒刑，并得并科币额或价额三倍以下罚金，由国民政府通令全国军警机关，协同各海关认真查缉，一经拿获，送交司法机关，遵照惩治，以示惩一儆百，严为制裁，则奸民胆寒，当可敛迹，亦辟以上止辟之意也。事关保存国脉紧急处置，是否有当，敬俟公决。

提案人　孔祥熙

〔国民政府行政院档案〕

30.河北省政府关于日伪在华北各县偷运白银出口情形密呈

(1935年5月22日)

案据财政厅呈称：案据第一区调查员刘德泗梗代电称，窃查偷运现洋出口一事，迭奉严令查禁，各地方官署及海关堵获颇多，本国商民虽稍敛迹，而日、鲜人乘机大事偷运，业经连日查询北宁路车站钱商，及行政机关，方知日、鲜人尤以朝鲜人居多，以为有利可图，如密带千元到关，换卖天津大洋票，以现行市计可得五六十元，除盘费外尚余四十元之利益，本月中旬最高行市到一百六十元，是以日、鲜人结伙公开秘运，显系有组织之行为。身体携带，或用皮包偷运现洋，乘北宁路车到关者，日在百人以上，带有现洋八百千元不等，约计十二三万元，此外由迁、抚、乐各县密集至昌黎、滦县两地，再用汽车或轿车偷运至关亦不下二三万元，统计每日密运到关约有十五六万元，再用洋车整运，或人身带出关外，且有日本人充伪国国境警察，包运至东罗城，遂由关外装伪奉山路车运到沈阳、大连等处，如此情节，日人显似保护。如以□偷运上车之地方而言，以北平、天津各居五分之二，合有十一二万元，唐山、古冶、滦县、昌黎、秦王岛等处，占五分之一约四五万元，以日计十五六万元。如以月计约有四百余万元之巨数，流出国外，如此重大问题，关系国计民生，至深且巨，若不设法取缔，仍如目下办理，后患不堪设想。理合将日鲜人偷运现洋出口实际情形，报请鉴核，除分呈外，谨电肃闻，等情。查核原报告，每月偷运现金出口至四百余万元之巨，实属骇人听闻，事关外人危害金融，亟应转饬该管县府及公安局严行查禁，并对外应如何设法制止之处呈请鉴核，等情，并据刘调查员迳报到府，正核办间，复准北平宪兵司令部谍感(五)代电开：据密探报称，探闻关外市面金融，完全被日人操纵，现金被日人吸收殆尽，故市面金融发现极度恐慌，现在流通市面之钞票，完全为伪满洲银行发行之纸币，但因不能兑现，已失去信用，故关内时有奸商私运大批现银出关，以图鱼利。近有日人在榆设机关四处，专为收买关内现银，其价以关内通用钞票一百十二元，收买现洋一百元，致现银流出甚多，虽经我官方查禁，而唐山、遵化一带，奸商仍有私行窃运者。查日人吸收现金之用意，在使战区金融发生恐慌，以达其操纵伪满市面经济之目的，等情，前来。除分报并饬属仍注意查报外，谨电奉闻，等因。经饬北宁路沿线各县政府及公安局遵照本省查禁私运现银办法，切实查禁，并函驻津日领告诫侨民毋得贪利私运在案。兹复准财政部钱阳代电为由部商经铁道部酌定，北宁铁路取缔辗转私运银币银类出关办法五项，请查照，暨钱字第一五三九〇号密咨，以准黄委员长电以殷局长在榆与仪我御商协助防阻偷运现银出关，并由日方出示取缔各节，请饬属遵照妥慎办理，各等因。准此。查路运方面既经财、铁两部商定限制办法，榆关方面并经殷局长商得日方协助取缔，自便执行检查。除通饬所属遵照妥慎办理，务期杜绝，以维金融外，理合将本省查禁私运现洋出口情形具文呈报鉴核。谨呈

行政院

河北省政府主席　于学忠

［国民政府档案］

31.国民政府防止白银出口训令

（1935年5月28日）

国民政府训令　密第三八号

令行政院

为令饬事。案准中央政治会议二十四年五月二十三日密函开：据本会议秘书处签呈称，准行政院函称，查本院第二一三次会议，据财政部提议称，自美国一再提高银价以来，国外银价，高于国内，运银出洋，利益颇巨，前经施行银出口税及平衡税，以资防止。但沿海沿边各地方，每有不肖之徒，利用地理交通之便利，竞事偷运，虽本部有查获偷运银币银类出洋奖惩办法之规定，然以利重罚轻，偷运之风，仍难稍戢，甚或勾结浪人，倚赖特殊势力，变本加利。其只知一己私利，罔顾国家利害，情节显然。查我国以银为主币，银之于国家，犹之血于人身，血液充足，周流全身，则体力壮强，存银充足，则整个国民经济健全，今施行银出口税及平衡税，虽仍不禁白银外运，但中外正当商人，尚知

顾全大体，数月以来，正式报关完税输运出国者，已日渐减少，若偷运出洋，不加严惩，以我国海岸之长，港汊之多，则偷运者肆无顾忌，群趋若鹜，非俟国内存银流罄不已，存银流罄，不仅整个国民之经济，立有崩溃之虞，且恐引起全国恐慌，发生骚动。民命国运，危险万状，言念及此，不寒而栗。是偷运白银出洋，实足以酿成国民经济之崩溃，国民经济崩溃，国家何以自存，故其罪实较其他平常危害民国之行为，尤为险恶。拟请将偷运银币银类出洋或前往不行使银本位币地方之人犯，一律准照危害民国紧急治罪法，分别轻重，处以死刑，无期徒刑，或五年以上有期徒刑，并得并科币额或价额五倍罚金，由国民政府通令全国军警机关，协同各海关认真查缉，一经拿获，送交司法机关，遵照惩治，以示惩一儆百，严为制裁，则奸民胆寒，当可敛迹，亦辟以止辟之意也。事关保存国脉紧急处置，是否有当，敬候公决，等情。经决议通过，送中央政治会议。除照案饬知财政部外，相应函请转陈核定。等因。谨签呈鉴核。等情。经本会议第四五八次会议决议通过，送国民政府查照饬遵。相应录案，函请查照饬遵。等由。准此。自应照办。除函复并分行司法院查照饬遵外，合行令仰该院遵照，并饬属遵照。此令。

国民政府主席　林　森
行政院院长　汪兆铭
司法院院长　居　正
财政部部长　孔祥熙

中华民国二十四年五月二十八日

〔国民政府档案〕

32.铁道部关于缉获朝鲜浪人私运现洋经过并抄录日本领事抗议案呈

（1935年6月2日）

案查关于北宁路路警于五月卅日在军粮城站查获韩人十一名私运现洋八千二百五十元，将人、银并送津海关处分及日本领事提出抗议一案。前据该路五月有电及沁电呈报经过情形及请示办法到部，当以此案关系财政外交均重要，业即据情转呈鉴核在案。兹据该路副局长代行局务许文国折呈称：查取缔私运白银以来，财政部海关暨河北省政府所定各办法不无出入，而私运大批现银者又以日韩人居多，本路处此环境，应付至感困难。唯本路职责，以在可能范围内协助海关检查及查获现银立即移交海关处理为限，近两个月间，对于取缔白银之案，即本此旨进行。但本路各站除北平、天津、塘沽、秦皇岛、山海关五站外，其他各站所有查扣旅客携带现银大都本站单独办理，况日韩人及本国奸商近因北平等五站检查过严，大都设法趋避携款至小站候车，即如此次军粮城站查获韩人携带现银捌千贰百伍拾元一案，并无海关关员在站协同，执行扣留后，虽送津移交海关处理，而驻津日领迭提抗议，细绎抗议原文意义颇为重大，发还则有违部令，扣存恐引起纠纷，故查扣私运白银一事，名义上固因海关主持，而实际则本路首当其冲。外人方面，尤其日方以检查执行均由路警协助，遂均集矢于本路。此项风潮如不平息，在今日华北状况之下，将来类似军粮站之案，层见叠出，本路实无法善后。近接河北省府转准财政部钱字第一五三九零号文内声叙，黄委员长永密电开：关于查禁私运现银出口办法内有已协商，无论中外日鲜人民均可由我方警察关员从事搜检，如有发现即予没收。但彼方切切注意，勿对此类私带人民遽用暴力，如系日鲜人务经解交日本军警机关等语。核与从前原定办法，既不无出入，且证诸此次军粮城案，日领严重抗议事实，尚多所扞格。伏念财政部规定取缔私运白银办法，当系就一般情形而言，本国人民自应依据此项原则办理。至日韩人或其他有约各国人民，如违犯此项办法时，揆诸国际法及我国尚未能撤销领事裁判权现状以下，能否悉予逮捕或仅没收私运之现银，或并人银一并送交海关，窃以为即使对于日方在华北情形，不必顾虑，而于一般外交习惯似有考量之必要。盖此次禁令一般有约国人民应否同受拘束，事关重大，本局未敢擅议。现在暂时处置，可否分别规定，嗣后查获私运白银之案，如系本国人没收现银，移交海关处理，如系外籍人，为免引起重大事态起见，拟人银一并移交各该领馆处置。是否有当，理合抄录日领抗议原函并译文呈请核示施行，等情。附抄呈津日总领事原函并译文各一件。据此。查该路所请处置办法，对于外交及禁止私运现银出口办法，均感困难。究应如何办理之处，理合备文转呈鉴核示遵。谨呈

行政院

附原抄呈津日总领事原函及译文各一件

铁道部部长　顾孟余

政务次长　曾仲鸣代行(印)

中华民国二十四年六月二日

译驻津日本总领事来函

五月二十四日　第92号

敬启者：查本年五月二十日午前九时左右，有本国人张昌复等十一名，在军粮城站候车时，该站内贵路警察第三分段所属巡警，并无如何理由，即与该地驻屯兵士强向彼等身体施行检查，没收其携带之现洋八千二百五十元，引渡于海关当局，其时本国人中有为贵国军警等殴辱者，且于前述之外强夺其金品，被害不少。关于以上情形已派馆员直接向贵局长提抗议，其引渡于海关

之现洋八千二百五十元，须从速交还本馆，至路警等强夺之金品，并已由本馆馆员向贵局长详细说明，请迅予调查交还本馆。此后不得再有类似事件发生，应请贵局严予取缔，相应照会。即希示复为荷。此致

北宁路局许副局长

川越茂启

〔国民政府档案〕

33.钱币司签核津海关所拟防止现银出口办法有关文书

（1935年6月4日）

案查关于防止现银出口一事，迭奉钧令严密查缉私运，遵经先后转饬税务司切实遵照，并与省市政府暨省会公安局随时联络，一致防范，以期仰钧部稳固银根之至意。兹由近来实地考验所得，参酌事实需要，谨拟具刍见三项，胪陈于次，伏维采择。

一、津埠密迩战区，情况特殊，近年多有奸人利用往来国内准带现洋一千元之规定，在此限度以内，携带运至唐山大沽等处，再转赴山海关边界一带，即有某国浪人接应收买（百元现洋可得利三十元左右）。现在藉此营运牟利者甚多，功令所许，无法干涉。若不赶速设法救济，华北现银，势将绝迹。最近钧部颁行铁路携带银币限制办法，用意至为周密，在津榆间之铁路线内，固可祛除上述弊端，然而铁路以外，尚有海路、陆路、河路等，随处通行，则绕越仍属难免。为根本救济起见，拟请钧部更将此项办法之范围，加以扩充。无论北平、天津之东路或北路，与塘沽、大沽沿海一带，以及长城各口等路线，一律均适用此项“不准超过二十元，逾额须凭护照放行，否则扣留充公”之办法，则奸民自无从施其狡狯矣。

一、关于各银行兑现，虽已有地方政府监视稽查之办法。但为根本防止私运起见，凡兑现至一千元者(或减为五百元)，均应

声明用途，取具当地商会及银钱业公会证明书，连带负责，银行方面方可兑给现洋，其无证明书者，概不兑予。如是节节防制，奸民自不敢轻于尝试。

一、近据报告，海关对于出口工人携带现洋数元者，一律照章没收，以致工人异常悲愤，几生暴动，且有因此而欲自戕者。顷又准天津市政府函以据特别三区主任吴隆复呈报亦略同前情，在海关执行公务固应严厉，然贫苦工人携此少数现洋而被扣留，其情亦实堪悯恻，况复关系人民生命。与地方秩序，似更有兼顾之必要。关于此条，拟请酌加修改，凡经查出工人出口携带现洋在二十元以下者，可将现洋扣留，照数换给纸币放行。或在开船以前检查，如经查出携带者，可饬其下船自行兑换纸币呈验，以示体恤，而免发生意外。

所有关于携带现币及兑现办法，拟请参酌事实，加以修改各缘由。是否有当，理合备文密呈，伏候鉴核施行，实为公便。谨呈

财政部

津海关监督　韩麟生

中华民国二十四年五月十一日

密指令　钱字第15312号

令津海关监督韩麟生

密呈一件。关于防止现银出口，兹由实地考查之所得参酌事实需要，谨拟刍见三项，胪陈采择由，呈悉。所陈无论北平、天津之东路或北路，与塘沽、大沽沿海一带，以及长城各口等路线，一律适用不准超过二十元，逾额须凭护照放行，否则扣留充公一节。现奉行政院令，六月四日第二一五次院议决议，旅客携带现洋，由北平各站至天津以五十元为限，由北平各站至天津以东各站，及由天津以东各站，至天津以东各站，均以二十元为限，等

因。经部转行遵照在案。关于赴各银行兑现至一千元者，均应声明用途，取具当地商会及银钱业公会证明书连带负责方可兑给一节，应准由部密饬办理，但毋须明白宣布，以免纷扰。关于海关查出工人出口携带现洋在二十元以下者，将现洋扣留，照数换给纸币放行一节，应准仿照胶海关呈准办法，凡出洋劳工携带现洋，如系零星小数，经关员查询，自行呈出者，免予扣留，准其向中国交通两行购置汇票放行成案办理。除分别咨行河北省政府、天津、北平市政府令饬总税务司转行津海关税务司遵照办理外，仰即知照。此令。

遵核津海关韩监督密呈防止现银出口办法签请核示

一、原呈扩充北宁路携带现银限制办法，无论北平、天津之东路或北路与塘沽、大沽沿海一带，以及长城各口等路线，一律均适用此项不准超过二十元之规定，逾额如无护照即予扣留充公一节。查本年五月七日本部制定，北宁路取缔辗转私运银币、银类出关办法五条，其第二条规定旅客赴天津以东各站每人每次携带银币以二十元为限，逾限如未请有财政部护照，一经查获应即由海关将逾限银数没收充公。经电总税务司转饬遵办，并分电铁道部及河北省政府，天津市政府转饬知照。五月十六日接准北平市政府删电略开：依据蒋委员长上年十二月申秘京电所载，旅客出境携带现金数目每人以五十元为限之规定，制定查禁现银出境暂行办法九条，即日公布施行。亦经本部电复照办。该市政府于电部之日同时电呈行政院，经本月四日第二一五次院议决议改为旅客携带现银由北平各站至天津以五十元为限，由北平各站至天津以东各站，及由天津或天津以东各站至天津以东各站均以二十元为限。是关于携带银币数额一节，自应遵照行政院决议办理。

二、原呈凡赴银行兑现至一千元或五百元者，均应声明用途，取具当地商会及银钱业公会证明书，方可兑现一节。查私运固应取缔，而市面亦须顾及，平津方面大宗兑现，已由本部电转密饬军警密加监视，遇有情节可疑即予盘查，并追踪调查其用途，防止兑现私运办法，似已周密，原呈关于此节，易致发生误会，牵动市面，似未便照办。

三、原呈凡经查出工人出口携带现洋在二十元以下者，可将现洋扣留，照数换给纸币放行，或在开船以前检查，如经查出携带者可饬其自行兑换呈验，以示体恤一节，查本年五月十一日据胶海关电称：“由青市赴大连之劳工贫民携带川资现银在五十元以内，拟不深究，令其易换金票放行”，经本部电复“该关对于出洋劳工贫民自行呈验之现币，可饬其向中国、交通两行购买汇票”，原呈关于此节，似可援照胶海关成案办理，其数额以二十元为限。谨呈

部长、次长

秘书处签呈(印)

六月八日

训令　钱字第16403号

令总税务司

案据津海关监督韩麟生呈称：“近据报告，海关对于出口工人携带现洋数元者，一律照章没收。照原呈第三款照抄至，而免发生意外。”等情。查所陈出口工人携带现洋数元，被海关没收，自系遵照部令办理。惟该工人等携带现洋为数既属有限，自无偷运出口牟利情形，概予没收，必致进退两难，情殊可悯。应准仿照本部核定胶海关呈准办法，凡出洋劳工携带现洋，如系零星小数，经关员查询，自行呈出者，免予扣留，准其向中国、交通两行购买汇票放行成案办理，以示体恤。但由天津出口工人，以携带二十元以内，经关员查询自行呈出者，方准饬其购买中、交两行汇票放行，超过二十元以上，仍应照章没收，以杜私运牟利。

除指令外，合行令仰遵照，转饬津海关税务司遵照办理。此令

密咨函钱字第一六六二〇、一一八九五号

极密。查近来北平、天津方面，时有奸商执持大宗钞票，分赴各发行银行兑换银币，希图辗转偷运出口，前经各发行银行密商当地公安局，密派干警驻行监视，如有兑换大宗银币之人，情节可疑，即予盘查，并追踪调查其用途，以杜私运在案。惟偷运可牟利，监督自应加严，兹特规定凡在各发行银行兑换银币在一千元以上者，应饬其声明用途，并取具当地商会，或银钱业公会证明书，连带负责，再予照兑银币，藉以严防偷运，稳定金融。但勿须正式宣布，以免藉端造谣，牵扰市面。除分别咨函外，相应咨函请查照，即希密饬现驻各发行银行监视军警一体，遵照为荷。此

咨致

河北省政府

天津北平市政府

查核津海关韩监督所陈防止现银出口办法胪陈意见签请核示

查核津海关韩监督所陈防止现银出口办法计分三点。

一、扩充北宁路携带银币限制办法，无论北平、天津之东路，或北路与塘沽、大沽沿海一带，以及长城各口等路线，一律均适用此项不准超过二十元规定，逾额如无护照，即予扣留充公一节。

查北平袁市长五月删日来电，规定由北平出境旅客每人携带银币以五十元为限，业经本部电复准予照办，此时如改为携带二十元，于最近核准北平市携带五十元案，又加变更，似非所宜。

原请一节，除北宁路旅客赴天津以东各站，仍以每人携带二十元为限外，似可改为一律以五十元为限，分行河北省府，天津市府，北平市府，一律照办。

二、凡赴银行兑现至一千元或五百元者，均应声明用途，取具当地商会及银钱业公会证明书，连带负责方可兑现一节。

查平津方面大宗兑现，业已由部电转密饬军警密加监视，如有情节可疑，即予盘查并追踪调查其用途，以杜私运，此种办法，近来已颇收效果。如为格外慎重，似可密咨河北省政府，天津市政府密饬现驻各发行银行监视之军警，对于兑现在一千元以上者，饬其声明用途，并取具当地商会或银钱业公会证明书连带负责，再予照兑，但不必明白宣布，以免发生纷扰，牵动市面。

三、凡经查出工人出口携带现洋在二十元以下者，可将现洋扣留，照数换给纸币放行，或在开船以前检查，如经查出携带者，可饬其自行兑换呈验，以示体恤，而免发生意外一节。

所陈海关没收工人现洋数元，几生暴动，其情亦复堪悯，自系实情。似可仿照胶海关所陈，凡出洋劳工携带现洋，如系零星小数，经关员查询自行呈出者免予扣留，准其向中国、交通两行购买汇票放行成案办理，即令行总税务司转饬津海关税务司遵照。以上所签，是否可行，谨候鉴核示遵。

司长徐堪(印)

六月四日

〔国民政府财政部档案〕

34.铁道部奉准取缔现银出口办法三项呈

（1935年6月14日）

案奉二十四年六月六日第三一八六号钧令开：案查前据该部呈，据北宁路局呈称，取缔私运现银出口，似应加以区别，如为本国人私运，则人银移送海关，倘属日韩或其他有约国人违背禁令，则按我国外交惯例，将人银一并送交各该国领事法办，俾执行取缔，有所标准，转请核示等情到院。经交外交财政铁道三部会同审查。兹据报告称：此案拟议处理办法三项如下：（一）本国人及不享受领事裁判权之外国人，如私运银币银类出口，一经查获，人银一并移交海关处理。（二）日韩人或其他享受领事裁判权之外国人，私运银币银类出口，一经查获，按照条约，将人送交各该国领事办法，至检获之银币银类，照章移交海关处理。（三）嗣后北宁铁路，应由海关派干员在各站切实检查。路警并应尽力协助，惟无论如何，不得容许日警协助检查。以上所拟处理办法三项，拟请提出行政院会议通过后，由院密令铁道财政两部分别转饬遵照办理，并密令外交部驻平政整会、河北省政府、北平市政府知照等语。经提出本院第二一五次会议议决照审查意见通过。除分令外，合行令仰该部转饬遵照办理。等因。奉此。除令北宁路局暨路警管理局遵照办理外，理合备文呈复，仰祈察核。谨呈行政院

铁道部部长　顾孟余

政务次长　曾仲鸣代行（印）

中华民国二十四年六月十四日

〔国民政府铁道部档案〕

35．外交部抄送现银由安东密输入新义州情形函

（1935年6月18日）

外交部公函　亚字第五九三四号

案查关于偷运现银出口一事，前据驻鲜各领馆呈报，迭经函达在案。兹又据驻新义州金领事来呈报告，由安东密输入新义州现银情形。相应抄录一份，随函送请查照，以供参考。此致

财政部

中华民国二十四年六月十八日

附件

抄驻新义州领事馆呈

廿四年六月五日

案查我国现银，经由东北流出于朝鲜、日本者，为数甚巨，经于四月十五日、十九日、五月十一日，先后文电呈报钧部鉴核，并请转咨财政部在案。

兹查本月四日鸭江日报载有新闻一则，题为依然白银时代！新义州车站五月发送数目在二千万元以上，多运往东京、京城等处。略称，上月二十二日，美国因中国及墨西哥之舆论愤激，以财政部令禁止现银之输入。因此预料新义州之现银密输，行将绝迹！谁知美国财政部之禁令，等于废纸！密输者依然总动员以售其战术，而谋密渡鸭江。即以五月份新义州车站货物托运所收受之数量观之，共计七千一百零六箱，折合金额，已达二千一百三十一万八千元之可惊数字。(每箱值日金三千元)其运往地方：

京城：三六五二箱　　大阪　八八二箱

东京　二一五一箱　　上野　三九七箱

釜山　二四箱

以京城、东京、大阪为最多。因此货物托运所仅输送现银所得运费，亦达六万八千八百四十元之多，可谓巨矣！试观此项数字，依然白银时代！传闻活动于第一线之密输运搬夫，因税关取缔严重，已转往山海关，其实仍不能不认为尚有多数潜在当地也。现在银之仲买人，在安东者，华人四十名，日本人四名。在新义州者，华人四名，日本人三名，朝鲜人一百七十名。共计二百二十一名。此类商人，均已向当局正式请求许可者，白银时代，果至何时为止，有人云四月份已达绝顶，如君所述，五月份依然一般旺盛，并无不景气之模样。例如本月一日，仅朝鲜商业银行新义州支店一家，取出五十万元之巨金，白银时代，可认为继续存在也。等情。查现银与日金之兑换率，四月份，平均一与一八比，五月份，平均一与一七比，银价虽稍见下落，而密输者仍未见减少。闻密输现银百元，尚可得七八元利益。无论税关检查如何严密，其密输方法愈出愈奇，竟有效前清银库库丁之夹带者，男女俱有，可谓利欲熏心，廉耻道丧矣。所有上月份由安东密输新义州现银情形，理合备文呈报，敬乞鉴核！谨呈

部长次长

［国民政府财政部档案］

36.北平市政府与行政院财政部关于严禁白银外流事来往文件

（1935年5—6月）

（1）北平市长袁良密电 （5月15日）

南京。财政部孔部长赐鉴：枢密。本市近因奸商及韩侨兑换现洋，偷运出境牟利情事日益增多，经召集各银行及市商会讨论防止办法，决定依据蒋委员长上年十二月申秘京电所载：旅客出境携带现金数目每人以五十元为限之规定，制定查禁私运现银出境暂行办法九条，即日公布施行，一面良并亲往日使馆晤若杉参事官，请其协助查禁。据云，本市日侨归驻津日领管辖，前为此事，已电商由驻津总领川越发布谕告，禁止日侨有此行为，今后如仍有违犯者，当再为进一步之取缔。良并请其即日严厉施行，昨晚日使馆即派馆员分往车站，对于韩人之偷运现金者，均实行搜检，结果五十余人被拦阻登车。本日在中行兑现韩人，已较敛迹，敬特报闻。袁良叩。删。印。

（2）孔祥熙密电 （5月21日）

北平市政府袁市长勋鉴：枢密。删电敬悉。蒋委员长上年十二月申秘京电所谓旅客出境携带现金数目每人以五十元为限一

节，系据本部电请，指出洋旅客而言。嗣以旅客利用此项规定，携带多数银元出口，经于本年一月十日通令各海关监督重为规定，出洋旅客概不准携带国币在案。北平现既发生浪人私运现洋，企图辗转偷运出口情事，贵市所拟限制旅客出境携带现洋办法，并在北平车站施行检查，系属应付特殊环境，并已初见效果，自可暂为照办。仍希将所定办法九条，送部查核为荷。弟孔〇〇。马。钱印。

（3）北平市政府密咨　（5月23日）

北平市政府密咨　字第615号

查本府前准贵部钱字第一五一六二号密咨，以日本浪人与汉奸勾结，偷运白银，由长城出口谋利，嘱饬属严密查缉等因。当经令饬公安、社会两局严密查缉。嗣以本市银行兑出现洋日多，据查确系奸商兑现偷运出境牟利，复经密〔饬〕公安、社会、财政三局严予跟查惩治，并设法妥密防止。一面召集各银行及市商会切实研究后，即制定《查禁私运现银出境暂行办法》九条，饬属遵照施行，布告市民周知，并分函驻平各国使馆转知各该国居平侨民一体遵守，暨分别咨函铁道部、河北省政府及宪兵司令部、卫戍司令部、北宁、平汉、平绥各路局饬属一体严密查禁各在案。现在本市运现出境之风，业已息止，各银行持票兑现者，亦已恢复常态。除已将办理情形于本月删日电达外，相应抄同原查禁办法，咨请贵部查照为荷。此咨

财政部

附北平市《查禁私运现银出境暂行办法》一份

袁　良

中华民国二十四年五月二十三日

北平市查禁私运现银出境暂行办法

一、旅客出境携带现银以值五十元为限。

二、旅客携带现银超过上列限度，未经持有部照或本府护照者，即以私运论，一经查获，得依本办法处罚之。

三、查缉私运现银出境，除由本市公安局负责办理，并函请军事机关协助外，并准由人民随时向本府及公安局告密举发。

四、本市各军警机关查获私运现银或银类出境之案，应按照本办法规定标准，处罚提奖。

五、缉获私运出境之银币或银类，送交该公安局，除将银币或银类充公外，并照偷运数额加一倍处罚，唆使及帮助私运之人，从严惩办。

六、前条充公之银币或银类(变价后)照下列成数提奖：(甲)如由本市各军警机关单独缉获者，异常劳绩给予百分之六十，寻常劳绩给予百分之四十；(2)如本市各机关得举发人告密因而查获者，查获人员及举发人员各得百分之四十，举发人姓名应为代守秘密。

七、第五条所规定之加一倍罚金，应加给第六条甲、乙两项有关系之军、警、政及举发人各二成，余数充公。但偷运人逃逸无从处罚，或偷运人无力缴纳罚金者，不在此例。

八、公安局办理查获之私运现银或银类，除变价扣除应提奖金外，应按月报解财政局，并分报市政府查核。

九、本办法自市政府公布之日施行。

（4）袁良致孔祥熙密电　（5月24日）

南京。财政部孔部长赐鉴：枢密。本市自实施查禁运现办法后，近韩人持票往各银行兑现者不惟为数甚少，前、昨两日并有韩人多名以现洋持赴中行兑取纸币，共达二万五千元，或携现金请作存款，市面益趋稳定，谨闻。北平市长袁良叩。敬。印。

财政部复袁良密电稿　（5月31日）

北平市政府袁市长勋鉴：枢密。敬电悉，足征贵市府查禁有方，收效迅速，至为佩慰。仍希饬属随时注意，务使偷运现银情事彻底杜绝为荷。财政部。世。钱。印。

（5）行政院训令　（6月6日）

行政院训令　字第三一九一号

令财政部

案查前据北平市政府二十四年五月二十三日第六一四号密呈，为前准财政部密咨嘱严缉偷运白银，经召集各银行及市商会切实研究，制定查禁私运现银出境办法九条，施行以来，偷运之风已息，抄同办法，呈报察核一案。经交该部暨铁道、外交两部审查，据报告称：查核此项办法，自第三条以下，尚属妥适。惟第一、第二两条，拟应修改，分述如下：(一)查财政部所定之北宁铁路取缔辗转私运银币、银类出关办法（此项办法，财政部商得铁道部同意，由铁道部转行北宁路局遵照，办法附录于后）第二条内规定：旅客赴天津以东各站，每人每次携带银币以二十元为限。现查北平市查禁私运现洋出境暂行办法第一条内载，旅客出境携带现银，以值五十元为限，核与财政部所定办法，稍有抵触。兹拟将此条修改如下：旅客携带现银由北平各站至天津，以五十元为限；由北平各站至天津以东各站，及由天津或由天津以东各站至天津以东各站，均以二十元为限。(二)查财政部得发给现银出口护照，惟此项护照，其他机关似不宜发给。北平市查禁私运现银出境暂行办法第二条内"或本府护照"五字，似应删去。等语，复经提出本院第二一五次会议，决议：照审查意见通过。除令行北平市政府遵照修正通告周知，并分行铁道、外交两部暨河北省政府知照外，合行令仰该部知照。此令。

院长　汪兆铭

中华民国廿四年六月六日

〔国民政府财政部档案〕

37.宋美龄询问银价跌落原因与孔祥熙来往电

（1935年7月）

（1）宋美龄致孔祥熙电 （7月4日）

特急。南京。

孔部长勋鉴：浚密。介兄闻银价已跌，是否确实，是何原因，盼即电复。妹美。支酉。蒸晨收到，沪寓转。

（2）孔祥熙致宋美龄电稿 （1935年7月11日）

成都。蒋夫人惠鉴：浚密。支酉电顷始奉悉。月来银价确曾逐渐跌落，系因谣传美国将停止购银，投机家乘机脱手或抛空，及印度以巨量白银出卖，美国压价承受所致。但日内市价已略趋平定矣。特复。并祈转达介兄为幸。祥〇叩。真秘京。印。

〔国民政府档案〕

38.财政部为公布银制品用银管理规则致中央银行等电

（1935年11月15日）

中央银行、中国银行、交通银行、市商会、市银行公会、市钱业公会、海关总税务司、江海关监督、中央造币厂、苏浙皖区统税局、江苏烟酒印花税局、松江运副、交易所监理员、全国商会联合会、盐务稽核总所钧鉴：查本部为划一调换法币办法便利施行起见，业经规定兑换法币办法八条，公布施行，并经电请查照（电饬遵照），并通行遵照在案。兹查该办法第一条第一款规定工业、艺术或其他必须用为原料之银类，依照银制品用银管理规则经政府许可者，等语。此项银制品用银管理规则，并经由部制定，计十二条。

第一条　凡银制品用银，依照本规则管理之。

第二条　自本规则公布之日起，凡制造银器、银饰，应以化学银为原料，其必须掺用纯银者，所含纯银量不得超过百分之三十。

第三条　在本规则公布之日前制成之银器、银饰，暂准照旧出售，至售罄为止。其未制造成品之银料，不得私行出售。

第四条　自本规则公布之日起一个月内，银制品制造者，应将制成之银器、银饰名称、件数及其所含纯银量，并现存银料数目，报由当地该业同业公会或商会，转报当地或就近中央银行或其代理行号查核，转报财政部。其未设有中央银行地方，报由中国或交通银行，或其代理行号查核转报。

第五条　银制品制造者需用银料，应向中央、中国、交通银行或指定之代理行号购买。但应由当地该业同业公会出具不作别用之保结，同负连带责任。

第六条　银制品制造者购买银料，其最高限度以本规则公布前三年该制造者出售银器、银饰平均数量百分之三十为准。其未及三年者，以前一年出售数量百分之三十为准。

第七条　银制品制造者应将每六月售出银器、银饰所含纯银总量报明当地该业同业公会，或商会转报发售银料之中央、中国或交通银行或代理行处查核，转报财政部。

第八条　银制品制造者停业时，应将所存银器、银饰、银料按所含纯银量，向中央或中国、交通银行兑换法币。

第九条　银制品制造者违背本规则之规定，应勒令停业，其有偷漏或有意图偷漏情事，依照妨害国币惩治暂行条例第二条、第五条论罪。

第十条　本规则第二条至第六条所列事项，应由发售银料之银行随时派员稽查。如查有第九条所列情事时，应报由当地行政或司法官署办理。

第十一条　凡属艺术、药品及其他工业之用银，准用本规则之规定。但呈经财政部特准者，得不受第二条及第六条百分之三十之限制。

第十二条　本规则自公布之日施行。

除公布并呈行政院暨分电外，合电仰遵照，转饬所属一体遵照。财政部。删。财印。

39.席德懋关于维持标金行市情形致孔祥熙密电

（1935年11月18日）

（1）

急。孔部长钧鉴：懋密。顷上英文行市电计达钧览。职为稳定金市起见，遵照上次陈蒓面准办法，今晨已陆续售出一月份标金一千四百条，若同日向伦敦购进纯金金条运沪抵解，照本行挂牌行市计算，除水脚外，每条约可赚三、四元之谱。公债开盘约小半元左右。奉陈副总裁电话，嘱尽量维持，已遵办。拆息仍一角三分未动，谨陈。职懋叩。巧。

（2）

急。孔部长钧鉴：懋密。顷上一电，计邀钧察。正午标金收盘，又高至一一六零元七角，其不小原因，盖有投机者购进。如非职局再继续售出标金或向伦敦实行购运小数纯金，一时恐难压平。应如何办理，并候电示祗遵。职懋叩。巧正午十二时。

〔孔祥熙批〕可设法维持。

〔国民政府财政部档案〕

40.重庆大学学生因汉奸收买现洋条陈意见致关吉玉函

（1936年2月8日）

敬肃者：顷查重庆市区内及附近各乡镇，有大批汉奸，受人利用，纷以高价收买现洋，每元贴水竟达一角，意图破坏我国家新货币政策，罪大恶极，丧心病狂，莫此为甚。生等耳闻目见，怒焉如捣，若不迅施有效办法，影响金融，动摇国本，为害匪浅。心所谓危实难缄默，用敢聊供刍尧，列为三端，述之如左。

一、重申禁令通饬周知。

二、就近严密派人查拿，并惩儆奸顽，以昭炯戒。

三、注意外国轮船或外籍商人包庇私运，严饬关卡，彻底检查出入客人及一切货物。

所有以上三端，特就管见所及简切言之，办法多未周至，是否有当，理合函陈钧座衡核实行。社会国家胥深利赖，临书仓迫，不胜翘企待命之至。谨呈

四川财政部特派员关钧鉴

学生等同具　二月八日

〔国民政府财政部驻港办事处档案〕

41.银问题与中美白银协定之缔订①

（1936年）

我国银行界领袖陈光甫、实业部国际贸易局长郭秉文等，赴美考察，与美国财政部长莫根韬(Henry Morgenthan)谈判，业已多日。直至最近，始成立中美白银协定。兹将已往谈判经过，协定内容之大概，以及其对于中国新币制之影响，略加论述。

一、中美谈判之经过

中国银行界领袖及经济专家上海商业储蓄银行总经理兼中国银行董事陈光甫、实业部国际贸易局长郭秉文，上海中孚银行襄理顾翊群等一行去美考察，于四月七日与美财长莫根韬开始会谈，以谋中美两国财政政策，获得深切谅解。美财长七日发表，彼邀请陈氏来美，系欲征求对于一般币制政策之意见。故谈话之时间或将甚久。中国使馆方面之发言人谓：中国以后是否再以白银售

① 本文无作者、无日期、据文意判断，系1936年所形成。沿用原标题。

与美国，当以美国是否继续专事购买新出矿之生银为定。陈氏则谓：彼之来此，系欲讨论全世界一般财政问题，而非向美借款。中国之管理通货制度，成绩美满，故并无改变之意。据可靠方面消息，美财长曾以中国之通货计划及其运用方法面询陈氏，七日之会议，全部时间几尽为讨论此项问题。

四月十五日，中美双方皆郑重声明，财长莫根韬与中国银行界考察团陈光甫等之谈话，目前仅限于大体问题，有关系之公众方面，不应过分希望有何结果。按此项声明，系因远东各地及各处银市时起谣言而发。此项谣言，谓中美两国已议定银价，及开发中国经济之详细计划，考察团且已请求纽约银行界及美国财部对华放款。美国某方面则谓：此次谈话之结果，中国希望在实际上获得援助，至多不过美国允购中国之巨额现银而已。惟迄今尚无具体决议。美联社并悉，考察团中之顾翊群，曾在大体上讨论扩大中国对美输出之方法，如茶丝油等物品，惟尚无结果。

中美双方进行会谈之时，谈话内容并未宣布，故外间颇多推测，谣诞既多，金融市场，大为骚动，伦敦纽约之银价，大有升涨。四月十八日，经济金融通讯社驻纽约访员宣称：

中国上海商业储蓄银行总经理陈光甫，与美国当局进行谈话之后，中美英三国，业已成立一种三方协定，规定由英美两国会同援助中国，维护中国币制，并襄助中国解决复杂的货币问题。至其办法，据消息灵通人士宣称，系由美国继续向中国购买白银，其价当较之国际市场为高，俾中国获得美元与金货，用以调整对外汇兑。但中国不得将其白银售予其他买主，藉以防止银市之涨落。此在英国，则拟以款项贷予中国，俾中国银行得以增加外币准备，即使在商业上或在金融上，遇有需要，必须出售银元，亦得凭藉英镑之挹注，不致涨落不定。

四月十九日，美联社记者自负责方面得悉，白银问题为财长莫根韬与中国银行团团长陈光甫一行谈话之主要资料，但成立白银协定由英美两国共同援助中国之问题，则迄未提出，关于此事，纽约方面传出之消息毫无根据。英美两国对于中国财政的与政治的完整，虽已久有表示，但尚未考虑对华之共同行动，谈话亦未涉及成立三国白银协定，此间以为美国如续购中国之白银，则此举将与购银法之条件完全吻合，又政府所付之银价，不致超过世界市场之市价，俾可避免本年度选举时国内舆论之指摘。此间专家不信中国将出售大量白银，盖中国必须保留大量白银以为通货之准备故也。

美国官方对于中英美三国将缔结协定，稳定银价，及支持中国通货之说：不愿批评，亦不作明确表示。

四月二十日，美国财长莫根韬宣布，与中国银行考察团陈光甫等之谈话，或将再有二星期之久。但否认此系目前之谈话发生阻碍之表示。并称：谈话之范围已较预料者为广，故拟从容进行，至于纽约市场银价上升一事，财长声称，财部所有之银价并未变更，故上升原因必为商界方面相信银价已较前为高，至于外间所传银价上升，系因华币将与美元联络，莫氏不愿讨论。专家亦大致以为此系投机家活动之结果。且印度与中国方面之市场，亦较为活跃。据美京所得报告。谓印度最近曾停止购银，现在忽重行输入，其原因或系进口货增加之故。盖本年春季中，印度进口货之数量，竟较去年同一时期超出七倍，与一九三〇年最高记录相较，亦几及其半数。同时据悉，伦敦现有少数白银运华，熟悉情形之观察者以为此事颇属奇怪。惟若干方面亦以为或系个人商界希望可以售诸中国政府，中国政府则再以之售美以博赢利。其他观察者相信，此项现银系运华之后转运美国。中美谈话之进行，仍严守秘密。唯一般观察家益觉美国有允购华银之可能，以减除中国方面所称中国所受美国购银政策之痛苦。至于价格问题，美国之价格或不能过分高于世界价格，因财部亦须预防国内在政治上之攻击。

四月二十二日，中国银行团团员宣称：财长莫根韬与该团谈话时，并未提及中国向美借债之问题。此项谈话进行甚为圆稳，惟尚未至发表内容之时期。讨论之材料以统计为最多。中国国际贸易局长郭秉文于讨论其在此之工作时声称：彼研究之报告与材料甚多，但至今尚无结论。郭氏否认彼正接洽购买美国铁路材料之说，谓如有此事，应由中国铁道部办理。

此次中美双方举行谈话，自其开始之初，直至谈话终了，均属保持秘密性质，其谈话内容，皆不向外发表。故谈话进行之详情，一般人具不深悉，只能从各通讯社所传之消息，或双方负责代表偶然宣布之声明中，窥见一二。兹将此种消息，依其时间之先后，述之于下：

四月廿七日，美国财长莫根韬声称：彼与中国银行团代表陈光甫等之谈话，进行甚为圆满。至于谈话内容，则不愿披露。

四月廿八日国民社消息，谓：中国驻美大使施肇基今晚设宴款待中国银行团代表陈光甫一行，足见财长莫根韬与该团谈话结束之期，为期已不在远。奉邀作陪者有参院银派议员，各部会长官，及财界要人等多名。参议员毕德门、参议员金氏、参议员韦勒、参议员汤默斯，进出口银行总理比尔逊，复兴金融公司经理琼斯等亦均预会。现闻陈氏拟往纽约参加中国银行支行之开幕礼，成行之期当在谈话结束之后。中美两方对于谈判经过情形，不欲有何表示。惟闻铁路情形及进出口银行均在讨论之列，但尚未采取具体步骤耳。消息灵通之观察者咸信，美国如续购中国之白银，则中国所购之美货必有实质之增加。

美国参议员金氏于四月二十九日宣称：彼与中国银行团代表陈光甫谈话结果，藉悉白银问题为该团与财长莫根韬谈话之主要问题。据彼所知，中国似欲恢复银本位，故陈光甫与莫根韬谈话所得任何结果，即在稳定两国通货政策。参院银派领袖毕德门亦于廿八日在中国大使馆会晤陈氏，但谓并未谈及任何金融问题，故对于谈判经过，无从表示意见。惟据彼确知，陈莫二氏之谈话，尚未有何成议，须提出参院讨论。

参院银派领袖汤默斯，五月五日向美联社称：彼以为中美两国，鉴于法郎即将贬值，现方进行华元与美金联络之交涉。汤氏谓目前华元与英镑较为接近，故法郎苟一贬值，即足摇动英镑，华元将大受影响。按汤氏之作此表示，系彼与财长莫根韬及中国银行考察团主席陈光甫商酌以后之结果。汤氏谓彼不能正式发言，惟陈莫二氏之谈话，为通货方面之合作，已有强硬之证据。中国亟欲银价稳定，故愿以华元与美金联络，以便取得美国之保证，维持世界银价之稳定。

美国财长莫根韬于五月六日向报界代表声称：彼与中国银行考考察团主席陈光甫之谈话，已大有进步，惟不愿加以解释。记者复问，英日两国政府对于此间之谈话，是否有关？莫氏答称：彼等所讨论者，纯粹为中美两国之问题。

美京经济专家咸信财长莫根韬与中国银行考察团主席陈光甫，拟以华元与美金联络，以为美国保证银价稳定之交换条件。七日有熟悉远东财政状况之独立观察者二人表示意见，大致与参议员汤默斯五日之谈话相同。谓陈莫二氏之谈话，最重要者，为华元与美金合作问题。惟二人皆以为最后之结果，中国或将以存银售诸美国。财部官员对于此说不愿批评。陈光甫氏则向美联社称：目前之讨论向属一般问题，故犹未至批评之时期。

七日，美财政部长莫根韬答关于与游美中国财政专家陈光甫与郭秉文谈话事之问话，谓进行现正加速，但会议尚未结束。众信其所谈之事，为美国可辅助中国管理其货币之程度，莫根韬不愿讨论外汇情形，仅谓市况依然惶恐不宁而已。莫氏切实否认财部将利用因购银程序而得之利润，以充退伍兵恩给金一说。或询以财部将否允许由纽约运金赴英，庶法国实行金禁令时可助英镑价值之安定。莫氏答称，此项问题未便置答。

美京货币专家八日宣称：中美两国成立白银及汇兑协定，则中国金融受惠必多，并有助于中国之对外贸易。据官方最近所公布之统计，今年最初四个月间，中国输入共计二〇三，〇〇〇，〇〇〇元，输出则为一六五，〇〇〇，〇〇〇元，入超达三八，〇〇〇，〇〇〇元，两相比较，出入虽属有限，但中国对外贸易自去年最后四个月略见出超，此后则恒为入超，故前途殊难乐观。再者最近华北走私之风大炽，中国税收因之又受一大打击，半官方面估计，上海以北各地目前所有之漏税货物，几占全额百分之二十至二十五。

据八日发表之官场数字，美财部除四月三十日所有存银外，尚需白银七三〇，〇〇〇，〇〇〇盎斯，以便完成其购银程序之需要，财部四月三十日所存者，共一，九一〇，〇〇〇，〇〇〇盎斯，价值二，四六五，〇〇〇，〇〇〇元，计四月份增加之数，不足二八，〇〇〇，〇〇〇盎斯。惟舍此而外，财部在平准金中及输运中或国外储备中尚有若干白银。故观察家以为美国因新近谈判之结果，大批收买中国白银，当可使购银程序及早完成。

美财长莫根韬于十一日表示，不久即可与中国银行团代表陈光甫一行缔结重要之协定，但对于协定之性质则拒绝表示意见。

又据十一日路透电讯：中国游美财政专家与美财部人员间之货币谈话，闻现完成，或已达最后阶段。众信已成立关于货币事件之办事协定，但财长莫根韬已有内容将守秘密之表示，中国方面之代表为陈光甫郭秉文等，其所谈者，为美国如何能襄助中国管理其货币之程度。

据十二日路透社消息，中美货币协定已经完成：据负责方面消息，中美货币协定之内容，明日或可宣布。但究竟发表与否，尚须视中政府之态度而定。中代表今日偕驻美施大使往见美财长莫根韬，大约对于讨论业经多时之货币协定词句，加以最后之整理，同时中代表今日午后被邀往白宫与罗总统相见，众视此为谈判业已切实完成之表示。

中国银行团代表郭秉文十三日告美联社记者称：中美两国货币协定现已成立；此项协定纯属货币性质，此间谈判结束之后，中美两国财部或将发表一种声明。中国代表团并与美国商部农部及总商会举行补充谈话，亦颇有进步。罗斯福总统对于中国时局既有深切之了解，且颇感兴趣，中国代表团今日并将与联邦储备局人员交换意见。

二、中美币制协定之内容

美国财长莫根韬与我国财政部代表陈光甫等成立中美币制协定，其内容为外界久经亟待，五月十八日已由莫根韬财长发表，谓：中美两国已成立协定，美国即将开始购买大批华银。购买之宗旨，在于协助中国政府之新币制政策，并履行一九三四年美国国会所通过之购银法。该项协定足以协助国际通货稳定之成功，以后并准备与他国采取稳定通货之同样行动。但各国分别谈话，实较国际会议之方法为妥善。

莫氏旋发表购买华银之款项，谓准备以现金或美元交付，至于购买之数量，则守秘密，惟将立刻进行。至价格则将以世界市场每月之平均价格为标准。

莫财长继谓，国务院对于中美两国协定，深表赞同。且参院外交委员会兼白银委员会主席毕德门，及参院共和党领袖麦克那尼，亦深悉谈话之经过。莫氏谓彼预料该项协定能促进中美两国之贸易。惟同时施大使则谓：目前尚无使用白银所得之款项，以之购买美货之计划。

至于外间所传。中国出售之现银，至少有一部分将封存于上海公共租界，以免发生现银流出之现象，财长及中国代表方面皆无表示。财长惟称：依照普通习惯，所购现银径运至华盛顿。

当十八日宣布此事之时，中国代表亦参加记者谈话。施大使并宣读中国财政部长孔祥熙之声明，陈光甫则答复记者之询问，谓目前中国发行纸币，计共七万九千万元，而现银准备达四万万元，将来开铸新币，所用白银成分，将使于银价剧变之时，不致有融化运出之虞。

美财长复谓：去年所购华银计有两次：一次为一千九百万盎斯，一次为五千万盎斯。

十九日，美国罗斯福总统宣称，中美两国新白银协定，系两国谈话最佳之成就。并谓此项协定不仅能协助中国稳定通货，并能发展美国贸易。现信中国财政部代表陈光甫诸人对于此项协定非常满意，并希望此项谅解能有助于中国内政。

同日(十九)，参议员毕德门宣称：美国购买中国白银，实系国际汇兑解体及金本位放弃后对于稳定通货之一大进步。毕氏告美联社记者谓：中美协定足资为南美各国取法，美国前在伦敦经济会议时，即建议各国中央银行至少应有百分之二十之银准备，此项协定亦即一国协助他国稳定通货之举。自此以后，美国之购银法已助中国解决困难。至中国财政部所行新币制政策，系以巩固中国通货为目标，中国货币之价值，则以准备之多寡为依归，而与银价无关，是故银价之涨落，不致影响物价，中美协定不能引起通货膨涨或紧缩。

三、英美舆论之批评

中美两国既已成立妥协，纽约泰晤士报于十九日发表一文，就此问题有所论列。略谓：中美两国货币上关系，不无矛盾之处，此于两国最近成立之妥协可以觇之。盖就美国言之，吾人不必以白银为货币准备，故购买白银实无其需要。然而卒至于非购不可者，无非因国会通过法律，规定购买白银，务必达到金准备额三分之一之比率。至于中国则对于白银，向系购入为多，而出售为少。但自一九三四年起，因美国大批购买白银之故，中国原料价格大形跌落，驯致不得不放弃银本位，故此际乃以白银出售耳。该报结论，谓财长莫根韬以为中美两国间所成立之妥协，对于世界货币稳定事宜极有裨益。但欲达到稳定目的，则唯一方法，厥当由英法美三国成立协定，对于币制问题，采取共同政策是也。

中国孔财长所宣布之币制新计划，与美财长莫根韬于华盛顿中美货币谈判结束时所发表之言论，为英京各报一致称许。众意美国之决议向中国购银，大足增高中国货币之后备实力。金融时报谓：就广义言之，中美协定似在平衡上有利于中国。今重要之点，为中国前受通货膨胀之害，几达于破裂点，故乃放弃白银为其货币本位，而得依据其新币制有厚实之恢复，其所获之进步，显应继续推进，而在世界进步链中增一新环。

四、中美币制协定对于我国新货币政策之影响

就以上中美银协定之内容观之，在中国方面言，将以现银出售，而以所得之款项，作为平衡基金，用以统制法币汇价之变动，实为推行新货币政策中之补充办法，在美国方面言，为履行美国之购银法，求增加白银准备额达金三银一之比率。而就中美两方言，则为金银之交换，以调剂两国金银之需要。

我国于去年十一月三日开始实行新货币政策以来，幸赖上下一心，故能顺利进行。然法币价值之稳定能否持久，至今尚无十分把握，故犹待继续努力，寻求确实有效之补充办法，此殆中美购银谈判中我方之动机欤？

法币价值，表面虽建设于白银之基础上，实际则须决定于外汇。外汇平价一旦不能维持，法币价值亦必随之而跌落，而欲维持外汇之平价，必须有充分之平衡基金，以为之备。且外汇基金不能用银而必须用金，盖今世各国虽多放弃金本位，然国际间仍以金为标准。今者，以我之银易美之金，即所以增加外汇之黄金基金，亦即所以稳定国内通货，购银协定之效用在此，购银协定之意义亦在此。

中美币制协定既已成立，财政部长孔祥熙乃于五月十六日发表安定金融宣言，曰：自上年十一月三日公布法币政策，经政府积极施行。半年以来，国外汇兑，已形稳定，国家经济及人民生活，亦臻顺适。兹根据过去经验，并审讨国内外金融现况，规定施行事项于次，以谋金融之安全，而增法币之保障。(一)政府为充分维持法币信用起见，其现金准备最低限度，应占发行总额百分之廿五。(二)政府为便利商民起见，即铸造半元一元银币，以完成硬币之种类。(三)政府为增进法币地位之巩固起见，其现金准备，业已筹得巨款，将金及外汇充分增加。

依据上项规定，我国币制，自仍保持其独立地位，而不受任何国家币制变动之牵制。法币地位既臻稳固，国民经济，当趋繁荣，此堪深信者也。

对此宣言，加以研究，则中美币制协定对于我国新币制政策之影响，可以了然矣。

〔国民政府资源委员会档案〕

42.我国民间存银之估计①

我国民间存银之估计

杨尔垦

Ⅰ. 1930年全国之存银额－(1930—1947）全国现银输出入之差额－走私额－工业用银额＝全国民间现存银额。

2,700,000,000－693,576,836－301,378,000－540,000,000＝1,165,045,164盎司。

解说，1930年之存银额系Kann氏之估计(参见附表Ⅶ)，

1930—1947年全国现银输出入之差额系由海关报告编制而成(参见附表Ⅳ)，

① 原件无日期。

附表Ⅰ

1930—1947 各年白银进出口数值

（1937年以后略）

	进口		出口	
	银条	银币	银条	银币
1930	HK.102,559,947		HK.35,554,029	
1931	HK.75,887,687		HK.30,442,671	
1932	HK.53,414,489	HK.8,840,779	HK.6,737,665	HK.62,863,187
1933	st.$ 59,358,917	st.$ 21,073,557.	st.$ 7,948,598	st.$ 86,906,316
1934	st.$ 3,395,728	st.$ 7,434,652	st.$ 11,338,201	st.$ 256.220,330
1935		st.$ 10,996,768	st.$ 33,178,579	st.$ 37,215,818
1936	st.$ 2,579	st.$ 4,710,903	st.$ 21.404,000	st.$ 232,932,763

说明：本表集自各年之海关报告册。

走私额系采用支那国际收支论丛一书(参见附表Ⅵ)，

据权威之估计中国之工业及手饰用银约占全部存银1/5。

Ⅱ. 1935年之银币流通数—1935年后银币之流出数－政府收回数－工业用银币数(即银币消灭数)＝民间所存之银币总数：

1,815,845,000枚－758,037,932枚－424,839,000枚－181,584,500枚＝551,373,568枚。

解说：1935年之银币流通数(参见附表Ⅱ)，

1935年后银币之流出数(参见附表Ⅷ)；

政府收回银币数(参见附表Ⅸ)；

银币销毁数假定为银币流通额十分之一。

(Ⅱ). 截至1935年底我国银元之流通额

(单位：元)

1.截至1932年底银元之流通额	$ 1,707,225,000
内银块改铸者(1931年前)	$ 735,443,000
内银块改铸者(1931年后)	$ 32,720,000
由元宝改铸者(1930年前)	$ 400,000,000
由元宝改铸者(1930年后)	$ 59,000,000
由外国银货及直接输入银改铸者	$ 200,000,000
外国银元之流通额	$ 80,000,000
2.1933年中之铸造额	$ 27,670,000
3.1934年中之铸造额	$ 70,950,000
4.1935年上半年中之铸造额	$ 10,000,000
总计	$ 1,815,845,000

说明：本表系由滨田峰太郎所著《中国最近金融史》第108及116页中之表合编计算而成。

（Ⅲ）（Ⅳ）　1930—1947年现银输出入差额表

（1937年以后略）

年　度	差额（国币）	差额（盎斯）
1930	(－)103,859,173	(－)79,971,563
1931	(－)70,439,775	(－)54,238,627
1932	(－)7,345,584	(－)5,656,099
1933	(－)14,422,440	(－)11,105,278
1934	(－)256,728,151	(－)197,680,676
1935	(－)59,397,629	(－)45,736,174
1936	(－)249,623,231	(－)192,209,926

说明：（1）本表系依据各年海关报告册之数字编制而成；

（2）1932年以前系由海关两折合者折合率为（HK·1＝$1.55）（此项折合率系根据海关报告册）；

（3）本表中所载各输出入数字仅为正规之进出口，1934年白银走私输出特甚，故亦应予以计入，据《支那国际收支论丛》P.128所载，该年之走私出口计达$391,400,000，故全部输出入差额应将此数加入。

（Ⅴ）自1888—1935全国白银之输出入额

1.总输入	$2,291,280,000
2.总输出	891,056,000
净输入	$1,400,224,000

说明：参见1936年英文中国年鉴，P.188，

（Ⅵ）1934年之走私

$391,400,000＝301,378,000OZ。

参见《支那国际收支论丛》P.128，（OZ）数系以0.77折合而成者。

（Ⅶ）1930年全国存银总额

据Kann氏以十分肯定之语云：该年全国之存银至少为2,700,000,000OZ（参见《中行月报》1931年7月号）。

（Ⅷ）1935—1947银币进出口差额表（1937年以后略）

年度	进口	出口	差额
1935	10,996,768	37,215,818	(－)26,219,050
1936	4,710,903	232,932,763	228,221,860

（Ⅸ）1935—1936年政府以银币收回钞券数

1935年11月钞券发行额　　542,965,000

1936年12月钞券发行额　　1,167,804,000

1936年之发行额　　624,839,000

按照1930—1935年之发行数字，每年钞券发行之自然增加数约为二亿元，则因收回银币所增之发行额应为：

624,839,000－200,000,000＝$424,839,000

以上资料参见《中国新货币政策》（余捷琼著）P.220

〔中央银行档案〕

三、废两改元

1.何应钦等录送马寅初提议统一国币应先废两用元呈

（1928年3月21日）

窃查职府委员会第八十九次会议，马委员寅初提议统一国币应先实行废两用元一案，佥以事关统一币制，应请钧府主持办理。倘蒙俯赐采择，规定划一办法，通令各省遵照，庶几政府、人民交受其利。理合另纸缮列，备文呈送，伏乞鉴核批令祇遵。

谨呈

国民政府

计呈送原案一件

浙江省政府主席　何应钦（印）

委员　蔡元培

朱家骅

陈具米(印)
程振钧(印)
蒋伯诚(印)
蒋梦麟(印)
马寅初(印)
陈屺怀(印)
双　清(印)

中华民国十七年三月二十一日

提案

统一国币应先实行废两用银案

马委员提出

窃维我国货币之紊乱，至今日已达极点，内为商民所诟病，外为列邦所腾笑，追溯原因，历史甚远。盖我国历代政府，从无统一全国货币之整个计划，实无币制之可言，任令省自为政，沿用银两(俗称元宝)为主币。至前清中叶开辟五口通商口岸之后，山西汇票号应时而起，经营汇业，各省各埠均可通汇，即利此平色之不同，计算折合，于中牟利，遂造成各省各埠种种平色，名目益形杂乱，商民病之。至清末，我国自铸银元，定为国币，商民喜其利便，乐于行使，但所铸无多，供不应求，流通省分较少，银元仍居副币之地位，各埠仍多通用银两，所称平色，均以现元宝抵作硬币，然彼时各埠尚有现元宝，犹可言也。自民国建立以来，银元需要既繁，流通亦广，南京、浙江、武汉等造币厂应市面之需要，随时鼓铸，不虞缺乏。现在南北各省以及通商巨埠，城市乡镇，无不以银元为通用之唯一货币。银元流通既如是之广，现元宝数量又如此之少，实无沿用银两之必要。乃现在各省埠仍用银两为本位，如南京、镇江、安徽等处，则名曰二七宝；如汉口，则名曰洋例银；他如重庆之渝平、河南之汴平，种种名目，不一而足，用其名而无其实，所谓虚银两本位是也。无论就事实上、理论上而言，孰不愿其废除此虚银本位，而以实在硬币之银元为统一之国币。然此虚银本位之存废问题，其权属于各当地之钱业。因钱业货款于商家，均以银两为主体，银元为副币，而实际交付者银元也，届期归还者亦银元也，何必沿用银两。推其原因，不外银两与银元有兑换之折合手续，从中可以牟利耳。商民受其盘剥，无可如何，敢怒而不敢言，苦莫甚也。推其流弊所及，如浙江宁波市面，明明为银元本位，而沿用过洋，商人如取现洋，又须贴水，杭州之现水，亦复如此发生，莫非各埠尚行虚银本位，阶之为厉，更属亟应改革。窃以银行、钱业之设立，具有调剂金融之责，沿用虚银两名目，转以病商，实属背道而驰。况我国各省埠，现在所收漕赋、正杂一切税捐及大宗之关税、盐税等，无不以银元缴纳，倘能将各省虚银两本位先行一律废除，则推而至于上海之规元，亦可决定废除，将来关税亦即总缴银元，无论中外商民，必均享其便利，而政府方面，免去收进折合银两、放回再合银元之两重亏耗，又甚有益，实为利国利民之举。用特谨献刍议，应请省政府呈请国民政府负责办理，本革命之精神毅力，积极实行，以立我国币制之基础，并示中外大政之设施。是否有当，仍请公决。

〔国民政府档案〕

2.财政部转陈废两改元必先开办上海造币厂及迅筹中央银行呈

（1928年4月23日）

呈为呈复事。窃准钧府秘书处一一三七号函开：奉常务委员交下浙江省政府呈：据马委员寅初提议统一国币应先实行废两用元一案，请采纳施行呈一件。奉谕：交财政部签复等因，抄同原件，函达查照。等由。准此。经即抄同原件，令饬职部金融监理局核准设立后。兹据该局复称，查废两用元之议，自民国以来，初有外商之请求，继有银行公会联合会、全国商会联合会、上海总商会等之建议，而海内经济专家，本学理之研究，应社会之需要，著为论说，阐发极详，其为统一币制、整理财政之重要问题，殆已为社会所公认。只以北廷无改革之诚意，虽迭经讨论，迄未实行。迁延至今，币制之紊乱如故，国与民之交困如故。马委员寅初详论利弊，提案呈请毅力实行，我国民政府力图建设，对此利国利民之举，自应如马委员之请，本革命之精神毅力，积极实行，以立币制之基础，并示中外以大政之设施。惟兹事体大，恐非专恃行政手段，所能施行无碍。究应如何实施，如何准备，似有详密讨论之必要。职管见所及，窃谓改革之际，金融状况难免骤呈异观，必先有充分之准备，方无恐慌之危险。而准备之最关重要者，厥有二端，试分析陈之。一曰：上海造币厂宜迅速开工也。查上海造币厂发端于旅华外人，民国九年，英商联合会议决，请求我国政府废除银两，改用银元，于上海开设大规模之造币厂。总税务司安格联且根据此项议决，要求政府委任其办理上海造币厂事宜。汇丰等外国银行，亦愿借款，以助其成。同时，上海银行公会各会员银行以为造币之权不宜使外人越俎，且鉴于上海为吾国金融中心，而造币厂与金融、商业关系甚大，尤应与银行界互相连络，愿为借款之中坚。于是上海造币厂借款遂告成立，足见废两用元早为中外商民所希望，而实行改革，必于上海有大规模之造币厂，亦属众议佥同。现因政府无暇筹还此款，全部机器仍押于上海银行团及各商号，未能赎回开办，实为废两改元之障碍。盖隶于我国府统治之下者，已十有六省，而现在开铸银币者，仅杭州一厂，每日最多不过铸币三十六万元，供求之数，诚恐相差过巨。是宜令上海造币厂克日筹备开工，尽量鼓铸，预计每日可铸币八十万元。现币既充，推行自广；民用既习，废两自易。至开铸以后，其成色及公差概能合乎法定，则中外银行之准备金，必乐于储藏银元，而不用银块；民间之收藏者，亦必乐于收藏银元，而不用元宝。并采自由铸造之法，凡有生银者，均可托厂改铸银元，而薄收其铸费，则藏银皆化为银元，银两虚位自亦不能存在。故上海造币厂之开工，实为万不可再缓者也。二曰：中央银行宜迅速营业也。凡一国需用货币之数目，皆以人口为比例，我国生活程度虽不如英、美各国之高，而幅员辽阔，边省人民每喜窖藏硬货，平均每人约需之数，当亦不能少于日本之每人十二元，以全国人口计之，约需四十八亿元。而自开铸银币迄今，铸成之数尚不及五分之一。废两之后，易中之物，实有供不应求之虞。故中央银行应从速营业，酌发相当数目之兑换券，方足以资周转。惟兑换券之准备务求充实，始能昭信用，而利流通耳。凡此二端，均为准备中之最关重要者。至于实施之一切详细办法，容俟钧部呈奉国民政府批准此案后，职局再当拟具废两为元施行条例，呈请核定。抑有进者，上海为我国金融商业之中心，上海之金融制度一有改革，其影响立及于全国，诚有如影随形之势。而江、浙两省银元流通最为普遍，实行废两为元，拟请先于上海及江、浙两省试办。试行顺利，则其他各省必群起效尤，无待严令督促，必能一律奉自行矣。等情。据此。查废两用元，诚为统一币制、整理财政之基础，而该局所称，改革之先，宜以迅筹上海造币厂开工及中央银行营业为准备，并请于全国金融重心之上海及江、浙两省先行试办，诚属实行废两用元之先决问题，拟俟钧府核定后，由部妥拟施行办法，呈请察夺。是否有当，理合具文呈复，敬乞鉴核批示祗遵。谨呈

中华民国国民政府

国民政府财政部长　宋子文

中华民国十七年四月二十三日

〔国民政府档案〕

3.虞洽卿关于废两改元应咨商主管机关万勿草率从事电

（1932年7月25日）

（1）虞洽卿致林森等电（7月25日）

南京。国民政府林主席、行政院汪院长、财政部宋部长钧鉴：窃以吾国通货紊乱，整顿改善，诚属要图。默察沪上各界心理，对于废两改元之原则，莫不一致赞同，切盼实现。惟多主于施行之前必先有整个之计划，方可谋彻底之改革。盖改元后本位币成色之应如何厘订，旧银币之应如何处置，两元换算价格之应如何规定，全国发行权之应如何集中，与其发行制度之应如何改善，在在均须有精确之布置。若枝枝节节而为之，徒扰市面，无裨实际。尤其是上海，华洋杂处，债权债务关系綦重，事前更宜审慎，否则不但纠纷滋多，后患岂堪设想。凡事有利，必有害，今若徒知银两之烦琐，而不究银元之复杂；徒知银两之应废除，而不谋银元之应改革，即欲急进以图功，仓卒以成事，其结果殆有难言。且沪埠自一·二八事变后，疮痍满目，市面萧条，失业日众，工潮迭起，休养不遑，而于此时漫无准备，贸然下令废两改元，必使纸币与劣币充斥，债权与债务交哄，万一引起金融风潮，而使社会不得安定，危险尤属可虞。江浙为钧座桑梓之邦，上海乃全国财富所寄，矧值剿赤工作紧张之际，后方治安关系重要，苟有事变，必使剿赤大计废于一旦，而全国经济崩溃亦即随之。和德旅沪五十年，与各界关系密切，心所谓危，不敢缄默。不揣冒昧，用贡愚直，伏乞咨商主管机关，对此问题务必郑重考虑，在未有彻底办法以前，万勿草率从事，庶稍保国家元气，各业幸甚，全国幸甚。虞和德叩。有。

（2）汪精卫回电（7月27日）

上海。三北公司虞洽卿先生鉴：有电敬悉。名论荩谟，至深慰佩。废两改元，事关整理通货，诚为根本要图。唯施行之先，允宜有整个计划。日来正与主管机关熟商，务期审慎。先生以五十年之经验，为各方面之兼筹，敢拜嘉言，并谢厚意。汪兆铭。沁。印。

［国民政府行政院档案］

4.废两用元之研究①

（1932年）

甲、先决问题

（1）废除银两是否仅用政府法令即可达到目的，抑须用其他方法。如用其他方法，其法为何。

（2）银元成色、重量、大小、形色是否照现市流通之总理银币铸造，若然，则总理银币本身即有优劣之分，应以何者为标准。如按最优者铸造，则劣币如何禁止其流通。若由政府收回改铸，则优币与劣币、或新币与旧币之比率如何规定。以新币一元易旧劣币一元，抑按旧劣币之成色、重量而定其收回之价值。如一元易一元，则政府不免损失，此项损失如何筹补，总损失若干如何调查；如按旧币之成色、重量而定，其收回之价值则劣币一元将不能换得新币一元，凡有劣币者皆不免损失。反之，若照最劣者铸造，而以一元易一元，则有优币者俱将熔化旧币后，以生银请铸，所得将在新币一元以上。如按优币之成色、重量而定收回之价值，则有优币者亦可取得一元以上之新币，二者皆有使人民争藏优币、竞用劣币之弊，应如何防止。

（3）废两以后，契约上未到期之银两付款如付新币，应按何种比率计算。如以新币购银偿还，则“两”仍存在。

（4）废两以后，倘双方自愿，如出租房屋者欲得一较为稳定

① 原件系油印件，作者不明，标题系原作者所拟。时间系编者根据文意判断。

之收入，而租屋者因觅屋不易，亦愿照其所请，因此双方自愿以银两为租金之收付，法律上如何禁止。

乙、利害问题

A、利之部份

（1）废两可以简省计算。

（2）废两可以减除兑换损失，易定预算。

（3）废两可以使各地银元除去水脚、保险等费外，价值相等。

（4）废两以后，除中央银行兑换券不分区域外，其他发行银行皆将因不分区域而使发行较为便利，因银两既废，即不患洋厘盘剥也。

除以上四种利益外，尚有其他利益否。

B、害之部份

（1）废两以后，则向恃洋厘谋兑换收益之各钱庄、银号必受影响，是否至于根本动摇，牵涉各银行及商号、工厂之与往来者，同蒙不良之结果。

〔中央银行档案〕

5.财政部关于实行废两改元委托中中交三行合组机关函

（1933年2月8日）

财政部公函　字第　号

密启者：本部为准备废两起见，自本年三月一日起，所有上海市面原用之银两与市面通用之银币定为规元七钱一分五厘合银币一元为一定之换算率。凡公私款项之收付，债权债务之清算，均照此定率计算。除由政府明令公布外，第恐改定之初市面或因供求关系发生窒碍。特函请贵行会同中央、中国银行，以中央银行为主体，合组机关，详拟办法，陈部核定施行。俾此定率得以推行无阻，事关币政，贵行等当必乐于协助。除分函外，相应函请

查照办理，并希见复为荷。此致
交通银行

宋子文

中华民国廿二年二月八日

[国民政府交通银行档案]

6.财政部关于规定一切交易均用银角计算的训令

(1933年2月28日)

财政部训令　钱字第五六五三号　二十二年二月二十八日

令上海市商会

为令遵事。本部为准备废两起见，规定上海市面通用银两与银本位币一元或旧有一元银元银币之合原定重量成色者，以规元七钱一分五厘合银币一元为一定之换算率。自本年三月十日起施行，由部明令公布，并分令上海市银钱业两公会遵照在案。所有上海市各商店，无论何种营业，凡关于货物市价以及一切交易，均应自该日起，一律用银币计算，不得再用银两，以重法令而归一致。仰即转行各同业公会一体遵照为要。此令。

[国民政府财政部档案]

7.上海银元银两兑换管理委员会抄送该会组织大纲及办法函

(1933年3月8日)

照抄上海银元银两兑换管理委员会来函兑字第八号　廿二年三月八日收到

径启者：查中央、中国、交通各银行承准财政部函发核定上海银元银两兑换管理委员会组织大纲，当经分别照办。中央银行指定唐寿民、李觉、席德懋，中国银行指定贝祖诒、史久鳌，交通银行指定秦祖泽、陈濬为委员。已于三月七日开会成立，推定唐寿民、史久鳌、陈湝三人为常务委员，并以中央银行委员中被推为常务委员之唐寿民为主席，委员自三月十日起按照财政规定兑换率及组织大纲各办法实行兑换，用特专函奉达，并附上本会组织大纲及办事细则各二份，统祈查照备案为荷。此致

交通银行

附组织大纲、办事细则各两份

上海银元银两兑换管理委员会主任委员　唐寿民

上海银元银两兑换管理委员会组织大纲　民国二十二年三月三日财政部核定

第一条　本会承财政部之委托，由中央、中国、交通三银行共同组织之，定名为上海银元银两兑换管理委员会，管理上海市面原有之银两与通用之银元兑换事宜。

第二条　本会设委员七人，由三银行分别指定，其人数规定如左。

中央银行　三人

中国银行　二人

交通银行　二人

前项委员姓名于指定后，应函报财政部备案，有变更时亦同。

第三条　本会设主席委员一人，就中央银行代表中推定之。

第四条　本会设常务委员两人，就中国、交通两银行代表中推一人任之。

第五条　本会设秘书一人、办事员若干人，均向三银行借调，秉承主席及常务委员办理本会事务。

第六条　财政部规定规元七钱一分五厘为上海市面原有之银两与通用之银元换算之定率，如有以银两兑换银元者，可随时以银两向三银行兑换银元，如有银两之需要者，亦得以银元请求本

会核准后，向三银行兑换银两。

第七条 三银行兑换之成分，按照左列之比例计算。

中央银行 百分之五十

中国银行 百分之三十五

交通银行 百分之十五

第八条 三银行应按日各将兑换数目制表，报告本会。

第九条 本会按照前表，除银元银两兑换进出互相抵冲外，依第七条规定之比例分配，如有溢兑或少兑，则以通知书知照各该银行相互兑换，以符各该银行应行兑换之成分，前项比例之分配，于兑换之次日行之。

第十条 三银行兑换数目，应每旬制表报告财政部备案。

第十一条 因兑换而发生之损失，每月结算一次，由财政部拨还之。

第十二条 本会各项费用先由三行垫支，每月结算一次，由财政部拨还。

第十三条 本会存在期效，由财政部定之。

第十四条 本会办事细则由委员会另订之。

第十五条 本规则经财政部核准施行。

上海银元银两兑换管理委员会办事细则 民国二十二年三月七日委员会议定

第一章 总则

第一条 本细则依照财政部核定上海银元银两兑换管理委员会组织大纲第十四条由委员会规定之。

第二条 本会依组织大纲之规定，以中央、中国、交通三银行指定之委员七人组织之，并由三银行各推一人为常务委员。

第三条 中央银行指定委员中被推举之常务委员，即为本会主席委员。

第四条　本会设于上海中央银行之内。

第二章　委员

第五条　本会事务由委员会议决，交由主席委员及常务委员执行。

本会对外事件，以主席委员为代表。

第六条　委员会每月第四星期三日开会一次，遇有重要事务则开临时会，均由主席委员召集之。

委员开会以主席委员为主席，如主席委员因事不能出席，则以常务委员之一人代之。

第七条　委员开会必须有过半数之委员出席，方能议事，并以出席委员之过半数决之。

委员因事不能出席时，得委托负责代表出席。

第三章　会务

第八条　凡以银两兑换银元或以银元兑换银两者，均须填具请求书，送交本会核发准兑通知书，向指定银行兑换，请求书须于每日午后二时前送达本会，以便于当日午后三时发给准兑通知书。

第九条　本会设秘书一人管理会务，并设办事员若干人辅助之。

秘书向中央银行借调，办事员向三银行借调。

第十条　本会事务分文书、核算两组，均由秘书指挥各办事员分别办理。

第十一条　文书组所掌事务如左。

一、开会通知及记录事务。

二、文电之拟撰、缮写、收发、译送、归卷、保管事务。

三、不属于核算组之事务。

第十二条　核算组所掌事务如左。

一、兑换帐表之记载复算、缮制及保管事务。

二、兑换请求书之复核事务。

三、三银行兑换成分之分配事务。

四、兑换损失之核算表报事务。

五、本会用费之支付及其帐目记载事务。

第四章　附则

第十三条　本细则如有未尽事宜，由委员会随时议决办理。

第十四条　本细则经委员会议决实行，修改时亦同。

〔国民政府交通银行档案〕

8.上海银行业同业公会赞同废两改元方案并饬嘱遵行函

（1933年3月22日）

径启者：查元两并用问题所有财政部命令市商会通函，迭经本会分转各行查照办理在案。兹又奉财政部沪字第三七号令开：本部前经通令自三月十日起，公私款项之收付及一切交易一律改用银币，取消银拆改开拆息。兹已施行数日，考察市面情形颇称便利，本部现经决定于最短期内即须实行废两，合亟令仰该公会即便转知各同业，自令到之日起所有一切帐簿、契约及新放款项，应即一律改用银币本位，不得再用银两，特为预告。仰即一体遵照办理具报。等因。并接上海市商会同样来函并嘱将办理情形具报以便汇转。等情。经提交本日（二十）执委会讨论，认为此事政府既抱决心，我金融业自当首先一致奉行，风声既树，团结自厚，庶推行所至可以无阻，且闻各业已多在次第改革之中，群策群力不难实现，除已分函津汉银行业公会一致提倡外，议决再通告各行切实奉行，以符法令而重币政。并希查照见复为荷。此致

交通银行

上海市银行业同业公会启

二二、三、二二

〔国民政府交通银行档案〕

9.财政部关于废除银两改用银本位币制布告

（1933年4月5日）

财政部布告　布字第五五号　二十二年四月五日

自四月六日起，实行废两改用银本位币。

为布告事：兹定四月六日起，所有公私款项之收付与订立契约票据及一切交易，须一律改用银币，不得再用银两。其在是日以前，原订以银两为收付者，在上海应以规元七钱一分五厘折合银币一元为标准，概以银币收付。如在上海以外各地方，应按四月五日申汇行市，先行折合规元，再以规元七钱一分五厘折合银币一元为标准，概以银币收付。其在是日以后，新立契约票据与公私款项之收付及一切交易，而仍用银两者，在法律上为无效。至持有银两者，仍依照银本位币铸造条例之规定，请求中央造币厂代铸银币，或送交就地中央、中国、交通三银行兑换银币行使，以资便利。除分行外，合亟布告周知。此布。

〔国民政府财政部档案〕

10.财政部为实施废两改元案致中中交三总行电

（1933年4月5日）

中央银行、中国银行、交通银行钧鉴：本部已定于四月六日起所有公私款项之收付与订立契约票据，及一切交易，须一律改用银币，不得再用银两。其在是日以前，原订以银两为收付者，在上海应以规元银七钱一分五厘折合银币一元为标准，概以银币收付，如在上海以外各地方，应按四月五日申汇行市，先行折合规元，再以规元七钱一分五厘折合银币一元为标准，概以银币收付，其在是日以后，新立契约票据与公私款项之收付及一切交易而仍用银两者，在法律上为无效。至持有银两者，得依照银本位币铸造条例之规定，请求中央造币厂代铸银币，或送交就地中央、中国、交通三银行兑换银币行使，以资便利。业经分别咨令，并公布周知在案。嗣后，各地商民之持有银两不及运送中央造币厂请求代铸银币而需用银币者，即希贵三行按照银本位币铸造条例之规定，准以银币就地兑换，以便商民而利银币之流通。合亟电达，查照办理，并希转知各分支行一体照办为荷。财政部。微。

〔国民政府交通银行档案〕

11.财政部奉令发布银本位币铸造条例及换算率计算法训令

（1933年4月7日）

财政部训令　钱字第6386号

令中央造币厂

为令遵事。案奉行政院第一二九一号训令内开：为令知事。案奉国民政府第七三号训令开：为令知事。查银本位币铸造条例，现经制定明令公布，应即通饬施行，除分令外，合行抄发该条例原条文及换算率计算法，令仰知照，并转饬所属一体知照。此令。等因。奉此。除分令外，合行抄发该条例原条文及换算率计算法，令仰知照，并转饬所属一体知照。此令。等因。并抄发银本位币铸造条例附换算率计算法一份。奉此。除分行外，合行抄发该条例及换算率计算法，令仰遵照。此令。

附抄发银本位币铸造条例附换算率计算法一份

部长　宋子文

中华民国二十二年四月七日

银本位币铸造条例　二十二年三月八日奉国府令公布

第一条　银本位币之铸造专属于中央造币厂。

第二条　银本位币定名曰元，总重二六·六九七一公分，银

八八、铜一二，即含纯银二三·四九三四四八公分。

第三条　银本位币之型式由财政部拟定，呈请国民政府以命令颁定之。

第四条　银本位币一元等于一百分，一分等于十厘。

第五条　银本位币每元之重量，与法定重量相比之公差不得逾千分之三。

第六条　银本位币每一千元合计之重量，与法定重量相比之公差不得逾万分之三。

第七条　银本位币每元之成色，与法定成色相比之公差不得逾千分之三。

第八条　凡公私款项及一切交易用银本位币授受，其用数每次均无限制。

第九条　旧有之一元银币，合原定重量成色者，在一定期限内得与银本位币同样行使。

前项期限由财政部以命令定之。

第十条　银本位币如因行用过久，得送中央造币厂兑换同额新币，但其重量成色仍应与本条例第二条、第五条、第六条、第七条相同。

第十一条　凡以可供铸币银类或旧有银币，向中央造币厂请求代铸银本位币者，依下列各款之规定。

(一)银类成色为千分之九九九者，每元纳纯银二三·四九三四四八公分加纳铸费一元之百分之二·二五。

(二)旧有之一元银币合原定重量成色者，以银本位币同额兑换之，免纳铸费。

(三)银类成色不及千分之九九九，或旧有银币之不合原定重量成色者，应按其实含纯银数量申合，每元并加纳铸费一元之百分之二·二五。

前项银类或银币如成色过杂，除照纳铸费外得酌加炼费。

第十二条　中央造币厂得铸厂条其成色为千分之九九九，每条重量与银本位币一千元所含之纯银数量相等，并于其面标记之。

第十三条　凡以银类请求中央造币厂炼铸厂条者，依下列各款之规定。

(一)银类之成色为千分之九九九者，每条应纳铸费百分之二·二五。

(二)银类之成色不及千分之九九九者，应按其炼得纯银实数合算，每条纳铸费百分之二·二五外，并得酌加炼费。

第十四条　凡以中央造币厂厂条向中央造币厂兑换银本位币者，如其重量成色与原状相合，中央造币厂应按照每条标记之数，以银本位币如数兑换，否则按其实有之数兑换之。

第十五条　本条例自公布之日施行。

换算率计算法：

银本位币一元＝纯银23.493448公分

上海银两每两合纯银33.599公分

$$\frac{23.493448}{33.599}\text{公分}=0.6992305$$

每银本位币一元＝上海银两(纯银)0.6992305

加铸费2.25％＝上海银两(纯银)0.0157327

每银本位币一元＝上海银两(纯银)0.715

〔国民政府中央造币厂档案〕

12.中中交三总行关于废两改元后行化与洋例折算等函(稿)

(1933年4月11日)

径启者：准贵部微电开：本部已定四月六日起，所有公私款项之收付与订立契约票据及一切交易，须一律改用银币，不得再用银两。其在是日以前，原订以银两为收付者，在上海应以规元银七钱一分五厘折合银币一元为标准，概以银币收付。如在上海以外，各地方应按四月五日申汇行市先行折合规元，再以规元七钱一分五厘折合银币一元为标准，概以银币收付。其在是日以后，新立契约票据与公私款项之收付及一切交易而仍用银两者，在法律上为无效。至持有银两者，得依照银本位币铸造条例之规定，请求中央造币厂代铸银币，或送交就地中央、中国、交通三银行兑换银币，行使以资便利。业经分别咨令，并公布周知在案。嗣后各地商民之持有银两不及运送中央造币厂请求铸银币而需用银币者，即希贵三行按照银本位币铸造条例之规定，准以银币就地兑换，以便商民而利银币之流通。合亟电达，查照办理，并希转知各分支行一体照办为荷。等由。准此。查各地行用现银，除上海规元外，以天津之行化及汉口之洋例流通较广。按照四月五日申汇行市，每行化银六钱七分四厘五毫二丝八忽三微折合银币一元（按行化一两合规元一两零六分再按七一五计算）。每洋例银六钱九分三厘九毫零七忽五微折合银币一元（按洋例九钱七分零五厘合规元一两再合七一五计算）。以后该两地商民，首以银两要求兑换银币者，即照上开兑换率，由请求人备具请换书，随时由三行照兑。其兑入之银两以及运往之银币，并经三行商定，统由中央银行经办。惟所有兑付运往及保险费等应由贵部负担。于每月终由中央银行开具清单，附同请换书，送请贵部拨付。除分别函饬各津、汉分支行照办外，相应函达。即希查照见复为荷。此致

财政部

〔国民政府交通银行档案〕

13. 上海交通银行抄送与津汉三行代换本位币等函

（1933年4月13日）

敬启者：前奉财部电令，自四月六日起实行废两改元，此间

银行业同业公会议定办法三端，以及沪行遵办情形，已于业字二八一号函，陈报在案。嗣汉津两埠，中、中、交三行先后来电，关于三行代换本位币之担任成数详细手续暨银洋运费、兑换损失以及核算标准等，嘱为会商，并转向财部洽明电复，当经与中行接洽照办。合特将往来各电九件照抄附奉，即祈鉴洽为荷。此上总管理处

附件

沪行谨启

照抄天津中行致上海中央、中国、交通电。并转中央、交通总处鉴，此间银行公会顷奉财政部歌电，定于四月六日起实行废两改元。凡持有银两者，得依照本位币铸造条例之规定，请求中央造币厂代铸银币，或送交就地中央、中国、交通三银行兑换行使。等因。关于三行代换本位币一层，详细手续如何？新币运津及银两运沪，其运费是否归部中担任？抑向请求人收取？请与大部接洽详示。中央、中、交津行。鱼。

照抄汉口中、交行来电。并转交行。部令自六日起废两改元，持有银两者，得向就地三行兑换银币，中央已接总电，此间三行集议，认有四项问题必须解决：(一)三行担任兑换成数是否照沪订成例：中央百分之五十、中国百分之卅五，交通百分之十五。(二)因兑换发生银洋运费及损失等是否由部担任。(三)银两兑换银元是否即照汉口五日申汇行市970.50核算；抑按规元洋例平价核算，另加运费。(四)中央运现招商免费，凡兑入现银及运汉银元能否商由中央一家装运。以上各点应请三行会商电示。以便遵办。汉中交行。

照抄上海中央、中国、交通三银行致汉三行电文。转中、交两行，电悉。银两调换银元，三行应联合组织管理兑换事务委员会。其兑换数成份之分配，由当地三行自行斟酌办理。银洋运费

等由部担任，其运送统交由中央承办。请换人请求兑换银元应备具请换书式样，由当地三行酌拟。至当地银两按何价调换银元一节，应请先将尊埠宝银平色，每当地银一两，实合规元若干，速查明电复。再行请部核示。沪中央、中国、交通。寘。

照抄汉口银行业公会议决办法三条

（一）对于四月六日以前收存或开出之各种银两票据，应按四月五日本埠申汇行市（即九百七十两零五钱），先行折合规元，再以规元七钱一分五厘折合银币一元为标准。收付银元（即洋例银六钱九分三厘九毫零七忽五微折合银币一元）。（二）对于四月六日以后各种收付票据，如仍有用银两为本位者，应商顾客依照前条换算率改用银元计算，方可照行收付。（三）对于银两存欠各户，应仍照第一条换算率，一律折合银元转帐。

（1）照抄汉三行来电

业务局并请转中、交两行同鉴：虞电敬悉。遵即由三行合组兑换委员会。兑换成分亦照上海三行成例，洋例，规元平价为六九一一二六三，运送费在外。惟汉埠同业已遵部令：按五日申汇九七〇五行市，再以七一五折合银元转帐，汉地三行兑换率标准，似仍以六九三九〇七五为宜。否则与歌日部电显有抵触；并恐引起绝大纠纷。究应如何办法。理合电请转部迅赐电遵。汉中央、中国、交通同叩。齐。

（2）照抄汉三行来电

业务局并转中、交两行同鉴：查汉市银两存底颇丰，一经开始兑换，数额必巨。关于银两运沪一层，因招商局承运之轮甚少，不能畅运，运送上需时必多，兑出银元搁占头寸甚大，汉三行殊难担负。兹拟对每日兑出银元数额，随时划由尊处转付部册。其兑进之银两，另存备装，是否可行。乞电示遵。汉中央、中国、交通三行同叩。尤。

（3）照抄津三行来电

业务局。密。并译转中、交两行总处鉴：虞电悉。当由三行联合组织管理兑换事务委员会。请将兑换委员会组织办法及兑换数成分之分配摘要电示，俾资参考。至津埠行化一两照部令，按四月五日申汇行市106伸合规元一两零六分，再按规元715折合银元，每银币一元，等于行化六钱七分四厘五毫二八三。津中央、中国、交通。蒸。

（4）照抄汉三行来电

业务局并请转中、交两行同鉴：齐电谅达。此间兑换事宜，亟待施行。其换算率应如何规定？乞迅赐电遵。汉中央、中国、交通同叩。真。

（5）照抄复津三行电

急。5353。天津并转中、交两行。蒸电悉。行化兑换率即照六钱七分四厘五毫二八三计算。以前沪兑换委员会设在中央，每日兑换数目，按中央五成、中国三成五、交通一成五分配。由会通知三行照拨，请参酌办理。沪中央、中国、交通。尤。

（6）照抄复汉三行电

急。5353。汉口并转中、交两行。齐电悉。洋例兑换率即照六九三九〇七五计算。沪中央、中国、交通。尤。

〔国民政府交通银行档案〕

14.天津中国交通两银行为中央银行代垫银元事致总处函

（1933年4月17日）

照抄中国、交通银行津行来函

敬陈者：关于此间中央、中国、交通三银行联合组织银两兑换银元管理委员会一事，已由三行会同拟具简章，函请三总处核示计荷察洽。在兑换委员会未成立以前，如有以银两向三行商换银元者。三行为调剂市面起见，自当先行通融酌换，至将来委员会成立后，所有中央银行应担垫换之数，因该行此间库存现洋不甚丰裕，恐须商由敝两行分垫一部份，已与该行洽妥。如须两行代垫时，可允照办，惟该项代垫银元应津沪对交，由该行电由上海该总行按此间两行垫付日期在沪拨还，又此项银元在六个月以内，两行如须运回时，应由该行免费随时代运。以上各节，除由敝两行函达中央津行查照外，理合陈报钧处，敬祈察洽备案为荷。此陈
中国、交通银行总处

中国、交通银行津行谨启
廿二年四月十七日
〔国民政府交通银行档案〕

15.上海交通银行抄送汉口中中交三行兑换银两办法暨汉口管理兑换委员会组织大纲函

（1933年4月19日）

敬陈者：查沪三行因废两改元详细办法与津、汉三行往来接洽，电文共九件，均经照录。于业字二九一号函，陈报在案。兹将四月十四日沪三行复汉三行电一件，再行抄请钧阅。此事办法已完全商妥，并由三行在汉口中央银行内组设管理兑换委员会，订有组织大纲。据该委员会函报成立经过情形，并附大纲。请为察核转部备案。除呈部备案一节由中央银行会同中、交两行办理外，合将报到情形抄同原件一并转报。统祈鉴洽为荷。此上
总管理处

附抄电函各一件

沪行谨启（印）

照抄汉口中国、中央、交通银行管理兑换委员会来函

敬启者：前奉钧电，以废两改元，所有汉埠银两兑换银元事宜，由三行合组管理兑换事务委员会办理。等因。敝会遂于即日

组织成立。委员即由三行经理担任。设秘书一人，由中央银行文书主任陶渭白兼任，并设办事员六人，由三行各借调二人。以上各员均系义务职，不支薪给津贴。关于估验宝纹成色，系雇用汉口公估局逐日派二人来会办理。每验宝纹一支，给予手续洋三分。至权秤宝纹重量，系由本埠钱庄借雇八人承办。藉资熟手，将来兑换事宜办理完毕后，酌给酬劳费。会址附设中央银行。已自本月十三日起开始兑换，并登中外各报公告通知。每日兑进银两换出银元即按照上海三行兑换比例分配。至兑进银两为便利将来运沪起见，概行寄存中央银行库中。惟查汉市银两存底颇丰，一经开始兑换，数额必巨。关于银两运沪一层，因招商局承运之轮甚少不能畅运，运送上需时必多，兑出银元搁占头寸甚大，三行殊难担负。现拟对于每日兑出银元数额，随时由三行分别划由钧处转付部册。兑进之银两，另存备运。所有奉令组织成立情形。理合具函陈报，并检附组织大纲一份。统祈察核转部备案为荷。除分报外，此呈

上海交通银行

中国
汉口中央银行管理兑换事务委员会委员
交通

徐继庄(印)
赵祖武(印)
沈诵之代(印)
二十二、四、十四

附件

汉口中国中央交通银行兑换管理委员会组织大纲

第一条　本会承财政部之委托由汉口中央中国交通三银行共同组织之，定名为汉口中国、中央、交通银行兑换管理委员会，

办理汉口市面银两兑换银元事宜。

第二条　本会会址设在中央银行内。

第三条　本会设委员三人，即由三行经理担任之，并分别函报各沪行转报财政部备案。

第四条　本会设秘书一人、办事员若干人，均由三行借调，秉承委员办理本会事务。

第五条　银两兑换银元，本会遂照财政部规定之换算率办理（洋例约〇六九三九〇七五合银一元），凡以银两兑换银元者，可在银行营业时间内随时填具申请书,连同公估局码单,向本会兑换。

第六条　三银行兑换之成分，依照上海三行兑换成分比例计算，中央为百分之五十，中国百分之三十五，交通百分之十五。

第七条　本会应按日将兑换数目制表报告三银行，再由三行报告沪行，转付部帐。

第八条　本会按照第六条规定之比例，于当日兑换终了后，以通知书知照三银行划拨分配数目。

前项三银行应划拨之兑换数额，于兑换之当日行之。

第九条　因兑换而发生之损失每日结算一次，分报各沪行，转请财政部拨还之。

第十条　本会各项费用先由三银行依照比例垫支，每月结算一次，分报沪行，转请财政部拨还之。

第十一条　本规则应函报沪行转陈财政部备案。

照抄四月十四日复汉三行电

急。5353。汉口并请转中、交两行。尤电悉。每日兑出银元数目由三行按成摊付，各转沪册。兑进现银统交中央候船，即运沪，一面由中央出具收据，交与中、交收执。日后凭以兑取银币。沪中央、中国、交通。寒。

〔国民政府交通部档案〕

16.上海交通银行抄送上海银公会陈请施行改元议决案及汉口银公会电请汉三行开兑银元函

（1933年4月19日）

敬陈者：奉财政部函，据上海市银钱业公会陈称：遵电改用银币，并抄呈议决案，请察核施行。等请。除指令并分行外，抄案送请查照，又奉部函，据汉口市银行业同业公会电称，银两积滞，请迅电汉口中央、中国、交通三行即日开兑银元，等请，函达查照办理，各等因。查汉埠兑换银元，已由汉三行合组委员会，于本月十三日实行。此项汉银行真电，系事前所发，自可无庸再转，合将两函各抄一份附奉，即祈察洽为荷。此上

总管理处

附抄函

照抄财政部钱字5316号公函

径启者：案据上海市银钱业同业公会陈称，奉部电开：兹定四月六日起，所有公私款项及一切交易，须一律改用银币，不得再用银两。凡是日以后，原订以银两为收付者，在上海应以规元银七钱一分五厘折合银币一元为标准，概以银币收付。如在上海以外各地方，应按四月五日申汇行市，先行折合规元，再以规元折合银币，其在是日以后，新立契约原据与公私款项之收付及一切交易而仍用银两者，在法律上为无效。至持有银两者，得依照银本位币铸造条例之规定，请求中央造币厂代铸银币，或送交就地中央、中国、交通三银行兑换银币行使，以资便利。除布告并分行外，合亟电知，并仰转行遵照。等因。奉此。经敝两公会两次召集紧急会议议决：一体遵办，并议定施行办法八条，同业一致遵守。除公告外，合应将议决案抄呈大部察核施行，并迅予转咨司法机关准予备案，并祈赐复，等情。附抄议决案八项到部，

除指令备案照录原议决案咨请司法行政部及最高法院转行各级法院备案，并分函中央、中国银行外，相应抄录原议决案八项，函请贵行查照为荷。此致

交通银行

附抄件

财政部长　宋子文

二十二、四、十四

照抄上海市银钱业同业公会议决案

一、凡四月六日以前开出之各种银两单据，应一律按七一五照付银元。

二、自四月六日起，对于各种单据应一律以银元为本位，如仍用银两者，应交回顾客改开银元，方可照付。

三、自四月六日起，对于银两存欠各户，应一律按照法定价格七一五合成银元转账。

四、中央、中国、交通三行，应遵照部会办理，以银两兑换银元事宜，并将办公时间酌予延长。

五、各银行钱庄如有收洋商银行规银支票，由收款行庄背书后，并签明(此原只准向中央、中国、交通三行兑换银元)字样，再行交三行入银元账。

六、洋商银行银两本票一律须请其按法价七一五改换银元本票，方可抵用。

七、凡四月十五日以前到期之远期票据，得按七一五照付银元，如到期在四月十五日以后，而无出票日期者，应在四月十五日以前凭原票据向公会登记，届期按七一五照付银元。

八、凡外汇进出一律用银元本票收付。

照抄财部钱字5323号公函

径启者：案据汉口市银行业同业公会真电称，遵令用元业已六日。惟兑换机关尚未成立，市面银两滞积，窒碍甚多，切恳迅赐电令汉口中央、中国、交通三行即日开兑，以资周转，而利进行，等情。查此案自经本部公布实行后，复以各地商民之持有银两不及运送中央造币厂，请求代铸银币。而需用银币者，应由中央、中国、交通三行按照银本位币铸造条例之规定，准以银币就近兑换，以便商民而利银币之流通，等语。于本月微日电请贵行查照办理，并转知各分支行一体照办在案。兹据电前情，除分函中央、中国银行外，相应函达查照。即希迅予转知汉口分行照办为荷。此致

交通银行

财政部长　宋子文

二二、四、十七

〔国民政府交通银行〕

17. 上海交通银行抄送汉三行关于兑进银两运沪事宜函

（1933年4月25日）

敬陈者：查汉口中央、中国、交通三行组设兑换银元管理委员会经过情形，已于业字三零二号函，陈报在案。旋奉钧处抄示天津中央、中国、交通三行会函两件，亦经合组管理兑换委员会，并订简章，请为报部立案。盼先电复。等因。又接汉三行养电，以兑进银两积数颇巨，招商轮不敷装运，拟就他公司轮分装。乞电示。等语。沪行。当分别与中央、中国两沪行洽商办法，已于昨日分别会同电复津汉三行。兹将复电两件，连同汉三行来电一件，照录一份，附呈。统祈察洽为荷。此上

总管理处

沪行谨启（印）

附抄电

照抄汉口中国、中央、交通三行来电

并请转中、交两行同鉴：兑换委员会逐日兑进银两积数颇巨，招商航轮多无银仓，不敷装运，拟就其他公司轮船分别装运，以期迅速。惟其他公司须付运费，是否照行，乞电示遵。汉口中央、中国、交通同叩、养。廿二日

照抄发汉口中央、中国、交通三行电　二二，四，二四

急。5353。汉口。业密。请转中、交两行同鉴：养电悉。招商能装尽先运，否则，由他轮装。沪中国、交通、中央。敬。

照抄中央转来致津三行电　二二，四，二四

急。5353。天津业密。请转中、交两行同鉴：会函悉。三行所定成分照办。先行开兑，银两随时保险运沪。简章条文，容讨论再详告。中国、交通、中央。敬。

〔国民政府交通银行档案〕

18.天津中中交三行关于兑换行化暨成立兑换银元管理委员会函①

（1933年4月）

照抄中央、中国、交通银行津行来函

敬启者：津市业已遵照部令实行废两改元，关于此间三行兑换新币办法，前于本月六日电陈钧处请示，旋于八日奉钧处复电内开：（银两调换银元，三行应联合组织管理兑换事务委员会，其兑换数成份之分配，由三行自行斟酌办理，银洋运费等由部担任，其运送统由中央承办，请换人请求兑换银元应备具请换书式样，由当地三行酌拟，至当地银两按何价调兑银元一节，应请先将尊埠宝银平量及当地银一两实合规元若干，速查明电复，再行请部核示）。等因。当于十日后复上一电，文曰：（虞电悉遵当由三行联合

① 系抄件。

组织管理兑换事务委员会，请将沪兑换委员会组织办法及兑换数成份之分配，摘要电示，俾资参酌。至津埠行化一两照部令，按四月五日申汇行市一零六伸合规元一两零六分，再按规元七一五折合银元，每银币一元等于行化六钱七分四厘五毫二八三），等语。谅荷泽洽，惟此间三行兑换银元所收行化银两，其分量系以天津行平砝码为准，成色系以天津公估局估码为准，将来拟由三行将该行平砝码以一份寄沪，以备现银运沪时复平之用，并乞台洽为荷。此致

中国、中央、交通银行总处

中国、中央、交通银行津行谨启

廿二年四月十一日

照抄中国、中央、交通银行津行二十二年四月十四日来函

敬启者：本月十一日奉上一函，计达台览。关于此间三行兑换银币一事，前奉电示，嘱由三行联合组织管理兑换事务委员会，等因。兹遵由敝三行洽商拟具委员会简章十九条，另录附请察核后，如属可行，即乞转报财政部核准备案，并盼先行电复，以便遵办。再津市业已实行废两改元，在兑换委员会未成立以前，如有以银两向三行商换银元者，三行为调剂市面起见，自当先行通融酌换。又，将来委员会成立后，三行拟以五百万元为第一批垫换之需，计中央银行担任百分之五十为二百五十万元，中国银行担任百分之三十五为一百七十五万元，交通银行担任百分之十五为七十五万元，合并附陈，并祈察洽备案为荷。此致

中央、中国、交通银行总处

附抄简章

中央、中国、交通银行津行谨启

天津银两兑换银元管理委员会简章

一、本会遵照财政部令，由中央、中国、交通三银行会同组织，定名曰天津银两兑换银元管理委员会。

二、本会假银行业钱业合组公库为办事地点。

三、本会以中央、中国、交通三行经理，或其指定之代表为委员，并聘请公库库长及常务理事二人为评议员，协助进行。

四、本会由三行委员轮流主持会务，关于帐务部分，亦由三行派员办理，其银两过平、看色等事，委托公库办理，由本会酌贴费用。

五、遵照财政部规定，按本年四月五日本埠申汇行市一〇六〇折合规元，再按规元七钱一分五厘兑换银元一元为标准价。

六、三行垫换银元成分如左。

中央银行，百分之五十，

中国银行，百分之三十五，

交通银行，百分之十五。

七、本会随时所收银两指由何行，即中央、中国、交通垫换者，即将该项银两交由公库按标准价折合银元先收该垫款行帐，俟每日结帐后，于翌日上午十二时以前，按第六条规定之成份分配。若有溢兑或少兑，即通知各该行互相兑换，以符规定成分。

八、凡请求以银两兑换银元者，应先向本会接洽填具申请书，俟本会发给核准书后，请求人即将银两送至本会，由本会过平、看色。再按标准价核明应换银元若干，填发通知书，交由请求人持向中央或中国、交通银行换取银元。

九、三行换给银元后，应填回证交由请求人缴回本会，以备查考。此项回证缴回本会时，应由请求人在该回证背面盖章。

十、本会收入银两应与请求人眼同过平、看色。其分量以天津行平砝码为准，其成色以天津公安局估码为准。该项行平砝码，应备同样三份，以一份备本会过平之用，以一份寄沪备现银运至上海时复平之用，以一份封存中央银行，备将来遇有争执时，校准之用。

十一、本会每日所收银两，应依请求之先后，为兑换之次序。若有数目过巨之户，非一日所能办竣者，应与请求人约定限度，分日办理。

十二、银两运沪时，由三行按折合银元数目开具支票，向公库提取，交由中央银行承运。其中国、交通两行部分，应由中央行对两行出给临时收据，俟银元运津时，凭收据交换。

十三、请求人将银两运至本会及向三行提取银元，其搬运费用，均由请求人自行担负。

十四、三行垫换银元数目，应按旬各自制表报告各总行，转报财政部备案。

十五、关于本会费用，应向财政部核算发还者。如左。

一、本会办事各项费用，先由三行垫支，每月结算一次，由部拨还。

二、由会送银两至中央银行及由中央银行将银两自津运沪一切费用(保险费用在内)，统归中央银行向部核算，由部拨还。

三、前项银两运沪后，其换回银元由沪运津一切费用（保险费在内)，统归中央银行向部核算，由部拨还。

四、三行垫换银元，自垫出之日起，至银两运沪后，由沪运还银元，经三行收到之日为止，应由部按周息三厘算给三行利息。

十六、运送银两银元，如中途发生事故，所有损失，应由中央银行负责偿还，并由部偿还中央银行。

十七、本会每星期三举行常会一次，三行经理及评议员均列席，评议员如有意见提出同时讨论，但表决权仍属于三行。每次常会，三行经理及评议员如有事不克出席时，得派重要负责人员代表列席。

十八、本会办事时间与本埠国内银行一律办理。

十九、本简章由本会各委员公同议定，并由三行录报各总行转报财政部核准备案，将来如有增损修改时，亦同。

〔国民政府交通银行档案〕

19.天津中中交三行关于外商银行尚未来会兑换银元函

（1933年5月11日）

径启者：此间银两兑换银元管理委员会已于本月八日起成立，业已另函陈报，计荷察洽。该会成立后，洋商银行尚未有来兑换者。嗣后办理情形如何，容再续报。再该会办理有无期限，请示知为荷。此陈

中国、中央、交通银行总处

中国
中央　银行津行谨启
交通

廿一、五、十一

〔国民政府交通银行档案〕

20.上海交通银行陈报汉行兑进洋例兑出银元分别存款函

（1933年5月12日）

为陈报汉行兑进洋例，兑出银元，分列存欠，在甲存帐，另开专户记载，请鉴核备案事。

敬启者：查汉口银两银元兑换管理委员会每日兑进洋例，兑出银元，其汉行应摊部份所付银元，系付沪册。所收洋例径交汉中央银行汇运上海。现仍原箱寄存上海中央银行。俟交由中央造币厂铸成银元，再行摊还沪行。为求帐面明晰，并将来便于对财部核计起见，分列存欠，在甲存帐内开立（汉口银两银元兑换管理委员会）及（寄存中央汉口洋例兑换款）透支两户。又（汉口银两银元兑换管理委员会）甲存一户，分别记载，理合陈报。即祈鉴核

备案为荷。此上

总管理处

沪行谨启（印）

中华民国廿二年五月十二日

〔国民政府交通银行档案〕

21.财政部准中中交三行函陈津汉两地银两兑换银币办法训令

（1933年5月13日）

财政部训令　钱字第6992号

令中央造币厂

为令遵事：案准中央、中国、交通三行函开，以准部电规定，一切公私款项自四月六日起，一律改用银币，等由。准此，查各地行用现银，除上海规元外，以天津之行化及汉口之洋例流通较广，按照四月五日申汇行市，每行化银六钱七分四厘五毫二丝八忽三微折合银币一元（按行化一两合规元一两零六分，再按七一五计算），每洋例银六钱九分三厘九毫零七忽五微折合银币一元（按洋例九钱七分零五厘合规元一两，再按七一五计算）。以后该两地商民有以银两要求兑换银币者，即照上开兑换率，由请求人备具请换书，随时由三行照兑，其兑入之银两以及运往之银币，并经三行商定，统由中央银行经办。惟所有兑付运费及保险费等，应由贵部负担，于每月终，由中央银行开具清单，附同请换书，送请贵部拨付。又，兑进银两须经鼓铸，其所耗垫兑银元之利息，并请另筹抵补，以免损失。除分别函饬各津、汉分支行照办外，相应函达，即希查照见复为荷。等由。准此，查所称该项兑付运费及保险费等，应由该厂铸费项下开支。除函复外，合行令仰遵照。此令。

部　　长　宋子文

政务次长　邹林代拆代行

中华民国二十二年五月十三日

［中央造币厂档案］

22.财政部钱币司函送废两改元始末

（1934年1月31日）

案奉本部第九九四号训令开：准外交部公函开：查外国人士对于我国各项建设事业，多未明悉，兹为阐明实况以正国际视听起见，凡属贵部职掌内近年来一切建设事业，认为有国际宣传价值宜于对外发表者，统希随时供给资料，藉便编译而广为宣传，相应函达，查照办理。见复为荷。等因。准此，自应照办，除分令外，合行令仰该司遵照办理，送由本部秘书处汇复，毋得延误为要。等因。奉此。查本司职掌内近有废两事项，似可对外发表。兹编成废两始末纪一册，相应函请查核汇复为荷。此致

秘书处

附送废两始末纪一册（抽办）

钱币司启　一月三十一日

废两始末纪

一、废两之筹议

查废两用元，为统一币制之先决问题，久为我国一致之主张。自国民政府奠都南京，革故鼎新，力图建设，对于废两问题，即由本部汇集各项建议，悉心规划，以期见诸实行。而民国十七年全国经济会议金融股提出之废两用元案，条陈十项，规定尤详，其后实行之时，颇多采用。兹录为次，以存筹议废两时期重要之文献。

（一）先定筹备时期为一年，积极筹备，并决定实施时期为民国十八年七月一日，以明令公布。

（二）上海造币厂应于最短时间，由成立半年以内必须开工，

鼓铸新银元定为国币。

(三)请国府颁布国币新条例，规定重量成色，共合纯银若干为法价，并明定铸费每元若干。

(四)政府即时组织统一国币监理委员会。其任务，在筹备时期，合力设计进行，在实施之后，执行监察化验等事。其人选，拟不分中外，凡与本问题有重大关系者，(如中外银行公会、钱业公会、总商会)均列为委员。

(五)自实施日起，无论中外银行钱业及商民，存有大条或现元宝者，均得按照新国币条例规定之纯银，照加铸费，自由请求上海造币厂换铸新国币。惟生银如有禁止进口之必要时，得禁止之。

(六)所有各海关现行税率，凡为银两者，应于实施日起，一律改收银元，其折合之法价，应明白规定，(例如上海海关每平一两原合规元一、一四者，今改为一元五角)通告纳税人按照缴纳。

(七)关于国际汇率，应由外交部通知各国预备更改，自实施日起，实行改用银元为汇率。例如香港用港洋折合办法。

(八)废除银两，粤、汉、津、沪及尚存虚银单位之各埠，统于实施日同日实行，同时将洋厘行市取消，以免观望参差之弊。

(九)政府明令规定一切契约往来，于实施日起，所有国内债权债务，一律以国币银元计算，其以前债权债务，一律按照法价改算银元，并严禁实施日以后，新订沿用银两契约，如遇诉讼，须照法价折算。方予受理。

(十)实施之始，新国币尚不敷市面之用，暂准以本国所铸市面原能流通之银元抵用，惟由政府限定日期，分批向造币厂改铸新国币，以期统一。

以上条陈十项，经全国财政会议金融组审查报告，认为理由充足，办法妥善，应请政府从速实行，以期币制之统一。本部为准备实施废两起见，将上海造币厂改为中央造币厂，派员积极筹备。复于民国二十一年秋间，罗致上海中外金融界重要人员，组织废两用元研究委员会，举凡废两时实施一切办法，逐一详加商讨，制成方案，俾便通令施行，此关于废两筹议之大略也。

二、废两之实施

废两办法，筹议既妥，犹虑推行不得其宜，难收风行草偃之效，乃决定先将上海市面通用银两与银本位币一元或旧有一元银币之合原定重量成色者，以规元七钱一分五厘折合银币一元，为一定之换算率，自二十二年三月十日起首从上海施行。凡公私款项及一切交易，均按此定率用银币收付，不得再用银两。当由本部拟具提案及银本位币铸造条例草案、换算率计算法，提请行政院第八十九次会议议决通过后，转送中央政治会议议决，原则通过，并交立法院审议无异，呈由国府明令公布施行。节经本部分别转行公布，并将银本位币铸造条例令发中央造币厂依照开铸，一面电令上海市商会、银钱业公会等依期办理，并令饬各海关征收税款，一律改用银本位币支付，不得再用银两。

银本位币铸造条例略

三、废两后银币需要之调剂

自废两以来，经本部委托中央、中国、交通三银行代为兑换银币，以便商民之需求，凡持有生银合于银本位币铸造条例之规定者，均可随时照兑。政府为适应需要起见，除随时督促中央造币厂尽力鼓铸银本位币外，复饬该厂依照银本位币铸造条例第十二条规定，铸造成色为千分之九九九，每条重量与银本位币一千元所含纯银数量相等之厂条，以便利市面巨额款项收付之用。惟国内现有可供铸造之银类，成色至为复杂。炼铸九九九厂条，费时费工，铸数尚不能充分加多，而市面情形，又需要厂条颇切，几经研究，乃决定添铸千分之八八〇厂条一种，其成色重量与银本位币一千元相等，公差亦按照银本位币铸造条例第六条第七条之规定，而以千分之九九九者，定为甲种厂条，千分之八八〇者，定为乙种厂条，两种相辅而行。胥视市面需要情形，以定铸数之多寡。银本位币铸造条例第十二条之原文已加修正，并经核定两种厂条型式呈奉行政院转呈国民政府备案暨督饬中央造币厂从速铸造，迨铸有成数经布告定于中华民国二十三年一月一日，为甲乙两种厂条开始发行日期，于银本位币之外，复济以两种厂条，金融之周转，益臻灵活。

四、撤销银炉及兑换宝银

自实行废两以来，一切款项之收付，已不再用银两，所有铸造宝银之炉房，及看色批水之公估局，自应即行撤销，以免淆乱币政。各银钱业者，所存旧日流通之宝银，亦应一律兑换，以广银币之流通。经本部电请各省市政府，将各地之银炉，一律停止营业，并将公估局立即撤销，暨函请中央银行转函中外各银钱业行庄，将所存二十二年四月六日以前之宝银，限一个月内，报行汇齐转部登记，俟派员查验明确，准按七一五合算，向中央银行陆续兑取银本位币，并由行规定按月兑换成数，报部核定，前后存银数目，各行庄仍应按月报告一次，以凭稽核。

五、结论

废两一事，倡议甚久。兹经本部积极施行，业于短期内完全造成，请言其利约有数端。(一)就币制言：银两久为统一银币唯一之障碍，银两既废，银币遂臻统一，实为整理币制初步之成功。(二)就财政言：各项税收，民国以来虽逐渐改用银币为单位，但关税之关平银，及田赋之两石等名称，迄仍存在。兹于废两之际，举关平银及田赋之两石等名称一並而废除之，对于划一税收单位，裨益匪细。(三)就贸易言：各地银两平色不同，转辗折合，损失颇巨，直接影响贸易，间接即阻遏生产。废两之后，各地通行之货币，悉属银本位币一种，既无换算折合之烦，自可免除前项之流弊。要之，废除银两，虽属币制方面一隅之事，而其影响所及，关系于财政经济者至为綦切。今兹完满告成，不特我国政府用以自慰，亦中外商民历年所企望而乐予观成者也。

〔国民政府财政部档案〕

23.财政部颁布上海先行实施废两改元令

（1934年3月1日）

财政部训令　钱字第二三二号

民国二十三年三月一日

令上海银行钱业商业同业公会

本部为准备废两，先从上海实施。特规定上海市面通用银两与银本位币一元或旧有一元银币之合原定重量成色者，以规元七钱一分五厘合银币一元为一定之换算率，并自本年三月十日起施行。除由部呈请行政院转呈国民政府备案外，合将换算率计算法列表公布之。此令。

银本位币一元等于纯银二三.四九三四四八公分。

上海银两每两合纯银三三.五九九公分。

$$\frac{23.493448\text{公分}}{33.599}=0.6992305$$

每银本位币一元等于上海银两（纯银）

0.6992305

加铸费$2\frac{1}{4}\%$等于上海银两（纯银）

0.0157327

每银本位币一元等于上海银两（纯银）

0.715

〔国民政府财政部档案〕

四、币制政策与法币的实施

（1）货 币 概 况

1.金融监理局拟具鼓铸货币治标办法三条呈稿

（1928年3月2日）

呈为呈请令饬遵照事。窃维泉币为易中媒介，以流通无阻、利商便民为不易之原则。惟查吾国泉币现状，则适反乎此。甲地之币，异于乙地，行于此者，辄摈于彼，南北不流通，各省相殊用，甚至一省之内，畛域尤分，纷呈杂色之观，缺乏标准之货，以致汇兑时有消长，工商交受障碍。推厥缘由，实由各造币厂所出之币，间有成色未合定制，型式过于纷歧，其种类与分量，尤供求不相适，既反货币原则，自生人民迎拒之心。职局职掌所在，诚当就根本上徐图振顿。兹先谋所以治标者，谨拟请钧部令行各造币厂：(一)凡开铸各项新式币，须将新币之种类、成色、模型及其鼓铸理由，作成说明书，呈部合行职局核议。未经职局核议呈复之先，不得径行鼓铸。(二)经部批准照铸，须将开铸及停铸日期分别通知职局。(三)铸成之币，应将币样检送职局，以供化验。如发现成色不合制者，得令停铸。以上三事，务使各厂切实遵行，俾职局得有考核之资，则紊乱自可预防，庶几于币制统一前途，不无利赖。是否有当，伏候鉴核施行。谨呈

部长
次长

金融监理局局长　陈　○

〔国民政府财政部档案〕

2.国民政府公布之集中现金条例

（1928年4月17日）

集中现金条例　十七年四月十七日公布

第一条　国民政府为维持金融，集中现金起见，特颁本条例，无论何人，均应遵守。

第二条　凡完纳国税，流通市面，均以中央银行所发汉口通用纸币及中国银行所发之汉口通用钞票为限。

第三条　凡持有货币或其他商业银行纸币者，得向中央、中国、交通三银行及各银行、邮局，随时兑换中央、中国、交通三银行纸币。

第四条　凡收付银两，均用纸币，每元法定七钱一分，不得自由增减。

第五条　非经财政部特许，绝对禁止现洋、现银出口。

第六条　凡拒收中央、中国、交通三银行纸币，或收买现币，或抑勒纸币价格，或抬高物品市价及其他违反本条例规定之行为，经人民告发，查明确实者，一律严办。

第七条　本条例自公布日施行。

〔国民政府财政部档案〕

3.金融监理局请令京津等地一律行使总理新币呈

（1928年6月25日）

呈为呈请事：窃查迩来沪埠洋厘价格，袁像币高于总理新币几达一分以上。此种不良现象，非特影响市面，且为币制统一障碍。推原其故，莫不因北方输入多运袁币所致，北方对于总理新币使用未畅，亦可想见。应请钧部电令京、津总商会通知各该处商民人等，对于总理新币须一律行使，不得歧视。是否有当，理合备文呈请鉴核施行。谨呈

部长
次

金融监理局局长　陈　行

中华民国十七年六月二十五日

［国民政府财政部档案］

4.财政部为镇定金融令宁杭两造币厂停止铸币有关文件
（1928年5—6月）

（1）财政部呈稿（5月）

呈政治会议

呈为陈明事：窃查上海为全国商业中枢，有左右金融之势力。自顷济案发生后，银根日形奇紧，银拆一项，已由三、四分跃至四钱五分，刻下仍有上趋之势，一般舆论皆以为不久当到最高之七钱银拆，市面紧迫情形，可称日甚一日。本部筹划北伐军需，发行各种债券，在初应募者极形踊跃，乃至最近期间，因市面银根奇紧，遂致购买者陡形疲滞，款项不克如期而至，其影响于我军北伐以完成统一之大业者，至为重大。推其原因，一则金融状况既将陷于恐慌，各银行、钱庄不得不从市面收集现金，以为自保之计。现金既悉成收藏之物品，银折〔拆〕自逐日腾涨不休。二则自政府设于江宁，尝以各种关系，致现金渐向外流，外流之现金既多，即市面周转之现金自少。然此皆通常现象，犹易设法补苴。惟目前所最紧要者，莫若日本正金银行吸收巨额现金之一事。查正金银行最近数星期，卖出多量之先令及日金，买进现银数达五千余万两，（开运期者更多。究其买进原因，不外下列数端：一、预防及准备中国人提取存款。二、因为中国现正抵制日货，不得不为在中国之各日本银行预储活动资金。三、正金银行前以投机之故，早曾卖出现银，今一转折间，即可收回已卖之现银，无须另行设法补偿前缺。而其最大之主因，仍在凭藉经济之力量，以收压迫中国之实效。盖市面现金只有此数，平日不过藉其流通，以应供求，今为彼所尽量吸收，则市面之所需要，必即因而短少，周转亦必随而不灵，物价且将同时腾贵，其影响于国民生计者，直难以数量计。本部近查海关贸易报告，日本在华之贸易额，已为各国之冠，我国与彼输出入间不能相抵，彼对于我完全处于债权者之地位。故彼用吸收现金方法以对我，其危险之及于我者，程度殊为弥切，固不仅足以操纵我金融而已。本部体察现情，弥感经济界被紧迫之苦，不得不急筹自卫之策。各银行既未尝有适法之集中权，惟有由本部饬令各造币厂暂行停止铸造国币，以免市上银两更形缺乏，庶几金融状况渐趋镇定，不致立即引起巨大恐慌，以便另行设法，徐图补救。理合胪陈详情，呈请钧会议查核备案。谨呈

中央执行委员会政治会议

（2）中政会复函（5月30日）

径复者：据呈称济案发生后，上海银拆高涨，银根奇紧，经济界深受压迫。拟令各造币厂暂行停铸国币，以免市上银两更形缺乏，庶可另行设法徐图补救。等情。到会。经本会议第一百四十二次会议议决：准照办。相应录案函复，即希查照办理。此致

财政部

中央执行委员会政治会议

十七年五月三十日

〔国民政府财政部档案〕

5.易湘为推广纸币以活金融拟具办法呈

（1928年7月31日）

为推广纸币以活金融，敬拟办法，呈请公决施行事。窃查我国上下困穷，至今日已达极点。若无良法善其后，徒以公债济其穷，不但劫后余生，力竭精疲，担负不能胜任；即使勉强招募，

而收数不能齐备，亦难救目前之穷。莫若仿照总理钱币革命之遗意，稍事变更，发行纸币，而不严禁现金交易，另定一种办法，通令各省征收机关，完粮纳税非纸币不准收入，报解金库亦非纸币不准呈缴。同时将纸币价格每元比现洋加高四、五十文，作为发行纸币手数料，使收现洋者无益而有损，自不得不谨遵命令，收纸币而弃现洋。此外，广设销售纸币机关，乘时吸收现金，并设公仓、工厂，以便人民以货换币，或以工换币之地。久而久之，纸币流行于市面，现洋尽归于库中。再将纸币扩充，多方保护，以现洋而易纸币，人民得补印刷工资，以纸币而兑现洋，官厅庶不另外补水。如此办理，基金厚而信用巩固，挤兑之事自然不生，国家财源立见充足，由此代兵为工、修筑道路、广设工厂、振兴实业以及其他一切各要政，不难次第施行而无遗。以上所拟推广纸币以活金融办法，是否有当，敬请钧部公决施行。谨呈

财政部部长宋

河南财政厅办事员　易　湘

中华民国十七年七月三十一日

[国民政府财政部档案]

6.财政部令各地迅将银两硬币纸币流通情形报部电稿

(1929年2月20日)

各省财政厅
各　商　会鉴：本部为整理全国币制从详研究起见，亟须知各地货币现况。所有该省地方民间出纳计算是否仍用银两，其各地银两之平色若何，最近一年间银元与银两之平均折合率及银元、银毫、铜元、制钱等硬币在该省各地流通之种类及数目，并最近一年间此等硬币相互兑换之平均比价，如有各色纸币在各地市面行用者，其纸币之种类、数目、发行处所及其行用兑换有无折扣等各重要事项，并现在流通该市面之各色硬币及纸币样本，令仰于

电到五日内迅即调查搜集，详具说明书连同样币及纸币样本呈送本部，以凭汇办。再，该省如有造币厂或私设之厂，现在仍否开铸，及开厂以来所有已铸或销毁数目，一并详细具报，切切。财政部。号。

〔国民政府财政部档案〕

7.中执会决议财政部须于本年底确定统一币制整理金融计划公函

（1929年6月22日）

径启者：第三届中央执行委员第二次全体会议于十八年六月十四日讨论关于振刷政治案，决议：统一币制，整理金融，财政部须于本年底确定实施计划，负责执行。相应录案，函请政府查照，并转饬财政部切实遵照办理。仍将所拟计划先行呈报政府核定。此致

国民政府

中国国民党中央执行委员会

中华民国十八年六月廿二日

〔国民政府档案〕

8.行政院转呈财政部为拟定国币新模请明令颁布呈

（1930年2月12日）

呈为转呈事。案据财政部呈称：呈为拟定国币新模并附呈样币，仰祈鉴核转呈明令施行事。窃查改革旧币，筹镌新模一案，曾于民国十六年经中央政治会议议决，停铸袁币，改铸先总理像。又经中央财政委员会议决：先总理像币绘样镌模需时，准暂用民国元年所铸先总理纪念币旧模，先行铸用，成色、重量均照袁币办理各等因。遵即由部令行南京造币厂，并通电浙、赣、皖、粤各造币厂，一律停铸袁币。如在镌刻新模未成以前尚须铸币，即向

宁厂领取纪念币旧模，先行仿铸，并一面征求专门人员，绘具国币新模图案，阳面恭摹先总理肖像，上列中华民国十八年七字；阴面镌刻海洋上三帆帆船一艘，船首置有指南针，左右两旁镶钳壹元二字。图案完成，由子文面请主席核定后，即印制图片，咨请外交部转令驻在英、法、德、奥、意、日、美等国公使，代向各该国造币厂定铸新模，以凭选用，各在案。兹准外交部先后咨转各该公使呈送定铸国币新模到部，当将所送各国代铸各模详细审查，以意大利代铸祖模最为精致。即由部发交杭州造币厂试铸样币贰拾枚，亦极优美，拟即以该模定为国币祖模。惟事关革新币制，应请转呈国府明令颁布，以利推行。所有拟定国币新模并附呈样币缘由，理合具文呈请钧院鉴核，俯予转呈国民政府核定施行，等情。据此。经提出本院第五十七次会议通过，除指令外，理合检同样币，具文呈请钧府俯赐核定，明令颁布，仍乞指令祇遵。谨呈

国民政府主席蒋

计呈送新模样币四枚

行政院院长　谭延闿

中华民国十九年二月十二日

〔国民政府档案〕

9．中执会秘书处抄送上海执委会议决关于统一币制三项办法函

（1930年4月19日）

中国国民党中央执行委员会秘书处公函　第6355号

顷奉常务委员交下上海特别市执行委员会呈（会六三五五）报该市第六次代表大会议决，关于统一币制三项办法，恳转饬采纳施行。等情一案。奉批：交国民政府。特抄同原呈，函达查照转陈。此致

国民政府文官处

附抄原呈一件

秘书长　陈立夫

中华民国十九年四月十九日

抄原呈

呈为呈送职市第六次代表大会议决案，并拟具办法三项，请中央咨行国府在币政未统一以前采纳施行，以维国家经济、社会金融事。案奉职市第六次全市代表大会议决案内开：为请中央咨行国府迅速统一币制，在币政未统一以前：（甲）应先取缔凡未依据国法设立之银行；（乙）非国家银行，不得发钞票及辅币券；（丙）根本不准外人在华设立银行，发行钞票；以维国家经济、社会金融案。

（理由）：自金贵银贱之风潮一起，而社会金融、国家经济皆受莫大之影响。于是虚金制度、禁止投机诸说，遂为金潮中之时髦论。然二者之主张，要亦不过肤末之见，绝对不能救济于将来。何者我国乃入超而非出超，即令虚金本位实行，然在外人操纵之下，恐亦[未]必有良果。至于取缔标金投机，更属枝叶中之枝叶，殊不足取。盖金银之枢纽，仍在伦敦、纽约之市面，而决非禁止国人投机，即可增减其价值也。故根本挹救之法，莫如统一币政。惟以财政困难之我国，如一旦筹备巨款，以改银币或其他辅币，不独经济上所不容许，恐亦非短期间所能蹴几。然则当如何而后可，今敢借箸代筹，而对于币政未统一以前，姑举下述三项，以作非葑之一助。（甲）应先取缔凡未依据国法设立之银行。此项之主旨，在使一切金融机关，皆受国法之支配，而不容奸商之自由操纵。昔日本之改革币制，即从事于取缔银行而来，效大著。我国虽属后进，又何不可借镜他山耶？（乙）非国家银行，不得发行钞票及辅币券。我国金融之混乱，莫如滥发钞票之一事。姑以事实言，小小钱庄，亦有发行类似钞票之行动，而其他借名敛钱之银行，更无论也。故我国银币，亦成为互相买卖之目的物，而决无国家法律之存在，事之危险，殆无伦比。即使金贵风潮永久不生，而以一国经济之本源，恒为二三市侩所垄断，此岂非谋杀政策之一乎！况发行钞票之权，如不集中于国家银行，而为私家银行所共有，则小之可使资本薄弱之银行，恒有滥发之流弊；而大之更足使对于外人经济侵略之方策，皆断送于无形中也。（丙）根本不准外人在华设立银行，发行钞票。此固为抵抗外人经济侵略之最善方法，然能否实现，须视收回租界运动之成绩而决定之。惟我国既抱定上述方针，虽一时未见实现，而于国民信仰上必有相当之差异。但禁止外人设立银行，事实上不易奏效。何者世界大通，以此等闭关政策，恐亦不为时代所允许。故对于外人请求设立之银行，须加以严重之限制，如存金问题、公债问题、职员问题，皆须以明文规定之。由此点以定本项之所谓不准外人设立银行者，乃我国根本之方针，并非绝对禁止之也。至发行钞票，万不可许，日本帝国亦有先例，吾人只须彻底取缔可耳。等因。在案。理合具文呈送钧会，仰祈鉴核，准予咨行国府采纳施行，实为党便。谨呈
中央执行委员会

上海特别市执行委员会

常务委员　范争波　潘公展　吴伯匡

一九、四、十二

〔国民政府档案〕

10.钱币司关于逐步实行金本位币制法草案致公债司函

（1930年12月23日）

径启者：准函以奉行政院第四二六零号训令转奉国民政府第六五一号训令内开：案奉中央执行委员会特字第一零三六号函，以

第三届第四次全体会议通过刷新中央政治改善制度整饬纲纪确立最短期内施政中心，以提高行政效率，案内丙项第九款内确立金融之基础一项，请查核拟复意见等由，并附抄原案一件到司。查金融基础之确立，应以整理币制为入手。吾国现行币制，自军阀时代，各省滥铸，成色、重量多不合法，以致主辅各币不能按照法价行使，市面金融时呈不安之状，且自金价奇昂，银价惨落以来，税收骤亏，物价腾贵，国计民生胥受影响。本部为目前补救起见，虽将关税改征金单位，并严禁现金出口、墨洋入口，究非根本办法，势必采用金本位制，方足行之有效。现拟于最短期内，参酌国情，依据本部顾问甘末尔氏所拟之中国逐渐采用金本位币制法草案，拟订国币法，呈请施行，以期币制之统一。一面由部尽力协助中央银行之发展，用收调剂全国金融之效，并拟斟酌国内现在银行状况，依据本部顾问甘末尔氏所拟之一般银行法草案，制定银行通行法及各特种银行法呈请公布施行，确定银行制度，分掌金融业务，似此办理，货币银行同时改革，金融基础庶几确立。准函前由，相应复请贵司查照拟办，并希送司会案为荷。

此致

公债司

钱币司启(印)
十二月二十三日
〔国民政府财政部档案〕

11.财政部规定七月一日开始发行新币训令

（1933年6月23日）

财政部训令　钱字第七九九四号

　　令中央造币厂

为令遵事：前据该厂呈报二十二年份新币模型暨开铸日期一案，业经检同样币，呈奉行政院指令：转呈国民政府明令颁定在案。所有该项新币，定于本年七月一日开始发行，以资流通。除由部呈请行政院转呈备案并分别咨令公布外，合行令仰遵照。此令。

部长　宋子文

中华民国廿二年六月廿三日

〔中央造币厂档案〕

12.财政部关于切实取缔私铸银铜币及私发票币以肃币政的咨文

(1934年6月28日)

财政部咨 钱字第六二五八号
二十三年六月二十八日

各省市政府

请切实取缔私铸银铜币及私发票币以肃币政并希将取缔情形随时咨复

据全国财政会议秘书处呈送议决案内，会员徐堪提议为取缔私铸银铜币、私发票币，以肃币政一案，经交付审查，认为切要，拟请由部依据原定各法令通咨各省切时取缔，当提出审查意见，经第四次大会议决，照审查意见通过，记录在卷。查整肃币制，中央已统筹办法，树立规模，各省市方面尤须协力辅助，认真执行，力求与中央政令相符，庶足以收指臂之效。本部对于私铸银铜币及私发票币，前经令饬各省造币厂局将旧有祖模缴销，迭咨各省市政府严厉取缔私铸私发各在案。乃各省市地方仍有私设铸币机关或就原有造币厂局私行开炉鼓铸银币、毫洋及铜元，各地方银行、钱庄、商号仍有私自发行兑换银元、铜元之纸币或类似纸币之票券等情事，殊属有碍币制之统一，妨金融之安定，贻害地方至深且巨。此次全国财政会议有鉴于此，提出取缔私铸私发以肃币政一案，议决由本部依据原定各法令通咨各省切实取缔。本部自应依照执行，对于取缔私发票币一项，应请贵省市政府查明所属境内之各银行、钱庄、商号有无私行印发兑换银元、铜元之纸币或类似纸币之票券，如有此项票币，一律限于文到三个月内兑现，收回销毁，嗣后不得再有发行。对于取缔私铸银铜币一项，应请贵省市政府查明所属境内有无私设造币厂局及就原有造币厂局私行开炉鼓铸银铜币，如有此项私铸情事，应限令于文到一个月内停铸，并将祖模送由本部验销。关于上列两项，切盼贵省市政府协力辅助，认真执行，果能摧陷廓清，匪惟民困获苏，即对于行政效力亦有极大裨补。除分咨外，相应咨请查明转饬所属一体遵照，并希将取缔情形随时咨复为荷。此咨

各省市政府

〔国民政府财政部档案〕

13.蒋介石关于今后四川各军不得自行印铸票币电稿

（1935年2月19日）

巴县刘总司令、梓潼邓总指挥、潼川田总指挥、回龙场李总指挥、土门铺罗副总指挥、宣汉唐总指挥、雅安川康边防军刘总指挥：密。据四川财政特派员陈绍妫呈，略以川省财政，至为紊乱，特派员奉命入川，亟思渐谋整理。比闻各军最近尚有设厂造币及发行类似纸币之证券者，此固因饷糈拮据，思欲救济于一时，而影响金融，益致纷乱于其后。拟请明令各军不得自由铸币及发行钞票与类似钞票之证券，以减纠纷，而资整理。等情。据此。查地方财政，关系国计民生，至为重要。该省各军师以往多有自由造币或发行钞票、券据情事，基本金既无一定之款，发行额亦无明确之限制，而一般奸商，又复因缘为利，操纵行情，以致流弊丛生，民商交困，影响之大，更什倍于匪祸。当此民穷财

尽之秋，中央正力图设法整理，于以兴复农村，维系国脉。所有自由印铸票币券据办法，亟应立予纠正，俾免发生障碍，予人民以无穷之累，贻赤区以可乘之机。据呈前情，除指令外，特此电达，务希查照切实制止，并严令所属一体遵照为要。蒋〇〇。皓午。川行参治。印。

［军事委员会委员长南昌行营档案］

14.蒋介石为颁发各省剿共军钱币代换办法代电稿

（1935年3月16日）

（川、滇、黔、湘、鄂、陕、甘等省政府、绥靖公署、各总司令、各总指挥）鉴：据本会办公厅主任朱培德支电，以准云南龙主席宥电称：各省剿匪军使用钱币，凡经各该省承认负责兑换者，应一律不得拒绝。等情。转请核示前来。查值此剿匪工作紧张时期，各省军队往还，事所恒有，携带币票，亟应设法流通，免生扞格。察核所陈，尚属切要，兹特察酌各省币制情形，订定各省剿匪军钱币代换办法三条，以资遵守，而免流弊。除分电外，特此抄同办法，随电颁发，即希查照，并转饬所属一体遵照为要。蒋〇〇。铣。川行参治。

计抄发各省剿匪军钱币代换办法一份

各省剿匪军钱币代换办法

一、甲省剿匪部队带有甲省兑换通用之钱币，至乙省不便行使时，乙省政府应令各县政府、商会按照时值，负责代换当地可以通行之中央钱币，或乙省通用之本省与他省钱币，以济军用。惟兑换部队须备一正式公文，载明代换钱币之种类、数目及按时值折合价格各项，交该县府、商会，县府、商会并应会衔复文，详开各项双方收执，俾资证明。但在部队公文送达之前，高级军事长官须召集县长及商会会长，先作一度磋商，俾钱数价格，得以适合实际，而无扞格难行之弊。

二、各县政府、商会换存之甲省钱币，乙省政府应准照证明文件所载之种类、数目、价格，作为正款抵解收存，每月一次，汇送甲省政府，按原价兑还。

三、请代兑换之部队，须由当地驻军最高级长官〔确定〕兑换价格，由双方按最近地方时价，公平协商办理，不准稍有强迫抬价及有意抑价之事，并须严禁各部队或士兵与当地县府、商会或商民直接交涉，以免骚扰。

〔军事委员会委员长南昌行营档案〕

15.贺国光为令饬川西南各县一律行使中央及地方银行钞票致刘湘等电

（1935年5月13日）

重庆刘总司令、刘主席勋鉴：中央部队现正追击朱毛股匪，进入会理及其以北地区，均系携带中央银行及四川地方银行钞票，请速电饬川西南各县迅速布告人民，一律行使，准其缴纳税款，并在县署设立兑换所。所收中、地钞票，均准抵解省税，即希查照速办见复为荷。贺国光。元午。川行参总。

〔军事委员会委员长南昌行营档案〕

16.谢霖关于奉命办理取缔重庆申汇案代电稿

（1935年5月22日）

重庆行营杨秘书长转呈委员长蒋钧鉴：奉文日代电开：查前此重庆申汇涨落特巨，各业商人多以狂赌申汇为营业，惹起市场之恐慌，此实最大原因。本委员长为安定市面金融，巩固军事后方计，经迭以有申参筑电及庚渝秘电饬由财政特派员及中央渝行设法维持，并据复遵办在案。惟市场狂赌申汇之恶习如不严加制止，恐仍难克收长期安定之实效，应着由该省府、该公署会同妥拟切实有效之办法，饬令各该公会等尽力取缔，协同维持，以安人心。除分电外，仰即遵办具报。等因。奉此。遵经转知重庆银钱两公会设法取缔，并于本月篠日由该公会召集同业开会商议，复经职亲往该会当众宣布钧座维持市面、安定人心之意。据该两公会是日到会商众面称：重庆申汇自经交易所取缔后，各帮商人虽仍有远期交易，但皆系因进出口货物供求关系，致有涨跌，其中纯属自然趋势，即每日在同丰钱庄交易，概由银钱业正当商号经手，其他各帮及私人，皆不得自由参与，其中并无赌汇情事。且远期汇兑，亦系因商人运货，道路遥远，货物进出，以时间之久暂，可以预计利息，故汇兑遂有近期、远期之别。等情。迭经访查，所言尚属实情。除随时调查，如有赌汇情形立予禁止外，理合电呈，伏乞钧座俯赐鉴核，实为公便。四川财政特派员谢○叩。养。印。

〔财政部驻港办事处档案〕

17.四川省政府关于二十八军发行粮契税券未经核准公函

(1935年5月31日)

四川省政府公函　财字第331号

据财政厅案呈，准贵署第四七一号公函，以二十八军所发粮契税券之发行额究有若干及现金如何准备，其行使区域并发行此项税券曾否准核有案，嘱为查明见复等由。查二十八军所发之粮契税券，原系自行主持，故其券额及现金准备并行使区域，各项均未具报有案。此项税券，该军既未依法取得发行权，自不能任其与法币同一流通，致紊金融。前据川西各县呈请前来，即经转函四川善后督办署令饬从速收回，以符法令在案。兹准前由，相应函复贵署，即希查照为荷。此致

财政部四川财政特派员公署

主　　席　刘　湘

财政厅长　刘航琛

中华民国二十四年五月三十一日

〔财政部驻港办事处档案〕

18.军委会委员长行营关于修改收毁我根据地钞币办法训令

（1935年6月17日）

国民政府军事委员会委员长行营训令　理秘字第1202号

令本行营四川参谋团

兹修正剿匪区内收毁伪硬钞币办法颁发施行。除分令外，合亟检发此项办法，令仰该参谋团知照，并转饬所属知照。此令。

附发修正剿匪区内收毁伪硬钞币办法乙份

委员长　蒋中正

中华民国二十四年六月十七日

〔国民政府军事委员会委员长南昌行营档案〕

修正剿匪区内收毁伪硬钞币办法

一、凡收复匪区各县之伪硬钞币，悉依本办法处理之。

二、收复匪区各县之伪钞币，留存民间者，应由各省省政府通令各专员公署、各县县政府，广为布告，限于布告日起，一个月内，由区署（尚未分区设署之各县由各区区公所）或区办事处负责收齐，汇缴各该县政府在县治内公共场所，当众焚毁，并呈报省政府备查。

三、伪硬币所含银铜质量，极为低劣。兹为体恤被匪区域人民起见，特就所含银铜成色，除去熔铸损耗之费，准予折价收兑，其规定如次。（甲）伪银元以六折给价。（乙）伪铜元以五折给价。

四、收集伪硬币，应由各省省政府通令匪扰及收复匪区各县县政府，负责办理。

五、各县县政府于奉到省令后，应即抄录办法，广为布告，并设法筹垫款项，于每区指定兑换地点一处。限于布告日起三个月内，依照前定给价标准，分别收兑完竣。

六、各县县政府应责成各区保甲长，于规定兑换期内，挨户通告，并详细说明收兑办法及折价数目。

收兑期满以后，各保甲长应出具切结，声明本保甲内，确已再无伪币遗留，报由区署核明，加具切结，转报县政府查核。

七、各县县政府于伪硬币收兑完竣后，应将所垫款项及收兑银铜伪硬币数目，分别开列详表，并加具说明，连同所收硬币，一并呈送省政府核明，拨发款项归垫。

八、所有各省拨发收集伪硬币费用，应由各该省库垫支，俟伪硬币销熔后，将所得之生银生铜，变价抵补。

中华民国二十四年六月十七日

〔国民政府军事委员会委员长南昌行营档案〕

19.国民政府公布之妨害国币惩治暂行条例

（1935年7月15日）

妨害国币惩治暂行条例　二十四年七月十五日国民政府公布

第一条　意图营利，销毁银币或中央造币厂厂条者，处一年以上七年以下有期徒刑，得并科一千元以下罚金。

第二条　意图营利，私运银币、中央造币厂厂条或银元出口者，处死刑、无期徒刑，或七年以上有期徒刑，得并科币额或价额五倍以下罚金。

第三条　伪造或变造中央造币厂厂条或减损其分量，或行使或意图行使而收集或交付者，分别依刑法伪造货币罪各条之规定处断。

第四条　销毁或私运出口之银币、厂条或银类，不问属于犯人与否，没收之。

第五条　本条例之未遂犯罚之。

第六条　本条例施行期间定为二年。

第七条　本条例自公布日施行。

〔国民政府财政部档案〕

20.康泽等为刘文辉私铸银币事致贺国光密代电

(1935年8月19日)

成都参谋团主任贺钧鉴：密。顷据雅安二十军政训处长邹明光铣电称：查确二十四军在雅密铸银币，不但银质甚低，且每元重只四钱余。现确日造千数百元，铸地门卫甚严，以之影响雅市，现币绝少，币制紊乱，百物昂贵，人民受害匪浅。究应如何处理，恳乞示遵。等情。据此，理合转请核示。职康泽、叶维叩。皓。蓉厅。

〔军事委员会委员长南昌行营档案〕

21.军事委员会委员长行营关于收销地钞及收换杂币办法布告①

(1935年9月10日)

为布告事。照得四川地方银行钞票自发行以来，汇兑掉换，价格时有涨落，骤高骤低，悬殊甚巨，市面金融，极形紊乱，工商百业以及公私收付，咸受影响，动滋纠纷。月来成、渝各地，洋水复激增不已，地钞掉换川币，每千元竟须贴水一百余元至二百余元不等，尤为怪象。以致公私皆损，军民交困，市场混乱，人心惊疑，大有岌岌不可终日之势。倘仍听其转辗流通，则每遇交易一次，即须折合一次，亦每遇折合一次，即受损失一次。设非酌定地钞固定之比价，将其全数立即收销，一律掉换中央本钞行使，则金融纷扰，不特社会永无安定之日，且恐全川财物价格及贸易进出，日在反复折合计算之中。元气将亏耗垂尽，实无法

① 摘自《银行周报》十九卷三十七期，1935年9月24日。

以善其后。查年来川省地钞申汇，最高汇价每千曾达七百余元，平时最低汇价亦恒在百元以上。换言之，即最高须地钞一千七百余元，最低亦恒须一千一百余元，乃能汇兑申钞一千元。故依年来行市之平均计算，地钞价格之低于申钞，每千实约在二百五十元以上。且川省地钞因兑现贴水，既不能代表川币，而川币钞色重量，较之中央本钞所代表之国币，又约差百分之五以上，事实显著，人所共知。兹特根据事实，准酌至当，核定收销地钞及收换杂币办法如次：(一)自九月十五日起，所有四川省内一切公私交易，均以代表国币之中央本钞为本位，地钞即停止行使。(二)凡持有地钞之军民人等，准以地钞十元，掉换中央本钞八元，无论额面大小，均照此推算。自九月二十日起，随时向中央银行重庆分行、成都分行、万县办事处暨中央银行所委托之其他银行、钱庄，分别就地掉换，限于十一月二十日掉换完毕，逾期不换者作废。所有以中央本钞换回之地钞，悉由中央渝行截角公开销毁。(三)在九月十五日以后，二十日以前，其持有地钞而尚未能换得中央本钞以为交收者，准以地钞十元申合中央本钞八元计算。(四)在十一月二十日以前，各县僻远地方，国省各税之征收，凡持有地钞而未能换得中央本钞以为缴纳者，准以地钞十元申合中央本钞八元，计算由税收机关向第二条指定各处所换为中央本钞，再行解库。(五)依第三、第四两条所定地钞申合中央本钞之计算标准，如有低价抑勒者，一经查明，概依军法从严惩办。(六)四川市面所有之银币，其成色、重量与银本位币条例规定相合者，得以一元兑换中央本钞一元行使，其余杂币，概照财政部所颁收兑杂色银料简则，各依其所含纯银实数，换给中央本钞。以上办法、纯因川省人民直接间接所受地钞之痛苦已久，非快刀斩丝，彻底解决，将受损更大，贻祸更深。故虽值中央财政同处困难，仍不能不勉力设法，急速收换，藉收统一币制、统一发行，以除当前之纠纷，而谋市场之安定。务仰各军民人等深体此意，共顾大局，恪切遵行，毋得妄生纷扰，致于重究。除分令外，合亟布告周知。切切。此令。

〔国民政府档案〕

22.王耀武与蒋介石为掉换现洋事来往密电

（1935年11月）

（1）王耀武密电 （11月7日）

巴县委员长蒋：勅密。查松潘地僻人稀，职部常用品及少数给养补充等项，均非现金不能行使。日前曾饬后方设法换现，兹据复称：蓉市各银行均以现金奉命集中，无法换现等语。用特电恳钧座电饬成都中央银行，准予职旅驻蓉兵站掉换现洋三万，俾便飞送前方，以济急需，不胜迫祷。职王耀武。虞。

（2）蒋介石密电稿 （11月21日）

急。松潘王旅长耀武：虞电悉。振密。仰即切实晓谕人民使用法币，所请电饬中行换发现洋三万，查与中央法令不合，未便准行。蒋〇〇。马。印。

〔国民政府档案〕

23.国民政府公布之辅币条例

（1936年1月11日）

第一条 辅币之铸造，专属于中央造币厂。其发行，由中央银行专司之。

第二条 辅币之种类如左。

镍币三种：

二十分镍币：总重六公分，成色纯镍。

十分镍币：总重四、五公分，成色纯镍。

五分镍币：总重三公分，成色纯镍。

铜币二种：

一分铜币：总重六、五公分，成色铜九五，锡、锌五。

半分铜币：总重三。五公分，成色铜九五，锡、锌五。

第三条　辅币以十进计算，其合法币一元之枚数如左：

二十分镍币	五枚。	十分镍币	十枚。
五分镍币	二十枚。	一分铜币	一百枚。
半分铜币	二百枚。		

第四条　辅币之形式，由财政部拟定，呈经行政院转呈国民政府颁布之。

第五条　辅币授受数目，镍币每次授受以合法币二十元为限，铜币每次授受以合法币五元为限。但赋税之授受及中央银行之兑换，不适用此种限制。

第六条　旧有通用辅币，由财政部收回销毁改铸之。但于规定期限内，仍准各照市价行使。

前项办法及期限，由财政部定之。

第七条　辅币因行使日久自然磨损，致法定重量减少至百分之五者，得向中央银行兑换新币。但系故意毁损，或錾盖戳记，至重量减少、形式改变者，即失其流通效力，不得行使及请求兑换。

第八条　伪造辅币及妨害辅币信用者，依法惩治。

第九条　本条例自公布日施行。

〔国民政府档案〕

24. 交通银行转报山西省发行纸币状况公函

（1936年1月11日）

径启者：据敝大同办事处函报晋省纸币状况三点。兹特转报如次。

一、接收山西省银行已发收回及已印未发行各券并准备金事，经照抄财政部令文转函山西省银行。惟该行在同系属分行，一切均须请命总行。应俟太原总行洽妥接收办法函令该同分行自可遵照交出。

二、近日同地因时局缓和，粮客活动，粮价见涨，农民需款购物，商民于法币信仰渐好。刻与省钞已无轩轾，惟一元及角券仍感缺乏。

三、驻同土货产销合作商行办事处奉省令于本月十一日发行土货券，计分一元、二角、一角三种，凡欲购该店所有晋省土产者，须以现款向晋银号掉换土货券。方可购买，以得廉价之利益，因该店不收其他钞券之故，等语。以上情形，统祈察洽。关于土货产销合作商行所发行之土货券，应以现款掉换一节，于统一发行集中准备之旨，殊有未合，除另函财政部转令该省政府严行取缔，以利法币之推行外，相应函达。此致

发行准备管理委员会

交通银行总行启(印)

〔国民政府发行准备管理委员会档案〕

25.杨兆先奉谕调查硬币涨价事签呈

(1936年3月13日)

签呈一件。为奉谕调查硬币涨价等情形由奉交刘敌强函呈一件，饬即调查硬币涨价，及半元辅币差价情形，研究具报，等因。遵即访晤银钱业领袖，暨中央银行负责人，分别研讨。兹谨将各述意见分陈如下：

一、吴受彤君谓，领用法币，必需硬币，硬币已成货物，势难强与法币同价，倘必使其平衡，硬币将不复见。且硬币价涨，固非良好现象，但银钱业如不高价收买，则硬币价低，而全川硬币恐已为某国人席卷以去，因某国人现因价高，收买较少，否则更不堪设想，此须慎重考虑者也。

二、陈诗可谓，目前商民所疑虑者，不在硬币价高，而在法

币伪券如何防止，如何辨别。中国银行伪钞最多，商民收拒为难，影响于法币者最大。

三、周季悔君谓，与其禁止买卖硬币，不如由中央变更领钞办法，如果中央各行能准以十六、七成以上证券领回法币，则领钞行庄不需硬币，硬币自无高价之余地。一面政府禁用硬币，厉行没收，使持有硬币者，自然趋于向银行换取法币之途，则法币之六成现金准备，仍可维持，而硬币自然不致高涨。

四、康心之君谓，川省原有硬币约五千万元，现在中央银行已收进者约三分之一，其余三分之二，半在流通，半为储藏。一方面法币流通仅四千余万，又多骤集渝蓉万各巨埠，极感不敷周转全省之苦，兼以一元法币太少，乡间掉换困难，遂使硬币既为领钞所必需，更为法币找零所必不可少，硬币之价值自然增高，法币之推行益感困难。为今之计，一面须于领钞之外，如何可以使法币巨量发行，如何可以使其推行及于僻远，一面更须多发一元券及辅币券，使乡间农民，便于交易掉换，然后法币方能推行，否则硬币有其长久之信用与便利，需要既多，价值自然难低减。

五、中央银行王孟范君谓，硬币涨价，曾由蓉行行函陈中央总行，请示办法，中央总行之意，以为目的在集中现金，不必问其价值之高低，至于半元辅币，只要成色尚好，亦已早经规定，每半元二枚兑换法币一元，如成色不足，即与所含纯银成分掉换，倘有商民询问，即可以此种办法答复，饬其径向中行掉换。

上述情况，自为目前事实。查刘敌强所陈半元差价，似可根据中央银行办法复之，至所陈救济办法第一项，如果实行，则法币愈收愈少，现金反难集中，殊嫌不妥。第二项 第三项事实上恐难办到，拟再与中行商酌。第四项，现在硬币尚在展期使用之中，须俟限期满之后，再行考虑。第五项，与银钱业所述颇有抵触，难于实行。惟第六项可请监理处稽核员从中调查。第七项尚可通令各县府照办耳，惟法币与硬币差价，全省皆然，治本固不

可能，治标亦难着手，而某国人乘机扰乱，尤为防不胜防，应否先将川省目前情形，密函呈部，以备参考之处，仍候钧裁。谨呈

特派员关

职杨兆先签呈（印）

三、十三

〔国民政府档案〕

26.孔祥熙关于拒绝冀察政委会强占天津造币厂自铸硬币密电稿

（1936年4月7日）

急。天津肖市长仙阁兄勋鉴：兴密。鱼电奉悉，顷又准冀察政委会江电称：查自行使法币、禁用现金以来，节经调查，平、津各银行号存银为数有限，硬货准备，殊欠充足。为稳定华北金融、巩固法币信用计，实有将天津造币厂恢复铸造之必要。兹由本会暂委参议王子祥充任该厂厂长，责成切实整理，以为复铸之预备，特电奉达，敬希察照备案，并予加委。等由。到部。查本年二月间，曾准贵市府梗电，借用津厂外厂房屋办公，嗣于上月间复准蒸电，借用该厂机件修械造弹，均经电复在案。现冀察政委会又以硬货准备缺乏为词，委派厂长，接收开铸。前后情节既迥不相同，而细核来电，前后衔又仅具机关之名，未知是否出自吾兄与明轩兄之本意。且自法币施行以后，中、中、交三行对于发行极为慎重，必须先有准备，然后发行，其准备金亦由三行及各地发行准备分会分别存储保管，按月检查公告，举世共晓，并无硬货准备欠足之事。况铸币需要币材，即使华北尚有存银，自可按数升算国币，以充准备，亦无改铸必要。若谓铸就之后，拟再恢复兑现，流通市面，不第虑有奸商乘机收买，势必偷运出洋，且恐硬币无多，亦将重演挤兑。至于投机者操纵金融，扰乱市面，

尤在意料之中。是兄等本欲稳定华北金融，巩固法币信用，而结果乃适得其反。献此策者，固非所以为地方谋，尤非所以为兄等谋也。为公为私不得不先述利害，请予垂察，究竟如何，尚乞转商明轩兄赐复为盼。至于现任厂长，仅负保管责任，更易与否，无甚问题也。弟孔○○叩。阳。京。钱印。

［国民政府财政部档案］

27.关于冀察政委会拟以河北省银行发行钞票一事有关文件

（1936年5—8月）

（1）李达[①]关于冀察政委会指定河北省银行为发行钞票统一机关致席德懋[②]密电　（5月25日）

急。业务局达公局长勋鉴：业密。0525电敬悉。昨日报载有冀察政委会训令一件，其文如下：查国家发行钱币，例应统一，中国情形，因向未施行统制，纷乱不堪。近自法币推行以来，市面各项钞券，骤行增多，所有各该发行券行号准备是否充实，发行额有无滥溢，均属未敢深信，诚恐日久弊深，券价惨落，影响人民生活，本会总核冀察政务，在所属区域之内，不能不先筹一完整办法。兹特指定河北省银行为本会统治之发行钞券统一机关。除此以外，无论何人何处及何省市政府，均不准再有新钱币发行。至于具体条款，应如何规定，并环境如何调剂，方为适宜，应即由经济委员会详细计划，以凭核办。合行令仰该会遵照议复，此令。等语。令内语意，对于三行法币，并未指明，路透电所言，似系该社揣测之词，惟前日此间曾发现农民银行钞票，当由冀察政委会下令禁止。故一般推想，或系不准再有新钱币发现，目前对于三行并无如何举动。三行法币市上照常流通，人民乐于使用。将来该经委会如何计划，难以预测，惟前萧市长屡次

① 李达，中央银行天津分行经理。

② 席德懋，字建侯，中央银行业务局长。

声言拥护法币，想不致忽变前议。该会或系应付外交性质，亦未可知。目下津三行仍以镇静态度处置，津市安宁，金融平稳，除有重要消息随时电陈外，谨先电闻，并乞转陈总座。李达叩。

（2）张群转报外交部专员对冀察政委会发行纸币意见致孔祥熙函　（5月27日）

庸之吾兄勋鉴：顷据本部专员报告：据路透社本月二十三日北平电"冀察政务委员会令知经济委员会指定河北省银行在冀察两省平津两市有单独发行钞票权，其他银行不准增加其现有发行数，正由经济委员会拟订细则"。闻察哈尔省政府确曾呈请政务委员会准由察哈尔银钱局发行钞票四百万元，已奉批准，尚未实行。察省府所呈请之事，在政委会往往有一部分人反对，此次集中发行之令或意在打消察哈尔银钱局之计划，惟冀察平津成一金融单位政委会久有动机，日方纵恿尤力。白银之禁止南运，即其一例。现各银行发行数目，业由经委会调查登记，如果不准增加，而河北省银行独能增加发行，则遇有需要时，省银行之发行数目必见扩充，且经过相当时期后，各银行势须以中央、中国、交通等行法币换取省银行钞票。如此则省银行拥有大宗法币，可向中央银行索换外汇，而政府安定外汇之政策，难免不受影响。并列研究意见二项：(一)在政府法币政令下，各省省银行本无发行权。虽事实上各省银行钞票仍在流通，但亦只能收缩，不能扩充。河北省银行不应作为例外。(二)纵因河北省特殊环境，省银行得准发行，但其准备等应遵照中央通行法令，且不能单独享有发行权，使全国法币在冀察平津有不能流通之虑。华北金融动涉外交，谨就管见呈请鉴核。等语。所陈各节，不无所见，特以转阅，用备参考。即候

勋祺

弟张群启　廿七日

（3）孔祥熙与萧振瀛等往来密电

孔祥熙致萧振瀛电（5月30日）

电。天津。萧市长仙阁兄勋鉴：首密。顷见报载，冀察政委会指定河北省银行为冀察发行钞券统一机关，训令经委会详拟计划。等语。如果属实，实于中央与地方俱为不利，特为吾兄言之。查法币对内虽不兑现，但须买卖外汇，换言之，即在外须实行兑现，法币之能见信中外，推行尽利者，即在买卖外汇之作用。河北省银行统制发行，既无充分外汇准备，设若中外人士，持券购买外汇，势必无法应付，该行信用立见崩溃，且自中央实施法币以来，国际间对于法币信用，日益加厚，若于法币之外，复由省银行自由发行，内而破坏币政统一，外而贻友邦以非议，不啻自堕信誉。是该省行所发钞券欲得中外信任，顺利行使，当为势所不能。况中央与冀察原属一体，休戚攸关，纵因地方环境关系，亦应于统一发行、统一准备原则之下，妥筹办法，以期两利。吾兄素持大体，对于法币，尤极维护。此种办法，或系不明情形者所建议，未曾计其利害，如经吾兄及明轩兄详加审度，当亦知其不可。用特专电奉达，想必能善为处置，使其无形消弭也。弟孔〇〇叩。卅。钱印。

萧振瀛致孔祥熙电 （5月31日）

财政部部长孔钧鉴：首密。卅电奉悉。报载冀察政委会训令指定河北省银行为发行钞券统一纸币机关一事。此间根本并无所闻，路远谣传，不足置信。再我公知瀛最深，论公论私，决不破坏国家财政统系。有违我公关爱至意。均希垂鉴。敬请释念为祷。职萧振瀛。

（4）参谋本部通报 （6月9日）

通报　贰让字第110号　二十五年六月九日

天津三井物产株式会社支店长致香港三井物产株式会社支店

长函

河北银行纸币发行权

此次冀察当局规定纸币之发行权，只限河北省银行一家。据我(日本)调查如后。

一、据驻屯军调查班班长长岭(参谋少佐)谈称：冀察当局因财政困难将采纸币政策，已令河北省银行增发纸币。

此事军部已予以谅解，惟对于增发纸币目的，仅能照山西省银行所发行之例，务须保持与其他纸币之同等价值，避免滥发。如今日之山西省流通市面者均以山西省银行所发行之纸币为主云。

二、依领馆及其他方面所得情报如左。

甲、过去此地各外商银行有联合公出约四百万元之现银存入中国之银行公库。此项公出之现银，每一外商银行约占百分之五，均付予贴水与息金(正金与朝鲜两银行未参加)。又以前华北所封存之现银再加中、中、交各银行之纸币作为河北省银行增发纸币之基金之议，闻发行额约一千万元至一千五百万元之谱。

乙、尔后仍继续发行至本年底止，能有五千万元。至来年中可达一万万元之意云（据悉现在流通于河北省内之纸币额大约有一万七八千万元之数）。

丙、此间当局似已决意整理币制，惟力避过激手段，将渐次达到以河北省银行之纸币为主，以南京系之中、中、交各银行之纸币为辅，实行统一发行云（现在通用河北各地之纸币，中国、交通两银行占七八成）。

大体如上所述，昨日上海市场方面因谣传河北将独立之消息，故公债均暴跌，一时混乱无以复加。

实际此地与平常无异，河北省银行纸币与其他银行纸币均照常通用，汇兑亦与上海无大差别。上述各点亦可谓为军部所期望。确立华北经济权独立之第一步，对于今后推演应有充分监视

之必要。右件通报

财政部

参谋本部

(5)孔祥熙致宋明轩电(8月2日)

电北平冀察政务委员会宋委员长明轩兄勋鉴：精密。准铁道部抄送冀察政委会七月廿五日政字第三一三三号训令一件。文曰：查自法币推行以来，市面各项银券骤形增多，本会总核冀察政务，在所属区域之内，不能不先筹一完整办法，以免影响人民生活。兹特指定河北省银行代理冀察金库，并为本会统治之发行银券统一机关。所有本政区所属军政各机关一切收支款项，均应行使该项纸币。除分别函令外，令仰该处转饬所属一体遵照等语。披阅之下，不胜骇异，查我国历来币制紊乱，贻笑世界，年来因金融不安，经济凋敝，以致民生困苦，社会破产，中央为救济起见，乃会集中西经济专家，研讨办法，历时甚久，始决定实施法币政策，以谋安定金融，复兴经济。并设立发行准备管理委员会及各分会，保管法币准备金，以昭大公。凡所举措，中外咸知，全国一致奉行，社会经济，人民生活，渐臻安定。冀察既为中央之一体，自应一律遵行。贵会指定河北省银行为冀察省库代理机关，自无不可，惟发行一节，仍请依照中央办法办理，以符政令，而一币制。特电请察照。并希见复为荷。弟孔〇〇叩。冬。钱。牯。印。

八月二日

(6)宋哲元致孔祥熙电 (8月18日)

孔部长庸之兄勋鉴：冬钱牯电敬悉：精密。承嘱发行一节，嗣后自应依照中央办法办理。特电奉复。弟宋哲元叩。巧。会财。

〔国民政府财政部档案〕

28.行政院陈复财政部关于平津私自发行辅币三十万元经过情形函

（1936年7月28日）

行政院公函　字第三二三一号

案准贵处廿五年七月八日第三九一零号公函，以冀察政务委员会呈报平、津两市发行一分、五分、十分各项辅币三十万元一案，奉谕交行政院嘱即查照。等由。经即饬交财政部核议，兹据陈复略称：查此案前据密报，津市发现大批镍、铜辅币，形式与新辅币相仿，惟花纹、字体，较之真币颇有区别。等情。当以新镍、铜辅币尚未运往平、津发行，即或有旅客携带流入，而其真伪最易辨明。据报前情，显系伪造。案关市面金融及币制统一至巨，经于七月一日分别密电北平冀察政务委员会宋委员长、天津市政府张市长严加查禁，并于七月二日密电冀察政务委员会戈秘书长转达宋委员长办理。嗣准张市长冬电称：津市发现镍、铜辅币，业经饬属查禁。并接戈秘书长支电复称：遵查本会前以平、津地方自实行使用法币以来，市面铜元缺乏，时感不敷周转。为维持金融、便利商【民】起见，经饬天津修械厂试铸铜、镍各种辅币，以备呈准行使。承示据报天津发现镍、铜辅币各节，当系报告之人不明真象，以致误报。现据试铸结果，经本会酌定，拟饬由该厂为平、津两市铸造一分铜币十万元，五分镍币十万元，十分镍币十万元，共拟铸三十万元，交河北省银行负责发行，并在币面上分别轧盖平、津字样。此数之外，不得多铸，以示限制，而防充斥。现已呈报中央备案，等由。复经由部于七月七日，以查造币权应专属于中央，中央造币厂组织法及银本位币暨辅币条例，均有明文规定。前准仙阁兄来电，请借用天津造币厂为修械所之用，当经复电准借。嗣据报告，有人利用该所私铸硬币，经电仙阁兄查询究竟，旋准复称：并非事实。兹得兄电，始知该项辅币确为该修械所所铸。虽曰试铸，而事前未据呈准，即属私行铸造暨破坏中央统一铸造之权，尤与仙阁兄先后电文两歧，殊为骇异。况平、津市面铜元缺乏情形早成过去，即使有供应调剂必要，自可商明本部供给流通，亦未便擅自铸造，应请转达宋委员长，饬所即日停铸，以符功令。至中央铸造辅币之发行，向系十足准备，每发出辅币百分，即准备法币一元，以为兑换。诚以造币本为便民，并非图利。以往各地方政府误认铸币为牟利工具，滥造滥发，毫无兑换准备，贻害社会，紊乱金融，迄今无法整理。本部惩前毖后，不得不严格办理，矫正以往错误。该修械所业已铸成之镍、铜辅币，现在平、津铜元已感充斥，已无发行必要。如必需加盖平、津字样发行，则应照额提供十足准备，交由发行准备管理委员会天津分会保管，以供兑换之需，庶于中央币政、华北金融，两有利赖。统希转达宋委员长察办，仍盼见复。等语。密电戈秘书长。旋据删电复称：辅币已遵命中止发行，所拟办法当告由魏伯聪兄面陈，等语。又据中央、中国、交通三行会衔呈请核示到部，并经分别密行三行转饬平、津各分行：在未经依照本部阳钱电提供十足准备交天津发行准备管理委员会保管之前，对于该项辅币，不予收兑，各在案。理合陈复鉴核，等情。据此。相应函复，即希查照转陈为荷。此致

国民政府文官处

院　长　蒋中正

中华民国廿五年七月廿八日

〔国民政府档案〕

29. 孔祥熙关于制止冀察政委会自铸辅币与戈定远来往密电

（1936年7月）

（1）孔祥熙致戈定远密电稿　（7月2日）

北平冀察政务委员会戈秘书长卓超兄鉴：首密。据报：津市近日发现大批镍、铜辅币，形式与新辅币相仿，惟花纹字体较之真币颇有区别，等语。查新镍、铜辅币尚未运往平、津发行，即或有旅客携带流入，为数应属极少，据报前情，显系伪造无疑，业经电请明轩、荩忱两兄严加查禁在案。复查各国发行辅币，均有十足准备，以供兑换，方能保全信用，维持法定兑价。我国昔年各省滥铸辅币，以为牟利工具，卒致兑价惨落，贻害无穷。现中央鉴于以往覆辙，对所发新辅币，概系照数十足准备以固法定兑价，实无何项利益。外间每以铸造辅币，可得厚利，实属不明真相之论，特顺笔附及，务祈转达明轩委员长，并请对于该项伪造辅币，迅予查禁，以维币政，仍希见复为荷。孔〇〇。冬。钱。印。

（2）戈定远致孔祥熙密电　（7月4日）

南京孔部长钧鉴：擁密。冬钱电奉悉。遵查本会前以平、津地方自实行使用法币以来，市面铜元缺乏，时感不敷周转。为维持金融、便利商民起见，经饬天津修械厂试铸铜、镍各种辅币，以备呈准行使。承示据报天津发现镍、铜辅币各节，当系报告人之不明真相，以致误报。现据试铸结果，经本会酌定，拟饬由该厂为平、津两市铸造一分铜币十万元，五分镍币十万元，十分镍币十万元，共拟铸三十万元，交河北省银行负责发行，并在币面上分别轧盖平、津字样，此数之外，不得多铸，以示限制，而防充斥，现已呈报中央备案矣，承注谨复。戈定远叩。支。印。

（3）孔祥熙致戈定远密电稿　（7月7日）

北平冀察政务委员会戈秘书长卓超兄鉴：擁密。支电悉。查造币权应专属于中央，中央造币厂组织法及银本位币暨辅币条例，均有明文规定。前准仙阁兄来电，请借用天津造币厂为修械所之用，当经复电准备。嗣据报告，有人利用该所，私铸硬币，经电仙阁兄查询究竟。旋准复称，并非事实。兹得兄电，始知该项辅币，确为该修械所所铸，虽曰试铸，而事前未据呈准，即属私行铸造，既破坏中央统一铸造之权，尤与仙阁兄先后电文两歧，殊为骇异。况平、津市面铜元缺乏情形早成过去，即使有供应调剂必要，自可商明本部供给流通，亦未便擅自铸造，应请转达宋委员长，饬所即日停铸，以符功令。至中央铸造辅币之发行，向系十足准备，每发出辅币百分，即准备法币一元，以为兑换，诚以造币本为便民，并非图利。以往各地方政府误认铸币为牟利工具，滥造滥发，毫无兑换准备，贻害社会，紊乱金融，迄今无法整理。本部惩前毖后，不得不严格办理，矫正以往错误。该修械所业已铸成之镍、铜辅币，现在平、津铜元已感充斥，已无发行必要，如必需加盖平、津字样发行，则应照额提供十足准备，交由发行准备管理委员会天津分会保管，以供兑换之需，庶于中央币政，华北金融，两有利赖。统希转达宋委员长察办，仍盼见复为荷。孔〇〇。阳。钱沪。

[国民政府财政部档案]

30.英国财政顾问罗杰斯对于建议发行不兑换货币问题之意见

(1936年10月10日)①

1.照译对于建议发行不兑换货币问题之意见

窃按议者谓，农民贫乏不堪，今岁收获虽丰，尚须多发通货以利交易。且生产事业，在在需款，以资实施。是以应由财政部发行新币一种，用金属或纸张造制，其面值不逾一元，规定不得折兑外汇，以与法币区别。至于面值一元以上之法币，则由政府之银行继续发行，仍旧照兑外汇。

---

① 时间为罗杰斯致孔祥熙函(英文)日期。罗杰斯系随同李滋罗斯使华代表。

赞成此议者又谓，依此办法，目前各省自发之纸币多种，卒得集中统制，按此种目标，固属合于原理，惟欲达此项目的，仅须行政措施可矣。奚必出此立异创新之举哉!

议者又曰，上项计划，系援一九一四年欧战暴发时英国政府发行一镑及十先令流通券之前例，以为根据，此说允属无稽。盖该项流通券暨英伦银行之钞票，于欧战期间内，按照其法律之规定，始终均得兑换金币也。

议者又谓，今日德国曾有不兑换马克与可兑外汇之马克，同时并行，更非确论。盖不兑换马克一项，依法德人不能使用，仅外籍之人有使用之权，是以国内并不流通，且该项马克，实非德国之特殊货币，乃为不能自德国输出之外资而冻结于德国者，故其数额有定，非德国所得任意增加。

上述建议之要点，乃该项新币，只应用于国内，如支付薪工之类，庶可避免中央银行外汇准备需求之增多。此点固属非常重要，但实际上此种限制，碍难施行。譬如建筑桥梁一座，其所需薪工，果可以不兑换货币支付，但铁料、木料等项，非在中国所能购到者，势必用外汇采办。即薪工支款，结局亦有仍须动用外汇之处，盖工人之食米、衣料一部分，尚须仰给于外洋也，此项用途，既须动用外汇，则该项新币与法币间之折算办法，须予统筹，如办理申请许可暨银行帐户之统制等项，手续繁复，而规避舞弊之事，仍难幸免。至于商业机构之因而停滞，其所致损害之大，更不必言矣。要之以各国近数年来对于统制货币所获之经验而言，中国而欲试行此项计划，其结果定然失败，实无疑义。此项问题及其与统制外汇较广问题之关系，容于另具之节略内，再为申论。上述建议，尚有一种绝大窒碍，乃海外各国，势必视为通货膨胀之先声，外人之心目中，必将以为该项新币发行之后，其影响于物价及汇兑准备，当与膨胀法币相同。于是凡有资财投于中国者，无不亟欲于币值之贬落之前，纷纷提去。如是，则中央银行之准备，势必迅即耗尽。而汇兑之低落，亦不能免。其施行该项新币所求避免之危害，反而急转实现。兹为此说，并非故作危言，只须返考昔日每遇某种货币行将发行之谣传（如关金券之说即其一例），汇兑市场即生重大恐慌，可以知矣。

查建议内对于安定外汇及保存中央货币准备两层，甚为注意，此点诚属切要。盖汇兑一不稳定，非但商业大受影响，即施行该项新币之根本目的在筹款，以资开发国内事业，亦无从而达矣。中国不幸而为资金贫乏之国，故必须吸收他国人民之过剩储蓄，方为有利。若中国徒恃本国之储蓄，其发展必无端而滞迟。然设使欲用外资，自必先使投资人确信其所投之资，不致受币值低落之损失。今日外资之迟迟流入，大半因中国政治金融未臻安定之故。近来内争息减，外债信用因整理旧欠而重立，前途正可乐观，措施稍一不慎，则前功尽弃，岂不可惜。是以就远大之目光观察，安定币值之重要，固不待言，实则以目前情形观察，更有安定之必要。盖现在国防计划、物资方面，端赖外洋之供给，币值苟不安定，所费必致增加，国防计划之进行，不将因之而妨碍乎？不特此也，华侨汇款，亦必以惧汇兑之低落而停滞。目前香港等处，存有大宗款项，停留不汇，即此之故，无庸讳言。

发行不兑换货币之危害既属甚大，而其实施又势必至于失败，此项建议之宜予以拒绝，固已显然。然则当前之问题，如改善农民生活，举办建设事业，适应预算等等，在在需款。而所入不敷所出，将若之何？管见所及，以为首须定其缓急先后，然后以最经济之方法，分配所有之款项，俾于可能范围之内，获最大之效果。如果届时所需之款较之国内可用之储蓄（政府在市上所能发行债券之数额，即可视为指示之限度），以及国外可筹之外债，均已超过，则除非增加赋税，惟有通货膨胀之法，可以筹款。发行新币之议无他，亦不过通货膨胀之变相耳。虽然欲求解决当前之困难，固有自道，尽量运用现有办法而力避冒险与非必要之非常手段，方为上策。此策为何？松动银根政策是也。

吾人讨论此项问题之际，对于流通货币之需要一节，不可为流俗之说所蔽。持发行新币之议者谓，中国通货每人平均数目，远在各国之下。但在任何社会内流通货币之数目，大半视人民之财富习惯而定。人民不能仅藉发行纸币而成为富足，此由中国本身之经验即可知之。中国通货平均数目之低，固自有其原因。如生活程度之低微，以及物物交易之风气均是也。然欲求货币之增加，不必专恃通货之扩充，如增加银行间相互流通之资金，即术语所谓银行货币或银行信用者，目的亦可达，而危险较少。换言之，吾人当前之问题，其症结乃在使银行放款，得以较为松动。然目前有一重要障碍，即为法律上对于地产押款到期不赎不易处分之制限。因此之故，无论抵押品如何良好，银行家不愿放款。于是道契一项，向来视为最优之抵押品为金融界互相通融之筹码者，今则拒不接受，是以今之要图，乃将法律条文修改，俾银行资金，复得流通畅达。此项问题，不仅限于上海一隅，与全国全部，亦有关系。盖一旦上海各银行之资金得以活动，余款自然即可流至他处也。

至于增加银行放款之方法，任何建议，必须顾及银行之现金状况。盖银行之增加放款，自有限制，即其库存现款数额，不得任其低落于安全水准之下也。此点于银行制度及中央银行改革计划内至加注意，并可使其实现。其计划之根本主旨，乃将银行准备集中于中央银行，并规定办法，俾中央银行得能增加现金准备，以为银行全体增加放款之基础也。虽然此项松动银根之政策未尝无连带之危险，其最后之结果，与增多法币，仍属相差无几。故“银行信用”之扩张，如果欲使不致过滥，必须加以有效而且合于理智之统制。其统制方法尤须兼施于法币与“银行信用”两种，如有一、二银行不愿参加此项集中制度，依然单独发行纸币，则统制即难收效，故集中发行及银行准备，实为施行松动银根政策之根本需要。然此项政策，亦不能认为全无危险，但果为国策关系，而不得不予施行，则只可于相当防范之下行之，即统制发行及统制银行准备二者兼是也。设使舍此政策而另图他计，则筹款之道，惟有粗劣率直之通货膨胀而已。

银行制度与中央银行之强化，于中国今日风云险恶之秋，尤不可缓。盖战之一事，非钱不可，设使战端初开之时，银行制度即已崩溃，则战事金融流通之命脉已断，任何力量均难支持。不幸今日中国之银行制度，甚为脆弱，殊不适于极度紧张之情势，此乃银行改革计划，须予迅即推行之又一理由也。

兹将上述各节再予简括说明如左。

一、发行新币之议，所引英德之例，殊不确切。发行新币之结果，与法币膨胀之结果不相上下，而其显示之征象，当亦相同，即物价涨而外汇紧，资本且将急速逃避，而币值亦且低落，该项建议原拟避免之危害，反而为之促致矣。

二、中国而欲利用外资，从事国内之建设事业，必须安定汇兑，事乃有济，而使华侨民汇款，亦可源源而来。

三、货币额数供不应求一节，似有言之过甚者，究厥原由，实以银行机构之未臻完善，乃致资金之不能调度应用，故修改关于地产受抵人各项权利之法律条文，为今日之要图，俾上海资金，得以活动，以流入中国其他各处。

四、如果整顿国防及建设事业，必须积极举办至某种之程度，以致可用资财之量，不足以应其需要，则筹款办法，惟有出于膨胀政策之一途，膨胀之形式固不一，在今日形势之下，可采之膨胀形式，须择其危害最少者，并须加以有效而且合于理智之统制。其适宜办法，可求之于集中发行及银行准备之制，在此制度之下，银行信用之扩张，即可供财政上之需要，而较任何形式通货之发行膨胀，实为妥善，此所谓："松动银根"政策是也。

至于通货或"银行信用"之扩张过度，固均有害，即物价腾涨，外汇低落，是此不可须臾忽视者也。中国今日当前之问题，世界各国之经验上，并非未曾遇到，其他各国既无千金良方，如议者所谓新币发行之类，则在中国何能独异。盖经济原理，世界各处完全相同，无论其国内情形如何，其结局不免出于一辙。至于以上所述之救济计划大纲，可谓中国金融及经济复兴之无上贡献，实施愈早，当收效愈速也！

2.照译对于外汇统制节略

谨按近来有人建议统制外汇，其理由为三行外汇准备外流，须将对于外汇之需求，加以统制，并将正当需要与投机营业加以区别，以资节制。

此等区别，骤视之，似甚简便，不知事实上极难施行。盖请购外汇之时，固须声明用途，但其声明难免作伪，对此实无防维可能，且各国对华尚有治外法权，绝对统制，殊属非常困难。外籍银行之可得其合作者虽多，然设有一家不能合作，统制之法，即完全不能施行，且以各国曾经试办外汇统制之经验而言，政府所立之条例，无论如何周密，不肖之徒自有其取巧规避之方。凡出口商家有外汇款项可收者，自有人欲购外汇而其用途在禁例之列者，向彼申水收买，似此即于中央银行之外。另有外汇副市场，即所谓黑市场者存在。在此市场内，国币之易外汇，必有一种折扣。

为避免此种情事，除统制进口贸易之外，尚须统制出口，然统制出口，比之统制进口，尤为繁难。盖一种繁重之出口申请及检查制度必须制定，海关关员亦须增添，以备稽核激增之出口估价，并给予货物过关之凭证，而在边疆地方，着手更难，故此制施行之后，恐于进口走私之外，又将有出口走私盛行。至于收取出口货价之外汇，其困难与迟延，殆将尤甚。中国之出口货物，种类繁多，一一稽察，劳人费时，势有难能，况乎扰害商业，亦不在少，兴言及此，能无动怀，一言以蔽之，统制之制度，隙漏太多，万无补苴之术也。中央银行对于出口之进款，既难收到，而对于进口之付款则仍须支出，于是外汇准备，不免直趋降落，而一般情形，且较统制以前尤为恶劣。

除以上所述各项反对理由之外，尚有信用上之影响，亦应考虑。统制之议，一经传出，民间必将惊惶相告，赶早将其资财移至国外，以免统制之后，不能移动。盖此种制度，即使决定施行，设立机关需时，消息难免走漏，故于颁布之前，中央银行之外汇准备，恐已消耗不少矣。

不自然之统制，徒损商业而无一利。彼英德二国，机构完备，而其国民性又极能守法，尚且深悔其两国间统制外汇之孟浪，其他各国之实地经验，亦属相同，更可谓无一得有统制之益，而莫不悔作此无益之举。各国之经历既若此，中国乌可再蹈其覆辙耶。总之外汇之统制，乃国家之最后一着，必至各种办法，皆已失败，乃姑作此举之尝试。中国情形，尚不至此，故无论如何，此议必宜拒绝。

今请再就主张此议者所持之理由而论之，彼固曰：中国之外汇，日渐短绌也。窃尝就国家银行所售之外汇而分析之，大致可别为三项：(一)投机者所购入。(二)进口商预结外汇所购入。(三)资金之逃避。(一)、(二)两项之影响，系暂时性质，投机者早晚必须抵补。而进口商之汇款，则不过提前办理，中央银行正可因此得免嗣后货到时之需求。惟有资金逃避一项，实属可虑。但此事亦无从直接处治，其惟一可能之救济方法，乃尽力避免摇动信用之举而已。乃外汇统制之谣传，正大足以摇动人心，一经传播，必致疑虑大兴而争购外汇，是外汇准备非特不能维持，而且消耗更多。与建议者之目的，结果适得其反。

今日中国之货币情形，殊为稳固，外汇标准价格，亦甚适当，吾人殊无惶虑之理，不然，年来汇兑，安能若是之稳定。而国家银行之准备，亦安能如目前之充足，故对于货币之安定，如怀悲观态度，实属非是。至若战争发生，则又不可同日而语。今日尚非至此万不得已之时，作无病之呻吟，虽非图自杀，亦至愚之计也。

基于以上之论列，统制外汇之议，实属有害，而非必要，其施行也，有万难而足以致绝大之祸患。谨略。

〔孔祥熙个人全宗档案〕

31.蒋介石坚持辅币必须由政府发行电

（1937年2月7日）

孔副院长庸兄勋鉴：恰密。翁秘书长来电称：劳杰士向彼表示，对于修改中央银行组织，认为减低准备金高借款，将使世界同情者失望。拟见我兄切实说明，等语。彼年轻而又不明我国情形，弟意对于修改该法、公布各点，不妨酌采专家意见，予以考量审酌。唯辅币数量必须由政府发行，庶几政府对各种建设资金稍有挹注运用方法，且辅币原定发行有确定之比率，亦有确定准备，故决不虞有流弊，此节必须坚固，千万不可放松。如将来实行之后，觉有改归中央银行发行之必要，则届时仍可修改办法，并无不便也。请兄照此办理为荷。弟中正叩。虞侍秘。杭。印。

〔国民政府财政部档案〕

32.财政部钱币司检送1928—1937年国币对金价值指数计算表函稿

（1938年5月10日）

司函。准贵处送到国联秘书处调查表，嘱为填注一九二八年至一九三七年，我国货币对金价值指数，并以一九二八年为基年。等因。兹就国币内所含纯银重量按照各该年份伦敦银价逐年列算，并以我国于二十四年十一月三日施行法币后，法币与英金订有一定汇率，国币价值已脱离伦敦银市之羁绊。故自二十四年十一月份起，另就法币汇价比照基年国币对金价值计算指数，相应检同国币

对金价值指数计算表连同原件，送请查核酌办为荷。此致
会计处

附国联调查表及国币对金价值指数暨计算表各一纸。

我国国币对金价值指数

(另附计算表)

(一)根据伦敦银价计算

1928	1929	1930	1931	1932
(17)	(18)	(19)	(20)	(21)
d	d	d	d	d
20.55689	18.8278	13.5444	11.09495	13.68858
100.00	91.588	65.887	53.971	66.588
1933	1934	1935	1936	1937
(22)	(23)	(24)	(25)	(26)
d	d	22.03679d	d	d
13.9047	16.09799	14.5	14.5	14.5
		107.199		
67.64	78.309	70.536	70.536	70.536

注一：自1929年起至1935年十月止，系就国币内所含纯银重量按照各该年分伦敦银价计算。

注二：自1935年十一月起至1937年止系就法币汇率14.5 d 比照基年国币对金价值计算。

注三：一九三五年指数共分两种。其第一种为107.199，系根据是年一月至十月伦敦银价之平均数计算；其第二种为70.536系根据法币汇率计算。

总理纪念币重量库平7.2 钱成色 89 内含纯银 6.408 钱 = 23.9024808公分

银本位币重量26.6971公分成色89内含纯银23.493448公分

1928年(民国17年)伦敦银价　$10z = 26\frac{3}{4}d$

$10z = 31.1035g$

$31.1035 : 23.9024808 :: 26\frac{3}{4} : x \quad \therefore x = 20.556894d$

$\underline{20.556894d = 100}$

1929年(民国18年)伦敦银价 $10z = 24\frac{1}{2}d$

$31.1035 : 23.9024808 :: 24\frac{1}{2} : x \quad \therefore x = 18.8278d$

$\underline{18.8278d = 91.588}$

1930年(民国19年)伦敦银价　$10z = 17\frac{5}{8}d$

$31.1035 : 23.9024808 :: 17\frac{5}{8} : x \quad \therefore x = 13.5444d$

$\underline{13.5444d = 65.887}$

1931年(民国20年)伦敦银价　$10z = 14\frac{7}{16}d$

$31.1035 : 23.9024808 :: 14\frac{7}{16} : x \quad \therefore x = 11.09495d$

$\underline{11.09495d = 53.971}$

1932年（民国21年）伦敦银价　$10z = 17\frac{13}{16}d$

$31.1035 : 23.9024808 :: 17\frac{13}{16} : x \quad \therefore x = 13.68858d$

$\underline{13.68858d = 66.588}$

1933年（民国22年）伦敦银价　$10z = 18\frac{3}{32}d$

$31.1035 : 23.9024808 :: 18\frac{2}{32} : x \quad \therefore x = 13.9047d$

$\underline{13.9047d = 67.64}$

1934年（民国23年）伦敦银价　$10z = 21\frac{5}{16}d$（以下改用银本位币成色）

$31.1035 : 23.493448 :: 21\frac{5}{16} : x \quad \therefore x = 16.09799d$

$\underline{16.09799d = 78.3094}$

1935年（民国24年）伦敦银价　$10z = 28\frac{15}{16}d$

$31.1035 : 23.493448 :: 28\frac{15}{16} : x \quad \therefore x = 21.8574d$

$\underline{21.8574d = 106.3263}$

1936年（民国25年）伦敦银价　$10z = 20\frac{1}{16}d$

$31.1035 : 23.493448 :: 20\frac{1}{16}d : x \therefore x = 15.15383d$

$\underline{15.15383d = 73.716}$

1937年(民国26年)伦敦银价　$10z = 20\frac{1}{16}d$

$31.1035 : 23.493448 :: 20\frac{1}{16} : x \quad \therefore x = 15.15383d$

$\underline{15.15383d = 73.716}$

法币汇率14.5d

1935年(民国24年)$14.5 : 20.556894 :: x : 100$

$\therefore x = 70.5359$

1936年(民国25年)同上年

1937年(民国26年)同上年

(1月)(2月)(3月)(4月)(5月)

1935年(民国24年)银价　$24\frac{5}{8} + 24\frac{3}{4} + 27\frac{1}{4} + 30\frac{15}{16} + 33\frac{3}{4}$

(6月)(7月)(8月)(9月)(10月)

$+ 32\frac{9}{16} + 30\frac{3}{16} + 29\frac{1}{16} + 29\frac{1}{4} + 29\frac{3}{8} = 291\frac{2}{16}$

$291\frac{12}{16} \div 10$ 伦敦银价$Z = 29.175$(一月至十月之平均数)

$31.1035 : 23.493448 :: 29.175 : x \quad \therefore x = 22.03679d$

$22.03679 = 107.199$

〔国民政府财政部档案〕

（2）法币政策的实施

1.财政部币制研究委员会章程

（1934年4月12日）

财政部币制研究委员会章程　二十三年四月十二日　部令公布五月一日修正第二条

第一条　财政部为研究币制改革事宜，特设币制研究委员会。

第二条　币制研究委员会设委员若干人，由财政部长聘任或遴派之，并于委员中指定一人为委员长。

第三条　币制研究委员会开会时由委员长主席。

第四条　币制研究委员会设秘书长一人，秘书二人，办事员若干人，由财政部长派充。

第五条　币制研究委员会应行研究事项如左。

（一）关于改用金本位事项。

（二）关于银本位事项。

（三）关于各种旧币事项。

（四）关于辅币事项。

（五）关于取缔私铸事项。

（六）关于造币厂改良事项。

（七）关于各地方银铜元之运输调剂事项。

（八）关于纸币事项。

（九）关于取缔私发纸币事项。

（十）财政部长交议事项。

第六条　币制研究委员会委员对于第五条所列各事项，均得提出议题，请付讨论。

第七条　币制研究委员会议决案送请财政部长采择施行。

第八条　币制研究委员会办事细则另定之。

第九条　本章程自公布日施行。

〔国民政府财政部档案〕

2.日外务省与驻华使馆关于英美将派代表赴华调查以及中国欲实行币制改革来往电①

（1935年4月8—10日）

（1）东京外务省致上海日本公使馆电　四月八日午前九时发

据驻美大使报告：英国政府之对华政策，基于确保英国资本之在华优越地位，及阻止日本资金，允许单独借款，作为小额民间借款之决议，支持宋子文对华单独民间援助之斡旋，经已成功。然现在中国之穷状，益形深刻化，英国政府以小额援助，自国之民间投资，恐归画饼，故对美国政府非正式提议：共同派遣专门委员调查中国财政经济之现状，基于调查之结果以作共同财政之援助，正在折冲中。而驻美施肇基公使访问美国务省〔卿〕，以美国银政策之结果与中国以如何之痛苦请其派员调查，因之，美国政府决定调查其买银政策，及于中国之影响，而对中国提议之对华共同调查即予赞成。故英美共同援助已有具体化之模样，乞对英美驻华外交机关之行动，须严密注意。

（2）上海日本公使馆致东京外务省电　四月九日午前十时发

宋子文、孔财政部长受英国方面之援助，中英民间借款经已成功。又由于金融机关之统一，其兑换券办法行将实施，且有根据通货膨胀政策，使解消其国内金融恐慌之企图，但于中央银行纸币之发行，使其强化，须得西南派之谅解，即宁粤合作为其先决问题。故南京政府派遣代表赴粤，关于具体案之协议，有开始交涉之模样。

---

① 系参谋本部4月23日致财政部之抄件。

（3）东京外务省致上海日本公使馆电　四月十日午前九时发

本省鉴于欧美各国之派遣对华视察团，日本于对华经济上及亲善工作上亦应组织有力之经济视察团，使视察中国各地解消反日感情，且使调查提高关税之实情。此案正在计划中，希将此案提出总领事会议讨论。

〔国民政府财政部档案〕

3.顾翊群呈报赴欧考察各国币制金融问题经过

（1935年4月19日）

敬呈者：窃翊群于去岁奉派出洋，研究各国币制、金融问题，当于五月间搭乘意船康特维特号赴欧，六月初至意大利即遣赴日内瓦从事考察，经国联驻中国技术合作代表拉西曼先生之介绍，在国际联盟财政股及经济股研究三阅月，其间曾受吾国驻国联代表团办事处之委托，出席国联经济委员会陈述吾国经济发展状况及趋向，并参加日内瓦之经济学会与国联及国际劳工局暨日内瓦大学诸学者如Lovody、Stopani、Charon、Condliffe，de Rordes，Haborler，Martin，ohlin诸先生叠次讨论，对国联之财政经济出版品略有搜集，继至瑞士之Bale城入国际清算银行 Bank for International Settlements 考察约十日。与该行之重要职员，如董事长美人 Fraser 氏、总经理法人 Queaney 氏、协理德人 Hulse氏、银行部经理比人 Van Zeeland 氏、经济顾问瑞典人 jacobsson 氏，以及其他职员多所往还讨论，并承赠该行研究报告多种，继赴巴黎入法兰西银行Banque de France 考察约六星期，经该行研究部部长Lacour-Gayet氏派部员 Coste 氏陪同，至各部参观，并为解释巴黎金融市场之特色，该行前副总裁 Rist 教授及总裁Moret 氏均承延见。此外复访问法国财部司长 Rueff 氏，以及外部司长Gemerz氏，暨在二私家银行Lcuis Dreyfus & Co，及Lazard Freres　稍事参观，于十月底至伦敦即入英兰银行考察约两月，经该行国外部派员Fisher氏陪同至各部参观，并介绍与各重要职员晤面，如总裁Norman氏、董事Kindersley氏，经济顾问Clay教授、总经理Peppiatt氏、国外部部长Siepmann氏、自治领股股长Kershaw氏，以及研究部长Mynors氏等均经接谈，而与Kershaw及Mynors二氏以学术上兴趣相同，对世界及中国之经济问题曾迭次交换意见，此外私人银行如Westminster Bank金银经纪人，如Rothschilds，Jehnson & Mathew，Mocatta & Goldamid，以及Samnel Montagu诸银公司均往访问，并调查其业务情况，对英国财部方面曾与其次长Waley氏及研究部长Hawtrey氏晤谈。Hawtrey氏为货币专家，先后对货币理论暨中国货币政策与群讨论多次。此外学者中如Salter、keymes、Gregory、Withers、Robbing、Hayek、Dalton等，均经迭次访问。学术机关如皇家外交协会暨银行学会等，亦承其允以图书借用，并在皇家外交协会讲演中国经济问题一次。濒行时曾赴皇家造币厂参观。于本年一月底离英赴德。在德意志银行考察两星期。除承总裁Sehacht招宴外，并与其他重要人员如Nordhoff、Pohl、Blessing、Doering等迭次谈话，藉[知]德国经济政策之方向。此外德国国防经济部，以及Dresdner Bank等亦曾往访问。旋于二月十五日离德赴美，在美国纽约联合准备银行考察一星期，与该行学者如副总裁Burgess氏、经济顾问Williams氏、统计长Snyder氏，以及研究部长Roelse氏等交换意见。此外并至花旗、大通二银行及J.P.Morgang Co访问。对吾国经济现状有所阐述。旋至华盛顿金融善后公司Reconstruction Finance Corp晤副总裁Talley氏，财部晤次长Coolidge氏及货币平衡基金管理员Lechhead氏暨研究专员Buck教授。又在国务院晤东方司长Hornbeck氏及经济顾问Feiss氏，虽已调查美国经济金融现状为主要目的，对白银问题亦有涉及。过芝加哥时，曾抽暇一访美国对华新银团主动者大陆商业银行之Abbct

氏，遂至旧金山搭President Cooidge船返国。同船者有美国来华经济调查团，以友人之介绍，曾迭次与该团团员谈话，请其研究美国银政策对中美贸易之影响，以及美国对华投资之可能性及途径。于本月八日抵沪。此行先后共十一月，所遇各国财政金融暨学术界领袖甚众，所搜集之报告杂志书籍亦颇不少。惟因各国情形不同，政策互异，且各家派别攸分，理论异致，个人方面，虽学问受益极大，然迄未敢遽下断论，认吾国应根据某种理论、效法某国行动、采取某种政策。诚以国情不同，且群又离国日久，对国内近况多所隔阂，未敢冒昧建议，致负钧会托付之重，敬迄假以时日容将揣归文件书籍逐一整理研究，同时对国内经济现状加以考察，然后随时拟具说帖，呈请鉴核。所有在海外考察经过，理合先行具文呈报，仰祈察存备案，实深感祷。此呈
国防设计委员会

奉派赴欧美币制金融考察员　顾翊群谨启(印)

中华民国廿四年四月十九日

[资源委员会档案]

4.阎锡山与孔祥熙关于币制问题来往电

(1935年8月)

(1)阎锡山致孔祥熙代电(8月10日)

太原绥靖公署代电

南京。李子范兄转孔部长庸之兄勋鉴：闻中央授权我兄，全权处理金融，必要时停止兑现。弟对金融问题，前承敬之兄衔介公之命见商，仓卒间未能详述意见，因之时加考虑，敢以一得之愚，贡献于我兄。金银价值，因不足不便之故，代以纸币，按成准备，已坐不兑现之基，加以出超有国，金银已成偏聚，而金

银每利宽困窄。出超而不兑现，尚可运用自如；入超而不兑现，必成废纸。故近代经济命脉，常为出超国家所操纵；币战而失利，终归入超国家所遭受。以我国今日之国情与环境，倘若施行不兑现，纸币必跌价，社会恐慌，人民怨望，政府收入顿减。为抵补计，不得不增发纸币，愈增发愈跌价，社会愈恐慌，人民愈怨望，人民之损失必不减于欧战时之不兑现诸国。而我国民智未开，其怨望必胜于欧战时之不兑现诸国，于此主义、经济、武力交相压迫之今日，反予主义之我者以大隙，乘怨望之人心，恐慌之社会，煽动民众，顿增危险，授经济亡我者以巨柄，由不兑现之空隙，操纵经济，使我失其自由，启武力亡我者之野心，乘我恐慌紊乱、民怨之际，为所欲为，诚恐国家前途，骤增荆棘。我兄司农才长，必有远虑，弟公余浅见，无补高深，特心为之虑，电供参考。弟阎锡山。蒸叩。印。

（2）孔祥熙致阎锡山电稿　（8月22日）

太原绥靖公署阎主任百川兄勋鉴，子范兄转示蒸电，敬悉关怀币政，远锡南针，语重心长，良殷纫佩。我国币制紊乱，国民政府成立以来，对于现币整理，则有二十二年废两用元　确定银本位币，现更努力研究改革辅币。对于纸币整理，除在旧财政部取得发行权各行暂仍旧贯外，不再准许任何银行有发行权。而于发行准备，稽核尤严。既责之以按旬呈报，复时施以实地检查，于是从前紊乱之币制，渐入清明之正轨。行政已著效率，岂可半途废弃。近因美国购银法案，提高银价，我国白银流出颇多，影响金融甚巨。政府为自卫计，施行银出口税兼课平衡税，以杜渔利输出。又颁布查缉私运各种办法，以防走私，艰苦应付，无非欲巩固历年整理现币及纸币之政策，而世人不察，反相惊异，时起谣传。窃查各国通货政策虽不一致，要皆各顾国情，因时制宜，我国国情既与人殊，讵容轻相仿效，自滋纷扰，致隳前功。总之，政府货币政策，必以国利民福为前提，维护金融，彼此实共同情，辱荷教益，敢不拜嘉，胪陈事实，并乞垂察。弟孔〇〇。钱养。印。

〔国民政府财政部档案〕

5.财政部关于施行法币布告
(1935年11月3日)

财政部布告

自近年世界经济恐慌，各重要国家相率改定货币政策，不许流通硬币。我国以银为币。白银价格剧烈变动以来，遂致大受影响。国内通货紧缩之现象，至为显著。因之工商凋敝，百业不振，而又资金源源外流，国际收支大蒙不利，国民经济日就萎败，种种不良状况，纷然并起。计自上年七月至十月中旬三个半月之间，白银流出凡达二万万元以上。设当时不采有效措施，则国内现银存底，必有外流罄尽之虞，此为国人所昭见者。本部特于上年十月十五日施行征收银出口税兼课平衡税，藉以制止资源外溢，保存国家经济命脉，紧急危机得以挽救。顾成效虽已著于一时，而究非根本挽救办法。一年以来，各界人士纷纷陈请政府设法挽救。近来国内通货益加紧缩，人心恐慌，市面更形萧条，长此以往，经济崩溃必有不堪设想者。政府为努力自救，复兴经济，必须保存国家命脉所系之通货准备金，以谋货币金融之永久安定。兹参照近今各国之先例，规定办法，即日施行。

一、自本年十一月四日起，以中央、中国、交通三银行所发行之钞票定为法币，所有完粮、纳税及一切公私款项之收付，概以法币为限，不得行使现金，违者全数没收，以防白银之偷漏。如有故存隐匿，意图偷漏者，应准照危害民国紧急治罪法处治。

二、中央、中国、交通三银行以外，曾经财政部核准发行之银行钞票，现在流通者，准其照常行使，其发行数额以截至十一月三日止流通之总额为限，不得增发，由财政部酌定限期，逐渐以中央钞票换回，并将流通总额之法定准备金，连同已印未发之新钞及已发收回之旧钞，悉数交由发行准备管理委员会保管。其核准印制中之新钞，并俟印就时一并照交保管。

三、法币准备金之保管及其发行收换事宜，设发行准备管理委员会办理，以昭确实而固信用。其委员会章程另案公布。

四、凡银、钱行号、商店及其他公私机关或个人，持有银本位币或其他银币、生银等银类者，应自十一月四日起，交由发行准备管理委员会或其指定之银行兑换法币。除银本位币按照面额兑换法币外，其余银类各依其实含纯银数量兑换。

五、旧有以银币单位订立之契约，应各照原定数额，于到期日概以法币结算收付之。

六、为使法币对外汇价按照目前价格稳定起见，应由中央、中国、交通三银行无限制买卖外汇。

以上办法，实为复兴经济之要图，并非以运用财政为目的，即中央银行之组织，亦将力求改善，以尽银行之职务。其一般银行制度，更须改革健全，于稳妥条件之下，设法增加其流动性，俾其资金充裕后，得以供应正当工商企业之需要，并将增设不动产抵押放款银行，修正不动产抵押放款法令，以谋地产之活泼。现经本部切实筹划，不日呈请，次第施行。国家财政管理之措施，亦已筹有办法，可期收支之适合。且自此发行统一，法币之准备确实，监督严密，信用益臻巩固。所望全国人民，咸体斯旨，一致遵行，共跻国家于繁荣。事关救国要政，如有故意阻挠造谣生事或希图投机高抬物价者，定即执法严绳，不稍宽贷。除分行外，合亟布告周知。此布。

财政部长　孔祥熙

中华民国二十四年十一月三日

〔国民政府财政部档案〕

6.孔祥熙关于改革币制实施法币政策发表之宣言

（1935年11月3日）

孔部长宣言　廿四年十一月三日公布

自各主要国家相继放弃金本位以及世界银价暴涨以来，我国货币之价值，经其过度抬高，国内通货紧缩之现象，至为显著。而失业增加，破产迭出，资金外流，国库收入短少，国际收支不利。种种状况，纷然并起。自去岁七月起，仅三月有半之期间，国内现银流出在二万万元以上。苟政府当时不迅采有效措施，则国内现银存底，必有外流罄尽之虞，此为国人所昭见者。幸政府于同岁十月十五日下令征收银出口税及平衡税，藉以制止对外汇率之上腾及银货之公开流出，而紧急危机得以幸免。顾此种举措，其效只限于一时。苟货币价值始终昂贵，则通货紧缩将继续存在，且日益加厉。苟币值下跌，使世界银行与我国外汇价格之差额，继长增高。一如迩来事实所表现，则现银之大举私运出境，为必然之结果。政府为保存全国准备金，并为巩固币制与改善金融起见，特参照近年各国之先例，颁布紧急法令，自本月四日起有效。其内容如左：

（一）中央银行、中国银行、交通银行三行所发之钞票，自公布日起，定为法币，并集中其发行。其他各银行所发钞票，仍准流通，但应逐渐收回，而代以中央银行钞票。以后各行不得续发新钞票，所有已印未发之新钞，应交存中央银行。

（二）所有各种以银币单位订立之债务，应准照面额于到期日以法币清偿之。

（三）所有银元持有人，应即将其缴存政府，照面额换领法币。

（四）为使国币对外汇价按照现行价格稳定起见，中央、中国、交通三银行应即对外汇为无限制之购售。现为国有之中央银行，将来应行改组为中央准备银行，其主要资本，应由各银行及公众供给，俾成为超然机关，而克以全力保持全国货币之稳定。中央准备银行应保管各银行之准备金，经理国库，并收存一切公共资金，且供给各银行以再贴现之便利。中央准备银行并不经营普通商业银行之业务，惟于二年后享有发行专权。政府并着手准备进行步骤，使吾国商业银行制度，于健全状况之下，设法增加其活动能力，俾其资金充裕后，得以供应正当工商企业之需要。在此种步骤之中，并拟专设机关办理地产抵押业务，一面修改现行法律之规定，务使抵押质权更为稳固。政府对于通货膨胀，决意避免。关于财政整理之措施，业已准备就绪，再历十八阅月，国家预算即可收支适合。如有不正当之投机，及逾分之物价上涨，当予以严厉之取缔。政府对于上开改善财政经济状况之积极方案，拟即施行，以冀早奏肤功。深信全国民众，对此种种措施，必不吝一心一德，全力赞助，俾国民经济，得以早日恢复，而全国乃克臻于繁荣之状况也。

〔中央银行档案〕

7.财政部公布之发行准备管理委员会章程

（1935年11月3日）

发行准备管理委员会章程　民国二十四年十一月三日公布

第一条　财政部为统一发行，巩固法币信用起见，特设发行准备管理委员会，并于通商巨埠酌设分会。

第二条　发行准备管理委员会遵照政府法令，保管法币准备金，并办理法币之发行、收换事宜。

第三条　发行准备管理委员会，以左列委员组织之：

一、财政部派五人。

二、中央、中国、交通三银行代表各二人。

三、银行业同业公会代表二人。

四、钱业同业公会代表二人。

五、商会代表二人。

六、各发行银行由财政部部长指定代表五人。

第四条　发行准备管理委员会以中央银行总裁为主席，并由委员互推常务委员五人至七人，执行日常事务。

第五条　发行准备管理委员会得聘请中外金融界领袖为顾问。

第六条　法币准备金由发行准备管理委员会指定中央、中国、交通三行之库房为准备库，其各地分存数目，由发行准备管理委员会决定，并陈报财政部备案。

第七条　发行准备管理委员会每月应检查准备库一次，并将发行数额及准备种类、数额，分别公告，并陈报财政部备案。

第八条　发行准备管理委员会得酌用人员分课办事。

第九条　发行准备管理委员会得拟订办事规则，陈报财政部核定备案。

第十条　本章程自公布之日施行。

［国民政府财政部档案］

8.蒋介石要求各地协助推行法币政策电

（1935年11月3日）

立到。全国各行营主任、各绥靖主任、各总司令、各路总指挥、各军长、各师长暨各省政府、各市政府钧鉴：顷接财政部电称：兹为努力自救，复兴经济，保存形同血脉之全国流通货币准备金，以谋货币金融之永久安定起见，参照近今各国之先例，规定办法，即日施行。［下照抄财政部11月3日布告，略］业经定于本月四日宣布实行，请即通电所属各军政机关切实协助，并对各银行严密保护，等情。事关整顿币制，活动金融，救济工商，安定人心，对于该项办法，亟应协助实行，以期普及。惟当宣布之初，深恐一般人民不明真象，易滋误会，致令不肖分子乘机造谣，扰乱治安。务仰即日转饬所属军警，对于各地银行妥为保护，并剀切晓谕，俾明实情，是为至要。军事委员会委员长蒋中正。江。印。

〔国民政府财政部档案〕

9.孔祥熙为发行法币事致各省主席等电稿

（1935年11月3日）

各省政府主席、各市市长、各司令、绥靖主任勋鉴：枢密。我国货币复杂，统一为难，于国于民，交受其困。近自世界银价涨落不定，工商益感不振，市面日趋恐慌。政府从事救济维持，竭尽心力，而人心因环境关系，日形不安，市面恐慌，视前益甚。沪市为全国金融之枢纽，近亦呈紊乱，其他各处益形恐慌。查统一发行，集中准备，世界文明各国早已实行。兹为挽救危机，复兴经济起见，决定自本月四日宣布，以中央、中国、交通三行所发钞券为国家法币，所有完纳粮税及一切公私款项之收付，概以法币为限，至于现金，则仅供法币准备，仍按法定成数存库，不在市面行使。国际方面，业经分别接洽，已得同情。惟恐宣布之始，一般人民不明真相，致滋误会，不肖份子，乘机造谣。因特专电密达，即请严饬所属剀切晓谕，俾众周知，并转令军警，对中、中、交银行分行及其他银行，严密保护，实纫公谊。弟孔〇〇叩。江沪处。

〔国民政府财政部档案〕

10.中国银行总管理处为规定法币暂行办法致各分支行处电

（1935年11月3日）

顷闻财政当局已决定统一发行，集中准备，即日实施。并闻以中、中、交三行钞券为法币，不分地名行使，对外汇兑一律无限收用照汇，其他发行银行之钞券，经财政部核准者，准照常通用，所有现币应先调换三行钞券，始得行使，等语。兹为筹备应付市面起见，特规定暂行办法如下：(一)如同业有以现币来行掉换钞券者，应尽量照换；(二)所有尊处库存现币应即封存，不再付出，并将今日库存钞票即行分别详晰电报总行，其逐日增加现币之数，亦应随时电报；(三)如有以三行及财部核准发行之钞票向本行购买上海电汇，应不分地名一律平汇，并于当晚将他行钞票检出，向原发行行对轧，其余额以平价由付款行用上海电汇抵付；(四)尊处库存钞券设虑不敷应付，希即日匡计需要种类数目电告，以便装运；(五)同业中设有头寸不敷，需三行接济时，其总行在上海者，应由该分行电该总行与三总行接洽，其总行不在上海者，应查明其需要原因及提供可靠押品，随时电请总行核准，已分别径电各行、处、庄。总。

［中国银行档案］

11.中中交三总行关于该三行所发钞券定为法币密电

（1935年11月4日）

各分行处：乾密。准财政部函开：查中央、中国、交通三银行钞票定为法币，业经公布在案。所有上海以外各地银行、钱庄，截至十一月三日止，库存钞券种类、数目及现金数目，无论该行庄自有或系代人保管，均应查明。除设有中央银行地方应由中央银行负责召集当地银钱业，迅速报告中央银行汇报本部外，其无中央银行地方，即由中国、交通两银行负责召集办理，转报本部查核。除分行外，相应函达查照，转行各地分行行知当地银钱业一体遵照办理。等语。准此。除由部另电各地官厅外，合行电仰遵照洽办，具报为要。总行。支。

［国民政府财政部档案］

12.各地关于实施法币政策的报告

（1935年11月4—10日）

（1）上海市银行业同业公会函　（11月4日）

径启者，本日（四日）中午，本会召集临时执委会议，讨论关于政府规定法币之后之银行业务问题，当经议决办法三项如次：

一、自本日起，款项收付，财部规定概以法币为限，不得行使现金。所有同业间须解划头银元，应先向中、中、交三行调换法币行使。

二、同业间如有多汇划而缺划头者，暂时可以汇划银元，商向中、交两行平掉。其详细办法，由本会联合准备库与钱业准备库及中、交两行会同讨论办理。

三、嗣后同业间所出各种票据（如定期存单、本票等等），其票面应统书国币字样，以示一律。

上项议决案，相应分别通告，至希查照办理为荷。此致
交通银行

上海市银行业同业公会启

二十四年十一月四日

（2）湖南省中央中国交通三分行电　（11月4日）

总裁、副总裁、中、交总行钧鉴：乾密。中央统一发行集中准备一案，湘省府召集临时会议，职等被邀列席，决议遵照财部电令，于五日实施。关于省银行票币措置方法，拟定如下：（一）封存现金及未经发行之新旧钞币，其已发行者，照常行使。（二）组织保管委员会，保管准备金及封存之票币。（三）保管委员七人，财政厅长、省行行长、中、中、交三行经理及省府委员、省行监理委员各一人。唯省行发行总额六百余万元，准备现币八十万，三行法币廿万，地方公债廿余万，以上准备确实，其余存放钱业

四十万及其他行业公、私机关欠款，一时均无法收回。形势紧急，省府商向职行等以公债钱庄盐号及其他行业期票作抵，由省府担保，透支二百万，以资救济。查该行票币行使全省，尤以各地军队所持最多，市面治安关系綦重，似应勉予接济。如何之处，乞迅电示遵。湘中、中、交。支亥。

(3)津三行来电 (11月4日)

中央、中国、交通三总行钧鉴：乾密。两电及三总行分电均谨悉，当由银钱两会开联合会议，决议如下：(一)对于政府巩固币制办法，一致遵照。(二)津同业转帐照旧由公库办理，一律用三行钞票支付，公库所存现洋按二日库存数目，两会及三行会同封存。(三)各行号以前所出存单票据，无论书银兑现银元，现洋或现大洋等字样者，一律视为法币，以后改书国币。(四)河北省边业、保商、中国、农工、垦业、大中六行钞票照常行使，以免市面发生恐慌。该六行除遵命不再增发钞票外，设有困难，拟照钧电第五条办法，以相当押品向三行商请接济，倘需特殊援助，临时电请核示。(五)财部设立发行准备管理委员会，系为巩固法币信用起见，拟请转陈财部，准予在津设立分会，俾安人心。以上各节，理合电陈，敬乞鉴核。再三行遵照财部办法实行后，本埠市面安谧，津申汇水已平，并祈释注。中央、中国、交通、津行。支。

(4)燕行密报 (11月4日)

财政部颁布统一发行、集中准备命令后，遵办经过及应付方针由。敬陈者：顷奉钧行三日业密电令开示：财政部实行统一发行、集中准备后之应付方针及四日外籍银行换取钞券，须以现币调给及随时协助浙、兴等十二行两电，同时接中央银行转来财政部统一发行、集中准备命令，均经奉悉，自应遵办，除发行及营业库存现洋钞票确数，业经专电陈报外，谨将遵办及应付方针陈报如下：

一、发行及营业库存现洋　一律封存，只准收入，不准付出。燕行及东西支行营业库存现洋当于明日一律拨交燕库合并保管。以后营业收入当随时拨交燕库营业库房，不再存留现洋。

二、燕库附设兑现处　即日结束，兑现处招牌亦经摘去。

三、奉津行来电，以后各种单据、帐表上应书之“银元”、“银洋”等字样，一律改书“国币”二字。

四、今日此间银行公会集会议决，以后各行存户顾客提取款项时，概付以钞券，如有不敷，得以支票向中、中、交三行换取钞票应付。

五、申汇申水遵令取消，唯对国内他处汇款是否同样不计汇水，业经另电请示。

六、燕库现存本钞共一，九四五，一七九·一〇元，为预防大量需要计，已请津库再运四、五十万元，增厚库存。

七、由银行公会推代表谒见军政当局，说明财部命令及北平各银行遵办情形，请其协助，严防无知愚民至各银行要求兑现滋扰，结果圆满。

八、此间国货银行前来接洽，出示其总行来电，谓已与钧行洽妥，如有需要，可请燕行尽量接济，由总行转帐，遵照钧行来电，自应照办。查此间国货现有存款仅三十万左右，无大问题，如有需燕行接济之处，当斟酌办理。

九、同业往来轧抵　燕行存放同业余额尚达一百十余万元，拟即商洽，尽量调汇上海。

十、他行钞券　遵令于当晚检出，而原发行对轧，如有余额，即以电汇转汇上海。

十一、外籍银行尚无向燕行换钞事，如有来接洽者，自当请其以现洋前来调换。

右列遵办经过及应付方针、缘由，理合陈报，敬祈鉴核。敬

上

总行

燕行谨启

二十四年十一月四日业密不列号

（5）中央银行杭州分行来电（11月8日）

稽核处业务局：乾密。杭市自统一法币，银、铜、辅币兑价骤短，市府暨商会以银、铜辅币为民众日用所需，兑价亟应维持，当规定每法币一圆，易银辅币十二枚，铜辅币三百枚，布告全市遵行。惟以银、铜辅币兑价划一后，市上聚集辅币，数恐充斥，函商中、中、交三行，随时以辅币抵借法币，如市上辅币需要时，仍准掉出，藉资调剂，事关维持全市辅币兑换，似应予以通融，乞核准电遵，并转中、交两行。杭行十一月八日

（6）中国、交通绥远省分行电（11月8日）

业。中、交总行钧鉴：奉支电，遵向省政府财厅商洽，当局意旨以绥省为边远之区，西路商务向赖宁、青、新三省及甘之甘、凉、肃三州为策源地。上列各地并无中、中、交三行，向以现币为商业之货币，如绥省对各银钱业遵令查库具报，则现币封存，西路商务遂告停止。现省府财厅正在筹划中，上项顾虑，嘱代向财部请示补救办法等因。谨代电陈，敬祈转部示遵。绥中、交行。庚（八日）。

（7）卞寿孙等来电（11月8日）

中央、中国、交通三行总行钧鉴：乾密。昨夜奉孔部长阳电，饬令会同接收封存北洋保商、大中、边业三银行全体发行现金准备、保证准备及已印未发、已发收回新、旧钞券等因。寿孙等遵即缜密会商，分别向该行接洽。当据北洋保商银行声称，该

行稍有困难，须俟该北平王协理到津面商办理。据边业银行声称，并无困难，惟须请示张副司令汉卿，俟奉复方能办理各等语。至大中银行则称，困难较多，尚须请求财部接济等语。当即电请示核办，此本日寿孙等与该三行接洽之情形也。惟顷间又奉钧电，关于接收各发行银行发行准备，正由发行准备管理委员会筹议具体办法，俟公布后再奉达等因。所有北洋保商、大中、边业三银行，应否俟发行准备管理委员会颁布办法，一并办理，抑仍按孔部长电示办法进行。查改用法币正在施行之际，尚有波折，市面或即因而发生恐慌，大中保商既各有困难之处，寿孙等意为似宜通盘筹划，再行着手，应请钧处转陈孔部长核示祗遵。津市自法币实行，连日经过至为平稳，并以附慰。再钟锷现未在津，系由副经理严均甫代理，合并声明。卞寿孙、严均甫、李达叩。庚。

（8）粤行来电 （11月8日）

粤行来电。总行钧鉴：粤省为保存省内现银，调剂金融起见，于本月六日实行管理通货，颁发办法六条到行。

计开

一、自本年十一月七日起，以广东省银行之银毫券、大洋券及广州市立银行之凭票为法定货币，所有完粮纳税及一切公私款项之收付，概以法币为限，不得行使现金，并不得私藏隐匿，以防白银之偷漏。如有私运出口者，应照危害民国紧急治罪法处治。

二、法币准备金之保管及其发行事宜由政府人民共同组织发行准备管理委员会办理，以示公开，而昭大信，委员会组织章程另定之。

三、本办法公布后，所有银毫大洋已失其通货之效用。自应由政府全数收回，交委员会保管。凡银行、银号、商店及公私机关或个人所有之银毫或大洋，应自十一月七日起交由广东省银行总行及其所属分支行办事处兑换所暨广州市立银行或其他指定机关兑换毫券，定银毫加二给值，大洋加四四给值（银毫一元换毫券一元二毫，大洋一元换毫券一元四毫四仙）。其行使大洋区域，收换大洋照面额加二，以大洋券付之。

四、凡属银类，如银条、银砖、银饼等，自十一月七日起，应交由广东省银行按照成色计值收买，不得私藏。

五、凡十一月六日以前所有以银币单位订立之契约，应各照原定数额于到期日，概以法币结算收付之。

六、凡属人民存有之外币，得自由买卖，以应外汇之需求。但不得直接行使。

复于本月八日奉财厅通告，解释前项办法第五条内所载谓以银币单位订立之契约系指银行、银号所有银折、银则凭票等而言，其非开户口属于寄存性质者不在此限，并将该条办法中所称数额契约四字特加诠释。例如：某银行、银号存款一千元或某银行、银号放款与某商号一千元，其存款、放款均为毫洋，于到期日各照原定数额一千元以法币一千元并利息结算收付（即原毫银一元还法币一元），各等因。查各银行奉到布告后，均已遵办。市面一切如常。惟物价略为腾涨，银行公会各会员银行在办法未明白诠释以前，曾于本月七日休业一天，八日休业半天，现已照常营业。事关粤省金融币制重要变迁，特此奉闻。粤。齐。

（9）燕行（密）续报 （11月9日）

密。续报财政部颁布统一发行集中准备命令后遵办经过及应付方针。敬陈者：本月四日及七日业密，不列号函报告各项，谅承鉴及。兹特将此间情形续报如下：

一、北平各银行库存现金应保留于北平问题。昨日下午此间会商举行紧急会议，讨论如何推行财部命令事项，除拥护财部各项办法外，并决议电呈财部，希望此间各行库存现金应设法保留于北平，不往他处搬运，以安人心。闻电文已发出。又据天津日文报载：日使馆武官矶谷少将发表谈话，谓日方必须反对币制改革之实行，并不惜诉诸武力保存北平库存现银，不许他运云。理合检附新闻原稿，报陈鉴核。

二、据此间中国实业银行孙经理前来接洽，出示其总管理处来电，略谓为避免倾轧，调剂头寸起见，经与中、中、交及通商、四明五行口头秘密协定，每日收兑钞票双方互换，倘有一方面不能轧平，在中、中、交三行，俟积有法币再行掉换。其通商、四明两轧不平之数，则彼此通知，俟收有各该钞票再行调回。此项合作办法沪分部业已实行。尊处应本此意旨就地与五行密商，以期头寸宽裕而免彼此倾轧，云云。查与钧行四日电令意旨相符，已允俟与中央、中国两行协商后依照办理。上列各项缘由理合陈报。敬上

总行

燕行谨启

廿四年十一月九日业密字不列号全

附天津日文报新闻一则（略）

（10）济三行电文摘要

摘由：

陈请解释同业轧帐汇款免费条文电示祇遵由

前奉十一月六日钧电示：法币汇款、汇水取消等因，敬当遵办。惟经三行公同研究，寻绎电文中“同业轧帐汇款免费”一节，是否指发行银行之轧帐汇款而言，抑一般银行往来营业之轧帐及汇款，一律胥皆免费，由后之说，略有疑问数点，谨胪陈如下：

一、轧帐关系　因发行银行时有巨额收付，故须在上海轧直，若一般银行当地之营业金多在当地应用。如汇往上海或他埠，

则为其业务之应用有需要供给之关系，性质与轧帐不同。如一律不收手续费，则三行徒多耗邮电之损失。

二、轧帐所在地　似只能在各该总行所在地之上海一埠，一律免费，至若其他各埠如亦一律免费，既易为一般银行所利用，设如有大宗数目付款行遇头寸不足时，汇款行运款抵补并受搬运之损失。

三、三行规定汇款每千收手续费一元，省境内五角，若对于一般银行汇款免费，各该行可对顾客减低汇水，而利用平汇办法向三行转汇，坐收其利，三行徒受损害，于理似有未惬，且遇有地方三行中只有一行，如对于同业一律免费，其自身所欠联行款项，调还时或须贴出汇费，所受损害更属不赀。

综观以上各点，似对于一般银行汇款，三行尚有酌收手续费之必要，究应如何处理，亟待赐予解释，电示祗遵。谨呈
中国银行总管理处、交通银行总行、中央银行总行

中国
济南交通银行会呈
中央

廿四年十一月九日全

(11)江西省中中交三分行电　(11月9日)

中央、中国、交通三总行钧鉴：自政府颁布统一币制实行法币本位后，赣省金融市况尚佳，惟施行效率要期普遍。查赣省共有八十三县，幅员辽阔，必使法币深入各县，现币完全集中，势须各县设所兑换，而遍设兑换所为事实上之可能。若仅由职三行之各办事处办理，已经设置者数亦有限，又虑鞭长莫及，迭由吴财厅长召集商讨原则。拟请由钧处电赣省府，委托代理省金库之裕民银行代理掉换法币。查该行在赣省各县设立各支行处者，计有三十余处，顾皆扼要设置，并系省分金库性质。如果循此途径则

全区四境之现币可期集中，惟开始掉换势必仅有相当数目之法币先交该行，俾得分运各处，再换现币运省循环调换，期于数月后得收成效，以每处一万元计算，需要法币已达三十余万，而此中责任及该行运输途中之风险等问题均为职三行所不敢擅专，此乃与吴财厅长分次洽商，似为推行法币集中准备之途径，是否可行，敬祈察核电示，以便再与吴厅长作进一步之讨论。赣中、中、交三分行叩。佳。

(12)津三行来电 (11月10日)

津三行经理来电　中央、中国、交通三总行：乾密。此间市商会及银钱两公会以天津为华北金融枢纽，现洋存底较厚，现在推行法币既仍以银元为准备，为安定人心昭示大信起见，拟呈请财政部准予设立发行准备管理委员会天津分会，除三行为委员外，并由当地政商各界举代表参加组织，正拟议间，适奉孔部长电示天津、汉口、广州三处，准各设发行准备管理委员会分会，并派周作民等十三人为天津分会委员等因。当经转达，各界对于中央顾念地方昭示大信之意，至为钦感。惟以总会委员除银行界外，并有商会、钱业公会参加组织，而津分会委员十三人多属银行界，津平商会及钱业公会均未获参加。当地各界对于法币准备金保管情形，恐滋隔膜。兹经寿孙等与同业交换意见，为免除以上情形起见，拟请财部增派委员六人将津平商会、钱业公会重员加入，以示大公而慰群望。除另电孔部长外，特此电陈，敬祈鉴察，转请发行准备总会迅呈财部准予照办，免生其他枝节。再增派委员一节其人选，拟请即以津商会主席纪华、钱业公会主席王晓岩、平商会主席邹泉孙、钱业公会主席姚泽生及大陆银行许总理汉卿、河北省银行韩经理海成充任，并以附陈，并盼电复。卞寿孙、钟锷、李达叩灰。

(13)中央中国交通三总行致财政部电 (11月10日)

中中交总行致财部电　财政部钧鉴：据津三行庚两电略称，奉孔部长阳电，饬令会同接收封存北洋保商、大中、边业三银行发行准备等因。遵经分向各该行接洽，据北洋保商银行称稍有困难，边业银行尚无困难，惟大中银行困难较多，并据该行函称，奉孔部长阳电自应遵办，惟查敝行历年积亏将近三百万，尚有放出款项一时难以收回者三十万。万一准备查封，实与敝行营业有关，势将挤兑停业。值此金融恐慌未定之时，于市面不无妨碍，旧财部拖欠敝行之款为数甚巨，拟恳部座暂行拨垫一百三十万元交由敝行稳定准备，再行遵办。除电陈孔部长外，尚请转陈予以援助，各等语。所有各该北平保商、大中、边业三银行发行准备，究应如何接收，应否俟发行准备管理委员会颁行具体办法后再行办理，请为转陈核示等情。合特据情转陈，敬祈核示，以便转饬遵办。中、中、交总行。蒸。

(14)河南省依照财政部令推行省垣以外各县法币办法 (1935年11月订定)

(一)由中、中、交总行发给驻汴中中交三行第一批法币五百万元，计十元、五元券二百万元，一元券二百五十万元，辅币券五十万元。

(二)凡外县无中、中、交三行者，由三行发给省立与商业各银行之分支行处分运各该行处备换现币。

(三)无银行所在地之县分，由县政府或商会预筹周转金三千至五千元，向就近各银行分支行处轮流掉换法币。

(四)县政府或商会掉换法币，应设法币掉换所，由县政府公告各该县人民，以其现币向掉换所掉换法币，掉换所不准向人民收取任何费用。

(五)省立及商业各银行分支行处向中、中、交三行领用法币及掉换现币之手续费，以千分之一计算之。

(六)县政府或商会向就近各银行分支行处掉换法币之运送费，照本省解送库款法之规定，每现币千元每一百里单程路费以四元计算，法币减半。

(七)前项手续费运送费，应请由财政部支给之。

(八)关于推行法币之安全事项，由省政府通令各县军警完全负责，加意保护。

(九)外县县政府或商会及各银行分支行处运交中、中、交三行之现币，由县政府发给护照证明之。

(十)本办法应由省政府分别函令外县各银行分支行处及县政府商会切实遵照办理。

(十一)本办法经省政府财政厅与省垣中、中、交三行协商拟订，由省政府咨准财政部并由中、中、交三行陈准各总行施行。

[国民政府交通银行档案]

13.青岛交通银行检送济南银行同业公会关于币制改革后应付市面办法决议案函

(1935年11月6日)

敬陈者：兹据鲁行函称，济南市银行同业因财政部规定中央、中国、交通三行钞票为法币，业经公布实施，自应遵照办理，特于昨日在银行公会开会时讨论应付市面办法，计议决案三项。(一)同业用电汇，在上海轧帐一律平汇。(二)顾客汇款统按每千元收手续费一元，千元以下比例推算，至少不得少过两角。(三)对于拨帐洋，一律以不收为原则，均自十一月五日起实行。鲁行已随同照办，相应检同会议录两份，敬祈台察，转陈备案，等情。理合检同原送会议录一份，据情转陈。敬祈钧察备案为祷。此上

总行

岛行谨启

中华民国二十五年十一月六日

济南市银行业会议记录

地点：银行公会

时间：二十四年十一月四日下午三时

出席者：马木齐（中央） 宋谷余（民生）

陈隽人（中国） 刘小泉（官钱局）

李相村（上海） 曹敏士（大陆）

胡马谦（实业） 曹月庭（东英）

尚其亮（兴业） 马佩之（中鲁）

陆廷撰（交通）

决议事项：

一、议决自明日起，同业用电汇，在上海轧帐，一律平汇，免收汇水，但照收电报费。

二、议决自明日起，顾客汇款，无论票汇、电汇，统按每千元收手续费一元，千元以下比例推算，但至少不得少过二角，电汇并另行照收电报费。

三、议决因有第一条平汇办法，以后银行与拨帐洋关系较少，自明日起各银行对于拨帐洋，一律以不收为原则。

［国民政府交通银行档案］

14.唐有壬与须磨关于中国币制改革事谈话记录①

（1935年11月6日）

唐次长会晤须磨秘书谈话纪录

时间 民国廿四年十一月六日下午四时

地点 本部

事由 关于改革币制紧急法令事

① 系外交部11月9日致孔祥熙函之抄件。

须磨　此次贵国颁布币制紧急法令事，敝方事前毫未与闻，仅于二日张公权经理访有吉大使，略行谈及，四日即已公布实行。此事敝方虽非完全反对，但余有几点意见：(一)如此重大改革币制事件，对于与中国贸易有重大关系之日本，竟毫不商谈，仅出以通知之方式行之，敝方实不能不引为遗憾。(二)再，事实上英国方面一致拥护，英政府并定有罚则，此非事前得有英国默契或谅解不克臻此。闻对英已成立借款，此事我方亦将认其为以夷制夷之具体事件，中日关系将行逆转，华北问题亦将愈形纠纷。(三)欧美在华势力必日益膨胀，我方对此实不能看过也。

唐次长　阁下是否已与他方谈及此事。

须磨　昨曾访孔部长，孔部长曾向余说明，但余不能认为满意。

唐次长　此事可为阁下告者：(一)币制之改革已成世界各国共通的趋势，非某一国之单独问题，中国早已有此计划，且亦成为公开的秘密，但实施上须看适切之时机，因关系金银比价。比价之适合计划与否为偶然的，故实施之时机亦为骤然的，最近的金银比价已达预期之比率，故断然实行，且此事系我国内政，无庸与他国相商。(二)至此种改革，贵国商人亦无异议，高桥藏相谓此亦一办法，倘阁下表示反对，将被人想象为系个人反对，或系外务省反对。盖既然贵国侨商之真意，尤于中国不利，实为阁下所不取。(三)至英国之所以赞成，以鄙人之观察，完全为其自身利害而为当然之表示。盖英国对于远东贸易关系至大，印度虽已改为用金之国，而香港钱币总达二亿元，因中国禁银出口；因准备金之关系，其钱币立于不利之地位，英国久思救济，但其港钱实以中国银元为依据，须中国施行后，方能仿行，此次中国毅然改革，彼为其本国利害计，当然有拥护之表示，无可意外，故绝非中国与英方事先有何种特殊之默契或谅解，至阁下所称借款，确无其事，因此举无庸借款也。

须磨　阁下所答，余认为似有强辩之嫌，不知是否有补救办法。

唐次长　最好请日方依照我国办法表示拥护，如有借款，日方尽可首先提倡与英美合作。李滋罗斯过贵国时，亦与贵国当局谈及。依余之见，日本正可买我国之好感，对中国有利之事，肯首先予以赞同，而对英美所赞同者，勿庸事事予以反对也。

须磨　总之，日方对贵方不事先与日方商谈，认为态度上不应如此也。

〔国民政府财政部档案〕

15.浙江省政府关于该省实施法币办法致财政部代电

（1935年11月7日）

财政部鉴：支电敬悉。查此案前准江电，业经订定本省实施法币办法，通行遵照并电达在案。其本旨原以各市、县地方有无中、中、交三行暨有无委托承兑法币之浙江地方银行及已未设立法币兑换处为前提，并为体念银币持有人兑换法币应予犹豫兑换期间，在犹豫兑换期间内，距离兑换处所较远地方，仍准以银币完粮纳税，购买货物，其在未经市、县政府公告兑换期间及中、中、交三行未经遍设法币兑换处所以前，自当暂照旧有习惯使用，以免人民感受困难。核与尊电所示，在一时无法兑换法币各地方，姑准暂时保持市面原有习惯，办法完全相同，现已转饬一体遵办。至运输法币、收兑银币如何便利人民及切实奉行法令各端，并饬各市、县政府会商就近中、中、交三行、该地商会、银钱业公会各就实地情形，妥筹办理，随时具报察核，特此电复。浙江省政府主席黄绍竑。虞。印。

〔国民政府财政部档案〕

16. 上海市绸缎业同业公会等建议币制改革后统制工商管理外贸代电

（1935年11月8日）①

财政部孔部长钧鉴：窃吾国深受白银价格剧烈变动之影响，金融迭起风潮，工商日就凋敝，险象环生，不可终日，盖民不聊生者久矣。此次钧长以毅然决然之处置，宣布币制之变更，实为活泼国民经济、稳定金融基础之唯一救药，利益所在，不仅统一发行，集中准备，而复兴农村，发达工商，莫不造端于是。至于管理汇兑，统制贸易，向所限于事实，未能断然实行者，今亦迎刃而解矣。方诸桑、孔，何足多让。惟自币制革新以后，吾国经济组织自必随之变动，物价将首先刺激。此后应如何平准物价，调剂供求，使国民经济日臻繁荣，万绪千端，动关大计。窃谓如能乘时进而统制工商、管理对外贸易，以促进合理之生产，平衡国家之收支，则济衰救困，胥在此举。凡兹所陈，敝公会等前经提请上海市商会分呈院、部，请赐采纳在案。钧座谋国公忠，想亦早在洞鉴之中，自来非常事功，惟非常人能任之。尚望荩筹硕划，见诸实施，敝公会等自当仰体钧旨，竭诚拥护。谨此电呈，伏祈鉴核。

上海市绸缎业同业公会
上海市电机丝织厂业同业公会
上海市棉布业同业公会
上海市国货橡皮制品业同业公会
上海市针织业同业公会
上海市纸业同业公会
上海市豆米行业同业公会
上海市糖业同业公会

---

① 财政部收文日期。

上海市海味杂货业同业公会
上海市线麻袋布业同业公会
等一百二十公会
〔国民政府财政部档案〕

17.财政部关于实施法币政策函
（1935年11月9—11日）

（1）照抄财政部公函 沪钱字第六十四号

案准本月七日贵三行会函开：案查本月三日贵部明令规定敝三行发行之钞票为法币，并迭奉指示办法，均经敝三行通电所属各分支行遵照办理在案。顷据福州敝三行来电，内称奉闽省陈主席召集职三行会议，面称此间东南银行发行钞约一百二十余万。目前库存现币仅二十余万，其他商业放款约一百二十余万。现为遵照统一发行，安定市面起见，拟令该行即日收回，并拟以该原做不动产抵押放款三十万，向职三行移转，抵借法币三十万，以资应付，期半年，月息八厘，由陈主席备函证明，该行董事长陈培锟负责担保，并云事出非常，商请照借，以维持地方金融等语。职行等未敢擅专，理合电陈请示，如准照借，职行等如何支配，敬乞转陈，即赐电遵。等语。查东南银行所发行之钞票，未经贵部核准。现因准备金不敷兑换，拟以不动产抵押放款三十万元，向敝三行移转抵借法币三十万元。此项押品，敝三行中有为章制所束缚，但事出非常，若不允予通融，或恐引起该地市面之骚扰，敝三闽行盼复甚殷，究宜如何应付之处，相应函请查照，迅予见复为荷，等由。并准闽省陈主席电同前由。查陈主席拟令东南银行以原做不动产抵押放款卅万，向福州三行移转抵借法币卅万元，以为收回该行所发钞票之用，系为遵奉政府统一发行法令，并兼顾地方市面起见，事出非常，自应准予通融，唯中央银行照章不能承受不动产为借款之抵押品，应即由中国、交通两行会商

承借。除电复函陈主席外，相应函复查照，转行知照为荷。此致

中国、中央、交通银行

财政部长　孔

二四年十一月九日

（2）抄财政部公函　沪钱字第六七号

准贵行等廿四年十一月八日函略开：据天津分行电，为巩固法币信用起见，似应依照大部布告之规定，在津设立发行准备管理委员会天津分会，俾安人心等情。据情转陈，乞察核施行，等由。查此案业准发行准备管理委员会以天津汉口广州为通商巨埠，为便利市面，昭示大信，拟请于天津、汉口、广州各设分会，并拟请派周作民、吴达诠、王叔鲁、卞白眉、李达、钟锷、武向晨、王毅灵、王绍贤、王孟钟、冷家骥、卞燕侯、卞叔成为天津分会委员，黄文植、浦心雅、赵祖、武南夔、舒志观、徐继庄、席德柄、周苍伯、谈公远为汉口分会委员，邹敏初、区芳浦、陈维周、邹殿邦、沈载温、万庆、梁定苏、陈玉潜、陈左璇、道仲陶、陈仲璧、卢行明为广州分会委员，等由。到部。当由部照准分别令派，并指定周作民为天津分会主席，席德柄为汉口分会主席，邹敏初为广州分会主席。所有各该分会一切事务，仍商承上海发行准备管理委员会处理，以明统系而利施行在案，相应函达查照。此致

中国、中央、交通银行

财政部长　孔祥熙

廿四年十一月十一日

（3）财政部公函　沪钱字第六八号

准贵行等廿四年十一月七日函开：查贵部布告三行钞票为法

币以来，法币行使已不分区域，国内各地汇款所有汇水，自应取消，当经规定一律平汇，函饬各分支行遵照。唯汇款收解，对于运送保险等均需费用，似不得不酌收手续费以资贴补。爰经敝三行会商议定办法如左。

(一)本省境内每千元收手续费五角。(二)隔省不论远近，每千元概收手续费一元。(三)电汇另加电费。以上三项除经会函各分支行照办外，相应会函奉达，即希察洽。等由。自可准予备案。唯法币行使，虽已不分区域，仍应酌加暗记，藉资识别。并希查照为荷。此致

中国、中央、交通银行　　　　财政部长　孔祥熙

廿四年十一月十一日

(4)财政部公函　沪钱字第六九号

查各省市设立之省市银行或用其他银行名义，而有省市银行之性质者，其发行各种钞券，亦应即日截止发行，并将已印未发、已收回之新旧各券，先行封存，连同现在流通券额所有之现金准备，保证准备数目，全数查明报部，以便核定。接收办法业经由部于本月庚日电请各省市政府查照办理在案。兹经发行准备管理委员会议决，所有河北、陕西、山西、甘肃、湖南、湖北等省银行、河南农工银行所发行现在流通中钞票之现金准备，保证准备，连同已印未发、已发收回新旧各券，应即悉数交由当地中央、中国、交通三银行会同接收。接收以后，其业已流通之钞票，暂准在市面行使。除分行外，相应函请查照，迅予转行遵照办理，并于接收后，分别函报发行准备管理委员会及本部为荷。此致

中国、中央、交通银行　　　　财政部长　孔

廿四年十一月十一日

〔国民政府财政部档案〕

18.张子廉等拥护币制改革并拟具补充意见致孔祥熙函

(1935年11月11日)

庸之部长钧鉴：我国自白银大量流出，经济愈趋衰落，国计民生受累至巨。子廉等曾迭陈管见，藉贡愚忱，计蒙垂察。恭读财政部本年十一月四日布告，计共六条，内开：以中央、中国、交通三行所发行之钞票定为法币，并设发行准备管理委员会，以资保管，等因。又读钧座货币政策宣言，指导国人，备极周至，不胜欢欣钦佩之至。当此经济危殆万分，为紧急救济处置，宏谋伟算，利赖实多。子廉等分属国民，置身工业，利害之关系既深，拥护之责任自重，誓以全力纠合同业，广事宣传，极端拥护，俾信用深入于民间，推行务求其尽利，则钧座之荩猷建树益伟，国民之福利依被无穷，区区下忱，曷胜翘切。惟兹事体大，经纬多端，翊赞扶持，尤资群策。兹有臆见六条，录在副纸，倘蒙鉴核施行，至为顶荷。专此奉布，敬颂勋祉。祇请

钧安

上海国货工厂联合会常务委员张子廉等谨上(印)

附手摺一件

中华民国廿四年十一月十一日

手　　摺

谨将对于货币政策补充意见六条开列于后，仰祈鉴核。

(一)请于各省市区中央分行分设准备管理委员会，并应加入工业界代表，俾准备信用普遍昭示，以利推行。

(二)请令各地商工会合组物价平衡会，确定物价与法币之平衡，俾免物价高涨，影响民生。

(三)请令各地公安局及各公团协助查办奸商操纵贬损法币价值。

(四)请令多铸辅币，俾助长法币之效能，兼资民用之流通。

(五)请速制定法令，统制汇兑，藉杜奸商牟利，影响汇率。

(六)请速实行不动产抵押放款，先尽工厂厂基□押款，俾工业即日复兴，既可增长生产，又可减少失业，更可使法币得以大量流通，盖法币由工界推行，其效力能渐推而愈广，其信用能普及而愈固。

〔国民政府财政部档案〕

19.外交部情报司译呈日报关于日本对于中国币制改革及借款态度等新闻函

(1935年11月13日)

案查电通社稿载关于对华共同借款问题，日外部之一般的态度消息一则，又大阪每日新闻本月七日，登载有吉大使之措置，被人非难新闻一则，又上海日日新闻本月十一日，登载日本陆军当局发表极强硬之非正式声明，反对中国之银国有令新闻一则，经分别抄录译汉呈阅后，均奉批抄送蒋委员长、孔部长，等因。除分致外，相应抄附是项原稿及译文共三件，函达查照，希即转呈为荷。此致

国民政府秘书处

附件

外交部情报司启(印)

十一月十三日

关于对华共同借款问题日外部之一般的态度

(东京八日电通电)外务省对于英政府屡次要请之对华共同借款案，加以慎重的研讨之后，在可能范围之内，当于本月中与英政府以相当表示，但一般对于本问题之态度，据各方面所确闻者如左。

一、对于英国政府之对华共同借款之要请，日当局对此正在研究中。不意南京政府突然断行币制改革，因此关于此事，而欲立即下妥当之判断，殊觉困难。

二、此次南京政府之币制改革命令，华北华南之实权者对此拒绝支持，致银国有问题形成中国财政的三分态度。故此次中国币制改革草案之果能成功与否，在日本方面观之，尚属疑问。

三、中国币制结联英镑，如得以改善而确定财政基础。因为日本所热望之事，不过外国若予中国援助之时，恐有促成中国财政共同管理化之虞。故在国策上言之，实断不能承认者。

有吉大使之措置被人非难自慰之言辞无收获之会谈

(照译十一月七日大阪每日新闻)关于中英间一千万英镑之借款说，有吉大使曾于五日泄漏该项借款已确悉尚未成立之言辞，纵令借款尚未成立，当此币制改革实施之背后，中国、英国间已成立信用设定之谅解者，乃明白之事实。有吉大使之此种言辞，可谓逃避责任之自慰，对此一般颇多非难，尤其与孔财政部长及李滋罗斯会见时，有吉大使关于此后中、英间有否不求日本之谅解而成立借款之意思一层，竟不获任何之言质，一般以为此种外交措置实不充分，云云。

日陆军当局发表极强硬之非正式声明反对中国之银国有令

(照译上海日日新闻东京九日发联合)日本陆军当局对于中国之银国有令抱有重大之关心，续行慎重之监视，九日发表非正式声明如下。

一、依据币制改革之银国有金融统制，在政府不为国民所信赖之现状下，结果必遭失败，反而招来银之私运与藏银之退减，新纸币迟早有化为废纸之虞。

二、从来中国金融界较好之事实，厥维金融权力并未集中于中央，所以一地方之破绽不致于影响他地方。但此次政策遂行之结果，若中央错误一步，则使全中国蜂起，有陷于不可收拾事态之虞。

三、尤其对于与日满两国有密切关系之华北，强要运送现银，使华北经济陷于困乱状态，使一般民众趋入于社会的政治的困乱之状态，日本对此，万难缄默。

四、要之银国有案，乃一如前奉天政权以奉票榨取人民之骨血之手段，使国民陷于涂炭，以饱南京政府一部分要人之私囊，并图以之充实军费。若是无非牺牲民众之幸福而谋私利、私欲，随之而似有搅乱远东之和平，日本断乎加以反对。

五、据报币制改革实行之际，南京政府事前似得美国方面之谅解。外传最近美国关于对华借款有要求日本协力之说，谨以一千万英镑之借款，实不足救中国之窘境，将来必须有第二、第三次借款，在此场合，中国民众之利益被其蹂躏，结果势必进至中国国际共管之境，以上自然的招来与日本之对立，远东安定力之日本断难承服云。

〔国民政府财政部档案〕

20.外交部情报司译呈日报关于日军方反对中国币制改革及共同借款新闻函

（1935年11月13日）

案查日文报上海日报本月九日，登载《中国政府之银国有及共同借款，日军部绝对反对》新闻一则，经译汉呈阅后，奉批抄送孔部长等因，相应抄附是项译文，函达查照，希即转呈为荷。

此致

财政部秘书处

外交部情报司启

十一月十二日

附件

中国政府之银国有及共同借款，日军部绝对反对，谓称“无视国脩之暴举”（照译十一月九日上海日报“东京八日发联合”）。关于中国政府之银国有及通货统制之实施，军部鉴于其影响政治上、经济上之重大性，乃以慎重之态度考究检讨，近当与外务省通达英国政府之对华共同借款之答复，即资以阐明帝国政府之态度者相前后，而又表陆军怀抱之意见，藉以宣明不问对华借款为何国之所行，莫不断然予以反对，等情。军部所怀抱对于银国有、通货统制、对华借款之观察，大要如次。

一、中国民众因积年之秕政，而当涂炭之痛苦，对于通货之观念，恰与其政治的观念相反映，不置信于政府发行之纸币，而唯系其信仰于现银，以是之故，兹者南京政府纵遽发出银之国有令，亦难望获得有效之结果，设若用强权而强使其履行适用，则不仅贸易上、金融上、经济上而已，即政治的方面亦恐引起重大之结果。

二、不宁唯是，银国有及通货统制，既系事前未获地方政权及军阀之谅解而突予实施者，则此等地方有力之政权及军阀未必能完全信奉中央之命令。

三、设若南京政府强行其新国策而欲收实效，则地方有力政权及军阀与中央政权间发生摩擦，而引起政治的纷争，且有惹起纷纠事态之可能性。

四、似此，则无论从目下之政治的情势言之，抑从中国一向之经济的习惯言之，抑从中国住民固有之通有性言之，关于援助实现不可能之通货统制及银国有之实现之对华借款，不问其为共同，抑为单独，均为日方所欲绝对拒绝者。

五、要之中国之经济更生，除俟中国自身之自力外别无方法，此可以永年之历史证之而有余，设若无视此原则及日方之意见，而欲以成立对华借款而筑金融的霸权，而出以有似金融的经济的管理中国之态度，则是不仅阻害中国四万万民众之福利，且于确立东洋和平上为重要之问题，以是帝国自不得不为重大之决意。

［国民政府财政部档案］

21.杭州银行业同业公会建议在各省会设立发行准备管理分会代电

（1935年11月13日）

南京财政部钧鉴：案奉钱字第19972、19979号训令敬悉。政府为革新币制起见，宣布自本月四日起，以中、中、交三行钞票为法币，停止现金使用，令嘱遵照办理等因。窃查近数年来，白银之流出数量颇巨，国内之农工商业感资源之缺乏，欲展布而无从。钧部有鉴于此，公布刷新币制政策，以绝漏卮，而保国富，法良意美，举国同钦。属会忝为金融集合团体，自应竭诚拥护，完成政府复兴经济之计划。复查此次政府统一币制，设立发行准备管理委员会，使全国人民得以明瞭政府稳定金融政策，不致格扞〔扞格〕，尤深佩仰。惟国内现币在乡镇偏僻之处流通尚多，一般民众对于行使法币，一时或尚不能完全了解。如能于各大商埠或省会之区酌设发行准备管理委员会分会，就近指导，坚其信仰之心，则于贯彻整个政策，自必收效益宏。谨将管见所及附带贡献，如蒙采纳，殊深公感。奉令前因，理合电复，敬希鉴核为幸。杭州市银行业同业公会叩。元。

［国民政府财政部档案］

22.行政院准财政部关于无法兑换法币地区暂准使用银币指令

（1935年11月14日）

行政院指令　字第三四五八号

令财政部

二十四年十一月支电为本部规定以中、中、交三行钞券为法币，业经实行。惟以三行钞票未必各地流通，特函令三行及各银钱行号迅将法币输送各地，使足敷用。其一时无法兑换法币之地，姑准暂保原有习惯，并令就各地情形，妥筹便利人民及切实奉行法令办法具报，特电请查照转行知照由。电悉。应准照办，已通饬知照矣。仰即知照。此令。

代理院长 孔祥熙

中华民国廿四年十一月十四日

〔国民政府财政部档案〕

23.财政部为厘定兑换法币办法致中央银行等电

（1935年11月15日）

中央银行、中国银行、交通银行、市商会、市银行业公会、市钱业公会、海关总税务司、江海关监督、中央造币厂、苏浙皖区统税局、江苏烟酒印花税局、松江运副、交易所监理员、全国商会联合会、盐务稽核总所钧览：查本部规定自本年十一月四日起，以中、中、交三行所发行之钞票定为法币，不得行使现金一案，业经电请查照(饬遵照)，并通行遵照在案。自此项命令公布以后，所有民间交易、公私收付，概不得行使现金，并应将所持有银币、厂条、生银、银锭、银块及其他银类调换法币行使。兹为划一调换法币办法，便利施行起见，厘定兑换法币办法八条。

第一条 各地银钱行号、商店及其他公共团体或个人持有银币、厂条、生银、银锭、银块及其他银类者，应于民国二十四年十一月四日起三个月内，就近交各地兑换机关兑换法币。但左列各款不在此限。

（一）工业、艺术，或其他必须用为原料之银类，依照银制品用银管理规则经政府许可者。

（二）古币、稀物或有关文化之银货古物。

(三)在本办法公布前制成及存有之银货、器具及装饰品。

第二条　兑换法币机关如左。

(一)中央、中国、交通及其分支行或代理处。

(二)三银行委托之银行、钱庄，典当、邮政、铁路、轮船、电报各局及其他公共机关，或公共团体。

(三)各地税收机关。

(四)各县政府。

第三条　通用银币及厂条以外之一切银类兑换法币，应按其成色估定兑换。

第四条　凡无法币流通地方，持有银币、厂条、生银、银锭、银块及其他银类者，应送交第二条(二)、(三)、(四)各款所列各机关，请其代换法币。

第五条　第二条(二)、(三)、(四)各款所列各机关收兑之银币、厂条、生银、银锭、银块及其他银类，应即送交附近中央、中国、交通三银行兑换法币，如有隐匿者，或转付其他用金者，以侵占罪论处。

第六条　在兑换期间，如有对于银币、厂条、生银、银锭、银块及其他银类之持有人藉端敲诈者，以诈欺罪论。

第七条　凡通用银币与法币之兑换，不得有丝毫差价，违者按其情节，将法币、银币分别没收，或一并没收之，其意图偷漏而高价收换银币、厂条、生银、银锭、银块及其他银类者，依照妨害国币惩治暂行条例第二条、第五条办理。

第八条　本办法自公布之日施行。

除由部公布并呈行政院暨分电外，合电仰遵照，并转饬所属一体遵照。财政部。咸。钱印。

〔国民政府财政部档案〕

24. 天津交通银行关于陈报币制改革后应付市面情形致总行函

（1935年11月16日）

为续陈改革币制后应付市面各种情形事。

敬陈者：关于币制改革后各方面情形，曾于本月八日由稽业密不列号函陈报在案。兹将此数日来津行会同中行应付办法及市面情形分陈如下。

（一）对于各银行钞票，津行已会同中行商定四项办法，各通函所属行处，一体遵照办理。兹将通函一件附抄，敬祈察洽。

（二）法币汇款改收手续费一事，津市情形特殊，银行号积习已深，骤难更易。值此市面尚未大定，倘欲急切实行，深恐引起其它纠纷。此事曾会同中、中两行迭电三总行，陈请稍缓实行，旋奉复电，嘱将特殊困难之事详电陈核，等因。当由三行会电另行陈复矣。至津属各行中，亦有以地方特殊情形未能即予实行者，津行亦已嘱其在过渡时期能得遵照规定办理，自是最善，倘实有为难，亦只好暂予从权也。

（三）天津设立发行准备委员分会一事，已奉财部核准，添派平津商、钱两会主席及大陆许总经理、河北省行韩总理加入为委员。此事于安定人心关系至为切要，市政府亦因此事解决曾发布告通知各界，市面益形安稳。

（四）铜元涨价一事，一般社会深感压迫，小民尤不胜其苦。虽经官方设法平价并严禁奸商操纵，然囤积居奇者仍所在多有，故价格一时难望回跌。现钱业公会及商会均函请中、中、交三行发行铜元票以为根本安定之计。此事亦已由三行会函，陈请三总行核办矣。

（五）公库代三行保管现洋一事，前经奉陈在案，现已由公库开给津行现国币寄存证一纸，计现国币二百七十三万元。同时，津行亦开给公库同额法币寄存证一纸，以资拨抵。中、中两行亦皆同样办理。至公库将改为划帐所一节现尚在拟议中，未能决定，容当续报。

(六)津市最近市面概况安静，一如平日。各银行号均照常营业，毫无变动，各种业务亦均在循序进行中。至物价腾贵颇多参差，然于一般社会，尚无若何影响也。

(七)现在津属各行需要单元券至为殷切，前曾由三行会函，陈请筹发在案。现总行库又来函，嘱转陈尊处，迅予筹措大宗单元券，运平分发各地，以维市面，等语。特再函陈，敬祈迅赐筹运，以资转发为盼。

以上各节，特先奉陈，敬乞赐察。此上

总行

附件(缺)

津行敬启

廿四年十一月十六日

〔国民政府交通银行档案〕

25.青岛交通银行报告潍县政府清查银钱业存现情形致总行函

(1935年11月20日)

据潍行函报：县政府奉令清查银钱业存现经过情形转陈钧察事。敬陈者：兹据潍行函称，准潍县县政府第二〇〇七号公函内开：案奉省政府财字第二八一〇号训令内开：查改革币制原系救国根本政策，世界各国早已施行，我国复经一再考虑，计筹万全，始毅然行之。顾自中央改革币制命令公布以来，各地商民对于现金外运，颇起恐慌，如不详筹妥当办法，势必影响市面金融。是以本府电请中央，本省现币仍由本省保管，现金既不外出，市面断无若何影响。乃近日奸商乘机抬高物价，扰乱金融，影响贫民生计，殊非浅鲜。若不从严查究，将何以维系人心而安国是，业经布告严禁在案。所有各地银行、银号、钱庄实存现洋，亟应责成各县长查明确数加贴县府封条，不准外运。并由各该县长剀切晓谕人民，中央虽改革币制，然本地现金既不外出，对于本省断无影响，不必疑虑，以维金融而免惊扰。除分令外，合行令仰该县长即便遵照办理。此令。等因。奉此。除召集会议派第三科科长丁熙绪等前往查明存银确数外，相应函请贵行查照为荷。等因。查潍县县政府经于十一月十五日召集商会银钱业在县府开会，说明要旨，并由县长要求我行及中行将存现确数报明，以便转报。一面由商会通知各银号钱庄，凡存有现银者，一律送中、交两行换取法币，不准存留或外运，云云。旋与中行会商之下，认为事关省府通令，势难独异计，截至本日止，中行存现五万八千六百三十三元，潍行存现九千二百七十六元。除已分别报明外，理合函陈，敬希察洽为荷，等情。理合转陈。敬祈钧察为祷。此上
总行

岛行谨启

〔国民政府交通银行档案〕

26.发行准备管理委员会办理兑换法币收集现金办法

（1935年11月29日）

兑换法币收集现金办法　二十四年十一月二十九日核准施行

一、各处已经具报，三行已经兑给法币之现金，应由三行各自统筹，早日运送适当地点之库存储，并将数目随时表报本会。

二、未经兑换法币者，应速兑换，并亦照前条办法办理。

三、地名券准备现金，除当地设有发行准备管理委员会分会者另案办理外，余应一律照第一条规定办理。其护照由三行向财政部请领。

四、三行运送现金，所有运送费用，得开具实支清单，陈请财政部核付。

五、运送现金应由三行专员办理。其经三行委托报明政府者，不在此限。

六、三行未设分支行处之地点，其兑换法币之职责，仍由三行负担，或仍由部颁兑换办法，委托其他机关代兑，或自设办事处办理，以期达到推行法币及收集现金之目的。三行应从速办理，不可延误。

七、关于收集现金，应分区责成三行分别负责办理，每旬具报，以凭考核。

八、各省自铸银币重量、成色种种不一，在二十四年十一月四日以前最近期内，在各该地方照一元行使者，准予兑结法币一元。其向有折扣者，兑换法币之时，亦照市价折扣兑给。将来改铸时，如有损耗，由政府负担。

九、以生银掉换法币者，照各该地估定成色以纯银二三。四九三四四八公分(合市平〇。七五一七九)兑换法币一元。

〔国民政府财政部档案〕

27.宋哲元电告法币实行后北平物价飞涨经济不安情形及孔祥熙复电

(1935年11月)

(1)宋哲元来电 (11月7日)

南京。行政院院长孔钧鉴：兴密。前奉江电，为规定整顿货币办法即日实行，令饬军警切实协助，并□□银行妥为保护，等因。业经饬属遵办在案。□念平津地方百业□极凋敝，加以时局艰难，地方上时现恐慌状态，维持补救，极感困难。自此次明令颁行，而平津物价一时为之飞涨，地面人心亦极呈惊扰现象。连日据地方各界来部呼吁，请求维持，若不速筹办法，诚恐商民生计日趋艰迫，当为思患预防之计。哲元有安定地方之责，关于此事但可推行无患，断不哓哓渎陈。惟目睹现状迫切，未便壅于上闻，伏乞俯察舆情，权衡利害，以安人心。谨电肃陈，伏候训示。职宋哲元叩。阳印。

（2）孔祥熙复电稿　（11月13日）

特急。北平。平津卫戍司令部宋司令明轩兄勋鉴：阳电奉悉，谨密。查法币□□□□迭接各省来电，推行极称顺利。平津地方发生物价飞涨，铜币兑价低落现象，当系一时情形。在法币施行之次日，沪宁沿线一带，亦发生此种现象，经□集地方政府及各银钱业公会、商会、军警机关、□会，明定每法币一元，准易银角十二枚，当十铜元三百枚，□□□意抬高，其民生日用所关之米、面、煤油、糖、南货及钱、布，由各机关法团合组物价评定委员会，评定市价，一体遵行，严禁不正常之居奇高涨。实行以后，物价兑价，立即渐复常态，人心于以大安。平津市面应请吾兄主持，仿照办理。并请一面颁发布告，解释群疑，其仍有抬价居奇情事，应予严厉法办，庶奸商有所警惕，则人心立可安定。法币本有十足准备，决非通货膨胀，亦非纸币政策，本□□□及宣言，早经明白解释，不但各地人民已悉真象，□友邦人士亦交相赞誉。平津恐慌，自系造谣而起，一经剀切晓谕，□规定限制物价抬高办法，人民自可明瞭利害，不致□相惊扰，故意妨碍国家政策也。掬诚奉复，敬希洽办为荷。弟孔○○叩。元。钱。印。

〔国民政府财政部档案〕

28.韩复榘与孔祥熙关于推行法币政策事来往函

（1935年11月）

（1）韩复榘致孔祥熙函　（11月7日）

庸之部长仁兄勋鉴：暌违尘教，恒切驰思。比维履祉凝庥，鼎裀笃祜，为无量颂。顷奉蒋委员长江电，以贵部规定集中准备办法六条，令自十一月四日起实行，足见我兄巩固币制，改善金融之至意，钦佩莫名。惟民间习惯，完粮纳税及一切公私款项之收付，以现金为本位，早成积重难反〔返〕之势。若操之过急，深恐难以顺利推行，且外国银行林立，为国家法令所不能及，资金逃避，在事实上尤恐难免。现正审慎研究，期于国计民生减少影响。兹乘何厅长仙槎晋京之便，肃修寸楮，祗候兴居，尚祈锡以箴言，藉匡不逮，是为至祷。专此，敬请勋安，惟照不尽。

弟韩复榘拜启（印）

（2）孔祥熙致韩复榘函稿　（11月9日）

向方主席仁兄勋鉴：何厅长仙槎至京，接奉惠书，备辱爱注，闳筹卓识，感佩尤深。承示推行法币须顾及民间习惯，本部早经审虑及此，业已一再函令中、中、交三行暨各银钱业公会、各财政税收机关，应由中、中、交三行及各银钱行号迅将法币输送各地，使之均足敷用，其一时无法兑换法币各地方，姑准暂时保持市面原有习惯，迅由各公会、各税收机关将银币、生银等银类暂时收换，即以收回之银币、生银等银类运赴有法币各地方兑换法币，以免人民日常使用遽感不便，正与尊见相合。至外国银行，数日以来，如沪上英、美各大银行均已声明，切实奉行所颁改用法币办法，并愿将库存现银交出，尚属进行顺利，堪以告纾荩怀。惟兹事体大，忝负职责，鄙拙容有未周，策进务期万全，尚祈鼎予挈助，南针时锡，国计民生，实所利赖，宁惟弟一人拜嘉于无既也。专泐奉复，敬颂勋祺，余惟亮照不备。

〔国民政府财政部档案〕

29.关吉玉与徐堪为重庆推行币制改革事来往密电

（1935年11月）

（1）关吉玉致徐堪密电　（11月5日）

急。南京、上海次长徐并转呈部座钧鉴：利密。四日公布币制改革令，此间舆论一致拥护，实救亡要政也。惟有密陈者数事：(1)请将原令文颁赐到川，以便公文有根据，用便推行。(2)此间汇划洋为害已久，盼明令渝央行以押款方式取消之，如不取消，则划帐洋带利息行用，恐于法币流通有碍。(3)此间通货万分缺乏，盼将押款数目放大，庶筹码宽裕，税收易有办法也。职关吉玉叩。微酉。

(2)徐堪复关吉玉密电 (11月6日)

关特派员佩恒兄鉴：利密。微电悉。1.布告及各令文已检齐交飞航寄上。2.汇〔划〕洋应请速谋取消。3.川中领券问题，因改革币制稍稍停顿，昨弟与宋部长面商，拟以善偾押款办法代替领券，业荷赞同。但窥部座之意，或仍重领券，俟部座日内回沪当可决定也。弟堪。鱼。

〔四川财政特派员公署档案〕

30.顾祝同与孔祥熙为四川省推行法币事来往密电

(1935年11月)

(1)顾祝同密电 (11月12日)

南京财政部孔部长勋鉴：○密。自改革币制之紧急办法宣布后，川省各地一致响应，渝市状况亦颇安定。惟默察地方实情，对于此项办法之推行步骤，尚多应加考虑之处。因川省为著名使用银洋省份，又以幅员辽阔，交通不便，中央、中国钞票发行向不普遍，除渝市类似沪、汉，交易收现用钞外，如成都交易，即惯用银洋，其他外属尚多无中钞流通之处，尤以川南、川西僻远县份，如康定、宁远及松、理、茂一带，番人历来拒用钞票，因而流通更少，如照贵部规定，本月四日起即禁止使用现金，小则市面停顿，大则引起纠纷，影响军事。如任其阳奉阴违，又非所以贯彻改革之道。窃以禁用现金，须以供给法币入手，而法币之供给，则须普遍设立兑换机关。必某地先有机关开始兑换法币，然后可定期限，禁止行使现金。兹本此意，参照川省情形，酌拟办法如下：(一)充分供给法币。查川省地广人众，需用数量较多，贵部原有在川设立发行局之议，此时亟应积极实现，以应急需。(二)普遍设立兑换机关。除中央、中国两行现有分支行及办事处十余处应即尽量收银换钞外，拟请财政、交通两部分饬各税收机关、各邮政局同时受中行委托，开始代兑。至地方各银行、钱庄，因其信用不齐，且颇难于稽核，似以不托其代兑为妥。(三)分地酌定禁用现金期限。查部定办法第一项，本月四日起即禁用现金。在沪、汉各埠，为防止白银偷漏起见，诚非急速限期不可。惟在内地，既无急遽偷漏之可能，而供给法币准备又尚未齐全，则为执行有效起见，自宜量予展缓。每一地方凡自中央、中国两行或委托代兑机关开始兑换之日起算，最迟不得逾四个月以上，由各地察酌交通及金融状况，分别酌定，呈报备核以后，即依法严厉执行，民众亦不敢有异议。(四)确定低色银洋兑换办法。查川省现用银洋成色较杂，为收现用钞之推行便利起见，似应一律准予兑换法币。但遇成色低下之银洋如折减兑券，则亏损由持有银洋者负担。在善意之持有者，势必不服，或因此横生障碍，可否由政府酌定弥补。此项亏損方法对于民众贶力事宽大，以免周折。拟请贵部在开始兑换法币以前，即确定办法，俾能安定地方人心。以上各节，关系川省金融大局，乞予核定示复，当由行营宣示，并分别督饬地方政府遵行也。顾祝同。文午。行高。印。

（2）孔祥熙密电 （11月15日）

行营顾主任勋鉴：文午行高电奉悉。勅密。承示四项办法，兹奉复于下：（1）充分供给法币一节，本部早经一再函令中央、【中】国银行迅为尽量运送，以期足敷地方需要。（2）普遍设立兑换机关一节，本部公布兑换法币办法已有详密规定，并函令中央、中国、交通三银行向邮政总局订立代兑法币合同，指定邮政分支机关一律收兑，以期普遍，而便商民。（3）分地酌定禁用现金期限一节，查兑换法币办法实行后，各地商民必不至感觉不便，勿须展限【禁】行现金，转致观望，妨碍法币推行。（4）确定低色银洋办法一事，本部已函知三行，凡以向来在市照面额流通之川币，准以川币一元兑一元，其成色过低、历来市面均须折扣行使者，仍应按所含纯银量兑换法币，以昭公允。昨奉蒋委员长转来刘主席鱼电，拟具法币施行步骤四款，大体与尊电相同，业已分别电复矣。并以附闻，统希查照。弟孔祥熙叩。删。钱沪。印。

［国民政府财政部档案］

31.徐柏园与胡筠唐寿民关于币制改革后发行准备集中现金等事来往函

（1935年11月）

董事长
总经理 钧鉴：敬陈者：柏于四日返平，一切托福安好，同日叠奉电示，遵将财部意旨及钧电指示方针，对燕行库及东西支行同事详细说明，一面与中央、中国及公会各行协商齐一步骤，昨曾密函详报计达钧览，惟尚有数事未尽所言，敬再为钧座陈之。

一、我行发行钞券，似可不必再照六成现金准备之规定办理，就法理言，财部现明令规定，中中交三行钞券为法币，同时停止兑现，是则三行钞券实为无限生偿之不兑现货币，不兑现法币之本身即代表现金，固无须规定准备成数一也。就事实言，财部虽准许其他发行银行之钞券继续流通，事实上他行发行额，必逐日减少，他行欲收回发行，必须向三行领换法币，但他行之现金准备成数，远不及三行所定须六成现金，则收回之数必多，换出之数必少，通货将更趋紧缩，与财部原意背道而驰，且各较小之发行银行更将因此感受周转不灵之苦，亦非财部维持金融之本意，此事实利害不能拘泥于现金准备成数二也。再就现有现金准备之价值言，以我行现有之现金准备与法币外汇价值相较，实已超过百分之一百以上，报载今日中行宋董事长谈话亦提及此事，谓中中交三行库存现金，照外汇价值与三行发行额比较，每百元有一百十元之准备，故就现有准备金之实值言，我行多发六、七千万元之法币，仍不背六成准备之规定，不必再照原定规例计算三也。如谓因币制改革而发生之现金多余价值，应归政府所有，似亦应由政府利用此多余准备，增发钞券，藉解目前通货紧缩之患。就我行情形言，今后行方对库方应缴准备，必日感困难，似应早为之备。

如现金准备成数不必照原有规定办理，窃意不防以一部份法币购入政府公债，藉博微利，未知可办否。

二、中交两行对于商业放款，今后似应在可靠有利之条件下，尽量承做。细释财部命令用意，在集中现金与增加通货。但一方规定他行钞券不准增多，一方规定他行须以现金或适当抵押品向三行领用法币，在短时期内他行发行额势必减少，同时他行或则缺少现金，或则不愿立即缴出现金（如北方情形颇有顾虑，于缴出现金后局势变化而受损失者），故向三行领用法币一节，亦不致如何踊跃。在他行立场，应付目前环境之最妥办法，实为收缩信用，减少放款，庶免向三行交涉领用法币之烦。社会将因此愈感筹码缺少（因平时在市面流通之一部份硬币，被人藏储而钞券总额则将减少），国产物价将因此反趋低跌，人民生计将因此愈陷困境。窃认为际此时机，调度应变责在三行，权亦在三行，为避免通货紧缩计，似应尽量承做商业放款，以资周转也。此节与前节所陈互为关联，事实至明关键至巨，倘实须顾到六成现金准备，则尽量承做商业放款一节，亦办不到矣。

三、各地现金应如何集中问题，财部既决心集中现金停止兑现，三行各地库存现金失去准备，当地兑现之作用，似应通盘筹划妥为集中。藉求保管之妥善与经济。关于华北现存，前承董座面询调察方法，当时深恐轻易调动，引起社会注意，反觉不妥，目前既已停止兑现，此事似可积极进行，地方当局对此自感为难，今晨曾有派人至各行调查库存之议，用意盖为防止现币搬运他处也。窃意箭在弦上要办必须速办，多延一天，即增一分困难。未知钧座以为如何。

右列数点，只就个人观感所及，拉杂陈之，倘有一得之愚，呈供钧座参考者，甚幸，甚幸。专肃敬颂

钧安

徐柏园敬上

十一月五日

复徐柏园　十一月十五日

柏园吾兄阁下：

展诵手书所论，均关系今后市场金融伸缩之调剂及国家社会生活之大计，甚佩，甚佩。目下三行为努力上项职责计，自应尽量承做商业放款，但如尊函所虑，筹码未见增加，则事实上之能否办到，尚难预期。至准备成分一层，在现状下，吾人立场，不便有所论列，且看以后办法如何。此当政令初颁之际，吾人研究有得，当俟机先与当局详谈，确切明了之后，再为有条不紊之施行，庶或得当耳。移现一节，应视时为之，拟购公债，刻下亦不能办。诸希查照。敬颂

公安

弟　胡　〇

唐〇〇

廿四、十一、五

〔交通银行档案〕

32. 关吉玉与孔祥熙关于宽限兑换法币期限以利税收来往密电

（1935年11月）

关吉玉致孔祥熙密电稿（11月5日）

南京。财政部部长孔钧鉴：利密。顷准中央渝行经理奚炎面告，曾奉钧电：为保存全国准备金并巩固币制与改善金融起见，已于支日颁布紧急法令，规定中央、中国、交通三行所发钞票为法币，凡公私收付，概以法币为限，即日实行。等语。职虽未奉有明令，但见诸报载，得诸耳食。而兹事体大，关系全国经济之安危，敢不仰体钧意，亟谋遵行。惟以现易钞一层，四川情形特殊，实不能不请求略予宽展，以合事实。因四川历感筹码缺乏，不敷周转，即如法币而言，在川境行使者，为数不多。前渝市纷请领钞，文电交驰，即其明证。边远县份，除川造各种银币外，法币更属罕见。若遽予限制，一时难易法币，各项捐税即将无法筹缴，尤恐狡诘者相率藉故拖延，税收短绌，清剿军需，自属无以措应。倘准予通融，各币照收，则又违功令，不敢擅决。再四思维，似非另筹救济不可。刻渝市各业固无法币备用，拟向中央渝行押款，为调剂之谋，示奉行之意，具征深明大义，能体时艰，允宜嘉许，以资激劝。但中央渝行尚待请示，敬恳钧座当机立断，迅赐核准，再祈稍假时日，以便人民将各种货币一律换成法币行使，庶功令威信可维，税款收入无妨，人民困难易除。所有缺少法币应恳略予宽限，以免影响税收及渝市各业请求押款领用法币，应恳迅赐核准，以便周转各缘由，几经研考，未敢缄默，用敢冒昧电呈，伏祈核示祗遵。职关〇〇叩。歌。印。

孔祥熙复电（11月9日）

关特派员览：歌电悉。利密。据陈川省特殊情形及施行新颁法令应行审顾各点，不为无见。所有地方为难情形，本部早经虑及，业已一再通令，指示办法，并将各令交飞航寄来，祇须遵奉，切实办理，当可免除窒碍。如果仍有困难，应即随时体察陈报，以凭核办。部长孔。佳。钱沪。

〔四川财政特派员公署档案〕

33.交通银行总行拟具该行所发钞券定为法币应一律行使公告

（1935年11月）

径启者：查本行所发通行之国币钞票，业经定为法币，自应不分地名一律行使（哈钞、奉钞其本位并非国币，不在此例）。兹经撰附公告稿一件，即希洽照，将该稿缮贴本行门口，俾众周知为要。此致

各行库处

总行启

（附件） 交通银行公告

本行所发通行之国币钞票，业经定为法币。自十一月四日财政部布告之日起，不分地名，一律行使，特此公告。

〔国民政府交通银行档案〕

34.青岛交通银行报告山东省府封存银行现币情形致总行函

（1935年11月）

（1）据鲁行函报省府派员办理封存银行银号现币缘由及鲁行应付此事经过检同抄函一件转陈钧察事

敬陈者：兹据鲁行函称，查济南自规定法币以来，物价纷纷高涨，铜元尤为缺乏。韩主席为此特于本月十一日召市商会主席李伯成至省府谈话，询问物价高涨原因，李据情陈述，并称自中央改革币制，各银钱行号报告库存现币数目共八百余万元，是项现币关系地方命脉，全市商民均希望将此项现币留在济南，组织

保管委员会管理，永作准备云云。主席深信其说，爰一面令行市府平衡物价，一面令省政府派员会同军法处、财政厅、市商会清查本市各银行钱号库存现币数目，加贴省封条，不准外运。各县并同时清查、封存，省府当即令知商会，并派赵长江会同军法处杨金彪、财政厅王承勋等及商会，着手清查封存事项。本月十四日，该赵长江等三员经商会派员同至银钱两公会，商讨清查封存手续。鲁行陆经理以银公会主席委员立场，派员接谈，告以如欲详悉库存数目，银行可以报告。至封存一节，事实上，殊觉不便，其理由为(一)中、中、交三行库存现币，现在并未奉有出运之令，亦无此项预备。(二)三行库存现币逐日报由总行备案，质言之此项现币已归国有。地方政府如欲封存，在未奉总行知照以前，三行未便照办。(三)商业银行库存现币，经于本月四日报告中央银行汇报财部在案。现在亦毋庸再事封存，且商业银行所存之现币，随时可向三行掉换法币，以资应用，若予封存，则失却周转，云云。奈赵长江等坚持奉令，惟有遵办，不敢有所主张。当日谈话未有结果。次日即十五日商会为此事约同赵长江等三员，并召集银钱两业公会，前往讨论。鲁行陆经理以赵长江等泥守府令，不敢据情陈复，爰一面派员赴商会出席，申说上述三项理由，一面约同中央马经理、中国陈经理、民生宋副理，往谒财厅王厅长，当面洽谈，并拟王厅长如不能主张，则同见韩主席，面为解释，以资解决。乃据王厅长谈称，韩主席仅注意查清数目。至封存一节，并不侧重，容将困难情形代为转陈，并约于今日答复，至商会讨论结果，仍持封存原议。截至现在止，尚无答复前来，而奉令办理此事之赵长江等三员，已由商会派员于本日上午会同前往中央、中国洽办此事。中央方面谓俟王厅长答复后再说，中国方面亦系同样答复，并将该行最近库存现币数目予以报告。至鲁行方面，现尚未来。如其来时，亦拟参照两中行办法为之应付。除俟王厅长答复前来再为报告外，相应将此事经过抄同

商会致银公会函一件，先行函报。即祈台察，并转陈为荷，等情。理合检同抄函一件，据情转陈。敬祈钧察为祷。此上

总行

岛行谨启

附件（缺）

中华民国二十四年十一月二十日

（2）据鲁行续陈省府查封银行号现币情形检同证明书抄件一份转陈钧察事

敬陈者：查鲁省府查封济南各银行、银号库存现币情形，经于
业一二七
发字十二号函转报在案。兹续据鲁行函陈，兹准财厅王厅长答
稽一六七
复，已经陈准韩主席对于中、中、交三行库存现币允为查而不封。至其他银行号库存现币，则仍予清查封存，云云。鲁行发行、营业两项库存现币，截至本月十六日止，共存二百十七万五千二百零六元，业经奉令办理此事之赵长江、杨金彪、王承勋等三员会同商会常委陶本崇于昨日查讫，其点查手续，系将大数依照库存簿所填数目点查一过，并在库存簿上加盖各该员个人名章，另由鲁行出给证明书一纸，对于两中行亦系同样办理。至其他银行、银号，除办理上述手续外，并予封存。相应抄同证明书二份备函续陈，即祈台察转陈，等情。理合检同证明书抄件一份，据情转陈，敬祈钧察为祷。此上

总行

附件（缺）

中华民国二十四年十一月二十一日

〔国民政府交通银行档案〕

35.上海市银行公会奉令通知由三行共同洽议透支办法函

(1935年12月2日)

径启者：顷奉财政部沪钱字第七六号致本会陈主席令开：前据面交调剂产业金融，集中民间现银节略，当以事关推行法币、收集现金资助农矿工商业之发展，颇属切要，当交中央、中国、交通三银行共同核议，兹据复称遵已召集三行共同洽议办法，谨特分陈如下：(一)同业请求三行透支应将抵押品种类及价值透支额透支期间以书面开送三行以便审核。(二)原案所拟透支抵押品六项，甲、中央政府核准发行之公债库券及凭证等项；乙、商业票据及进出口押汇票据，丙、房地产、实业工厂、机器厂房基地；丁、货物栈单；戊、上海市银行业同业公会联合准备委员会发行之公库证及公单；已、担保确实之公司债券及有市价之公司股票。以上六项除甲、乙、丁、戊、己五项均可接受外，其丙项押品应否规定须经三行审查证明是本办法以前所已做者，并须提出正式估价证明书，(一)关于透支抵押品一应手续均照向例办理；(二)在透支期限内倘遇市面筹码宽松，三行拟即斟酌情形，向透支者提商减额或予归还；(三)因奖励同业，收集现币起见，拟嗣后同业交到现币六万元，即准许透支额四万元仍应由透支者提交抵押品，订立透支契约等语。查核尚属可行，应准照办。其透支总额应由三行查看市面需要，规定数目按成分担，惟此项透支用途应以用于农矿工商业之复兴及发展者为限，除函令三行会同办理外，仰即知照转行各同业一体知照。等因。奉此。相应分函在会银行，至希查照为荷。此致

中国国货银行

上海市银行业同业公会启

二十四年十二月二日

〔中国国货银行档案〕

36. 交通银行关于绥包同三行陈报当地执行法币政策情形函

(1935年12月4日)

径启者：查敝行前奉财政部明令规定，三行发行之钞票为法币，并迭次指出办法均经敝行通电，及转函所属各分支行遵照办理，并将各该行洽办情形函告在案。兹续据敝绥、包、同三行陈报前来，特分转于后。

一、据敝绥远分行函称：改革币制，绥垣官厅并未公布，以致绥市各地方银行钞票仍与硬币等量齐观。迨报章登载改用法币，中、交钞票始较一振，微闻征收机关、对于法币仍属拒收。山西省银行有拟运大批现币回山西之说，中、交两行在绥市一律以法币进出，亦尚通用。但官厅以政治力量推行其钞，复密嘱征收机关拒收法币，因此在市面重视绥钞等语。

二、据敝包行陈报，包埠市场尚属稳定，大半以国币为主，税收机关现已照收中交钞票，惟绥钞赖政治力量维持，仍较国币为高、一时尚难取缔等情。

三、据敝大同分行函报，十一月九日准县府函送晋同银号等十家库存现金报告条十纸，计现金三千六百七十一元。至于省银行库存现钞数目闻已由该总行派员封存，确实数目，未据送报。并据卢县长云，山西省内流通多系现洋、习惯已久，若骤然布告停使现金，恐滋纠纷，电奉省府复电，省钞与现洋仍照旧行使，对于法币，并未提及，因之县府无法布告，等语。由此商民犹豫观望。处此特殊环境，实无积极办法云云。相应函请察核，容俟续有陈报，再行转达。此致

发行准备委员会

交通银行总行(印)

〔国民政府发行准备金管理委员会档案〕

37.行政院关于实施法币停用现银统一发行办法训令

（1935年12月14日）

行政院训令　字第06462号

令财政部

案奉国民政府二十四年十二月十日第九四八号训令内开：为令饬事：案奉中央执行委员会二十四年十二月七日敬字第八四四号函开：查财政部为整理币制，安定金融，公布停用现银，统一发行办法，其目的重在集中准备，巩固币信。而社会谰言，犹有误为膨胀通货，滥发纸币者，亟应明白晓谕，以期推行无阻，除通饬全体党员一致奉行外，应请政府通令全国剀切晓谕人民，俾明瞭此次币制改革之目的，以利推行。相应函达查照办理。等因。奉此。查政府此次整理币制，停用现银，纯为集中准备，安定金融起见，所有中央、中国、交通三银行发行之法币，均有充实准备，并于全国各大埠分设发行准备保管委员会，各地银钱业公会及商会等亦均有代表参加，其于准备金之保管，及法币之发行收换各事宜，监督严密，信用巩固，与所谓膨胀通货，性质迥不相侔，全国上下，亟应切实奉行，藉以促进社会金融之安定，而谋国家经济之复兴，慎勿轻信谰言，妄生疑虑。兹奉上因，自应再予明白晓谕，以利推行。除函复并分行外，合行令仰查照饬遵，并通令各省、市政府、各军警机关剀切晓谕人民一体知照。此令。等因。奉此。除分行外，合行令仰该部知照。此令。

代理院长　孔祥熙

中华民国二十四年十二月十四日

［国民政府档案］

38.财政部准中国银行以四川地名钞券作为法币在川发行电

（1935年12月18日）

军事委员会委员长四川行营公鉴：据上海中国银行总管理处

函呈称：重庆市面需用法币甚急，现在敝行沪券缺乏异常，为使法币流通普遍，接济渝城市面起见，本行前印有四川地名钞券甚多。现在法币统一，不分地名行使，可否将此项存券运往川省发行，作为法币，以应急需，而资便利之处，函呈鉴核迅示。等情。查所请以四川地名钞券作为法币在川发行一节，系为接济市面起见，应准照办。除指令并分电外，特电奉达，即希查照转饬并布告周知为荷。财政部。巧。钱印。

〔国民政府财政部档案〕

39.财政部关于大量印发法币流通山东电

（1935年12月19日）

财政部来电一件　廿四年十二月二十日到

上海中国银行、交通银行公鉴：准山东省政府韩主席寒电称：查本省自停用现金以来，通货顿形减缩，而法币供给尚未充分，地方金融停滞异常，工商各业俱受影响，尤以流通法币多系五元、十元整券，零币缺乏，折兑不易，商民交易极感困难。相应电请贵部迅饬中、中、交三行筹发大量钞票，并多备一元券流通鲁境，以期普及而利商民，并希饬复，等由。除电复并分电外，特电仰迅运大量法币，并多备一元券前往该省，以应需要而资流通。财政部。皓。钱印。

〔交通银行档案〕

40.财政部关于电饬绥远省克日公布并实施法币政策函

（1935年12月21日）

财政部公函　钱字第一六四〇七号

案准贵委员会二十四年十二月十四日管字第一六一号函开：为币制改革绥远当地官厅仍未公布，请查照核办，等由，并据中央、交通两行会函前情到部。除以顷据密报称，施行法币案，绥省官厅仍未公布，因此绥省通货，仍以绥省各银行钞票为大宗，法币在市面流通，尚不能与当地钞票对抗，钱业亦图存留其虚本位之普拨洋，仍将绥钞调津，汇水行市，逐日开做，常在二十元左右，无形使绥钞高于法币，等语。查施行法币一案，前经十一月江支各电奉达，旋准十一月寒政电复，已通行所属切实奉行。嗣据报，以该案绥垣官厅尚未公布，征收机关仍有拒收法币情事，复经咨请查照本部告及庚钱电所列办法分别布告饬遵，并严令纠正征收机关拒收法币各在案。兹据前情，如果属实，殊与通案不符，相应电达查照，务希令将关于法币各案，克日照案公布，严饬各税收机关一律收用法币。至绥地各银行私发钞票，并应严行取缔，限期收销，以重币政，仍希将饬遵情形见复，等语。于本日电送绥远省政府，并指令中、交两行知照外，相应函复，希即查照为荷。此致

发行准备管理委员会

财政部长　孔祥熙

中华民国二十四年十二月二十一日

〔国民政府发行准备金管理委员会档案〕

41.财政部公布发行准备管理委员会检查规则令

（1935年12月23日）

财政部令　沪钱字第84号

兹制定发行准备管理委员会检查规则公布之。此令。

中华民国二十四年十二月二十三日

部长　孔祥熙

发行准备管理委员会检查规则

一、本规则依照发行准备管理委员会章程第七条之规定制定之。

二、法币发行数额及其准备金种类、数目，定为每月检查一次。

三、法币发行准备金，应分别现金准备及保证准备两项检查之。

四、法币发行，须按发行数额十足准备。现金准备为六成，以金银或外汇充之。保证准备为四成，以国民政府发行或保证之有价证券及经财政部认为确实之其他资产，或短期确实商业票据充之。

五、现金准备检查，如系库存现币，现金银，应分别点验。如系寄存分库或存放国外银行者，应核验各该分库存放银行之单据证明之。

六、保证准备之检查，如系库存证券或其他资产，应分别点验，如系寄存分库或寄存国外银行者，应核验各该分库或寄存银行之单据证明之。

七、凡设有发行准备管理委员会分会地方，其法币发行数额及准备金之种类、数目，由分会检查后，转报发行准备管理委员会汇办。无分会地方，由该地中、中、交三行将发行及准备数目填报各该总行转报发行准备管理委员会汇办。

八、发行准备管理委员会每次检查后，应将发行数额及准备种类、数日分别公告，并陈报财政部备案。

九、本规则自公布之日施行。

〔国民政府财政部档案〕

42.中国交通银行关于绥远省当局拒不执行法币政策函

（1935年12月27日）

径启者：查绥省通货及法币流通情形，迭经据情函陈察核。兹续据敝归绥行函称，管理通货令到绥，官厅仍未公布。绥地银行钞票，现仍行使如常，征收机关对于法币仍属拒收，以致钱商开做绥钞，行市每千调易法币可得水两元，较诸一月前得水七、八十元者已属一落千丈。此盖由市民心理对于中央功令及法币意义渐有相当认识，故市面流通较前畅利。惟官厅对于绥钞仍属维护甚力，此次财政部委派段君履庄来绥调查法币推行情形，并讽示省当局遵令办理，讵闻财厅谓平市局亏累三百万，若实行推用法币收束绥钞，须请财部救济，始可遵行云云。查平市局亏累甚巨，商民原已习知，财政厅又有请求救济之说，信用自必日落，将来绥钞折换法币势恐由升转耗，届时存汇款项，绥钞势必麇集，如果拒收，则平市局以官厅为后盾，倘至胁迫通用，则无所轧抵，损失堪虞，收拒两难。此虽出诸预料而揆度情势，实难避免，应如何预策应付之处，尚请核示等情，前已陈报财部外，相应函请察洽为荷。此致

发行准备管理委员会

中国银行总管理处（印）

交通银行总行（印）

廿四年十二月二十七日

〔国民政府发行准备金管理委员会档案〕

43.中中交三行解释兑换法币发给手续费函

（1935年12月31日）

径启者：按据长沙敝三分行电称，财部马电省府银币换法币由部酌给手续费百分之六，经报纸发表后，今市钞现差额，每千六十元，人民对法币信仰殊有动摇，各界纷询真相。职等细译电文，财部所指手续费，似系为推行外县法币之行使而设，法币本身不应发生差额，惟职行等未奉钧示，尚无表示，应如何应付，盼电示遵等情。查此事前准财政部长马钱沪代电，略以兹为便利人民兑换行使完成法币政策起见，特委托各省市政府在辖境内办

理兑换事宜，所有兑进银币银类，交由就近三行换取法币，并由部酌给兑换法币手续费百分之六，以为收兑及运输、包装费用等由，业经分函各省市政府所在地分行查照在案。据电前情，除以财部为各省市府收换现币，有运送及办事人等种种开支，特定酌给手续费办法，三行已有通函在途，希与省府洽商解释，万不可误会法币贬值而生差额，等语。除电复湘三行，并函财政部外，相应函达，即希查照为荷。此致
发行准备管理委员会

中国银行总管理处
中央银行总行
交通银行总行
〔国民政府档案〕

44.虞洽卿等关于金融恐慌工商凋敝请予救济的有关文电
（1935年11—12月）

（1）虞洽卿电 （11月4日）

南京。分送军事委员会委员长蒋、行政院院长汪、立法院院长孙、司法院院长居、考试院院长戴、监察院院长于钧鉴：近年世界经济恐慌达于极点，工商凋敝，百业不振，我国年年入超，有增无减，白银之流出愈多，市况之萧条更甚。政府当局若不采取有效之办法，当机立断，经济必有崩溃之一日。和德既痛苦之切身，本国民之天职，六年以来贡献于政府，未蒙采择。且以业金融者，为保持自身计，多方阻挠，以致因循。迄今现银存底更少，通货紧缩愈甚，财政部于今日布告，实行法币制度。虽施行未免较迟，而亡羊补牢，犹为国家之幸。迭听之余，同深欢忭。惟欲求经济复兴，固赖此项制度，至于根本办法，对外入超初步至少保持平均。欲求平均，则维持与促进实业，实为首要。而振兴实业，必须减低利率。缘我国利率过高，实为实业致命之伤。

实业如能振兴，工商百业自趋繁荣。财部布告既以各国之先例为言，充裕资金，供应工商企业，救济不动产政策均经预定，次第施行，深望当局立予实现。更应趋重于建设，而建设复以生产为前提，并应绝对防止与民争利及其他流弊，复兴前途，庶几有豸。诸公为国尽筹，爰敢谨陈管见，以供采纳。虞和德叩。支。

（2）虞和德等请愿书　（11月□日）

为请愿事。窃以比年以来，金融枯涩，白银外流，百业凋疲，生产日减，使长此不加救济，则经济总崩溃，殆成不可避免之势。今幸政府毅然革新币政，实行管理通货，令下之日，全国翕从。虽施行方始，而市面金融，已见活动，国际汇兑，渐趋安定，友邦赞助，国民拥护，不可谓非经国之良谟，救时之伟策矣。惟全国经济生命所系之各项实业，则仍以缺乏周转资金，濒于危殆，生产日减，以致入超日增，尚未蒙政府予以救助。倘仍听由实业界人自为谋，如前之日乞怜于银行之门，则吾国内之银行，类多商业组织，每以资力不足，未能从事于实业放款。且事实上即使稍有通融，亦多以所产之货品担保为度，而不愿接受不动产之借款，则各工厂之大部份固定资产，仍未能充分运用。在此种情形之下，不惟企业家日陷苦境，即社会上亦无形减却不少资本，生产安得而不萎退，入超安得而不激增。循其结果，则此革新之币政，又安得而不动摇。故为救实业以救国家计，当此政府财力集中，信用已树之际，亟宜筹设特种金融机关，由政府主持其事，略仿各国工业、兴业或劝业银行之制度，专事救助实业。即以实业家所有之固定资产，为放款之抵押品，并长期薄利，以应其需要。一面由中央银行减低市面利率，并设法收回高利之债券，俾资金不致集中于债券一途。如此则国内事业，方有转机，国际贸易，庶可平衡。否则生产不振，政府虽停兑以期均衡汇兑，然入超仍自入超，究有何裨。且因实业衰敝，必至失业愈众，社会愈难安定，国家税收愈见短绌，而国本前途亦愈危险。或谓政府此举系集中实力，统一金融之方策，至通货之发行，则仍应有法定之准备，以固政府之信用，若增发通货以充资本，既无准备，即无异膨胀通货，势必促成币值跌落，物价高抬。不知通货之收发，须视市面之供求。如增发通货以生产，则通货为生产事业之资本，生产事业之资产，即为增发之间接准备，币值自不致跌落。欧美各国，先例昭然。况他日产量增益，国家税收亦必因之而增进。一举而备数善，政府又何乐而不为。兹综厥要义，约为二端：一请政府迅设特种银行，或先由中央、中国、交通三行立拨巨款救助实业，以便各事业家得以充分运用所有之资本；二请中央银行减低市面利率，并设法收回高利之债券，以奖励一般国民投资实业。事机危迫，急盼鸿施。万一坐失时宜，恐至无可挽救。为特不辞冒渎，敬合陈词吁恳，伏乞俯念实业关系国本，迅准照办，则此垂尽之实业，庶几获有生机，工商幸甚，国家幸甚。谨呈实业部部长

聂潞生（印）
荣宗敬（印）
虞和德（印）谨呈
郭　顺（印）
刘鸿生（印）

二十四年十一月　日

（3）虞洽卿等电　（11月23日）

南京。实业部陈部长钧鉴：日前具书请愿，计呈钧览。窃自币制改革，时阅两旬，物价腾贵，各项实业过渡时间之影响，已非浅鲜。救济政策虽已经预定，惟转瞬年关将届，倘不立时施行切实救济办法，全国实业悉将无以自存。务恳俯采末议，望赐实施。大旱云霓，不胜迫切待命之至。虞和德、荣宗敬、郭顺、刘鸿生、聂潞生同叩。漾。

（4）虞洽卿等电　（12月16日）

南京。行政院院长蒋、财政部部长孔、实业部部长吴钧鉴：值此国是飘摇，欣闻拜命中枢，整饬庶政，凡隶帡幪，同深欢忭。窃和德等前以金融梗塞，实业濒危，曾具书请愿，续于上月二十三日奉呈漾电，吁恳救济，计蒙垂察。年关瞬届，百业皇皇，仰盼恩施，急于霖雨。伏按沪市自去岁崩溃以来，政府所亟亟救济者，几仅限于金融一业，殊不知工商凋残，不独金融业势难独荣，国本且有动摇之虑。即就最近改革币制而论，各业竭诚拥护，所冀于安定经济之后，有实施救济之方。今亦几仅限于金融一业，标本未蒙兼治，过渡之痛苦已受，彻底之解决未见，引领以望，无任迫切。钧座洞烛商情，勤恤民隐，度必有以慰喁望，而舒积困者。谨再渎陈，务恳俯察前呈，迅赐施行，实为德便。虞和德、荣宗敬、郭顺、刘鸿生、聂潞生叩。谏。

〔国民政府实业部档案〕

45．关吉玉与财政部为重庆库存法币单薄而谋解救办法来往文件

（1935年11—12月）

（1）关吉玉代电稿　（11月29日）

财政部部长孔钧鉴：顷准重庆市银行业同业公会廿四年十一月廿五日函，以迭准职署函转钧部前后各电令，饬以法币收换银币、生银等银类，及以法币输送各地，使之均足敷用各等因。当经并案提交第一百〇七次执委会临时会议，佥以各行对于法币通令绝对拥护，前电所示乡僻地方或有稍感不便，或持有银币银类无处兑换法币行使者，本当遵令由各银行及其分支行办事处一律代为收换。无如渝市通货异常缺乏，各行库存法币已感单薄，更无余币可资掉换。至后电所示迅将法币输送各地一节盖已无法措办。要之，川省推行法币尚无若何困难，而习惯用银之僻远地方，一

经剀切说明，人民疑惑不难渐袪。所苦在法币筹码不足，而省内中央、中国分支行、办事处又不甚普遍，人民持有银币、银类者，虽欲遵令掉换而无法换得，即恳体察本省特殊情况，统筹济穷之方，藉崇法令，而便川民。等语。经核，所称各节均属实在情形，仰维该项备换法币之供给，钧部必有统筹规定之办法，究应如何补救之处，理合电乞核示，以便转饬遵照。职关〇〇叩。艳。印。

（2）财政部指令　（12月11日）

财政部指令　钱字第20618号

令四川财政特派员

二十四年十一月二十九日艳代电一件，为据情转陈本省情形特殊，关于备法币之供给，钧部必有统筹规定之办法，究应如何补救之处乞核示由。

艳代电悉。人民以银币掉换法币，业经本部公布兑换法币办法八条，兑换极为便利。至川省法币缺乏，现由重庆银钱业向中央、中国两银行商洽抵押放款已有成议，自可渐臻充裕，仰即转饬知照。此令。

部长　孔祥熙

中华民国廿四年十二月十一日

〔四川财政特派员公署档案〕

46.中中交三总行订定买卖外汇四项办法函

（1935年12月）①

径启者：查财政部四日布告第六项内开：为使法币对外汇价按照目前价格稳定起见，应由中央、中国、交通三银行无限制买卖外汇。嗣又接奉财政部令开：本月四日本部布告规定办法六

① 原件无日期，据文意推测成件日期为1935年12月。

项，业经令行在案。关于稳定外汇价格，应由三行负责，希即依照布告第六项规定要旨，妥察市面情势，协应机宜，勿任发生轨外变动，是为至要各等因。当与中央、中国两行会电转知平、津、汉、厦、岛、烟、威各处，凡遇外国银行需用三行钞票，可以即期英金、美金掉换，并应尽量协助。逐日买进、卖出外币，关金等行市，亦由中央银行译发英文电转知接洽。本行根据财政部布告，为对外币汇价稳定起见，负有买卖外汇之责，凡有来行买卖关金及外国货币者，自应妥为应付。兹为各处明瞭买卖手续起见，订定办法四条如次：

一、每日买卖关金及外币行市，均应按照中央银行电报行市办理，不得参差。中央银行电报行市，计分三种：第一种挂牌行市Official Rates。第二种卖出行市Selling Rates。第三种买进行市Buying Rates。例如：五日中央银行报告之行市（一）挂牌价关金2276英金1/2 $\frac{1}{2}$、美金29$\frac{3}{4}$、法郎540、马克72$\frac{1}{2}$、日金103、港汇78、关金合英金33、合美金67$\frac{3}{4}$。(二)售出行市2276(为完纳税项用关金售价）、2296(普通关金售价)、1/2 $\frac{3}{8}$(英金即期及十一月份期货售价）、29$\frac{1}{2}$（美金即期及十一月份售价）、1/2 $\frac{5}{16}$（英金十二月份售价）、29$\frac{3}{8}$(美金十二月份售价)。（三）买进行市2256(买进关金价)、1/2 $\frac{5}{8}$(买进英金即期及十一月份期货行市)、30（买进美金即期及十一月份期货行市)、1/2 $\frac{11}{16}$（买进英金十二月份期货行市）、30$\frac{1}{8}$(买进美金十二月份期货行市)。

二、各地买卖关金及外币均以即期为限，所有期货交易暂时一律不做。

三、各地照中央所报行市卖出关金及外币，除转作存款者外，可以函电托由总行关金在沪交割，其他外币则以票汇或电汇交割，其未能接到中央银行逐日电告行市地方，可以函电总行，照总行收到函电之行市代结，应合法币，由总行转付各该行帐。

四、各地购进开金，可先转存当地中央银行，俟集有成效再行，在沪划拨外币不论电汇或票汇，均由总行代收，应合法币，由总行收入各该行往来帐。购进外汇如系汇票，应比照中央银行买进外汇行市，英金加$1\frac{1}{6}$、美金加$\frac{1}{8}$计算。如五日行市买进，英金汇票应为½$\frac{11}{16}$买进、美金汇票应为$30\frac{1}{8}$。

此上四条办法，希各地一律照办为荷。此致

各分支行处

总行启

〔国民政府档案〕

47.重庆市银钱两公会报告币制改革后渝市金融恐慌情形电

（1935年12月）

（1）12月18日电

南京。行政院院长蒋、财政部部长孔钧鉴：渝市所发汇划证业于十二月删日遵令取销，惟此次虽蒙中央银行借给官商银六百万元，而中国银行原存汇划证四百余万如数收回，不再放出，实际市面法币只增一百余万，而取销汇划证数过千万，以致银根异常吃紧，利率涨至二分。故申汇钞水尚未大平，收交頗现恐慌，一因政府借款未能依本偿还，一因通货欠缺，周转不敷。此次行庄收交抵解之后，计差一百余万，为川财厅应交之款，虽由各银行负责，准于月底了清，恐以后实难为继。查各银行、钱庄所存国家有价证券及商业确实可靠证据，为数甚多，并非资力不足。目前维持之法，惟有仰恳钧座饬由重庆中央、中国两分行办理重贴现及转抵押，俾紧迫之时得资救济。在两分行之款短期放出，随时可收，有利无损，而渝地金融即可活泼，实于商业、地方裨益甚大。伏望俯赐照准，立予施行，以救眉急，不胜感祷切盼之至。重庆银行公会主席邪受彤、钱业公会主席陈诗同叩。巧。

（2）12月28日电

南京。行政院长蒋、财政部长孔钧鉴：窃渝市汇划证业已取消，惟因政府所欠各债到期者约五百余万，未能清偿，行庄已形竭蹶。加以通货枯涩，商货疲滞，押于行庄之款，亦难依期赎取，积压太重，周转不灵。又值年关结帐，以致市面利率涨至三分以上，恐慌异常，年底收交，实难稳度。伏望酌事救济，恳由中央、中国两行准以确实商业票据及货物栈单，按照市价折合，办理重贴现及转抵押。若能贷出法币二、三百万元，市面即可维持，且于两行亦有裨益。事机迫切，伏望俯允，不胜感盼之至。重庆市银钱业两公会同叩。勘。

〔国民政府行政院档案〕

48.刘敌强条陈救济法币办法致关吉玉笺函
（1936年3月4日）

敬肃者：近日市面币价云洋半元换大元必补水五仙，而法币换云洋又必三至四仙，质言之，即每法币一元较硬大洋折价八至九仙，而辛苦之小学校教师无妄，即受百分之八九损失。似此情形，法币跌价。尚未止境，则生活必益困难，若无善法教育，即将无形破产矣。兼之各乡人民对于法币，无标本鉴定真伪，而又未敢明加拒绝，只有左手接入，右手即欲推脱，以是折受不惜，且诚朴者一遇奸商银贩，不谓法币为假，即云某种此地不用，于中渔利。乡民遂视为畏途，粮民纳税，理应法币，而粮贩坚持六成硬大洋，以是市面交易均必言明何种币类，然后定值，长此以往，币政前途何堪设想！故特函达，请为设法救济。1.可否速饬各税收机关，必收法币。即盐务、邮政亦不能例外。2.各镇市颁发各行法币各种样张悬挂，以资鉴别。3.各市镇只设一硬币兑换所，不许奸商银贩收售硬币。4.每人不得携带硬币十元以上。5.奸商银贩实行惩办，于必要时一县枪决一二人，万勿一纸告示，言而不行。6.多派调查员，各地密查抑勒法币之徒。7.通饬各镇

市领袖，对民众多演讲，开导人民了然政府苦心，怪象必渐少。以上数端，是否可行，敬候明裁。即上特派员关。并颂
公安

刘敌强　上

〔国民政府财政部驻港办事处档案〕

49.曾显之请饬禁止买卖硬币以维法币信用签呈

（1936年3月14日）

窃查四川领钞问题，自奉部令准以国川两种硬币搭配，二十四年四川善后公债领换法币以来，各地银钱业商纷纷争购公债硬币向中央银行领换法币，而公债每千元由五百余元涨至六百七八十元，硬币每元洋水涨至九十元至一百元，此重庆市法硬两币情形也。至成都市法硬两币相差至两成之距。现刻银钱业领钞问题既告一段落，而重庆市洋水仍旧九十余元，成都市亦仍旧一百余元。长此以往，恐法币价格愈趋愈下，有此重大情形，理合签请禁令买卖硬币，以维法币威信。伏祈鉴核。谨呈课长李转呈
特派员关

职曾显之谨具　三.十四

〔国民政府财政部驻港办事处档案〕

50.胡文虎为统一币制及划一度量衡事致林森函

（1936年7月29日）

子超主席钧鉴：睽隔钧宇，转瞬经年，仰望旌旄，无时或释。恭维政躬清健，勋绩丰宏，为无量颂。近阅报章，敬悉钧座与介公钧驻牯岭，连日庐山会议，于救亡戡乱大计，必有根本办法，以慰国人之冀望也。今后全国统一，应兴应革之事，何止千百。文虎不敏，于国家大计，岂敢越言妄议。惟凭数十年之经验，窃以统一币制及划一度量衡制度，实为复兴中国之一基础

也。夫以一国乃有数十种之钞币，数百种之度量衡，一越邻省，恍如异国。使用钞票，非曰贴水，则曰不用。而各种度量衡，长短不一，多寡不定，轻重不均，各地有各地之制度，毫无划一定准。奸商莠民，从中取利，民焉得不困，国焉得不弱。苟不谋根本改革，法定划一，则其他一切经济建设，未有不落空者也。兴感所及，冒昧上陈，幸垂鉴焉。云山在望，毋任神驰，政余之暇，尚祈时赐教诲，则不胜感祷之至矣。肃此禀达，不尽缕缕。敬叩钧安

胡文虎拜启

七月廿九日

〔国民政府档案〕

51.发行准备管理委员会关于中中交农四行拟具十足现银领券办法函

（1937年4月27日）

发行准备管理委员会公函　管字第1851号

案准中、中、交、农四银行会函内开："案查自法币施行以来，敝行等迭奉财政部函令，收集银币、荏苒年余，此项使命尚未完成，因敝行等收集银币多数均由同业领券间接收入；而直接收集则有下列困难之点：（一）敝行等在柜面收集银币，只能平换法币，而领券同业在各地收罗银币，则予以贴费。（二）内地人民携带银币常受军警机关之扣留，故人民不敢以银币向银行直接掉换。兹为完成收集银币职责起见，敝行等会同商定：增加十足现银领券办法一种，俾可直接收集银币，所拟办法如左：

一、中、中、交、农四行自五月一日起，对于领券，除现在之四六成准备金办法外，增加十足现银准备一种，四六成领券办法，仍限于同业，十足现银领券，则无论机关、商店、个人均可领券。此项领券可由四行酌给手续费，假定每百元给手续费六

元。

二、此项手续费之给予，实为贴补领券人运送现银等项之费用。与以前部定给付收集现币手续费性质相同。拟请查照成案，由部担任，现在收集之时，应先由四行暂为垫付。

三、由财政部或军事委员会通令各省军警机关，对于人民运送现银向银行及其委托收兑处换领法币，除偷运出口情事外，应予以保护，不得扣留或处罚。

上项办法实行后，既由四六领券办法间接收集，并可由十足现银领券办法直接收集。当能使现银逐渐集中而完成敝行等之使命。是否可行？相应函达，敬祈察核示复。等由。准此，查该行等所拟十足现银领券办法，应否准予照办之处，相应函达贵部，即希查核见复，以凭转知遵办为荷！此致

财政部

主席　孔祥熙

中华民国廿六年四月廿七日

52.发行准备管理委员会检查法币发行及准备金统计表①

年	月（类别）	发行数	现金准备	保证准备
24	12	641,554,890.92	432,878,276.85	208,736,614.07
25	1	719,569,099.42	503,515,799.97	216,053,299.45
	2	700,046,382.42	505,145,398.37	194,900,984.05
	3	748.351.660.92	533,226,908.75	215,124,752.17
	4	781,596,099.92	550,865,945.27	230,730,156.65
	5	822,332,289.92	558,853,801.60	263,478,488.32
	6	855,937,967.92	577,133,257.27	278,804,710.65
	7	876,955,818.92	581,587,670.18	295,568,148.74
	8	879,857,721.92	579,053,703.49	300,804,018.43
	9	908,913,999.92	601,592,376.85	306,721,623.07
	10	961,528,273.92	610,604,153.19	350,924,120.73
	11	1,025,682,337.92	644,359,771.24	381,322,566.68
	12	1,079,943,233.92	675,171,395.52	404,776,840.40

① 原件无形成时间，据判断系1937年4月所形成。

〔国民政府财政部档案〕

53.军委会委员长行营关于准财政部兑换法币补充办法的训令

（1937年6月14日）

国民政府军事委员会委员长行营训令　治信字第4139号

令财政监理处

案准京本会公三函字第六五四一号函开：案准财政部咸钱第六六九六号代电开：案准发行准备管理委员会二十六年四月二十七日函，略以准中、中、交、农四行会函：自法币施行，迭奉部函令收集银币，尚未完成使命。一以人民携带银币兑换，运送包装，不无相当费用，而敝行等并无给费之规定，不欲向行直接兑换；一以人民携带银币兑换，常受军警机关之扣留，不敢向行直接兑换。为完成使命，收集银币起见，兹经会商，增订十足现银领券办法一种，应否准予照办，函达核复转遵。等由。查本部前为迅速推行法币，迭经函令中央、中国、交通等银行，上紧收集银币，以便由部斟酌各地兑换情形，随时随地，分别明令截止兑换在案。兹查所拟办法，自系为完成收集银币使命起见，应准照办。惟该办法名称内容，尚有应加修改之处，业由部查酌情形，予以修正，并将名称改为兑换法币补充办法。除函复并分别函令中、中、交、农四行照办，暨呈行政院鉴核转呈国府备案，分咨各部会、各省市政府、各绥靖主任、各司令、宪兵司令部饬属一体遵照，令饬各海关遵照外，谨检同该项办法及本部上年四月感钱沪电，电请鉴核，准予通饬各军事机关遵照为荷。等由。并附兑换法币补充办法一份、财政部感钱沪电抄件一份，到会。除分别函令外，相应抄同原附各件，函达查照，并转饬所属一体知照为荷。等由。附抄送兑换法币补充办法一份、感钱沪电一份，准此。除分令外，合行抄发原附件，令仰该处知照。此令。

计抄发兑换法币补充办法暨感钱沪电各一件

委员长　蒋中正

中华民国二十六年六月十四日

抄感钱沪电

各省市政府公鉴：查兑换法币期限，依照兑换法币办法第一条规定，截至本年二月三日届满。嗣为便利偏远省区及法币流通尚未充分地方人民兑换行使起见，经部将该项地方兑换期限延展至本年五月三日为止，通电在案。兹查此项延展期限又将届满，本应如期截止。惟念偏远省区及法币尚少流通地方之人民或因不明政令，或狃于积习，持有银币、银类未即兑换法币者，仍不在少数。本部为特示体恤起见，对于该项地方兑换法币事项应准暂维现状，继续办理，将来由部斟酌各地兑换情形，随时随地，分别明令截止。应请转促当地人民，凡持有银币、银类者，迅即持赴中、中、交三行，或其委托代兑机关兑换法币，以免兑换截止以后蒙受损失，并希转饬各地军警，对于以银币、银类兑换法币之人民予以保护，不得拦截，致于查究。一面由部电令中、中、交三行，尽量供给法币，以利收兑。除呈报行政院转呈备案并分电外，特电请查照转饬所属一体遵照，并布告周知，仍希见复为荷。财政部。感钱沪阳。

兑换法币补充办法

一、中、中、交、农四行为便利人民兑换法币起见，除原有银钱业四六领券办法仍予照旧办理外，如普通商业行号、公司或个人以现银向中、中、交、农四行十足兑换法币，得由四行酌给手续费，以为运送包装等费之用，每百元以六元为限。

二、中、中、交、农四行对于十足兑换法币收集之现银数目暨垫付手续费数目，应按月报部查核，其垫付手续费并准于本案办结时由部拨还。

三、凡银钱业机关、普通商业行号、公司或个人持运现银向四行或其委托兑换机关兑换法币者，除沿海沿边应由海关查验，以杜偷漏外，所有各地军警机关应即查照财政部二十五年四月感钱沪电，予以保护，不得拦截。如有故违，应准人民指控，严行究办。

〔国民政府财政部档案〕

(三)国家金融垄断机构的建立

一、对中国交通两银行的控制

1.金融监理局令上海中国银行按期呈报该行营业状况及各种表册

（1927年11月11日）

为令遵事。查该行原定则例第廿七条内载：财政部得派监理官一人监视中国银行一切事务。又该行监理官服务章程第二条内载：监理官须随时检查中国银行各种簿记及金库，每星期至少一次。又第五条内载：监理官得请银行编制各种表册及营业帐略，各等语。又民国三年财政部曾以上海为全国金融总汇之区，添派监理官一人驻于沪行，足征沪行关系国家金融至巨。现在本局组织成立，业经通告在案，所有该行监理官职务，均归本局办理，为此令仰该行自本年十一月十五日起，应将管辖内各分支行号、兑换券发行数目、准备状况以及营业日计表，每逢星期六分别编制各一份呈报本局，以凭考核。切切。此令。

〔国民政府财政部档案〕

2.金融监理局要求交通银行将各项营业状况定期呈报的训令

（1927年11月11日）

金融监理局训令

令上海交通银行

为令遵事。查该行原定章程第二十条内载：交通银行须将关于营业上之计算报告专呈报财政部、交通部等语。并由财政部派有监理官一人检查发行兑换券事务。上海为全国金融总汇之区，关系国家金融甚为重大。现在本局组织成立，业经通告在案，所有该行监理官职务均归本局办理，为此令仰该行自本年十一月十五日起，应将管辖内各分支行号、兑换券发行数目、准备状况以及营业日计表，每逢星期六分别编制各一份呈报本局，以凭考核。切切。此令。

金融监理局局长蔡

民国十六年十一月十一日

〔国民政府财政部档案〕

3.金融监理局派员检查上海中国银行各项业务遭张公权等拒绝情形呈

（1927年11月）

呈报中国银行不受检查由　（11月14日）

呈为呈复事。案奉局长第十一号训令开：兹派该员前往中国银行检查该行兑换券发行数目、准备状况及有关系之各种帐簿、文据、库存等项，并逐款核对该行当日制备之营业及发行各项报告表是否相符，即日据实呈复，该员应切实遵令，严密检查，毋稍疏忽，是为至要。此令。等因。奉此。课长等遵于本月十四日上午十时到中国银行，与贝祖怡行长见面，面交局令，并述明来意。贝行长云：我们不能受人检查。课长等云：此次亦无所谓检查，不过请贝行长指给一间空屋，将贵行兑换券发行及准备情形作个表看看而已。贝行长云：此处无空屋供外人办事，且本市银行公会对于金融监理局之成立尚未正式承认，本行未便遽受检查，等语。随即出示上海银行业联合会、上海银行公会通告各一份，大致谓：此后无论何种机关，如向会内银行查帐，认为关系市面金融者，非经本会大会通过，不得任意检查云云。课长等无法，乃用电话向局长请示办法。旋奉局长谕：如该行不受检查，应即着以书面答复，等语。课长等奉谕，当经转向贝行长说明。据贝行长答称：此次不受检查，系以上海银行业联合会及上海银行公会之通告为根据，上项通告既经过目，则用口头答复亦是一样。课长等云：口头答复本无不可，不过回去不能销差，此节尚请贝行长酌量。贝行长云：我无权答复，我们张副总裁昨日说过，无论何事，一概不理。此事我须请示张副总裁。课长等云：我们等等张副总裁亦可。贝行长云：张副总裁来否不一定。此时正十一点钟，贝行长有事他去。课长等候至十二点钟，贝行长未归，乃回局。至下午二点钟，课长等又到中国银行时，贝行长已到行。据贝行长云，已将局令面交张副总裁，并已请示张副总裁，此事可与张副总裁面洽，并由贝行长告知张公馆地址。课长等乃据情用电话请示局长，可否径往张公馆接洽？奉示照准。课长等乃到张公馆时，值张副总裁赴郑次长宅。因用电话询张副总裁何时可以回寓。张副总裁云：明早十时在寓见面。以上乃经过之大略情形也。除俟明晨十时得晤张副总裁后，结果如何，自当另文呈复外，谨备文连同抄得上海银行公会、上海银行业联合会致中国银行通告两份，呈请钧鉴。谨呈

局　长蔡

副局长徐

附呈抄件两份

第一课课长李　鼎（印）

第二课课长王向辰（印）

中华民国十六年十一月十四日

附件一

联字第十五号

径启者：本月十一日，本会常务委员会议决：此后无论何种机关，如向会内银行查帐，认为关系市面金融者，非经本会大会通过，不得任意检查。相应函达，即希台洽为荷。此致

上海银行业联合会
十六年十一月十三日

附件二

径启者：本月七日会员会议决：此后无论何种机关，如向会内银行查帐，认为关系市面金融者，非经本会大会通过，不得任意检查。相应函达，即希台洽为荷。此致

上海银行公会启
十六年十一月九日

呈报中国银行不受检查由 （11月15日）

为呈复事。窃第一课、第二课课长李鼎、王向辰昨奉钧谕，前往检查中国银行兑换券发行数目等事。旋以中行谢绝检查，复往晤中行张副总裁，未遇，各由，业已呈报钧核在案。兹复承钧长面谕，着再往晤中行张副总裁。职等遵于是日上午十时往胶州路张宅，旋荷接见。职等即述明来意，并请对于昨日中行不受检查一节予以书面答复。张副总裁云：昨日我已经与孙部长见面，谈到此节。孙部长云：容我研究研究再说。当时并承孙部长允许，俟今日两君来时即以此语转告，所以今日无须再以书面答复。职等云：昨日敝局长亦曾与孙部长见面，对于银行界特殊情形均甚了解，不过中行无论如何不能与政府脱离关系。至于来往公牍，乃自然循例之一种手续，不得不请副总裁原谅。张副总裁谓：我们只可讲事实，至于手续的话，乃是一种形式，无有若何关系。且金融监理局一切事项根本上尚须与孙部长从长研究，好在孙部长几日即来，到时自当有个办法。如此时再以书面答复，则与孙部长原谕不符了。职等云：但是敝局长以为如中行方面无有个答复，公事上颇说不过去。譬如敝局将全案经过情形据实呈部，届时则更不好办了。张副总裁云：好在孙部长几日即来，届时必有办法。职

等云：届时是否可以用书面答复？张副总裁云：此话我不敢说，届时不妨请蔡局长当部长面一处谈谈，如蔡局长一定要答复，我一定不答复，只好即请孙部长当面判断了。言谈至此，一笑而止。职等见张副总裁如此坚持，亦不能再说，因辞出。此乃与张副总裁谈话经过情形，理合具文，呈请钧核。谨呈

局　长蔡

副局长徐

秘书马少怀（印）

课长李　鼎（印）

中华民国十六年十一月十五日

〔国民政府财政部档案〕

4.金融监理局关于中国银行必须按期呈报表册勿再玩延令

（1927年12月 1日）

为令遵事。本局前依据该行现行则例及监理官条例，着该行呈报各种表册，以便审核，业经令行在案。该行至今尚未奉行，殊属不合。查该行居国家银行地位，操代理国库、发行纸币特权，与市面金融及国家财政均有重大关系。惟该行自开办迄今，究竟业务如何，发行纸币若干，对于金融有无调剂能力，既未据明确报告，而从前设置之监理官又复因循敷衍，以致民国光复至今，未经一度检查，殊失政府整肃金融之本旨。现政府革故鼎新，与民更始，一方面对于国家特许之银行及其发行纸币之信用固应维持，一方面对于国家金融尤须爱护。本局职司监理金融，对该行一切设施均有监督整理、导以正轨之必要。该行既为政府特许之银行，因而取得特殊地位，自当仰体政府爱护之至意，稍知大体，服从政府命令，以期无负政府之重托。本局前令该行按期呈报表册一案，意存合作，事在必行，合再令仰该行自此次通令后，应即遵照前令办理，如有特殊困难情形，亦应据实呈报，勿再玩延，

自侪于法律之外也。切切。此令。

〔国民政府财政部档案〕

5.金融监理局令上海交通银行按期呈报各项业务表册勿再玩延

（1927年12月1日）

令上海交通银行

为令遵事。本局前依据该行现行则例及监理官条例，着该行呈报各种表册，以便审核，业经令行在案。该行至今尚未奉行，殊属不合。查该行居国家银行地位，操代理国库、发行纸币特权，与市面金融及国家财政均有重大关系。惟该行自开办迄今，究竟业务如何，发行纸币若干，对于金融有无调剂能力，既未据明确报告，而从前设置之监理官又复因循敷衍，以致民国光复至今，未经一度检查，殊失政府整肃金融之本旨。现政府革故鼎新，与民更始，一方面对于国家特许之银行及其发行纸币之信用固应维持，一方面对于国家金融尤须爱护。本局职司监理金融，对该行一切设施均有监督整理，导以正轨之必要。该行既为政府特许之银行，因而取得特殊地位，自当仰体政府爱护之至意，稍知大体，服从政府命令，以期无负政府之重托。本局前令该行按期呈报表册一案，意存合作，事在必行。合再令仰该行自此次通令后，应即遵照前令办理，如有特殊困难情形，亦应据实呈报，勿再玩延，自侪于法律之外也。切切。此令。

中华民国十六年十一月　日

局长蔡〇〇

〔国民政府财政部档案〕

6.国民政府颁布之中国银行条例

（1928年10月26日）

中国银行条例　十七年十月二十六日国民政府公布

第一条　中国银行经国民政府之特许，为国际汇兑银行，依照股份有限公司条例组织之。

第二条　中国银行股本总额定为国币二千五百万元，计分二十五万股，每股国币一百元，除由政府认股五万股外，余由人民承购。

中国银行因业务上之必要须增加股本时，得由股东总会议决，呈请财政部核准增加之。

第三条　中国银行设总行于上海，于国内外贸易上必要之处，得设分支行或与其他银行订立代理合同或汇兑契约。

第四条　中国银行股票概用记名式，股东以有中华民国国籍者为限。

第五条　中国银行营业年限自本条例公布日起算，满三十年为限，期满时，得由股东总会议决，经财政部核准延长之。

第六条　每年营业所得净利总额内，须提十分之一以上作为公积金，始得摊派股利。

前项公积金及股利须经股东总会之议决，呈报财政部备案。

第七条　前项公积金用途如左。

一、填补资本之损失。

二、维持股利之平均。

第八条　中国银行受政府之委托办理左列各项事务。

一、代理政府发行海外公债及经理还本付息事宜。

二、经理政府存在国外之各项公款并收付事宜。

三、发展及扶助海外贸易事项。

四、代理一部分之国库事宜。

第九条　中国银行经财政部之特准得发行兑换券，但须遵照兑换券条例办理。

第十条　中国银行之种类如左。

一、国内外汇兑及货物押汇。

二、商业确实期票及汇票之贴现或买入。

三、买卖生金银及各国货币。

四、经收各种存款，并代人保存证券、票据及其他一切贵重物品。

五、代表有交易之银行、公司、行号及个人收取各种票据之款项。

六、有确实担保品为抵押之放款。

七、受政府委托募集或经理内债事务。

八、酌量营业情形得买卖公债证券。

第十一条　中国银行除第十条所列各项营业外，不得经营左列诸项及其他事业。

一、无担保品之各种放款及保证。

二、收买本银行股票，并以本银行股票作借款之抵押品。

三、除关于营业上必需之不动产外，买入或承受不动产。

四、直接经营各种工商事务。

第十二条　中国银行设董事十五人、监察人五人，由财政部指派董事三人、监察人一人，其余董事十二人、监察人四人，由股东总会商股股东在百股以上之商股股东中选任之。董事任期四年，监察人任期三年，期满得连举连任。

第十三条　中国银行设常务董事五人，由董事互选，并由常务董事中由财政部指派一人为董事长。中国银行设总经理一人，由常务董事中互选之，呈请财政部备案，总经理有事故不能执行职务时，得由常务董事中互选一人代理之。

第十四条　中国银行之股东总会分为左列两种：

一、通常股东总会。

二、临时股东总会。

第十五条　通常股东总会每年于总行所在地开会一次，由董事会招集之。

第十六条　董事会认为有重要事件必须会议时，可招集临时股东总会。

第十七条　董事会遇有董事过半数或监察人全体或股东总会会员五十人以上，并占有股份全额百分之十以上者，因重要事件请求会议，可招集临时股东总会。

第十八条　股东总会开会时，有十股以上或代表十股以上之股东于开会日六十日以前注册者，始有会员资格列席会议。

第十九条　股东总会会员之投票权，每十股有一权，百股以上三十股递增一权。

第二十条　股东总会会员因有事故不能到会时，其委托代理人以会员为限。

第二十一条　中国银行有违背本条例及本行章程之行为或不利于政府之事件，财政部得制止之。

第二十二条　中国银行须照本条例主旨详订章程，付股东会议决，呈请财政部核准备案。遇有须改订增损时亦同。

第二十三条　本条例得经股东总会议决，由董事长呈请财政部核定修正之。

第二十四条　本条例自公布日施行。

〔国民政府财政部档案〕

7.财政部拟以金融公债四百九十五万元充当中国银行官股致该行笺函稿

（1928年11月10日）

笺函　851

径启者：查中国银行条例，业经国务会议通过，并经公布在案。按该条例第二条内载：中国银行股本总额定为国币二千五百万元，计分二十五万股，每股国币一百元，由政府认股五万股等语。兹查政府除原占贵行股款五万元外，尚须缴付股款现金四百九十五万元。惟本部现因现金缺乏，拟先以十七年整理金融短期公债四百九十五万元送存贵行，作为此项股款之抵品。业于本月六日提交行政会议通过照办，相应函达，即希贵行填具股票四百九十五万元送部，以便令饬照填上项整理金融短期公债预约券，送存贵行，以符成案，为盼。此致

中国银行

财政部长　宋〇〇

中华民国十七年十一月十日

〔国民政府财政部档案〕

8.国民政府颁布之交通银行条例

（1928年11月16日）

交通银行条例　十七年十一月十六日国民政府公布

第一条　交通银行经国民政府之特许，为发展全国实业之银行，依照股份有限公司条例组织之。

第二条　交通银行资本总额定为国币一千万元，分为十万股，每股国币一百元，除政府于资本总额中先后认股二万股外，余由人民承购。

交通银行因业务上之必要须增加股本时，得由股东总会议决，呈请财政部核准之。

第三条　交通银行设总行于上海，并于实业上必要区域设立分支行或与其他银行订立代理契约。

第四条　交通银行股票概用记名式，其买卖让与以有中华民国国籍者为限。

第五条　交通银行营业期限自本条例公布日起算，满三十年为期。期满时，经股东总会议决，并经财政部核准，得延长之。

第六条　交通银行受政府之委托，得经理左列各项事务。

一、代理公共实业机关发行债票及经理还本付息事宜。

二、代理交通事业之公款出入事项。

三、办理其他奖励及发展实业事项。

四、经理一部份之国库事项。

第七条　交通银行经财政部之特准得发行兑换券，但须遵照兑换券条例办理。

第八条　交通银行得为左列各项业务。

一、国家地方或公司债票之经理应募或承受。

二、国家地方或公司债票及确实股票为担保之放款。

三、实业用动产不动产及实业繁盛地域不动产为担保之放款，但放款总额不得超过已缴资本二分之一。

四、商业确实期票之贴现。

五、收受存款。

六、信托业务。

七、代理收解各种款项。

第九条　交通银行除第八条所列各项业务外，不得经营左列各项及其他事业。

一、无担保品之各种放款及保证。

二、收买本银行股票，并以本行股票为担保之放款。

三、买卖不动产，但业务上必要之不动产不在此限。

第十条　交通银行设董事十五人，监察人五人，由财政部指派董事三人、监察一人，其余董事十二人、监察人四人由股东总会商股股东在百股以上之商股股东中选任之。董事任期四年，监察人任期三年，期满得连举连任。

第十一条　交通银行设常务董事五人，由董事互选之，并由常务董事中由财政部指派一人为董事长。交通银行设总经理一人，由常务董事中互选之，呈请财政部备案。总经理有事故不能执行职务时，由常务董事中互推一人代理之。

第十二条　交通银行之股东总会分为左列两种：

一、通常股东总会。

二、临时股东总会。

第十三条　通常股东总会每年于总行所在地开会一次，由董事会召集之。

第十四条　董事会认为重要事件必须会议时，可召集临时股东总会。

第十五条　董事会遇有董事过半数或监察人全体或股东总会会员五十人以上，并占有股份全额百分之十以上者，因重要事件请求会议，可召集临时股东总会。

第十六条　股东总会时，有十股以上或代表十股以上股东于开会六十日以前注册者，始有会员资格列席会议。

第十七条　股东总会会员因有事故不能到会时，其委托代理人以会员为限。

第十八条　每年营业所得净利总额内须提十分之一以上作为公积金，始得摊派股利。

前项公积金及股利须经股东总会之决议，呈报财政部核准备案。

第十九条　前项公积金用途如左：

一、填补资本之损失。

二、维持股利之平均。

第二十条　交通银行有违背本条例及本行章程之行为或不利于政府之事件，财政部得制止之。

第二十一条　交通银行须照本条例主旨详订章程，付股东总会议决，呈请财政部核准备案，遇有须改订增损时亦同。

第二十二条　本条例遇有修改时，须经股东总会议决，由董事会呈请财政部核准之。

第二十三条　本条例自公布日施行。

〔国民政府财政部档案〕

9.财政部核准公布之交通银行章程

（1928年11月）

交通银行章程　民国十七年十一月　日财政部核准

第一章　总　　则

第一条　交通银行经国民政府之特许，为发展全国实业之银行。

第二条　交通银行为股份有限公司。

第三条　交通银行设总行于上海，并于实业上必要区域，得斟酌情形，经董事会议决，设分支行或与其他银行号订立代理契约。

前项各行之撤销或移置及代理契约之存废，由董事会议决行之。

第四条　交通银行营业期限，依照交通银行条例第五条之规定，自民国十七年十一月十六日起算满三十年为期，期满时经股东总会议决，并经财政部核准，得延长之。

第二章　资　　本

第五条　交通银行资本总额定为国币一千万元，分为十万股，每股国币一百元，除政府于资本总额中先后认股二万元外，余由人民承购。

交通银行因业务上之必要，须增加股本时，得由股东总会议决，呈请财政部核准之。

第六条　交通银行股票概用记名式，其买卖让与，以有中华民国国籍者为限。

第七条　股东姓名住址印鉴，应开送本银行登载股东名册，如以堂记商号等出名者，应注明本人或代表人之姓名住址，遇有变更，须随时报明更正。

第八条　交通银行股票分为一股、五股、十股、五十股、一百股五种，股东得随时向银行请换种类。

第九条　股东买卖让与或继承时，应由双方或继承人填具申请书，检同股票送交总行，或由本分支行转送总行过户或换票。

第十条　股票抵押时，应由受押者填具申请书送交总行，或由本分支行转送总行注册。

第十一条　股票遗失时，应具申请书报明总行，并在当地著名日报二种以上公告作废。经过三个月，如无纠葛，始得凭保请补领新股票。

第十二条　股票如有损坏污染或字迹不能分辨时，得具申请书检同股票，送交总行，或由本分支行转送总行，请换领新股票。

第十三条　股票过户费，每张纳银元一角，换票或补领新票费，每张纳银元二角。

第十四条　股东总会开会前六十日间，停止股票之过户及换票。

第三章　业　　务

第十五条　交通银行受政府之委托，经理左列各项事务。

(一)代理公共实业机关发行债票及经理还本付息事宜。

(二)代理交通事业之公款出入事项。

(三)办理其他奖励及发展实业事项。

(四)经理一部分之国库事项。

第十六条　交通银行营业之种类如左：

(一)国家地方或公司债票之经理应募或承受。

(二)国家地方或公司债票及确实股票为担保之放款。

(三)实业用动产不动产及实业繁盛地域不动产为担保之放款，但放款总额不得超过已缴资本二分之一。

(四)商业确实期票之贴现。

(五)收受存款。

(六)信托业务。

（七）代理收解各种款项。

（八）其他实业银行应有之营业。

第十七条　交通银行除第十六条所列各项营业外，不得经营左列各项及其他事业。

（一）无担保品之各种放款及保证。

（二）收买本银行股票，并以本行股票为担保之放款。

（三）收买不动产，但业务上必要之不动产不在此限。

第十八条　银行放款到期，如债务人及其保证人无力清偿，而又无相当动产可抵时，得经董事会之同意，收受不动产或本行股票，但收受后须从速变价抵偿。

第十九条　交通银行遵照交通银行条例第七条之规定发行兑换券。

第四章　组　　织

第二十条　交通银行设董事十五人、监察人五人，由财政部指派董事三人、监察人一人，其余董事十二人、监察人四人，由股东总会商股股东在百股以上之商股股东中选任之。

第二十一条　交通银行设常务董事五人，由董事互选之，并就常务董事中由财政部指派一人为董事长。

第二十二条　交通银行设总经理一人，由常务董事中互选之，呈请财政部备案，总经理有事故不能执行职务时，由常务董事中互推一人代理之。

第二十三条　交通银行设常驻监察人一人，由监察人互选之。

第二十四条　交通银行董事长代表全行，为董事会、行务总会、股东总会之主席。

第二十五条　交通银行总经理执行董事会、行务总会及股东总会决议事项，并商同董事长、常务董事处理全行事务。

第二十六条　交通银行董事任期四年，监察人任期三年，期满后部派董事、监察人得连派连任，商股董事、监察人亦得连举连任。

第二十七条　选举商股董事用记名联记法：以得出席会员投票权半数以上者为合格，如未得过半数时，就得票最多者，按应举额数二倍之中决选之，得票同数者，抽签定之。

第二十八条　商股董事被选后，应将章程所定被选合格之股票，交由监察人存执，改选后须俟上年度营业决算报告，经股东总会承认，方得交还股票。

第二十九条　常务董事代表董事会，常驻监察人代表监察人会，均应常川到行执行职务。

第三十条　常务董事、常驻监察人如因事故缺额时，得由董事会、监察人会互选，补其缺额。

第三十一条　商股董事或监察人因事缺额时，由候补董事、候补监察人分别递补，以继续前任之任期为限。

候补董事就得票次多数者先定六人，候补监察人先定二人，依次递补，如所定人数仍有不足时，得就再次多数者，依次递补。

第五章　董事会

第三十二条　董事会之职权如左：

(一)审定总分支行之业务方针。

(二)审定兑换券之发行数量。

(三)规定总分支行及总分库之组织及详细规则。

(四)议决分支行库之设立或撤销。

(五)核议代理店之委托及受他行号之委托代理。

(六)审核或订立对外之重要契约。

(七)核议代募债票股份等事项。

(八)审定以不动产为担保之放款事项。

(九)核议处理抵偿债务押件及结束催收款项办法。

（十）考核兑换券准备金之种类成分。

（十一）审定兑换券之样式种类及订印数目。

（十二）议决营业用地基房屋之租借建筑或买卖。

（十三）核定各项开支之预算决算。

（十四）整理年终决算报告。

（十五）议定召集通常或临时股东总会日期事项。

（十六）裁决各部分之权限争议。

第三十三条　董事会由董事长召集，以到会之多数取决，可否同数时，由主席决之。但到会董事不及半数以上，不得议决。

董事会议如董事长不能列席时，由董事中互推一人为临时主席。

第三十四条　董事如因事故不能列席时，得委托他董事为代表。

第三十五条　董事会议议决事项执行时如有窒碍，得由总经理声明理由，请求复议。

第三十六条　董事会议之议事录由到会董事签名或盖章。

第三十七条　关涉董事本身之议案，本人不得有议决权。

第六章　监察人会

第三十八条　监察人会之职权如左：

（一）审查年终决算报告。

（二）监察营业进行及财产状况，遇必要时，得陈述意见于董事会。

（三）监察业务并检查一切帐目证券及库款。

（四）监察职员等执行业务是否遵守条例章程规则及股东总会之决议。

（五）封存董事交存之股票。

第三十九条　监察人会主席由监察人中互选之。

第四十条　监察人会议由主席召集之。

第四十一条　监察人如因事故不能出席时，得委托他监察人为代表。

第七章　行务总会

第四十二条　董事、监察人之联合会议称为行务总会。

第四十三条　行务总会之职权如左：

(一)关于行务之重大兴革事项。

(二)关于总经理有事故不能执行事务时之认定。

(三)关于特别公积金股东红利及行员酬劳金之分配。

(四)关于董事会不能裁决之权限争议。

(五)关于董事长、总经理、常务董事、常驻监察人薪俸之议定及董事长、总经理交际费并董事、监察人夫马费之议定事项。

(六)关于不属于董事会、监察人会范围以内事项。

第四十四条　行务总会由主席召集，以多数取决，可否同数时，由主席决之，但到会董事、监察人，须各有半数以上方得决议，其议事录由到会各员签名或盖章。

第八章　股东总会

第四十五条　股东总会依交通银行条例第十二条之规定，分为左列两种：

(一)通常股东总会。

(二)临时股东总会。

第四十六条　通常股东总会依交通银行条例第十三条之规定，每年于总行所在地开会一次，由董事会召集之。

第四十七条　临时股东总会依交通银行条例第十四条及第十五条之规定，由董事会召集之。

第四十八条　股东总会召集地点或日期通知股东后，如因不得已事故必须变更时，得用最适当方法从速通知股东。

第四十九条　每届股东总会会议未竟事项，得延会续议，其延长日期由股东总会决定之。

第五十条　股东须自开会之日起算，在六十日以前注册，有十股以上者，始有会员资格，得列席会议。

第五十一条　股东有列席股东会议之资格者，应于会期前十日起至开会前二日止，将股票持赴总行验取入场券及本届报告书类。

股东因便利得向就近分支行凭股票验取到会证，依前项日期持赴总行换取入场券。

第五十二条　股东总会会员如因事故不能到会时，依交通银行条例第十七条之规定，须填具委托书，委托他股东代表。

公司、商号、公共机关等为本银行股东者，当由该公司、商号及公共机关出具相当证明书，派遣代表到会，行使股东之职权，但亦得照前项委托他会员代表。

会员如系未成年者，或有精神病者，应照本条第一项委托代表。

第五十三条　会员之投票权每十股有一权。

第五十四条　股东总会不论通常或临时，须于三十日前登报，并以书信将日期及会址通知各股东，如有紧要事件，得于十五日前通知。

第五十五条　股东总会讨论事件，以提议之议题为限，股东如有意见，至迟应于开会前十日将意见书经会员十人以上之连署，送由董事会列作议题，提出股东总会议决之。

第五十六条　股东总会非有金额三分之一以上之股东到会，不得开会。

第五十七条　股东总会议决事件，以到会股东议决权之过半数决之，股东总会议决事件其表决方法得由主席临时定之。

第五十八条　董事会应于开股东总会前五日，将左列之各项簿册与监察人之报告书置于总行，备各股东查阅。

（一）资产负债表。

(二)损益表。

(三)财产目录。

(四)营业报告书。

(五)公积金及其盈余利息分配案。

第五十九条　股东总会开会时，董事会应将前条所列各项簿册，提出大会，请求承认。

第六十条　股东总会对于各项簿册有疑义时，得选举检查人检查之，其选举方法及人数，由股东总会临时决定之。

第六十一条　股东总会之会议录，应列记会址、日时、主席姓名、议决事项，并附存到会股东名簿及权数，由主席签名或盖章。

第九章　决　　算

第六十二条　每年决算期间，分为两期，一至六月为上期，七至十二月为下期，全年决算除由董事会报告通常股东总会外，并呈报财政部备案。

第六十三条　每年所得净利，应依交通银行条例第十八条之规定，于总额内先提十分之一以上作为公积金摊派股利。

第六十四条　本行股利每年还息六厘。

第六十五条　净利中除提公积金及付股利外，尚有盈余，作十成分配，以三成为行员酬劳金，余为特别公积金及股东红利，由行务总会议定之。

第十章　附　　则

第六十六条　交通银行之公告方法，应就总分支行或委托代理等处之所在地，登著名报纸二种以上公告之。

第六十七条　本章程未尽事宜，依照本银行条例及公司条例办理，其各种办事细则另定之。

第六十八条　本章程如有应行修改之处，得提出股东总会议决修正，呈请财政部核准备案。

第六十九条　本章程自股东总会议决呈准之日施行。

〔国民政府财政部档案〕

10.财政部核准公布之中国银行章程

（1928年11月）

中国银行章程　民国十七年十一月　日财政部核准

第一章　总　　纲

第一条　中国银行经国民政府之特许，为国际汇兑银行。

第二条　中国银行为股份有限公司，股东所负之责任，以所出之股本为限。

第三条　中国银行设总行于上海，于国内外贸易上必要之处，得斟酌情形，经行务总会议决，设立分支行或与他行订立代理合同或汇兑契约。

前项各行之撤销或移置，亦由行务总会议决行之。

第四条　中国银行营业年限，依照中国银行条例第五条之规定，自民国十七年十月二十六日起满三十年为限。期满时，得由股东总会议决，经财政部核准延长之。

第二章　资　　本

第五条　中国银行股本总额定为国币二千五百万元，计分二十五万股，每股国币一百元，除由政府认股五万股外，余由人民承购。

中国银行因业务上之必要须增加股本时，得由股东总会议决，呈请财政部核准增加之。

前项添招股本，先尽商股认购。

第六条　中国银行股票，依照中国银行条例第四条之规定，概用记名式。除中华民国人民外，无买卖转让之权利。

第七条　股东如以堂记或商店等字样为户名者，应于印鉴票注明本人或代表人之姓名。

第八条　数人合购一股者，以一人出名为股东。

第九条　中国银行股票分一股、五股、十股、五十股、一百股五种。股东得将股票随时请银行更换种类，但须纳换票费，每张国币二角。

第十条　股票如有买卖让与情事，应由卖主或让主于股票背面签名盖章，并应由买主或受主将股票送行注册改名，但须纳改名费，每张国币一角。

第十一条　如因继承关系，须改股票上姓名，应由继承人将股票并证明书送行注册改名，但须纳改名费，每张国币一角。

第十二条　股东应将签字或印章式样及姓名、住所填写印鉴票送交银行。如有变更，仍应随时向行更正。

第十三条　股东欲将股票上原有姓名更改时，其手续应照前二条办理。

第十四条　股东遗失股票请银行补给者，须具正式申请书，并有相当之保证人二人以上签名盖章，送行核办，并由遗失人登载本行指定新闻纸声明，俟满二个月仍不发现，始补给之，一面应由遗失股票者出具收据，交存银行。

请补给股票者，应纳补票费每张银二角。遗失之股票，倘于前项两个月期限内发现时，应通知银行取消补给之声请，并照前项登报声明，但补票费不退还。

第十五条　申请补给股票事件，如有纠葛时，应由申请人自行处理，俟证明确实解决后，方照补给。

第十六条　股票如有毁损、污染或背面已无签名盖章之余地时，得向银行申请更换，但须纳换票费，每张国币二角。

股票字迹模糊不能分辨时，得向银行申请更换，但须照第十四条办理。

第三章　业　　务

第十七条　中国银行受政府之委托，办理左列各项事务。

（一）代理政府发行海外公债及经理还本付息事宜。

（二）经理政府存在国外之各项公款并收付事宜。

（三）发展及扶助海外贸易事项。

（四）代理一部分之国库事宜。

第十八条　中国银行营业之种类如左。

（一）国内外汇兑及货物押汇。

（二）商业确实期票及汇票之贴现或买入。

（三）买卖生金银及各国货币。

（四）经收各种存款，并代人保存证件、票据及其他一切贵重物品。

（五）代素有交易之银行、公司、商号及个人收取各种票据之款项。

（六）有确实担保品为抵押之放款。

（七）受政府委托募集或经理内债事项。

（八）酌量营业情形得买卖公债证券。

第十九条　中国银行除第十八条所列各项营业外，不得经营左列诸项及其他事业。

（一）无担保品之各种放款及保证。

（二）收买本银行股票，并以本银行股票作借款之抵押品。

（三）除关于营业上必需之不动产外，买入或承受不动产。

（四）直接经营各种工商事业。

第二十条　前条第三项之限制，如必不得已时，须经行务总会全体同意，始得变通办理，并不得以本银行名义为人担保。

第二十一条　银行放款到期，如债务人及其保证人无力偿还，而又无相当动产可抵时，经董事会之同意，收受本行股票或不动产抵还债务，但收受后须赶速变价抵偿。

第二十二条　中国银行遵守中国银行条例第九条之规定，得发行兑换券。

第四章　组　　织

第二十三条　中国银行设董事十五人、监察人五人，由财政部指派董事三人、监察人一人，其余董事十二人、监察人四人，由股东总会商股股东在百股以上之商股股东中选任之。

第二十四条　中国银行设常务董事五人，由董事互选，并由常务董事中由财政部指派一人为董事长。

第二十五条　中国银行设总经理一人，由常务董事中互逸之，呈请财政部备案。总经理有事故不能执行职务时，仍为董事。

第二十六条　中国银行设常务监察一人，由监察人互选之。

第二十七条　中国银行董事长代表全行，为董事会、行务总会、股东总会之主席。

第二十八条　中国银行总经理执行董事会议决事项，商同董事长、常务董事处理全行事务。

第二十九条　中国银行董事任期四年、监察人任期三年，期满后，部派董事、监察人得连派连任，商股董事、监察人，亦得连举连任。

第三十条　选举商股董事长及监察人，用记名连记法，以得出席会员投票权三分之二以上者为合格，如不能得三分之二时，得票最多者按应举额数二倍之中决选之，得票同数者，抽签定之。

第三十一条　商股董事被选后，应将章程所定被选合格之股票，交由监察人存执。改选后，须俟上年度营业决算报告经股东总会承认，方得交还股票。

第三十二条　常务董事长代表董事会，常驻监察人代表监察人会，均应常川到行执行职务。

第三十三条　董事长、总经理、常务董事、董事、常驻监察人、监察人薪俸，均由行务总会议定。

董事长、总经理交际费，由行务总会议定。

第三十四条　常务董事、常驻监察人，如因事故缺额时，得由董事会、监察人会互选，补其缺额。

第三十五条　商股董事及监察人如因事故缺额行补缺选举时，当选者之任期，以继续前任之任期为限。

商股董事、监察人出缺，如董事尚在八人以上，监察人尚在三人以上，经董事会、监察人会各认为并无必要时，可以缓行补选。

商股董事被选为总经理时，不以出缺论。

第五章　董事会

第三十六条　董事会应议之事件如左。

(一)审定总分支行之业务方针。

(二)审定兑换券之发行数量。

(三)整理年终决算报告。

(四)规定总分支行之详细章程。

(五)议决营业用地基房屋之租赁建筑或买卖。

(六)兑换券条例未颁行以前，议定发行兑换券之样式种类及订印之数目。

(七)考核兑换券准备之种类成分。

(八)核定本行各项开支之预算决算。

(九)核议代理店之委托及受他行号委托代理并募集债票、股份之事件。

(十)处理抵偿债务之押件及汇收款项。

(十一)订立对外之重要契约。

(十二)裁决各部分之权限争议。

第三十七条　董事会议由董事长召集，以到会之多数取决，可否同数时，主席决之。但到会之董事不及半数以上者，不得决议。

董事会议如主席有事故不能召集及列席时，得由董事三人以上召集开会，并于董事中互推一人为临时会长。

董事会议之议事录，应由到会各董事签名盖章。

关涉董事本身之议案，本人不得有议决权。

第六章　监察人会

第三十八条　监察人会之职权如左。

(一)保管董事交存之股票，查察董事长总经理及董事等执行事件是否遵守规则及股东总会之决议。

(二)审查年终决算报告。

(三)调查营业进行及财产状况，遇必要时，得陈述意见于董事会。

(四)监视银行业务，并检查一切帐目、证券及库款。

第三十九条　监察人会主席，由监察人中互选之。

第四十条　监察人会由主席召集，其会议事项照第三十八条办理。

第七章　行务总会

第四十一条　董事、监察人之联合会议称为行务总会。

第四十二条　行务总会会议之范围如左。

(一)股东红利及行员酌劳金之分配案。

(二)董事会不能裁决之权限争议。

(三)本行各项章程及规则之审核。

(四)分支行之设立及撤销。

(五)关于本章程第十九条变通办理事项。

(六)不属于董事会、监察人会范围以内事件。

第四十三条　行务总会由主席召集，以多数取决，可否同数时，主席决之。但到会董事、监察人须各有半数以上，方得决议，其议事录由到会各员签名盖章。

第八章　股东总会

第四十四条　股东总会依中国银行条例第十四条之规定，分为左列两种。

(一)通常股东总会。

（二）临时股东总会。

第四十五条 通常股东总会应依据中国银行条例第十五条之规定，每年于总行所在地开会一次，由董事会召集之。

第四十六条 临时股东总会应依中国银行条例第十六条及第十七条之规定，由董事会召集之。

第四十七条 股东总会召集地点通知股东后，如因不得已事故必须变更时，得用最适当方法，从速通知股东。

第四十八条 每届股东总会会议未竟事项，得延会续议，其日期由股东总会决定之。

第四十九条 股东须自开会之日起算，在六十日以前注册，有十股以上者，始有会员资格，得列席会议。

第五十条 股东有到股东总会之资格者，应于会期前，将股票持至总行或就近之分支行验取到会执据，于开会前五日起至开会前一日止，至总行报到，换取入场券，并本届议案及报告。

第五十一条 股东总会会员因有事故不能到会时，应依据中国银行条例第二十条之规定，填就委托书，签名盖章，委托会员办理，但每会员之代理投票权，不得超过十票。

公司、商号、公共机关等为本行股东者，当由该公司、商号及公共机关出具相当证明书，派遣代表到会，行使股东之职权，但亦得照前项委托他会员代理。

会员中如系未成年者，或有精神病者，当照本条第一项委托办理。

第五十二条 股东总会会员之投票权，每十股有一权，百股以上每三十股递增一权。

凡会员之投票，每员以一票为限，其应得权数，均分别记明于一票之内，但代理之票数、权数，亦得分别记明于一票之内。

股东总会会议事项，凡与本身有特别利害关系者，不得加入表决，并不得代理他人行使议决权。

股东总会议决事件，其表决方法，得由主席临时定之。

第五十三条　股东总会不论通常或临时，须于三十日前登报，并以书信将日期及议题通知各股东，如有紧急事件，得改为十五日前通知，开会通知发出后，应将股东名簿备置总行，以便股东随时查阅。

第五十四条　股东对于股东总会适法议决之事件，虽有异议及未曾到会者，均不得否认。

第五十五条　股东总会讨论事件，以通知书载明之议题为限，会员中如有意见，至迟应于开会十日前，将意见书经会员十人以上之连署，提出于董事会，列作议题，交付股东总会议决之。

董事会或监察人会认为有重要事件时，均得临时提出议题于股东总会。

第五十六条　股东总会开会，非有会员七分之一以上，股本三分之一以上到会，不得开会。

第五十七条　股东总会议决事件，以到会股东议决权之过半数有效，关于修改章程时，非有到会股东投票权三分之二以上同意，不得议决，并须呈请财政部核准之。

第五十八条　董事会应于开股东总会前五日内，将经监察人复核之左列各项簿册与监察人之报告书置于总行，备各股东查阅。

(一)财产目录。

(二)贷借对照表。

(三)营业报告书。

(四)损益计算书。

(五)公积金及赢余利息分配案。

第五十九条　股东总会开会时，董事会应将前条所列各项簿册提出大会，请求承认。

第六十条　股东总会对于各项簿册有疑义时，得选举检查人检查之，其选举方法及人数，由股东总会临时决定。

第六十一条　商股董事、监察人对于行务有舞弊情事或失职之处，查有实据时，除由股东总会以到会股东议决权过半数之决议，另行选举外，并得按照法律诉追之。

部派董事、监察人如有前项情事，经股东举发证据确凿者，除照前条决议呈请财政部查明撤换外，并按照法律诉追之。

第六十二条　股东总会之会议录，应列记会议地点、日时、主席姓名、决议方法，并附存到会股东名簿及权数，由主席签名盖印。

第九章　决算及净利之分配

第六十三条　每年决算期间分为两期，一月至六月为上期，七月至十二月为下期。全年决算报告，除提由通常股东总会决议外，并报财政部备案公布。

第六十四条　每年所得净利，应依据中国银行条例第六条之规定，于总额内先提十分之一以上作为公积金，再摊派股利。

第六十五条　本行股利分为左列二种。

(甲)官股：照每年四厘正息。

(乙)商股：照每年七厘正息。

第六十六条　股东所得之正息，若不满年息四厘及七厘时，得由公积金内提出补足之。

第六十七条　净利中提出公积金及付给股息后，如尚有余利，应作为股东红利及行员酌劳金，并得酌提特别公积金，其分配方法，由股东总会议决，报由财政部核准，但行员酌劳金，至多不得逾本年余利百分之三十。

第六十八条　本银行之公告方法，得就总分支行或委托代理汇兑等处之所在地，指定一种或二种新闻纸公告之，亦得依各地方习惯为公告。

第十章　附　　则

第六十九条　本章程由股东总会议决，呈请财政部核准施行，遇有改订增损时，亦同。

［国民政府财政部档案］

11.交通银行关于币制改革后各地实施情况的报告[1]

（1935年11—12月）

本行遵行财部规定三行钞券为法币案经过事略

十一月三日，本行闻财政当局已决定统一发行，集中准备，并以中、中、交三行钞券为法币，即日实行，现币应先调换三行钞券始得行使各节，当为筹备应付市面起见，特规定暂行办法五项，通电各分、支行遵照，并分别电知长春、沈阳、大连、香港等行洽照。

嗣以其他商业银行恐有挤存情事，又会同中央、中国两行通电各分支行处，如各商业银行有挤存情事，可一面先予接济，一面电报总行洽办。

又会电北平等有外商银行地方之各分行，如外商银行需用三行钞票、以现币来掉用时，嘱照前电规定办法掉给。此十一月三日准备应付情形也。

十一月四日晨，奉财部沪钱字第五〇号令附发布告，规定办法六项，（一）以中、中、交三行钞券为法币。（二）其他发行银行之钞票暂准流通，不得增发。（三）设立准备委员会，保管法币准备金事宜。（四）现币、生银应兑换法币使用。（五）旧有依照银币单位订立之契约，应照原额以法币结算。（六）由三行无限制买卖外汇，自即日起实行。等因。当即抄录布告，通函各行、库、部、处遵照。

旋又奉财部沪钱字第四八号令，以上海以外各地银行、钱庄

---

① 原报告共计八份，选编时将其合并。

所存钞现，除有中央银行地方由中央银行查明报告外，其无中央银行地方，即由中国、交通两行负责办理，等因。当即会同中国银行，按设行地方分电，并会电转饬遵照。

本行并以三行钞券既已定为国币，所有国内汇款自应一律平汇，迟期领钞办法亦应废止，因即通函各分、支行、处及往来商号遵照。

嗣奉财部令，查截至十一月三日止库存钞现种类、数目，并另函派员前来。当经检同库存表等，交来员带回具报。

奉财部沪【钱】字第五十三号令，责成三行负责稳定外汇价格，依照布告第六项规定要旨妥为因应。

自法币案于四日规定实施后，各地均一致遵行，而详细办法亦逐渐补充，以资应付，其各地实施时之稍有枝节者，亦随时救济。此十一月五日各方情形之概状也，兹再分别述之。

据汇丰银行来商，以各地嗣后需用三行钞票甚殷，拟以即期先令或美金掉换钞券等语。经三行会商，应予照办。当即由中央银行电知北平、天津、汉口、青岛、厦门、济南、福州、烟台、威海卫等地三行饬遵照办或可通融之处，并嘱尽量协助，按每晨所发行市电计算，照掉本行〔钞券〕，并函知各该地分、支行接洽。

准银行业同业公会函，以议决关于银行业务问题三办法，(一)划头银元应先换法币行使。(二)汇划、划头暂时平掉。(三)各种票据票面金额应书国币，等由。当经分函知照四支行，其第三项并通函各地分支行处遵照。

奉财部沪钱字第五六号令，所有现币、生银由各银行、钱庄公会、各税收机关、邮政、电报、铁道、招商各局一律代为收换，以资便利。

准邮政储汇局函，询其无本行分支行之偏僻区域需要法币，应如何应付，等语。尚须与两中行会商办法后再复。

汉口、宜昌、沙市方面，因以前并有川洋流通，据来电请示，此项川洋是否可掉法币。经与中行会商电复：所有十一月三日以前在市场通用之川洋，应平价照换法币。本行并根据此项意旨，另函汉、宜、沙三行遵照。

据湘三行电陈：以湖南省银行发行权未经核准，发行总额约六百万元，因有挤兑情事，要求三行维持。当经会商，组织保管委员会，封存现金及钞票。惟其存放钱业及其他行业暨公私机关欠款，一时难以收回，拟请由省政府担保，向三行透支二百万，以资接济。农工、农商两湘行亦以存放无法提回，为充实准备计，拟向三行以庄票贴现，分别电请核示。

至其他各地情形，郑地来电请示，农工票是否照收；汉口则钱庄提存较多，请飞装钞券应付。其余各地稍有周折者，如高邮稍有纠纷，即告平息，西安、沙市均休假一日，湘上海行向本行借用十万，北平筹议同业轧抵办法，此则稍有枝节，而随时接济。

据津三行电陈报银钱两业联合会议决定遵照财部布告办理，其他商业银行钞票照常行使，以免市面恐慌，并请财部准在津地设立准备管理会分会，俾安人心。

准汉口市商会电告，以各商店昧于政策实施之情况，纷纷提存，不免发生恐慌，经电陈财部，请根据财部预备增设不动产抵押放款银行及宣言内所载供给各银行以再贴现之便利办法，转饬三行遵照，以资救济。

又准南昌吴厅长电告，以施行急迫，存户纷纷提存，现议定办法两项，拟请(一)准各钱庄商号以动产、不动产向三行抵借法币，(二)仿照上海承兑期票贴现例，向三行押借法币，电请维护，并已另电中央行等语。

沪市情形自法币案布告后，颇称平稳，一切金融关系渐趋正常状态，各地来电请示者，亦经三行会商，分别答复。兹摘要述之。

凡财部核准发行之钞券，原定准予流通收换，惟设行地点各行不同，其当地尚无通汇机关者，经三行会商决定，准予一律照收，运往就近设有该行通汇机关地方之联行代为轧平，当经三行会电、会函，分饬照办。

津地自奉法币案布告后情形安谧，银钱两会要求转陈财部在津设立准备保管分会，亦经三行会陈财部察核。

国内汇款前经规定平汇，现经三行会商，酌收手续费，规定本省境内收费五角，隔省无论远近，概收一元，电汇另加电费，同业轧帐暂行免费，如前订有契约者，照旧率办理，经三行会电周知。

各地商业银行之稍有困难，来电请示者，亦经三行会商答复。如烟台民生发行轧付余款，三行允其提供担保，予以接济；长沙农工、农商两湘行需款应付门市，亦允俟该两总行来商决定；闽省东南银行拟向三行抵借法币，亦由三行商酌，并转陈财部。

陕、甘两地向有通用之轻质银币，成色较低，经秦行电询可否收兑法币，经抄送两中行会商；汴地三行议定需钞数额，应准备二百万元，尤以一元券为急需。

烟台、威海卫两地中央行未设有分行，当地所收中央行钞券经中、交两行商定，送青岛轧帐。

湘省银行所发行之省钞未能封存者，省行拟向三行透支二百万元，当地市面恐慌，亦要求接济，三行已允盐票贴现及钱业放款一百万元，均经三总行会陈财部核示，并复告湘行。

四库中南钞券经三行商定，以事实困难，电饬燕、津、汉三行暂缓轧收。津三行复称：边业等六行必要时亦予接济。

粤埠市面向以毫洋为本位，法币案规定后，据报事实上颇难遵办，惟报载粤省府亦已颁令实行，当经函饬详报。

闽省东南银行抵借一事，经三行会陈财部核示。

汉市商会要求举办抵押放款及贴现，现亦正陈由财部核示中。

威海卫电告：查报当地各行庄券现事，因未奉部令，无法办理。当复嘱迅照部令与官厅洽办。

邮汇局前函询三行未设分支行各地，兑换法币如何应付。经三行商定，会函答复：由三行拨存各地邮政管理局法币若干，转发分局应用，其所需法币总数，嘱即酌示，以备三行会商支配。惟应由各邮局布告，俾一般人民得以周知。

三行会商决定，各行所发通行之国币钞票，不分地名，一律行使。本行经撰拟布告，粘贴门口，并通函各分、支行、处照办。

本行以财部命令三行买卖外汇，并负责妥为协应。经规定各分、支行、处承做外汇办法通函饬遵。

三行汇款酌收手续费事，经函陈财部备案。

准备保管委员会筹议接收各发行行发行准备办法。

湘省举办盐税贴现五十万，钱庄放款二百万，经三行核准备案，电饬湘三行遵照。

陕、甘流通之轻质银币，经财部核准，在本年年底前照兑法币，自二十五年一月一日起，应按银质成分兑换。经三行电复秦三行照办。

关于汇款手续费事，青岛同业议定，同业间应照普通例减半收费，边远区域并略加限制。赣三行意见，拟规定同业轧帐汇款，无论同省或隔省，每千【元】均收费二角，不满千元亦以千元计。正由三行商议中。

湘省因修筑公路及其他建设事业需用款项，拟向三行商借法币二十四万元，以矿产附加税、建设经费、办公费三款年约收入卅余万元指作担保，由三行代征，分十二个月扣还。正由三行会商核议中。

浙财厅拟于浙省无三行地方，由浙省地方银行无息领取法币，代为兑换，再以现洋陆续调回，其总额以一百万元为度。经三总行议定，此项原则可以照办，惟该地方银行地点只有奉化等八处，无三行分支机关可每处酌拨二、三万元，以资收换，以后交到银币照换法币。经嘱浙三行妥办手续具报。

浙省以辅币充斥，拟随时以辅币向三行抵借法币，如市面需要法币，仍准掉出。经三行会商照准。

绥远中、交行电陈：绥地商业以宁、青、新三省及甘、凉、肃三州为策源地，向以现币通货，且三行均无分支行，如实行封存，商务势恐遽停，陈请补救。经三行转陈财部核示。

津三行电告：接收封存北平保商、大中、边业三行发行准备，据称各有困难，大中并请接济一百三十万元等语。如何办理，请转陈核示。经三行会电财部转请核示。

三行通电各分支行处，告中南、农商、中国农工、中实、四明、中国农民、通商、垦业、浙江兴业九行发行准备，经三行接收，各该行钞票应准照收，作为营业库存，积送总行转帐。

三行会函财部，以各省省银行钞票均未经核准，只能随地因应，设有损失，应请财部担任，并请迅定办法。

津三行电询：分量不足之银币来掉换法币，如何应付？经三行会商，除铜、铅外，一律平价照掉，银辅币掉换法币，以十二角掉换一元。

青三行电告：三行轧帐在万元以上，由电汇抵付。又，约定烟台民生每日对轧余额，由济南电汇抵付。均经准予备案。

津三行以零用一元钞券及辅币券市面需要甚殷，请运一元券五百万，一、二角辅币券三百万应用。当以票料缺乏，电嘱切实匡计，复告再核。

粤行自中央颁布集中准备令后，于七日起亦实行通货管理，以省银行之银毫券、大洋券及市银行之凭票为法币，所有现金不得私藏，须掉换法【币】后方得行使，并规定详细办法六条。（据粤行电陈）

汉口既济水电公司前向银钱两业借款，自货币改革后银根奇紧，钱业催索还款，应付为难，请由汉商会电请三行拨借壹百万元，以资应付，而安市面。

财政部令：准天津、汉口、广州三埠设立准备管理委员会分会，并派定委员主席。又，据津三行电称：津分会所派委员均属银行界人，恐各界隔膜，拟请增派六人，祈转陈核示。

津三行电陈：九行杂钞固经遵命照收，惟逐日轧帐，万一不能拨付，似应预筹维持办法，以免扰动市面。而九行准备近且因检查接收发生问题，亦应妥为布置等语。当由三行电复：轧帐一层已另通电饬遵，接收困难亦正陈请财部核示。

汉行以法币改革后对于轧帐及汇款手续费等尚有疑义，函陈请示。

三行函财部，以对入川大洋及陕、甘轻质银币，将来设须改铸，恐不免损失，请令造币厂平价照掉。

三行函财部，以各地掉换法币，其乡僻区域须借重邮政机关，除已与邮汇局洽商，由三行拨存邮局法币若干外，尚请转咨交通部，令饬邮政总局通饬照办，以期便利。

闽省东南银行前经闽陈主席电请借款维持，经转函财部请示。兹奉财部函复：东南抵借卅万，准予通融，由中国、交通两行承做。

赣三行电陈：拟托裕民银行代兑法币，请核示办法。

三行会函财部，以未经财部核准之发行银行所发钞票，现固一律照收，但有损失，应请财部妥筹补救办法。

长沙余厅长前以建筑公路购备车辆等，拟向三行借款廿四万元，经唐总经理电复，以事关建设需要，允与两中行共同承借。

财政部函三行，以所有各省、市银行发行准备，应由中、中、交三行接收具报，其各该行在市流通之券，暂准行使，汇款酌收手续费，前经三行会函财部，兹准函复，准予备案。惟以法币行使虽已不分区域，仍应酌加暗记，藉资区别。

杭中央行电告接收封存浙江地方银行发行准备经过。

三行以各地壹元钞需用甚殷，函准备委员会，请准加印，以备应用。

中、交会函财部：法币案规定后，各地需要甚多，运送日繁，可否与中央行一律待遇，免征运费。

财部据河南财厅呈称：市面亟须法币，请三行飞装。倘三行所备法币不足应付，建议以河南农工行所封存之壹元钞加盖三行戳记行使。经财部核准，函饬三行遵照。

渭行报称：当地市面钞现尚有差价，县府以未奉省令为词，未能积极进行。经中、交两行会函财部报告。

三行函请财部，以接收中南等九行发行准备，请补发函令，以便遵办。

浙三行函告与地方银行洽商代兑法币办法，并请酌订犹豫期间及推行法币办法。

［交通银行档案］

12.中国银行1935年度营业报告

中华民国廿四年度中国银行董事长
宋子文先生致股东大会报告书

中国银行民国二十四年度营业报告目录

中国银行贷借对照表及损益表

中国银行储蓄部贷借对照表及损益表

币制与金融

银行业务

对外贸易

中国国际收支平衡

农业概况

工业情形

经济建设

中国银行总分支行办事处一览表〔略〕

中国银行国外分行一览表〔略〕

币制与金融

民国二十年秋，英国、印度、日本相继放弃金本位，廿二年美币复随之贬值，驯致我国币值激涨，逮廿三年夏，美又励行购银政策，银价益高，虽我国国际收支，久处逆境，而外汇汇率，反继续上腾，因而通货紧缩，试观民国廿年至廿三年间，上海物价指数自一二九·二跌至九九，即可以窥见其影响之大概。

民国廿三年以来，大量白银流出国外，银行存银顿减，不特物价益跌，且有造成金融恐慌之趋势，政府乃于是年十月中旬，宣布征收百分之十白银出口税及平衡税，以谋补救，自是虽在国内仍维持银本位，而外汇则已与国外银价脱离其固有关系，用致外汇汇率，自寻其涨落之途径，第当变动颇频之时，政府常谋稳定之方，亦不无收效。

政府采用征收白银出口税及平衡税之策，明系暂时权宜处置，藉应目前之急需，俾得从长计议根本解决方法，自实行后，一时物价虽未下跌。但政府终认为问题严重：深虑外汇汇率高涨，则难免阻挠出口贸易，而致国内通货紧缩，有增无减，有增无已。反之，如外汇汇率下降，则汇率与国外银价益相悬殊，大量偷运，势必随之而起，况当时纸币尚在兑现制度之下，设因偷运，减少存银，动摇信用，势必酿成提存挤兑，影响全国金融，为害匪浅。

逮廿四年世界银价继续上涨，金融恐慌益甚，是年初，政府虽赖平衡税之升降，以平衡国币银值之涨落。惟税率上下不定，人心不安，当局乃进而更与中外银行缔结“绅士协定”，相约不再运银出口，第其时存银之数量已大减，加以国币银值，远超出外汇汇价之上，窖藏偷运之风复盛，现银遂益就枯竭。

其时因国币银值，远超出外汇汇价之上，市场遂悬拟政府将效法外国低贬币值，虽政府一再宣布决不采用低贬币值，或其他类似之策，以事救济。但人心惶惑，依然如故，外汇汇率与国外银价间之平价差额及近期与远期汇率之差数，仍增进不已，均足以表示币制前途之荆棘，方兴未艾。

通货紧缩，银根枯窘，以致即期汇率坚挺，一般民众，瞻顾币制前途，咸怀疑虑，遂使远期汇率益疲，其间差额，有时竟达年息三分，利润既厚，原供商业运用之资金，竞趋外汇套息，于是拆息益高，百业蒙其影响，吁请救济之声，时有所闻，加以信用紧缩，地产呆滞，短期押款，无力清偿，昔日所认为优良稳妥之担保品，今则视为可畏之物，同时沪市股票，继续跌落，交易冷淡，各金融业无不多方企图维持，但亦只能为自身谋灵活而已，因而市况日趋疲敝，恐慌之来，俨在目前。

处此危急之际，政府乃于廿四年三月末，增加中交两行官股，俾中央、中国、交通三行相互关联，趋于一致，以期易收统制之效，结果颇著成绩，至夏间，数小银行发生周转不灵，经政府假手三行之协助，卒免风潮扩大，但信用动摇之狂潮，迄未宁息。未几，多数钱庄又相率告急，限制每户提存五百元，政府复设立钱业监理委员会，审查五十五家汇划钱庄资产，而估其价值，以为拨给政府公债而资救济之标准，俾其获以政府公债向主要银行押款，以资周转焉。

溯自东北沦失，北部边境，关防久弛，有组织之私运，肆行无阻，且麇集平津各地兑现，并向民间以纸币升水百分之十乃至十五，以吸收现洋，未匝月，中国银行一家，兑出现洋，已达千万之巨额，卒赖当地银行公会商会之合作，与夫民众之拥护，对于兑现，获严加限制，自是华北纸币，实际已立于不兑现之地位，而华北与国内外各埠之交易，持券人虽不能兑取现洋支付，但由银行给以国内外各埠汇拨之便利，各项交易，仍旧照常无碍，此种趋势，实足以打破一般所谓华北民众狃于重视硬币之成见，并因此得一实证，要在政府能维持信用而调剂有方，民众自然不乐于收受纸币，决不至疑虑政府施行货币膨胀之策，以侵削其积蓄也。

旋英国因我国之建议，爰有征求美、日、法、意诸国派遣专家来华考察，藉筹协助稳定币制之举，各国最初大都赞同，但最后仅英国声明，决意派遣其首席经济顾问李滋罗斯氏来华。

廿四年四月末，墨西哥为维护其国币制，收回银币，同时美国购银，亦略加限制，世界银价，暂告下跌。惟我国金融不安状态，仍未稍杀，嗣以华北时局纷扰，形势益恶，内债市场，反响尤烈，其时通货贬值之谣诼繁兴，外汇与标金投机之风大炽，合法营业，损失不赀，偷运白银，处罚虽严，但利之所在，人心所趋，私运之事，未尝或戢。汇率即期与远期相差之巨，划头升水之奇昂，银根紧紧，昭然若著，且物价下落，信用紧缩，工商业益就衰敝，通货膨胀之呼声，忽又传来。

逮八月，国外银价，稍形稳定，市况亦略见好转，第为时无几，币制谣言复起，纷纷竞购外汇，至十月中旬，外汇之投机益炽，至十一月二日，汇率复跌百分之十七，同时标金竟由九百涨至一千一百六十元，投机与恐慌之风，弥漫金融市场，整个金融组织为之动摇，于是十一月四日，财政部乃有新货币政策之宣布。

当宣布新货币政策之先，政府曾严重考虑，深信白银国有，及采外汇本位，实为惟一良策，其所以迟迟未发者，在冀能获得巨额外债，以蒴减轻实行新货币政策之危机，适李滋罗斯氏于九月来我国考察经济状况，而十月中外汇汇率，适又急降，势难再延，坐失时机，于是政府乃不得不毅然立即实施此新政策。

十一月三日政府公布法令之大要，规定以中央、中国、交通三行所发行之纸币为法币，凡持有银本位，或其他银币生银者，原定限三个月内兑换法币，嗣复展至六个月，所有完粮纳税及公私债务，概准以法币清偿，其关于发行准备金及保管事宜，则设立发行准备管理委员会管理之，该会系由财政部及金融界商界代表共同组织，并为使法币按照其时价格长久稳定起见，乃令中央、中国、交通三行无限制买卖外汇，更为求贯彻此项政策之施行，并拟将中央银行改组为一超然中央准备银行，至关于整理财政之计划，亦准备就绪，国家预算，预计于十八个月后，可臻平衡。此外，并筹设不动产抵押银行，复一面修改现行法令，以期地产易于作押，而增加商业银行资金之流动性。

新货币政策之施行，有人深表惊异，盖始终以为国人狃于重视硬币之旧习，此新政策未必能见诸实行，乃不期十一月四日实行以后，三日之内，即告成功，惟华北存银，则另设准备委员分会保管之。至广东、广西则不独另设准备委员会，并仍以其向来通行该两省之毫洋为本位，除两广外，法币咸统一通行各地，再各主要物品，虽始而因此发生投机，一度猛涨，然旋即平复。

此新货币政策之成功，厥因甚多，盖当改革以前，货币与金融状况至为混乱，在此恐慌不宁之过程中，纵即实行货币贬值，亦胜于无，况年来各国改革币制之成绩，早令我国银行家明瞭此事，并非创举，且民国廿三年十月十五日以后，实际上已禁止现银之外运，而华北五阅月中，出于民众之爱国自动，相戒不兑现，已渐使华北民众恬然习于不兑换之纸币，益以外商银行之合作，尤以英国大使之通令，裨助良多，否则多数外侨及外国机关，或藉治外法权为护符，从事阻挠，则实行之际，必增加困难与淆杂，最后美国政府复按每盎斯美币六角五分购我白银五千万盎斯，使政府银行获有充分外币准备，而得稳定外汇于新货币政策施行时之标准汇率。

新货币政策施行以来，已五阅月，于兹银价虽自每盎斯二十九又十六分之五便士，跌至二十便士左右，不但国外汇兑非常稳定，而国内汇兑，除两广、云南外，每千元隔省仅收手续费一元五角，省内则一元，且政府本无意将国币比照任何外国法币确定汇率，不过此等权衡处置，日后或属不免，因目前主要外国货币，比较稳定，此项问题，在理论上类属重要也。今兹外汇汇率，既循正常标准，长久稳定，因之出口增而进口减。据海关报告，可以窥知，是为六十年来未有之现象，由此而信用逐渐恢复，银根松动，工商业亦遂见活跃矣。

倘外汇汇率能长此安定，而东亚时局，复渐趋和缓，则两年来逃避国外之资金，自可令其重返故土，若世界经济益增起色，则我国或更能吸引外资之重来也。

新货币政策之成就如何，或以为为时尚早，未可断言，诸如银价之狂跌，对外时局之纷扰，预算之不平衡，均为其症结所在，倘银价竟跌至理论上平价十七又四分之三便士时，白银输入我国，良有利可图，设政府未将大量存银及时出售，则他日外汇汇率，或不免难于维持，然纯银与纯金之比价，已达历来最低之价格，似可无庸如此顾虑，或更以远东时局，倘有纷扰，势必影响币制为虑者，然无论任何国家，遭遇非常困难，任采何种币制，终难免不蒙影响。惟我国币值，能恢复至民国廿三年以前五年内之平均价格，物价从而回涨，益以出口贸易之激增，足以改善国际收支之途径，是殊有厚望焉。然当此银价之时有涨落，及其对于国内经济之纷扰，设非因多数国家认为白银在币制上尚有使用价值，则考虑银本位之恢复，要属极大错误，政府果能将新币制成立时所采之步骤切实施行，举如预算之平衡，中央准备银行之创设，则健全货币制度之早臻完善，计日可期，而国民经济之改造，实利赖之。

去年我国金融界所处地位，颇形杌陧，各金融机关，一方既须负责因应市面之难关，他方复须切实推行政府所决采之货币政策，任重力艰，时虞陨越，然不特本国主要银行举措一致，即外商银行，亦多畀以诚挚合作，殊堪殷慰，今复银行间之密切合作，当益感重要，过去一年间之经验，安知非来日光明之征兆欤。

银行业务

（一）本行之新局面　去岁我国金融市场之紧张情形及其不安之状，已略述如前。因自动伸缩之银本位币制已失其效用，而谋币制金融之进展，则视畴昔更有赖于银行之合作，如何设法俾国内主要银行之业务有密切联络，洵属急不容缓之务。盖政府久已主张，以特殊职务授予有政府股本之三行，同时并厘定其相互合作之方，以期确建其执行之共同金融政策，而谋银行制度之巩固，逮去岁三月方见诸实行焉。政府增加本行股本，俾本行股本自二千五百万元增至四千万元，本行官股遂占全体股份之半数。董事则自十五人增为二十一人，其中九人规定由政府指派，监察人亦自五人增为七人，规定其中三人由政府指派。本人旋被任为本行董事长，常务董事宋汉章先生服务本行有年，经验宏富，被任为本行总经理，以代张嘉璈先生，张嘉璈先生则改任中央银行副总裁。同时中央、交通两行亦有变更，结果将使本行特别注重于对外贸易之调剂，及年来所从事国际汇兑银行之业务焉。

（二）业务工作　过去一年中，本行虽处于金融异常剧变状况之下，负责綦重，然尚有数种业务之进展，堪以举告者：

（1）兑换券之流通　本行历来在发行银行中向居重要，深得社会信仰，去岁十一月政府施行新币制政策，赋予本行兑换券以法币之资格焉。本行去岁增加发行八千余万元，固由于政府睿断采用白银国有之策而来。但同时亦可表示本行在我国金融组织所居之地位。

（2）增设海外机关　自民国十七年政府特许本行为国际汇兑银行以来，遂力事助长对外贸易之发展，及尽意海外侨胞之扶持。除在国外各重要商业中心地委托同业代理外，并设经理处于伦敦，设分行于大阪，近复感觉在海外增设机关之时已至，因睹英属海峡殖民地及南洋群岛侨胞之众，及锡与橡胶业之欣欣向荣，已定在新加坡设置分行，并将即在纽约设置经理处，以增进中美间之贸易及汇兑便利，兼得尽力于政府新币制之施行，预计数月后即可成立。

（3）设立储蓄部　去岁五月遵储蓄银行法之规定，并呈奉财政部核准，设立储蓄部。虽该部分支即附设于本行各分支行处，但另拨资本五百万元，并采用独立会计。储蓄总部六月一日在沪开业，其分支旋即成立于本行各分支行处。

（4）浙赣铁路之建筑　本行曾联合本国银行数家共同投资于浙赣铁路之杭州至兰溪，金华至玉山，及玉山至南昌各段之建筑。本年玉山至南昌一段虽已竣工，然为谋该路与粤汉铁路之联络，以便扶植东南各省之经济发展，实有完成南昌至萍乡一段之必要。因此本行去岁再受铁道部之嘱托，与各银行及德国奥脱华尔夫公司磋商，协助该路之延长。在与建筑玉山至南昌一段同样条件之下，银行团允再借国币一千万元，德国公司允供给值国币一千万元之材料，以俾完成南昌至萍乡一段。德国公司更承诺以我国物产偿还其垫借材料款项之一部分，用裨助我国之出口贸易，与此事有关系之银行。除本行外，为交通、中国农民、金城、新华、裕民等行及中国建设银公司暨邮政储金汇业局。

（5）扩充农业放款　本行去岁仍继续协助农业之产销。年终农业放款余额达二千五百十六万一千元。就中贷与小农者计五十一万元。全年贷与农村合作社之款约四百四十九万元，超出廿三年一倍以上，年终余额尚有一百四十四万元，放款区域达九省八十县，内计廿六处合作社联合会，二千八百十四处合作社，十二万六千余家农民。

（三）资产负债情形

(甲)存款

(1)存款总额　去岁年终存款总额达七六六，二九一，六二八·二五元，较廿三年增加二一九，五九七，七二五·六六元。内计：(一)活期存款二四〇，四〇五，九五五·二〇元，较上年增加五七，五四九，九一七·八三元。(二)定期存款三二三，〇五九，四四四·三七元，比上年增加七一，一七五，一一〇·七九元。(三)同业存款二〇二，八二六，二二八·八六元，视上年增加九〇，八七二，六九七·〇四元。此存款之剧增，大都由于去岁金融情况非常变动之所致。此等现象大半由于人心之不安，及由于同业欲以所增存之款(增加九千余万元，见前)为其活动之资源，本行自不能照常尽量运用。

活期、定期两项存款之成分，廿四年与廿三年大致相同，其百分率如下：

	廿三年	廿四年
活期存款	四二·〇五%	四二·六六%
定期存款	五七·九五%	五七·三四%

(2)存款户数　去岁存户计一九九，四〇四户，较上年增加二九，二〇四户。

(3)存款性质　去岁与上年存款性质区别之比例百分率如下：

	廿三年	廿四年
个人及团体存款	六二·八八%	五八·二七%
工商业存款	三一·三四%	三六·三三%
政府机关存款	五·七八%	五·四〇%

(乙)放款

(1)放款总额　去岁年终放款总额计四八九，〇七一，一〇四·三四元，视上年增加七七，一一八，九二九·三三元。内计：(一)短期放款及透支二三六，八二四，三七九·五九元，增加五二，六三六，九四四·一〇元。（二）定期放款二〇七，〇四六，三八九·一七元，增加九，二八五，二七二·四〇元。（三）贴现及购进期票计四五，二〇〇，三三五·五八元，增加一五，一九六，七一二·八三元。

短期放款与透支较上年增加百分之二八·五七，定期放款增加百分之四·六九，贴现与购进期票增加百分之五〇·六五。因无中央贴现银行，及银行同业之大部分流动准备均麇集于本行，本行如求对于其他金融机关克尽厥责，自必须常年保有多数之流动资金。益以新币制施行以前数月中，屡有资金逃避之现象，本行为避免外汇蒙不当高压之风险，自觉助长银根松动之策，实未敢采也。

（2）放款性质　去岁放款就其借款之目的区分，比较廿三年增加如下：普通商业放款增加百分之一七·〇〇，工业放款增加百分之一〇·八八，交通事业放款增加百分之一八·二四，农业放款增加百分之一九·九八。

（丙）汇款

（1）汇款总额　去年本行汇款总额计一，〇二〇，一五三，〇〇〇元，视上年增加一八五，九二〇，〇〇〇元。

（2）汇款区域　本行去年汇款区域，其百分率如下：

长江流域	六一·三七%
华北	一九·七五%
华南	一一·五八%
东北	七·三〇%

（丁）国外汇兑

去岁外汇之全年业务总额大有增进，但大多数属于调剂进出口之汇票，其总额视廿三年超过百分之七十。其余如信用证、国内汇款、外币汇票及期票之购进，均卓有增加。

（戊）发行　廿四年终本行兑换券流通总额计二八六，二四五，〇四一·九二元，视上年年终增加八一，五三一，五七六·五一元。其现金准备计二〇一，一五二，二四四·八五元，合百分之七〇·二七。保证准备合百分之二九·七三，内计有价证券值六九，四一四，八八六·五六元，地产值九，〇一九，一一五·五一元，其余则为各行庄领券之保证准备。

（己）有价证券　去年终本行投资有价证券总额共一〇三，二四六，七八〇·八九元，内计充发行之保证准备者六九，四一四，八八六·五六元，属于营业投资者三三，八三一，五九九·〇六元，增加一六，二六五，一八一·八三元。

（四）损益

（1）各项开支　去岁本行全体开支共七百廿四万九千余元，较廿三年增加五十八万三千余元。其增加主由业务之扩充及机关之添设，但尚有大部系一时支出无继续性者。

（2）盈余分配　廿四年纯益计三百六十万二千三百五十七元九角八分。除遵章提公积金百分之十，计三十六万二百三十五元七角九分外，所余三百廿四万二千一百二十二元一角九分，加入上年滚存一万六千六百七十一元五角九分，共计三百二十五万八千七百九十三元七角八分。除摊派官商股正息二百二十三万九千七百二十六元零三分外。余一百零一万九千零六十七元七角五分，归入盈余滚存。

（五）储蓄部业务概况

（1）存款　去年终储蓄存款总额共四三，一四〇，〇二七·九一元，内中：活期储蓄存款计二二，〇一一，四六四·五五元，定期储蓄存款计二一，一二八，五六三·三六元。存款户数共七五，八六四户，内中：活期存户五〇，七三八户，定期存户二五，一二六户。

（2）放款　廿四年终放款总额共三一，〇一四，四五一·五四元。就中短期放款计一五，七六一，五九二·九一元，占百分之五〇·八〇，投资有价证券计八，〇五六，八四七·七〇元，占百分之二六·〇〇，存放同业计三四七，一九四·一七元，占百分之一·一〇，又内部往来计一，九九一，一〇四·八五元，占百分之六·四〇。

（3）损益 全体开支共十万零八千七百十七元四角六分。将上数及付出利息与收入利息及其他收入相抵后，尚余纯益九万七千七百十一元八角二分，归入提存准备。

对外贸易

据海关报告，廿四年进出口贸易总额十四亿九千五百零二万元，其中纯进口额计九万一千九百二十一万一千元，纯出口额计五万七千五百八十万九千元，入超计三万四千三百四十万二千元。兹将最近三年来进出口价额比较如下：（单位百万元）

年别	纯进口额	纯出口额	合计	入超额
二十二年	一，三四六	六一二	一，九五八	七三四
二十三年	一，〇三〇	五三五	一，五六五	四九五
二十四年	九一九	五七六	一，四九五	三四三

由上表观察，近三年来我国对外贸易之渐入顺境，主要由进口货值总额之继续减少，至出口则比较无变动。我国对外贸易之平衡，表面虽见改善，但应注意者海关所发表数字，未遽可视为正确。盖自近年增加进口税率以来，私运已形蜂起，过去一年中之时局纠纷，更令海关对于数重要商埠失其控制之效也。至私运进口数额，虽未能确实估定，然为数当不在少。

就下列近三年来逐月对外贸易总值观之，进口恒随季节变动，而出口则长年平均，去岁逐月贸易总值亦与上年无异也。

上列海关报告之货值，其数字因各种原因，殊不足用为表示我国对外贸易消长之根据。故就廿二年至廿四年海关报告数字所示各种商品之量，以求进出口货量之指数。出口货量之指数，系由占廿二年出口总值百分之五六·四之十四种商品之量求得。至进

自二十二年至二十四年逐月对外贸易总值(单位百万元)

月别	进口 22年	进口 23年	进口 24年	出口 22年	出口 23年	出口 24年
一月	101.6	105.5	90.0	62.0	50.8	55.2
二月	113.4	82.8	66.7	50.3	38.0	41.5
三月	147.0	90.4	97.3	45.3	40.1	39.0
四月	147.2	101.0	103.8	37.2	41.1	41.5
五月	151.7	95.0	96.1	51.5	49.3	40.8
六月	110.1	86.3	91.5	50.2	49.2	41.2
七月	103.2	73.5	64.4	62.6	44.9	46.0
八月	100.2	74.3	56.2	51.4	44.1	45.3
九月	88.7	77.5	54.4	48.6	41.7	45.9
十月	94.6	79.0	61.2	47.9	42.7	48.4
十一月	96.2	83.5	72.4	54.2	49.8	60.2
十二月	91.5	72.0	65.2	50.7	43.6	70.6
合计	1,345.4	1,029.8	919.2	611.9	535.3	575.6

口货量之指数，乃由十三种商品之量，共占廿二年进口总值百分之五五·七者求得。兹将上述货量指数，并廿二年至廿四年对外贸易货值指数分列于下：

廿二年至廿四年我国对外贸易指数（系以廿二年值量之数作百分）

年份	进口 货量指数	进口 货值指数	出口 货量指数	出口 货值指数
二十三年	73.25	76.54	85.52	87.48
二十四年	70.25	68.32	91.37	94.07

外汇之涨落与对外贸易之盛衰，恒为国人所注意，然上列数字不能显然表现迩来外汇剧烈变动之影响于我国对外贸易之程度，所可述者，去年出口贸易，直接受外汇之影响，尤以年终为甚，较二十二年及二十三年间同期数字，均大有增加。

对外贸易之国别

二十三年与二十四年进口国别

（单位千元）

国别	二十三年	二十四年	二十三年	二十四年
美国	271,732	174,930	26.15	18.92
日本	126,886	139,593	12.21	15.10
英国	124,647	98,232	12.00	10.62
德国	93,389	103,385	8.99	11.18
荷印	63,427	58,356	6.10	6.31
印度	43,276	35,480	4.17	3.84
安南	41,606	59,973	4.01	6.48
暹罗	32,923	27,187	3.17	2.94
香港	29,639	20,359	2.85	2.20
澳洲	10,960	37,049	1.05	4.01
其他各国	200,494	170,151	19.30	18.40
合　计	1,038,979	924,695	100.00	100.00

二十三年与二十四年出口国别

（单位千元）

国别	二十三年	二十四年	二十三年	二十四年
美国	94,435	136,410	17.63	23.67
日本	81,232	82,059	15.16	14.24
英国	49,806	49,463	9.30	8.58
印度	22,161	20,345	4.14	3.53
法日	21,142	29,245	3.95	5.07
德国	19,159	28,926	3.57	5.02
香港	101,001	94,893	18.85	16.47
荷印	14,700	15,251	2.74	2.65
新加坡等处	15,469	12,907	2.89	2.24
朝鲜	15,690	11,568	2.93	2.01
其他各国	100,938	95,231	18.84	16.52
合　计	535,733	576,298	100.00	100.00

无论廿四年由美进口之总值大减，然美国仍居我国进口贸易之首位。日本则以对我国出口增至一千二百七十万七千元，仍列次席，德国则竟代英国，一跃而居第三位矣。

去岁我国对各国之出口贸易，其次序无大更动，仍以美国居第一位，对美输出之货值，计增四千一百九十七万五千元，香港原为转口之中心，乃由第一位退居第二位，次为日、英两国。法、德均无变动，惟由我国输入之货值，则较往年大增。

由上表观之，去年对我出口唯一剧增之国，日本则以巨额钢铁、机器、鱼类、海产及糖，德国则以钢铁、机器、车辆，法属安南则以米，自廿三年之三千一百三十九万三千元增至五千二百九十万六千元，澳洲则以小麦、面粉与木材，均无不比以前增加。去年由美国进口货值，因棉花、小麦、烟草之剧跌，故较二十三年将近减少一万万元。英国因对我国所输出棉布、机器之衰落，亦减少二千六百四十一万五千元。

去岁我国对美输出之桐油、生丝、种籽、蛋类，对法输出之生丝、花生，对德输出之棉花、桐油、锑砂，均大有增加。对印度则减少一百八十一万六千元，对英属南洋一带则减少二百五十六万二千元，对朝鲜则减少四百十二万二千元。

对外贸易之埠别

廿三年与廿四年我国各主要口岸进出口贸易，其占全国对外贸易总值之百分率，可于下表观之，惟该项数字，因各地政治纠纷未已，私运盛行，未能认为十分正确。

主要进出口商品

就我国去年进口之主要商品而言，米由上年之六千五百六十八万五千元增至九千三百三十三万三千元，由第三位一跃而居第一位，在廿三年首出之五金矿物，则减少二百九十万元，退居第二位，机器及工具则自第四位升至第三位，棉花自第二位降居第四位。

二十三年与二十四年进出口贸易之埠别

埠别	占进口总值之百分率		占出口总值之百分率	
	二十三年	二十四年	二十三年	二十四年
上海	57.80	54.90	50.83	50.14
天津	9.30	9.21	15.13	15.82
九龙	7.23	7.61	1.03	0.98
青岛	4.67	5.54	6.59	8.42
广州	3.26	3.65	8.80	6.93
汉口	3.10	3.59	1.84	2.19
汕头	2.51	3.08	2.96	2.99
厦门	1.57	1.59	0.66	0.64
南京	1.78	1.39	0.03	0.08
蒙自	2.82	0.72	2.37	2.94
梧州	0.50	0.69	1.87	1.55
其他各埠	7.46	8.03	7.89	7.32
合计	100.00	100.00	100.00	100.00

去年我国出口商品，首推前年居第三位之五金矿物，桐油出口总值，则较前年增加一千五百三十六万六千元，由第六位跃居第二位，生丝则自第七位升至第三位，蛋及蛋制品仍居第四位，雏茶叶因出口减少六百四十五万七千元，竟自前年之第一位降至第五位，种籽则增加一千三百八十三万六千元，乃自第九位升至第六位。

国际收支平衡

本行以往各年之报告，对于估计我国国际收支之平衡，尝述及搜集公示数字足以征信之难，在过去一年中，欲求正确估计，则较往年尤多窒碍。盖缘时多故，尤以华北为甚，海关当局有时行使职权，辄遇不能克制之困难。其结果巨量之糖、人造丝、卷烟纸、火柴及其他货品等，竟得漏税输入，即在防止银币之漏出亦然。盖银币所含银值，远逾其外汇之值，侥幸私运者获利极厚也。

下表所估计私运入口之货物及私运出口之白银，系由征询各方意见及依据邻邦发表之统计而得，但只能视为近似而已。

民国二十四年度中国国际收支平衡

（单位国币百万元）

国际收入

出口货值		六六二·二
报关出口	五七五·八	
货值低报估计（按百分之十五计）	八六·四	
生金出口		六八·〇
报关出口		三八·〇
私运出口		三〇·〇
白银出口		二八九·四
报关出口		五九·四
私运出口		二三〇·〇
华侨汇款		二六〇·〇
外人在华投资及信用款		一四〇·〇
（包括中国在外投资收入出售白银盈利等）		
外人在华用款		一五〇·〇
（包括游历费用、教会经费、慈善捐款、使领经费军队经费、外国船只用款。）		
共		一，五六九·六

国际支出

进口货值		一，一二九·二
报关入口	九一九·二	
私运入口	二一〇·〇	
偿付外债		一〇七·四
关税担保		六六·四

美国棉麦借款	一二·七
盐税担保	一一一·七
铁路担保	一六·七
外国使领、留学费用	六·〇
外商商业及其他盈利汇出款	五五·〇
无法证明来源数	二七二·〇
（包括资本转移净数）	
共	一，五六九·六

华侨汇款之估计，系根据向国内常有此项汇入之各地之调查而来，就去岁外汇之放长，与通货局面之不稳视之，实远逾所期，然可谓多数华侨寄居之国，其商业均有起色故也。

去岁过半年中，通货局面不稳定，多数资金逃避无疑，纵其中一部分自十一月初施行新币制后，人心安定，重返故土，然全年外溢之数仍巨也。

此外因采用新币制及其后在海外售出国外存银一部分之自然结果，中、中、交三行所拥外币，遂大见增加。然此资金转移之总额，殊无法确定，故不得不括入无法证明来源项下，以资平衡焉。

在此一年中，我国国际收支平衡之估计，既大为无征考之白银移动，及货物之私运进口，与各项之不明贸易所左右，则错误之处，在所难免，但为明瞭我国金融经济问题起见，上表所列数字，或不无参考之价值也。

农业概况

去岁国内虽不免间有水旱之灾，但全国农民尚称有年。农产之总收获，纵不堪丰，但其价格则较前两年略高，农民之总收入，较前两年或高出十分之一。农产品之对外贸易，易颇有利，农产品出口固减，但不如进口农产品减少之多，实际出口总值，竟超过进口总值，此欧战以后，从未曾有之现象也。

农业生产之成本，因缺乏统计资料，难于估计，第就工资及肥料、种籽、农具等之价格观之，一年来并无多大变动。而一方银行贷款合作社利率之低，与乡村交通治安之进步，均有减低农业生产成本之趋势。农村复兴气象，虽尚未睹，但不乏改善之迹。到处均见新筑田舍及乡村学校，人口之自乡村移至城市，亦有反向之趋势，多数农家子弟，咸往近郊求学。凡此诸端，均足征农民经济情形之良好。设无去岁长江流域之泛滥及华北之旱魃为虐，农村之复兴，当有长足进步也。兹将过去一年农业情形之特点，略述如下：

一、农业收获

中国之主要农产为粮食与棉花，据中央农业实验所估计，其近三年来收获数量之比较，略述下表：（以百万市担为单位）

	区域	华北	华中	华南	合计
粮食	22年	567.0	742.0	579.0	1,888.0
	23年	566.0	595.0	583.0	1,744.0
	24年	556.0	720.0	580.0	1,856.0
棉花	22年	7.6	8.2	—	15.8
	23年	8.6	6.3	—	14.9
	24年	6.5	6.9	—	13.4

去岁粮食收获总量，较廿三年多百分之六，较廿二年少百分之二。稻麦为粮食之大宗，去岁麦之总产量为四万二千二百万担，而廿三年则为四万五千万担，廿二年则为四万五千一百万担，是去岁产量较前二年减少百分之六。谷之总产量为八万五千一百万担，而廿三年则为七万三十六万担，廿二年则为八万六千九百万担，虽去岁产量较少于廿二年，但较廿三年则增加百分之十六，丰收之结果，致去岁秋冬米价不高，进口洋米亦少。至去岁棉之总产量较廿三年减百分之十，较廿二年减百分之十五。华北则因

春旱欠收，比廿三年减百分之廿五，比廿二年减百分之十五，中部则较廿二年减百分之十六，而较廿三年则增加百分之十。

二、农产价格

下列数种主要农产，系根据上海趸售之价格：

1.米——去岁米之产量，较前年多百分之十六，已见上述。在上半年新米未上市以前，苏米平均每担十三元，湘米每担九元。下半年新米上市之后，苏米降至平均每担十一元五角，湘米降至每担八元一角，较廿三年略逊，但较廿二年则高出百分之三十五。

2.麦——去岁上半年平均麦价每担三元七角，至下半年因欠收即涨至每担四元二角，较廿三年贵百分之十四，廿二年贵百分之三十。

3.棉——去岁上半年之平均棉价，标花三十四元，灵宝花四十一元，下半年标花涨至三十六元，灵宝花涨至四十二元，与前两年相较，此项变动虽由欠收所致，但比较前二年之价则无大出入也。

4.丝——去年丝价特涨，上半年上等厂经每担平均四百六十元，次落至四百元，旋又回至四百六十元，最后三个月则平均每担七百廿元。至丝价之涨，谓由于产量减少，毋宁谓为由于海外需要之增加也。

三、农产之对外贸易

据海关报告，去年主要进口农产，米、麦、棉及烟叶之进口总值，将及一万八千八百万元，至廿三年则为二万二千八百万元，廿二年则为三万九千四百万元。米之进口计值九千三百万元，较前年增加百分之四十二，麦之进口计值三千六百万元，较前年增加百分之十四。棉花因前年国内丰收，去年进口总值，仅四千一百万元，而前年则为九千万元。至去岁烟叶进口总值，则自前年之三千一百万元，降至八百五十万元。盖国内产量增加，而民众购买力又低减也。

丝、茶、桐油、花生等十二种农产之出口总值，去年共计二万三千一百万元，至廿三年则为一万九千二百万元，廿二年则为二万四千七百万元，去年出口之较胜于前年者，实由海关对于桐油、花生、生油及生丝之需要增加所致。去年桐油出口总值计四千二百万元，较前年增百分之五十八，较廿二年增百分之三十七，花生及生油之出口总值计三千万元，较前年增百分之八十三，较廿二年增百分之三十一，棉花出口总值计二千八百万元，较廿二年减百分之十八，较前年则增百分之三十九。蛋及蛋制品出口总值计三千二百万元，较前年增百分之六，较廿二年减为百分之十二。

四、币制改革之影响

去秋乡村间信用紧缩，农产商贩，缺乏接济，致农民欲售却农产以偿债而有不能，市场萧索，而农产之价亦跌。甫自宣布新币制后，乡村市场稍形混乱，但不数日即回复常态，而交易大增。因素习藏银之富农，着手购藏麦、棉，结果农产之价，遂于数星期间增涨一二成。农产之价骤涨，颇使其时售却出产之小农，获相当之利焉。

五、农村建设

关于农村建设特举其最显著者数事如下：

(甲)治螟　螟为我国种稻之巨患，种稻区域，受损綦巨。据中央农业实验所之估计，仅江浙两省因螟所受损失，年逾一万万元。科学家虽已发见治螟之有效方法，因乏完善组织之举措，致其法不能行之有效，去年八月地方政府与中央农事实验所协力从事于江宁县之治螟动员，因而当年之稻，不再为螟所苦，十二日中铲除螟卵约七千万块，使四十万亩之稻田，绝除螟害，此项工作所费极鲜，而可为农民挽救巨量之稻，以增其出产焉。

(乙)交通　近数年来虽多数公路互贯乡村，但公路运费过昂，故农产之运销，首惟铁路是赖。故迩来新建之铁路，已资农产以运销之便利，其运费已减低十分之一二矣。

(丙)农产之改良　关于增加农产之量及改善其质之工作，已曾述及。政府历年设立棉产改进所，丝产改进所，茶叶改良场及中央农业实验所等机关，从事技术上之研究，各方面具有长足进步，即如全国经济委员会之棉产改良所，已自中央市场推展其工作于乡村。在改进棉产之前，市场之普通改良种棉含水分百分之十五，及其他杂物百分之十，今则水分已减至千分之十六，其他杂物减至千分之十四矣。

稻麦为我国最重要之农产，以前农业学校及省立农事试验场均有多少改良工作，但常缺乏经费及技术人材。去岁全国经济委员会及实业部方合办稻麦改进所，经费既裕，复聚全国人材着手于范围广大之工作矣。

(丁)农村合作　过去数年中，我国农村，合作运动颇盛，但各团体各以其见解及方法而组织之。中外合作专家常患其远如此，则合作运动，将难告成功。近来实业部添设合作司，全国经济委员会设立合作事业委员会，中央政治学校添设合作学院，在希冀此等新机关，能改正过去之错误而俾其立法与推进及训练合作指导员，咸归于实际及有效之途，以求将来之进步，农村合作之运动，将迅为乡村生活之经济社会复兴之主动力也。

(戊)农村金融　银行以农产之广众，对于信用调剂，迄于今日，亦只尽其沧海一粟之力而已。但近数年来，社会已渐识其供献之益，银行经由合作社放款之结果，耕牛获见增加，广大区域之地，获用改良种籽并充分肥料，并获掘井而灌溉，筑堤以防水，以前乡村利率，常在年息三分至十分之间，今亦降至二三分矣。农村放款虽尚在试验之中，但已证明如对于农民，在适当时期贷以低利之相当款额，则必能增益其利用土地劳力之效力也。

(己)土地制度　去年我国农事学者间对于佃耕问题，极形重视，盖谓土地所有制度，实乡村经济之基础，除非将土地问题充分解决，则改进农业之种种工作，只徒表面，且其价值亦属有限也。然除山西当局拟即以土地村公有见诸实行外，尚不过仅为学者间之讨论问题，但颇引起通国之注意。

工业情形

去岁我国工业备历银根紧缩之艰辛，盖多数工厂大都资本不足，向恃银行贷款为营业资本，去岁利率过高，即地位最优之工厂，亦不得不限其经常产量。其与一般商业关系最多之钱业，亦收缩放款，商家因无由储集存货，益以洋货竞争，外汇放长，私运日增，国货叠受打击。十一月新币制之施行，即期银根松动，外汇见缩，因而提高物价，以资挽救国内工业之衰敝，而助长其发展也。

一方近岁进口税率之提高，足以鼓励国货数量及种类之日增，在轻工业尤甚，且在政府扶掖之下，更进而从事于基本工业之创设。但国内大规模之工业尚在萌芽时期，而国内创设最早并且发展最良之股份公司企业，厥维银行，从而银行应指导工厂企业，俾其组织趋于健全，更助长其发展，明属责无旁贷，惜乎迄今至多仅畀以短期放款而已。兹试分述去岁各业情形于下。

纺织业　我国纺织业之弱点，由于全盛时期分红过巨，折旧太少，致使其事业在去岁信用紧缩市面萧索之下，即不能支持，结果大多数工厂咸被迫而陷于全部或局部停工之境。六月末停工之锭，约占全体四成。嗣新棉上市，虽有多厂勉强复工。但至年终未开工之纺锭织机，尚达百分之二十五。而外商所营纺织厂，则由于理财稳健，并蒙低利之惠，厥状甚佳。

去岁一年中纱价异常低廉，六月间标纱价格每包约一百五十八元九角，实为十五年来最低纪录。逮币制改革后，进口棉布稍减，从而纱价骤涨，自十月间之每包一百七十七元六角六分，一跃而至十一月之每包一百九十五元四角七分。然而纱价虽涨，棉价亦昂。因美印棉之金价，随外汇汇率之低落而增高，而国产棉价亦连带上升矣。

自廿三年七月至廿四年六月，全国棉纱产量，计粗纱三，二九八，五〇四公担，细纱七二五，六一一公担，杂纱七一，五二九公担，综计四，〇九五，六四六公担，就中国厂所产，粗纱占百分之七十七，细纱占百分之三十三，杂纱占百分之四十一；日厂所产，粗纱占百分之二十一，细纱占百分之六十六，杂纱占百分之五十六，其余则为英厂所产。

在此状况之下，可足述者，则为我国多数厂家，于此不景气中，不得不樽节开支，故生产成本已见减低，同时多数旧机亦设法改良，并且增置相当自动布机矣。

缫丝业　岁初丝价固极低廉，但至六月国外需要增加，价遂上涨，至十一月竟开近数年来之新纪录。去岁一年中丝价乃自最低之每担三百八十元，一跃而至七百元以上。

去岁慎选无病蚕种之结果，所产生丝，品质匀度均见进步，姑置去岁受国外偶然影响之助于不论，此实可期为丝业界之永久利益也。

廿四年蚕茧总产额一百四十万担，生丝总产额九万五千担，就中江浙两省产六万担，四川、湖北、山东共一万担，广东二万五千担，江浙所产占总产额百分之六十三，较上年增加百分之三十。去岁全国缫丝厂开工者约三百家，缫丝车计十二万三千架，但随市况及丝价之变动而时有增减。即以江浙两省而论，年初开工者约二十家，但自六月以后即逐渐增加，至十月间开工者已达九十四家，缫丝车亦达二万四千架。

面粉业　去岁面粉之产销尚称顺利，面粉业都获盈余，国产小麦尚供不应求，仍依赖进口洋麦，就中尤以澳洲麦为多。

去岁面粉厂开工者共九十四家，就中上海十四家、无锡四家、济南七家、青岛六家、天津五家、开封三家，其余各地计五十八家。全年面粉总产额共七九，〇六八，五一八袋（每袋重四十九磅），较廿二年增加七，八二一，四六八袋，较廿三年增加八，九〇九，三五六袋。全年国产面粉总销额共七八，九八九，四一八袋。全年进口外国面粉共五一〇，四九六公担，约合二，二五〇，〇〇〇袋，较廿三年减少三七六，〇〇〇袋。

水泥业　廿三年水泥业虽享高价之利，但去岁因金融紧迫，致建筑工程减少，水泥销路亦衰落。加以外货倾销甚烈，故国内各厂无几不受重大损失。

由于运费过大，陕西、江西、四川等内地均自设新厂，粤省官营士敏土厂且增置新机。故无论需要虽减，价格虽低，而全年水泥总产量仍有三百七十七万桶之多，较廿三年增加三十六万桶。

火柴业　去岁火柴业承上年罢敝之余，依然如故。华北福建等处，私运火柴充斥市场，其纳统税之国厂产家，反因与私货竞争而遭损失。中部七省之厂家为防止生产过剩，设立火柴同业联销机关，实行以来，颇见成效，其在此联销区域以外之冀、鲁两省厂家，则情况极坏。国内各地之我国及日本、瑞士之火柴厂家，曾拟共同采用比额生产制度，苟能见诸实行，则非特国内生产过剩可以免除，即私运亦可稍戢。

去岁全国火柴厂开工者计六十九家，安全火柴总产额计二六七，九三二箱，硫化磷火柴约七四八，〇一八箱，与廿三年相仿佛，较廿二年则减少九八，七六三箱。

制糖业　我国进口糖税之高，足以鼓励制糖业之发展。粤省府建置炼糖厂六处，其中三厂业已出货，桂省府亦着手建置一厂。向以产糖供给长江上游之四川，亦为制糖有望之区，正计划建置一大规模炼糖厂于重庆。

我国甘蔗与甜菜之产量虽尚不足，但制糖之利甚厚，目前糖之产量虽年仅十五万担，然可相信藉保护关税之力，如能防止目前可惊之私运，则不出数年或能生产大量之糖以自给也。

化学工业　我国近年轻工业发达之速，遂令工业家倾向于化学原料之制造。其最显著者则为浦口建设中之七百万元资本硝酸氩厂，上海浦东已开工之二百五十万元资本酒精厂，天津制造各种染料之有机染料厂及山西制造酸类酒精与以太之新设化学工厂。

经　济　建　设

年来国难频仍，举如廿年与廿四年之水灾，廿年东北之沦失，共产蔓延猖獗于中部各省，为时甚久，农村破产用致购买力减退，以及去岁华北时局之扰攘与夫银价奇昂与物价脱离素来相联关系，而致我国币制金融之陷于危急，比比皆是。然值此多难之际，在经济建设发展方面，亦有多少物质进步足以称述者存焉。我国民鉴于国家地位之衰弱，不得不感觉自助之必要，更急有待于巩固经济基础之策划。而年来关于此等计划，已有相当成绩可纪者。

各地方政府当局间有自动从事于发展交通及创办实业，其成绩颇有可观者。此外中央之全国经济委员会资于国库协款及得国联所派技术专家之咨询赞襄，而获以扩大其工作及于全国。惟该会亦以目前资力有限，不得不专着重于数种紧要工作，并限于择要之区域，因之专主从事于公路水利及公众卫生与复兴农业数者。兹略举其去岁成绩于下。

公路与运输　迄去岁十月末，该会协筑之公路已逾两万公里，已敷路面可通汽车者约及其半。下列系去年终中央协筑公路之概况：（单位公里）

省别	已通车者	建筑中者	已计划者	总计
江苏	二，二九四	七五二	四七八	三，五二四
浙江	二，一九八	二二三	一二三	二，五四四
安徽	三，一一八	六三	四六七	三，六四八
江西	三，三一四	三一六	四四五	四，〇七五
湖北	二，五九六	三七四	八六五	三，八二五

湖南	二，〇一〇	二一五	九七六	三，二〇一
河南	二，一七〇	三三三	七九〇	三，二九三
福建	一，六四〇	三八八	四九〇	二，五一八
西北	一，五三四	四五〇	五三〇	二，五一四
总计	二〇，八六四	三，一四四	五，一六四	二九，一四二

该会更协设各省公路交通委员会以备咨询，从事建议关于交通规则及公共汽车行驶与交通便利等事，如汽油与急救站以及电话路标及巡警之设备，其最要工作，则在统一车捐而废除其苛税。

水利　世界国民之福利，当鲜有如我国之倚重于治水者，在我国平陆，民众安宁，当视河道隄防之状况而定，若遇决口，则灾害随之。然不独水患而已，若干地方，其安全御旱之法，则惟惨淡经营以资灌溉之井渠是赖。全国经济委员会之最初治水工作，系接办全国水灾委员会工赈处工程，其始范围亦有限，逮去岁方改为全国治理水利最高机关。该会第一伟大灌溉工程为西北之泾渭渠，去春竣工，可溉田四万五千万亩，俾成为产棉之重要中心。至在西北甘肃、宁夏与苏、皖接境之水利工程，则或已竣工，或尚未毕。又在距汉口不远之鄂西金口涸填湖荒过九十万亩，去岁四月竣工。当去夏洪水泛滥之际，复多方注意长江黄河流域，从事于救急及修堤之工作。

公众卫生　该会在公众卫生方面，经卫生处设立卫生实验调查机关，公开卫生实验，训练各种卫生教育及医术人材，复协助地方当局从事于防疫及清洁卫生与科学研究，颇多有益工作。

复兴农业　我国以农为本，海外对于我国农产之需要一增，则我国之对外贸易即获益匪浅，农民之购买力即可增加，而全国经济即有恢复气象。故农村之复兴建设，洵为方今经济发展之要务，已往数年间，全国经济委员会即次第从事于改良蚕种，改进棉产，并组织合作社以增进农民之福利。

育蚕　近年我国生丝出口之减少，首由丝质之退化，而丝质退化，则半由蚕种之低劣，半由缫丝方法之陈旧。蚕丝改良委员会因设实验场，以研究我国良种而蕃殖之，为增育良种起见，复在南京、杭州两处设场孵育。同时又在苏州浒墅关及镇江之蚕桑学校及各地育蚕所传布最近育蚕方法。蚕丝改良委员会与浙江省政府合作之成绩，即廿三年秋丝价低落达于极点，蚕茧无人过问，浙江省政府乃收买全省火茧，联合江浙两省最佳缫丝厂，俾其特别监视缫制，所缫之丝，品质极佳，遂获以善价出售于世界市场，去年复扩充工作，售出优良之丝四千余包，获利甚优。

棉业　廿二年十月成立之棉业统制委员会，主从事于改良棉产，并求最后亦致力于纺织方面。其由中央棉产改进所与苏、豫、秦、冀等省政府合作之结果，获播改良棉种于一百三十七万六千亩之棉田，不惟棉质优良，并且产量亦增。该委员会首要任务，系调查研究，故多设实验场以研究植棉之种种问题，尤注意于芟除害虫，为改善运销及排除居棉农与厂商之商贩，设立合作社六十三处，并设中央棉产运销总办事处于上海，以求产销之直接。更厘定最良棉花标准，减少其水分及搀杂，益以与各大学合作，而获有训练植棉之指导及工作人材之便利。

铁路建设　方今铁道部各省政府及商办铁路公司共定有建筑约二千五百公里新铁路之计划，去岁已完成五分之三。粤汉铁路以英国庚子赔款作担保，廿三年六月在上海押借一百五十万镑，去岁获继续进行完成七百二十公里之新路。山西亦完成自蒲州至原平南北纵贯该省之狭轨铁路六百三十三公里，该路建筑资本由山西省政府自筹，全路竣工时，可与平绥铁路接轨。廿一年中国银行曾联合各银行协助浙省政府创建自杭州至江西边境玉山之铁路，去岁复延长二百九十一公里迄于南昌，现复着手延长至萍乡，竣工时可于湖南株州与粤汉铁路接轨，自后粤沪交通可由铁路以达。陇海路去岁复西向自西安至咸阳延长廿公里，东向自大浦至老窖延长卅公里，此外复有数短距离铁路正事建筑，此等新交通建设洵足以辅助内地农产之运销而资其便利也。

上述各项建设工作，如公路、水利、农村、合作、蚕丝、植棉、铁路等，本行及其他各银行，均直接间接予以协助焉。

〔国民政府中央银行档案〕

13.交通银行董事会函送1936年度交通银行工作报告

（1937年4月6日）

径启者：查本行二十五年份股息，现经本届股东总会议决，照发官股正息五厘、商股正息七厘。兹定于四月十四日开始发付，除登报通告外，合亟函达。务请贵股东届时携带股票，就近向本总分支行凭取股息，再附上本行二十五年份报告一册，统希察洽为荷。此颂

日祺

附件

交通银行董事会启（印）

二十六年四月六日

交通银行报告目录

一、资产负债表

二、损益计算书

三、储蓄部资产负债表

四、储蓄部损益计算书

五、信托部固有会计资产负债表

六、信托部固有会计损益计算书

七、信托部信托会计资产负债表

八、营业报告书

交通银行营业报告书

引　言

溯自上年政府鉴于维持国内实业必先巩固金融，而巩固金融尤须增厚银行资本，特增加本行官股，俾本行在政府指导之下，同尽维持金融之任务。又政府为遏止白银之外流，纾金融之危难，谋实业之发展，促经济之繁荣，特颁行新货币政策，指定本行发行之钞券同为国家之法币，俾本行得辅助政府推行新货币政策，实施经济建设之方针。本行奉行上项政令以来，本其固定之使命，秉承政府指导之意旨，切实努力于法币之推行，辅助国内实业之发展，于是二十五年度营业之过程，遂得有相当之成就。所有上年预定之鹄的，均逐步得见诸实施，此差堪告慰于股东者也。兹将二十五年国内外经济界之大势及本行业务举办诸大端分述如次。

一、一年来之经济环境

本年为世界景气转变之年，我国之经济现状固有昭苏之象。各国之工业生产亦有特殊之发展。上届报告曾言及世界各国共趋于管理通货及共安定汇兑之一途。一年以来，此种趋势依然不变，而其致力于军需工业之急进，则又为昭著之事实。世界经济之趋向，既有此重大之演进，我国经济事业之有待于改进从可知矣。兹试就国内外之状况一一检讨之。

甲、国外经济

以前数年，世界各国以货币制度之不同，有金本位国与非金本位国之别。后者之经济情势恒处于有利之地位，而前者则反之。因是而国际贸易有逆势而无顺调。工业生产指数亦只有退缩不见增高。但本年之情况则有异乎，是英、德、意、美、日本、瑞士及加拿大等之工业生产指数，均现近六年来之最高纪录，物价上升，失业减少，几成普遍之现象，即法、荷等国之生产指数在四月以前亦见高涨，工业上之状况已转移。从前金本位同与非金本位国两相背异之趋势，推其原因，固不外军需工业之特殊发达。然在九月以后，则又以法国及其他金本位国之停止金本位暨英、美、法三国之订立货币协定为要键。法国本为维持金本位之国家，景气减退原已有年。三月德兵进驻莱茵，现金流出国外，贴现率自三厘半提高至五厘以上，五月法郎贬值之说甚盛，现金流出更巨，贴现率高至六厘，七月西班牙乱事益形严重，罢工风潮一时蜂起，于是外汇又告吃紧，现金外流几无底，九月二十五日法兰西银行现金准备降至百分之五四.四零。政府因宣布货币调整法案，将法郎所含纯金自六五.五零公厘减至四九公厘，贴现率自六厘降低为二厘，并设定汇兑平准基金一百万万法郎。是时瑞士宣布纸币停兑，瑞士法郎贬值千分之三十上下，荷兰继之禁止现金出口，意国又继之里拉贬值百分之四十左右。此外，则捷克之克郎第二次贬值百分之十有奇。真正之金本位制至此已不复存在，巴黎之美金中心市场从此亦失其标准。设使英法汇率有何涨跌，英美汇兑势必随之变动，国际金融终难期其安定，是以英、美、法三国并有货币协定之订立，三国政府咸表示其安定主要通货之目的，且互相约定得自由交换其平准汇兑之黄金，以维汇价。荷兰、瑞士、比利时等三国嗣亦相继加入，国际汇市寖形安定。

英、美、法三国货币协定之成立，实为国际间经济合作之基础，倘能进谋各国间汇市之安定，我国经济事业自亦居于有利之地位也。

乙、国内经济

自上年十一月政府实施新货币政策，金融市面赖以安定，工商各业渐见起色。本年岁收丰稔，景气好转，农产物比上年增加不少，工业生产指数顿见上升，以前停顿之工厂咸多复业，尚虞供不应求，是以年底批发物价指数遂自上年之一零三.三零涨至一一八.八零，贸易入超亦自上年之三万四千三百余万元减至二万三千五百余万元。新货币政策之功效盖可睹矣。试更进言，年内经济界之重要设施，以明经济好转之由来。

(一)关于财政之事项　一为财务行政之统一。二十五年度之国家预算，业经公布，各省市县之预算并经各地方陆续造送。四川财政既经改进，粤桂问题亦已解决，中央财政遂告统一。二为公债之整理。国家发行之债券种类已多，财政部为整理起见，发行统一公债五种，共十四万六千万元，换偿以前发行之公债三十三种，年可减少财政负担八千五百万元。同时又发行复兴公债三万四千万元，既以资建设之需要，并以补预算上之亏短。三为税捐之改进。年来财政部整顿税捐极为积极。各省市裁撤之苛捐杂税及减轻之田赋附加已达五千万元以上，又为平均人民捐税负担起见，采用所得税制，见诸实施，裨益国库，自匪浅鲜。此关于财政之进步者也。

(二)关于币制之事项　上年十一月政府宣布新货币政策以后，本年一月公布辅币条例，五月发布现金准备金银及外汇成分之宣言，一切应有设施进行，均甚顺利。其关于统一币制较为重要者，一为外汇之增加。年来买卖外汇，仍由本行及中央、中国二银行负责办理。英美汇价未有剧变，买入外汇，充分增加汇兑管理之效，于兹可睹。二为辅币之整理。市上辅币种类不一，兑价亦时有涨落。财政部为整顿起见，先从安定辅币市价入手，除推行辅币券外，铸发镍铜等新辅币，并将旧辅币逐渐收回，十进辅币流通渐广。三为粤省币制之改进。粤省毫洋兑价向无一定，发行之毫洋券为额尤巨，而准备却非充足。政府为整理粤省金融计，发行公债一万二千万元，酌定毫洋与法币比价，筹措现款，充实准备。全国币制渐臻统一。此关于币制之改进者也。

(三)关于建设之事项　本年建设事业倍见积极，对于货物之生产、运销，尤多裨益。其较重要者，一为铁路之兴筑。整理旧路，建筑新路，为政府预定之计划。年来旧路运输日有进步，新路工程多有增加。本年已完成者有同蒲、株韶、淮南、玉南、潼西、苏嘉诸线，株韶成而粤汉南北干路因以通车。已勘定及动工者有湘黔、成渝、京赣、南萍、西宝、杭绍诸线。开始测量者有宝成、黔滇、川黔、广梅、湘桂、鄂陕、蚌正诸线，预定之铁道计划不难克期告成。二为公路之敷设。除已成公路侧重铺筑路面、加固桥梁外，京沪、京闽、沪桂、京鲁、京黔、京川、汴粤、京陕、洛韶等线，均已相继完成。边区公路如陕、甘、宁、青等省之汉宁、汉平、西汉三线已告完工。汉白、甘新、甘青三线路线虽属较长，竣工亦已不远。统计二十五年各省已成联络公路计达二万三千八百余公里，全国可以互通之路可达十万公里。三为水利之兴修，除导淮治河而外，长江、华北、华南以及西北等地之水利工程无不先后进行建闸修防潦濬淤筑渠通溉，均与国民生计有关，年来农产增收运销渐广，为效已著，将来逐步完成有益农村，自堪预卜。此外各省长途电话多已通话，航空路线亦有发展。此关于建设之工作者也。

(四)关于实业之事项　本年实业上之设施，端绪甚繁，论其要者，一为国民经济建设运动，上年业已倡始。本年七月委员会总会于焉成立，各省市分会亦相继筹设，更由会组织国货联合营业公司，提倡工业与农村副业。二为农本局之设立。规定固定资金与流通资金共千万元，由政府与银行各认其半，办理合作金库及全国仓库，农产运销可期促进。三为渔业银团之筹设，以发展渔业为宗旨。规定第一年固定资本与流通资本共一百万元。嗣后逐年增加，筹备处已在上海成立。余如稻棉种子之改良、茶叶、蚕丝之检验、粮食运销之设局，以及钢铁、酒精、淡气植物油等工业之兴办，尤为改进产销之要着。此关于实业之设施者也。

右述各项设施，均为国内经济渐见好转之因素。至于金融上之改进，则亦有可得而言者，一为票据承兑所之组织。上年早经倡议，本年业已成立。除本行暨中国银行邮政储金汇业局为特种所员外，银行之参加为所员者计三十八家，各依其股本及公债之比例认缴承兑基金，并各依认缴基金对于承兑基金总额所占之成数，负承兑责任，票据流通可期增进。二为各地票据交换所之增设。票据交换于银行业务至有便利，故上海票据交换所早创始于年洎，及本年乃有南京及杭州两市票据交换所之相继成立。本行各该地分支行均为所员，自此逐渐推广，票据清算事务，当更便利。三为银行之合并。吾国银行之经合并者，仅见于以前之华侨银行。本年乃又有江浙银行之合并于中汇银行，资力因以增厚，业务较易发展，实为金融业改进之一端。此外，则银行之停业者虽有数家，而中央储蓄会业经成立，广东银行并已复业，各地钱业已较安定，金融业如此，其他各业可知矣。

二、营业概况

本年经济环境渐见良好，其情况已如上述。本行为发展全国实业之银行，与农工商业休戚与共，农工商业之向荣自足裨益，本行业务之推展，又以年来内地机关添设益多，联络策进愈形便利，是以本年决算帐面增大，盈利加多，各项业务俱有突飞之进步。兹撮其概况分述于次。

(一)存款　本行二十五年度存款总余额为四万七千零六十三万四千余元，比较二十四年度计增一万三千九百十五万九千余元，比较二十三年度计增二万二千八百五十八万七千余元，内定期存款余额为一万三千一百七十四万一千余元，比较二十四年度计增五千五百五十四万一千余元，比较二十三年度计增六千六百四十四万二千余元，活期存款余额为三万二千六百四十九万四千余元，比较二十四年度计增八千二百四十六万四千余元，比较二十三年度计增一万五千五百二十万零八千余元。本票及杂存余额为一千二百三十九万九千余元，比较二十四年度计增一百十五万四千余元，比较二十三年度计增六百九十三万六千余元。按本行存款总余额在三年前尚不过二万万元，至上年始逾三万万元，本年竟达四万数千万元，不仅开以往之纪录，其增势更为从来所未有，此固由于本行信誉之日隆，而亦不能不归功于币制改革以来，金融之松动及民力之增裕，以视数年以前以资财集中都市之故引起不自然之存款膨胀者，其情况自迥不相同，证以本年度定活期两种存款增势之平衡，活期存款周转之加速，可知民众资力之加厚及市面金融之日臻于活泼，要均为社会经济好转之征象，至分析各区存款增加数字，则仍以沪区为最多，约占全额十分之六，浙区次之，约占十分之二，港区又次之，约占十分之一，余如津、厦、郑、汉诸区亦俱有进步，关外长、沈两区则因环境关系，且见减少。

（二）汇款　本行二十五年度汇出汇款总额为六万六千四百六十五万九千余元，比较二十四年度计增二万零七百六十一万余元，比较二十三年度计增三万七千三百六十一万七千余元，买入汇票总额为三万八千九百十九万八千余元，比较二十四年度计增九千五百八十八万余元，比较二十三年度计增二万一千一百五十二万一千余元。查自上年币制改革以来，本行汇款增势已著，本年度法币推行颇为顺利，资金流转益形畅达，而各业经济亦复转见繁荣，均为促使汇款业务发达之主因，其买汇一项增势之所以较缓者，

区别	汇出汇款			买入汇票		
	25年度	24年度	比较增减	25年度	24年度	比较增减
沪区	287,757	208,310	（增）79,447	155,680	106,830	（增）48,850
津区	88,564	37,617	（增）50,947	34,115	26,755	（增）7,360
青区	64,256	43,363	（增）20,893	50,317	32,892	（增）17,415
汉区	43,562	46,965	（减）3,403	33,573	39,946	（减）6,373
浙区	35,173	23,779	（增）11,394	6,744	1,528	（增）5,216
郑区	66,748	22,099	（增）44,649	40,533	11,306	（增）29,227
港区	53,753	57,761	（减）4,008	50,933	59,854	（减）8,921
厦区	15,736	7,208	（增）8,528	13,692	9,773	（增）3,919
长区	4,850	5,469	（减）619	2,154	2,232	（减）78
审区	4,260	4,476	（减）218	1,457	2,202	（减）745
合计	664,659	457,049	（增）207,610	389,318	293,318	（增）95,880

则因本年度设法改做押汇已有显著之成效故也，营业方式改进亦于此可见一斑。兹分析各区汇款数字列表如上(单位千元)

据上表本年度汇出汇款及买入汇票仍以沪区增加为最多，约占全额十分之四，郑区次之，约占十分之二．五，津区又次之，约占十分之二，其余青、浙诸区虽多寡不等，亦皆各有所增。惟港、汉两区因受西南事变影响，关外长、沈两区并以当地厉行汇兑管理关系，不无减色耳。

(三)放款及投资　本行二十五年度放款及投资总余额为三万七千八百二十二万八千余元，比较二十四年度计增一万二千三百五十四万九千余元，比较二十三年度计增一万六千三百三十三万六千余元，内定期放款余额为八千二百九十五万八千余元，比较二十四年度计增一千九百二十六万三千余元，比较二十三年度计增一千九百二十五万七千余元，活期放款余额为二万三千四百十万余元，比较二十四年度计增八千三百八十一万二千余元，比较二十三年度计增一万一千三百十四万一千余元，贴现放款余额为一千六百十二万四千余元，比较二十四年度计增一千零十八万一千余元，比较二十三年度计增九百二十六万四千余元，有价证券余额为四千五百零四万四千余元，比较二十四年度计增一千零二十九万二千余元，比较二十三年度计增二千一百六十七万二千余元。除有价证券外，综计定期、活期、贴现三项放款本年度总余额为三万三百十八万三千余元，与二十年度总余额二万一千九百九十二万六千余元相较，计增一万一千三百二十五万七千余元，析其内容，除政府债券抵押外，仍以货物押款增加为最多，建设放款次之，厂基机器抵押及工商业往来放款又次之，而货押之中棉花押款增额尤巨。兹将本年度各项货物押款押汇之投资金额与上年度比较如下表(单位千元)

由下表观察可见，本年度各项货押进展之概况，本行扶助农工商业原属使命所在。是以本年业务除添办仓库外，复尽量利用外栈，广订合约，包做货物押款，并侧重重抵押，积极进行，故所增之数独多，尤以承做押汇数达七千三百余万元，比较上年增逾一倍为堪注意。次为建设放款，凡符合本行投资条件者，本年度

货品种类	25年度	24年度	比较增减
棉	23,912	7,506	(增)16,406
杂粮	5,532	3,248	(增)2,284
纱布	4,200	3,699	(增)501
盐	3,962	3,401	(增)561
米	3,917	3,003	(增)914
丝茧	2,329	1,359	(增)970
麦	2,169	1.873	(增)296
豆	1,419	848	(增)571
面粉	932	865	(增)67
皮毛	861	134	(增)727
花生	719	659	(增)60
烟叶	418	729	(减)311
煤、煤油	343	356	(减)13
茶	29	33	(减)4
其他	3,618	2,267	(增)1,351
合计	54,360	29,980	(增)24,380

并经联络同业贷款协助，故亦颇具成绩。兹将近五年来对于铁路、公路、电气、水利、航业、公用等建设事业之投资金额列表如次(单位千元)

类别	25年度	24年度	23年度	22年度	21年度
铁路	12,280	5,799	5,553	5,635	2,249
公路	1,495	427	189	67	4
水利	2,299	2,306	495	118	133
电气	2,560	1,117	1,189	921	730
航业	456	414	464	405	284
公用	505	473	147	112	65
合计	19,595	10,536	8,037	7,258	3,455

再言厂基机器抵押及工商业往来放款，则本年度亦有显著进步，与二十四年度相较，其增加比率如次。

厂基机器抵押	九八.〇二%
工商业往来放款	二五.七〇%

设更依业别分析则如次

棉织业	一一一.六五%
面粉业	五三.二四%
米　业	三二.九四%
丝　业	二四.四二%
盐　业	一九.四九%
煤　业	一六.二〇%
杂粮业	五.一〇%
其　他	一五.六四%

以上所述，均属放款方面。至于有价证券，则因本年度存款增加甚巨，除提出一部分资金酌做证券押款及套利外，亦购置相当数量，比较二十四年度计增一千余万元。然为抵充准备起见，亦不可少之投资也。

（四）损益　本行二十五年度纯益为一百三十五万零四百余元，比较二十四年度计增五万九千余元，比较二十三年度计增四十四万三千余元。析其内容，则利益项下仍以利息及手续费为大宗，总计收入利益为七百十五万九千余元，比较二十四年度计增八十二万七千余元，业务拓展自应有此。至损失项下则各项开支计付出四百二十一万七千余元，除捐款一项因各地购机呈献政府，本行增加支出四十余万元外，其寻常开支则仍与上年不相上下。又本年新建行屋较多，各项摊提计付出一百三十三万五千余元，呆帐则付出八万八千余元，发行税付出十六万六千余元，总计付出损失为五百八十万零八千余元，损益相抵计纯益一百三十五万零四百余元，此本年度损益之概况也。

三、发行概况

本年年底本行钞票发行额，除辽哈券及其他只收不发之旧券外，为三万零二百十四万零九百余元，比较上年年底发行额一万八千零八十二万五千六百余元计增加一万二千一百三十一万五千二百余元，与上年十一月三日法币制度施行前发行额一万零四百五十一万六千五百余元相较，则增加一万九千七百六十二万四千三百余元。兹将准备金成分及发行额升降情形分述于次。

（一）准备金成分　本年年底现金准备金数额为一万八千五百十六万六千余元，占发行额百分之六十一弱，保证准备金数额为一万一千六百九十七万四千八百余元，占发行额百分之三十九弱。

（二）发行额升降情形　本年每月底发行额均在上年度最高发行额之上。上半年二、三月间本属交易清淡季节，又值北方局势未臻安定，发行额曾一度自一万九千二百三十一万余元降至一万八千一百八十八万余元，四月以后市况转盛，发行额亦节节进展，五月间已超出二万万元，六月底递增至二万零五百三十八万余元。下半年西南奠定，币政统一，加以秋收丰登，商市畅旺，钞券用途日见推广，自十月份起，每月增加发行额均在二千万元以上，截至年底超出三万万元。

四、储蓄业务概况

（一）储蓄与投资　本行二十五年度储蓄存款总额为六千一百十万余元，比较二十四年度计增一千五百零一万六千余元，比较二十三年度计增三千一百零七万一千余元，其中定期储蓄存款占百分之六二.四，活期及便期存款占百分之三七.六，此项比率较诸往年仍相仿佛。放款及投资金额除活期存放款项外，共计五千四百九十三万八千余元，比较二十四年度增加三千五百零六万八千余元，比较二十三年度增加四千四百三十五万五千余元，其中证券购置一千八百八十八万余元，已在储蓄存款总额四分之一以上，比较二十四年度计增六百四十三万余元，比较二十三年度计增一千二百九十四万二千余元，定期抵押放款计二千七百十五万六千余元，比较二十四年度计增二千零十五万六千余元，比较二十三年度计增二千二百九十八万三千余元，活期抵押放款计八百九十万零一千余元，比较二十四年度计增八百四十八万一千余元，比较二十三年度计增八百四十二万八千余元，抵押品之成分以政府债券为质者占最多数，以房地产为质者次之，以农产物为质及农村合作社之贷款又次之，以存单存折为质者为数较少。此本年度储蓄存款及投资之概况也。

五、信托业务概况

本行信托业务因章制之规定，须与营业部份划分办理，会计独立，其处理方法又分为固有会计及信托会计，范围各异。信托基金及代理性质之信托业务属于前者，顾客之信托财产属于后者，故其业务暨损益情形不得不分别言之。

甲、固有会计项下之信托业务

固有会计项下主要之信托业务，本年起开始举办者，计有保证业务、代理买卖证券及代理收付等项，全年纯益共四万九千余元，以代理保险手续费之收益为最多，计二万五千余元，约占全年纯益之半。

乙、信托会计项下之信托业务

信托会计项下之信托业务计有普通信托存款、特约信托存款及特约信托三种，俱系本年度开始举办者。普通信托存款即委托本行营运之信托金，除由本行保付本金外，顾客收益在决算时另行分派。本年共存入七十五万七千余元，上期照章于五月底决算，顾客收益合年息七厘五毫二丝。嗣为处理帐目便利起见，改自本年下期起，每年以六月底及十二月底为此项存款之决算期，本年下期决算顾客收益合年息七厘五毫五丝。特约信托存款系由顾客指定运用方法与本行订立特约办理，实为纯粹之信托投资，本年共存入八万八千余元。特约信托系顾客以特定财产与本行订立特约，委托本行代为管理运用，其帐目依各户委托之事项分别处理，本年共存入九万一千余元。至信托会计项下资金之运用转由固有会计项下代为投放者占投放总额百分之六一.一五，其次为有价证券之投资占百分之二七.四零，再次为抵押放款占百分之一一.四五，内定期抵押放款占百分之七.六八，活期抵押放款占百分之三.七七。综计本年信托会计项下之纯益，上期为八千八百九十元零九角七分，下期为三万九千一百零九元九角四分。此本年信托业务之概况也。

六、行务及工作情形

本年行务及各项工作多属上年预定之方针，试述其梗概于次。

（一）扩充储蓄　本行储蓄业务之概况已如前述。其关于储务之扩充增进者，一为扩充储蓄范围。储蓄存款各地分支行原未尽行办理，办事处则概未举办。自本年起，不论分支行、办事处，概得酌量当地经济情形分别开收，截至年底办理储蓄者已增至八十二处，比上年增多二十处。二为增加储款种类。本行储款向分活期、定期两类，为便利储户起见，特自本年起添办便期储蓄，又为服务社会起见，特订定团体储蓄及教育储蓄等规则，自二十六年开始实行。

（二）添办信托　本行拟办之信托业务共十余种，信托部章程已于上年订定呈奉财政部核准，各项信托业务规则及手续，亦经分别厘订，以备逐渐施行。本年一月另拨国币二百五十万元为信托部基金，信托业务除前经试办之保管证券代理保险暨经管房地产等项外，多已开始举办，会计独立，帐目公开。一年以来，各分支行、办事处先后举办信托存款者共四十处，其兼办其他信托业务者计十三处，一年来之经验，各地民众对于信托似有相当认识，将来逐类推行，不只有助于本行业务之扩展，而于社会经济亦有补益也。

（三）添设分支机关　开发西北经营闽粤及江北里下河一带业务，上年续有进展，本年仍努力推进，增设之支行办事处已开业者达二十余处，以西北及闽粤等处为最多，其地处东北为因地制宜起见，酌加裁撤者有吉林、洮南二处，改组为办事处者则有站孙二行，统计分支行、办事处已达一百二十五处，其正在筹设之马尾、建瓯、顺德等地之办事处尚不在内。

（四）添设仓库　本行业务以增进农工商品之产销为主旨，贷放款项亦以注重对货物信用为要件，故迩年所设仓库已属不少，本年仍本此旨于发展之中兼谋整理，添设新仓者有上海（分仓）、芜湖、溧阳、宝应、兰溪、洛阳、济南、广州、涵江等九处，特予扩充者有无锡、徐州、蚌埠、金华、汉口、长沙、天津等七处，停办及裁撤者有南昌、余姚等二处，设计整理者有郑州、洛阳、兰州、灵宝、潼关、渭南、西安、咸阳等八处，综计本行自办仓库四十四所，合办仓库五所，押品堆栈一百六十七所，比上年共增一百余所，此外，尚有决计增设者二所，广州黄沙仓库筹设业将竣事，黄埔则拟购地自建。

（五）添办运输　运输业务与仓库相联络，与押汇业务尤有密切之关系，本年开始举办。特就水陆交通路线分为京沪、津浦、陇海、长江四线，京沪线由沪仓办理，津浦线由徐州、蚌埠两仓办理，其转站至陇海西线者，则专归徐行办理，陇海线西段为重心所在，郑州、咸阳间又以潼关界其东西，由郑、潤二行分任办理，长江线由汉、湘、沙、浔、芜等五行着手进行。此外则江北里下河一带亦为农业区域，为推广当地农产品之产销起见，是以江北线之运输业务现亦着手筹办。

（六）建筑行屋仓库　行屋仓库之建筑，上年已有多处。本年兴工建造及购置改造之房地产除上年动工之镇行行屋及湘甬二仓均已完工外，行屋有上海静安寺路北平东城及福州、开封、灵宝等处，仓库有济南、汉口、石家庄、宝应、洛阳、芜湖、长沙等处，内以西安行屋及汉口仓库之工程为较大，长沙则为米谷集散之地。上年已建之三仓库尚属不敷应用，故本年又有第四仓库之兴筑。此外则尚有丹阳与钱庄合办之仓库钱庄所有部分已归并本行承受矣。

（七）扶植生产　注重生产事业与出口贸易而又致力于农村经济之恢复、都市与内地金融之平衡，上年已行之有效，本年逐步推进。关于辅助农业者有农本局之投资、有农贷合作社之贷款、有江浙两省春茧之抵押。关于增进工业者有化学工业、纺织业、面粉业、造纸业、制油业之贷放。关于扶助矿业者有煤矿及钨矿之融通资金。关于拓展渔业者有渔业银团之集资筹设，匝岁以还投放数量，无论其为综合的或分类的，皆有加于昔。观上列放款分类表可见其详。至于投资方法尤以稳妥为要旨，重抵押之活动、产业资金、公司债之启发，社会投资均有成效，可睹押汇业务尤多增拓，取途虽殊，营运则一。

（八）辅助建设　发展实业其道百端，以交通与水利为其基础，迩年以来政府为发展实业起见，增添新路、浚治水利等情形既如前述，本行使命所在，自当尽力辅助。关于铁路者有株韶、苏嘉、西宝、南萍、成渝、川湘、湘黔、京赣、杭曹等路，以及陇海路老窖港之建筑。关于公路者有湘黔、川湘、湘鄂、湘桂暨苏、豫、闽、赣等省各路线之敷设。关于水利者有导淮、治河、筑渠、建闸等工程，运输灌溉均多裨益。此外如各地水电事业之助，其完成亦一秉发展实业之宗旨办理之。

（九）协力推进新货币政策　政府实施新货币政策，本行所负责任颇为繁重，论其要者，一为接收各行之发行，浙江兴业、中国垦业、中国实业、边业、大中及湖北省等银行之库存券及准备金均全部由本行接收。此外，又点收劝业银行存沪部分之库存券，并会同中国银行接收四行准备库津区发行之库存券及准备金。二为收换现银。除委托同业邮局及各地政务机关等代为收换外，其北平、天津、青岛等地外商银行所存银币，本行亦参加收换。三为买卖外汇。稳定外汇行市，为推行新货币政策之重要设施，本行均遵照法令切实办理。四为推行辅币十进制之新辅币，本行亦协力推行，流通渐广，旧辅币则遵照财政部核定之价格标准尽量收兑。余如收换破旧钞券、整理粤省币制等工作亦均参与从事。

右列各端，均与本行业务之推进有重要之关系。至于改良会计制度、常川派员赴外检查及引进有用人才以增进事务效率，则仍不外夫整旧营新之用意而已。

七、今后之努力

本行为政府特许发展全国实业之银行，近年报告所揭营业方针，均秉斯旨审酌需要，或从资金运用方面作适宜之规划，或从事业推展方面求设施之改进，言其方式不只一端，简言之，要以培养经济力量、扶助生产事业为唯一之目标。顾所谓扶助生产，非即直接经营生产，乃对于生产事业予以经济上之援助，生产事业之基础既固产业金融之活泼可期，而本行固有之任务亦得日见其发展，此无待深论者也。年来业务之推进，行务之处理，既如上述。嗣今而后自当仍秉斯旨，赓续努力，以副政府及社会之属望，尤宜于进取之中为调整之计。分支机关之如何展布，经济环境之如何适应，自当随时审酌，分别进行。若夫各种办事手续之改善及其他一切事业之措置，仍当悉心研究，见诸实施，经济环境日新不已，凡斯预计，虽不敢自必其成效之何若，不能不悬此鹄的引以自勉耳。

〔国民政府中央银行档案〕

二、中央银行的设立与巩固

1.周佩箴钱永铭关于在江海关二五库券项下拨付中央银行基金事来往函

(1927年5月)

(1)周佩箴致钱永铭函 (5月25日)

新之先生大鉴：顷得光甫兄函，对于本行拨付基金一层，财会因二五税库券全数售出，亦不过三千万元，似有支配为难情形，兹特将原函录奉，至乞检阅为荷。光兄处既已另函总司令及左右，想日内必已商有妥善办法。该项基金究定从何款项下拨付，深为系念，千乞详示为祷。专此。顺颂

道安、惟

照不备

弟周佩箴谨启(印)

十六、五、廿五、

另附奉箴密电码乙本、致文约兄函，均乞查收，又及。

录财政委员会陈主任来函

佩箴先生阁下：日前在新新旅馆畅聆雅教，快慰何似。总司令来电嘱拨一千万元一案，敝会昨已召集会议，大众意见谓：来电如系指定二五税项下支拨，则二五税早已抵作库券基金，无可再拨；若指定者系库券之类，则全数购出，亦不过三千万元。究应如何支配，似应函致新之次长与总司令商量办理。业经议决，并将前项意见函达钱次长矣。知关锦注，特先奉达。耑此。祇颂

台绥

弟陈辉德顿首

廿五日

（2）钱永铭复周佩箴函稿　（5月28日）

佩箴先生大鉴：顷奉惠函并光甫兄原函，均敬诵悉。政府前以军需紧急，发行库券三千万元，系以江海关二五附税作抵，实难再行指拨。江苏兼上海财政委员会所议各节，自系实情。惟贵行基金，亦颇重要，如库券售出之款拨付饷需外尚有余款，即当尽先筹拨。除函光甫兄外，特此函复，即祈鉴谅为荷。专复。顺颂

公安

再，箴密电本，致文约函均照收。

钱永铭　五月廿八

〔国民政府财政部档案〕

2.周佩箴关于在盐税库券项下拨付一千万元作为中央银行资本呈

（1927年6月20日）

呈为请将盐余库券尽先拨付一千万元为本行资本仰祈鉴准示遵事：窃照本行资本额定五千万元，由国库拨给，前经电奉蒋总司令转电沪财会，在二五库券项下拨付现银一千万元，即经函催该会照拨。旋接复函，大意谓此款如何拨付，须与大部接洽，迄今日久未准拨下。良由北伐胜利，军用奇急，斟酌先后，具费荩筹。惟本行为国民政府依照党纲特令设立之机关，即为全国金融之枢纽，必须资本金额如数拨足，庶几基础稳固，展布裕如。顷闻政府将发行盐余库券五千万元，已有成议，此项库券既在议行之际，必未支配用途。为此具文呈请，伏乞大部主持，将此项盐余库券尽先拨付一千万元，作为本行资本，一面仍在二五库券收入项下，先拨现银若干，以便早日开幕，统候鉴准核示遵行。

谨呈

财政部部长

中央银行行长周佩箴(印)

中华民国十六年六月二十日

[国民政府财政部档案]

3.国民政府颁布之中央银行监理委员会组织条例

(1927年10月22日)

中央银行监理委员会组织条例　十六年十月廿二日国民政府公布

第一条　中央银行设监理委员会，由国民政府特派委员五人暨财政部长、中央银行行长、副行长组织之。

第二条　监理委员会之职权，依中央银行条例之规定，关于左列事项，应经委员会议决后，由行长执行之。

一、资本之增加。

二、分行、支行之设立及其存废。

三、各分支行之组织章程。

四、营业计划及预算、决算之审核。

五、政府借款之处理。

六、铸造及发行国币。

七、兑换券发行之准备。

八、公积金及行员奖励金之分配。

九、其他呈请事项。

第三条　因业务上之关系，左列事项应由委员会议决之。

一、以政府发行证券或政府保证券为抵押之借款，其金融及利率之决定。

二、政府证券之买卖。

三、各种放款金额之支配。

四、总行各部之添设。

五、重要契约。

六、各种与预算、决算有关之章程、规则。

第四条　委员会得随时调查营业进行及财产状况，并检查一切帐目、证券及库存。

第五条　委员二人以上或本行有议案提出时，由财政部长召集开会。

第六条　委员会主席为财政部长、常务委员、中央银行行长。

第七条　委员会之议事录，由总行秘书长缮制保存，委员会之费用，由总行支出之。

第八条　本条例自公布日施行。

〔国民政府财政部档案〕

4.陈行关于创办中央银行计划呈

（1928年7月27日）

呈为大局底定，建设开始，谨拟创办中央银行计划，仰祈鉴核示遵事。窃行奉令继续筹备职行，于兹半载。迭经拟具进行计划书，袖呈钧右，未蒙批示。谅以时局关系，进行为难，以致毫无建树，深滋愧恧。今者大局底定，训政伊始，建设工作，愈认首要。而金融问题为国家财富之源泉，人民生计之命脉，经纬万端，内容繁复，影响民生，实非浅鲜。际此训政之始，民利为重，若不积极建立强有力之金融机关，统掣全局，综挈纲领，从事整理，诚恐舍本逐末，收效不易，阻碍建设，益滋纷更。然所谓强有力之金融机关者，厥惟秉承先总理遗志，设立中央银行，以竟先总理未竟之功，庶可树百年之大计，兴天下之百废。况目今军事已告结束，饷粮虽可节减，而将来建设需费浩繁，财政问题之应及早解决，殊无疑义。且先总理首倡钱币革命，再三昭示，以为钱币革命足以舒财政，兴工商。所谓钱币革命，即推行纸币，尽夺金银之用，而为钱币。目前虽不能尽废金银，概用纸币，而建设时期国家经济求供相差悬殊，硬币有限，不敷流通。且征之工商业发达之国，财货溢于金银之数百万倍，多以纸币代之。中央银行职司金融，推行纸币，责无旁贷。故欲贯彻钱币革命，以解决财政问题，此设立中央银行之急不容缓者一也。又关税协定，受掣于人，国权旁落，为吾国衰贫之症结。现值整理国政之际，此问题当先任何问题而圆满解决，自属无疑。然关税问题解决后之关款存放，若非有正式稳固握金融总枢之中央银行保管此项存款，一般普通银行必竞思染指，徒滋纷扰，亦且贻外人以口实，重启其贪婪侵略之野心，攫夺存放权。昔者中央汉行常与税务司交涉，曾一度将关税移放该行，办有成效，是为明证，此设立中央银行之急不容缓者二也。抑又有进者，当俄人乘我建设未定，攫我蒙古时，先总理常谓，遇非常之变，当出非常之力以应之。又谓，就财政上言，无论有战无战，财政问题之当解决，必不容缓也。昔先总理谋革命时，已注重于此，定为革命首要之图，于是首创中央银行于广州，以为应付非常之变之预备，仰见识见高远，策略伟大。近顷暴日无理，久踞胶济，野心未已，外侮日亟，来日堪虞。一旦发生战事，财政金融若无中央银行先为调济活动，而望普通商业银行负此巨任，恐为事实所难能，结果将祸及眉睫，旁皇莫措，此设立中央银行之急不容缓者三也。或谓中央银行在粤在汉，成绩不良，宜有顾虑。行创立汉行，虽无功足表，亦不愿自咎未当。盖政变横来，影响所至，势不能遏。譬如欧战时，德之帝国银行制度精密，办理至当，战后该行发行之纸马克一落千丈，人力既不能制止于前，宁能维持于后，中央粤行汉行之中途停顿，纸币跌价，其情形亦正无异，谓为办理不善，措置未当，苟识大体，孰不知金融之变化，在受政治之影响也。驯至讳言中央意为不祥背违先总理首创中央银行之遗志，因噎废食，此行期期以为不可者也。现粤行纸币整理将竣，原价已可恢复。至汉钞整理，前次经济会议，公债股已拟有具体办法，实施当无困难，此时正须力筹。职行开幕以前所以不能进展者，大半固因时局关系，而资本筹集之不易，要亦为其原因之一。今时局大定，耳闻经济会议曾有发建设公债三万万元之议。中央银行为建设工作中首要，当从中酌拨一部，充作资本。否则资本一层，亦尽可缓筹，先从代理国库入手，俟财力稍裕，再行发行纸币，同时希望国家财政收支相抵，预算确定，则发行准备不至受意外影响，而纸币信用必蒸蒸日上，受社会之欢迎。于是从事培养实力，树立基础，然后可活跃于世界金融市场，同跻于各国中央银行之列，以谋国家经济之发达。一方面即应根据十六年十月二十二日国府颁布之职行监理委员会组织条例第一条规定，由国民政府特派委员五人暨财政部长、中央银行行长、副行长，先行组织监理委员会，统筹全局，速策进行，庶几有望。伏思钧座综司度支，新猷宏懋，万望所归，举国共庆，中央银行实为理财施政之要着，我先总理之遗志，敢为缕陈管见。是否有当，敬祈鉴核谕示祇遵，实为公便。谨呈

财政部部长宋

中央银行行长陈行

中华民国十七年七月二十七日

〔国民政府财政部档案〕

5.国民政府颁布之中央银行条例

（1928年10月5日）

中央银行条例　十七年十月五日国民政府公布

第一条　中央银行为国家银行，由国民政府设置经营之。

第二条　中央银行资本总额定为国币二千万元，由国库一次拨足，开始营业。

中央银行因业务上之必要须增加资本时，由理事会议决，监事会同意，呈请国民政府扩充资本总额，并得招集商股，但商股

额不得超过资本总额百分之四十九。

第三条 中央银行设于上海，其分支行得于各地设置之。

第四条 中央银行以三十年为营业期限，期满时，得呈请国民政府核准延长之。

第五条 中央银行由国民政府授予左列之特权。

一、遵照兑换券条例发行兑换券。

二、铸造及发行国币。

三、经理国库。

四、募集或经理国内外公债事务。

第六条 中央银行办理第五条所列事务，于法令无明文可遵时，应呈请国民政府核定之。

第七条 中央银行得为左列各项业务。

一、国库证券及商业确定票据之买卖、贴现或重贴现。

二、办理汇兑及发行期票。

三、买卖生金银及各国货币。

四、收授各项存款并代人保管证券、票据、契约及其他贵重物品。

五、以金银货及生金银作担保品为借款。

六、代理收解各种款项。

七、以国民政府财政部发行或保证之证券作担保品为活期或定期借款，但其金额及利率须由理事会议定之。

第八条 中央银行不得为有投机性质之营业及左列各项事务。

一、购入不动产或承受不动产为借款之营业及左列各项业务。

二、购入或承受各项公司之股票及债票。

三、承受货物为借款之担保品。

四、直接或间接经营各项工商事业。

五、无担保品及无市价担保品之借款及透支。

第九条　中央银行设理事会，由国民政府特派九人组织之，九人之中应有代表实业界、商界、银行界者各一人，任期均为三年，期满得续派连任，理事会设常务理事五人，由国民政府于理事中指定之，常务理事在职期内，不得兼任其他银行职务。

前项理事原额及选派方法于招收商股后另定之。

第十条　中央银行设总裁一人，由国民政府特任之，副总裁一人，由国民政府简任之，定期均为三年，期满得续派连任。总裁、副总裁由国民政府于常务理事中遴选之。

第十一条　总裁总理全行事务，副总裁辅佐总裁处理全行事务，总裁为理事会主席，总裁缺席时以副总裁代之。

第十二条　中央银行设监事会，由国民政府特派监事七人组织之，七人之中应有代表实业界、商界、银行界者各二人，代表国民政府审计机关者一人。

监事任期，除审计机关代表由政府随时选派外，其他六人均为二年，每年由国民政府于每界代表中改派一人，但第一任监事有三人任期一年，由国民政府指定之。

监事会主席由监事互推之。

第九条第二项之规定于本条例准用之。

第十三条　中央银行设业务、发行二局，分掌营业、发行事务，业务局置总经理一人，发行局置总发行一人，由总裁呈请国民政府简任之。

第十四条　左列事项应由理事会议决交总裁执行之。

一、业务方针之审定。

二、发行数量之审定。

三、准备集中之规划。

四、预算决算之审定。

五、各项规章之编订。

六、分支行之设立及废止。

七、资本之增加。

八、其他总裁交议事项。

第十五条　监事会之职务如左。

一、全行帐目之稽核。

二、准备金之检查。

三、预算决算之审核。

第十六条　中央银行以每年十二月终为总决算期，应编具左列表册书类，交由理事会、监事会核定，呈报国民政府备案。

一、财产目录。

二、资产负债表。

三、营业报告书。

四、损益计算书。

五、盈余分配表。

第十七条　中央银行每年于纯益项下提百分之五十以上为本行公积金。

第十八条　本条例得经理事会议决，由总裁呈请国民政府核定修正之。

第十九条　中央银行应依本条例订定章程，呈请国民政府核准之。

第二十条　本条例自公布之日施行。

［国民政府财政部档案］

6.国民政府核准公布之中央银行章程

（1928年10月25日）

中央银行章程　十七年十月二十五日国民政府核准

第一章　总　　则

第一条　中央银行为国家银行，由国民政府设置经营之。

第二条　中央银行设于上海。

中央银行得设立分支行于各地，或与其他银行订立代理合同或汇兑契约，为本行之代理处。

第三条　中央银行分支行之设立、废止及移设，均应经理事会议决，由总裁呈国民政府备案。

第四条　中央银行营业期限，依照中央银行条例第四条之规定，自开业之日起算，以三十年为期，期满时，得呈请国民政府核准延长之。

第二章　资　　本

第五条　中央银行资本总额定为国币二千万元，由国库一次拨足，开始营业。

第六条　中央银行因业务上之必要，须增加资本时，得经理事会议决，监事会同意，由总裁呈请国民政府核准扩充资本总额，并得招集商股，但商股额不得超过资本总额百分之四十九。

第三章　业务及特权

第七条　中央银行得为左列各项业务。

一、国库证券及商业确实票据之买卖、贴现或重贴现。

二、办理汇兑及发行期票。

三、买卖生金银及各国货币。

四、收受各项存款，并代人保管证券、票据、契约及其他贵重物品。

五、以金银货及生金银作担保品为借款。

六、代理收解各种款项。

七、以国民政府财政部发行或保证之证券作担保品为活期或定期借款，但其金额及利率须由理事会议定之。

第八条　中央银行依中央银行条例第五条第一项之规定，由国民政府授予发行兑换券之特权。

中央银行发行兑换券，应遵守国民政府所颁兑换券条例，于该项条例未颁布以前，得呈请国民政府核准中央银行兑换券章程办理。

第九条　中央银行有协助国民政府统一币制、调剂金融之责，依中央银行条例第五条第二项之规定，由国民政府授予铸造及发行国币之特权。

第十条　中央银行依中央银行条例第五条第三项第四项之规定，得经理国库及募集或经理国内外公债事务。

第十一条　中央银行办理第九第十两条事务，于法令无明文可遵时，应呈请国民政府核定之。

第十二条　中央银行不得为投机性质之营业及左列各项事务。

一、购入不动产或承受不动产为借款之抵押品，但业务上必要之不动产不在此限。

二、购入或承受各项公司之股票及债票。

三、承受货物为借款之担保品。

四、直接或间接经营各项工商事业。

五、无担保品及无市价担保品之借款及透支。

第四章　组　　织

第十三条　中央银行由国民政府特派理事九人，组织理事会，九人之中应有代表实业界、商界、银行界者各一人，任期均为三年，期满得续派连任。

理事会设常务理事五人，由国民政府于理事中指定之，常务理事在职期内，不得兼任其他银行职务。

前项理事原额及选派方法，于招收商股后，得呈请国民政府另定之。

第十四条　中央银行设总裁一人，由国民政府特任之，副总裁一人，由国民政府简任之，任期均为三年，期满得续派连任。

总裁、副总裁均于常务理事中遴选之。

第十五条　中央银行由国民政府特派监事七人，组织监事会。七人之中应有代表实业界、商界、银行界者各二人，代表国民政府审计机关者一人。

监事任期除审计机关代表由政府随时选派外，其他六人均为二年，每年由国民政府于每界代表中改派一人，但第一任监事，有三人任期为一年，由国民政府指定之。

前项监事原额及选派方法于招收商股后，得呈请国民政府另定之。

第十六条　中央银行设业务、发行二局，分掌营业、发行事务。业务局置总经理一人，发行局置总发行一人，但因事务之需要，各设若干人，均由总裁派充之。

第十七条　中央银行设稽核处，置总稽核一人，办事员若干人，由总裁派充，办理全行内部稽核事宜。

第十八条　中央银行内部事务之不属于第十六、第十七两条规定范围以内者，由总裁酌设人员办理之。

第十九条　理事会设秘书一人、办事员若干人，秉承主席之命，处理会中一切事务。

第二十条　监事会设稽核一人、办事员若干人，秉承主席之命，处理会中一切事务。

第五章　理事会

第二十一条　理事会应议决左列各项事件。

一、业务方针之审定。

二、发行数量之审定。

三、准备集中之规划。

四、预算、决算之审定。

五、各项规章之编订。

六、分支行之设立及废止。

七、资本之增加。

八、其他总裁交议事项。

第二十二条　理事会每月至少开会一次，由主席召集之。

第二十三条　理事会非有理事过半数之出席，不得开会。

第二十四条　理事会之议事，以出席理事之过半数决之，可否同数，取决于主席。

理事会应作议事录，由主席署名保存之。

理事于讨论关涉本人之议案时，应行退席。

第二十五条　理事会议事规程，由理事会另订之。

第二十六条　常务理事应常川到行办事，其办事细则，由理事会另订之。

第六章　总裁副总裁

第二十七条　总裁总理全行事务，副总裁辅佐总裁处理全行事务。

第二十八条　总裁为理事会主席。总裁缺席时，由副总裁代之。

第二十九条　总裁为全行代表，并执行理事会议决一切事务。

第七章　监事会

第三十条　监事会主席由监事中互选一人充任之。

第三十一条　监事会之职务如左。

一、全行帐目之稽核。

二、准备金之检查。

三、预算决算之审核。

第三十二条　监事会每月至少开会一次，由主席召集之。

第三十三条　监事会非有监事过半数之出席，不得开会。

第三十四条　监事会之议事，以出席监事之过半数决之，可否同数，取决于主席。

监事会应作议事录，由主席署名保存之。

第三十五条　监事会议事规程，由监事会另订之。

第三十六条　监事对于行务认为必要时，得出席理事会陈述意见，但无表决权。

第八章　业务局发行局

第三十七条　业务局总经理、发行局总发行，秉承总裁之命，分掌营业、发行事务。

第三十八条　总经理、总发行均有遵照规章督率行员进行行务之责。

第三十九条　总经理、总发行得就行务随时向总裁建议，请予审核办理。

第九章　决算及净利之分配

第四十条　中央银行以每年十二月终为总决算期，应制左列各项表册书类，交理事会、监事会核定后，由总裁呈报国民政府备案。

一、财产目录。

二、资产负债表。

三、营业报告书。

四、损益计算书。

五、盈余分配表。

第四十一条　中央银行应依中央银行条例第十八条之规定，每年于纯益项下提百分之五十以上为本行公积金。

第四十二条　纯益项下除提公积金外，其余之分配，应经理事会议决，由总裁呈请国民政府核准之。

第十章　附　　则

第四十三条　本章程得经理事会议决，由总裁呈请国民政府核准修改之。

第四十四条　中央银行应依本章程之规定，由理事会订立各项规程及办事细则。

第四十五条　本章程自核准之日施行。

〔国民政府财政部档案〕

7.中央银行业务局关于交付交通银行金融公债一百万元充当该行官股函

（1928年11月17日）

敬启者：顷准交通银行函称：兹随函附奉敝行第四〇八号寄存证一纸，计收到财政部委托保管敝行股票票面壹百万元正，此项股票敝总处数日内即可填就，俟填就后当由敝行送奉，与寄存证交换，尚祈检收转报财部，并希将财部应给敝行十七年金融短期公债预约券一纸，计票面壹百万元正，送交敝行。等因。并奉部长面示情形相同，饬代部填给该行十七年金融短期公债壹百万元预约券乙纸。除将该行交到代财部保管交通银行股票壹百万元寄存证乙纸暂代收存，俟该行将股票填就交换再行陈报外，随将金融公债预约券一纸计票面壹百万元交与该行收讫。理合函报，即希察核备案。此上

国民政府财政部

中央银行业务局谨启

十七、十一、十七

〔国民政府财政部档案〕

8.财政部关于国外汇兑买卖交易事致中央银行函

（1934年9月9日）

财政部函　沪钱字第四号
二十三年九月九日

国外汇兑买卖交易，除合法及通常营业所必需等三项外，即日一律暂停，函请查照，迅转中外有关系商人、机关一体遵照。

函中央银行

径启者：查国外汇兑买卖交易，除下列三项外，(一)合法及通常营业所必需者，(二)本年九月八日以前订有契约者，(三)旅行费用或其他私人需要者。自即日起，应即一律暂行停止。除令上海银行同业公会遵办外，特函请贵行迅为转知中外有关系商人、机关一体遵照为荷。此致
中央银行

[国民政府财政部档案]

9.孔祥熙关于中央银行补助川军剿共费用致贺国光密电

(1935年2月7日)

巴县贺参谋长勋鉴：江辰行参治电奉悉。〇密。中央补助川军剿匪临时费，前奉蒋委员长电，已函请中央银行将二月份川币壹百万元即日运厂条入川，交由陈财政特派员，以中央渝行兑换券如数转拨刘督办收用，现正由中央银行运送中。特此电复，即希察洽。弟孔祥熙叩。阳。国沪。

[军事委员会委员长南昌行营档案]

10.国民政府文官处关于增加中央银行资本请转饬财政部遵办函

(1935年3月13日)

国民政府文官处公函(密)　第四〇号

径启者：奉主席发下主计处二十四年二月二十八日岁字第三号密呈，为关于行政院呈，据财政部呈复奉令筹拨中央银行增加资本六千万元，已如数拨足，转呈鉴核备案，奉谕函知主计处，等因。当查中央银行系属国有营业，所有扩充该行资本，拟请令行行政院转饬财政部按照预算章程规定之编审程序，并遵照钧府第八二三号训令，将营业投资部分补编追加概算送处核转，以符定章一案，奉谕交行政院转饬财政部查照办理，等因，相应抄同

原件，函达查照为荷。此致

行政院

计抄送原呈一件

文官长　魏怀

中华民国二十四年三月十三日

主计处呈　岁字第三号

案准文官处密函开：奉主席交下行政院二十四年二月八日第二六三号呈，为据财政部呈复，奉令筹拨中央银行增加资本银六千万元，现已如数拨足各缘由，仰祈核转备案，等情。除报告本院第一九八次会议，并指令准予备案外，呈请鉴核备案一案，奉谕由处连同前案以密函行知主计处，等因。查此案前据行政院二十三年四月十九日第七零四号密呈，为本院第一五六次会议，据财政部孔部长提议，请将中央银行资本总额增加至一万万元，除原有资本二千万元，并以历年公积金二千万元拨充外，其余六千万元应否准予拨足一案，经决议通过，由财政部筹拨，除令部筹拨外，呈请鉴核备案到府，业经奉准备案在案。兹奉前因，除已由府指令呈悉外，相应抄同行政院前后原呈，函达查照，等由，并抄送行政院原呈二件，准此。查该行系属国有营业，所有扩充该行资本，拟请令行行政院转饬财政部按照预算章程规定之编审程序，并遵照钧府第八二三号训令，将营业投资部分补编追加概算送处核转，以符定章。是否有当，理合具文呈复，仰祈鉴核施行，实为公便。谨呈

主席林

主计长　陈其采

廿四、二、廿八

〔国民政府行政院档案〕

11.陈光甫为增加中中交三行资本及修正中国交通两行条例事致行政院签呈

（1935年5月23日）

签呈

查财政部为巩固金融，便利救济工商业起见，前经呈准发行民国二十四年金融公债一万万元，增加中央、中国、交通三银行资本，该项公债条例业于本年三月二十八日公布有案。兹据呈报办理经过情形，计中国银行新增官股为一千五百万元（与发行公债时原提案比较减少一千万元），交通银行新增官股一千万元，并拨足原认官股一百万元，中央银行增加资本三千万元，系为换回前发国库证三千万元之用，等情，并将中国、交通两银行条例分别修正，连同选派官股董事、监察人姓名，请鉴核转呈备案前来。查中国、交通两银行条例，系于十七年冬间，先后由院呈府明令公布，该原条例对于修正事项之规定，均授权于各该银行股东总会，由股东总会议决．经董事长呈请财政部核准。现呈所请修正程序，即根据此项规定。至官股董事、监察人之选派，亦与条例规定相符，拟请提会通过后，转呈国府备案，并报告中央政治会议暨指令。当否，乞核示。

陈光甫谨签

五、廿

〔国民政府行政院档案〕

12.财政部转发中央银行法训令（稿）

（1935年6月12日）

财政部训令　钱字第一六〇七二号
二十四年六月十二日

令 本部直辖各机关
各省市总商会

案奉行政院二十四年五月三十一日第三〇六二号训令内开：案奉国民政府本年五月二十三日第四二一号训令内开：为令知事。查中央银行法现经制定，明令公布，应即通饬施行。其民国十七年十月六日修正公布之中央银行条例，应同时废止。除分令外，合行抄发该法条文，令仰知照，并转饬所属一体知照。此令。等因。奉此。除分令外，合行抄发该法条文，令仰知照，并转饬所属一体知照。此令。等因。计抄发中央银行法一份。奉此。除分行外，合行抄发中央银行法一份，令仰知照。此令。

中央银行法

第一章 总 则

第一条 中央银行为国家银行，由国民政府设置之。

第二条 中央银行由国民政府授予左列特权。

一、发行本位币及辅币之兑换券。

二、经理政府所铸本位币、辅币及人民请求代铸本位币之发行。

三、经理国库。

四、承募内外债，并经理还本付息事宜。

第三条 中央银行设总行于首都，设分行于国内各地，并得于国外必要地点设代理处。

第四条 中央银行分行及国外代理处之设置或废止，须经理事会之议决，呈报国民政府备案。

第五条 中央银行自本法施行日起，以三十五年为营业期限，期满两年前，得呈请国民政府核准延长之。

第二章 资 本

第六条　中央银行资本总额为银本位币一万万元，由国库拨足。

第七条　中央银行于必要时，经理事会议决，监事会同意，得呈请国民政府核准，扩充资本总额，并得招集商股。但商股总数不得超过资本总额百分之四十。

招集商股时，应由本国经营银钱业之法人尽先认购，俟各法人所购商股已达到中央银行资本总额百分之三十以上时，始许本国人民个人入股。但人民个人入股，应经财政部部长之核准。

第三章　组　　织

第八条　中央银行设理事会，由国民政府特派理事十人至十五人组织之。其中应有实际经营农业、工业、商业及银行业者至少各一人，任期均为三年，期满得续派连任。理事会设常务理事五至七人，由国民政府于理事中指定之。

前项理事名额及选派方法，于招收商股时另定之。

第九条　中央银行设总裁一人，特任，副总裁一人，简任，任期均为三年，期满得续加任命。

第十条　中央银行设监事会，由国民政府特派监事七人组织之。其中应有实际经营农业、工业、商业及银行业者各一人及国民政府审计机关派员一人。

监事任期，除审计机关派员一人外，其余六人均为二年。但第一任监事有三人任期为一年，由国民政府指定之。

监事会之主席，由监事互推之。

第八条第二项规定，于本条准用之。

第十一条　总裁综理全行事务，副总裁辅佐总裁处理全行事务。

总裁为理事会之主席。总裁缺席时，由副总裁代理主席。

第十二条　左列事项经理事会议决，由总裁执行。

一、业务方针。

二、兑换券发行数额。

三、准备金数额。

四、决算预算。

五、资本之扩充。

六、各项规章。

七、国内分行及国外代理处之设置及废止。

八、总裁提议事项。

第十三条　监事会之职务如左。

一、帐目之稽核。

二、准备金之检查。

三、兑换券发行数额之检查。

四、预算、决算之审核。

第十四条　中央银行总行事务，经国民政府特准，得酌设局、处办理之。

前项局、处之局长、副局长、处长、副处长，由总裁提请理事会同意任用之。

第十五条　中央银行总行各局、处得分科办事。

前项各科之主任、副主任，由总裁派任之。

第十六条　中央银行分行经理，由总裁提请理事会同意任用之。

第四章　特　　权

第十七条　中央银行发行兑换券之最高额，应经国民政府核准。

第十八条　中央银行发行本位币兑换券，得分一元、五元、十元、五十元、一百元五种。

中央银行得发行十进辅币兑换券。

第十九条　中央银行兑换券不分区域，全国一律通用。

第二十条　中央银行兑换券，应由总行以银本位币兑换之。

第二十一条　中央银行兑换券免纳兑换券发行税。

第二十二条　中央银行兑换券准备金，至少须有百分之六十现金准备，其余以国民政府发行或保证之有价证券及合于第二十八条第五款、第七款规定之票据为保证准备。

第二十三条　现金准备分左列二种。

一、在本银行库存之银本位币及中央造币厂厂条。

二、在本银行库存或寄存其他殷实银行之生金银。

前项第二款之生金银，均按市价折算。

第二十四条　中央银行兑换券准备金完全公开，兑换券发行额及准备金额，每周列表公布之。

第二十五条　国民政府发行本位币、辅币或厂条及人民请求代铸本位币或厂条，均由中央银行经理之。

第二十六条　国库及国营事业金钱之收付，均由中央银行经理。

省、市、县金库及其公营事业金钱之收付，得由中央银行代理。

在中央银行未设分行之地方，第一项事务得由中央银行委托其他银行代理。

第二十七条　国民政府募集内外债时，交由中央银行承募，其还本付息事宜，均由中央银行经理。但于必要时，得由中央银行委托其他银行共同承募或经理之。

第五章　业　　务

第二十八条　中央银行之业务如左。

一、经收存款。

二、收管各银行法定准备金。

三、办理票据交换及各银行间之划拨结算。

四、国民政府发行或保证之国库证券及公债息票之重贴现。

五、国内银行承兑票、国内商业汇票及期票之重贴现。

前款票据，须为供货物之生产、制造、运输或销售所发生，其到期日自本银行取得之日起，至多不得过六个月，并至少有殷实商号二家签名。但附有提单、栈单或仓单为担保品，且其货物价值超过所担保之票据金额百分之二十五时，有殷实商号一家签名，亦得办理之。

六、买卖国外支付之汇票。

七、买卖国内外殷实银行之即期汇票、支票。

八、买卖国民政府发行或保证之公债库券，其数额由理事会议定之。

九、买卖生金银及外国货币。

十、办理国内外汇兑及发行本票。

十一、以生金银为抵押之放款。

十二、以国民政府发行或保证之公债库券为抵押之放款，其金额、期限及利率，由理事会议定之。

十三、政府委办之信托业务。

第二十九条　中央银行之重贴现率，由总裁提请理事会或常务理事会议决后公告之。分行之重贴现率，由总行规定标准，各地分行就所在地之金融状况酌定公告之。

第三十条　中央银行取得不动产，以左列各款为限。

一、本银行营业上必需之不动产。

二、因清偿债务取得之不动产。

前项第二款不动产，应自取得之日起，一年以内处分之。但因特殊情形，得经理事会议决延长之。

第三十一条　中央银行业务应受左列各款限制。

一、放款期限不得过六个月。

二、对于私人或公司或其他私法人之放款、重贴现，或其他垫款及收买其汇款、支票或其他票据，合计每户不得超过五十万元。如系股份有限公司，不得超过该公司资本及公积金总数三分之一。

三、左列各种票据不得收买或重贴现或作其他放款之附属担保品。但因追加担保或为保全本银行利益者，不在此限，应于取得该种票据之日起，一年内处分之。

甲、供长期投资购买地产、矿产、房产、机器等项用途所发生之票据。

乙、供消费目的而非用于目前业务上需要所发生之票据。

丙、供投机买卖所发生之票据。

四、不得承受货物为借款之担保品。

五、不直接经营各项工商业。

六、不得为第三者担保或为票据之承兑。

七、不得为信用放款或透支。

八、不得为有投机性质之营业。

第六章　决算及报告

第三十二条　中央银行以每年十二月终为总决算期，应造具左列表册、书类，交由理事会议决、监事会审定，呈报国民政府备案。

一、财产目录。

二、资产负债表。

三、营业报告书。

四、损益计算书。

五、盈余分配表。

前项资产负债表及损益计算书，应登载国民政府公报及总行所在地报纸。

第三十三条　中央银行每届决算，于纯益项下提百分之五十以上为公积金。公积金达资本总额时，经理事会议决，监事会同意，得将定率减为百分之二十五以上。

第三十四条　中央银行纯益，除提充公积金外，得由总裁提经理事会议决，在余额内酌提行员福利金，余额解缴国库。

前项行员福利金，至多不得超过全年俸薪四分之一。

第三十五条　中央银行依第七条规定招收商股后，其股息另定之。但不得变更前两条提充公积金及行员福利金之规定。

第七章　附　　则

第三十六条　本法自公布日施行。

〔国民政府财政部档案〕

13.中央银行开送该行各局处负责人名单函

(1935年7月10日)

查本行各局处，现已依照新颁中央银行法之规定，将各局主管人改称为局长，副经理、副发行改称副局长，秘书处总秘书改称处长，另设副处长一人，稽核处总稽核改称处长，另设副处长一人。相应开具名单，函达查照为荷。此致

财政部钱币司

附件

中央银行启

秘书处副处长谭光(印)

业务局局长　席德懋

副　局　长　周邦新

黄世材

徐维纶

胡以庸
李骏耀
郭锦坤
发行局局长　李　觉
副局长　黄家骥
国库局局长　胡祖同
副局长　李惕生
陈　端
秘书处处长　谢　霖
副处长　谭　光
稽核处处长　陈清华
副处长　林天吉

〔国民政府财政部档案〕

14.谭光等关于中央银行支付反共军事费用与各方来往电

（1934年5月—1936年2月）

（1）谭光致李傥密电　（1934年5月1日）

财政部李秘书长傥君鉴：光密。赣行奮向中央透支十五万元储备军米，奉谕：由部担保扣还。除电知中行外，特闻。弟光叩。东。

（2）蒋介石致孔祥熙密电　（9月17日）

孔部长庸之兄：元电悉。融密。航委会动用透支办法，凡五万元以下，准由该会径向赣行透支，暂以叁拾万元为限，希转饬赣行照办为盼。中正。篠。秘牯。沪寓转。

（3）谭光致李傥密电　（9月17日）

南京。李秘书长勋鉴：部密。昨呈部座委员长删秘电，文曰：

孔部长庸之兄勋鉴：据周署长枕渠灰电称：三月间奉准在中央银行透支四百万，约定载明六个月为限，早已届期，恳迅电兄转饬南京中行继续透支。等情。特译达，希准予照办。中正。删。秘牯。印。等语。未奉批下，烦请示电知。弟光叩。篠。

奉批：可。蒋委员长来电送国库司。

(4)财政部秘书处致中央银行秘书处密电 (9月18日)

上海中央银行秘书处勋鉴：部密。(一)奉交下贵处巧电为赣行准行营函请筹垫军米费伍拾万元案，奉批：可。又奉谕：准借予四省农民银行等因。(二)奉交下委座篠秘牯电，为航委会向赣行息借念万筹建职员住宅，中已同意，希转饬照办等语。奉批：转中行核办。等因。特达，祈查照分别办理为荷。财政部秘书处。巧。

(5)谭光致孔祥熙密电 (9月24日)

部长孔钧鉴：光密。顷接军需署周署长养电，文曰：本署冬服费前承面允月内拨发，甚感。刻需用万急，请电饬国库司拨发壹、贰百万元，以济急需为荷。弟周骏彦叩。养。财。印。等语。谨电转陈。光呈。敬。

(6)谭光致孔祥熙密电 (1935年1月24日)

南京。部长孔钧鉴：部密。顷奉蒋委员长漾未秘京电，文曰：据王家烈删电称：此次国军入黔剿匪，钞票充斥，供求相差过巨，不仅社会经济波动，且于剿匪前途影响尤大。拟请饬中央银行速拨现款，于贵阳设立支行，发行钞票，照常兑现，且可经营存放、汇兑各业，实于中央、地方财政金融均有裨益。等语。所陈甚有理由，特转达，希即妥予核办为荷。等语。查此案前准王主席电同前由，奉批：送常务理事核议。经议决：先行派员调查筹备。等因。谨并陈明。光呈。敬。

(7)谭光致徐堪等密电 (1936年1月25日)

十万火急。南京徐次长、李秘书长并转陈副总裁勋鉴：部密。顷接黔行来祃，文曰：顷闻匪抵开阳边境，距省百里，省垣正赶办防守工事。惟兵力单薄，守御吃力，本日库存本券约卅二万，如渝券未能运到，万一军饷紧急、不敷解出时，可否暂将硬币应解之处，敬祈转陈鉴核，电示祗遵。等语。弟意以轻质硬币应解尚无不可，希转陈请示迳复为荷。弟光叩。有。

顷又接黔行电文曰：顷据省府张秘书长面商，以省垣防饷〔务〕吃紧，需饷应付，倘军饷汇款未到，拟先向黔行借垫，万一紧急之际，请一面垫款，一面陈报。等语。事属紧急，可否从权之处，理合电请转陈鉴核，急电示遵。等语。祈就近转陈请示迳复为荷。光叩。宥。

(8)谭光致李傥密电 (1936年1月26日)

李秘书长勋鉴：乾密。寝电奉悉。昨转黔行电陈关于钞券不敷，可否暂以硬币应解一事，顷商健、可[①]两公，发黔行一电，文曰：有电悉。奉谕：万一钞券不敷，不得已时，准将就地通用硬币暂时应解，仍须陆续换回。等因。转达。等语。特电察照，转陈部座为荷。光叩。宥。

李秘书长勋鉴：乾密。昨转黔行电陈关于垫付军费时〔事〕，顷商健、可两公，复黔行一电，文曰：有电悉。奉谕：倘军饷汇款未到，万一紧急之际，一面垫付，一面陈报，准予从权办理。等因。特达。等语。特电察照，转陈部座为荷。弟光叩。宥二。

---

① 陈行，字健庵，中央银行副总裁；徐堪，字可亭，财政部次长。

（9）谭光致孔祥熙密电 （1936年2月25日）

急。南京。总裁孔钧鉴：部密。顷接重庆行营顾主席祝同敬行謟电，文曰：现朱、徐股匪被我军在天全、台山击溃，似有北窜松潘企图，此间正调孙震部队赶往防堵。但该地方人素用现洋，拒用法币。该孙部拟在成都中央分行掉换现洋壹拾万元携往，以便行使。即请吾兄权准转电成都分行照兑，以利军事为荷。等语。谨电转陈。光呈。有。

［国民政府档案］

15.中央银行改组委员会解释中央准备银行法草案密呈

（1936年6月8日）

上财政部部长孔密呈译文

谨密呈者：窃职会对于下列各节因事关机密谨再为钧座详陈之。

（一）准备制度 中国发行兑换券之合并集中，今方开始，窃以为凡其他各发行银行苟其发行准备已移交发行准备管理委员会者，当由该会移转中央准备银行与其自有之准备合并其兑换券亦应由准备银行负责收受。就职会所知，新银行接收各银行发行部分后之现金准备，其数额大抵在法定额六成以下，此所以职会主张采用新准备制度以免新准备银行之现金准备在六成以下或减少其法定现金准备额也。

（二）发行准备管理委员会之保证准备 发行准备管理委员会现在所已接收各行之保证准备颇有一部分非健全之中央银行所应有（在五月二十三日该会保证准备约有四千万元，□三行缺少之准备不在其列，凡委员会现所接收之无担保公债股票及房地产碍难作为新准备银行之财产，窃以为此种不甚可靠之资产应由准备银行开立一特别还本户代政府转入处理之。对于此种资产，政府应发行同额无息公债，交由准备银行收执，并列入收支对照表，银行当审查市况，在最适宜之时将上项资产变卖，并将所得现款收销同额上项政府公债，此种公债其期限最长不得过五年以上。凡此特别还本户内资产之收益，应提存特别公积金项下，以备□还本户将来发生之损失，至还本户因资产卖价低于估价所受之损失，是否可向原移交行追偿，是亦政府所应考虑之问题也。

为早日赎回上项政府公债起见，爰于本法草案第五十八条内规定：银行之纯益，除提存普通公积金与分配股息外，如有余额，即以一部充作偿还特别还本户所有之上项公债。

（三）统计　因缺乏完整翔实之统计，职会之工作不能早日完成，不无遗憾。其中尤以关于各银行头寸之数字较难觅得。窃以为搜罗银行及金融之统计资料并加以整理，实为重要之事物，应积极办理之。关于各银行头寸之定期报告，尤其是外汇部份之资产负债为准备银行不可少之参考资料，否则欲调剂金融，实行职务时将无所依据也。

（四）普通银行状况　窃谓改组现在中央银行之计划仅属初步，以后应订定银行法规，以管理普通银行事务。大概言之，现在银行情形殊未见佳，多数银行其大部份之资产陷于呆滞或跌价，至于不可收拾，甚有少数银行竟致难以维持者。中央准备银行之设立虽可增加各银行资产之流动性，但若因表面上之改良而仍掩护现在各银行之弊病，不加刷新则大误矣。

职会深以修订一完整之银行法为重要，其大纲已在考虑之中。

（五）各银行应存储于准备银行之法定现金准备　商业银行应将法定现金准备存储于准备银行，此为新制之基本条件。惟条文所规定各银行之上项准备存额应为活期存款数百分之十及定期存款数百分之五一节，因各银行资产之缺乏流动性，一时尚未能办到，为解除此种困难起见，窃以为银行法对于上项法定现金存款之比例，应逐渐增多，以达到上项之成分。

（六）洋商银行之地位　准备银行如欲收效宏达，则必先对于市上之中外银行均有控制之实力，但我国银行法规尚不能约束洋商银行，职会有鉴于此，故所拟准备银行法并不采取会员银行制，按此制则准备银行放款贴现之便利，只及于其认股之会员银行而已。现规定新银行所得经营之业务范围，故使有伸缩余地者，俾洋商银行得与准备银行往来，并鼓励其存款于准备银行，以与准备银行制度发生关系也。

洋商银行之所以不愿存款于华商银行者，因恐中国通货之跌价也。往时洋商银行之库存均藏银币或银条，而运用其外币资金以期调度之。自二十四年十一月四日实施法币以后，洋商银行之库存已改用中央银行法币，他日准备银行信用日著，则洋商银行为自身利益计亦将存款于准备银行代替以法币充作库存之办法，以便票据交换轧抵收解余额。

洋商银行以后或将渐渐运用当地资金并希冀准备银行予以放款贴现之便利，准备银行如何调节洋商银行现金之运用，则全视外汇及汇率政策而定矣。

沪地洋商银行资金之流动关系对于准备银行之统制金融市场，又增加一层困难。故本法予该行以统制金融之广泛权力，如公开市场卖买及借贷方法是也。谨呈

财政部长孔

职：

劳杰士（C.Rogers）

林　枢（F.B.Lynch）

杨爱德（Arthur N.young）

陈　行

宋子良

席德懋

〔中国国货银行档案〕

16.中央银行营业报告

(1936年)

中央银行总行地址　上海黄浦滩路15号

分行处及代理店

国内分行处

(一等行)南京、天津、汉口、杭州、厦门、南昌、重庆、广州

(二等行)青岛、济南、芜湖、开封、扬州、兰州、北平、郑州、福州、九江、板浦、西安、贵阳、长沙、成都、汕头

(三等行)镇江、蚌埠、徐州、安庆

(办事处)下关、石家庄、武昌、宁波、衢县、泉州、古安、万县、洛阳、延平、三都、浦城、新浦、抚州、建瓯、三台、南郑

国外代理店

(纽约)纽约联邦准备银行　纽约花旗银行　纽约哲斯银行　欧芬信托公司　中国银行

(伦敦)劳冶斯银行　中国银行　纽约哲斯银行

(柏林)德国贴现银行

(日内瓦)瑞士信用公司

(巴黎)哲斯银行

(香港)中国银行

(大阪)中国银行

理事

孔祥熙　宋子文　张嘉璈　陈　行　叶琢堂　唐寿民　徐　堪　叶楚仓　王宝仑　钱永铭　陈光甫　荣宗敬　周宗良　宋子良

监事

李　铭　虞和德　贝祖诒　林康侯　徐陈冕　秦润卿　谢铭勋

总裁

资　产　负

中华民国二十五年十二

负债类科目	金											额											
	万	千	百	十	万	千	百	十	元	角	分	十	万	千	百	十	万	千	百	十	元	角	分
资本金													1	0	0	0	0	0	0	0	0	0	0
公积金															9	2	4	2	8	8	5	4	5
发行兑换券													3	4	0	3	7	5	3	7	1	6	1
各项存款													7	1	3	7	9	5	2	5	2	6	8
应付期款															6	6	2	1	9	3	7	3	8
代收款项															7	9	3	6	2	0	8	7	3
活支汇款及保证款项														2	8	6	8	9	7	7	7	2	1
其他负债															7	4	7	8	9	7	1	4	2
本年纯益														1	7	0	9	5	8	6	8	0	9
合计												1	2	3	1	2	3	6	2	7	2	5	7

债　　表

月三十一日决算

资产类科目	金											额											
	万	千	百	十	万	千	百	十	元	角	分	十	万	千	百	十	万	千	百	十	元	角	分
现金																							
库存		4	3	1	5	5	0	8	7	2	0												
运铸中现金			6	6	2	3	2	1	2	3	6												
存放行庄款	2	2	5	4	1	7	1	5	1	8	5		2	7	5	1	9	5	4	5	1	1	1
发行准备金																							
现金准备	2	2	1	8	8	6	2	7	1	6	1												
保证准备	1	1	8	4	8	9	1	0	0	0	0		3	4	0	3	7	5	3	7	1	6	1
放款贴现及透支													4	7	7	4	7	0	0	8	8	9	5
有价证券														3	7	5	7	1	7	7	3	3	2
中央信托局资本														1	0	0	0	0	0	0	0	0	0
营业用房地产														1	6	6	9	9	8	4	9	9	0
营业用器具																7	2	0	9	0	9	6	4
应收期款														1	5	1	6	6	1	0	2	2	2
未收款项															7	9	3	6	2	0	8	7	3
应收活支汇款及应收保证款项														2	8	6	8	9	7	7	7	2	1
其他资产														2	1	4	1	0	7	3	9	5	8
合计												1	2	3	1	2	3	6	2	7	2	5	7

孔祥熙

副总裁　张嘉璈

副总裁　陈　行

业务局

局长　席德懋

副局长　周邦新　胡以庸　李骏耀　寿景伟

黄世材　徐维纶　敦锦坤

襄理　张悦联　杨安仁　胡米同　陈其鹿

发行局

局长　李　觉

副局长　黄家骥

襄理　田福琎　李健青

国库局

局长　李　咸

副局长　李惕生

襄理　王守素

稽核处

处长　陈清华

副处长　聂管臣

稽核　梁　平　李　蓦　刘天可

秘书处

副处长　谭　光

秘书　范鹤言　奚　炎　陈炳章　曾克耑　谢维麟　金其堡

吕生才　胡贻谷　张立祖　陈　洪

经济研究处

处长　傅汝霖

〔国民政府中央银行档案〕

17.孔祥熙关于答辩审计部调查中央银行国库局收支事致蒋介石函稿

(1937年3月5日)

上蒋院长书

介公院长钧鉴：敬陈者，关于前年审计部派唐乃康赴中央银行国库局调查二十三年度国库收支一案，其中对于本部应付临时紧急用途，以不明事实，颇有误解，当即按照原报告书，详加说明，缮具节略，航寄华清池行营，陈请察核，讵知翌日即逢事变，该项报告书，遂为西安邮电检查所扣留，致未上达。嗣因钧座驾旋，亟待休养，未便遽以渎陈。兹值政躬康豫，用特补呈一份，敬祈睿察，专肃恭请
勋安

附呈文一件，蒋介石代电一份。

弟孔〇〇敬启　三月五日发

案准审计部来函内开：据本部派员调查二十三年度国库收支报告，中央银行国库局二十三年度岁出帐款，查有未经本部依法核签支付命令之支出，以及尚未结束之暂记付款，等情。据此。查该项支出，除一部份业于二十三年度国库收支整理期间内，送经本部核签支付命令外，其未经本部核签支付命令之支出部份，为数甚巨，贵部职责所在，应请注意。兹特抄送明细表一份，即希查照见复为荷，等语。查上年十二月间，审计部依照历年成例，派审计兼厅长唐乃康赴中央银行国库局调查二十三年度国库收支，唐乃康于事毕后，详具报告书呈复审计部，并托人分送本部一份。其报告书内略称，国库局簿籍单据，均能公开，又国库收支款项，数字方面亦无不实或舛误之处，唯其认为须查询改善

者计有两点。

(一)买卖公债，记载不详，审核困难，且买入时未先填支令送核。

(二)暂记付款，暨在军务费内支出之私人差旅费及补助费，多未经审计部审核，先行支付。

以上两点，系因对于本部因事实上必需，依照法令，以处理债券及应付临时紧急用途，势必由部库先行垫拨之情形，未能了解，率予批评，兹为说明如左。

(一)关于第一项买卖公债部份，查十八年三月奉钧院密令，以军事紧急，准以各种债券按照时价折变现金，本部遵照办理，已历数年，盖数年以来，国库收支不敷，每年恒在数万万元之巨。益以剿匪戡乱，军费浩繁，势不得不恃债券以为挹注，且有时需用甚急，非从容募集所能应付。为立筹巨款，迅赴事机起见，势不得不出于抵押借款，迨抵押过多，银行无法继续承借，又不得不遵照前项密令酌量结售债券，以资周转。若必事先呈请核准，经审计部审核后，始行办理，诚恐债市剧变，于国库多所损失，反致贻误事机。又本部购入债券，多系为维持债市起见。回溯数年以来，国家多难，天灾人祸，内忧外患，相继迭乘。每逢一次事变，我金融中心之市场，辄发生剧烈之变动。本部维持国债价值，即所以安定市场、巩固金融，其功用之大，然必临机应变，因时措施，本部职责所在，固未敢稍涉疏忽，况中央本已付与〇〇[①]以临时处理之权，更属责无旁贷，若迟回审顾必至不及挽救，况购入各种债券之价值随市低昂，朝夕互异，势难事先预定价格，照经常各费手续办理。故亦不得不以暂记付款科目列支，俟事后再行冲正，若谓记载不详，则本部买卖债券，均有水单及成交单为凭。对于买卖债票之种类，票面之数额，价格之数目，均详细记明，国库记帐，原以收付款项为主体，自不能将其有关事项逐一载入帐内，审计部

① 即孔祥熙。

对于国库局此类记载，已于查帐时出关系单据查明，该报告书所称审核困难一节，实与事实不符，且本部经营各项债券收支数目及详细状况，截止二十二年十月底止，曾报经中央政治会议第415次会议决议，认为并无异议。自二十二年十一月起，至本年一月底止，复经编制债券收支总表一种，分表十种，对照表一种，呈由钧院转呈国民政府及中央政治委员会核准备案，所编各表，已极详明，关于结售债券部份，除在分表内将结售年月日户名，票面数额，票面实存本金额，价格佣金，及实收券价等，分栏逐笔列明外，并加具补充说明，详陈金融市场状况及本部办理经过情形，故中政会决议案内，有详尽妥善，其售出之平均价格，逐年均有增进，于国库颇多裨益等语。盖本部历年结售各种债券价格，除十七年金融长期周息二厘半之公债，在五折左右外，其余均在六折至八折之间，最高者达九折。而一万二千万元巨款之统税凭证作十足结价，其各种库券票面实存本金，逐月递减，结售价格，自不能以票面原额计算。如十八年关税库券折售为二十七元七角，表面似属甚低，实则票面实存本金仅为三十三元七角七分，折合实价，已在八成以上，值此社会金融凋敝之际，尚难使债市逐渐高涨，以视前此以四折左右结售者，所增实多，不独裨益国库非浅，即社会金融亦交受其利。又该报告书关于本部二十四年六月托裕华银行购入二十三年关税库券六百万元，未先送审计部核签一事，特为声叙，似于此事内容尚未深悉。查购入关税库券六百万元，系为凑足整数五千万元，依二十三年关税公债条例，充收回销毁，腾出基金之用。当时此项库券价格高涨，持此项库券者，均居奇不愿让出，适裕华银行存有数百万元，特与商洽，按市场最低价格，以六十七元九角收进，核与本部以七十五元售出该项库券价格相比，每票面百元，较低五元有奇。裕华银行热心为公，不计私利，此项库券六百万元，有利国库之数为三十余万元，即裕华受损三十余万元，在一般商业银行中，实属难能可贵。而该报告书尚有所怀疑，实于当时市场价格未能明了。本部前报债券收支状况案内，曾将历次购入债券详细列表，并将购入原因，详为说明在案，其未先送核签者，自系为适应市场情形起见，外间人士对于本部处理各种债券内容多不明了，往往怀疑本部人员或有投机操纵藉图私利情事，曾迭经本部派员向交易所及关系各方详确调查，毫无实据。衡以上列事实，其传闻之不实，更足证明。

(二)关于第二项暂记付款部份。查国民政府颁行之中央各机关及所属统一会计制度，规定总账科目，列有“暂付款”，是暂记付款，于法令并无抵触，在各机关事务较简，尚须设立专项，为暂时支付，事后冲转之用。国库应付各方，事态万殊，遇有特别紧急，或事关机密，事实上自更不能无暂记付款一项以资救济。该报告书及审计部来函附表中所列各暂记付款，有属于国防设备费，须暂时保守秘密者，有因军用紧急，不得不先行垫拨者，有因事实上必须支付，而法案未及赶办者，此类付款，事先或由军事委员会函部照拨，或由钧院令部垫发，或由钧座手谕照办。本部为适应机宜起见，自不能拘守常规，致有延误。现在暂记各款，多已由关系机关补其法案，悉数冲正，其应归非常军费内列支之款，多已由主管部汇案办理。除由本部员司向唐审计乃康一一详为说明外，并经本部依照审计部来函附表所列各款，逐一签明办理经过情形，咨复审计部在案。

以上所述两点，事关紧急处置，在事实既有必需，于法令亦无抵触，且节经补办法案，自属无可责难。乃事后唐审计乃康，犹复不时来部诘询，谈次复就其所主办之上海市北中学筹款事项，有所请托。本部对于经营国库款项，及处理各种债券，向系依照法令办理，所有库款收支，亦由主管员司按照规定格式记载详明，从未稍涉疏忽，一切库账及单据，即据该员报告书亦云均能公开。由此可证本部收支款项毫无不实不尽之处，事实具在，况值兹国难严重，金融紧迫之际，对于军费之支付，库款之调度，动须临机处置，以应急需，若为一二不明事理或另有作用者无故责难阻碍进行，诚恐贻误事机，关系非浅，用敢不避嫌怨，据实胪陈，并将原报告书附呈。伏维鉴察。谨呈

院长蒋

附原报告书一份

蒋介石致孔祥熙电

（1937年3月18日）

本京。财政部孔部长：歌函暨附件均悉。关于此事谣诼颇多，应将此报告发表为宜。中正。巧。侍秘。京。

［国民政府财政部档案］

18.财政部关于笺辩审计部调查中央银行国库局开支情形呈稿

（1937年3月）

呈

案准军事委员会委员长侍从室第四组函开：奉委座交下手条审计部厅长唐乃康，对于财政部有要求津贴其所办学校经费之事，外间对于此事谣诼甚多，并称有财政部徐次长已贿十万元了事者，此事应彻底查究，以维纪律而保政府信誉为要。中正手启。二月十一日并奉谕抄送于院长、孔部长等因。特照录函达，敬希察照等因。查此案系二十四年十二月间，审计部依照历年成案，应派员调查国库帐目，乃派审计兼厅长唐乃康赴中央银行国库局，调查二十三年国库收支帐目，并审核中央银行决算。据该员事后面称，其时适值上海证券市场谣言繁兴，奉令对于国库帐目严密彻查，以明真相。该员于查毕后呈复。审计部以所查帐目，尚有应详加询问之处，曾来部分别查询，因见其油印报告得悉，该报告内容分为两部分：一为调查二十三年度国库收支报

告，一为审查中央银行二十三年份总决算及营业报告。据报告书中所载，谓赴中央银行国库局调查国库局收支，该局并不拒绝查帐，所以簿籍单据均能公开，调查结果，所有二十三年十二月份全部记载各项数字，均无一舛误。又核对二十三年各月分月报表所列各科目，其收支明细表与收入分类帐支出分类帐，逐一比较，亦无不合，而报告总结内亦称综合以上各节，所有二十三年度国库收支事宜及关系帐册，对于数字方面，当无不实或舛误之处。关于调查中央银行总决算及营业报告部分，则谓，审核总决算系根据该行总帐全体各科目之记载，核对所有原始报表，俱经上述审核程序，查核无误。该行营业报告亦属实在，并无不合之处，等语。唯国库收支方面，认为有须查询及改善者为暂记收款付款一事，并例举该年度内一部分军务费支出及公债买卖，未经先填支付书送审计部核签，而以暂记付款，认为不合，须加改善。

查暂记付款系遵照国府颁行之中央各机关及所属统一会计制度所定总帐科目办理，于法令并无抵触，在普通机关事务较简当须设立专项为暂时支付事后冲转之用，国库应付各方事态万殊，遇有特别紧急或事关机密，事实上自更不能无暂记付款一项，以资救济。该报告及审计部来函附表中所列各暂记付款，有属于国防设备费，须暂时保守秘密者，有因军用紧急，不得不先行垫拨者，有因事实上必须支付而法案未及赶办者，此类付款事先或由军事委员会函部照拨，或由钧院令部垫发，或由钧座手谕照办，均属急待支用，不容稍缓。倘必拘守常规，先依法成立预算，再行照案填具支付书，送审计部核签，然后支付。则文书呈转法案审查需时旬乃至数月，或则坐失事机酿成变故，或则泄漏秘密危及大局。故本部为迅赴事机起见，如有必要，自当遵照垫拨，以暂记款记帐，事后即由关系机关补具法案，依照法定手续分别冲正。该附表内所列各暂记款，均经先后补办法案转帐在案，其应归非常军费内列支之款，亦由军政部汇案，报请中央政治委员会核准。至原报告内对于汪前院长任内曾仲鸣代领之每月机密费五万元，前驻平政务整理委员会每月特别费八万元及王委员宠惠川资十万元，陈湃民宣传费一万元数款，认为系私人补助，不应作为军费开支云云。查上列各款，或系遵奉钧谕支付，或系依照成案办理，且其时汪院长当行政之冲，王委员为国务往返欧亚北平，政整会支持华北危局，陈湃民为宣传工作，在公务上均应有特别费用，以资应付。各该款项，为保持机密起见，先行支付，其后补办法案奉准作为军费支出，由军需署转帐。所称对于私人之补助不应作为军费开支等语，殊属误会。

至买卖公债收付各款，未经先行送审一节。查关于公债结价办法，在十八年三月曾奉钧院密令，以军事紧急，准以各种债券按照时价折变现金，本部遵照办理，已历数年，原为弥补岁计应付急需之必要处置，又购入公债，则系为维持债市，安定市面，亦须临机应变，因时措施，自不能照通常手续办理，以免贻误事机。至原报告所举二十四年六月间托裕华银行申庄购入二十三年关税公债六百万元一事，则系因当时依二十三年关税公债条例，须销毁二十三年关税库券五千万元，腾出基金，而在市场收买关税库券，以持券者因市价高涨居奇，不愿让出，未能收买足额，特商裕华银行将该行收存之关券，按市场最低价格六十七元九角让出，补足缺额，核与本部以七十五元售出该项库券价格相比，每票面百元较低五元有奇，裕华银行热心为公不计私利，此项库券六百万元，有利国库之数为三十余万元，即裕华受损三十余万元，在一般商业银行中实属难能可贵。而原报告书对此项付款先列暂记科目，以为不合，实属不明商情所致。财政部处理此事本属临时措施，自无从依据支出法案事先送请审核，但每次债券买卖，均有水单及成交单为凭，国库记帐亦甚明确，可以逐一检查，且所有本部逐年经管各项债券收支帐目及详细状况，曾先后报经中央政治会议核准备案，其决议案内并有详尽妥善，其售出之平均价格逐年均有增进，于国库颇多裨益，等语。可见本部处理债券不仅于法无违，亦且于国库有利。

以上所陈，关于暂记付款一节，事关紧急处置，在事实既有必要，即于法令亦无违背，况节经补办法案手续完备，当唐厅长乃康调查后，屡次来部查询，均经饬主管司详予说明。审计部曾咨本部有所询问，亦均据实答复。是本部处理国库款项及各种债券，均系按照法令办理，既属无可非难，更无何种情弊，其所有帐目单据记载亦极详明，从未稍涉疏忽，报告书亦云均能公开，即可证明国库收支毫无不实不尽之处，事实具在，原无向人疏通之必要，亦无可供人要索之事由。所有以上情形，前经密呈钧座鉴核在案。至唐厅长乃康对财政部要求津贴所办学校经费，并称有财政部徐次长，已贿十万元了事者一节。查上年四年初间，唐乃康以其所主办之上海市北中学，因“一二·八”事变被毁，筹措经费修复校舍，发行公债十万元，函致中央银行，请为承购该公债五万元，当以学校既不应发行公债，中央银行照章亦不能承购此类公债函复，未予准行，有档案可以复按。嗣复于来行谒称，拟以该校之产，向中央银行押借十万元，因已有中央委员允向中央党部提案，请予补助该中学经费十万元，俟提案通过即可还清，请嘱中央银行允办，当答以中央银行照章不能办理此类借贷，则又请为介绍其他商业银行，复答以银行借贷向有定章，如合定章，自可径向接洽，如不合定章，即财政部长介绍亦属无效。兹查该校于二十五年五月向新华、国货两银行合借十万元，系以该校之产抵押，唐乃康签名担保，系按照银行定章办理，实与本部无涉。嗣于上年秋间唐厅长乃康复来面称，拟请中央党部补助该中学经费之提案，业已备具，并有多人署名，请予加入署名以便提出。〇〇当阅该项提案已有中委多人签署，且事关补助教育，而据称该中学创办时，又与革命工作有关，遂为署名于后，其后此案由中央决议缓议，外间所云徐次长已贿十万元了事之谣诼，或即因此而起，但与实事完全不符。

要之本部处理事务一律依照法令办理，外间不明内容者，或不免妄加揣测，或故布流言，惟有推诚布公，以求谅解，更何敢不避嫌怨曲徇各方无理之要求。所有本案经过情形，谨呈钧座鉴核，并乞转函军事委员会查照。此呈。

院长蒋

〔国民政府财政部档案〕

三、中国农民银行的增设

1.蒋介石抄发豫鄂皖赣四省农民银行条例暨公布令等文件训令

（1933年3月17日）

豫鄂皖三省剿匪总司令部训令　秘通字第15号

令豫鄂皖赣四省农民银行筹备主任郭外峰

为令遵事。查豫鄂皖赣四省农民银行条例业经本部公布，分令豫鄂皖赣四省省政府遵照，并函行政院备案。合亟抄发此项公布令、条例、训令、公函各一份，令仰该主任即便遵照办理。此令。

抄发公布令、条例、训令、公函（略）各一件

总司令　蒋中正

中华民国二十二年三月十七日

豫鄂皖三省剿匪总司令部公布令

兹制定《豫鄂皖赣四省农民银行条例》公布之。此令。

附发《豫鄂皖赣四省农民银行条例》

总司令　蒋中正

中华民国二十二年三月　日

豫鄂皖赣四省农民银行条例

第一章 总 则

第一条 豫鄂皖赣四省省政府为供给农民资金、兴复农村经济，并促进农业生产之改良进步起见，呈准豫鄂皖三省剿匪总司令部特许，设立豫鄂皖赣四省农民银行，并转请行政院备案。

第二条 本银行资本总额定为国币一千万元，收足四分之一即开始营业。其集资方法如左。

一、由国库投资三百万元。

二、由豫、鄂、皖、赣四省省库各投资国币五十万元。

三、招集商股五百万元。

其募股章程另定文。

第三条 本银行设总行于汉口，并斟酌情形，于四省境内设立分、支行及办事处(或代理处)。

第四条 本银行营业期限定为三十年，期满时得呈请展期。

第二章 业 务

第五条 本银行之营业范围如左。

一、为动产、不动产之抵押放款及保证信用放款。

二、农业票据贴现及再贴现。

三、收受各项存款。

四、代理收解各种款项。

五、办理汇兑及同业短期往来。

六、买卖生金银及国民政府发行之有价证券。

七、经营农业仓库及放款于农业、农具之改良事业。

八、放款于农民组织之合作社及各级合作联合会。

九、发行农业债券及农民流通券。其章程另定之。

十、其他农业银行应有之业务。

第六条 本银行各种放款，以供左列各项之用途者为限。

一、购买耕牛、籽种、肥料、畜种及各种农业原料。

二、购买或修理农业应用器械。

三、农业品之运输及囤积。

四、修造农业应用房屋及场所。

五、其他与农业有密切关系而认为必要事项。

第七条　本银行之放款期限最长不得过五年。

第八条　本银行之放款，得用定期或分期偿还法，但于定期或分期前得偿还其一部或全部。

第九条　本银行放款所收之抵押品以第一次抵押品为限，如价格低落时，得令借款者增加抵押品。

第十条　本银行不动产抵押放款之总额不得超过实收资本及公积金之总数。

第十一条　本银行得发行农业债券，并得加给奖金。但发行总额不得超过已收资本之十倍，并不得超过放款之总数。至每年偿还额，不得少于收还贷款百分之六十以上。

第十二条　本银行不得经营本条例未经规定之业务。

第三章　组　　织

第十三条　本银行设立理事会，由股东大会选举理事九人组织之，任期六年，每二年改选三分之一，得连选连任。第一届理事任期于首次开理事会时以抽签法定之。

第十四条　本银行理事会设常务理事三人，由理事中互选之，以其理事之任期为任期。

第十五条　本银行设监事四人，由股东大会选举之，任期四年，每二年改选二分之一，得连选连任。第一届监事之任期，以抽签法定之。

第十六条　本银行理事会之职权如左。

一、营业方针之审定。

二、总、分、支行组织章程及各项规章之编订。

三、协理之推举。

四、农业债券及农民流通券之发行。

五、预算、决算之审定。

六、资本增减之决定。

第十七条　本银行监事之职权如左。

一、现金之检查。

二、帐目之稽核。

三、预算、决算之审核。

四、其他关于监察事项。

第十八条　本银行设总理一人，协理一人，由理事会推举。总理统辖全行事务，协理辅佐总理办理本银行事务。

第十九条　本银行设总务、业务、券务、会计、调查五处，分掌一切事务，各处设主任一人，由总理提出，理事会通过后委任之。办事员、助理员、练习生各若干人，由总理委任之。

第二十条　各处主任承总理、协理之命，主管各该处事务，办事员及助理员承总理、协理及主任之命，分办各该处事务，练习生分隶各处，受主任、办事员之指导、监督，学习业务。

第二十一条　各分、支行设总理一人主持行务，遇必要时得添设副经理一人或二人，襄助经理办理行务，经理、副经理由总行任免之。但分行经、副理之任免应由总行提交理事会核定之。

第二十二条　各分、支行设文书、营业、出纳、会计、发行五股，每股设主任一人，办事员若干人。除会计股、发行股主任由总行派充外，其余主任及办事员均由经理荐请总行派充之。

第四章　决　　算

第二十三条　本银行以每年十二月为总决算期，应编具左列表册分别报告。

一、财产目录。

二、资产负债表。

三、营业报告。

四、损益计算书。

五、盈余分配表。

第二十四条　本银行于每年纯益项下以百分之二十为公积金，百分之五十为股东红利。

第五章　附　　则

第二十五条　本条例第十二条及第十四条所规定应由股东大会选出之理事、监事，在商股未缴足半数、暂不召集股东大会以前，由豫鄂皖三省剿匪总司令部选派之。

第二十六条　本条例第十三条所规定之常务理事，在依前条规定遴派理事时期内，由豫鄂皖三省剿匪总司令部就理事中指定之。

第二十七条　本条例第十七条所规定之总、协理由遴派理事所组织之理事会推举时，应呈请豫鄂皖三省剿匪总司令部任命之。

第二十八条　本条例如有未尽事宜，得由理事会呈请豫鄂皖三省剿匪总司令部修改之。

第二十九条　本条例所规定应由豫鄂皖三省剿匪总司令部行使之职权，于总司令部撤销时，移请中央主管机关执行之。

第三十条　本条例自豫鄂皖三省剿匪总司令部公布之日起施行。

豫鄂皖三省剿匪总司令部训令

为令遵事。查豫鄂皖赣四省收复各匪区，农民生计，艰困万状，亟须设法救济，以资苏息。本部为供给农民资金，兴复农村经济，并促进农业生产之改良进步起见，特许设立豫鄂皖赣四省农民银行、现已制定条例公布施行，并分饬豫、鄂、皖、赣四省省政府遵照办理。除函请行政院备案，并令派郭外峰为该四省农民银行筹备主任外，合亟令仰遵照。此令。

总司令　蒋中正

中华民国二十二年三月　日

〔国民政府档案〕

2.郭外峰关于遵令发行农民流通券请颁布告并通令一律行使呈

(1933年3月)

豫鄂皖三省剿匪总司令部农村金融救济处呈

呈为遵照奉颁条例发行农民流通券请颁布告并通令一律行使以利业务事。窃职自奉令筹备豫鄂皖赣四省农民银行以来，积极进行，现已赁定汉口特三区湖南街房屋，先行设立总行，并次第筹设分、支行和办事处，以资普及。兹遵照钧座颁发条例，发行一角、二角、五角农民流通券三种，内以充实本行运用之资金，外以增高农民融通之额度。关于该券之准备金办法，认为现金准备六成、保证准备四成最为适宜，拟于发行时照此办理。

再：总行开业之日，该券即开始发行，诚恐官商民众未及周知，或有疑虑，拟应由钧部先行布告，并通行各省政府、各国税机关、各铁路、公路、邮电机关及各商会、银行公会、钱业公会一律通用。谨代拟通令及布告稿各一件，恭呈鉴核，预为发布，以利业务。所有发行流通券准备金办法并请布告通令各缘由，是否有当，理合呈请钧部鉴核，分别令遵。

再，此呈系盖用农村金融救济处关防，合并声明。谨呈

总司令蒋

附呈代拟布告、训令稿(略)各一件

处长　郭(印)

中华民国廿三年三月　日

为布告事。案照本委员长兼总司令现为复兴农村经济、供给农民资金，并促进农业生产之改良进步起见，特创办豫鄂皖赣四

省农民银行，额定资本一千万元，现已收足四分之一。设总行于汉口，酌设分、支行于四省境内。现该总行在汉口特三区湖南街筹备开业，并特许发行一角、二角、五角流通券三种，十足准备，随时兑现。无论何地、何业，均应一律通用，不得拟勒拒绝，妨害信用。除分别各省政府并国家征收、交通各机关及各商会、银、钱两业同业公会一体遵照外，仰各凛遵。切切。此布。

〔中国农民银行档案〕

3.郭外峰等禀报四省农行筹备就绪开始营业电

（1933年4月1日）

南京。总司令钧鉴：〇密。外〇奉令筹备豫鄂皖赣四省农民银行，上秉钧谟，艰难缔造，一切手续，均具端倪。日前理事会成立，外〇、淮〇谬承推举，仰荷委任，挈领全行。兹已照章组织就绪，于四月一日在汉口特三区湖南街本总行同时就职，开始营业。除呈报外，谨电驰陈。豫鄂皖赣四省农民银行总经理郭外〇、协理陈淮〇叩。东。印。

〔中国农民银行档案〕

4.豫鄂皖赣四省农行函送豫行各行名称

（1933年11月20日）

豫鄂皖赣四省农民银行筹备处公函　豫字第24号

豫行筹备处大鉴：接总字第六号大函已悉。兹列复如下：

一、郑行名称用“郑州豫鄂皖赣四省农民银行”。

二、汴行名称用“开封豫鄂皖赣四省农民银行”。

三、汉特商稍有风潮，敝处并无若何影响，知注特闻。

此颂

公绥

豫鄂皖赣四省农民银行

中华民国二十二年十一月二十日

〔中国农民银行档案〕

5.蒋介石关于推行合作事业以复兴农村训令

(1934年1月9日)

国民政府军事委员会委员长南昌行营训令　治字第1966号

令豫鄂皖赣四省农民银行

查推行农村合作事业，实为复兴农村，维系国本之要图。本委员长曾于二十一年十月驻鄂督剿之际，制颁农村合作社条例及信用、利用、供给、运销各合作模范章程，详晰令示，通饬切实推行在案。惟以我国教育尚未普及，农民知识蒙昧，非由政府选派专家为之指导，合作条例将等具文，复兴农村，亦失枢纽！此农村合作社条例第八条所以有组织农村合作委员会之规定，俾负主管指导之专责。

兹为划一组织起见，特依据前项规定，参以年来督办合作事业之经验，制定剿匪区内各省农村合作委员会组织规程暨编制预算各表，颁行豫鄂皖赣四省，一体限期实施，务使合作事宜，有负责专管机关，悉心指导，用增救济农村效能。至新订规程，对于委员人选，在求联合关系密切之省政府、党部暨农民银行，更参以富有合作学识经验之专家，由本行营分别选派，以期推行尽利，无或中辍。一切事务则由总干事秉承委员长指挥所属干事、指导员办理，督察则由视察员负责。迨合作事业推行达三十县之时，并得指派总视察，以资严密。编制预算两表，则在垂示标准，务期切合事实需要，力戒铺张浮滥。仍由各该县斟酌会务情形，撙节开支，拟具预算，呈候本行营核定。

所有各该省农村合作委员会委员，除另令派定暨分令外，合亟颁发规程及编制、预算各表①，令仰该行即便遵照办理，仍将

---

① 原缺。

奉文日期具报备查。此令。

委员长　蒋中正

中华民国二十三年一月九日

〔中国农民银行档案〕

6.豫鄂皖赣四省农民银行1933—1934年度营业报告

（1933年7月—1934年12月）

豫鄂皖赣四省农民银行第一次营业报告　二十二年四月一日开业起至六月底止

吾华地大物博，长江中部农产尤丰。海通以来，经济见侵，农产渐敝，近更赤匪乘隙，农村益被破坏。军事委员长奉化蒋公秉钺亲征，豫鄂皖渐告敉平，今又合围章贡矣。本军事三分、政治七分主旨，念农村之复兴，首在救济农村经济，乃国难财艰之际，力筹拨款创设本行，于四月一日在汉口成立总行，依据条例负下列重大之使命。

甲、供给农民资金。

乙、兴复农村经济。

丙、促进农业生产之改良进步。

开业三月，昕夕未遑。江西分行甫于六月一日开业，皖豫分行方在筹备之中，其营业之概要如次。

（一）与豫鄂皖三省剿匪总司令部农村金融救济处联合办理豫属之潢川、光山、商城、经扶、鄂属之黄安、罗田、沔阳、潜江、监利、通山、通城、阳新、英山、皖属之六安、立煌等十五县收复匪区各农村合作预备社紧急放款五十余万，据报受贷之处青葱一片，收获可期。现又于鄂属新设之礼山一县续行放款，并遵奉蒋委员长命令，正准备在赣省新复匪区仿豫鄂皖紧急救贷办法酌量推及，俾恢生业。至赣分行未开业前，先假手赣省农村合作委员会转贷各合作社者，亦已有四万元。

(二)流通券现所发行者计七十余万，专以便利农村，适合农民经济程度为目的，故为一角、二角、五角三种，十足准备，信用昭著。其发行途径则以利用各县农村合作预备社之放款及农村金融救济处经发监、潜、沔三县工赈款项之机会，流通于农村者为多，四省农村市票充斥，倒闭时闻，辅币既少又或限于封域不便流通，对于本行各券极为乐用。夫钞票发行惟十元、五元，整券数巨本轻，保证准备之中较为有利，若辅券工本巨大，手续繁重，十足准备有亏无赢，然本行义不敢避，惟期便农而已。

(三)收入存款八百四十余万及放款二百四十余万。本行开办未久，上项存款数虽不为不巨，然其中属于机关浮存者多，未足谓已尽吸收都市游资之能事，但零星储蓄亦已达一百万元以上。发创之初有此存额，将来尚有可望。至放款，除紧急救贷外，概为短期可靠。贴票及临时透支因上述存款之性质，不宜为长期贷款之运用也。夫以四省幅员之广，本行使命之重，在创造之始，本不能遽期成绩，然悬鹄以赴，来日方长，今后业务之进行，拟如下列之步骤。

甲、分支行处之推广营业。现除江西分行已成立外，安徽分行已设筹备处于安庆，约可于八月开业，并拟设河南分行于开封，又如豫南之潢川为豫鄂皖边区剿匪军事中心，亦拟酌设支行或办事处，以利农村之金融，而助善后之进展。又如赣省之抚吉等处，军事正在推进，金融阻滞，兵农交困，亦拟酌量设所兑换，力谋便利。江西省农村合作委员会指导组织之合作社颇著成效，本行除已间接先贷四万元外，现复派员赴赣调查，以为进行之准备。皖省前有华洋义赈会经办农赈放款，粗具农村合作社之规模，皖分行成立以后之业务当可循途渐进。又以四省之中，典当业均已衰颓，农村中偶有代当，取利过高，恒在五六分以上，农民不堪剥削。本行以苏省江宁自治实验县有农民抵押借贷所之设立，浙省龙游县地方银行之衣服、器皿抵借办法，均有相当成绩，农民称便，亦拟于将来分设各县行处时先行办理抵押、借贷，渐次举办仓库，以为农产之押借，而应农民之急需。

乙、农村仓库之筹设。吾国都市仓库受寄农产多属商业性质，于农民关系甚浅。本行预拟广设农业仓库，代理农民运输保管及贩卖各种农产物，为生产与消费两者之媒介，一则可使善价以售，一则可使廉价而购，免除第三者之层层剥削，并得就其寄存农产物，借放款项。即当农产物过丰，销场偶滞，或值市面紧迫，贸易艰难，农民亦得一时之融通，可免贱货之损失。而仓库证信用既立，授受自多，抵押流通愈形活泼，他日农民运销及信用两种合作社均可藉资先导，联合进行。

丙、合作之指导。本行与农村金融救济处联合办理潢川等十五县之农村合作预备社放款，现拟仍由救济处遵照三省剿匪总司令部预定于一年内将预备社改组为正式合作社之计划，利用固有之农村善后佐导员宣传指导，徐谋正式改组，并渐次推行十五县之外，一面拟订合作社放款章程及程序与各种合作社之重要表格。又在武昌青山关设模范合作区，并拟就徐家棚或余家潮租地数百亩为模范农场，改良籽种，正在委托金陵大学办理技术中。

综上所述，分支行处及农业仓库次第设立时，仍拟同时努力于合作之促进。

丁、调查之进行。调查为事业之母，不独本行注重于此，早于总行内特设调查处，即蒋委员长躬在行间，亦深念及此，曾自抚州来电促办。现已着手者，如表格之编制、步骤之确定、题目之厘订、人员之训练、材料之搜集及整理，设施之方案，预定于一年内将四省境内调查完毕，第二年再为复查。惟以时促费巨，尤须有相当人才，现已与某最高学府磋商联合办理，期收事半功倍之效。经过之营业如彼，未来之希望如此。本行范围广大，使命隆重，进行一切，固有条例之可循。而蒋委员长全局通筹，高掌远蹠，凡关于四省农村之复兴及农业经济之发舒，本行惟有上秉宏猷，努力迈进，远道起于跬步，大厦必赖众材。此时业务萌芽，他日农村发展，始基勉立，企望弥殷，尚冀社会人士随时加以督察与匡助，宁独本行之幸，抑亦四省之庥，即以此为全国兴农之嚆矢也可。

豫鄂皖赣四省农民银行第二次营业报告 民国二十二年下期

本行负供给农民资金、兴复农村经济、促进农业生产之改良进步种种重大使命，开业以来，倏经换岁，第一次营业报告所拟促进未来业务之步骤，经数月之努力，不敢妄矜成绩，要已稍具规模，试为觎述如左。

（甲）分支行处之推广 二十二年下期成立之分支行处凡六，如安庆分行、沙市、潢川两支行，宜昌、九江两办事处，抚州兑换所是已。以上各处，或为农业之中心，或为交通之枢纽，或关剿匪善后之大计，在在均与本行之使命有关，渐图深入农村。

（乙）农业仓库之筹设 经营农业仓库，原为本行营业范围最重要之一，本年谷贱伤农，尤有亟设仓库，办理储押之必要。除已于汉口硚口地方设备仓库外，复在南昌城外办有农仓一处，开始存货及押款，并与各地方政府协办农仓，已成立者有湖北之黄安及安徽之枞阳、旌德各处，均由本行承做押款。又协同鄂省政府筹定办法，先就本行间接放款，紧急救贷，各匪区农村之鄂属九县，由省府督促设仓储谷，以备本行再办农产物押款，皆所以尽力以谋农村金融之活泼也。

（丙）合作之指导 本行与农村金融救济处联合办理潢川等十五县农村合作预备社放款社数至一千三百有奇，社员数至八万余人，款额至五十余万之巨，本可为改组正式信用合作社相当之基础，预定于一年内将预备社改组为信用合作社之计划，利用固有之农村善后佐导员宣传指导，力谋改组。已由本行会订改组须知，以处令通行办理，并令各就农村办理合作训练班，先施精密之训练。此系就已有社基而谋改组者。又于武昌之青山、南湖、金口、汉口之刘家庙、王家墩、黄家湾、汉阳之蔡甸、沌口、网船湾、黄陂之兴隆集等处，各辟设合作区，指导组织农村信用合作社，已成立者九十三处，经本行调查承认，并已贷款者达四十七社，其余亦待陆续承认放款。又由刘家庙先设合作联合会，现正赶办动产抵押及供给两项，尚拟筹设碾米厂、仓库，领导得人，前途极有希望。各合作区因各社集中，尤极便于组织联合会，此项合作社联合会成立之后，本行更将贷与资金，由会办理动产抵押，并于各处农村先开合作训练班，以为组社之宣导，并在秦中倡导组织农村合作社五处，亦贷有相当款项。

（丁）调查之进行　调查四省农村经济，实为兴复农村之根本，地广事复，进行维艰。本行与金融大学农学院商洽甚久，乃成立联合调查办法，由本行另筹的款十万元，由该院农业经济系遴聘调查主任，负责分区调查，本行亦派员参加工作，预定二年完毕，其调查统计将来当详细发表。

综上两项，均为本行第一次营业报告所谓悬鹄，以赴期诸未来者。兹以半载时间，差已渐见事实，本行创造甫九阅月，各分支行处成立时间更暂，仅就资本总额四分之一即二百五十万元之资力，肩此巨任，环顾四省之大，农民之多，以言贷予，其何能济。顾我国农民素无组织指导，合作一蹴难几。本行乃得于此指导组织之时期，先为巩固行基之工作，就营业统盘筹运，以期树立信用，其可述者如下。

（一）各种存款八百余万元　均系充分准备，实存行库及殷实同业，因其性质俱系活期，未能运用于定期及长期放款。

（二）发行各种流通券近二百万元　均系十足现金准备，分存行库及殷实同业，不与上述存款相混，发行最多时原已达二百五十余万元，前次闽变猝作，本行乃新造关系，为增高信用起见，力谋紧缩，约收回七十万元，不敢采滥发之手段，务求具适于农村之需要耳。

（三）设立南昌农民抵押贷款所 南昌自民十六以后，典当均已停业，农村金融更无周转之方。本行为策应农民急需起见，特就城外设立农民抵押贷款所，取息务求具低，并剔除旧典当之陋规，特定农村合作社申请农民动产押款办法，对于合作社代社员申请押款，优予减息，以示提倡合作之意，人民称便，贷款日增。

（四）订定沙市裕农典放款额三十万元 沙市为鄂西农产集中之地，劫后萧条，典业停顿，农民无处质贷，深感困难。当地公民创设典当资力不足，本行徇其所请，与订质押借款合同十七条，为有条件之放款，仅取低利，一反典当高利之所为，名以裕农，即系揭櫫其主旨之所在。预定放款额三十万元，在该处合作社未成立以前，正可为农村金融之一助。

（五）合作社储押放款 赣省农村合作社早经合作委员会指导成立多处，由赣省府订有合作社兼营粮食储押运销业务办法，本行居于放款机关地位，已先拨五万元分别贷放。

（六）承放江西省政府购谷借款五十万元 二十二年秋收甫稔，谷贱伤农，江西尤甚。赣省政府承命特设粮食管理局，大量收买米谷，酌剂粮价，由本行承借款项五十万元，担保确实，偿期六月，运用亦尚活泼。

（七）贷放款项于安徽棉业改良场 皖省棉场为收回籽棉之用，由本行承贷款项，俾资改良，担保确实，偿期半年，较赣省米谷借款运转尤速。

现在我国金融因资金集中都市，以致农村枯竭，已为一般所公认，于是高呼吸收都市资金，以转输于农村，本行即为负吸收与转输之责者，何敢自忽其重大之使命。然以创立未久，力小任重，一时虽未能尽量吸收都市之资金，而于树立本身信用及设计者，当益拓其企图，惟知淬厉精神，以谋循序进展。譬诸艺谷，今尚在辛勤耘种之时，必求行基巩固，获得社会信仰，而银行与农村间之合作社枢纽，亦渐能普遍健全，乃克逐渐尽其转灌之能力。届时收获，应有可期。所赖朝野贤达，尽力扶持，非惟匡助本行，实亦亿万农民之深幸也已。

豫鄂皖赣四省农民银行第三四次营业报告　　（二十三年全年度）

本行自二十二年四月开业以来，瞬将两载，对于救济农村之重大使命，审慎从事，尽力推行，年余以来，虽无显著之成绩，足于表现，然于第一、二次营业报告所以期望发展未来业务之计划，要已逐步前进，渐收循序拓展之功。兹分别缕述如次。

（甲）农村合作之指导　推行合作为本行基本业务之一，际此农村破产，其救济之有效办法，既在供给其资金，而合作社尤为农民与银行发生供求关系唯一之津筏。本行自开业以来，对于合作社之推行，向称努力，尤以本年环境需要，更见显著之进步，计上期由本行指导组织成立者有百九十社，下期有五百十一社，较上期增加三百二十一社，惟下期因豫鄂皖三省合作委员会相继成立，故本行在豫皖两省境内，专从事于调查贷放工作。鄂省境内则与合委会商妥，在本行及分支行处所在地，仍由本行指导之。余如陕西等处由本行指导成立者，数亦骤增，此后兢兢努力，期使本行指导之合作社遍于各省，亦实以此事为本行之主业焉。

（乙）仓库制度之推进　积谷为备荒要政，为效至大，本行既为农民金融机关，对于此种事业，尤视为切要之图，除已于汉口硚口、南昌城外、湖北黄安、安徽枞阳及河南新乡，先后设立农仓办理储押外，复于本年八月在江西湖口地方办农仓一处，开始存货及押款。将来景德镇至湖口公路及九江至湖口公路通车以后，储押业务可期发展。

（丙）辅助典业便利农民　九江为长江流域重要口岸，自民十五以后，典业停顿，农民质贷无从，深感困难。当地人民爰创设惠农典，以谋救济，但资力不足，乃仿照沙市裕农典办法，与本行订定质押借款合作，为有条件之放款，本行近复与沙市裕农典续订合同，令其以低利转贷农民，并拟将此种办法，逐渐推行各地。盖以拓设合作社，固为治本之图，但农民知识幼稚，尚有与合作社不易接触者，因势利导，似亦补救之道也。

（丁）办理储运事业　赣省沦于匪患，历劫七载，兴复綦艰。本行以使命所在，无论间接直接，凡有关于复兴农业、救济农村之工作，靡不设法逐步做去，不求甚速，务底于成。本年上期与江西粮食管理局订立契约贷款五十万元办理粮食统制。下期复奉令由江西分行组织粮食储运部，在皖之芜湖、赣之吉安抚州等处，素称产米之区，陆续购米二十余万石，先后垫款八十余万元，输其有余，补其不足，一方杜绝米商操纵，一方勿使贱谷伤农，一方并得以救济民食，亦颇见绩效也。

（戊）分支行处之添设　本行为谋业务发展及事实上之需要起见，于二十三年度一年以内，共成立分支行处凡九，为汉口、郑州、芜湖、福州四分行，开封、六安、西安、厦门、福州城内五办事处，连原有二十二年成立之南昌分行、沙市支行、宜昌、九江两办事处、抚州兑换所及已改组之安庆、潢川两办事处，共计十六处。进行虽极奋发，践履仍期谨饬。此后更当注重实质，务使已成立之各分支行处，基础稳固，推行尽力，俾得深入农村，普兴农利，庶不负本行复兴农村之重大责任。

综上五项，均为本年度本行发展进程中之荦荦大者。至于如何促进合作事业及吸收都市游资转输农村等计划，均尚在筹议之中，期诸最近将来渐次实现。顾以创立未久，力小任重，深虞无以仰副海内之期望，惟有淬励精神，以求精进，统盘筹运，以树信基。更望国人时加督励，以免咎戾。爰将本年度存放款额及发行概况分别略述于后。

（一）各种存款　因行处推广，本年下期较上期增加三百一十一万三千元，较上年下期增加七百二十七万元之谱，内以活期存款增加较速。各项存款，均系充分准备，除承做可靠放款外，均实存行库及殷实同业。

（二）各种放款　各项放款，下期达一千一百二十五万五千元，较上期增二百七十六万五千余元，其间较关重要者，厥为合作贷款七十四万八千余元，农民动产押款三十余万元，陕西、河南棉业改良放款十六万三千余元，江西合作预备社贷款六十七万六千余元及江西黎川匪区耕牛种籽贷款十万余元。此种农业放款，虽嫌未达本行期望之数，然于今日中国枯竭之农村金融，不无相当救济。他如各省公路借款，计为浙省一百八十万元、皖省一百万元、赣省九十万元、鄂省十万元，均具有确实担保，可以按期收回。诚以救济农村，必先筹农产物运输便捷，方足增进农民利益，故本行对于各省政府之公路借款，无不踊跃辅助也。

（三）发行概况　本年上期发行额达三百三十八万元，下期达五百六十六万元，均系十足现金准备，不与上述存款相混。本行以经始之际，为力谋增高信用，对于发行，不得不力事慎重，但发行数额，月有增加，足见民众对于本行之信誉日见巩固，此差堪自慰者也。

中国今日之农村问题，实为民生国计所关，欲谋解决之方，自宜从经济问题着手，而经济问题解决之途径，当以推进农村合作为首图，良以农村合作为农民自有之组织，苟能推行普遍，其他问题，迎刃而解。本行既以农民为名，顾名思义，自以救济农民为唯一使命，是以合作社之指导组织，贷放款项，又为本行最重要之基本义务。自今以往，本此旨意，努力迈进，以救济全国之农村，俾臻进复兴之域，不揆愚昧，吁愿有志于斯邦人贤达，时加策励而扶助之，曷胜举企。

［中国农民银行档案］

7.蒋介石关于将四省农民银行改组为中国农民银行电

（1935年3月13日）

南京。汪院长、财政部孔部长、实业部陈部长勋鉴：建密。前三省剿匪总部所主办之豫鄂皖赣四省农民银行成立两年有余，于调剂农村金融颇见成效。现四省之外陕甘浙闽湘等省及京沪等市，均次第入股，而其他各省农村金融亦确有统筹调剂之必要。现拟将四省农行扩大范围，改为中国农民银行。经已拟定条例及章程，由武昌行营正式备文送达院部。到时，请予核准备案施行为荷。弟中正叩。元。秘。渝印。

［中国农民银行档案］

8.张学良关于四省农行改为中国农民银行电

（1935年3月25日）

特急。南京。孔部长庸之兄勋鉴：砌密。顷奉蒋委员长漾电略开：豫鄂皖赣四省农民银行准于四月一日实行改名中国农民银行，希照办，等因。查四月一日为期甚近，该行改名通告务须于一日发出，而依照法律手续，改名须经中央核定。此间已行文行政院。但时期过迫，拟请贵部速予核定，先行电示，以便转知该行早发通告。除已电陈汪院长鉴察外，务祈谕允速复，至深盼祷。再该行徐总经理现仍在沪，关于该行事宜，如欲有所查询，可就近招致。并闻。弟张学良。有午。公印。

［中国农民银行档案］

9.财政部转发中国农民银行条例令

（1935年6月19日）

财政部训令　钱字第一六三九五号
二十四年六月十九日

为奉行政院令发中国农民银行条例一份，除分令外，令仰知照。

令　本部直辖各机关
各省市商会及银钱业公会

案奉行政院二十四年六月八日第三二二零号训令内开：案奉国民政府二十四年六月四日第四五六号训令内开：为令知事：查中国农民银行条例，现经制定，明令公布，应即通饬施行。除分令外，合行抄发该条例，令仰知照，并转饬所属一体知照。此令。等因。奉此。合行抄发中国农民银行条例，令仰知照，并转饬所属一体知照。此令。等因。计抄发中国农民银行条例一份。奉此。除分行外，合行抄发中国农民银行条例，令仰知照。此令。

中国农民银行条例　二十四年六月四日国民政府公布

第一条　中国农民银行经国民政府之特许，为供给农民资金，复兴农村经济，促进农业生产之改良进步，依照股份有限公司之组织设立之。

第二条　中国农民银行资本总额定为国币一千万元，分为十万股，每股国币一百元，一次征足，除由财政部认二万五千股及各省市政府分别认股外，余由人民承购。

各省市政府所认股额，均不得少于二千五百股。第一项资本总额收足后，如因业务上之必要增加股本时，得由股东会议决，呈请财政部核准增加之。

第三条　中国农民银行设总行于汉口，并于其他必要区域酌设分支行及办事处，或与其他银行号暨农业金融机关订立代理契约。但分支行及办事处之设立，须呈请财政部核准备案。

第四条　中国农民银行股票概用记名式，股东以有中华民国国籍者为限。

第五条　中国农民银行营业年限为三十年，自本条例公布日起算。期满时得由股东会议决，呈请财政部核准延长之。

第六条　中国农民银行之营业范围如左：

一、放款于农民组织之合作社及合作社联合社。

二、放款于农业之发展事业。

三、放款于水利、备荒事业。

四、经营农业仓库及放款于农产、农具之改良事业。

五、动产、不动产之押放款及保证信用放款。

六、票据之承受或贴现。

七、收受各项存款及储蓄存款。

八、代理收解各种款项。

九、办理汇兑及同业短期往来。

十、买卖有价证券。

十一、其他农民银行应有之业务。

第七条　中国农民银行农业放款，以供左列各项用途为限。

一、购买耕牛、籽种、肥料、畜种及各种农业原料。

二、购办或修理农业应用器械。

三、农业品之保管、运输及制造。

四、修造农业应用房屋及场所。

五、其他与农民经济或农业改良有密切关系之事项。

第八条　中国农民银行之放款期限，最长不得过五年。

第九条　中国农民银行不动产抵押放款之总额，不得超过实收资本及公积金之总数。

第十条　中国农民银行农业放款，不得少于放款总额百分之六十，并于每届年终结算时，于资产负债表上以适当之科目表现之。

第十一条　中国农民银行得发行兑换券。其发行条例另定之。

第十二条　中国农民银行经国民政府之特准，得发行农业债券，但发行总额，不得超过已收资本之五倍，并不得超过放款之总数。其每年偿还额，不得少于收回放款百分之六十以上。

第十三条　中国农民银行不得经营左列各款事项。

一、收买本银行股票，并以本银行股票为担保之放款。

二、买卖不动产，但业务上必要之不动产，不在此限。

三、以投机目的而从事于有价证券之买卖。

第十四条　中国农民银行设董事十五人，组织董事会，由股东在百股以上中选任之，任期三年，每年改选三分之一，连选得连任。但第一届董事之任期，于首次开董事会时，以抽签决定之。

第十五条　中国农民银行设常务董事七人，由董事互选之，并由常务董事互选一人为董事长，均以董事之任期为任期。

第十六条　中国农民银行设监察人五人，由股东会在百股以上之股东中选任之，任期一年，连选得连任。

第十七条　中国农民银行设总经理一人，协理一人，由董事长提经董事会同意遴聘，呈请财政部核准备案。

总经理因事故不能执行职务时，由协理代理之。

第十八条　中国农民银行之股东会，分为左列二种。

一、股东常会。

二、股东临时会。

第十九条　股东常会每年于总会所在地开会一次，由董事会召集之。

第二十条　董事会认为有重要事件必须开会时，得召集股东临时会。

第二十一条　董事会遇有董事过半数、或监察人、或有股份总数二分之一以上之股东，因重要事件请求会议时，得召集临时股东会。

第二十二条　股东会开会时，股东须于会期六十日以前登记者，始得出席会议。

第二十三条　股东因事故不能到会时，其委托代理人以股东为限。

第二十四条　中国农民银行每年营业所得纯利，提百分之二十为公积金，百分之四十五为股利，余为特别公积金及职员奖励金。

职员奖励金不得超过其全年薪俸四分之一。

前二项纯利之分配，须经股东会通过，呈报财政部备案。

第二十五条　前条公积金，得用以填补资本之损失及维持股利之平均。

第二十六条　中国农民银行依照本条例详订章程，经股东会议决，呈请财政部、实业部备案。

第二十七条　本条例自公布日施行。

〔国民政府财政部档案〕

10.财政部公布之中国农民银行发行办法

（1936年1月20日）

中国农民银行发行办法　二十五年一月二十日部令施行

一、该行发行之钞票，限一万万元为度，与法币同样行使。各省省银行发行部分，除业已交由中、中、交三行接收各行外，其余未交各行，即由该行负责接收。

二、该行发行区域，应注重于陕、甘、川、滇等边远省区。

三、该行发行准备金，应全数交由中央银行保管。

四、该行应以五千万元，经营土地及农村放款。

〔中国农民银行档案〕

11.中国农民银行呈报各种款项垫付遵办情形并请示归还办法(节略)

(1936年1月30日)

呈委座节略

窃查本行前以遵令垫付各种款项，历经具呈，向钧座行营请示归还办法，计有呈文五件，尚未奉批，兹谨按具呈日期之先后，并分别签拟办法，胪陈于次。敬乞钧察。

(一)二十四年十月十五日呈，为遵拨中央入甘剿匪军冬季皮衣价款二十万元，请示如何拨还由。谨按该项皮衣价款二十万元，二十四年十月五日已在兰交付，为期已逾三月，且该款尚未计息，拟请钧座迅饬军需署，即赐将该款并利息一并核拨，俾资归垫。

(二)二十四年十一月二十二日呈，为航空委员会十月二十九日到期借款一百万元之本息，如何拨还，乞示遵由。谨按该款一百万元，已于二十四年十月二十九日到期，结至十月底止，计共欠本息一百〇二万六千一百五十五元四角八分，以后利息虽尚未一并计入，似应算至还款日止，俾免本行暗受亏损。拟请钧座迅饬军需署，即予将本息如期拨还，俾便结束。

(三)二十四年十二月十三日呈，为垫付华西兴业公司汽车价款，请饬就四川公路专款内拨还由。谨按上项汽车垫款，先后代付两批，共合国币二十九万五千五百四十六元九角四分。为期已久，亦未计息，拟请钧座迅饬，即就该项公路专款，如数拨还，并予照计欠息。

(四)二十四年十二月十四日呈，为遵垫沪锡公路股款二十万元，请示归垫办法由。谨按该款二十万元，系于二十三年九月八日暂由本行借垫，作为钧座认购该公路股款之用。历时年余，可否请钧座迅赐饬拨，藉清款目。

(五)二十五年一月十一日呈，为六河沟煤矿公司欠款五万元，过期迭催不还，请核示办法由。谨按上项欠款系郭前总经理任内，由该公司王董事长正廷商借，以该公司优先股股票八万元为抵押品，订期一年，本系遵照钧座批示办理。乃该款于二十四年七月六日到期以后，乞未偿还，虽经迭次催追，亦属无效，可否请钧座赐电，饬催该公司克日措款，将本利归还，以免拖延。

上陈五项，均关行务进展。敬乞钧座俯赐推准，俾资遵办。至所祷企。谨呈

军事委员会委员长蒋

中华民国二十五年一月三十日

[中国农民银行档案]

12.中国农民银行呈送该行之分行处扩展情形(节略)

(1936年2月1日)

节略

窃查本行年来努力进展，行处增设已达五十余处。现计分行有汉口、南京、上海、福州、芜湖、南昌、郑州、长沙、西安、兰州、贵阳、重庆等十二处。支行有沙市一处。办事处已成立者有宜昌、老河口、武昌、杭州、金华、徐州、厦门、漳州、涵江、延平、三都、浦城、福州、城内、安庆、六安、九江、开封、潢川、安康、平凉、天水、常德、临川、成都、遵义等二十五处。在筹备中者有南郑、潼关、上饶、万县、泸县、乐山、南充、广元、宜宾、自流井、资中、内江、雅安、屯溪等十五处。农贷所有南昌、蔡甸、黄陂、长沙、塘栖、仪征、新乡等七处。仓库记有

硚口、湖口两处。除其他各地仍当斟酌需要次第设施外，理合呈请钧察。谨呈

军事委员会委员长蒋

中华民国二十五年二月一日

〔国民政府中国农民银行档案〕

13.财政部关于制定中国农民银行经营土地抵押放款及农村放款办法令

（1936年2月8日）

财政部训令 钱字第22466号
廿五年二月八日发

令中国农民银行

查该行为复兴农村而设，前经由部规定至少应以五千万元经营土地抵押放款及农村放款。于本年一月二十日令饬遵办在案。兹为督促切实进行起见，特规定该行经营土地抵押放款及农村放款办法六项如下。

一、该行至少应以五千万元，经营土地抵押放款及农村放款。

二、前项土地抵押放款及农村放款，应就该行总分支行或办事处所在地首先尽量办理。凡属农业重要区域或农村金融亟待救济地方，该行尚未设分支行或办事处者，应即推设。

三、该行经营土地抵押放款，以投放于农村土地为原则。对于改良土壤、整理农地等事业，并应予以低利融通。

四、该行经营农村放款，应特别注重自耕农之救济，尽速组织健全之合作社，以资投放，并应予以低利融通。

五、该行为办理农村放款，应于交通便利地方，筹办农业仓库，以利农产之运销，并应尽量提倡农业票据，流通农民资金。

六、该行经营土地抵押放款及农村放款，每届月终，应将放

款种类、数目及投放地方，详细报部，以凭查核。

仰即遵照办理为要。此令。

〔国民政府财政部档案〕

14.财政部公布之中国农民银行接收各省省银行发行部分办法

（1936年2月10日）

中国农民银行接收各省省银行发行部分办法

一、各省省银行，除河南农工银行、湖北省银行、浙江地方银行、陕西省银行之分行部分，业由中、中、交三行接收外，其余各省省银行或类似省银行之发行部分，应统由中国农民银行接收。

二、现尚未设有中国农民银行分行省份，应即陆续筹备设立。

三、中国农民银行接收一行毕，应即将接收情形，报告本部及发行准备管理委员会查核。

四、中国农民银行接收各省省银行发行部分如有困难，得随时呈请本部核办。

〔中国农民银行档案〕

15.中国农民银行呈送已奉蒋介石批办之呈文六件

（1936年2月10日）

计送已奉委座批办之呈文六件事由单

二十五、二、十

呈一件内列五项

（一）二十四年十月五日，垫付中央入甘剿匪军皮衣价款二十万元，请饬军需署将该款本息一并拨还。

（二）航空委员会借款一百万元，二十四年十月二十九日到期，共欠本息一百零二万六千一百五十五元四角八分，以后利息尚未并计，请迅饬军需署即将本息如数拨还，利息算至还款日止。

(三)垫付华西兴业公司汽车价款两批共付国币二十九万五千五百四十六元九角四分，请迅饬就该公路专款拨还并照计欠息。

(四)垫付沪西公路股款二十万元请迅赐饬拨。

(五)六河沟煤矿公司押借五万元，二十四年七月六日到期，乞未偿还，请赐电催。

(一)、(二)两项奉批前已批办，(三)项奉批照办，(四)项奉批即由该公路股票作抵，作为农行资本可也，(五)项奉批应由农行直接催付。

呈一件内列一项

(一)本行二十四年度纯益一百十八万七千三百九十八元一角四分，拟拨出八十万元作总分支行办事处购地造屋之基金，所余三十八万七千余元照章支付股利约尚合三厘有余。奉批此八十万元应作为公积金，其余可照办。

呈一件内列一项

(一)四川省应加入本行之股款二十五万元尚未照缴，恳赐电催。奉批照办

呈一件内列一项

(一)借支江西省银行一百万元，指定以特税存款作抵，尚未订约，请迅饬行营即与本行商订正式合约。奉批照办

呈一件内列五项

(一)军需署代兵工署借支三百万元。

(二)重庆行营借支四百万元。

(三)航空委员会借支三百万元。

(四)江西省银行借支一百万元。

又航空委员会借支一百万元。

以上五项除江西省银行借支之一百万元系以特税作抵外，余均信用放款，拟请以军需署在本行开立之公记户三百五十余万，经理处特记户三百三十余万及修记户一百二十余万存款之存折存

单催交本行收存，其尚不足约四百万元之数请由特税户拨款另存开列存单一并交存，作为各该借款之押品。

奉批准予特税户存款作保可也。

呈一件内列一项

(一)呈报订印本行钞券一万二千万元数目及价格情形奉批存查。

中华民国二十五年二月十日

[国民政府中国农民银行档案]

16.中国农民银行请批准发行农业债券大纲呈

(1936年2月19日)

呈请批准发行农业债券大纲(面呈)

窃查本行业务，重在复兴农村。对于农村事业，如土地之利用，农具之改良，畜牧渔业森林之拓殖，原应兼筹并顾，为整个之发展。惟我国幅员广袤，欲求普遍进行，非有大量资金，长期放款，不足以资周转。本行数年以来，对于农村工作，虽粗具成效，但以限于资金，仅致力于短期中期，其他各项长期放款，均未能如愿进行。现在本行条例，业已公布，对于本行救农资金，除规定得发行兑换券外，并得由国民政府之特准，发行农业债券。诚为吸收都市游资，用于农村建设之良策。最近本行又奉财政部令准，发行钞票一万万元，规定至少应以五千万元经营土地及农村放款。仰见政府救济农村金融之至意。然发行钞券，必须有充足准备，如以五千万钞券为长期之农村放款，既恐有竭蹶之虞，仍难免车薪之感，欲求广开资金来源，惟有即日推行发行债券办法。用敢遵照条例，并参酌德国土地抵押银行，及日本劝业银行办法，先行拟就本行发行农业债券大纲七条。计：

一、依照中国农民银行条例第十二条之规定，中国农民银行得发农业债券总额五千万元。

二、农业债券自发行之日起，限三十年内分期偿清，每年至少用抽签方法，偿还二次。

三、在农业债券偿还本息时，得仿照日本劝业债券之例，附给奖金，但其方法及奖金额须呈请财政部核准。

（说明）按日本劝业债券，发行数次，均无良好成绩，最后附给奖金，始收宏效。兹拟仿行，藉以奖励国民储蓄，且可募得低利资金。

四、发行农业债券所得之资金，以用于土地抵押放款，及关于改良农业之放款为限。

五、农业债券之还本付息，由政府明令担保，但对于第四条所载之用途，政府得派员监督之。

六、农业债券，由政府明令，得充钞票发行及储蓄存款之准备金，及各种法定保证金之用。

七、发行农业债券之条例，俟本大纲批准后，再呈请财政部核准公布施行。

以上所陈，是否可行，敬乞钧裁，批示祗遵。谨呈

军事委员会委员长蒋

中华民国二十五年二月十九日

［国民政府中国农民银行档案］

17.中国农民银行关于本行钞票应与法币同样行使请通行各省市政府呈

（1936年5月26日）

窃查本年五月二十一日在北平出版之《新北平》日报载有《北平市政府批示商会严行查禁农民银行钞票》新闻一则，内载：平市商会前呈市府以市面发现农民银行钞票，可否通行后，市府昨已批示该会以此项钞票，未经部核准发行通行到府，难任其流通，令饬公安局查禁。原批示云：二十五年五月九日呈一件，为转报市

面发现农民银行钞票，请核准由。具呈人北平市商会。北平市政府批：呈悉。查农民银行钞票，并未经部核准发行通行到府，自难任其流通市面，扰乱金融，除令公安局饬属严行查禁外，仰即转行各同业公会一体知照。此批。等语。查本行发行钞票，系遵照国民政府二十四年六月四日公布之中国农业银行条例之规定，自法币政策施行以后，复奉到钧部沪钱字二号训令，规定与法币同样行使，并蒙钧部呈请行政院转奉中央政治委员会第九次会议决议，准予备案，各在案。今该报所载上项消息，备录市政府批示原文，是否虚构，虽难悬揣，惟既经刊载，不唯影响本行发行，尤足妨碍国家币制，理合剪取该项新闻一纸，具文呈送钧部，敬祈察核，准予转行北平市政府速予查明更正，一例流通行使，并通行其他各省市政府令饬所属，一体知照，深为公便。谨呈
财政部部长孔

附件（略）

中国农民银行总经理　徐继庄

中华民国二十五年五月二十六日

〔编者注〕：财政部于六月六日指令，呈悉，已据情函请北平市政府查明，即予更正，并饬属一律通用，以利流通。

〔国民政府财政部档案〕

18.财政部公布之中国农民银行发行准备交由发行准备管理委员会接管办法

（1937年2月）

一、中国农民银行所发行之钞票，前经规定与法币同样行使，其发行准备金应即按照规定，悉数交由发行准备管理委员会管理。所有发行数额以及准备金数额，并由该会依照检查规则、按月检查公告。

二、中国农民银行发行钞票，毋论自发或他行领用，均应依

照发行准备管理委员会规定办法办理。

三、中国农民银行发行钞票之外汇准备，应与中央银行商订办法办理。

四、中国农民银行钞票发行区域，应注意于农业重要地方及边远省区。

五、中国农业银行对于农村抵押放款及土地放款，应依照财政部规定办法，切实办理。

〔国民政府财政部档案〕

四、中国国货银行的筹设

1.孔祥熙等关于国货银行筹委会成立经过并抄送简章呈

（1928年7月5日）

呈为呈报事。六月念七日奉钧府简派钱永铭、虞和德、王一亭、甘仲琴、苏民生、陈行、邹敏初、宋子文、孔祥熙、薛笃弼、宋渊源、纽永建、张之江为国货银行筹备委员等因。奉此。遵于七月二日开第一次筹备委员会，正式成立，并议定简章，先推祥熙、渊源、永铭为常务委员，各在案。窃查国货银行之设，原本乎吾党建设政策，外以抗经济之侵略，内以谋实业之振兴，诚为目今切要之图。唯筹备职责，募股为先，应请钧府首先认股提倡，方足鼓舞全国国民。且筹备在在需款，并恳准先给发筹备费若干，藉利进行。理合具文呈请，连同筹备委员会简章一份，随文附送，伏乞察核示遵。谨呈

国民政府

中国国货银行筹备委员会常务委员　孔祥熙

宋渊源

钱永铭

中华民国十七年七月五日

中国国货银行筹备委员会简章

一、本委员会承国民政府之命，筹备国货银行一切事宜。

二、筹备委员互推常务委员三人或五人，主持会中日常事务。

三、本委员会每星期开会一次，由常务委员召集之。

四、本会开会，须有委员过半数之出席，始得开议。

五、本会设秘书处，分科办事，其细则另定之。

六、本会因咨商进行事宜，得聘任有资望或有专门学识与经验者为顾问。

七、国货银行成立后，本会应即呈报结束。

八、本简章呈请国民政府核准施行。

中华民国十七年七月五日

〔国民政府档案〕

2.国货银行筹委会向社会各界招股的通电

(1928年7月7日)

中央各委员、各部长、蒋总司令、冯总司令、阎总司令、李总司令、李、朱、白、鹿、商、方、陈各总指挥、吴、蒋、周、田各委员、各军、各总指挥、各军长、总商会、银行公会、国货维持会、各团体、各报馆、各省省政府、各党部、各市长、全国各商会、各团体、各报馆，并转全国同胞、海外各埠侨胞均鉴：国民政府令饬筹备国货银行，遵即在京成立筹备委员会，赶速进行。窃念北伐成功，训政开始，凡诸建设事业，首当注意民生。然欲求外防列强经济之侵略，内谋全国金融之调剂，非速发起国货银行，不足以收提倡国货之实效，而确立国民经济之基础。兹由敝会议定，无论个人或团体，凡自认或招股，均可推为国货银行发起人，用特通电征求，凡慨认或发起者，希于七月以内，将认股及设招股数电复敝会，以便列名发起。临电无任神驰。国货银行筹备委员会叩。虞。印。

注：此件为财政部七月十九日训令金融监理局之附件。

［国民政府财政部档案］

3.中国国货银行招股说明书①

（1928年8月）②

中国国货银行招股说明书　规字第十号

（一）筹设之动议

五三济南惨案发生后，国人有抵制外货之举。但抵制外货必先有国货代替，而后可欲谋有相当之国货可以代替，更必有资本雄厚之金融机关为一切国货事业之后盾。方足以资提倡而谋发展。故国民政府委员宋渊源提议筹设中国国货银行，并由国民政府简派钱永铭、虞洽卿、王一亭、甘仲梁、苏民生、陈行、邹敏初、宋子文、孔祥熙、薛笃弼、宋渊源、钮永建、张之江为筹备委员，业于七月二日正式成立筹备委员会。

（二）政府之提倡

国民政府为提倡招股起见，首先认提倡股一百万元，并于招股章程第二十一条内订明"政府提倡股、须俟民股分息后，仍有盈余，方得付息"。其他为江苏省政府上海市政府均各认股提倡，鄂赣豫津等省市政府亦均函电纷驰，表示热烈之赞助。

（三）保息之批准

上海各商业团体及国货大同盟会等为便利国货银行招股并谋国民信仰起见，请求筹委会转呈国府，准予于江海关税款项下按月划拨五万元为中国国货银行保息专款，业经筹备委员会转呈，并于八月二十一日由国府会议通过照准。

（四）营业之设计

① 沿用原标题。

②原件无日期。

国货银行投资甚巨，范围至广，其营业之设计，除招股章程已经订明外，有足资注意者三点，兹更略述如下。

(甲)国货实业调查组

调查各种国货实业之生产状况、销售情形、及其不发达之原因等，编成统计报告，以供商民之参考，而使本行扶助国货之进行，惟应如何改良质地及推销保护必经专门家之研究，故又有专门人才组之设。

(乙)专门人才组

本组招致各项专门人才与各种国货商家分门别类研究调查组之报告，再根据各人之经验及学理详细计划，编订或著作改良及推销保护国货之意见书，以供放款委员会之研究并备国人之参考。

(丙)放款委员会

本会除常会外，得随时招集会议，根据调查组之报告、专门组之计划书、详为讨论，以决定投资及监督之办法，如认为可以投资者，于审查之后再核定数目及期限，并委派专家即往该厂处所执行监察，随时报告放款委员会，照此办法则银行与国货实业溶为一体，互得美满之结果。银行方面亦可以维护股东之利益，而谋营业之发达矣。

(五)招股及收款

(甲)本行招股者：1.发起人，2.筹备委员，3.受本会委托之官署商会或其他团体，4.本会选派之招股员。

(乙)经收股款概由本会委托之银行办理。招股者仅负劝募责任，而不经手股款。

(丙)认股人向本会指定之银行或钱庄缴款时，应取回缴款收据为凭。

(丁)该项缴款收据于本行正式成立后，另行登报，换取正式股票。

(六)政府与股东

政府完全处于提倡地位，虽认股最先，而付息则最后。

八月廿二日更于国府第八十七次会议通过，按月拨五万元为国货银行保息基金。至于筹备委员会，一俟股东创立会成立，其职务即行终了，一切银行之组织均将移于股东之手。

若董事监察等之选举，以及一切股权之分配均属股东本身问题，亦俟股东创立会由股东自行解决，并不预先规定。

发起人：蒋中正 冯玉祥 谭延闿 蔡元培 张人杰 李济琛 杨树庄 陈绍宽 阎锡山 李烈钧 何应钦 李宗仁 朱培德 于右任 白崇禧 王伯群 易培基 陈嘉庚 叶佛成 张永福 黄奕住 林秉祥 郭祯祥 李清泉 邱应篆 曹允泽 邱明昶 蒋作宾 王正廷 朱兆华 缪 斌 张 贞 宋哲元 傅作义 黄 实 白志鲲 陈其采 许世英 冯少山 程源全 徐桴 王晓籁 王彬彦 穆藕初 顾馨一 贝淞荪 严孟蕃 王介安 闻蘭亭 韩希琦 叶惠钧 赵晋卿 王汉良 王汉强 徐赓华 徐春荣 赵少庸 林质茂 黄涵之 赵 冲 叶承明 徐湘波 余环忱 舒蕙桢 张定璠 钱大钧 胡 筠 周作民 林康侯 陈翊庭 袁履登 荣宗敬 管际安 张 鉴

陈肇英 曾江水 郑奕良 陈楚楠 阮性咸 陈调元 鲁涤平 邓锡侯 谢文炳 李品仙 张寿镛 汤 巨

〔中国国货银行档案〕

4.孔祥熙等请国府迅拨提倡股一百万元以免国货银行功亏一篑函

（1928年11月9日）①

介石先生主席钧鉴：曩者国府鉴于济案发生，国人抵制劣货之热烈，因命祥熙等筹备国货银行，冀藉金融调剂之力，发展国货，并以抗制列强经济之侵略。复于第七十七次会议，认提倡股

① 此为收文时间。

一百万元，以示政府与人民通力合作之意。祥熙等秉承筹备以来，幸国人激于大义，踊跃认股，综计股额已达九百万元左右，合国府所认提倡股，已满第一期预定股款先招足一千万元之额。故特于十月二十八日在上海开发起人大会，当经议决，定十二月二十二日开股东创立大会，并分别定期截止收股。惟是众情之所以踊跃，虽由义愤所激，实由国府提倡之力。值此定期交款，众意咸注目于国府提倡股拨付与否为依违。倘蒙拨付，则观听所在，上行下效，民众益坚其信仰，股款自不难如期收齐。否则相率观望，势必愆期，且既有藉口，或终至退股。不特垂成之银行，亏于一篑，而政府之大信，亦不能无所影响。近者国府且拨付现款二千万元为中央银行基金，敝行亦系奉令筹备提倡国货之银行，事同一律，似可以一体待遇。除正式具文呈请国府照案拨付外，伏乞先生为国家大信计，为国货前途计，鼎力主持，敦促照拨。不特祥熙等之幸，亦国人之幸也。临书依驰，不胜盼祷，专此。敬颂
钧安

冯少山
宋渊源
孔祥熙　同启
钱永铭
程源铨

〔国民政府档案〕

5.财政部抄送冯少山等呈请确定国货银行为商办有限公司函

（1928年11月27日）

径启者：据全国商会联合会常务委员冯少山等呈称，查国货银行为振兴实业、活动金融唯一要图。在各商会固应负担劝认股本之责，在政府亦应确定其为商办有限公司，请规定于该行章程等情，并附该会金融组提案到部。相应抄录原呈暨该提案，函请查照。此致

国货银行筹备处

附抄件

财政部长　宋子文

中华民国十七年十一月廿七日

呈。为呈报事。窃全国商会临时代表大会十月二十二日第五次大会第五号议程第六十七号提案为常委会提出拟请各商会劝认国货银行股本案金融组审议结果：一、本会一致赞助国货银行迅速认股，促其早日开幕，二、各处所收股款留为各处分行基金，有设分行之必要地动用之报告大会决议照办。查国货银行为振兴实业、活动金融唯一要图。在各商会，固应担负劝认股本之责，促其早日实现，早日开幕。在政府亦应确定其为商办有限公司性质，概由股东完全行使职权。政府虽有提倡股之认定，惟应认定提倡二字，意义不必因其中有官股致成官商合办之局，生股东之疑虑，阻股款之认集。股本收足以后，政府提倡股不应拨还收回，以明性质。理合根据上述理由，具呈钧部审核。请求明白规定于中国国货银行章程，实为公便。谨呈

国民政府行政院财政部

计附呈提案一件

中华民国全国商会联合会常务委员

冯少山

苏民生（假）

张域泉

中华民国十七年十一月五日

第六十七号　金融组

请各商会劝认国货银行股本案。

提议者：常委会。

为提议事。查国货银行为发展我国实业根本唯一要图。国府提倡于前，各省政府、各党部、各机关赞助于后，既先认官股，而官股之权利反后于商股。且各该地方所认股本如足以开设分行或支行，即先行开设。于此，足见政府顾虑周详、维持实业之致意。前准筹委会函送招股章程，业经本总所分发各繁盛都会商埠之总商会，请为竭力劝认股本在案。现在各处认股已有四、五千万元；其余亦极为踊跃，至年底预计有八千万元，定为成立总行。兹值我全国商会代表聚集上海开大会之日，该银行与我商界有密切关系，极宜竭力劝认股本，俾得早日观成。故特提出议案，拟请全国内外各商会尽量劝认股本，商会领袖兹应先行认股，以为之倡。是否有当，敬候公决。

〔中国国货银行档案〕

6.孔祥熙等报告国货银行筹办经过并恳国府明令促成呈

（1929年1月21日）

呈为报告筹备经过，请祈鉴核明令促成事。窃职会奉令筹备，抵今数月，劝募经营，渐告就绪。统计所募股款可即收缴者，已达壹千贰百余万元，谨另列清册呈鉴。目前正在催收股款，备开股东创立大会，选举职员，定期开业。钧府前令财政部指拨筹备费五万元，职会仅支到二万元，余款三万元，财部迄未拨清。数月以来，支撑拮据，进行迟滞，所需各费，多由各委员私人挪款弥缝。今当催缴股款之际，又值借贷俱穷之会，真觉应付万难。且钧府提倡股百万元，前令财政部照拨在案，迄今亦未拨交。各省市之视中央，如影随形，因之所以提倡股遂多观望，海内外各商股因亦不免有迟回顾虑之处，影响所及，实为总行迟迟成立之最大原因。总行未能从速实现，各处分行虽经着手收款，究未能先总行而成立，连带关系，又堪焦虑。伏念济案蒙羞，寇兵未撤，凡有血气，寝馈勿忘。国货银行既共认为实业救国，雪耻初步，则成败利纯，实为政府威信所关，国际声誉所系，群策群力，务底于成，宁有使之功亏一篑、事废半途之理。委员等视此为爱国大计，暂竭精诚，以求速效。惟恳钧府主持促进，以成伟举，迅赐令饬财政部将筹备费三万元指拨，以利进行，并令财政部及各省市，将所认提倡股限期如数汇沪，未认者继续认缴，以资倡导。至各省市认募商股，拟并请钧府令各省政府、各市政府负责催缴。倘均蒙俯如所请施行，拟即于本年四月一日召集股东创立大会。如何？敬候察核训示祇遵，实为公便。谨呈
国民政府

冯少山
宋渊源
常务委员　孔祥熙
钱永铭
程源铨

附呈清册一份（缺）
中华民国十八年一月二十一日

〔国民政府档案〕

7.行政院报告财政部检查国货银行筹备情形并决议结束其筹备处工作呈

（1929年5月23日）

呈为呈复事。案准钧府文官处第三七七五号函开：奉主席发下中国国货银行筹备委员会呈为呈报股东创立会通过章程、办理选举、请鉴核备案并指派董事、监察人共策进行一案。奉谕：交行政院核明各章程，及此次选举是否依法办理，呈候核办。等因。相应抄检原件，函达查照办理。等由。计抄送原呈一件，并检送原章程清册各一件，准此。当经提出职院第二十二次会议决议：由财政部详细查验，并查明筹备经费之开销。经抄发原件，令行

该部遵照去后。现据财政部呈复称：当经令派钱币司司长徐堪前赴该银行筹备处，遵照令开各节，详细查明呈报，以凭核办。兹据该员呈称：遵令驰赴该银行筹备处，逐一详细查明。兹查得其认股总额为一千三百五十四万五千零十元，但细核其内容：（一）有正在招募者。如湖北认股一百六十五万余元，系按各县商会拟摊、尚无已收若干之报告；平津认股一百万元，亦正在派员分募，亦无募有若干确数。（二）有已认定股额并无确实缴股期间者。如提倡股中湖北十万元及南京三万元，仅有饬财委会或财政局设法提倡字样；甘肃、河北各一万元，均未缴分文；广东、浙江则皆未定有数目；安徽二十万，仅先缴一千元；湖南五万，仅经省务会议议决暂认，未声明何时缴款。其他商股中，如广东一百万元，仅由总商会议决，由反日会及政府应还公债内拨，亦未声明何时拨缴；上海三十万元，则由总商会及冯少山负责，且并无文件证明；扬州五十万，由特派员程人骏报告，由盐商认缴，究竟某人认缴若干，则无详细报告；西贡十万元，已收四万七千元，存当地商会，必须正式开幕，始行汇缴；又河南五十万元、福建五十万元，未据交阅认股文件，凡此皆无确实缴股之希望。其余如吉林十万元、星加坡一百万元、苏州五十万元，均以开设分行，留作基金为条件。（三）有已缴股款而不汇解者。如辽宁之三十万元、江西提倡股之十二万五千元及商股之三十七万六千元，均缴存地方银行，而声明留作开设分行基金之用，并不汇交筹备委员会。此种收股方法，核与习惯、法律，均相违背，在法律上自不能认为有已缴股款之效力。（四）有已缴款而并不如法者。如福建已缴十万元中，有九万元为省公债；江西商股中并未填明股数，而但记银数且有零数在十元以下者，核与招股章程，殊为未合。综上数端，其认股总额虽号称一千三百五十余万元，但十之七八恐无缴款希望，或虽已缴款，而仍与未缴等。故实收股款，不过一百九十余万元，除留存江西、辽宁、吉林、广西、西贡各款外，实不过八十余万元。查该行招股章程第十二条载：本行股本先定四千万元，招足一千万元即行开始营业，等语。所谓一千万元，即系四千万元之四分之一，词义甚明。该行筹备处必须募足股额四千万元，收足股款一千万元，方能开创立会，议决章程，选举职员。即退一步言，以一千万元之四分之一计算，亦须每股一律缴足四分之一，然后权利、义务方能平均。若照该筹备处所列收股数目，如福建认十万，缴足十万元，安徽认二十万，只缴一千元，则于股份分配上，无论如何均不合法。若强指缴足认额者为四分之一，则所余四分之三究属何人负担，于事实上尤难索解。故就令以一千万算缴足二百五十万元，亦绝不能裁甲补乙，勉强以符四分之一之数。况核计其实收之数，不过八十万元，其去法定额数相差尤远。照公司条例，自不能遽开创立会，以议决章职，实行选举。且查当日开会情形，其议事录中主席提出选举时，反对者大不乏人，乃不经表决手续，即作通过，致弃权者有一百零八票之多。诚如孔部长节略所云，不依法定程序，殊有未合。至其筹备经费之开销，经职细核其收支数目，自上年七月起至本年四月底止，共为七万三千二百二十一元四角四分，内除现金存出一项共九千九百二十元零九角二分外，实开销洋六万三千三百元零五角二分，另单附呈。此职遵查国货银行筹备处之实在情形也。究应如何办理之处，理合具文呈复，敬候鉴核示遵。等情。据此。复核尚属确实，理合将派员查明国货银行筹备处各情形，并抄具该委员会收支统计表，备文呈复，敬祈鉴核示遵。等情。正核办间，旋据国货银行筹备委员会呈报筹备开支帐目，并造具收支计算书，请续发筹备费等情，到院。业经一并提出职院第二十五次会议决议：中国国货银行筹备委员会应即结束，由工商部、财政部接收，并拟定妥善办法呈核。除分饬各该部、会遵照外，理合缮具财政部原送收支统计表，备文呈复钧府鉴核示遵。谨呈

国民政府主席蒋

计缮呈财政部原送收支统计表一纸(略)

行政院院长谭延闿

中华民国十八年五月二十三日

［国民政府档案］

8.行政院议决结束国货银行筹委会由财政工商二部接收训令

（1929年5月25日）

行政院训令　字第一七七五号

令国货银行筹备委员会

为令遵事。案准国民政府文官处第三七七五号函开：奉主席发下中国国货银行筹备委员会呈为呈报股东创立会通过章程，办理选举，请鉴核备案，并指派董事、监察人共策进行一案，奉谕交行政院核明各章程及此次选举是否依法办理，呈候核办，等因。相应抄检原件，函达查照办理，等由。计抄送原呈一件并检送原章程清册各一件，准此。当经提出本院第二十二次会议决议，由财政部详细查验并检明筹备经费之开销，经抄发原件令行该部遵照去后。现据财政部呈复称，当经令派钱币司司长徐堪前赴该银行筹备处遵照令开各节详细查明呈报，以凭核办。兹据该员呈称，遵令驰赴该银行筹备处逐一详细查明。兹查得其认股总额为一千三百五十四万五千零十元，但细核其内容(一)有正在招募者，如湖北认股一百六十五万余元，系按各县商会拟摊，尚无已收若干之报告，平津认股一百万元，亦正在派员分募，亦无募有若干确数。(二)有已认定股额并无确实缴股期间者，如提倡股中湖北十万元及南京三万元，仅有饬财委会或财政局设法提倡字样。甘肃、河北各一万元，均未缴分文。广东、浙江则皆未定有数目。安徽二十万，仅先缴一千元。湖南五万元，仅经省务会议议决暂认，未声明何时缴款。其他商股中，如广东一百万元，仅由总商会议决，由反日会及政府应还公债内拨，亦未声明何时拨缴。上海三十万元，则由总商会及冯少山负责，且并无文件证明。扬州五十万，由特派员程人骏报告，由盐商认缴，究竟某人认缴若干则无详细报告。西贡十万元，已收四万七千元存当地商会，必须正式开幕始行汇缴。又河南五十万元、福建五十万元，未据交阅认股文件。凡此皆无确实缴股之希望。其余如吉林十万元，星加坡一百万元，苏州五十万元，均以开设分行留作基金为条件。（三）有已缴股款而不汇解者，如辽宁之三十万元，江西提倡股之十二万五千元及商股之三十七万六千元，均缴存地方银行而声明留作开设分行基金之用，并不汇交筹备委员会。此种收股方法核与习惯法律均相违背。在法律上自不能认为有已缴股款之效力。（四）有已缴款而并不如法者，如福建已缴十万元，中有九万元为省公债。江西商股中并未填明股数，而但记银数且有零数在十元以下者，核与招股章程殊为未合。综上数端，其认股总额虽号称一千三百五十余万元，但十之七、八恐无缴款希望，或虽已缴款而仍与未缴等，故实收股款不过一百九十余万元，除留存江西、辽宁、吉林、广西、西贡各款外，实不过八十余万元。查该行招股章程第十二条载本行股本先定四千万元，招足一千万元即行开始营业等语。所谓一千万元，即系四千万元四分之一，词义甚明。该行筹备处必须募足股额四千万元，收足股款一千万元，方能开创立会议决章程、选举职员。即退一步言，以一千万元之四分之一计算，亦须每股一律交足四分之一，然后权利义务方能平均。若照该筹备处所列收股数目，如福建认十万，缴足十万元，安徽认二十万，只缴一千元，则于股份分配上无论如何均不合法，若强指缴足认额者为四分之一，则所余四分之三究属何人负担，于事实上实难索解。故就令以一千万算，缴足二百五十万元，亦绝不能截甲补乙，勉强以符四分之一之数，况核计其实收之数不过八十万元，其去法定额数相差尤远，照公司条例自不能遽开创立会以议决章程、实行选举。且查当日开会情形，其议事录中主席提出选举时，反对者大不乏人，乃不经表决手续即作通过，致弃权者有一百零八票之多。诚如孔部长节略所云不依法定程序殊有未合，至其筹备经费之开销，经职细核其收支数目自上年七月起至本年四月底止，共为七万三千二百二十一元四角四分，内除现金存出一项，共九千九百二十元零九角二分外，实开销洋六万三千三百元零五角二分，另单附呈。此职遵查国货银行之实在情形也。究应如何办理之处，理合具文呈复，敬候鉴核示遵。等情。据此。复核尚属确实，理合将派员查明国货银行筹备处各情形，并抄具该委员会收支统计表，备文呈复，敬祈鉴核示遵。等情。正核办间，旋据该会呈报开支帐目并造具收支计算书，请续发筹备费等情到院，业经一并提出本院第二十五次会议决议：中国国货银行筹备委员会应即结束，由工商部、财政部接收，并拟定妥善办法呈核。除呈复国府暨分令财政部外，合行令仰该委员会，即便遵照。此令。

院长　谭延闿

中华民国十八年五月二十五日

〔中国国货银行档案〕

9.中国国货银行代理人潘序伦为申请该行注册致财政部呈

（1929年11月5日）

具呈人：中国国货银行股份有限公司。

代理人：会计师潘序伦，年三十六岁，籍贯江苏宜兴县，住址上海公共租界江西路六十二号。

呈为设立银行，请求注册事。窃敝行奉国民政府命令组织筹备，业已完竣，并于本月一日开创立会，理合遵照银行注册章程呈请大部注册，并将验资注册应行备具各种文件附呈察核，并依照注册章程第七条第五款之规定，缴纳注册费洋四百元，又贴照印花税洋二元，伏乞俯赐注册，发给营业执照，俾便即日开始营业，

实为德便。谨呈

财政部

附件

1.公司章程

2.招股章程

3.股东名簿

4.职员名录

5.所在地银行之保结册

6.创立会议决录

7.检查人报告书

8.代理人委托书

9.国币肆百零贰元。

代理人会计师：潘序伦

职员名录：

董事：

唐寿民，孔庸之，钱新之，刘奎度，胡文虎，宋子靖，许世英，徐堪，宋子良，陈行，陈光甫，郑莱，叶琢堂，张学曾，陈家栋。

监察人：

黄浴沂，刘鸿生，李清泉，穆藕初，黄汉樑，徐新六，贝淞生，吴在章，陈绍妫，温融康。

所在地银行之保结册

行名：

中央银行，中国银行，交通银行，金城银行，盐业银行，中南银行，大陆银行，四明银行，国华银行，江苏银行，通和银行，永亨银行，和丰银行，福源钱庄，怡大钱庄，永丰钱庄，浙江兴业银行，浙江实业银行，上海商业银行。

兹委托潘序伦会计师为本公司向财政部呈请银行注册之代理人此证。

具委托书

全体董事：

唐寿民　孔庸之　钱新之

刘奎度　胡文虎　许世英

徐　堪　宋子靖　宋子良

陈　行　陈光甫　郑　莱

叶琢堂　张学曾　陈家栋

全体监察人：

黄浴沂　刘鸿生　李清泉

穆藕初　黄汉樑　徐新六

贝淞生　陈绍为　温融康

中华民国十八年十一月

〔国民政府财政部档案〕

10.工商部财政部报告国货银行筹备经过并抄送股东创立会议录呈

（1929年11月5日）

敬启者：案查本年七月二十四日准大、工商部函开：奉行政院令开：中国国货银行交财政、工商两部继续筹划办理。等因。奉此。当于七月二十六日正式成立筹备处，由工、财两部会聘郑洪年、徐堪、刘奎度、钱新之、许世英、邹敏初、唐寿民、陈健庵、杨敦甫、虞洽卿、吴希之、黄汉樑、汤筱齐等十三人为筹备委员，继续筹备，并修正招股章程函送。大部会同工商部呈经行政院第四十次会议决议通过，转呈国府核准备案。资本总额为二千万元，第一期先募足五百万元，内官股二百万元，商股三百万元，限期三个月。正式开幕办理以来，深荷国府之提倡及人民之赞助，募集股款甚属顺利。官股方面计国民政府之一百万元及辽宁、江西、福建、江苏、陕西、吉林、湖北、湖南、浙江、安徽、河北各省政府，上海、汉口、天津、南京、青岛各市政府分认之提倡股，先后募足二百万元。商股方面计南洋各埠、上海、南京、松江、扬州、宁波、南昌、北平、天津、汉口各地之工商业及私人认购之股款先后募足三百零二万九百四十元统计，股款共募足五百零二万零九百四十元，已足法定数额。遂于九月三十日委员会议决议，定于十一月一日开股东创立会，并按照公司条例规定，于一个月前登报公告及分函通告各股东。又根据修正招股章程第十八条规定，拟定本行组织章程四十六条，提付股东会决议通过后，呈请政府核准备案。嗣因修正招股章程，对于官股董事、监察人之产生方法尚未明白规定，及官商股监察人之名额分配未尽适宜，后经行政院第四十三次会议决议，变更监察人人数，定为：官股五人，商股四人，常驻监察人三人，官股二人，商股一人，并定官股董事、常务董事、官股监察人、常驻监察人，概由政府指派。商股董事、监察人由股东会选举之；商股常务董事由商股董事互选之；商股常驻监察人由商股监察人互选之。本月一日股东创立会如期开会，计到会户数为六百四十一户，到会权数为二万九千六百五十一权，均已超过法定数额，由筹备处主任主席先报告筹备经过情形，次通过章程四十六条，最后选举商股董事、监察人。唐寿民等九人，得票最多，当选为商股董事。李清泉等九人得票次多，当选为候补董事。黄浴沂等四人得票最多，当选为商股监察人，王正廷等六人得票次多，当选为候补商股监察人。此关于奉令筹备国货银行及创立会开会时之经过情形也。至筹备经费前后共计支出十万九千六百三十八元四角一分，除筹备处支出一万七千零二十九元八角外，其余皆属前筹备委员会所支出，除分函工商部外，所有国货银行筹备经过情形，相应连同股款放存清单、经费收支总额表、董事、监察人名单及股东创立会会议录各一件函送大部，即希察核转呈备案为荷。此致

财政部

计函送：

股款收存清单一纸（略）

经费收支总额表三纸（略）

董事监察人名单一册（略）

股东创立会会议录一件

国民政府特派国货银行筹备委员　宋子文　孔祥熙

中华民国十八年十一月五日

中国国货银行股东创立会会议录

日时：民国十八年十一月一日下午二时。

地点：上海香港路四号银行公会议厅。

到会户数及权数：

户数：计共到六百零五户。

权数：计共到二万六千七百七十八权。

主席：孔庸之。

记录：聂德声，黄孝先。

开会：行礼如仪。

甲、报告事项

一、主席报告到会户数权数。

1.本行法定户数过半数为五百十五户，现已签到者共六百零五户。

2.本行法定权数过半数为一万六千二百十八权，现已签到者共二万六千七百七十八权。

以上已到户数、权数均已超过法定数额，照章可以开会。

二、主席报告筹备经过

十七年七月间，国民政府为扶助国内小工业及促进国货生产起见，议决筹设国货银行，简派委员著手筹办，并首先认购提倡股一百万元。各省市政府闻风响应，亦分认股款共同提倡至本年六月间，政府因急于观成，遂明令责成财政、工商两部，会同接收改组筹备处继续筹备。七月二十七日，筹备处正式成立，并修正招股章程，由财工两部呈，经行政院第四十次会议议决通过，呈奉国府第二三〇〇指令核准备案，资本总额定为二千万元，第一期先募足五百万元，内官股二百万元，商股三百万元，限期三个月，正式开业。嗣为进行便利起见，加聘钱新之、许世英、唐寿民、邹敏初、虞洽卿、陈健庵、吴希之、杨敦甫、黄汉梁、汤筱齐诸君为筹备委员以助进行，由祥熙会同宋部长负责主持，两月以来深荷国民政府通令提倡，各业团体热烈赞助，募集股款甚属顺利。官股方面计国民政府之提倡股一百万元，及辽宁、吉林、江西、福建、江苏、湖北、湖南、浙江、安徽、河北、上海、汉口、青岛、南京、天津各省市政府分认之提倡股均已募足二百万元之法定数额，商股方面计南洋各埠、上海、南京、松江、扬州、宁波、南昌、北平、天津、汉口各地之工商各业及私人认购之股款，亦经募足三百万元之法定数额，遂于九月三十日委员会议议决，定于十一月一日开股东创立会，并按照公司条例规定，于一个月前登报公告及分函通知各股东，又根据修正招股章程第十八条规定，拟定本行组织章程四十六条，提付股东会议决，呈请工、财两部核准，转呈国府备案，此筹备本行之经过情形也。又查本行修正招股章程，对于董事监察人名额之支配，暂定为董事十五人，内官股六人，商股九人，常务董事五人，商股三人，监察人官股二人，商股三人。本月二十九日行政院第四十三次会议复议决变更监察人人数，为官股五人，商股四人，常驻监察人三人，官股董事监察人概由政府指派，商股董事监察人由股东会选举之，商股常务董事由商股董事互选之，商股常驻监察人互选举之。盖以本行乃由政府认股提倡国民集资组设，故办理归诸商人，监督权操政府，俾官商互相维系，不至有垄断之弊，则政府之政策得以施行，而行务亦可赖以发展，立法之意至为深远。此又应请本行股东共同体认者也，相应报告如左，即希公察。

再者本席对于本届选举事项，略有一点意见贡献于到会诸君。第一，选举董事监察人，要以能做事的为标准，不要仅以地位声望高崇者为标准。譬如蒋主席也是本行的股东，而也有被选的资格，但是他的政务很忙，就是选举了他，他也不能抛了国家大事来参预本行事务的。第二，要选在地域上比较便利的人，不要以省市为单位去平均分配。因本行行址是在上海，假如选举了南洋华侨或东三省、湖南、山西等处的人，为董事监察，纵使被选的都很能做事，但关于董、监会会议等事，如何能使彼等常常接近在一处商榷呢。以上两点都是事实上的问题，所以特为附带提出，请诸位注意！

乙、议定章程

1.在章程草案未付讨论前，有商股股东叶明齐代表伏彪君，以新章程草案内未列政府保息之条文，与旧招股简章似有未符，发生疑问。

2.主席：贵股东意欲政府保息，今日可否作一决议案，以便日后向政府呈请要求。

议决：呈请政府请求保息。

附记：此时有商股股东某君因主张即在新章内规定政府保息条文，不赞同上项决议，自行中途退席。

3.主席命司仪宣读草案

(一)自第一章"总纲"第一条至第三章"业务"第十六条止，以上各条款均无异议通过。

(二)第四章"组织"第十七条第二项，后加修正文一项，其文为"商股成份超过三百万元时，商股董事名额应比例增加之。"

(三)十八条至二十条，均无异议通过。

(四)第二十一条"副总经理"字样改为"协理"，原"付总经理一人"句改为"协理一人至三人"。

议决，照修改通过。

(五)自本章第二十二条至第八章“股东会”第三十二条，以上各条款均无异议通过。

(六)第三十三条，本条股权问题，宋渊源主张一千股以上之股东，其超过之股数应五股作一权，以示限制大股东操纵之意。

主席：宋先生之意甚是，可否作一决议案，以便日后向政府建议。

议决：不必作议决案。

(七)自本章第三十四条至第十章“附则”第四十五条，以上各条款均无异议通过。

丙、选举

1.此时孔主席以事先退，委托许俊人先生代理主席职务。

2.主席指定监票检票唱票员共八人如下：

寿景伟、孙馥仙、史吉筠、胡伯午、余畋、熊菊龄、潘鸿勋、朱钊。

3.投票毕，检票员共检得票一百九十五张，内废票二张。

4.开票结果

(一)当选之董事九人(商股)

唐寿民，得二三三〇五权。

孔庸之，得二三一三一权。

钱新之，得二二九八一权。

刘奎度，得二一八一二权。

胡文虎，得一九七五八权。

宋子清，得一九五九三权。

许世英，得一九四六六权。

徐　堪，得一八五七八权。

宋子良，得一三五三五权。

次多数：

李清泉，得一〇〇二一权。

叶琢堂，得六〇五五权。

穆藕初，得五六八八权。

林秉祥，得三七六五权。

荣宗敬，得三一一六权。

黄奕柱，得一三三六权。

刘鸿生，得八六一权。

杨树壮，得六六四权。

(二)当选之监察人(商股)四人

黄浴沂，得二三三八四权。

刘鸿生，得一九七九九权。

李清泉，得一六六三九权。

穆藕初，得一五〇一一权。

次多数：

王正廷，得六四一一权。

叶琢堂，得三五一九权。

颜子璋，得三二五三权。

徐　堪，得二九七〇权。

宋子良，得二七二七权。

周作民，得二一七〇权。

丁、散会时已九点

主席　孔祥熙

[国民政府财政部档案]

11.财政部准中国国货银行注册并抄发修正章程批

(1929年11月14日)

财政部批　字第九五二二号

批中国国货银行呈二件，为设立银行请求注册由迭呈暨附件均悉。查该行资本业经本部派员验明，尚属相符。唯所拟章程经加审核，尚有应行修正之处。除将修正章程抄发外，其余各件尚无不合。应即准予注册，填印银字第叁拾号营业执照，随文附发，仰即遵照。此批。

附抄发修正章程一份，银字第叁拾号营业执照一张。

部长　宋子文

中国国货银行章程

第一章　总则

第一条　本银行以维护国内工商业及扶助发明家创办新企业、图谋国货生产之发展为宗旨。由政府认股、提倡国民集资组设之。

第二条　本银行定名为中国国货银行。

第三条　本银行遵照公司条例，组织为股份有限公司。

第四条　本银行设总行于上海。因营业上之必要，经董事会之决议，得于各省市工商业繁盛区域及海外华侨居留地酌设分支行办事处，或与他银行号订立代理契约。

第五条　本银行营业年限自注册之日起算，以三十年为限，限满后得由股东会议决，呈请工商、财政部核准延长之。

第二章　股本

第六条　本银行股本总额定为国币二千万元，分为二十万股，每股国币一百元，分期招募。第一期先募五万股，内官股二万股、商股三万股，银一次交足。将来视营业发展之状况分期总续招募。

第七条　本银行股票概用记名式，其承受及让与均以中华民国国民为限。

第八条　本银行股票分一股、五股、十股、五十股、一百股五种，盖以本银行图记，由董事长及常务董事签名盖章。

第九条 本银行股票如有让与或出售时，应由原主于股票背面签名盖章，向本银行过户。每张纳手续费银元一元。如因承受关系，须更改户名时，应由承受人将股票及合法证明书交本行查核明确后，方可更改。每张纳手续费银元一元。

第十条 本银行填发股票时，股东应将签名及图章式样交存本银行，以为支取利息或过户等事之凭证。

第十一条 凡以堂记牌号或法团名义附股者，应将代表人姓名、住址报告本银行存记。

第十二条 凡因股票之迭失或毁灭请求换给新股票者，须具正式申请书，由二人以上之保证人签名盖章，并由该股东出费登载本银行指定之新闻纸，候满三个月，如不发现轇轕，由该股东出具收据，向本银行补领新股票并纳补票费每张银元一元。股票如有毁损污染致字迹模糊，不能证明股东之权力时，其请求换给新股票之手续亦同。

第三章 业务

第十三条 本银行之业务如左。

（一） 国货生产事业之抵押放款。

（二） 救济工商业之抵押分期归还放款。

（三） 承募工业生产事业之股票及公司债。

（四） 收受各种存款。

（五） 汇兑及押汇。

（六） 贴现。

（七） 信托事业。

（八） 酌量业务情形，得买卖有价证券。

（九） 其他实业银行之业务。

第十四条 本银行不得为下列之业务。

（一） 无确实担保之放款及透支。

（二） 本银行股票之收买及抵押。

（三） 一切投机性质之营业。

第四章　组织

第十五条　本银行设董事十五人。内官股六人，由政府委派之；商股九人，由股东会就一百股以上之股东中选举之。

第十六条　本银行设监察人九人。内官股五人，由政府委派之；商股四人，由股东会就五十股以上之股东中选举之。

第十七条　董事任期三年，监察人任期一年。

官股董事、监察人得连派连任，商股董事、监察人得连选连任。

第十八条　本银行设常务董事五人，由商股董事互选三人，由政府就官股董事中指派二人常驻，监察人三人，由商股监察人互选一人，由政府就官股监察人中指派二人。

董事长由常务董事中互选，呈由政府委派之。

第十九条　本银行设总经理一人，协理一人至三人，均由董事会延聘之分支行经理一人，副理、襄理若干人，视业务之繁简，由总经理提经董事会同意委任之。

第二十条　董事长代表全行，为董事会董监联席会议及股东会之主席。

第二十一条　总经理秉承董事会决议之业务方针处理全行事务，并有指挥监督各分支行之权，遇有重要事项时商承董事长、常务董事办理之。

第五章　董事会

第二十二条　董事会之职务如左。

（一） 审定全行之业务方针。

（二） 审定各项章则。

（三） 议定分支行及代理店之增设及裁并。

（四） 审核对外重要契约及委托与受委托之事项。

（五） 核定总行及分支行重要职员之任免。

（六） 核议代募公司债票、股票等事项。

（七） 审定生产事业之放款及工商业之救济事项。

（八） 核议处分押品及结束债款事项。

（九） 审定预算、决算之各项表册及营业报告书。

（十） 议定通常或临时股东总会之召集。

（十一） 议定本行营业需用之地基房屋租借建筑或买卖。

第六章 监察人会

第二十三条 监察人会之职务如左。

（一） 保管董事会交存之股票。

（二） 监察本银行之业务及职员是否依据章程暨各种议决案办理。

（三） 审查年终决算报告及各种表册。

（四） 检查库存及一切帐目情形。

（五） 遇必要时得陈述意见于董事会。

第七章 董监联席会议

第二十四条 董事监察人之联席会议简称为董监联席会议，其职务如左。

（一） 股东红利及行员酬劳金之分配案。

（二） 董事会不能裁决之权限争议。

（三） 不属于董事会监察人会范围以内事件。

第二十五条 董监联席会议由董事长召集之，但董事及监察人有五人以上提议时，亦得召集之。

第二十六条 董监联席会议开会时，董事及监察人应各有过半数之出席，其议事录由主席签名盖章，交由董事会保存之。

第二十七条 总经理得列席于董监联席会议申述意见，并得参加讨论，但无表决权。

第八章 股东会

第二十八条 本银行股东会分左列二种：

一、股东常会

二、股东临时会

第二十九条　股东常会每年开会一次，由董事会于每年结帐后三个月内召集之。

第三十条　股东临时会由全体监察人会认为必要时召集之，有股份总数二十分之一以上之股东亦得将提议事项及其理由请求董事会召集之。

第三十一条　本银行股东每一股有一议决权；超过一百股以上者，每二股有一权；官股之议决权与商股同。

第三十二条　股东应于每届会期前携带股票到行验取入场券。

第三十三条　股东因故不能到会时，得出具委托书，签名盖章委托其他股东代理。

第三十四条　官厅或公司行号等为本行股东时，应出具证明书、派遣代理人到会，或依前条之规定委托他股东代理。

第三十五条　召集股东常会须于一个月前通知各股东。召集股东临时会须于十五日前通知各股东。通知书中应载明召集宗旨及提议事项。

第三十六条　股东会讨论事项以通知书载明之议案为限。股东得于开会前五日经七人以上之连署提出议案，董事会列入议事日程。

第三十七条　股东会开会时非有股东总数三分之一以上代表，过半数以上之股东到会，不得开议，非有到会股东议决权过半数，不得决议，被代理之股东以到会论。

第三十八条　董事会应造具本届财产目录贷借对照表、损益计算书、营业报告书及利益分配表，于股东常会十五日前送交监察人查核。监察人对于董事会造送之各种表册应核对簿据调查实况，报告其意见于股东会。股东常会应查核本届董事会所具表册及监察人之报告。

第三十九条　股东会之决议录由主席签名盖章，交董事会保存之。

第九章　决算及盈余之分配

第四十条　本银行决算每年分两期，一月至六月为上期，七月至十二月为下期。

第四十一条　每年纯益先提十分之一为法定公积金，再提股份周息六厘。如尚有盈余，即作为股东红利及行员酬劳金，其分配额由董监联席会议按百分率议决分派之。官股红利在十年之内应提充国货基金，十年以后与商股共同分派之。

第十章　附则

第四十二条　本章程如有未规定者，悉照银行条例及公司条例办理，其各种办事细则另定之。

第四十三条　本章程由股东创立会决议，自呈请工商、财政两部核准，转呈国民政府行政院备案之日施行。

〔中国国货银行档案〕

12．中国国货银行嘱将蒋介石等三户股票先行填齐转交致总行函

（1930年9月24日）

径启者：查蒋主席原以蒋中正及总记两户名，各缴股银壹万元，外交部王部长原以王儒堂户名缴交股银壹万元，均发有股据在案。兹奉董事长谕：嘱先将上项三户股票填送本会，以便转交，俟取回股据，再行发交存查。等因。相应函付查照，迅将上项三户股票即日填送本会，以凭转发为荷。此付

总行

董事会（印）

〔中国国货银行档案〕

(四)地 方 金 融

一、地方银行与钱庄

1.财政部请令各省政府取缔钱庄商号私发纸币或票券等呈

(1929年1月3日)

国民政府财政部呈　第319号

呈请通令各省政府转饬所属各县取缔钱庄商号私发纸币或票券并请转呈国府鉴核备案由

呈。为呈请事。查各省县属地方钱庄、商号，每有私自发行兑换银元、铜元制钱之纸币，或类似纸币之票券行使市面，希图牟利。此项纸币在发行时，既未经呈准，所有发行数目暨准备实况，均属无可稽考。如遇发行商店一旦倒闭，其扰乱金融，贻害地方，影响之巨，不堪设想。本部既迭据各地方人民呈控有案，自应严加取缔，以维币政。兹由本部布告商民，嗣后不得再为发行，其业已发行者，限于一个月内，将发行额数及准备实况，呈由地方政府查明，转报本部核定，限令分期收回，并应由地方政府随时查明，从严取缔。除咨函通令并布告外，理合备文呈请钧院鉴核，通令各省省政府转饬所属各县一体遵照办理，并请转呈国民政府鉴核备案。谨呈

行政院

国民政府行政院财政部长　宋子文(印)

中华民国十八年一月三日

〔国民政府行政院档案〕

2.行政院请取缔各省县属地方钱庄商号私发纸币票券呈

（1929年1月14日）

呈。为财政部呈请取缔各省县属地方钱庄、商号私发纸币、票券，据情转呈，仰祈鉴核事。案据财政部长宋子文呈称，呈。为呈请事(抄至)。理合备文，呈请鉴核，通令各省省政府转饬所属各县一体遵照办理，并请转呈国民政府鉴核备案等情。据此。除指令并通令各省政府外，理合备文呈请钧府鉴核备案，指令祗遵。谨呈

国民政府主席蒋

国民政府行政院

中华民国十八年一月十四日

［国民政府行政院档案］

3.行政院关于取缔地方钱庄商号私发纸币或票券令

（1929年1月14日）

指令　第三〇二号

令国民政府行政院财政部

呈请通令各省政府转饬所属各县取缔钱庄商号私发纸币或票券并请转呈鉴核备案由呈悉。仰候转呈国民政府鉴核备案，并令行各省政府转饬所属各县一体遵照办理可也。此令。

中华民国十八年一月十四日

［国民政府行政院档案］

4.国民政府关于取缔各省县地方钱庄商号私发纸币票券令

（1929年1月19日）

中华民国国民政府指令　第一〇五号

令国民政府行政院

呈、据财政部呈称，取缔各省县属地方钱庄商号，不得再发行兑换纸币或类似纸币之票券，已发行者限一个月内呈查。除通令各省政府外，请鉴核备案由，呈悉。应准备案，仰即转饬知照。此令。

主席　蒋中正

司法院院长　王宠惠

中华民国十八年一月十九日

〔国民政府行政院档案〕

5.江苏省政府关于取缔地方钱庄商号私发纸币限期收回呈

（1929年1月20日）

江苏省政府呈　十八年一月二十日

呈复关于取缔地方钱庄商号私自发行纸币限期收回一案已转令财厅遵办

呈。为呈复事。窃奉钧院第四一九号训令，据财政部呈请通令各省取缔地方钱庄商号私自发行纸币限期收回一案，令仰转饬所属遵照办理，等因。遵查此案前准财政部咨行到府，业已检同布告令行财政厅转饬遵办在案。奉令前因，理合查案具文呈复，仰祈鉴核。谨呈

国民政府行政院

江苏省政府委员会主席　钮永建（印）

中华民国十八年一月二十日

〔国民政府行政院档案〕

6.财政部关于地方银行不得发行钞券呈

（1929年1月25日）

财政部呈　中华民国十八年一月廿五日

呈。为呈请事。案查全国经济会议议决地方银行案内有地方银行不得发行钞券等语。详考各国金融制度采单一发行制者，实居多数。我国情形适得其反，现值建设伊始，应亟谋改革，以为彻底澄清之计。经济会议议决地方银行不得发行钞券之规定，理由极为正当，自应渐次实行。兹查江苏省银行以前经北平旧财政部核准发行原案应予撤销。除由本部训令该行将所有库存未发及发行后收回各种钞券，应即先行截角缴部销毁，其发行在外流通之钞券，限于文到三个月内，随时收回截角汇缴，以昭郑重，并函知通令外，理合备文呈请钧院鉴核，准予通令知照，并请转呈备案。谨呈

行政院

国民政府行政院财政部长　宋子文(印)

中华民国十八年一月二十五日

〔国民政府行政院档案〕

7.李煜瀛为中国农工银行扩充资本改订章程呈

(1929年3月3日)

呈为扩充资本改订章程仰祈鉴核事：窃本银行于民国十一年经前财政部核准立案，照章开业，数载于兹。现值统一观成，建设伊始，农工事业急待发展，又值教育基金委员会商得钧部同意，兼以营运教育基金，爰于本年二月二十七日开股东会，共同讨论扩充资本、改订章程，依法议决，理合具文，并抄录章程，呈请钧部核准批示施行，实为公便。谨呈

财政部

附呈章程一份

中国农工银行董事会

董事长李煜瀛

中华民国十八年三月三日

中国农工银行章程

第一章 总纲

第一条 本银行定名曰中国农工银行，以辅助农工业，并促进地方农工银行之发展为宗旨。

第二条 本银行为股份有限公司，股东所负之责任以所缴之股本为限。

第三条 本银行设总行于天津，并于都市及其他必要地方，由董事会议决设立分支行或代理店。

第四条 本银行资本总额定为国币壹千万元。分为十万股，每股壹百元，先招五百万元。前项先招之股本一万股为商股，四万股由国民政府教育基金委员会垫购，但得随时酌量，让与商股承受之。

第五条 本银行营业年限，自开业之日起算以六十年为满期。届时得由股东会议决呈请延长之。

第二章 营业

第六条 本银行营业范围如左。

一、办理各种存款及储蓄存款。

二、办理各种抵押放款并下列各种放款。

（甲） 五年以内分期摊还以农工业不动产作抵押者。

（乙） 三年以内定期归还，以农工业不动产作抵押者。

（丙） 一年以内定期或分期，以农工业出产物品作抵押者。

三、办理仓库业及押汇。

四、办理汇兑及贴现。

五、依农工银行条例规定，得受中央金库委托办理租税钱粮及其他各种款项收支事件。

六、依农工银行条例规定，得代人保管金银锭块及其他重要物品。

七、依农工银行条例规定，得以余款酌买各种债票或存放他银行生息。

八、依农工银行条例规定，得呈请兼营他项业务。

九、本银行于必要时，经政府核准，得发行债票。

第七条　本银行不得收买本银行股票及以本银行股票作借款之抵押品。

第三章　特定业务

第八条　本银行由教育基金委员会指定为营运教育基金之代理机关，并代为教育文化事业款项之收支。

第四章　钞票

第九条　本银行依照成案发行钞票。

第五章　股票

第十条　本银行股票概用记名式，除中华民国人民外，无买卖转让之权利。

本银行股票分一股、五股、十股、五十股、一百股五种。

第十一条　凡认购本银行股票一股以上者，均为本银行之股东。如数人合资认购一股者，应以一人出名为股东。

第十二条　股票如有买卖让与时，应由卖主或让主于股票背面签名盖章，并由买主或受主将股票送行注册更名。同时，应由买主或受主纳更名费，每张银币两角。

第十三条　如因继承关系须更改股票上姓名，应由继承人将股票并附证明书，送行注册更名，其更名费照前条办理。

第十四条　股东应将签字或印章式样及所依本银行所备用纸照填，送存银行。如有变更当随时送行更名。

第十五条　股东欲将股票姓名更改时，须将股票并附证明书送行注册，其更名费及填写签字或印章式样并住所，仍然照前条及第十二条办理。

第十六条　股票如有遗失，请本银行补给者，须具正式书并有二人以上之保证人签字名盖章，送行声请并应由遗失人出费登载政府公报及本行指定之新闻纸声明，俟满两个月仍不发现始补给之一面，应由遗失人出具收据交存银行，并应缴补票费每张银币一元。

遗失之股票倘自登报之日起，两个月内发现时，得通告本银行取消补给之声请，并照项登报声明。

第十七条　关于请补给之事项有纠葛时，应俟确切解决后方可照办。

第十八条　股票如有毁损、污染、字迹模糊、有碍股票之权利或其背面已无签名盖章之余地时，得由股东向本行请换股票，但须纳换票费每张银币两角。其字迹模糊时，并酌照第十六条、十七条办理。

第六章　职员

第十九条　本银行设董事十一人，内五人由商股东于一百股以上之股东中选举之，其余六人由教育基金委员会选任。监事五人，内二人由商股东于一百股以上之股东中选举之，其余三人由教育基金委员会选任。

教育基金委员会选任候补董事、监事各二人。

教育基金委员会选任之董事监事候补董事候补监事，应提交股东会通过之。

商股候补董事二人，候补监事一人，由商股股东于一百股以上之股东中选举之。

如商股股份增加，与教育基金委员会所有之股份相等或超过时，商股董事监事人数，得经股东会之议决变更之。

第二十条　本银行设董事长一人，常务董事二人，由董事互选监事长一人，常驻监事二人，由董事互选。

第二十一条　本银行设总经理一人，协理一人，于必要时得增设协理一人。

总经理由董事会互选，协理由董事会于商股一百元以上之股东中选任之。

第二十二条　董事任期四年，监事任期三年。均得连选连任。

第二十三条　商股董事被选后，应将章程所定被选合格之股票，交由监事存行保管，遇改选时，须俟上年度之营业决算报告制齐，方得将股票取回。

第七章　职权

第二十四条　董事长代表本行名义主持全行事务，常务董事辅助董事长之职务，董事长有事故时，于常务董事中委托一人代理之。

第二十五条　总经理处理全行事务，指挥监督各分支行，遇有重要事项随时商同董事长、常务董事办理。协理辅助总经理之职务，总经理有事故时代理之。

第八章　董事会

第二十六条　董事会应议之事件如左。

一、分支行代理店之增设裁并。

二、各项章程规则之订定及修正。

三、对外重要契约之审核。

四、预算决算之审定。

五、股东会之召集。

六、营业用地基、房屋之租借、建筑或买卖。

七、其他应议事项。

第九章　监事会

第二十七条[2]监事会之职务如左。

一、保管商股董事交存之股票。

二、监察本银行之业务，及董事总经理等是否依据章程暨各种议决案办理。

三、审查年终决算报告。

四、检查库数及一切帐目情形。

五、如认为必要时，得陈述意见于董事会，但不加入表决。

第十章　行务会议

第二十八条　董事、监事之联席会议称为行务会议。其范围如左。

一、股东红利及行员奖励金之分配案。

二、董事会不能裁决之权限争议。

三、各项章程规则之审议。

四、不属于董事会、监事会范围以内事件。

第二十九条　行务会议由董事长召集，但董事监事有五人以上提议时，亦得召集之。

第三十条　行务会议非有过半数到会不得开议，其议事以列席过半数决之可否，同数时取决于主席。行务会议之议事录，由列席员签名盖章交由董事会保存之。

第十一章　股东会

第三十一条　本银行股东会分下列两种。

一、通常股东会。每年一次，由董事会定期召集。

二、临时股东会。凡董事会或监事会认为必要或股东十人以上，占有股本总额十分之一以上，声明理由，请求会议时召集之。

第三十二条　本银行股东每一股有一议决权，一百股以上每二股递增一权，三百股以上每五股递增一权，五百股以上每十股递增一权。

第三十三条　股东应于会期前，持股票到行验取入场券，并本届议题及报告。

第三十四条　股东因事故不能到会时，得填委托书签名盖章，委托其他股东代理。

公司商号或公共机关等，为本银行股东者，当由该公司商号或公共机关出具相当之证明书，派代表到会，或照前项办理。

第三十五条　股东会无论通常、临时，均须于一个月以前，以书信将日期及议题通知各股东，如有紧急事件，得于十五日前通知各股东。

第三十六条　股东会讨论事件，以通知书载明之议题为限。董事会得临时提议事件，股东如有意见，拟列作议题者，应于开会前五日，将意见书经股东七人以上之连署提出于董事会，得列作议题提出于股东会。

第三十七条　股东会非有股东户数过半数，占股本总额半数以上到会，不得开议，非到会股东议决权过半数不得议决。

被代理之股东以到会论。

第三十八条　董事、监事对于行务有违法或不能称职时，除由股东会依前条手续议决另行选举外，并得依法律诉究之。

第三十九条　股东会之议决案，由全体董事监事签名盖章，交监事会保存之。

第十二章　计算及分配

第四十条　每年决算分两期：一月至六月为上期，七月至十二月为下期。

全年决算由董事会审订法定表册，送交监事会检查确实后，提出股东会议决之。

第四十一条　每年纯益先提十成之一以上为法定公积金，再提股份正利六厘，如尚有余按百分分配如左。

一、特别公积金及股份红利六十五分(其成数由行务会议，议决办理，并提交股东会追认之)。

二、董事长、监事长、常务董事、常驻监事、董事、监事酬劳金五分。

三、总经理、协理酬劳金五分。

四、各行员奖励金二十五分。

第四十二条　股份正利若不满六厘时，得提特别公积金补足之。

附则

第四十三条　本章程未经规定者，悉照农工银行条例、公司条例办理。

第四十四条　本章程自股东会通过之日施行，并呈请国民政府财政部核准立案，并呈报农矿部、工商部、教育部备案。

〔国民政府财政部档案〕

8.财政部关于华商各银行定印钞票须经该部核准令稿

（1929年7月23日）①

财政部令　第9859号

令国内各华商发行银行

为令遵事。查印制兑换券，前经本部制定规则公布施行，并通行遵照办理在案。兹查各发行银行遵章定印者固属不少，而擅自印制者亦所难免，殊属玩视法令。自经此次通令之后，所有各该发行银行，不论在本国或外国定印钞票，均应遵照兑换券印制及运送规则第二条规定，呈由本部核准后方准印制。除分令外，合再颁发规则一份，令仰切实遵办毋违。此令。

〔国民政府财政部档案〕

9.北平银行公会请准将中国农工银行遵章注册函

（1929年11月27日）

敬启者：准中国农工银行函称，现因遵章注册请具函证明，并附节略内称。敝银行于民国五年，由前财政部所设全国农工银

① 此日期为拟稿时间。

行筹备处筹设，原定由部拨官款拾万元，名为大宛农工银行，嗣因部款支绌，迄未拨到，改由筹备处招商承办，招足商股拾万元，于民国七年十二月开业，嗣因营业发达，于民国九年十月，由股东会议改定资本总额为四十万元，民国十年七月，又由股东会议改定资本总额为壹百万元。每股银元壹百元一次交足，业经陆续招收足额，是以原无认股书均经呈报有案，民国十年九月奉全国农工银行事务局令开转，奉财政部呈奉前大总统令，准改为中国农工银行，并颁发中国农工银行条例。规定资本总额为五百万元，内分官股二百万元，商股三百万元。收足商股四分之一时，得先开业，等语。当经召集大宛农工银行股东会会议一致赞同，即将大宛农工银行所收商股壹百万元全数移作中国农工银行商股。按照条例商股已逾四分之一，得以继续营业，所有股东名簿，实收股款清册，均经呈奉前财政部批准，转咨前农商部各在案。惟前财政部认拨官股二百万元迄未拨到，因之商股亦怀观望。所以，敝银行开办十载，深感资力未充。上年十二月，准教育基金委员会派员来商，据云，本会公司议决，商得财政部同意，拟应用农工金融机关为教育基金之营运，节经商议妥协，遂于本年二月二十七日召集股东大会，当经议决，改定资本总额为一千万元，先招五百万元。除原有股本一百万元外，其余四百万元，由国民政府教育基金委员会扩购，但得随时让与商股承受，当即修改章程，选举董、监事依法议决。嗣由该会陆续交到股本一百九十万元，内计该会股本一百零五万元，由会让与商股八十五万元，综计共收股本二百九十万元，其余不足之数，仍由该会承认陆续交付，等因。业经敝会复查相符，用特具函证明，尚祈钧部俯准注册给照，毋任公感。此致

财政部

北平银行公会启

〔国民政府财政部档案〕

10.国民党中执会政治会议秘书处与实业部关于订立钱庄法事来往函件

（1931年3—4月）

（1）中执会政治会议秘书处函 （3月28日）

径启者：据上海钱业公会呈称：查报载立法院通过之银行法第一条所载：凡营左列业务之一者为银行。(一)收受存款及放款，(二)票据贴现，(三)汇兑或押汇。营前项业务之一而不称银行者，视同银行，等语。是以钱庄附庸于银行之中，循绎各条文，则窒碍良多，谨缕陈理由三项，请另订钱庄法，以利推行，等情。案关商事法令，相应先行函请贵部加具意见函复过处，以便转陈。再，原呈据称业已分呈，故不另抄送。此致

实业部

中央执行委员会政治会议秘书处(印)

二十年三月二十八日

（2）实业部复函稿 （4月24日）

径复者：案准函开：据上海钱业公会呈称云云至故不另抄送。等因。准此。查上海钱业公会以钱庄附丽于银行法之中，诸多窒碍，缕陈理由三项到部。又开封、南昌、无锡等处钱业公会亦先后呈同前情。上海钱业公会原呈一、二两节不尽合理，惟钱庄附丽银行法中，亦尚有可研究之点，兹陈述意见如下。查银行法第一条所列三项，钱庄与银行业务无大区别，至第三条第二、四、五各项，钱庄与银行不能无异。(一) 就第二项组织言，银行多效法欧美，钱庄历史相沿已久，故组织方法有新旧之别，银行多设于通都大埠，钱庄除通都大埠外，多设于内地各城镇，故

① 发文时间。

组织规模有大小之别；且钱庄除合资外亦有独资开设者，今欲改为公司组织，以符第二条之规定，恐于实际情形反多窒碍。（二）就第四项资本总额言，内地各钱庄多恃与大埠钱庄通呼吸，其资本达第五条所定二十万元、二十五万元，乃至五十万元者不多见，若在市镇，其资本达五万元者亦不多见，然内地商贩未尝不资以周转。若将钱庄视同银行，限定资本总额，当此内地银行未能遍设之时，钱庄必有以不合法而闭歇者矣。（三）就第五项营业范围言，查第九条所列各项，内地钱庄亦多难吻合。综上三点，均为银行成立之重要原则，而施于钱庄，则扞格者多。且营业税大纲补充办法第一条，银行不在各省营业税范围之内，而财政部对于钱庄独征营业税，是钱庄与银行显有不同之处。查立法院所订银行法，其主旨本在银行，可否于银行法议决施行法时加入"本法之规定于钱庄不适用之"一条，一面调查钱庄习惯，另订钱庄法规。事关全国金融，是否可行，相应复请查照转陈鉴核为荷。此致
中央执行委员会政治会议秘书处

部长　孔〇〇

［国民政府实业部档案］

11.上海市政府转呈该市钱业公会要求订定钱庄法咨

（1931年9月28日）

上海市政府咨　字第一七二六号

为咨请事：案据社会局呈称：为据情转呈事：据本市钱业公会呈为请订立钱庄法胪陈理由恳予转呈钧府咨行实业部俯赐主持等情。据此。查银、钱两业虽同为金融机关，但其内容不无区别之处。盖钱业放款率凭对方信用，历来如是。海通以后，因外国金融业以押汇押款为主，本市虽有效法，然亦仍居少数，至于内地，则概沿旧习。如上半年之茧、茶，下半年之花、米，以及其他某项乡货上市之时所放与商家之款，类属信用借款，习惯相沿，有

非此不可之势。他若中小商店资本仅一、二万元或数千元，其营业数目往往超过资本若干倍者，胥赖钱庄信用借款为之辅助。再就组织而言，银行则类设于通都大邑，钱庄则于内地，城镇亦多设立，故其规模已大小悬殊。且钱庄除合资外，亦有独资开设者。今若概须公司组织，似于实际情形不无窒碍。至资本总额一项，似应以就地商业盛衰为比例，若照银行法限以定数，则在商业落后之城镇，亦恐无此能力。据呈前情，除批示外，理合抄录原呈，备文呈请钧长鉴核转咨，实为公便。等情。据此。查所请订立钱庄法各节，具有见地，除指令候转咨核办见复饬遵外，相应检同原抄呈咨达，即希察核，主持办理，并希见复，以便饬遵，至纫公谊。此咨

实业部

附送原抄呈一件(原无)

市长　张　群

中华民国二十年九月二十八日

〔国民政府实业部档案〕

12.实业部请设立中央农业银行并确定资金来源的提案①

（1933年5月20日）

笺函　第一二二八号

径启者：本院第一〇三次会议关于贵部长提案，请设立中央农业银行，并确定资金一案，经决议原则通过。相应函达查照。此致

实业部

行政院秘书长　褚〇〇

中华民国廿二年五月　日

---

① 此提案1933年5月19日经行政院第103次会议原则通过。

设立中央农业银行并确定资金案　　实业部提

说明

我国农业金融枯窘已极，各地农村破产堪虞，诚宜设法早图救济。然救济之道不一，其端而以流通农村金融、改良农业技术、发展林垦事业等为要务。关于改良农业技术、发展林垦事业各项，均经拟有计划，以备施行。关于流通农村金融，亦曾聘请专家，组设农业金融讨论委员会，拟订农民银行、农业银行及其他有关发展农业金融之法规计划，只以资金无着，迄未举办。现值农村经济益臻窘境，救济不容或缓之时，农业银行之资金应先行竭力筹措，俾其早日成立。兹拟具办法纲要如左，是否有当，敬候公决。

办法纲要

（一）农业银行采用土地抵押及分期摊还之放款方式，辅助农林垦牧、农田水利事业之发展，在未设立农民银行之区域内，农业银行得代理其业务。

（二）农业银行设总行于首都，设分支行或代理处于国内适当地点。

（三）农业银行资本定为国币壹千万元，收足总额二分之一即开始营业。

（四）由国家银行、商办银行及信托公司、保险公司投资四百万元，一次缴足，其投资及保障办法另定之。

（五）除前项四百万元外，其余资本额数由政府筹足，其来源如左。

（1）国库直接拨付；

（2）农赈收回款项。前年水灾，政府向美国借贷小麦作为振〔赈〕灾之用，其中农赈一项贷放于苏、皖、赣、鄂、湘等省灾民，其价值约为五百万元，此款可以收回，纵不能到期全数收齐，然半数以上估计可以办到。拟请将收回之赈款悉数拨充农业银行资金；

（3）米、麦、面粉进口税。征收洋米进口税，前由财政部召集之民食会议议决在案。外国麦及面粉，俟本年五月中日互惠协定满期后，拟请比照米之税率征收进口税；

（4）发行农业债券，其办法另定之；

（5）其他。

〔国民政府行政院档案〕

13.关吉玉遵查中行限制渝市各行庄领钞一案情形呈

（1935年7月8日）

案奉钧座治字第一五六号训令内开：案据重庆市银钞两业同业公会主席潘昌猷、熊崇鲁等呈，略以川省历年以来，现金流出过多，通货缺乏，各行所发行之兑换券，自地钞膨胀后，现金与钞票，时生轩轾，遂致流通之数，逐渐减少。兹经集议，拟依照中央渝行公布领钞办法，请领行使，恳准予转令中央银行重庆分行于渝市各行庄领钞，先共以三千万元为限，将来如尚不敷，再行呈请扩充，以裕金融，等情。据此。查所称中央银行渝行规定领钞办法，未据呈报，无从查核。合行检发原呈，令仰该特派员即便遵照，查明核议具复，以凭察核为要，等因。附发原呈一件到署，奉此。遵查中央行公布领钞办法，未据函知本署有案，复详译潘昌猷等呈，似于领现钞事已与中央渝行洽商，具有端倪，当即录令转函中央渝行祈予查明酌核见复去后，旋准复称，渝埠银钱业前向敝行商请领用钞票，当即电陈总行核示，旋奉总行电开，重庆同业领券一层，可照发行局意见，先领渝券，其准备仍照本行章程现金六成保证四成，其保证准备，以国府发行或保证之有价证券，按市折合实价充之，倘领券行未备此项债券，可缴十足现金准备，其中抵充保证之四成，可酌给年息三厘，至领用本券，暂行缓办，等因。随于五年八日函知银钱两会，迄今并未前来接洽。兹承函询，特将总行颁发之同业长期领用兑换券规则及领用申请书各二份，随函附奉，即希查照，并赐予转呈为荷。等因。附送领用兑换券规则及申请书式各二份过署，当以来函于银钱公会所请以三千万两为限一节，未予置复，难资转陈，复经函请详予酌复。嗣得该行奚经理函称，照领用数额，须经总行核准，非弟所敢擅定，且此案即经总行核准，只要照章办理，则数量似属不成问题，等语。详核所称，是各行庄领钞，只受有条件之拘束，不必有数量之限制，事属该行已定之通则，应否即饬银钱业等准照领用？理合检同所送领券规则及申请书式样各一份，具文呈请鉴核饬遵。谨呈

国民政府军事委员会委员长蒋

附呈中央银行领券规则及申请书式样各2份（略）

又缴还潘昌猷等原呈一件（略）

代理财政部四川财政特派员　关吉玉（印）

中华民国二十四年七月八日

〔国民政府军事委员会委员长南昌行营档案〕

14.上海美商美丰银行报告清理案

（1935年6—9月）

咨　钱字第16324号

查报载，上海美商美丰银行，突于本年五月二十四日宣告停业，其有连带关系之普益地产公司、普益信托公司、美东银公司同时停业清理。其原因为从事外汇业务失败及抵押经营地产过多，以致周转不灵等语。查在中国国境内之各外国银行，恒藉领事裁判权及租界为护符，向未依照中国法令，呈请本部核准注册，甚至滥发钞券，吸收存款，迭经由部咨请贵部转向各该国使领交涉，饬令依法注册不得擅自发行以重主权而维功令在案。该美丰银行为美国商人集资创办，设总行于上海，分行于天津，经

营存款、放款、汇兑证券各业务，历时已久，其营业往来，并不限于侨华外商，吸收我国人民存款，数既非细，其发行钞券，流通于国人手中，为数亦属不少。究其实收资本发行钞券以及历年资产负债情形，既□据呈报有案，本部为保护国人权益起见，即在平时，亦应有监督检查之权，不应藉领事裁判权为护符，置我国法令于不顾。况此次突然停业，我国人民受其亏累，尤非浅鲜，为惩前毖后计，应即趁此时机，重申前议，分别照会各国使领饬令在我国营业之各该外国银行，一体遵守中国法令，来部注册，并停止发行。仍一面向美国使领严切交涉，务令该美丰银行将所收华人存款完全清偿，发行钞券如数兑现收回，并将办理情形，随时呈报本部，以资考核，相应咨请。贵部查照办理，并希见复为荷。此咨

外交部

译美国教会十团体通告书

启者：关于美丰银行、美东银公司、普益信托公司等倒闭事，美国教会十团体，曾开会讨论对付办法，当经议决组织五人顾问委员会，进行调查传布二事，并将每个教会团体款项，所受影响确数及其股票或存款种类，调查明晰。五人顾问委员会被选诸君为：斯密史（主席）、潘敦、克莱恩、赫卜德及孔克。潘敦被举为秘书，担任与未列会各教会团体接洽一切，并拟就附上之节略，如欲将此节略广为传播，则其价每百份大洋二元半，邮资在外（每八份一分），如需关于数目，一页每张连邮费二分。

潘敦谨启

一九三五年六月十日

上海圆明园路一百六十九号第三百十号房

教会存款诸君公鉴：（此由潘敦君与雷文桑多麦克利屈生赛来诸君会议后而编就）一九三五年六月八日

关于美丰银行、美东银公司、普益地产公司、普益信托公司，诸君早在报端或他处知其，已于五月二十四日关闭，并自请美国在华法庭，指派清理专员。关闭直接理由，厥为美丰银行存户近来大批提款。关闭之决议甚为迅速，即于五月二十三日办公完毕时定之，其时本地美国金融家聚集讨论，该银行董事主张即于翌晨停业，美东及普益信托公司亦主张停业，并请美国在华法院指派清理专员从事清理。二十四日下午，普益地产公司请指派信托人，该四公司之律师傅兰克令及美东银公司秘书德立司可，于二十五日携带需要各文件，乘飞机至天津，办理上述事件。

潘敦君于教会各团体开会后，遍访雷文麦克利（普益地产公司秘书兼会计）并于清理专员派定之次日访美国总领事克宁□君及美国在华法院检查官屈生君，从上例诸君得知下列各事。

一、雷文君云，在四公司外，并无其他营业，对于四公司之存户及股东诸人，甚为抱歉。

二、普益地产公司，竭力支撑美丰，欲使不倒，但金融市面甚紧，无法维持。

三、目前，普益地产公司股东亟欲将股票或存折兑现，如果实行，则该公司必至关闭，但如指派信托人暂停兑现或可徐图，整理继续营业，以维护其资产。

四、清理专员霍甫君系亚尔西爱胜利公司总经理，极为干练，并指定会计师德福及赛来（前美国法院检察官）两君襄助清理，皆系极能干之人。自就事后，即将旧雇各人解雇，仅留少数人，以备咨询。

五、教会股东或存户不宜求援于法律，盖徒费金钱而已，宜将股票存折等件委托各地教会债权人，以谋解决，容再详细办法寄上。

六、在清理各员未呈报告以前，分文不能付出，但在报告核准后，债权人得照法定次序，收回权利。

四公司之关系大略如下：

普益信托公司，为四公司之母，而其普通股票(有投票权)大半在雷文及其亲属之手，该公司之优先股票系以美金计算。在中国购者甚多，此等股票并无投票权，而持票人即为该公司主人，须负损失之责，此项股票官利须在普遍股票前付给，此项七厘股票之原有股东历经分得官利，其总数已超过其所投之资。

该公司因欲多得投资款项，发行定期股票，每票自百元起，利息则视定期之久暂而异(自三月起)，此项持票人为该公司之债权人(非主人)，其所有权利须经审查合格后，始允享受。

该公司之投资大部分即为美东银公司之普通股票，该银公司普通投票股票大半为其所有，该银公司占有美丰银行及普益地产公司普通票股票之大部分，如是可知，该三公司之牵连关系，即一家周转不灵，则其余二家亦受影响。

关于美丰银团各公司清理报告

谨呈者：前奉钧谕调查美丰银团各公司清理状况及中国方面参预清理情形，等因。奉此。遵即进行调查，并缮具报告如后。

一、涉及中国利益之范围

在美东银公司停业时，中国顾客一百四十名，曾在美国证券及物品市场执有证券，所付保证金，约达六十万元，此项往来因宣告清理之结果，以致了结。在上述公司中，中国顾客尚有定期证券者一百二十人，总值达一百万元。此项证券谨等于毫无保障之期票。此外，另有一百二十一人投资于优先股票，约达一百六十万元。在普益银公司方面，中国顾客投资约达五十万元，其中四十万元为定期信托存款，五万元为实际信托存款，最后一项因受信托法之限制，未曾动用，现可全部收回。

在美丰银行方面，当停业时，共有中国存户七百八十一人，存款约达二百三十万元。

二、清理及中国方面之参预

美丰银行、美东银公司及普益银公司之清理人系由美国驻华按察使署根据美国联邦法中之"中国商业法"所委派，虽则因领事裁判权之关系，中国政府方面不能正式参与清理，但美按察使署曾于谈话中表示，欢迎由钧长委派中国代表一名，非正式代表中国存户及其他债权者在各该已停业公司之利益，该按察使并表示彼所建议之中国代表，不仅随时可使中国方面明了清理情形，且可使清理人聆悉中国存户及债权者之愿望，故甚有价值也。希尔米克按察使复建议即请钧长指定一人非正式代表中国利益，并赐予接洽，彼当函复，并接受一切。谨呈

孔部长

黄宗勋谨呈　八月十三日

孔部长致希尔米克函

希尔米克先生大鉴：径启者：美丰银行、美东银公司及普益银公司之失败，对于中国方面利益引起严重之损害，顷据各方报告得悉，美丰银行停业时，中国存户约七百八十人，存款约达二百三十万元，美东银公司方面，中国顾客在美国证券市场所付保证金约达六十万元，执有定期证券者，凡百二十人总值约达一百万元，执有优先股票者亦有百二十人，总值约达一百六十万元，普益公司方面，中国顾客之定期信托存款及优先股票约四十五万元，实际信托存款约达五万元。

中国方面之利益既如是重要，故政府认为，对于此项利益应行特别处理。兹特委派黄宗勋律师为上述各公司方面之中国利益代表人，俾清理人得明了中国债权者之愿望，并随时以清理状况相通知。

兹尤有不能已于言者，厥为对于中国方面利益务须设法保障，俾彼等能收回其存款之最大部分，如蒙以此意转达各该公司

之清理人，尤所感荷，专此即颂
台祺

孔〇〇启
八月三十日

孔部长勋鉴：接奉八月三十日大函，敬悉一是。弟已遵嘱，将尊意转饬清算人知照矣，该清算人甚愿随时将清算情形及关于中国债权人利益事宜详细奉告黄君，华人利益必当尽力保障，务期债权人得受最高限度之赔偿也，耑此奉复。顺颂
台祺

美国领事法院推事
九月三日

径启者：接奉本月三日大札，藉悉美丰银团之华人利益备受保障，债权人将得最高限度之赔偿，慰甚。弟已饬令黄君宗勋，克日晋谒崇阶，并与清算人合作，俾得明了中国债权人之希望也。此致
美国领事法院推事

财政部长孔〇〇
九月七日

财政部咨　钱字第19022号

案准贵部二十四年八月十二日，国字第7562号咨开：案查关于美丰银行宣告停业一事，前由本部参酌贵部意见，提向美使馆交涉，并已于本年七月二十五日咨复查照在案，兹准美使馆节略复称，关于美丰银行及其有连带关系之事业一案，美使署甚愿通知此案已向美国驻华法院提起，并经该法院委派清算员一员，为该行清理一切，所有债权人之利益，能享有公允之待遇。等因。前

来，咨请查照，等由，并将原文抄送到部，查美丰银行、美东银公司及普益银公司，同时宣告停业，影响我国存户及其他债权人之利益，殊非浅鲜。兹据调查报告，计美丰银行停业时，中国存户约七百八十人，存款约达二百三十万元；美东银公司中国顾客，在美国证券市场所付保证金，约达六十万元，执有定期证券者，凡百二十人，总值约达一百万元，执有优先股票者，亦有百二十人，总值约达一百六十万元。普益银公司中国顾客之定期信托存款，及优先股票，约达四十五万元，实际信托存款，约达五万元。中国方面之利益，既如是其重要，本部为维护债权人法益起见，兹特委任黄宗勋律师，代表中国方面之存户及其他债权者，参预美丰银行、美东银公司及普益银公司之清理事项，除函嘱将各该银行公司清理状况，随时报部备查外，相应咨达，即希查照转知，并盼见复为荷。此咨

外交部

[国民政府财政部档案]

15.上海市银行公会关于选举陈光甫为本会主席函

(1935年10月3日)

径启者：查本会当选之第二届第一次执行委员业于本月二日宣誓就职，当召集第一次执委会议，互选常务委员。径选出陈光甫、陈蔗青、宋子良、潘久芬、张佩绅五君充任，并由常务委员中互选陈光甫君为主席，均已就职视事。相应分别函达，即希察洽为荷。此致

宋子良先生

上海市银行业同业公会启

[中国国货银行档案]

16.关吉玉与财政部关于整理重庆平民银行来往电文

（1936年8月）

（1）关吉玉致孔祥熙等密电 （8月18日）

牯岭财政部部长孔、次长邹、次长徐钧鉴：久密。本市平民银行营业亏损，势将停业，一部份股东及刘财厅长主张设法维持，刘主席更拟再增资本十七万元，赓续办理。已订明天开股东大会，为最后之决定，职将承约列席。查平民银行近日屡有不稳谣传，职俱以须顾及储户与债权者之利益，不可使贻害于社会相劝告，刘主席、刘厅长及关系各股东意向亦均相同。除审慎调理，并将演变详情续报外，谨先电陈。职关吉玉叩。巧。印。

（2）关吉玉致孔祥熙等密电稿 （8月20日）

牯岭财政部长孔
南京部长孔、次长邹、次长徐钧鉴：久密。巧日电陈平民银行事，今日该行股东会议决，承认接受政府整理救济，免致社会发生影响等语。职应约前往列席，询据该行董事长吴受彤声称：仍照常营业，徐图整理。除详情另文陈报外，谨先电陈。职关〇〇叩。哿。

（3）财政部致关吉玉密电 （8月20日）

关特派员览：巧电悉。久密。查重庆平民银行因营业亏损，势将停业，刘主席、刘厅长均主张增加资本，设法维持，自系为顾全地方金融起见。仰将股东会议决议增资情形及维持方法呈部核夺。财政部。号。钱。

（4）财政部四川财政特派员公署呈稿 （8月22日）

窃查重庆平民银行营业亏损暨目前整理救济情形一案，曾以巧、智两电陈报在案。旋奉钧部号钱电，饬将该行股东会议决增资情形及维持方法呈报核夺等因。兹谨将该行成立及集资经过情形，与夫先后集资数目、目前股东会决议增加资本、继续营业办法，详为陈之。

查该行系于民国十七年开业，当时股本总额为拾万元。二十一年乃增加股本总额为贰拾伍万元，先收二分之一，计壹拾贰万伍千元。二十三年改組，旧股作为五折，连同新股本，共收足贰拾伍万元。二十四年又增收新股壹拾叁万元，共收足股本总额为叁拾捌万元。

惟历年以还，中间因受川政府整理证券及其他呆账等项之损失，亏折达伍拾余万元之巨，致最近有停业之势。经川省政府及该行各股东主张设法维持，职复殷殷劝告，须顾及储户及债权人之利益。而川省刘主席更拟增加资本壹拾柒万元，本月廿日该行开股东会，始决议接受政府辅助之资本壹拾柒万元，继续营业，以谋发展，一面对过去帐目详加清理。现复闻该行各股东有再凑集股本贰拾伍万元之说，此即该行成立集资及此次增加资本继续营业之经过情形也。

除俟该行将此次开股东会议决增加资本切实具报再行另文呈报外，理合先行具文呈请钧部鉴核示遵。谨呈

部长孔

次长邹

次长徐

中华民国廿五年八月廿二日

〔财政部驻港办事处档案〕

17.四川省财政厅驻渝办事处抄送重庆钱业公会会员钱庄资力表函

(1936年10月9日)

前准贵署函索重庆市银钱业资本力量表一案，当由本处转函银行、钱业两同业公会，转函各银行、钱庄造送过处，以凭转送在案。兹准重庆市钱业同业公会廿五年十月七日函送各庄资力表一份到处，相应检同原表，函达查照。此致

四川财政特派员公署

附表一份

重庆市钱业公会会员钱庄资力表

（廿五年九月造）

牌名	经理	资本	住址	备注
义丰	邓志学	拾伍万元	上陕西街五号	
永庆	赖善成	叁万六千元	一牌坊	
和济	李柱臣	伍万贰千元	上陕西街六十五号	
信通	何绍伯	拾万元	曹家巷五二号	
同生福	王竹君 王伯康	拾贰万元	上陕西街十七号	
谦泰	熊崇鲁 缪茂修	四万元	陕西街十六号	
复兴	王雨樵	叁万贰千元	下陕西街五号	
和通	宁芷邨 胡子移	拾万零五千元	新街口三十三号	
益友	李量才 刘季遐	叁万元	曹家巷六号	
益民	杨行知 罗芝麟	贰万元	陕西街	
和成	吴晋航 陈诗可	拾万零五千元	上陕西街十四号	
同丰	周以耕 刘承北	叁万元	打铜街六号	

四川省政府财政厅
驻渝办事处(印)启

十月九日

[四川财政特派员公署档案]

18.中国之钱庄①

(1936年)

二十年前，华商银行尚未发达，实际经营银行业务者，只有钱庄，目下钱庄虽渐失势，但其地位仍极重要。

钱庄在中国各省，无省无之。民国二十二年底十二省中所有钱庄，实达一千一百家以上(见附表一)，此犹指较大者言，兑换店等地位较逊，尚不在内。表内所列十二省之钱庄所营业务，约占中国全体钱庄业务百分之八十至九十。

上海为全国之金融中心，所有钱庄(见附表二)虽论家数，不及汕头、广州、长沙、宁波等地，然就其实收资本而论，实为全国之冠，虽然汕头等地之钱庄，就其营业之地域而言，自亦重要。

过去之七年中，钱庄倒闭甚多，考其原因，则有种种，或以外患内乱、或以投机恐慌、或以国内外之经济衰落，而存在有十年以上者，不数数觏，即地位牢固获利甚丰之家，不旋踵而清理者，亦甚多也。

钱庄均为无限公司，往往由少数戚友合资组织。亦有一家独资开设者，每一股东，均负无限责任。钱庄之实力，不仅视其股本之数额，亦视各股东之身家信誉以为断，此二标准，后者尤为重要。且地方政府课税辄以实收资本为标准，故钱庄资本往往少报，改用存款名义，藉免重税。

钱庄之实收资本，不仅随地方而不同，即在同一地方，亦大小各异，平均资本以上海为最高，约有三十一万六千元，其次为

① 该件沿用原标题，作者不明，时间系根据文意判断。

香港，平均二十六万八千元（见附表三）。至于汕头、广州、长沙钱庄甚多，但平均资本则甚小。汕头三万五千元、广州二万五千元、长沙一万五千元。此等数字系指较大者言，兑换店等均不在内。

钱庄之资本大半来自存款，此中虽亦有定期存款，然以活期存款为多，此活期存款之中，一大部系来自商业银行。钱庄保证存息至少2.28%（详下文）。故当商业银行现款过多之时（如民国二十三年上半年）存放钱庄，自极乐从，不仅可得微利，且此种投资又极流动而安全。钱庄既得此种存款，以高利运用于小额之信用放款，此种放款，普通银行所不为也。

钱庄之活期存款，亦有来自外埠同业者，亦有来自工商行号者，个人则除少数富人外，通常无钱庄存款。

民国二十三年四月底，上海汇划庄六十三家之活期存款，约计一万二千二百万元，定期存款三千九百万元，二者合计一万六千一百万元（见附表三）。此六十三钱庄为上海钱业汇划总会之会员，故有汇划庄之目，惜上列数额，不能与商业银行之存款数额相比较，盖商业银行所公布之资产负债表，将全国各地分支行合并计算，但有一事可以注意者，民国二十三年四月底，此六十三家汇划庄之活期存款，约等于中国银行（全国最大之银行）活期存款百分之三十七，定期存款约等于中国银行定期存款百分之十九。

有时钱庄虽亦联合投资于纱厂面粉等之大公司，然钱庄放款，以小规模之商号为多，有时亦放款于中央政府及地方政府，此等放款，通常不甚重要，地方政府筹款，往往不用借款形式，而用课税摊捐等办法。

钱庄放出之活期放款及往来透支，依理论上言，随时可以收回，但就实际而论，一年只有三次，可以要求收回，一次端午，一次中秋，一次阴历年终，其时期约在阳历六月十月及二月，但在信用最优之各户，端午中秋，钱庄亦可不收，但阴历年终，一切债款必须结清。

定期放款，通常在阴历三月及九月到期，期限六个月，实际放款期限，无超过六个月以上者，钱庄负债多即期，或短期通知，即须照付。故其放款，亦置于同一基础之上，庶可有备而无患也。

钱庄放款无抵押者居多，截止目下止，一切放款，几乎均为信用放款，故各钱庄雇用多数跑街，专事秘密调查客户之信用状况，此种调查，各钱庄均认为重要工作。

钱庄近亦办理抵押放款，以棉花小麦谷米等为担保品，除放款于政府外，通常对于公债押款，不予承做。地方政府借款亦然。

上海钱庄放款于进口商人或其他客户时，往往不付出现金，而用庄票。庄票与银行所开之远期本行支票相似，出票后五天至十天付款。庄票之用，对于钱庄与商人，均有利益。商人方面，可以检视货物之真伪，必要时可对庄票止付，而钱庄方面可以从容预备付款，在银根极紧之时，尤为必要。

民国二十一年，上海中日之战，钱庄庄票暂停付款。因此之故，庄票信用稍稍动摇，但庄票对于清理钱庄之资产，有优先受偿之权，故庄票在上海之金融组织，仍居重要地位。不仅钱庄自身，即华商银行与洋商银行，亦均乐于收受，代替现金使用，外洋进口货抵沪以后，无论留存上海，或转运内地，均赖庄票为之周转，他若本外埠之交易，以及地产之买卖，亦均有赖于庄票，其流通数平均约在一千三百万元至二千万元之间。

民国二十三年四月底，上海六十三家汇划庄之短期放款，总计约八千四百万元，长期放款约七千四百万元，二者合计一万五千八百万元，若与中国银行二十二年底之情形相比，短期放款约占中国银行百分之五十二，长期放款约占中国银行百分之三十九。

上海钱庄活期存款及活期放款之利息，依市拆计算，名曰洋拆，（以前称银拆）此为汇划总会中各钱庄轧平收解，互相拆借款项时每千元一天之日息，最低为白借，最高为月息每千元二十一元。（等于年息25.2%）

钱庄对于活期放款之存息，等于全月平均洋拆，减去手续费百分之五。虽然钱庄对于存户保证至少存息，必有月息每千两元，减去手续费百分之五。（等于年息2.28%）最高存息则为月息每千元二十一元，减去手续费百分之五。（等于年息23.94%）

活期放款之欠息，则为全月之平均洋拆，加上底码月息每千元从三元至五元，（等于年息3.6%）视欠户之信用地位而定，欠息之最低利率，等于月息每千元二元，加上底码月息每千元三元至五元。（等于年息28.8%至31.2%）

定期存款与定期放款之利率，与活期存款活期放款不同，不依市拆计算，但可由钱庄与存户或欠户互相约定。

一般而论，钱庄之存息与欠息，均较商业银行之存息欠息为高。

目下上海洋拆行市，势力仍大，不仅上海之商业银行，即内地银行钱庄之存息欠息，无不惟上海洋拆之马首是瞻，而欠息为尤甚，此等利率之关系，对于上海内地间资金之调拨，甚有关系，内地之钱庄及各银行之内地分支行，无不密切注意上海之洋拆行市，观察上海内地市场之间，有无差额可以取利，一有机会，则将上海资金调至内地、或内地资金调至上海，全视当时情形以为定。

钱庄放款伸缩性极大，法律并不规定钱庄对于存款必须维持何任一定比例之准备金，故其可放之额度颇宽，且庄票受人欢迎之时，到期付出之现金，继续保持于全体钱庄资产之内，则庄票自可愈发而愈多，此外尚有一点，可使钱庄庄票增多者，则为上海商场之习惯，对于到期庄票，不需全部付现，可以一部付现，一部付以未到期之庄票，此项付出之现金，有时甚少，即至百分之十者，亦间有之。

钱庄信用稍有动摇，则此种信用膨胀，便尔中止，例如投机恐慌，偶有倒闭情事，便足动摇信用，于是提存款，兑庄票，而钱庄有岌岌不保之势矣。

上述各种业务之外，尚有各地汇款亦钱庄重要之一，惜其所调动之款项究有几何，无从推测耳，此种汇款，大抵为见票后三天至三十天期付款之汇票，亦有信汇及电汇，上海洋拆行市，由钱庄议决，国内汇兑行市与此相同，钱庄亦占优势。

钱庄无发行纸币之权，需用纸币之时，可向中央银行中国银行交通银行及其他发行银行领用，领用纸币之时，依法钱庄须缴存至少六成现金、至多四成证券。（政府公债为多）藉以保证纸币之兑现，此种纸币发行，为钱庄所有现金与公债所限制，故不致无限膨胀，钱庄不需用纸币之时，则可将纸币送还发行银行，收回担保品，至于钱庄营业之实在数额，与其各种工作之趋势，则以资料缺乏，甚难确定。此有几种原因，政府时常加税，一也；钱庄向不查账，二也；喜守秘密，怕漏消息，三也。

上文所述钱庄似皆属于一种，其实全国各地钱庄，对于存款放款划拨资金等各种业务，各有偏重，经营方法亦各不同，一个地方往往有二种或二种以上之钱庄，如广州其一例也，本文限于篇幅恕不详述。

（a）二十一年缺河南、甘肃、广西、贵州、陕西、及云南六省，二十三年缺甘肃、广西、贵州、云南四省。

（b）蒙古其他各地无可查考。

（c）六家不详。

（d）一家不详。

（e）二家不详。

（f）十一家不详。

（g）三家不详。

（附表一）　　各省钱庄数及实收资本额

省别	二十二年底		二十三年底	
	钱庄数	实收资本（单位千元）	钱庄数	实收资本（单位千元）
安徽	19	728	19	595(d)
浙江	218	7,037(c)	269(a)	7,584
福建	83	4,701	85	5,955
河北	24	1,188	99	6,718
湖南	95	1,471	40	1.102
湖北	14	196	53	2,918
江西	29	721	73	2,132
江苏	124	22,337(d)	156	23,403
广东	346	10,367(d)	164	7,912
山西	51	2,592	39	1,587
山东	94	1,925(d)	77	2,368
四川	24	1,830(e)	53	4,062
河南	(i)	(i)	25	2,610
陕西	(i)	(i)	6	155
中国本部合计(a)	1,121	55,093(f)	1,158	69,657
察哈尔	11	420	(i)	(i)
绥远	5	298	20	1,301
蒙古合计(h)	16	718	20	1,301
东三省	111	5,392(g)	84	6,544
全国合计(a)(b)		61,203(h)	1,262	77,502
香港	22	5,900	(i)	(i)
总计(a)(b)	1,270	67.103(h)		

(h)十四家不详。

(i)不详。

(j)宁波钱庄二十四年七月三十日以后，倒闭二十余家，资本约计一百十二万元。（中央银行月报九月份2020—2021页）（资料来源）中国银行年鉴一九三四年及一九三五年。

（附表二）　重要城市之钱庄数与其实收资本额

地名(a)	二十一年底			二十三年底		
	钱庄数	实收资本（单位千元）	每家平均资本（单位千元）	钱庄数	实收资本（单位千元）	每家平均资本（单位千元）
厦门（福建）	56	3,281	59	47	4,025	86
广州（广东）	144	3,278	23	54	2,154	40
长沙（湖南）	95	1,471	15	40	1,102	28
芝罘（山东）	59	611(h)	11	26	416	16
重庆（四川）	18	1,490(c)	93	19	2,085	110
大连（东三省）	35	3,688(h)	108	36	3,139	87
福州（福建）	27	1,420	53	27	1,340	50
香港（香港）	22	5,900	268	?	?	—
吉林（东三省）	10	162(c)	20	4	85	21
沈阳（东三省）	31	1,062	34	16	383	24
南京（江苏）	13	159	12	7	89	13
宁波（浙江）	69	3,470	53	60(f)	3,250	54
北平（河北）	10	650	65	12	790	66
上海（江苏）	65	20,202(b)	316	55	19,382	352
汕头（广东）	202	7,089(b)	35	100	5,555	56
太原（山西）	51	2,592	51	28	1,385	49
济南（山东）	29	1,024	35	25	944	38
苏州（江苏）	23	1,100	48	20	950	48
温州（浙江）	47	844(b)	18	30	596	20
合计	1,006	59,493(e)	60	606	47,670	79

(a)省名在括弧内。

(b)一家不详。

(c)二家不详。

(d)四家不详。

(e)十三家不详。

(f)二十四年七月三十日以后，倒闭二十余家，资本总额约计一百十二万元。(中央银行月报九月份2020—2021页)。

(资料来源)中国银行年鉴一九三四年及一九三五年。

(附表三)上海六十三汇划庄之放款存款及实收资本(廿三年四月底)(单位千元)

短期放款：84190，

长期放款：73874，

放款合计：158064。

活期存款：122324，

定期存款：39468，

存款合计：161792。

实收资本：17687。

(a)此数较附表二上海项下之数字为小，此则由于民国二十三年上半年上海钱庄变动太多所致。

(资料来源)上海二十三年五月二十二日字林西报。

(注)民国二十四年九月底止上海汇划庄，只有五十五家。见附表四。

(附表四)最近上海之五十五家汇划钱庄(二十四年九月底)

名　称	资　本(单位千元)
1.大德	600
2.大赉	280
3.元盛	224
4.五丰	280
5.仁昶	280
6.生昶	300
7.安康	240

8.安裕	700
9.存德	100
10.同润	300
11.同余	350
12.同庆	300
13.志裕	300
14.志诚	168
15.均昌	160
16.均泰	480
17.承裕	540
18.怡大	600
19.和丰	140
20.信孚	360
21.信裕	560
22.恒巽	330
23.恒隆	300
24.恒赉	300
25.恒兴	140
26.春元	220
27.益大	280
28.致祥	100
29.振泰	240
30.顺康	800
31.敦余	300
32.惠昌	500
33.惠丰	600
34.义生	400
35.义昌	200

36.瑞昶	280
37.福泰	300
38.福康	800
39.福源	500
40.慎源	300
41.赓裕	540
42.聚康	330
43.滋康	800
44.滋丰	280
45.庆大	280
46.庆成	420
47.鼎康	280
48.徵祥	180
49.衡九	200
50.衡通	240
51.鸿祥	420
52.鸿胜	420
53.鸿丰	280
54.宝昶	280
55.宝丰	280
合计	19382　平均每家：352

（资料来源）上海市钱业同业公会入会同业录（廿四年六月刊行）。

〔国民政府中央银行档案〕

19.财政部填报1934和1935年两年份呈准设立及呈报增资与停业清理银行表公函稿

（1937年1月15日）

公函　钱字第27329号

案准贵处二十五年十二月二十五日总字第1413号，函请将二十三、四两年份关于银行设立增减资本合并及倒闭数目表，迅予填送俾便汇编等由，准此。相应填具呈准设立及呈报增资与停业清理银行表各一份送请查照为荷。此致

国民政府主计处

附件

民国二十三年呈准设立银行表

武进商业银行	江苏武进	二月
重庆平民银行	重庆	二月
江海银行	上海	二月
正明商业储蓄银行	上海	二月
光华商业储蓄银行	上海	四月
山左银行	青岛	四月
仙游农民银行	福建仙游	五月
大生银行	天津	六月
大康银行	上海	六月
重庆银行	重庆	六月
青岛市农工银行	青岛	七月
恒利银行	上海	七月
厦门商业银行	厦门	七月
农业银行(复业)	上海	七月
大亚银行	上海	八月

亚洲银行	上海	八月
四川美丰银行	重庆	八月
永大银行	上海	八月
浙江储丰银行	杭州	八月
江津县农工银行	四川江津	八月
建中商业银行	上海	九月
浙东商业银行	宁波	九月
大孚商业储蓄银行	汉口	十月
汉口商业银行	汉口	十月

民国二十四年呈准设立银行表

南京商业储蓄银行	南京	一月
建华银行	上海	一月
国信银行	上海	二月
边业银行	天津	二月
四川新业银行	重庆	二月
浙江商业银行	杭州	四月
四川建设银行	重庆	四月
绍兴商业银行	绍兴	五月
福州商业银行	福州	五月
温州商业银行	温州	六月
江西裕民银行	南昌	九月
广州丝业银行	广州	十月

二十三、四年份呈报增资银行表：

名称	年份	增资数额	共有资本总额
浙江兴业银行	二十三年	150万元	400万元
上海绸业银行	二十四年	60万元	120万元
瓯海实业银行	二十四年	15万元	25万元

民国二十三、四年份呈报停业清理银行表：

安徽商业储蓄银行	二十三年七月
俭德商业储蓄银行	二十三年十二月
通易银行	二十四年一月
常熟振业银行	二十四年一月
厦门商业银行	二十四年一月
常熟商业银行	二十四年四月
明华银行	二十四年五月
江南银行	二十四年六月
宁波实业银行	二十四年六月
世界商业储蓄银行	二十四年七月
仙游农民银行	二十四年七月
正大商业储蓄银行	二十四年九月
常熟利华银行	二十四年十月
大沪商业储蓄银行	二十四年十月
祁县农工银行	二十四年十一月

〔国民政府财政部档案〕

20.财政部关于增加中国通商等银行官股等事呈稿

（1937年2月—4月）

密函　钱字第二八五〇七号

查关于整理中国通商、中国实业、四明等三银行补交欠缴发行准备并加入官股、贬值旧股暨补缴发行准备转存办法一案，前由部于上年十二月三十日呈奉行政院训令，内开：业经决议，原则通过。但应切实整理，由财政部查察情形，妥为办理，等因，云云（抄呈行政院文）。俾该三行各凑成资本总额四百万元，以归一律。除呈请行政院备案并分别批示外，相应抄同本部提案暨各该行原呈，函达贵会查照办理，并将办理情形见复为荷。此致

发行准备管理委员会

密呈　钱字第2817号　二十六年二月二八日发

查关于整理中国通商、中国实业、四明等三银行补交欠缴发行准备并加入官股，贬值旧股暨补缴发行准备转存办法提请公决一案，前奉上年十二月三十日钧院训令内开：业经决议，原则通过，但应切实整理，由财政部查察情形，妥为办理，等因。遵即密饬分别遵办。兹据中国通商、中国实业及四明等三行呈称：遵令拟具缴交欠缴发行准备办法，并由各该行股东会通过，将旧股折减，请加入官股等情，并各将临时股东会议录抄呈到部。当查各该行所拟缴交欠缴发行准备金各项资产以及缴交以后仍予转存各节，除四明银行所列招商局欠款数额核与交通部查复之数不符，当系因截止结息之日不同关系，由部另案核明办理外，其余核与本部上次提案大致尚属相符。惟各该行原有股本早经亏蚀净尽，本部前拟核实，减为百分之十，已属优异。兹各该行临时股东会决议，均以减作一成认为太低，请求酌量增加，前来。本难照准，惟为顾念各该行困难情形，拟准按照一成半计算，即原有股本一百元，折减为十五元，以示体恤。再查各该行加入官股数目，本部前次提案规定每行三百万元，兹中国通商银行请求加入四百五十万元，中国实业银行请求加入五百万元，四明银行请求加入四百七十万元，均较原议增加过多。惟据称环顾目前市况，倘拟增加商股，极为困难等语，尚属实情。复查各该行原有实收股本，计中国通商银行三百五十万元，中国实业银行三百五十万七千四百元，四明银行二百二十五万元，如将旧股折减成数，概按一成五计算，计中国通商银行尚存股款五十二万五千元，中国实业银行五十二万六千一百一十元，四明银行三十三万七千五百元。为谋安定金融，维持各该行业务起见，拟由部加入中国通商银行官股三百四十七万五千元，加入中国实业银行官股三百四十七万三千八百九十元，加入四明银行官股三百六十六万二千五百元，共计官股一千零六十一万一千三百九十元，较之原议计多增官股一百六十一万一千三百九十元，俾该三行各凑成资本总额四百万元，以归一律。所有官股董事、监察人、董事长等人选，拟即由部遴选补充，另案呈明。此后对于各该行营业，自应由部随时查察情形，切实监督整理，以安市面，而利金融。除函发行准备管理委员会并分别批示各该行知照外，理合抄同各该行原呈及附件，呈请鉴核备案令遵，至为公便。谨呈

行政院

附抄各行原呈及附件(略)

财政部致行政院呈稿 （4月6日）

呈　钱字第　　号

查关于整理中国通商、中国实业、四明等三银行补交欠缴发行准备并加入官股、贬值旧股暨补缴发行准备转存办法，前经提奉院会决议原则通过，饬部查察情形，妥为办理。谨将遵办情形案呈鉴核备案令遵一案，业奉钧院二十六年三月五日第八八八号指令准予备案在案。此次各该行加入官股，根本改组，其原任董事、监察人等均应一体改选，以符规定。所有董事名额，每行定为十一人，内官股董事七人，商股董事四人。监察人名额，每行定为五人，内官股监察人三人，商股监察人二人。除各该行商股董事、监察人等已据召开临时股东会依法改选报部备案外，其应行派定之官股董事、监察人，亦均由部慎重甄选。令派杜月笙、胡以庸、陈洪、吕成、李祖绅、赵季言、余梅荪等为中国通商银行官股董事，杨虎、张啸林、温忠保等为中国通商银行官股监察人。傅汝霖、周守良、覃理鸣、王泽民、沈元鼎、闻亦有、郭秉文等为中国实业银行官股董事，夏偕复、贾月笙、张汉城等为中国实业银行官股监察人。吴启鼎、李嘉隆、孙鹤皋、徐继庄、吴

震修、张竹屿、李听根等为四明银行官股董事，赵棣华、谭光、金廷荪等为四明银行官股监察人。嗣据各该行呈报董监联席会议，当选常务董事及常驻监察人姓名，复经由部于各该行常务董事中分别指派杜月笙为中国通商银行董事长，傅汝霖为中国实业银行董事长，吴启鼎为四明银行董事长，各在案。

再，查本部加入官股，计中国通商银行三百四十七万五千元，中国实业银行三百四十七万三千八百九十元，四明银行三百六十六万二千五百元，共计官股一千零六十一万一千三百九十元，合之各该行原存股款，各凑成资本总额四百万元，以归一律，前经呈报有案。此项官股股款已由部查照前拨中国、交通两银行官股办法，概以复兴公债照数拨给，至此后对于各该行营业，自应遵照钧院迭次决议，由部随时查察情形，切实监督整理，以安市面，而重国帑。其各该行改组以前贷放各款，仍分别责成各该行原任董事、监察人及经手人员负责催收，妥为处理，不得稍有诿卸，以明责任。所有加入中国通商、中国实业、四明等三银行官股及选派官股董事、监察人各缘由，理合备文呈请钧院鉴核备案，至为公便。谨呈

行政院

〔国民政府财政部档案〕

二、地方金融业的整饬

1.行政院关于上海市商会电请救济沪市金融训令

（1935年3月4日）

行政院训令　字第1212号

令实业部

案据上海市商会艳电称：据棉布业、电机丝织厂业、土布业、绸缎业、机器染织厂业等二十同业公会联名函称：敝会等为沪市金融紧迫，工商危急，曾拟具治标办法，提交贵会执监会议转呈

当局核办。事隔多日，并无切实办法。报纸记载，无非市面安定，存量充足，上下粉饰。究其实，工厂不能复工者千百家，失业工人达五十万。财政当局以理财为急，国家银行以拥资为富，不待半月，将索全沪于枯鱼之肆。体察现状，银钱业若无政府救济，亦属自顾不遑，此时救济各业，责在政府。年来筹助北伐，发行公债，增加捐税，惟沪是赖。商民尽力输将，无非上下相维，全市如果崩溃，财赋何从挹注。政府堂高帘远，或有隔阂，贵会如亦讳疾忌医，群情安赖。吁请电呈蒋委员长以及政府当局，以当机立断之处置，挽救非常事变，等语。窃查沪市为全国商业命脉，财赋重地，上年承世界经济萧条、各省大灾欠收之后，又以白银大量流出，遂致存货山积，价值低落，欠账难收，商市危险竭蹶情形，竟为数十年来所未有。献岁以来，敝会迭据电机丝织厂业等十五公会及市民联合会函陈困难情形，请求救济。经再回集议，并与其他各方团体协商，虽电呈财部命令中央银行尽量对工商业放款，蒙批允函令各银行依法尽力承助。但默察现势，金融界以押品减值，调现困难，收放失平，实鲜余力援助。而批令既有依法字样，中央银行又未便应变济急，即或酌予调剂，亦决非万急时扶危定倾之至计。目前商市停顿，劳工失业，险象环生，万非观望委卸，设词因循，可以俸渡。用敢冒渎电吁，万乞迅赐主持，速筹根本救济大计，以挽危局，而定人心，毋任延颈待命之至。等情。据此，查沪市商业赢绌，动关全国繁荣，消息调剂，未容忽视。据电前情，除电复该会会同各界协力筹商，并通知各业沉着应付暨分行外，合行抄发复电，令仰该部会同财政部、上海市政府、市商会暨各界领袖从速会商，并由财政部负责召集，妥议具体办法，呈候核定施行，以资救济。此令。

计抄发本院复电一件

院长　汪兆铭

中华民国二十四年三月四日

抄本院复电

上海市商会公鉴：艳电诵悉。所陈沪市商市停顿情形，政府久在筹维挽救之中。此时世界经济举皆紧迫，沪为东方大埠，自难独免。加以国难方殷，农村凋敝，由果溯因，弥形繁复。政府年来一切方针，皆以复兴为急务，未能限于治标，亦从不敢自宽责任。沪市商业盈绌，动关全国繁荣，消息调剂，夙深廑念。来电所陈二十同业请求救济一节，已交财政、实业两部暨上海市政府从速会商具体办法，呈候核定施行，以资救济。即盼贵商会暨各界协力筹商，并希通知各业沉着应付，俾市面早趋稳定。度贵商会诸君必共瞭然于通力合作之意也。特复。汪兆铭。冬。

上海市商会呈请救济沪市金融与农复会所提应付白银及入超问题说帖两案审查会议纪录

日期：二十四年三月六日下午二时

地点：行政院

出席：行政院副院长　孔祥熙
　　经济委员会　陈立夫
　　实业部部长　陈公博
　　实业部次长　刘维炽
　　铁道部次长　曾仲鸣、吕苾筹
　　交通部次长　俞飞鹏
　　财政部次长　邹　琳、秦　汾
　　外交部次长　唐有壬
　　内政部次长　陶履谦
　　行政院秘书长　褚民谊
　　农村复兴委员会　彭学沛
　　财政部司长　徐　堪

行政院参事　　张平群

主席：孔副院长　　　纪录：张平群

审查结果：

一、关于上海市商会电请救济沪市金融案，由财政部参酌各部会本日所发表意见，再咨询上海工商界办理救济。

二、关于农复会说帖，仍照原议，先签注意见，再由孔副院长召集讨论。

〔国民政府实业部档案〕

2.蒋介石与孔祥熙为解救上海金融危机来往电

(1935年3月)

(1)蒋介石致孔祥熙密电　(3月3日)

南京。财政部孔部长庸之兄：浚密。据上海市地方协会俭电称：近〔日〕沪市金融仍紧，人心恐慌，敝会等屡经集议，以为欲使金融回复流通，首须使地产免于呆滞，如中央银行纸币发行保证准备及储蓄存款保证准备对于道契及土地执业量，一面对于各业提供道契及土地执业证等押品请求借款或短期拆款时，查照部函尽力承收，则一转移间地产可见活动，其他切实救济方法次第施行，市况或可转危为安。请迅赐电知中央银行照办，等语。请兄妥为酌办。中正。江亥。渝。印。

(2)孔祥熙致蒋介石密电稿　(3月6日)

重庆。蒋委员长钧鉴：浚密。上海市面日内仍感恐慌，固由金融紧迫所致，但利用机会从中操纵或煽动者，亦不免推波助澜。万一发生事变，影响治安，其害匪浅。除由院部筹议根本救济办法外，敬祈我兄速电吴市长及市党部酌予开导，妥为防范，以策安全，无任企幸。弟熙叩。鱼秘。印。

(3)蒋介石致孔祥熙密电　(3月8日)

孔部长：鱼秘电悉。浚密。已电吴市长及沪党部开导并防范矣。中正。齐申。交参渝。印。

［国民政府财政部档案］

3.上海市银行公会奉部令规定放款十原则函

（1935年4月30日）

径启者：查本会前以上海市商会及上海地方协会等发起工商信用小放款一案，经议决暂行担任二百万元。一面致函在会各行分认借款数，同时组织小组委员会讨论进行各在案。截至目前，查各行认报数目共为一百八十七万五千元。兹奉财政部训令规定救济工商业放款原则十项令，会同中央、中国、交通三行会同办理。经提出第六十六次执委会讨论议决，所有本会各银行已认借款同属救济工商业之用。自应遵令，会同三行并案办理。并由上项小组委员代表接洽一切。除分函三行会商贷放办法外，相应抄附财部令文，先行分转各行周知，至希查照为荷。此致
中国国货银行

上海市银行业同业公会启
二四、四、三〇、

附件

照抄财政部钱字第一四一三〇号训令　四月十六日

查本部为便利救济工商业起见，特充实银行资力，并迭经分别函令中央、中国、交通三行及上海市银行业同业公会筹议具体办法，依照银行定章，实行放款各在案。惟沪市工商业厂号性质不一，需要放款救济之情形亦各有不同，自应照定标准以利实施。特规定放款原则如次：

一、凡工商业请求放款救济时，银行为维持市面起见，应尽力贷放之。

二、工商业请求放款救济，以制造国货之工厂贩卖国货之商号及运输国货出口者为限。

三、厂家或商号请求放款救济时，银行应查明该厂或该号是否实在，并详查其资产负债情形，盈亏状况、营业方针暨所请借款之用途是否必要。

四、厂家或商号所借款项，银行应随时监督稽查。其用途不得移作别用。

五、厂家或商号经查明已无继续存在能力者，不得请求贷款。

六、关于工厂之技术改良事项及商号之营业方针，银行得随时派专家指导或矫正之。

七、银行救济工商业之放款月息不得超过八厘。如厂号情况不能担负全数月息，特得请求本部核准，补助月息二厘。

八、前项放款偿还期间至长不得超过一年，各银行放款合计之总额以一千五百万元为限，但银行于每次放款后须将放款厂号、数额、期限、押品报部备案。

九、凡不能提供押品之厂号而又急待救济者，如有殷实商号二家连带负责偿还担保，经银行认可，请求小额借款时，银行亦应酌为放款，以资救济。但其放款总额不得超过该厂号资本及公积金之半数，偿还时期准照市场向例，于结束期清偿之。

十、前项信用小借款之总额，以各银行放款之合计至多以五百万元为限。以上办法系于救济之中，仍寓巩固金融之意，以谋兼顾。除分别函令外，合行令仰该会遵照，会同各银行办理，此令。

〔中国国货银行档案〕

4.财政部与四川财政特派员公署为调查重庆各银行发行准备情形来往文件

（1935年3—6月）

（1）财政部致陈绍妫密电　（3月30日）

陈财政特派员绍妫览：利密。查川省现在除地方银行钞券外，尚有中国及其他银行在川发行钞券。兹为整理川省金融，亟应派员前往各该行重庆分行，查明迄至现在之发行情形及准备数目。除另电派谢霖就近前往办理外，仰即转饬各行遵照。财政部。卅。沪处。印。

（2）四川财政特派员公署呈稿　（5月17日）

本年三月三十一日，奉钧部卅电派职向各发行钞券银行查明发行情形及准备数目具报。等因。奉此。遵查川省发行钞券之银行，除四川地方银行钞票专案办理外，计有中国、川康殖业、美丰、重庆、建设、平民等六家。经职分别通知各行，将截至三月三十一日止之发行钞票种类及准备金数目列报前来，并取得各种钞券样本。正拟办间，准四川省政府财政厅函，以重庆各银行所发各种纸币，业经四川省政府令饬于六个月内一律收回，抄送原令，请查照，等由。到署。理合将遵办情形编制调查表，连同各种钞券样本，呈请钧部俯赐鉴核。谨呈

财政部

计呈送调查表一份、抄件二纸

各银行发行钞券样本【缺】

中华民国廿四年五月　日

照抄【四川省政府财政厅】原令

令重庆银行业同业公会

查重庆各银行前因川省金融枯竭，为调剂商场、扶助工商起

四川重庆各银行发行

民国二十四年三月

发行银行	钞券名称	发行额							合计
		百元券	十元券	五元券	一元券	五角券	二角券	一角券	
川康殖业银行	无息存票		23,330	76,800	223,610				323,740
中国银行重庆分行	钞票		252,500	820,305	632,874				1,705,679
重庆银行	钞票		41,830	27,320	29,151	166,013	28,500	12,001	304,815

钞券及准备金数目表

三十一日止调制

准备额			现金准备百分数	保证准备百分数	
现金准备	保证准备	合计			
268,946	54,794	323,740	83.10	16.90	该行保证准备额计民生实业公司期票20,000元，余为有价证券。
1,163,679	542,000	1,705,679	68.22	31.78	该行保证准备额寄存沪行中央公债计善后公债票面额74,000元，按九二合银元68,080元，新善后库券票面额300,000元，按454956合银元136,486.80元，卷烟库券票面额300,000元，按4922合银元147,660元，现存地方公债统税库券票面额350,000元，按885合银元180,692.66元，整理四川金融公债面额20,000元，按454合银元9,080.54元。
264,015	40,800	304,875	83,90	16.10	该行于廿三年八月廿九日由重庆市民银行更名为重庆银行，故钞票存重庆市民银行名义及重庆银行名义两种，内重庆银行名义钞票二角券28,500元，伍角券138,800元，市民银行名义钞票一角券12,001元，伍角券27,213元，一元券29,151元，伍元券27,320元，十元券41,830元，其存票准备40,800元，据称即为该行银行库借发行股之数，故可断定是准备缺少之数目。

四川重庆各银行发行

民国二十四年三月

发行银行	钞券名称	发行额							合计
		百元券	十元券	五元券	一元券	五角券	二角券	一角券	
四川建设银行	无息存票				437,544				437,544
四川美丰银行	钞票		128,590		234,601				363,191
重庆平民银行	儿童储金礼券					399,963.50			399,963.50
总数			446,250	924,425	1,557,780	565,976.50	28.500	12,001	3,534.934.50

钞券及准备金数目表

三十一日止制调

准备额			现金准备百分数	保证准备百分数	
现金准备	保证准备	合计			
317,544	120,000	437,544	72.57	2 .43	该行准备金额计库存准备金137,544元，随营兑换所80,000元，保证准备金120,000元，存出准备金100,000元。
320,000	184,706	504,706	88.10	11.90	该行保证准备计整理四川金融公债票面额600,000元。
239,978.10	159,985.40	399,963.50	60.00	40.00	该行保证准备计整理四川金融公债票面额640,000元，约为二五折，合银元159,985.40元。
2,574,162.10	1,102,285,40	3,676,447.50	72.81	27.19	

见，曾呈奉四川善后督办公署，准予暂时发行各种纸币，在市面流通行使。现中央银行既经在渝设立分行，此后调节地方金融事宜，自当听候中央银行商承政府办理。各该银行从前所发纸币及类似纸币之无息存单、储金券等，亟应限期收回，以重法令。兹由本府规定：(一)凡发有钞票银行，统限六个月内将所发钞票陆续收回，至本年九月底止，一律收毕。(二)各银行应将所发纸币现在流通数目，于奉令七日内先行据实造表呈报。(三)从四月份起至九月底止，每届月终，应将所收数目具报本府，以资查考。(四)凡发有钞票银行，由本府随时派员检查发行准备及所报收回数目情形，以昭核实。以上四项办法，除由本府指派专员分别办理外，合亟令仰该会即便转饬本埠各银行一体遵照办理，仍将遵办情形报查。此令。

(3)财政部指令　(6月6日)

财政部指令　钱字第14899号

令暂代四川财政特派员谢霖

呈复查明各银行发行钞券情形及准备金数目请鉴核由。

呈暨附件均悉。查川省各银行发行钞券，除中国银行系于条例内规定，及四川美丰银行从前发出纸币迭经本部批饬从速收回销毁外，其川康殖业银行、重庆银行、四川建设银行及重庆平民银行，均未据呈请核准，竟敢藐视法令，私自印发，妨害币政，殊属不合。除由部分别令饬依限收回具报外，仍令该员就近监视办理为要。此令。

部长　孔祥熙

中华民国二十四年六月六日

〔四川财政特派员公署档案〕

5.谢霖刘航琛调查四川地方银行钞票发行及准备情形致财政部呈①

（1935年5月初）

查得四川地方银行系于民国二十三年成立，自发各种钞票。同年八月一日，由四川善后督办公署命令成立四川地方银行兑换券准备库，由中国、聚兴诚、市民、四川商业、川康殖业、平民、美丰、川盐、地方等九家银行管理，专司数行保管事宜，行、库各自独立，不相统属。当由地方银行将截至同年七月三十一日止发出之一元、五元、十元等钞票共计五百六十三万元，连同六成现金准备，一并移交该准备【库】接收。惟其后地方银行除发辅币券外，尚有成都券一种仍自己办理，而准备库所发之券，有由二十一年提借应用，以致准备短少。兹经查明，截至本年四月九日止，该银行及准备库发行钞票暨现金准备数目总计如下：（甲）发行钞票数目。（一）主币部分：一元券六百八十万零九千三百四十七元；五元券三百七十二万八千六百〇七元五角；十元券二千〇八十万〇三千三百六十四元。查该行、库对于毁烂不完全之钞票有兑给一半或四分之三之规定，故五元、十元两种钞票均有奇零数。成都地方券六万元，共计三千一百四十万〇一千三百十元五角。（二）辅币部分：二角券二十一万六千八百七十七元二角；五角券一百三十八万九千九百〇六元；铜元券（万县地方分行发行）六十一万八千五百六十八串，每元以八串九百九十七文计算，合银元六万八千七百四十元，共计一百六十七万五千五百二十五元二角，统共发行三千三百〇七万六千八百四十一元七角。（乙）现金准备数目。（一）准备库存：计现金一百七十二万二千七百八十一元七角八分。（二）地方银行库存：银元五十九万六千四百五十元〇三角，半元币八万四千七百九十二元四角八分，二角币三十

① 摘自《银行周报》第十九卷第十七期，1935年5月7日。

六万五千三百五十九元二角六分，银两十六万九千九百八十一元一角六分，共计一百二十一万六千三百八十三元二角。(三)成都银行存银元六万元。(四)万县分行存铜元等合银元六万八千七百四十元。共现金准备三百零六万七千九百零四元九角八分，计不敷准备三千万零零零八千九百三十六元七角二分。以上主、辅两币钞票，计共发行三千三百零七万六千八百四十一元七角，除行、库两方，共有现金准备三百零六万七千九百零四元九角八分外，不敷三千万零零零八千九百余元，惟行、库两方尚有四川省政府所发行之证券作为保证准备，此地方银行及准备库发行钞票及准备金数目之情形也。至于进行整理，拟仍按原拟四项办法，请由钧部向中央银行借款三千三百万元，作为收回此项钞票之用，每月在省款项下，拨还五十五万元，四年共拨二千六百四十万元，除以二千三百万元还本外，所余之三百四十万元，即作此项款之利息。其余尚短现金准备七百万零八千余元，当由职厅督饬该行、该库将原有保证准备设法筹变现金，倘有不敷，仍由职厅负责补足，一俟着手整理，并即连同已收回暨未发行钞票及票板等项结束移交，俾地钞完全一致，以后即不再发。至原定封存地钞一千万元，现尚封存五百八十七万一千余元，本就重庆银钱业所有之钞，暂行寄库封存，作为划帐基金，其办法，该同业中收交款项即由银钱业联合公库另发抵解证，流通划抵，不能取现地钞，用意不过在暂时节制兑限〔现〕而已。故此项封存之券，应归发行数内计算，不得扣除。

〔国民政府档案〕

6.孔祥熙与杨永泰为整理川省地钞事来往密电

(1935年5月)

(1)孔祥熙致杨永泰密电　(5月11日)

谢特派员：利密。译转杨秘书长畅清兄勋鉴：佳酉渝密电奉悉。查本部为维持地钞信用，安定社会金融，以免影响军事起见，特促成开设中央渝行，筹借巨款，整理地钞。数月以来，地钞信用日见坚固，申渝汇水由一千七百元左右跌至一千零六、七拾元，即其明效。至申渝汇水之涨落，恒随进出口贸易状况以为转移，故在以往川局平定，币制尚未紊乱之时，亦常有一千一、二百元之汇率。即按最近三年逐月之行市，平均常在一千二百元左右，实以目前之一千零六、七十元为最低，渝埠银钱业似不应再以人心不安之危词，而有维持之请求。况川币成色杂乱，绝无与国币同等之价值，地钞准备薄弱，更不应与中央渝钞视同一律。除电饬谢特派员暨渝行奚经理本此原则相机办理外，尚希吾兄转知省府饬知银钱各业共同协力，维持市面，勿再有往常狂赌申汇之恶习，方足安定人心。特电奉复。弟孔祥熙。真。钱沪。

（2）杨永泰致孔祥熙密电 （5月12日）

上海中央银行孔总裁：密。庸之先生惠鉴：真钱沪电敬悉。渝埠商人竞赌申汇，确为恶习，现已分行省政府、财政特派员、银钱业公会遵照筹划切实有效之方法，并协力维持，从速取缔。其余各节，分别奉复如下：（一）渝地申汇价格在地钞未落价以前，诚如尊电，恒随进出口贸易状况以为转移。因此从前有时以划帐银购买申汇，价固常达一千一、二百元，然有时以现金购买申汇，亦有低至九百余元者。现在地钞汇价除进出口供求外，复有地钞与现洋之贴水及划帐银与现地钞之贴水连带发生高下，故现在现银元及中央渝券申汇价为一千零五十元，地钞申汇价为一千零七十元，划帐银汇价为一千一百元。夫进出口之供求，自应听其自然，而地钞本身所生之贴水，则须设法除去，地钞整理效用即在乎此。将来地钞实施整理之日，渝地两钞同系代表川币，当为同一价格。（二）川省整理地钞，向中央银行息借二千三百万元作为基金，无非藉使准备充足，不与现币发生差别。故于将来实施整理之后，地钞、渝钞理宜视同一律。惟在川币未整理前，两钞均属代表川币，则所借之申洋按市折合，当有赢余。川省府主张并提此项，以贴补将来改铸川币损失，如渝券汇价一千零五十元，即多一百十五万元，加以前奉核准以地钞不来兑换之赢余数目，或可已足供改铸费用，不知吾兄以为何如。(三)川币改铸应于统一发行之后一气呵成，曾与省府商议，亦同此主张，而川省商民盼望尤切。似可即设委员会，着手筹划，已告谢特派员嘱为转达。将来改铸完毕，渝券自可随之改为国币，不致有所损失。(四)地钞整理既已决定办法，省府咨文亦已寄京，拟请从速订约实施，以免市面多所疑虑，最好定为六月一日实行。上列各项，特详陈参考。二、四两项尤盼核示见复。弟杨永泰叩。

〔财政部驻港办事处档案〕

7.孔祥熙为紧急应付沪市金融风潮致汪精卫电

(1935年6月2日)

特急。南京。汪院长勋鉴：嘉密。弟昨因航校今午举行毕业典礼，周至柔校长电约参加，昨晚车赴杭。今晨忽接子文及中行陈副总裁长途电话，称沪市金融又有风潮，当即汽车回沪，始悉本晨钱业会议决定维持现状办法三点：(一)各庄自即日起，无论多寡，概由同业汇划。(二)往来户支取，每户暂以五百元为限。(三)各庄向准备库支用钞洋，以存额比例每万准支六千元，并定即日实行。倘果任其宣布，市面必致摇动。当即召集该业领袖秦润卿及金融界会商，急予援济办法。因连日对于救济银行，已由中、中、交三行垫借巨款，三行实力不得不加顾及，遂决定饬钱业准备库提出押品，由财部拨借公债，先拨两千万元，并派徐次长堪等组织委员会负责办理贷放，如钱庄果因正当营业而致周转不灵，尽力予以援助，事关安定市面，不得不为紧急之应付。特电奉告。经此决定，沪市各钱庄明日已可一律照常营业，市面当可较稳。如明日得趋安定，明晚车当即来京，否则只得留沪处理。谨并奉闻。弟祥熙叩。冬二。沪处。印。

〔国民政府行政院档案〕

8.财政部关于海外银价提高国内工商凋敝请拨发公债救济上海钱业等呈

（1935年6月11日）

自海外银价继续提高以来，国内工商各业，异常凋敝。沪市金融时呈紧急状态，钱业之周转尤感困难。迭经由部函令中、中、交三行尽力拆放，以资维持。去年大结束之期，始得安然渡过。近届商场五月底结束之期，钱业收解较巨，本月一日午后，有五六家钱庄无法周转，至晚间则行将停业者竟有二十余家之多。钱业公会以事关大局，漏夜开会至二日晨六时，议决办法三条，（一）只能同业汇划，（二）存户每户只能支取生活费以五百元为限，（三）各庄存准备库保证品，按六成支用。自经此项办法实行后，一时风声鹤唳，市面大为震动。其时适以参加航空学校毕业典礼在杭，闻讯遄归，召开紧急会议，佥以钱业之调剂金融，与一般工商业关系颇巨，如钱业周转不灵，整个金融均被牵动，工商业亦立将崩溃，亟应设法维持，以安大局。幸银行界领袖均顾大体，愿尽力押借现款。惟钱业所有之押品，以地产货物为多，或格于银行定章，或以不易变现，抵借为难。本部为挽救危机，先其所急起见，勉力由库拨给二十四年金融公债票面二千五百万元，指定徐堪、王晓籁、秦润卿、杜月笙、顾贻谷等五人，组织上海市钱业监理委员会，经管借放事宜，并指令该钱业公会，即将相当之确实押品，交由该委员会核收保管，以凭拨发债券，向各银行押借现款，藉资周转。并饬将二日晨开会议决三条，立即取消，以安人心，该公会当经遵办，自六月三日起照常营业，市面赖以安定。该委员会亦于本月三日成立，公推徐堪为主席，即日开始办公。除于本月二日将前项紧急处置电陈在案外，现在钱业危机，已逐渐消释，以后情形，仍当随时陈报。所有由部拨给公债救济上海钱业各缘由，理合备文呈请鉴核备案。实为公便。谨呈

行政院

财政部长 孔祥熙

中华民国二十四年六月十一日

〔国民政府行政院档案〕

9.重庆市民控告银钱界恢复划条致蒋介石等电

（1935年6月15日）

成都蒋委员长、刘主席、重庆贺主任、谢特派员、刘厅长、省党部暨各报馆、各民众团体均鉴：天祸吾川，频年剿赤，民穷财匮，达于极点。乃吾重庆银钱两帮，去年竟乘政府之危，妙想天开，行使其不兑现之划条。凡需用现款，每千元有时竟需索洋水至五、六百元之多，真属无法无天，骇人听闻。故以百业凋敝、民不聊生之去年，而银钱两业每家均获利至数十百万，其压迫社会之情形可知。幸我主席取销划帐，安定社会，打破防区，还政中央。我委员长又复提师入川，督剿残赤，对于财政，则主持稳定金融，以安社会。故积极从事，收回地钞，整理公债。吾民正庆来苏，而丧心病狂、天良昧尽之银钱两帮主席潘昌猷、罗南康两人，昨日竟召集该两帮开会，恢复不兑现之划条，从十五日起即开始实行。四川非该帮之四川，该两帮不知其何心肝，竟敢上藐政府，下背民众，而恢复此动摇社会、扰乱金融之不兑现划条。公民等痛定思痛，痛犹未已，今闻此举，不寒而栗。特此飞陈，敬恳严电制止，并请拿办奸商，用申法纪，而快人心。无任

迫切待命之至。重庆公民等。删。叩。

〔财政部驻港办事处档案〕

10.北平市长袁良为陈报平市金融危机平复经过密电①

（1935年6月23日）

南京。行政院汪院长钧鉴：初密。本市金融自明华银行歇业后即显露破绽，不数日聚盛源银号突告倒闭，旋同元祥行停业，同时又有三、四家情形不稳。经召集商会、银行公会面询详情，始知本市廿五家银号悉皆危如累卵，不可经日，倘一旦崩溃，则牵累之银行当亦不在少数。不幸临此，全市金融何堪设想。情势紧迫，达于极点。用是特采救急办法，严厉执行。决定市内各银号一律不准歇业或停业，违则由公安、社会等局派员监视，并监视股东财产，使依法担负无限责任，所有各号存户，在最短期内，定期存款绝对不准提取，即活期存款亦不得任意提用，如徇情准提，即以扰乱金融论，从重惩处。饬属遵办，并布告周知。此外则对于金融新闻，绝对不准任意登载，悉听本府统一宣传，使无淆乱人心之记载。一面又召集银行公会、银钱业公会、市商会协议积极办法，谋整个安全之道。经决议，令各银号联络一致，组织公库，并由银钱业公会以四百万元贷款借据向银行公会抵押现款二百万元，以资维持，立即实施。于是本市银号危机逐渐平复，即已倒之聚盛源、同元祥亦声明可以复业矣。一波甫平，不意昨日中国农民银行又复发生挤兑风潮，其钞票已有拒绝行使者，经饬公安局先后逮捕有意扰乱者十四人，当晚即已平息。然默察本市金融原极枯涩，来日变化殊切隐忧，但能补救，惟力是视。谨先将办理经过情形电陈，伏乞鉴察。北平市长袁良叩。梗印。

---

① 同日袁也电呈孔祥熙。

汪精卫复电　（1935年6月24日）

北平袁市长勋鉴：初密。梗电诵悉，平市金融风潮处置适当，深用嘉慰，此间已交财政部注意，仍希继续防止为妥。行政院长汪兆铭。敬。

［行政院档案］

11.蒋介石孔祥熙等为救济重庆金融等事与各方往来电

（1935年6—9月）

（1）蒋介石致关吉玉等电　（6月27日）

关特派员、中央银行奚经理、中国银行周经理：据报，渝市金融因届结算之期，公债案待宣布，交换证须即取消，省政府负债到期，彼此均在清算中，以致市面发生恐慌，亟待设法维持，俾后方金融安定，以免影响军事。兹特为酌定办法如次：1.四川善后公债案业经中政会决定，克日由院公布，旧债不患无着，应由该特派员告谕商民，勿自惊扰。2.在四川善后公债案尚未公布以前，应遵照前次电令，立将交换证取消，以减除汇兑之纷扰。惟市场筹码不足，或感周转不灵，应由该特派员等酌量当地情形，准将曾〔最〕近即可掉换之川省金融公债，暂由两行照市价折扣抵押，或参用其他有效之方法，以资调节。3.川省府所负之债款，俟该省二十四年度预算核定后，自有正当解决办法。着由财政特派员公署协助省府转商，暂行转期静候解决。4.此外金融市场应如何设法维持，俾得共渡难关，着该特派员等悉心协商，尽力设法，妥慎办理，仍具报查考为要。中正。感酉。秘蓉。

（2）关吉玉致孔祥熙密电稿　（6月28日）

南京部长钧鉴：利密。顷据重庆市银钱业公会感日代电，以现届年度结束之期，渝市金融奇紧，商民恐慌，设不早为设法，则临期发生风潮，金融全体，必至崩溃。情迫万急，拟向中央、中国两行借款三百万元，期限自三月至一月，利率听两行规定，担保或以现为中央核准之公债，或以前因收回各军防地由本署与财政厅会衔向各行庄所借之过渡费四百万元，指作抵押，稍资救济。等语。陈请到署。正向各方会商拟办，又奉委座感酉秘蓉电开：据报，渝市金融因届结算，发生恐慌，亟须设法维持，俾后方金融安定，以免影响军事，并酌示办法四项。除原电另呈外，其第二项尾云：市场筹码不足，或感周转不灵，应由该特派员等酌量当地情形，准将最近即可掉换之川省金融公债，暂由两行照市折扣抵押，或参用其他方法，以资调节。第四项云：此外金融市场应如何设法维持，俾得共渡难关，着该特派员等悉心协助，尽力设法，妥慎办理，仍报查等因。除该银钱业公会所陈各情由渝央行详细报告外，查渝市金融恐慌，不免受省政府债欠影响。该会原电又谓：即公家所欠，商家所短，亦系实情。至所拟向两行借款办法，为期甚暂，利率听定，条件尚无不合。且查中央行收积地钞四、五百万元，借此吐出，既资周转，且免滞压，事属两便。职研求至再，觉尚可予转请核示。究应如何协助救济，以安市面，仰慰委座垂注殷殷之意，伏乞即赐核示祗遵。职关〇〇叩。俭。印。

（3）关吉玉致蒋介石电稿（6月28日）

成都委员长钧鉴：感酉蓉秘电敬悉，奉示四项办法，除第一项已即遵照宣示，其第二项亦即于本日邀集刘财厅长、央行吴经理、中行周经理在署，会商结果，拟由财厅出名，以川省金融公债作抵，向央、中两行借款五百万元，即以四百万收回交换证，余一百万存备各银钱业周转接济之用。如此办理，则收回交换证与救济渝市金融皆可解决。散会后即由该两行经理分向总行电请核示，俟得复再续报闻。至第三项办法，预定今夜在川康银行召集各行庄经理会商转期手续，亦俟有结果，再行报请钧察。职关〇〇。印。

（4）关吉玉刘航琛致蒋介石密电 （6月29日）

成都委员长蒋钧鉴：密。窃职等接奉钧座感酉秘蓉电指示办法四项，职航琛遵于俭申返渝，会同职吉玉遵照钧旨，商同奚、周两经理积极办理，谨分别电呈。（一）四川善后公债，仰荷钧座主持，业经中政会通过，克日由院公布，旧债有着，经宣布后，市场渐趋安静。（二）前发交换证已由职等商定，决于六月底悉数收回，并遵照钧旨，以川省金融公债，照市向中央、中国两行商借四百万元，以补充取消交换证之筹码，并多备一百万元，以备其他周转。奚、周两经理仰体钧意，力表赞同，已于感晚电两总行请合〔核〕矣。仰恳钧座俯念此项借款关系前方军事、后方金融，至为重大，准予电知上海两总行，克日照准押借，以资周转，而维市场。（三）川省府债款已由财厅查明六月底到期数目，由职吉玉会同职航琛召集各商【民】商议暂行转期办法，各商民仰体时艰，业已承认悉数转期半月，正由财厅另备借据，办理转期手续，并将数目列表交职吉玉，函知各行庄证明。（四）维持川省金融市场，职等责无旁贷，一俟商定具体办法，再当专案具呈，用纾廑系。以上四项，是否有当，谨电具呈，候钧示祗遵。职关吉玉、刘航琛同叩。艳。印。

（5）孔祥熙致奚炎周询密电 （6月29日）

中央银行奚经理并转中国银行周经理鉴：蜀密。勘电悉。川省地钞已进行整理，四川善后公债亦经立法院通过，渝市金融当可稳定。迩来全国银根同感紧迫，两行正须集中全力，以负维持整个国家信用之责任。况中央之于川省负担已巨，势难再事接济，即希转告关特派员、刘厅长，若市面筹码感觉缺乏，应仰体委员长另筹有效方法意旨，可先利用四川善后公债预约券，以资调节为要。部长孔。艳。印。

（6）孔祥熙致关吉玉密电　（6月29日）

关代特派员览：利密。查四川善后公债业经立法院通过，惟此项债票印制需时，为适应需要起见，由部先行印发预约券壹册，计壹百张，邮寄该员收领填用。但此项公债之用途，以若干票面为整理旧债，若干票面为军事善后之用，数目之分配，仍候委员长核定饬遵。部长孔。艳。钱沪。

（7）关吉玉刘航琛致孔祥熙密电　（6月30日）

南京财政部孔部长钧鉴：利密。昨夜转奉中、中两行转到钧座艳电，立于今晨九点召集全体金融界开会筹商，并邀周、奚两经理列席。筹议四小时，结果交换证无论如何均应遵令于本日取消，其取消之法，系将财厅所交四百万元交换证抵押品之公债收据额洋一千八百八十万元，交由中、中两行会同保管，每四万元由两行出保管证一纸，证上书特派员、财政厅之抬头，定期七月六日，凭证仍由职吉玉、航琛会同签章，取回保管原物，两行只负保管五日之责，此外不负任何责任。至周转之法，则候今夜交换所抵解毕后，缺头准以交换证抵交，缺头多家，即由特派员及财厅按二五折给与保管证。此项保管证在七月六日以前可以在市流通，一面再赶六日以前谋根本解决办法。（一）交换证始能遵令于本日一律收销。（二）六日底收交得以变通渡过，不致因停顿而致崩溃。（三）中、中两行只负保管责任，不过使社会明了此项公债收据在可靠机关保存，无短少架空等弊。（四）腾出五日期间，使根本解决办法略有筹划余地。商议至再，佥觉舍此实再无他法，且与钧电饬令仰体委员长另筹有效方法意旨相符。时间迫促，业已照上述办理。惟五日期转瞬即到，若仍无根本救济办法，金融必至崩溃，牵动前方军事，转贻钧座与委座之忧。除电陈委员长外，谨此电陈，伏乞钧察。职关吉玉、刘航琛叩。卅戌。印。

(8)关吉玉致孔祥熙密电稿 (7月1日)

上海部长钧鉴：利密。职与刘厅长航琛同上卅电，计邀垂察。渝市金融吃紧，迩日实报严重。本日系年度结算之期，尤有岌岌可危之势。市场公债交换证既奉严令限于本日取消，诚如钧电所谓筹码缺乏，而奉发之公债预约券邮寄需时，迄今尚未奉到，市面周转异常不敷。以职所知，若不遵钧座与委座电谕，另筹有效方法，银钱业必不少倒闭之户，崩溃之虑，即在目前。职任职虽无多日，然处此情况之下，万不敢工于趋避，坐视不予救济，且省方所发军饷，系由各银行签发保付，支票约二、三百万元，本日下午如以筹码不敷而停付，尤恐影响军事甚巨。安危之机，仅系乎数小时，情势迫切，不及请训，用与中央、中国两行暨刘厅长商定卅戌电所呈保管之法，出具公债保管证，由本署与财厅在保管证上加印，暂渡此五日之难关，以待另谋解决。钧部所发公债预约券既已在途，此项保管证为期亦仅五日，在此五日之内，由刘厅长与职共同负责，无论如何，均可与钧部威信无碍。所有本日遵电筹商处理情形，理合专电呈明，伏乞鉴宥，余容续陈。职关〇〇叩。东。印。

(9)蒋介石致关吉玉刘航琛密电 (7月1日)

财政特派员公署关特派员吉玉、财政厅刘厅长航琛：艳电悉。借参团。笃密。顷已再连电孔部长及宋委员，务即嘱饬重庆中、中两行照感酉电押借，并另电奚、周两经理知照，希就近洽办，并转告银、钱两业公会为盼。中正。东酉。秘。

(10)孔祥熙致关吉玉刘航琛密电 (7月1日)

关特派员、刘厅长均览：利密。俭、卅、东卯各电均悉。查目前渝市金融恐慌，固由省府欠债影响，而妄发交换证，亦其重大原因。专赖短期借款，实非根本救济之策。况中央为川事担负已重，更难事事借助，应仰该员等通盘筹划，妥拟根本救济办法呈候核定。部长孔。东戌。沪处。

(11)关吉玉阮毓麒致李傥等密电　(7月2日)

十万火急。南京李秘书长、高司长、李参事勋鉴：京密。渝市金融界请国、央两行借款四百万元一案，京、蓉两方政见不同，委座已有东电再致部座，一面电令厅、署与两行洽办，并饬通告银、钱两会，至不得不遵照宣布，势难请委座收回成命。且闻商人又将飞蓉请求迳电两行遵办，其势将趋僵局。平心而论，银钱业处此危境，实为省方所累，以新公债二五折，抵押尚属可靠，借额既不多，还本一月，为期亦不远，逾期自可由行照市处分。渝央行现集存地钞甚多，似不妨藉委座东电予以通融，万一委座径令两行遵办，转辜部座慎重综核之意。务乞公等密恳部座与次长相机核办，勿再坚持，致或为人所间。至已将渝市实在情形迭电呈部，毓麒旁观较明，未敢缄默，用是披沥奉陈，统希察照示复为幸。关吉玉、阮毓麒同叩。冬。

(12)孔祥熙致关吉玉密电　(7月3日)

关代特派员吉玉览：冬电悉。利密。并奉蒋委员长东电到部，业经由部电复。其文曰：成都蒋委员长钧鉴：东申秘蓉电奉悉，密。渝市银钱业请中央、中国两行借款一案，若为渝市筹码周转之用，不至增加总行方面现金支出，未为不可。惟所虑者，如借出地钞后，银钱业持作申汇，则在沪势必付现，总行调度将更困难。现当全国金融紧迫之秋，沪市为金融枢纽，设一出险，则全国金融崩溃。两行同负有统筹全国之责，惟头寸有限，自不得不慎重顾虑。姑准所请押借，但只许其在渝市流通，不得持作申汇，敬祈察核。等语。除分电中央、中国总行外，特电酌洽办理。部长孔。江。钱。

(13)关吉玉致孔祥熙密电稿 （7月4日）

南京部长钧鉴：利密。江钱电即戌奉到，敬悉。遵立邀奚、周两经理先来本署精密研商，酌定原则数项，期于钧座慎重兼筹之旨，免有误失。今晨复与刘财厅长召集两行经理暨金融界全体开会集议，当经宣述钧座统筹全局及对渝市金融顾虑深长之意，随即遵照江电所示为会议进行之准则。惟两中行以奉钧电系指银钱业前商抵借三百万元案承借之债额，当于三百万以下酌量低减。各行庄则谓须就财政厅向两行商借五百万元一案研商，以便收回五日保管证及活动市面，至少非四百七十万元不敷支配。为此争议磋商甚久，始经折衷酌定为债额四百万元，既勉敷实际之用，且不背钧电低减之旨。所仍差之七十万元，则由财政厅负责任筹【集】，并当场决定办法八项：(一)贷款人为银钱两会，全体行庄联名立据。(二)两行借款只在川省市面流通，不得汇出，中央渝行对于地钞汇款接受与否，听任自便。(三)借款一个月归还。(四)月息一分二厘。(五)以川金融公债收据按二五折算作抵品，先由特、财两署、厅将此部分之保管证送行收销，即将此收据移作抵品。(六)作抵品之公债收据，先送请特派【员公】署逐张与存根核对，于骑缝上盖印。(七)此借据再由特派员及财政厅长署签证明。(八)如到期无还，由两行处分抵品归欠。现两中行已各照此议向总行请示，一俟复准，即可照办，自能如期将保管证收回，复纳金融于常轨。惟该项保管证于七月六日满限，为期已迫，谨将遵电酌洽办理情形，驰电报告，伏乞迅赐核示祗遵。职关〇〇叩。支戌。印。

(14)孔祥熙徐堪致关吉玉密电 (7月5日)

关代特派员览：东申、东酉、冬电均悉，江钱电谅已达览。利密。此案业已提出中行常务理事会讨论，决议：可予照借，其数照渝市银钱【业】所请原额，定为三百万元，期限一月。此项借款只准在渝市周转，不得向外汇兑。除电陈蒋委员长察核，并由中行总行饬知渝行遵办外，特电知照。再，公债预约券现正加印，日内印就，即航空寄渝，合并饬知。部长孔、次长徐。微。钱。印。

(15)财政部致关吉玉密电 (7月9日)

四川财政特派员署关代特派员览：支戌电悉。利密。重庆银钱业借款，已由中央银行照借四百万元矣。财政部。佳。钱。

(16)奚炎致关吉玉密电 (7月11日)

密。译转关特派员佩恒兄勋鉴：本日各业来行请愿，要求开放汇兑，弟已婉词答复，请其静候解决。惟目下汇水飙涨，商民实感痛苦，势不能【不】设法救济。弟与周宜老[①]再三商讨，对于前商两项办法，觉如用两行力量、中国出面收汇，恐补进申汇发生困难，因买卖全由一家办理，不易着手。最好用两行实力，由中央行照市价减低无限收汇，例如市价二百，中央即减为一百九十，逐步低落，一面再由中国补进远期，则两行所需实力不大，而汇水不难于短期内达平复。此法对于同价汇兑自有违背，但为救济市面紊乱，并兼【顾】中央行之实力，在地钞合约尚未签订期间，似有从权办理之必要，一俟汇水平稳，再由中央行定价收汇，再由兄等规定根本办法。此事两行因地位关系，非稍有根据，不敢擅专。可否请兄面陈杨秘书长条〔定〕夺，如蒙采纳，请转恳

---

① 中国银行重庆分行经理周询。

委座电饬两行遵办，一面电两总行知照。如何，敬祈电复。弟奚炎叩。真(十一日)。

(17)蒋介石致关吉玉代电 (7月9日)

重庆财政特派员公署关特派员吉玉：查渝市银钱业借款一案，经由中央银行常理会议决，准借四百万元，并已电饬中央渝行遵办。此项借款系专为救济渝市金融，自不应任其汇出。除已另电川省府转令财厅，对银钱业严申诰诫，所借地钞只准为救济市面，在渝流通，不得为投机竞购或资本逃避持作汇兑外，特电达，希即照办为要。中正。佳。秘蓉。印。

(18)奚炎阮毓麒致关吉玉密电 (7月12日)

成都杨经理孝慈兄：3333密。译转关特派员佩恒兄勋鉴：日来汇水愈涨，昨已逾二百元，各业纷向署、行请求畅汇救济，危机甚迫，请兄速向委座力陈，迅将地钞合同主持签订。至成立汇兑管理委员会及川省一律行使申钞两问题，亦务在此次决定，庶治本治标，兼程并进，免央行被人盘剥之虞，切盼切祷。又，弟炎迭电商临时维持汇水办法，总行有异议，能否请委座主持，迳电两总行转饬渝央、国行照办，并盼电复。弟奚炎、阮毓麒同叩。吻。印。

(19)蒋介石致关吉玉奚炎密电 (7月16日)

财政特派员公署关特派员吉玉并译转中央银行奚经理炎：8888密。关于中央渝行开放汇兑问题，顷复孔部长一电，文曰：文、钱二电敬悉。查渝市汇水高涨，不但各方无益，实绝对有害。禁止投机虽经三令五申，然不塞其源而止其流，收效甚微。且投机亦非汇水高涨之主因，其所以构成日益高涨之趋势，实由中行不问市面之需要，每月限汇五万元，于是额外待汇者迫而他求，必致受人控制，抬高汇价。而中行每日悬牌仍呆定汇水为五十元，毫无伸缩作用，于是操纵牟利者因中行内外市价之不同，遂益足诱起投机之作用。故定价汇兑及限制汇兑为因，投机乃其自然之果。因此金融紊乱，影响川省市场固日加尖锐，即中行本身亦将累不浅。（1）中行流通在川之申钞换寄上海，每千元即可获利百五十元，申钞将驱逐净尽。（2）凡持有中行渝钞，均向渝行兑现，以转购地钞，每千元可获利五十元，致渝钞亦无法发行。（3）中行虽限制申汇，每日以五万元为度，然每月至少仍须汇出一百余万，依现在市面贰百元之汇水计，渝行每月须损汇水贰十余万。（4）长此下去，渝行源源汇出，则一年之内，总行资金非为渝衡〔行〕积压至千余万元不可。尊电谓汇水高涨，足以鼓励输出之增加，阻止资本之逃避，理论自属如此。第川省久经丧乱，出品无多，下汇同属恐慌，亦避无可避，恐事实上能收其利者无多。故无论从任何方面观察，汇水高涨皆无益而有害，非设法压抵，将益加困难。其治本办法，自应即改四川为申钞码头，为何不即速实行统一发行与统一币制，其因何在？其治标办法，则应令中央渝行立即开放申汇，取消定率，每日皆照市价稍低，无限卖出，使其逐步压低。同时即将稍远期之申汇补进，则既不影响总行之头寸调度，而买回远期，一转移间，中行且可即为获利。如以中行一家自买自卖，殊有未便，似可由中央、中国两渝行彼此合作，自无痕迹。如此作去，不惟汇水立平，市面克安，即为中央渝行前途发展计，亦必先破此关，始有办法。请即饬中、中两渝行照办，并盼电复。等语。特转达。中正。铣未。秘蓉。

(20)蒋介石致孔祥熙关吉玉密电　（8月30日）

南京财政部孔部长、四川财政部关特派员：○密。查四川金融市面情形，（1）渝钞日跌，现仅八折，军队大受痛苦。（2）申钞较蓉现洋行情，前由而高，近忽降平，甚至稍低。均系金融紊乱情形，若长此以往，将不可收拾。请迅速设法补救，电复为盼。中正。陷戌。侍参峨。

(21)关吉玉致高秉坊密电 (8月30日)

南京高司长春如兄勋鉴：整密。渝地洋水刻涨至每千元需百五十元，蓉地地钞已作八折行用，前方各处折扣更大，军饷将合八折，其余公私交易亦因地钞跌价，洋水、汇水高涨及汇划证流行而错乱纠纷，陷于阢隉不安之状态。核以各方情势，必须急谋补救办法，不然商场或军队一有崩溃，影响大局殊甚。谨拟建议两种办法，救此危局。(一)组织再贴现机关，取消汇划证。盖有汇划证，则申钞、现洋、地钞均成货物性质，涨落无定，金融永远不能调理。拟请由中、中、农、聚兴诚及渝埠其他有力银行出资五百万元，组织再贴现机关，凡商号比期抵解缺款，俱可提出正当担保品，向再贴现机关请求借予款项。如此汇划证绝迹，市场汇水、洋水均可好转。此办法之要点为再贴现，适用高于市场三、四倍之利息，即月息三分或四分。盖如此出再贴现资金之银行有利可图，资金不致缺乏，同时复可以吸收外地之资金集于重庆。且利息稍高，则请求再贴现之商号必少，或许不致用五百万元之多，而汇划证即可取消也。迨汇划证取消，市场平复，利息自然降低，金融遂复常态。(二)照市价收买地钞，至地、申两钞同价，使能直接兑换为止。地钞跌价，不但有首段所述之坏现象，而且因恶币驱逐良币之结果，申钞永无发行成功之日，故拟请照市价收买地钞，至地、申两钞同价，使能直接兑换为止。盖如此办【法】中央有三利：(甲)在收买期中可得一部分汇水。(乙)在申、地两钞同价流行期中，地钞之准备并无现金乃能生利息之国库券自更有利可得。(丙)申、地两钞既同价，则申钞自可发行成功，每发行一千万申钞，即可享有四百万保证准备之利益也。合此三利，未必较地钞以八折合算之利为小，且同时川省府复有三百五十万改铸费之输将。最可注意者，若此办理，则统一发行、统一货币本位及川省金融之一切难题，全同时解决，既免委座眷顾之忧，复遂部座安川之愿，一举数善备焉。至恐大量地钞因汇沪兑入渝行一节，似不致发现。因地钞三千万，流布全省供交易媒介，每月可能流回重庆兑入渝行者，预料最多不过七、八百万，监理处每月发饷还债，可用出六、七百万，依收销地钞契约，每月尚销毁百五十万，自无堆积入库、耗费上海大量头寸之弊矣。恳将此电代呈可公次长及选兄一阅，如以为可加研究，并祈陈明部座，弟当再会同诸兄详商办法呈核也。弟玉叩。卅。

(22)关吉玉致蒋介石代电稿 (9月1日)

峨嵋委座钧鉴：陷戌侍参电敬悉。汇水高涨，地钞愈跌，影响军事、商场，至为重要。职日夜焦思，忧惶莫补，昨曾以管见所及，拟具意见数则，电财政部高司长，乞予转陈部长，冀供采择，并拟俟奉复后，再以驰陈。兹奉垂谕，谨先录呈鉴核。其文曰：整密。渝地洋水刻涨至每千元需百五十元，蓉地地钞已作八折云云。自无堆积入库，耗费上海大量头寸之弊矣。等语。于卅日拍发。电中所拟补救办法，未知有无足供节取之处，并乞俯赐指示遵行。临电不胜竦恐。职关吉○叩。东。印。

(23)高秉坊致关吉玉密电 (9月3日)

关特派员佩恒兄鉴：华密。卅电业呈次长，昨已由部座电委【员】长，提出切实意见。大致公私款收付用中钞本位、地钞规定汇价，限两月收完、禁银、现银及省府七百万照缴等条。汇价约闻拟定为一千二百五十元，未知兄意如何，特先秘闻。弟坊叩。江。

(24)关吉玉致高秉坊密电 (9月3日)

南京高司长春如兄勋鉴：整密。江电奉悉。一二五汇价办法日来与航深〔琛〕接谈，伊尚颇赞同，惟主张一次收清，免致扰乱市场。且主张如打折扣，省府拟拒绝缴出三百五十万元。今悉部座意旨，自当遵照，努力进行，俾能早日实现也。并盼代陈可公次座。弟玉叩。江。

(25)关吉玉致高秉坊密电 （9月4日）

南京高司长春如兄勋鉴：整密。江电谅达。本日下午，四川善债基金保管会开常委会，奚勉之缺席，到者康心如、刘航琛及弟，并请珩甫列席，除会务外，并谈及地钞问题。康、刘谓：昨日金融界以地钞跌价，久悬不决，影响军、商、政与社会都极重大，故曾拟计一新办法，呈请采用。内容：(甲)由重庆银钱业领钞三千万，以一千八百万地钞作现金准备，一千二百万善债作保证准备，交存渝央行。(乙)由银钱业合组准备库，负二十个月以内之兑现责任，即银钱业在重庆设联合准备库，上海设准备库办事处。在重庆因兑现或因汇兑而兑入渝央行之所领暗记钞，即由联合库兑予现金，或兑予申汇，如暗记券被携至申兑入央行，即由上海联合库办事处兑予现洋。(丙)联合库应备相当数额之现洋与财产，财部可派员监理。(丁)财部有三千万国库券之担保，又地钞一千八百万及善债一千二百万在库，当然可以无恐，但因此申钞发行及地钞收销诸问题即解决矣。珩甫对此甚表同意。弟所虑者，即如银钱业不能一次领三千万，先领一部，如先领千万，则为避免负兑现责任计，必利用操纵金融之力量，尽量以非暗记券兑入渝央行，结果沪总行遂不得不准备大量头寸矣。此点经多时争论，结果康、刘谓，可用弟向来主张之限制汇兑差额办法救济之，即如限制渝对申每月汇兑差额不得过百五十万，则沪总行只准备百五十万头寸即足矣。虽然果如此办，终与部中申钞不能与地钞同看之意见相左。康、刘拟明天再与银钱业商议后，由刘携赴峨眉请刘主席商呈委座决定。经过如此，特驰报，以供参考，并恳代陈次座、倜老、选兄等为祷。弟玉叩。支。

〔财政部驻港办事处档案〕

12.四川民众金融自救团成立宣言①

（1935年7月7日）

军事【委员会】委员长蒋、财政部长孔、四川省政府主席刘、四川财政特派员关、四川民政厅长甘、教育厅长杨、建设厅长郭、财政厅长刘、四川中央银行、各军政首长暨金融界诸公钧鉴：我们都是有职业、有生产能力的老百姓，在很久很久的当中，就盼望中央来统一我们这乌七八糟的四川。结果，四川首长刘湘因负债太多，去年才出四川，向中央输诚。听说，请中央批准公债，使我们债款有着。又听说，提出某种税收担保，出很大的利钱，向中央银行借款二千三百万元，拿来收回地方银行钞票，使四川的金融安定，我们是非常感激的。

目前蒋委员长已经来川了，我们喜出望外，以为从此得为中央的百姓，可以拨云雾见青天了。我们努力我们的职业，可以不必耽忧一切了。那晓得自从政府布告，中央银行接收地钞以后，限制兑现，比以前更加厉害，近来连拿地钞去汇兑，亦加苛刻的限制。老实说，非与中央银行有关系的朋友们，连一文钱也汇不走。因此汇水马上提高数百，百物飞涨。你想，我们还有生机没有？我们运来的货，能赚得出汇水吗？我们制造出来的货和买来的货，因为汇水增高，我们的成本亦同时增高，将来卖去的时候，如遇汇水一跌，我们又要受很重大的损失。在不安定的金融之下，去年我们已经损失不小了，今年还是那样，叫我们的生活如何能够起来〔起来二字衍〕安定起来呢？四川既归中央统制之下，中央如

① 沿用原标题。

认四川是中央的四川，就应该拿国币来统一四川的金【融】；如认四川是征服的化外，亦应拿化外的川币来统一四川的金融，使我们的金融活动，生活安定。现在不但拿不出任何币制来活动金融，中央银行反把我们旧有的地钞，都与〔给〕我们关起了数百万元。他的申钞，拿人头洋掉不出来的；他的渝钞，拿川大洋掉不出来的。这算是活动金融吗？救济我们吗？我们再问，四川向中央所借的二千三百万元，是人头洋吗？是申钞吗？是川大洋吗？是川□板吗？抑或还是不能兑现、不能汇兑的地钞吗？我们都不知道。不管是哪样，中央银行总得拿出一笔款来，救济金融，我们才有一线生机。昨日中央银行向新闻界谈话，说是借款条约尚未签字。我们在漆桶里，不知道中央银行和财政厅为甚么不签字。在这种紧迫的时候，不签字，就是有心害我们的，要叫我们饿饭，就是我们的敌人。我们现在已经下了决心，从今天起，等候十天，想来一切的文电都来得及。如政府再不把金融与〔给〕我们弄好，是政府自行脱离我们，我们只有采取自救有效的办法。现在内忧外患，本来是最严重的时候，我们应该替政府原谅。但是，政府一点不原谅我们，把我们弄到九死一生的现在，还不肯放手。我们如何不想法了〔了字衍〕自救起来呢？今天我们的自救团成立了，我们拿定主意，政府如不救我们，我们只好自救罢了。此宣言。

四川民众金融自救团启

七月七日

〔贺国光批〕：可恶。不理。七、十七

〔军事委员会委员长南昌行营档案〕

13.四川经济学社转陈计芳君关于中央统治下之四川金融整理意见函

（1935年7月8日）

敬启者：敝社因研究四川金融整理方案，征求论文，兹有计芳君来稿题为《中央统治下之四川金融整理意见》颇能切中时病，适合川情。敝社本爱国爱乡之情，尽匹夫有责之义，敬谨录陈，用备采择，倘有裨国，是则敝社兴有荣焉。此请

关特派员台鉴

四川经济学社启

七月五日

中央统治下之四川金融整理意见

过去的四川为军阀割据的四川，一般民众外受赤匪之威胁，内受金融之恐慌，逃死谋生两无办法。幸川局统一政归中央，蒋委员长莅川督师，除计划剿匪外，对于四川财政，则实行减免苛捐杂税，并准换公债，收回地钞，严令打销交换证等，伐毛洗髓，可谓无微不至，社会金融宜可以安定矣。然而成都之歧视渝钞如故，成渝渝申汇水之步涨如故，物价暴涨、暴跌，工商企业之恐慌仍如故，如此矛盾结果，殊有吾人研究之价值。兹就管见所及，试述整理意见于下：

1.宜划一币制。川币在国内久成另一体系，因其质量均较国币略劣，故此次中央银行在川设立分行，单独发行川钞，以川币兑换而不发统一全国之中央申钞，盖恐成分略低之川币与国币相混，致国家蒙川币成色之失损，此种计算不为不精。不过统一国家而不使货币统一，在进化之国家中，殊属例外。且四川金融枯窘，硬币行使范围仅在九里三分之成都，尚时恐慌，其他各地则早经绝迹，其数量之有限，不言可知。若因此少数之川币，而使国家币制不能统一，恐非政府统一全国之大计。为中央计，首宜划一币制。此其一。

2.宜膨胀通货。膨胀通货在贫乏之国家中，为唯一无二之救济良策。近来因美国提高银价，致使白银外流，国内早呈枯窘现象，而以川省为尤甚。此次中央银行原定在川收回地钞发行中央

川钞，现地钞虽已收回一部份，而中央川钞仍未尽量发行，达其调济目的，此可证明川省筹码不足，设使发行统一全国之申钞，则此项困难自可迎刃而解，通货既能膨胀，金融自得救济。此其二。

3.宜削平汇价。在金融安定时期汇价与物价恒成正比例，汇价涨落，物价亦必随之。在不安定之金融状况下，汇价每受金融界之操纵，而使之暴涨暴跌，以便从中取利，工商各业则常陷于惊涛骇浪之中，不能得其正确之预算。近来全国工商之形成破产状态者，以由于汇价者为多，川省货币因与国币歧异，故汇价恒操诸金融界手中，工商各业决无摆脱其樊笼之机会。此次中央银行来川设立分行，原欲削平汇价，自开幕后前此汇水曾一度降低，嗣以中央银行在川发行川钞而非统一全国之申钞，金融界因见币制既未统一，汇价仍得操纵自由，故申汇日涨一日。近且至一千一百五六，尚继涨无已，中央银行亦只得虚负有平汇之名，而各业则仍未受平汇之惠，中央银行既暴露不能平汇之弱点，社会经济之不安，岂徒然哉。政府如欲整理金融，稳定物价，安静社会，仍以削平汇价为唯一要务。此其三。

就现在四川情形而论，须划一币制，方能膨胀通货，削平汇价。汇价削平，则物价安定，社会经济自无恐慌之虞。通货膨胀，则政府财政自能周转裕如，而无竭泽之患。故统一币制，实为方今当务之急，不应削足适履，沾沾以些微之损失为虑，当取断然之处置，以定国家之大计，是则区区之意见也。

〔国民政府财政部驻港办事处档案〕

14.孔祥熙拟具整理四川金融办法呈请审议提案①

（1935年7月12日）②

查四川庶政历年未入正轨，财政金融尤为紊乱。其所设之地方银行，既未呈经中央核准，而所发钞票为数达三千三百余万元之巨，其中毫无准备者多至二千三百余万元，以致时有挤兑情事。申渝汇价，亦时被影响；商业民生，胥受其害。以法令言之，本不应由中央代为整理。惟自共匪流窜川境以后，军事紧张，财政竭蹶，川省自无自行整理之力，市面遂呈极度恐慌之状，妨碍剿匪进行，殊非浅鲜。蒋委员长入川督剿，迭经往复电商，以为川省剿匪为完成剿匪军事最后之一段落。事虽一隅，关系及于全国，不能不由中央为之处理，以利军事之进行。特函中央银行于重庆开设分行，停止地方银行之发行，并经川省府咨请本部，代向中央渝行商借二千三百万元，为整理地方之用，指定川省税款月拨五十万元为基金，发行国库重庆分库凭证二千六百四十万元，交由中央渝行作为借款本息之担保，其三千三百万元以外之地钞，由川省府自行筹足准备，交由中央渝行一并整理，亦经川省府咨明在案。兹查中央渝行承借此项整理地钞之款，为数颇巨，而国库凭证复不能在市面流通，势须调拨现金。值此全国金融紧迫之时，中央银行负担綦重，支配为艰，偶一不慎，深恐牵动全局。再四筹维，为便利中央调现及在短期收清地钞起见，拟以中央所收川省统税及印花烟酒税内月拨五十五万元为基金，由中央发行整理四川金融库券三千万元，定期六十四个月清偿，专充收回川省地钞之用。如此办理，地钞收回，短期内即可告竣，与统一发行既相符合，中行责任亦可较轻，庶收安定金融之速效，以竟剿

① 摘自《银行周报》十九卷二十八期，1935年7月23日。

② 立法院审查通过时间。

匪之全功。谨拟具民国二十四年整理四川金融库券条例草案，还本付息表及发行原因，提请公决。

［国民政府财政部档案］

15.周作民关于北平金融现状及日方在华北活动情形函

（1935年7月20日）

笔江、寿民先生惠鉴：沪滨畅承教言，良深纫佩，比维台候增胜为颂。弟前日抵平，默察市况虽形萧条，而金融情形尚较平稳。至于外籍兑现一事自加取缔，其风已戢。惟利之所在，未免别开生面。其法系以钞券或金票或应收之货价加价购易，可取现金之支票，向外商银行、公司之华帐房或华商钱庄吸收现银，加水竟达百分之十三、四。按诸目下海内外银价之差额，仍属有利可图，特究多周折耳。其资金之来源，闻系出于某外商曾运至大宗金票，零星售由钱庄，转售于进货商，以付所输入之货价，一转移间既可得银，又可售货，其计甚巧也。此后彼方种种计划闻尚难具体实现，但其经济调查一层，近已拟分段举行，如龙烟铁矿等，大抵均在调查研究中。窃谓华北问题之关键要在能得有力之政治中心与否，倘能获有相当人选，赋予重权，统制一切，随机应付，或可补救于万一。拉杂密布，尚希荩注，并乞时赐翰教，曷胜企幸。耑此。敬颂

勋绥

弟周作民　谨启

廿四、七、二十

［交通银行档案］

16.中央银行重庆分行解释有关封锁现钞限制汇兑情事函

（1935年7月27日）

敬启者：接奉贵团治字第二七二号公函内开：案准委员长侍从室先后移来重庆士绅胡景伊暨棉纱、五金、匹头、纸烟、苏广等

商同业公会代表张荫棠等呈电，以重庆中央分行封锁现钞，限制汇兑，使申汇飞涨，金融恐慌，人心惶惑，恳予救止，各等情。查本案事涉金融，究系如何情形，相应检同原呈各件，一并函请贵行分别查明见复，以便转呈核办为荷。等因。准此。查敝行之来川分设，负有调剂金融使命，开幕以来，承蒙中央银行重庆分行经理(印)、委座及贵团之指导，幸能逐步推进，故金融日见平稳，市面得以安定。迨六月十五日敝行开始整理地钞，并遵照部令将中央渝钞与地行钞券一律改为一千零五十元之时，讵料交换证忽然发生，致对于敝行一切进行工作，立见巨大障碍，迫不得已，奉命暂时限制收汇，然敝行整理工作并未因此松懈。本月初因渝市银钱业发生经济恐慌，不加救济，崩溃立现，银钱业一有危机，则各业自亦随之波动，情势之恶劣，真可谓千钧一发，当奉委座电谕，经陈准放款四百万元，此事既救济重庆全市之恐慌，而同时放出现钞四百万元，更可活动金融，补救市面筹码之不足。至于汇水问题，敝行实无时不在设法筹划之中。此事已与关特派员商有治标治本两项办法，并已蒙委座转电孔部长磋商决定。最近关特派员、刘厅长赴京，对于此项问题，当有解决办法。兹将敝行经理上呈委座电文及委座与孔部长来往电文分别抄奉，敬祈察照，再棉纱、苏货二业亦会来函，当经分别函复。谨再将来往公函一并抄附，统祈鉴核为祷。谨致

委员长行营参谋团

附件

中央银行重庆分行经理　奚炎

廿四年七月廿七日

上委员长电呈

急。成都顺河街委员长行营秘书处杨秘书长钧鉴：恳转呈委员长蒋钧鉴：地方银行钞票渝市上次申汇价值上涨，奉令维持，

尚由本行大量收汇，行市压至一千零七十元。远期对交申汇，其价遂常在七十元左右，市面甚为稳定，其后又因抵解证未废，市面尚有贴水，经刘厅长航琛将封存之地钞五百余万完全启封，彼时本行地钞申汇不免因此加多，本行为大局计，坚耐办去。本月十五日奉孔部长谕，地钞整理，先行宣布实施渝地两钞同样行使同价汇兑，本行遂将地钞汇价与渝钞一律改为一千零五十元，市面更见平静，莫不歌颂钧座维护市面金融之德意。不意银钱两业公会于十五日发行交换证，流通市面，不能取现，无异一种不兑现纸币。本行固不能予以收受，即在市面购买商品，亦须贴水掉换现钞，因此汇价今日已涨至一千一百二十元之巨，市面不明真相，以为汇水大涨，其实除中央银行挂牌真正汇价一千零五十元外，其余即系交换证掉换现钞之贴水，反言之，即现钞之升水，渝埠赌风本盛。值此机会，纷纷收集现钞交付汇申，本行现已积存地钞四百万，似此情形，不特地钞整理实施之功已付流水，本行亦势难长此供投机者之盘剥，日昨谢特派员授奉电令该交换证碍难备案，是该证更系未奉核准之物。但市面因此扰乱，商民独感不安。本行迫不得已，只有于交换证未经取消以前，暂行减少收汇数目，否则，整理借款合同尚未订立，特税亦未拨到，地钞愈积愈多，亦非总行所能许可。除另电陈孔、总裁外，理合将渝市发行交换证以来之市面紊乱情形，专电上陈，尚乞鉴核、中央银行渝行经理奚炎叩。祃。

二十四年六月二十二日

成都。委员长铣未秘电

财政特派员公署关特派员吉玉，并译转中央银行奚经理炎：关于中央渝行开放汇兑问题，顷复孔部长一电文曰，文钱二电敬悉。查渝市汇水高涨，不但各方面无益，实绝对有害。禁止投机，虽经三令五申，然不塞其源，而止其流，收效甚微，且投机亦非汇水高涨之主因，其所以构成日益高涨之趋势，实由中行不问市面之需要，每日限汇五万元，于是额外待汇者，迫而他求，必致受人控制，抬高汇价，而中行每日虑降仍呆定汇水为五十元，毫无伸缩作用，于是，操纵牟利者，因中行内外市价不同，遂益足诱起投机之作用，故定价汇兑及限制汇兑为因，投机乃其自然之果，因此金融紊乱，影响川省市场因日加尖锐，即中行本身亦受累不浅。①中行流通在川之申钞换寄上海，每千元即可获利百五十元，申钞将驱逐净尽。②凡持有中行渝钞，均向渝行兑现，以转购地钞，千元可获利五十元，致渝钞亦无法发行。③中行虽限制申汇，每日以五万元为度，然每月至少仍需汇出一百余万，依现在市面二百元之汇水计，渝行每月须损汇水二十余万。④长此下去，渝行源源汇出，则一年之内，总行资金非为渝行积压数千余万元不可。尊电谓汇水高涨，足以鼓励输出之增加，阻止资本之逃避，理论自属如此。第川省久经丧乱，出品无多，下江同属恐慌，亦避无可避，恐事实上能收其利者无多。故无论从任何方面观察，汇水高涨皆无益而有害，非设法降低，将益加困难，其治本办法，自应即改四川为申钞码头，为何不即速实行统一发行与统一币制，其因何在，而治标办法，则应令中央渝行立即开放申汇、取消定率，每日皆照市价稍低，无限卖出，使其逐步压低，同时即将稍远期之申汇补进，则既不影响总行之头寸调度，而买回远期一转移间中行，且可即为获利。如以中行一家自买自卖，殊有未便，似可由中央、中国两渝行彼此合作，自无痕迹，如此作去，不惟汇水立平，市面克安，即为中央渝行前途发展计，亦必先破此关，始有办法。请即饬中、中、两渝行照办，并盼电复，等语。特转达。中正。铣未。秘。蓉。

重庆市苏货业同业公会公函

径启者，案据会员商号华利、恒庆、达孚、永享、振兴、同厚祥、同庆、华盛、庆生福、正心诚、天和公、宏泰、恒丰、渝同和、同记、天瑞等各字号联名盖章，报称为申汇奇涨，兑银维艰，恳祈转咨。本市中央银行省减麻烦，以免奸商操纵事。窃商等营业上货专在上海购买，所有货款每到月半底，两期均须汇款到申交付，以全信用。近期汇价由一千二百余元低一千〇五十元，系得本市中央银行救济之力，始得持平。商等正庆辅我有人，营业可期发展，殊近一、二日内，汇价陡变，由一千〇五十元一跃而至一千一百五十元。查其原因，系由一般专营汇兑业者之奸商所造成。因中央银行成立以来，对于本市金融之不景气无不设法救济，以致一般专营汇兑业者无利可图，不惜设法破坏，以巨量资力向中央银行尽量汇入，把握在手，抬价高售，以致汇价奇涨。中央银行有鉴于此，为制止奸商操纵及杜绝弊端起见，乃牌告公布，如确为真正商人或个人需要，只准每户一次汇银千元，不能重汇。商等欠申之款，倘不能按期汇交，信用必损，前途堪虞，中行牌告汇款人先填申请书，派员调查，俟核准后始得汇款。中行虽云为杜弊起见，其实弊由此起，近一、二日内，竟发现真实商号之牌名被人窃名汇款者有之，假藉名义以图渔利者有之。此种情形中行亦实难调查乃以不准了之，因此，该奸商等乃得大售其计，乘机抬价，以致市面顿现恐慌。商等若求专营汇兑业者交款，而每千差额百元，亏吃过巨，似此情形，只得恳请钧会为商等负责，咨请中央银行我帮上货商号汇款到申，实系购货，非为渔利，并将本帮各贩运商号牌名列表报由钧会，送请中央银行备查，每期每家汇款至多万元，如有渔利者查出，由中行没收，商等汇款有地，而该奸商等，虽欲操纵，亦不可能，为特联名呈请钧会俯赐鉴核，请速咨请中央银行查酌办理，亦渝市商人之大幸也。是否有当，静候示遵，谨呈。等情前来。敝会查核该华利等所具申请转咨各情，尚无不合，相应录案，函恳贵行烦为查酌办理，以恤商艰而杜操纵。可否之处，尚希赐复以凭转知，实为公便。此致

重庆中央银行

主席　梁芷湘(印)
二四、七、四

照抄重庆市棉纱业同业公会来函

径启者：案准会员商号洪德、祥源、德有通、协心昌、聚和、洪记、德盛公、滋大、西北、人寿丰、久安、洪元、聚福、义永昌、施□、永昌、达记、福源、德裕、恕含永等函开：径启者：缘商等经营纱业，概由上海进货，货款一项每到月半月底，即如数汇申交付，以全信用。自中国银行来渝，则汇价竟由一千二百余元低至一千零二、三十元，足征救济有方，百业将从此发展，至为钦佩。殊一般专营汇兑之奸商，深恐无利可图，遂不惜设法破坏，以巨量资力向中央银行尽量汇入把握在手，抬高售价，以致汇价又涨至一千二百余元之多。中央银行有鉴于此，为制止奸商操纵，杜绝弊端起见，乃牌告公布，如确为真正商人或个人需要，只准每家一次汇洋千元，不准重汇，且汇款人须先填申请书，俟派员调查核准及始得汇款云云。不知中行虽云杜弊，而弊即由此丛出。近一、二日内，竟发现真实商号之牌名被人窃取汇款者有之，假借名义以图渔利者亦有之，种种情形，中行亦实难调查，只好以不准了之。因此，该奸商等竟得大售其计乘机抬价，以致市面又形恐慌。商等若求专营汇业者交款，则每千元约相差百余元，其损失似难担负，且本帮汇款到申，实系买货，非渔利者可比，兼以棉纱成本较各商为最巨，区区千元实不济事，用是联名函请大会，将本帮贩运商号牌名填具一览表，函请中央银行备查，并准本帮每家每期汇款到申，须以三万元为限，如有藉此渔利者，查出尽数没收，以昭炯戒。盖商等汇款有一定地点，该奸商等虽欲操纵，亦不能为矣。如何，仍希见复，等由。准此。窃查该号等所称转函各情，尚无不合，除以如函照转等语函复，并抄附各纱号牌名一纸外，相应函呈贵行，请烦查酌办理，以恤商艰，而杜操纵，不胜屏营，待命之至，可否之处，仍希赐复，以便转知为荷。此致

重庆中央银行

主席　丁寿昌　二四、七、五

计开

洪德、祥源、聚和、洪记、滋大、西北、久安、洪元、聚福、永昌、施□、达记、福源、德裕、恕含永、义永昌、人寿丰、德盛公、协心昌、德有通

照抄复重庆市苏货业同业公会函

径复者：接准大函，祇悉一切。查敝行之来川分设，完全系为调剂金融起见。开业以后之工作承贵会评论正确，极为钦感。敝行原拟逐步迈进，纳金融于正轨，不料中途发生挫折。兹为根本解决之计，对于申汇问题，已与关财政特派员、刘财厅长商有办法，不久即可解决，相应函复，即希查照为荷。此致

重庆市苏货业同业公会

复棉纱业同业公会文同

〔国民政府军事委员会委员长南昌行营档案〕

17. 贺国光为重庆金融紊乱希财政部设法补救事致蒋介石密电稿

（1935年8月27日）

峨眉委员长蒋：密。一、渝钞日跌，现仅八折，军队大感痛苦。二、申钞较蓉现洋行情，前由低而高，近忽降平，甚至稍低。均系金融紊乱情形，请分令财政部及特派员设法补救。贺国光。感晨。蓉治。

〔军事委员会委员长南昌行营档案〕

18.潘昌猷请将四川省地钞十足收回电

（1935年9月6日）

南京。行政院汪院长、财政部孔部长钧鉴：窃查川省地方银行钞票前因剿赤紧张，军费浩急，以致准备渐虚，金融发生影响。自委员长入川后，查明情形，并由财政部驻川特派员将该行发行数目彻查清楚，一面停止再发，一面允由中央设法收销，并经四川省政府商承委员长及财政部，由中央与川省每年筹拨基金六百万元，发行中央公债三千万元售作准备，中央就此项内担任二千三百万元，其余七百七十六万元则由川省府筹拨，以符十足收销地钞雷洋三千零七十六万元之数，同时又由中央渝行力平渝申兑水期达地钞与申洋毫无轩轾之目的。钧座轸念川民，不忍使受丝毫损失之苦心，昭然若揭，凡属川民无不罄香感激如戴二天。惟因事体重大，手续纷繁，故自表示此种苦心及办法以来，时阅数月，尚未实施，而在此时间，中申票之涨而难跌，补水之价格日远与夫谣诼之时起，金融之平安皆非矣，此案实施不能悉归稳定。近闻中央对于地钞有折价收销之说，商民闻之遂觉惶惑万状，查地钞掉换现金之有补水，一方固由收销地钞办法未见施行，一方亦由川省现金过于缺少，然地钞自发行以迄现在，凡公家之收付、商场之交易、社会之行使，皆系十足使用，并无折扣。今若折价收销，将无人不受损失，凡市面交易已成者，亦将无事不起纠纷。推而言之，凡以地钞购买之产业货品，亦皆有无形损失。是折收之事一成，就地钞论，全川人民固将损失数百万元，就产业货品论，全川人民之损失将达数千万元。且川省人民自民元以来，因政局不定，所受兑券之损失已七八次，故人民脑经中对于纸币即令随时可以兑现，而鉴于前事总常含几分危虑。今地钞数目多至三千余万，为川省自备发行兑券未有之纪录，若竟折兑收销，即令川民忍痛接受，而对于掉发之国币券，纵令准备如何充足，时局如何安定，恐亦难坚其信仰心理。是政府对于收销地钞所节省者，不过数百万元，而使人民对于国币券，缘此发生隐虑，以致川省地大物博之区，不能尽量推广国币券，其所失者，又宁止此。钧座抚念川民，纯以安定金融人心为前提，伏乞俯鉴此情，仍以国币券或国币十足收销地钞，以全久远，明知国用浩繁，能省一分，仍为人民保留一分。惟此事关系太大，总望钧座将地钞十足收回，则不特川民感激，矢志不朽，即国家财政亦未尝不可收小往大来之效也。冒昧恳陈，伏乞钧察。重庆市商会主席潘昌猷叩。鱼。印。

［国民政府财政部档案］

19.褚民谊就四川省地钞十足收回一案致重庆市商会电

（1935年9月12日）

电　无字563号

重庆市商会鉴：贵会鱼电请中央对于川省地钞以十足收回一案，业已奉交财政部矣。特复。行政院秘书长褚〇〇。文。印。

［国民政府财政部档案］

20.财政部关于重庆市商会电请将四川省地钞十足收回函

（1935年9月21日）

财政部公函：钱字第14076号

案准贵处第四〇三三号函开：奉院长谕重庆市商会主席潘昌猷二十四年九月渔电，闻中央对于川省地钞有折价收销之说，伏乞俯鉴民情以十足收回一案，应交财政部，等因。除原电据已分陈，不另抄送外，相应函达查照，等因，到部。查收销四川地钞及收换杂币办法，业由蒋委员长于二十四年九月十日通行遵照，并布告周知在案，相应照录蒋委员长蒸秘蓉电原文，复请查照转陈为荷。此致

行政院秘书处

附抄件

财政部长　孔祥熙

中华民国二十四年九月二十一日

抄原电

孔部长庸〇兄勋鉴：解决地钞问题，兹经本行营发出布告，其文曰：军事委员会委员长行营布告，为布告事，照得四川地方银行钞票自发行以来，汇兑调换价格时有涨落，骤高骤低，悬殊甚巨，市面金融极形紊乱，工商百业以及公私收付咸受影响，动滋纠纷。月来成渝各地洋水复激不已，地钞掉换川币每千竟须贴水一百余元至二百余元不等，尤为怪象，以致公私皆损，军民交困，市场混乱，人心惊疑，大有岌岌不可终日之势，倘仍听其辗转流通，则每遇交易一次，即须折合一次，亦每遇折合一次，即受损失一次，设非酌定地钞固定之比价，将其全数立即取销。一律掉换中央本钞行使，则金融纷扰，不特社会永无安定之日，且恐全川财物价格及贸易进出口在反复折合计算之中，元气将亏耗垂尽，实无法以善其后。查年来川省地钞申汇最高汇价每千曾达七百余元，平时最低汇价亦恒在百元以上。换言之，即最高须地钞一千七百余元，最低亦恒须一千一百余元，乃能汇兑申钞一千元，故依年来行市之平均计算，地钞价格之低于申钞，每千实约在二百五十元以上，且川省地钞因换现贴水，既不能代表川币，而川币成色重量较之中央本钞所代表之国币，又约差百分之五以上，事实显著，人所共知。兹特根据事实，准酌至当，核定收销地钞及收换杂币办法如次：（一）自九月十五日起，所有四川省内一切公私交易，均以代表国币之中央本钞为本位，地钞即停止行使。（二）凡持有地钞之军民人等，准以地钞十元掉换中央本钞八元，无论额面大小，均照此推算，自九月二十日起，随时向中央银行重庆分行成都分行万县办事处暨中央银行所委托之其他银行钱庄分别就地掉换，限于十一月二十日掉换完毕，逾期不换者作废。所有以中央本钞换回之地钞，悉由中央渝行截角公开销毁。（三）在九月十五日以后，二十日以前，其持有地钞而尚未能换得中央本钞以为交收者，准以地钞十元申合中央本钞八元计算。（四）在十一月廿日以前，各县僻远地方国省各税之征收，凡持有地钞而未能换得中央本钞以为缴纳者，准以地钞十元申合中央本钞八元计算，由税收机关向第二条指定各处所换为中央本钞，再行解库。（五）依第三、第四两条所定地钞申合中央本钞之计算标准，如有低价抑勒者，一经查明，概依军法从严惩办。（六）四川市面所有之银币，其成色重量与银本位币条例规定相合者，得以一元兑换中央本钞一元行使，其余杂币概照财政部所颁收兑杂色银料简则，各依其所含纯银实数换给中央本钞。以上办法纯因四川省人民直接间接所受地钞之痛苦已久，非快刀斩丝彻底解决，将受损更大，贻祸更深。故虽值中央财政同处困难，仍不能不勉力设法急速收换，藉统一币制、统一发行，以除当前之纠纷，而谋市场之安定，务仰各军民人等深体此意，共顾大局，恪切遵行，毋得妄生纷扰，致干重究。除分令外，合亟布告周知。切切。此布。中华民国二十四年九月十日。委员长蒋中正。等语。特电察照。弟中正卯。蒸秘。蓉。

〔国民政府行政院档案〕

21.军委会委员长行营驻川财政监理处转请领钞以解决重庆金融危机公函稿

（1935年11月7日）

国民政府军事委员会委员长行营驻川财政监理处　第329号

查地钞行将收完，中央银行发出申钞虽已达二千余万，然因交汇至沪者较多，目前留在渝市周转者不过十之三、四。以平日需

五、六千万周转之商场，今只有此少数筹码，市面日趋恐慌，汇划证虽未加增，申钞则日见减少，物罕见珍，以致昨日补水最高时，每千曾涨至一百九十余元。其以汇划证交汇申收者，汇水之价，即同补水，此后尚有逐涨趋势，金融恐慌情形已达极点。现领钞虽已奉准，然手续尚待进行，实不能救此燃眉。欲谋救急，非赶速取销汇划证不可。查汇划证现共七百万元，官商各半，除官方一半已决由财监处于最近一月税收内提拨现款，尽数收回外，商方一半虽有可靠抵押品，而现钞无从得来。拟由需款之家，以善后公债按现市减低，先向中央、中国及中国农民三渝行各抵借现钞一百万元，收回汇划证，利率照市议准，期定三月，俾金融早臻安定。至各行向中央领钞问题分分领、总领两法，均蒙总行俯允。除总领俟办法确定再行遵办外，拟先进行分领之法。恳准各行先将每家应各缴五十万之四成保证，如数交与中央渝行，其六成现金准备，听其在渝、在沪交纳均可。且准其陆续分批措交，交足若干，即在渝领钞若干。如此办理，各领钞行即可零星凑集，且对此次押借之三百万亦可以领得申钞，陆续归还，早清抵借，有余并可在市流通，以补筹码之缺。近日市面情形，为贵行所目睹，事势迫切，务望立电贵总行，鉴此困难，迅准照借，无任切盼。

此致

中央银行重庆分行

中国银行重庆分行

中国农民银行重庆分行

中华民国廿四年十一月　日

〔国民政府财政部档案〕

22.财政部转送广西省府主席黄旭初关于桂省情形特殊请商订透支法币五百万元契约电

(1935年11月24日)

交通银行公鉴：准广西省政府黄主席旭初元十三财电开，贵部宣布管理货币办法，实为全国复兴经济、救国图存之大计。桂省自应一致奉行，惟本省现在中、中、交三行三币而无流通，兹经规定暂时过渡办法：凡一切交收均限用广西银行钞币及省金库库券，并严禁现金交收买卖，指定由广西银行以行钞券收买，以图金融而符中央管理通货之旨。自公布此项办法后，市场尚能安定，此因本省向用毫币，中央法币尚未流行，不能不沿用旧习惯之办法。应请贵部本统筹兼顾之旨，为桂省设法也。至桂省年来因负担国防军费甚重，财力已苦不胜，而生产落后，居于入超地位。省外汇兑平日已感困难，此次币政改革所受影响之大，尤不言而喻。并拟请先饬中、中、交三行与桂省广西银行先订透支法币五百万元契约，以为沟通国内外汇兑之用，以应目前之急为荷。仍盼示复，等因。除以元十三财电敬悉，查施行法币全国业已一致遵行，桂省向用毫洋，情形不无特殊，正可趁此机会改用法币本位，仍希察照政府迭次通令，切实推行，以一币政。至订立透支法币五百万元契约一节，已电知中、中、交三行商洽办理矣。特复查照，等语。电复黄主席外，其所请商订透支契约一节，如果有确实担保，并与行章不背，自可商洽办理。特电遵照洽办见复。财政部。漾(廿三)印。

〔国民政府交通银行档案〕

23.徐堪与关吉玉为取消重庆汇划证来往密电

（1935年11月）

（1）徐堪致关吉玉密电 （11月22日）

关特派员佩恒兄勋鉴：利密。此次未获详谈，深为欠仄。借款、领券各项问题均已商有办法，汇划证自应取销。盼兄洽商办理，以免渝行藉口，并减少前途之纠纷。如何，盼复。弟堪。养。

（2）关吉玉复徐堪密电 （11月24日）

上海。南京次长徐钧鉴：利密。养电奉悉。查渝市流行汇划证计一千零五十三万，银钱业用三百七十七万，闻今增为四百万之谱。倘四百万借款成功，询据银行、商会主席吴受彤、潘昌猷云必可取销，财厅用二百七十八万，其中四十三万系代督署借用，指定由财监处逐日在发军费项下扣还七万，当易取销，其余二百三十五万系还已到期之省库券，航琛兄或可抽回押款，折扣低之公债面额，设法取销。财监处用三百九十八万，其中公路借款二百万，有公债作担保，亦易办理。惟有八年所用之一百十九万与十一年所用之七十九万没有担保公债，较难设法。按中央总行除借与银钱业四百万外，再能借二百万为公路费，二百万供收兑银洋，四百万供还地钞借款，总共渝市可得法币一千二百万，汇划证必能取消。盖财监处无担保之汇划证，可向委座借用公债，充押款担保也。请再询商航琛兄为祷，刻正忙整理税收。职吉玉叩。敬。

［财政部驻港办事处档案］

24.财政部准重庆银钱业以确实担保品办理重贴现致关吉玉电

(1935年12月9日)

重庆关特派员览：皓代电悉。渝埠缺乏法币，前据该员会同刘厅长航琛折呈，请准重庆银钱业提出确实担保品，如商业上确实票据或国家公债之类，向中央、中国两行办理重贴现或转抵押，用资临时救济，以便该行庄等收集现金，在中央银行办理领钞事宜，待领钞稍有成数，或市面通货增多时，责令归还，不致有所延误，等情。经部指令，准照所呈原则，由该员等会同重庆银钱业代表康宝恕，与中央、中国两银行洽商办理在案。此项借款已有成议，自可增多法币在渝流通数目，不虞缺乏，仰即知照。财政部。佳。钱印。

〔四川财政特派员公署档案〕

25.刘湘为酉秀等地通行湘钞请拨法币代为收缴代电①

(1935年12月17日)

重庆行营委员长蒋钧鉴：顷据第八区行政督察专员赵鹤东电称：查市面行使法币已成定案，惟职属酉、秀各地，概系湖南、长沙两行钞券流通，其价且益低落，而法币及硬洋之在市面者又最少，对于法令及征解，与市面金融关系均大。拟恳钧府转呈行营，可否立电湘省府遵令，以法币克日将酉、秀湘钞收兑，以维币政，法币亦不致感觉缺乏。在未经收回以前，并恳电示目前维持市面办法，俾便遵行。等情。据此，查酉属毗连湘省，商旅往来，湘钞本易流入，加以本年湘军调川剿匪，军粮所资，多系湖南、长沙两行钞券。本府前奉钧座铣川行参治电规定办法，曾令

① 国民政府军事委员会委员长行营于12月27日训令湖南省政府迅即收回湖南、长沙两行钞券。

饬各该县布告人民一律行使，湘钞充斥酉属，自系实情。现在新货币法令业经颁行，湘钞自应及早收回。且据该专员所称，此项钞券市场价格日趋低落，若再任其流通，不特有违功令，且恐流弊愈益滋多。合亟仰恳钧座准予饬令湘省政府迅拨法币，交赵专员负责代为收缴，或另行设法，限期收回，用肃币政，而维金融。是否有当，伏乞鉴核示遵。职刘湘叩。篠。财印。

〔国民政府财政部档案〕

26.重庆银钱公会请中中两行办理重贴现及转抵押以救济金融电

（1935年12月18日）

南京。行政院院长蒋、财政部部长孔钧鉴：渝市所发汇划证业于十二月删日遵令取销，惟此次虽蒙中央银行借给官商银六百万元，而中国银行原存汇划证四百余万如数收回，不再放出，实际市面法币只增一百余万，而取销汇划证数过千万，以致银根异常吃紧，利率涨至二分，故申汇钞水尚未大平，收交颇现恐慌。一因政府借款未能依本偿还，一因通货欠缺，周转不敷。此次行庄收交抵解之后，计差一百余万，为川财厅应交之款，虽由各银行负责，准于月底了清，恐以后实难为继。查各银行、钱庄所存国家有价证券及商业确实可靠证据，为数甚多，并非资力不足。目前维持之法，惟有仰恳钧座饬由重庆中央、中国两分行办理重贴现及转抵押，俾紧迫之时得资救济。在两分行之款，短期放出，随时可收，有利无损，而渝地金融即可活泼，实于商业地方裨益甚大。伏望俯赐照准，立予施行，以救眉急，不胜感祷切盼之至。重庆银行公会主席卯受彤、钱业公会主席陈诗同叩。巧。

〔国民政府行政院档案〕

27.刘湘拟具救济四川金融通融办法请准实行密电

（1935年12月）

（1）12月27日电

即到。南京行政院院长蒋钧鉴：音密。川省金融紊乱，财力艰窘，久在睿鉴之中。年来关于整理救济方案，赖钧座苦心调节，勉渡难关，凡属川民，同感惠德。讵自法币合【令】颁行以后，一切硬币均形停滞，因之险象环生，立虞崩溃。本来全国货币数逾贰拾万万，向未通行川省，川中所通行者仅有川币，为数不过柒千余万，较之各地每人平均额，仅及十分之一、二。民众对纸钞信用素极薄弱，且流行未久，散布未周，一旦专用法币，遂令通货逾【愈】形紧缩，媒介无资，公私经济往来，立成僵局，前由省府拟具过渡办法，奉准实施。惟川省承凋敝之后，元气久已枯竭，纵令多方弥补，势难立起沉疴。经湘派财政厅厅长刘航琛入京谒孔财政部长面陈种切，荷承俞允，介由中央、中国两行借壹千贰百万元，以资救济。顾此项借款转帐肆百万元，拨付川陕公路之用者贰百万元，流通市面仅陆百万元之数。中国银行复收存肆百余万元，不能贷放，则实际上可供运用者只壹百余万。以川省地广人众，经济供需程度如此悬殊，在平日已苦不敷周转，目下又将届年关，商场习惯，一切事业均须于此时结束，需用更多。如不筹临时通融办法，则社会金融立有崩溃之虞。况各地向来流通之票据及渝中汇划证均经先后取消，交易筹码更形缺乏，正如人身贫血，机构失灵，各市商民咨嗟叹息，岌岌不可终日。寖假而恐慌达于农村，则不惟法币信用动摇，剿匪军心恐亦发生不良影响。湘督师剿匪，责任綦重，冀【六】马朽索，时切忧惶。急则治标，势难泥守恒则，拟请钧座俯念川情特殊，准予变通成例，对于领钞银行，准以生金银代替银币，作为现金准备，领用法币，或准以其他资产抵押领用，以资救济。一转移间，公私交便，然后再求根本补充四川通货之方，俾达一般比例数额，以图根本建设，庶无中途竭蹶之虞。此当国难严重，安定社会，先务为急，用特缕陈川省金融实况，拟具通融办法，伏祈饬部准行，无任感幸。职刘湘叩。感。省秘。印。

（2）12月30日电

特急。南京行政院院长蒋钧鉴：枢密。感省秘电谅达钧览。昨饬财政厅长刘航琛赴渝，顷据电称：顷抵此间，询得金融情形，通货数目与收交数目相差太远，以是市场有财产而无货币，利率已到月二分五厘，尚有继涨之势。多年如[无]此险象，情形万分危急。一切非法票据，当然不许继发，本期即有崩溃之虞。等语。查市场崩溃，影响政治军事，不堪设想。感电所陈，务恳俯赐核准，并乞立予救济，不胜感祷之至。职刘湘叩。卅。省秘。印。

［国民政府行政院档案］

28.财政部核准刘湘关于救济四川金融办法公函

（1936年1月13日）

财政部公函　钱字第16939号

案准贵处二十五年一月四日第三号函开：奉院长谕：四川省政府主席刘湘二十四年十二月感电，为川省自法币令颁行以后，一切硬币停滞，目下将届年关，交易筹码更形缺乏，请变通成例，准以生金银及其他资产抵押，领用法币，以资救济一案，应交财政部核办。等因。抄同原电，函达查照。等由。又准贵处二十五年一月六日第三七号函略开：奉院长谕：四川省政府刘主席二十四年十二月三十日电，为再陈川省金融实况，感电所请，务恳俯赐核准，立予救济一案，应仍交财政部。等因。抄同原件，函达查照。等由。并各附抄电一件，先后到部。查此案前准刘主席感日分电前来，当以对于领钞银行准以生金银代替银币作为现金准备领用法币一节，自可照办。经即分别函令中央、中国两银行转行川境各分行遵照，并将上述情形以卅钱沪电复请刘主席查照去讫。又准卅日分电，复以前准感电，业以卅钱沪电复请查照，并分行中央、中国两银行转行川境各分行遵照。等语。电复查照各在案。兹准前由，相应一并函请查照转陈为荷。此致
行政院秘书处

财政部长　孔祥熙

中华民国二十五年一月十三日

〔国民政府行政院档案〕

29.湖南省政府拟请照前定办法收回省境湘钞呈

(1936年1月18日)

案奉行营二十四年十二月二十七日室字第二四九号训令尾开：查新货币法颁行以来，川省银行界奉行维谨，所发钞票均已遵令收销，行使法币。该省流入酉、秀之湖南、长沙两种钞券，自应迅即收回，用重功令。除电复外，合行令仰该府，即便遵照办理，具报备查。等因。奉此。遵查湖南省银行(即长沙银行)发行之钞券，上年因剿匪军队携带便利，流入川黔，前经钧座规定各省剿匪军钱币代换办法，以铣川行参治电通饬遵行，故该项钞券得在川境酉、秀一带市面通行。自新币制颁行后，该项钞券虽经财政部核定，暂准在市面行使，但在酉、秀一带既发生价格低落情弊，自应遵照钧令，将酉、秀境内尚在通行之该项钞券一律收回，以重功令。惟现因肖、贺股匪流窜川、黔边境，若运法币前往收兑，事实上不无滞碍，兹为奉行法令、避免困难起见，拟请仍照钧座规定之各省剿匪军钱币兑换办法第一条、第二条，由四川省政府令饬酉、秀两县政府及商会，按照湖南省银行钞券，在酉、秀境内时值价格，以法币兑换，准其作为正款抵解，每月由

川省政府汇送本省政府，按原价兑还一次，以资清结。似此办理，本省既免运输法币经过匪区之困难，川省境内亦收币制统一之效果。如蒙俯准，即请令饬四川省政府转饬遵行。所有拟请遵照剿匪军钱币代换办法收回四川省境内湖南省银行钞券各缘由，是否有当，理合具文呈复，伏乞鉴核示遵。谨呈

国民政府军事委员会委员长行营

湖南省政府主席　何　健

中华民国二十五年一月十八日

〔国民政府财政部档案〕

30.刘湘要求中央明令云南省府收回在川流行钢洋镍币代电

（1936年2月15日）

重庆行营委员长蒋钧鉴：案据越嶲县长蒋宇周呈略称：查宁属各县，横受滇币影响，钢洋竟成主币。此项钢洋现行市价每元只值大洋五角，所含纯银约为百分之三十。钧府遵奉中央明令，对全省金融谋彻底之整顿，拟恳悉数收回，用纾民困。正核办间，复据第六区行政督察专员冷薰南鱼电节称：查滇省造有镍币一种，质劣量轻，行使叙属一带，市场交易，屡酿纠纷。现当整顿币制之际，此种劣币自不便再任流通，致紊金融，请予转咨云南省府迅为设法收回，以恤商艰，各等情。查宁、叙两属地方因接壤滇省，商旅往来，钢洋及镍币流入自系事实。现在中央辅币条例业经颁行，此项旧铸辅币自应一律收回，用崇法令，合亟仰恳钧座准予电令云南省政府将该项钢洋、镍币迅行设法限期收回，或拨法币分交王专员旭东暨冷专员薰南，负责代为收缴，以肃币政，而杜纷扰。是否有当，伏祈鉴核示遵。职刘湘叩。删。财印。

〔国民政府财政部档案〕

31.四川省政府关于核办收回川境流通湘钞情形呈

(1936年3月3日)

财政厅案呈：案奉钧座二十五年二月十二日室字第一六二号训令，据湖南省政府呈复收回酉、秀流通湖南钞券办法一案，除原文有案邀免全录外，后开：查所拟尚属可行，合行令仰该省府核办具报。此令。等因。奉此。遵查湖南省府所拟收兑湘钞办法，系属双方兼顾，简要可行，自应转饬该区行政专员及财政视察员分行酉、秀两县府查照湘钞时值价格予以代收，作为正款汇集抵解，用期结束。惟川省自财监处成立以来，所有各县征收税款，均由各区视察员提集径解联合金库核收，用供军、政各费之支拨。此项代收湘钞若再缴由本府始行汇送，不但往返稽时，致多周折，且恐前定解款手续为之紊乱。现为办理便利起见，拟恳钧座对于上项代收湘钞，准予转饬财政监理处，函知代办联合金库之中央银行照案收受，每月月终即由该行营稽汇湖南省银行，按照收入原价，兑换法币一次，以资归垫。似此办理既免手续之繁难，而川省流入湘钞亦当易于结束也。奉令前因，所有遵令核办各缘由，是否有当，理合具文呈请钧座俯赐鉴核，指令祗遵。谨呈

国民政府军事委员会委员长蒋

四川省政府主席　刘　湘(印)

财政厅长　刘航琛(印)

中华民国二十五年三月三日

〔国民政府财政部档案〕

32.军委会委员长行营关于查核湘钞发行额及结束时间代电(稿)

(1936年3月11日)

国民政府军事委员会委员长行营代电行财室第353号

长沙中央准备库湖南分会：据湖南省政府呈请转饬四川省政府代收流入川境酉、秀各地之省银行钞票稽汇湖南省银行兑回法币祈核等情，本行营无案可稽，无从核办。希该分会查明湖南省银行何时开始发行钞票，截至现在为止，发行额若干、兑回若干、流通市面者若干、流入川境酉、秀各地者约有若干，及今后结束此项省钞之计划及实行日期，逐一详细具复，以凭核办，勿延为盼。军事委员会委员长行营。真。行边室。印。

〔国民政府财政部档案〕

33.上海银钱两会奉令核议减低存放款利率以维护工商会呈

(1936年3月24日)

呈。为呈复事。案奉廿四年十二月三十日沪钱字第九十号钧部训令开：查近年以来，各银钱业对于各种存款竞以高利及红息为招致存款之手段，存息既高，放款之利息亦随之而高，此为必然之事实，既于银钱业本身有害而无利，更足妨害农工商业之发展。年来农村凋敝，百业不振，此亦原因之一端。本部规定法币办法，原以复兴经济为目的，施行以来，市面虽呈活泼之象，而存放利率仍未低减。迭经工商业领袖虞和德、荣宗锦、刘鸿生、郭顺等暨各省市商会纷纷来电，吁请通令减低存放款之利息，藉以苏工商，振兴百业，等情，所陈理由，均甚正当，情形亦属实在。为保障存款之安全，银钱业营业之稳健，农工商得以活泼发展，达到复兴经济之目的起见，亟应本低减原则，规定各种存款利率。惟究以何种利率为适当，应由该公会会同钱业同业公会详议具复，以凭核夺施行。至于各种放款，均不应以高利盘剥，而凡属提倡国货，发展生产，增加输出，替代外货之农工商业，或与社会经济有关之事业，如其组织健全者，各该银钱业对其放款更应特别减低利息，以资维护，并仰会同妥议具体办法，一并呈夺。等因。奉此。经属两会分别研讨，不厌求详。窃查工商业领袖之倡议减息，诚时势之需要，而亦为银钱业所赞同者，惟就本问题表面而言，利率一经减轻，似乎农工商业便有活泼发展之望。但究其实际，此事与整个金融政策相互关系至密，非有统筹计划，难达平衡之目的。据属两会管见所及，减低利率之关键，要不外乎下列数项：一为低利重贴现之开放，一为证券利息之平准，一为外汇有效之统制。上述诸端，自上年币制革新以后，有已见诸实施者，有正在计议而渐次推行者。总之，减息问题全视整个金融为转移，属两会仰体政府复兴经济、维护工商业之本旨，自当随时作适当之处置，奉令前因，合应备文呈复。是否有当，仍俟钧部鉴核施行，实为公便。谨呈

财政部长

具呈人 上海市银行公会代理主席 吴蕴齐(印)
上海市钱业公会主席 邵燕山(印)

中华民国二十五年三月二十四日

〔国民政府财政部档案〕

34.财政部为调查重庆米价上涨原因与关吉玉往来密电

(1936年4月)

(1)财政部致关吉玉密电 (4月7日)

财政特派员公署。关特派员览：久密。据密报，渝市食粮近来价格飞腾，每石竟有超出三十元者，且不易购得。一般人民大起恐慌，纷传原因：(1)春耕时，雨量过少，灾象将现，人争储

粮。（2）各灾区来渝大量购米，因之米价高涨。其实此二说皆非，内幕为渝市川盐宝来两银行，意图操纵民食，集资巨万，分派人往江津、合江、泸州、叙州各地大批买米至六十余万担之多，现仍未停止。政府对此尚无取缔办法，不久恐将酿成社会之严重问题。云合特密电注意，并仰切实查明，密复财政部。阳。赋。

（2）关吉玉致财政部密电　（4月17日）

南京部长孔、次长邹、次长徐钧鉴：久密。案奉钧部阳赋电开：据报渝市米粮飞涨，饬即注意，并查明密复等因，遵经详加调查，近来米粮涨价，起于灾区及军队购米。继又纷传外交紧急，政府将施行统制。奸商利用谣言，乘机抬高价值，人民不免恐慌，遂致竞相购买，促成猛涨，所幸半月以来，谣言渐息。职复商请市政府，加以取缔。米价已渐回头，至成渝米粮量器，尚未改用新制，每担三百余斤，约合京沪两担。平日米价常在二十元上下，日来已跌至每石二十二、三元至二十七、八元不等，形势可望续跌，人心已见安定，堪以上慰钧注。再查川盐银行，尚无囤米操纵情事。渝市查无宝来银行，合并附陈。除遵与钧示随时注意外，谨电肃复，伏乞鉴察为祷。职关〇〇叩。篠。

〔国民政府财政部驻港办事处档案〕

35.关吉玉报告川省历年通货状况及施行法币情形代电暨财政部指令

（1936年3—4月）

（1）关吉玉代电稿　（3月17日）

代电

南京。部长孔、次长邹、次长徐钧鉴：窃查川省地方辽阔，人口众多，在清末民初时通用货币除银两外，计有光绪、宣统汉字之川币，湖北、江南、北洋、云南及袁像之银币，总理遗像之国币，以及川、滇各种之辅币，益以中国、交通、濬川源各银行之少量纸币，通货总额不下一万二、三千万元。嗣因金贱银贵关系，银两、银元逐年大量外流，存银日见枯竭，交通、濬川源两行适亦先后停业，中国银行又复收缩发行，通货大感不足。各商业银行利用时机，发行钞票，各军亦相率发行类似钞票之流通券、粮契税券，流行市面，币制日趋紊乱。十余年来，入超日增，现银流出，有加无已。地方银行竟能于一年之间发行钞票达三千余万元之巨。虽曰武力压迫，然而筹码不敷周转，实为其发行激增之最大原因。二十三年冬间，川省通货总额尚算在一万万元以上，但现币仅居二分之一耳。去年川政统一，各种非法券类及地方银行钞票，均已陆续收销，通货减少约五千万元。虽中央本钞先后发行亦约五千余万元，而流通于各县者，约仅二千余万元，则皆聚集于渝、蓉、万各巨埠，竟未能普遍流通于全省，据省银行最近调查，川省现有银币至多不及五千万元。法币施行以来，渝、蓉中央银行库存银币约占川省现币金额五分之二计约一千九百万元，其余五分之三，半为乡民窖藏，半在全国流通，约各在一千三、四百万元。因法币未能普遍流通之故，以川省幅员之广，除去渝、蓉、万三埠集聚法币二千余万元计算，则全省通货仅现币一千三、四百万元及法币二千余万元，共计亦不过三千余万元，按七千万人口分配，每人仅合五角之数。通货紧缩至此，法币信用未坚，现币乃愈为人民所宝贵矣。迭据商民呈称，市面法币与现币价格，每千元相差自五、六十元至一百八、九十元不等，法币价低，百物昂贵，兼以乡民不能鉴别法币真伪，宁可折扣损失，不愿握存法币，甚至因避收法币，竟不敢遽售存米，生活极感困难，请求设法救济。等情。前来。当经商询银、钱、商业各领袖意见，据其所陈，略如下述：（一）目前领用法币，必须六成现币，现币已成一种货物，势难强与法币同价。倘必使其平衡，现币将不复见，若无现币，亦即无从领用法币，集中现金，更感困难。(二)欲使现币与法币同价，必须禁止买卖现币，与其禁售现币，不如变更领钞办法。假使中、中各行能准以十六、七成以上之证券领用法币，则领钞行庄不需六成现币，现币既无需要。一面政府禁用现币，厉行没收，使持有现币者自然趋于换取法币使用之途。照此办法，中、中、交各行虽以十成保证准备发行法币，但在另一方面，仍可由兑换收集现币，以保持其六成现金之准备，而现币自无涨价之理。(三)政府目的在集中现币，价值之高低，庶便收买，易达目的。况差价系属一时的现象，尽可听其自然。(四)目前商民所疑虑者，不在现币价值之高，而在法币伪券之多。中国银行伪券已发现不少，究竟如何防止，如何鉴别，商民收拒为难，影响于法币者极大。(五)现在法币皆聚集于渝、蓉、万三埠，似觉其多，但全省各县反苦不敷周转，盖以一元券太少，掉换困难，遂使现币既为领钞所必需，更为找零所必不可少，需要既多，价值自高，法币之推行遂益感困难。为今之计，务须格外多发一元券，使商民易于掉换，便于交易，否则现币有其长久之信用与便利，不能强使人民感受困难也。(六)政府禁止买卖现币，并饬税收机关、邮电各局限用法币，不收现币，再于各县或乡镇普设兑换所，收换现币，鉴别法币。一面派员调查抑勒法币之奸商，严刑峻法，惩处示儆。(七)现币价高，固属影响法币，但银钱业购买现币，不啻代政府收集现金，并非仅图私利，歧视法币。况银钱业如不高价收买，则全川现币必为某国人席卷以去。现因价值已高，某国收买较少，否则更不堪设想，此须慎重考虑者也。等语。综上所述，具属现在事实，亦尚不无理由。窃以为川省推行法币尚称顺利，本无重大阻碍。再以从前通货容量及年来发行状况而论，只须尽力使法币推行及于僻远，并于领钞之外，另寻途径，巨量发行，则在短期内即使增发法币至一万万元以上，亦非难事。至于目前因现币价值较高而亟待解决者，第一在伪券之如何防止，如何使人民易于鉴别，第二在一元券之大量增发，至少亦须按业已集中现币二千万元之数，以一元券如数补足，俾敷周转，此后陆续收回现币，仍须源源增加一元券，以期人民便利，乐于使用。只要人民能受其益，而不蒙其害，法币即易推行无阻，一切问题亦俱可迎刃而解矣。惟川省民智不开，亟待启导，除派员调查各地情形，并随时商同中央、中国、中国农民各银行暨四川省财政厅相机因应，及通令各县政府切实宣传法币政策，取缔奸商操纵，严防外人购运外，所有川省近年通货状况暨施行法币以来一切情形，理合专电密陈，伏乞鉴核备查，并候训示祗遵。职关〇〇叩。筱。印。

（2）财政部指令 （4月10日）

财政部指令 钱字第24188号

令四川财政特派员关吉玉

廿五年三月筱代电一件，电呈川省近年通货状况暨施行法币以来一切情形乞鉴核由。

筱代电悉。据转陈银钱业意见，兹分别摘示如下：（一）通用银币与法币兑换不得发生丝毫差价，业于兑换法币办法明白规定。原电一、二、三三项所称，现币势难强与法币同价暨差价系一时现象，尽可听其自然各节，显有高价收买银币、低贬法币情事。本部迭据四川商民呈请取缔，节经咨行川省府查明取缔有案。该银钱业巧辞文饰，殊有未合，应仍遵照兑换法币办法第七条规定，按其情节分别严惩。（二）法币准备金仍照四六准备制度，原为巩固币信起见，原电第二项所称以十六、七成之保证准备领钞，自难准予照办。至以十成保证准备发行法币，尤与规定不合，碍难准行。（三）原电第六项所称税收机关、邮电各局不收现币，核与本部上年十一月四日电饬各税收机关暂时收换银币通案及三行委托邮政机关代兑法币规定不符。至禁止买卖现币及于各县镇设兑换所，查禁抑勒法币各节，业由部先后通行照办，应即遵照切实办理。(四)原电第四、五项所称防止伪券及多发一元券两节，自可由部转行中央银行等多发法币样本，使对伪券易于辨识，一面尽量输送一元法币，以应需要。该特派员对于推行法币既据积极分别洽办，应仍继续认真办理，随时具报查核，对于伪券来源，并应严密查缉，尽法惩治。除函令中央、中国及中国农民等行外，仰即遵照。此令。

部长　孔祥熙

中华民国廿五年四月十日

〔财政部驻港办事处档案〕

36.财政部关于四川省请核收兑滇币办法已饬遵办密电

(1936年5月8日)

渝行营蒋委员长钧鉴：感二行寰室电敬悉。璿密。关于兑换法币期限，本部为特示体恤偏远省区及法币尚少流通地方持有银币、银类未及兑换法币人民起见，对于该地方兑换法币事项，准暂维现状，继续办理，将来由部斟酌各地兑换情形，再行分别明令截止兑换，已于上月感电通行照办在案。至罗专员①请核示收兑云南半元办法一节，前准中央银行函，据渝分行电请商定川省半元银币掉换法币到部，业由部以川省前清时及云南所铸龙半元及民国云南所铸唐像半元，既据查明各处行使情形，有以两枚半元当一元者，亦有以十一角当一元者，姑准从宽，概以半元两枚兑换法币一元，等语，函复饬遵。并查本部前以滇省新旧半元银币经查验结果，其成色在030【1.462】与1.486之间，即以指【此】为标准，取其平均，得1.438，与国币银成色八八比算，每国币一元以合滇币二元(即四个半元)为适当。经即定为标准价格，由部电龙主席及滇财厅饬属遵照各在案。应请钧察，转饬罗专员查

① 罗玺，时任四川省十二区专员。

明该区行使云南半元情形。如系前清时云南所铸龙半元及民国云南所铸唐像半元，应准以半元两枚兑换法币一元，其他滇铸新旧半元，应即以滇币二元（即四个半元）兑换法币一元，以符部案。特电复，请鉴察转饬遵照为荷。财政部叩。庚。钱印。

〔国民政府财政部档案〕

37.云南省政府关于奉令收回流行川省滇币一案呈

（1936年6月11日）

案奉钧长二十五年二月二十四日行财室字第二零六号训令：据四川省政府主席刘湘删财代电转，据越嶲县长蒋宇周呈请收回滇铸银币暨第六区行政督察专员冷熏南电请收回滇铸镍币一案，饬即遵照办理，并将办理情形呈报查核。等因。奉此。当经分令职属财政厅及富滇新银行会同办理报核去后，兹据该厅行会同呈复称：遵查本省所铸银、镍各币，流行外省，若无法令限制，则川省既不合用，自可由本省设法收回。无如本省银币曾经发现在会理伪造，上年钧府咨请究办，尚未解决，所称钢洋，是否会理所伪造，殊不可知。即使全系本省所造，然自法币案公布以后，法令规定所有银币、银类，均应由持有人向附近指定兑换机关兑换法币，不能私藏。此种流行川省之银币，本省法币又尚未流通，实属无法收换，且亦无权收换。根据财部二十五年二月十一日钱字第二三四四七号咨文，自应由附近之中、中、交分行派员携带法币，按照兑换法币办法，前往收换。至于镍币，虽为本省所铸，然与各省所铸铜元比较，亦系一种已经流行之辅币。本省银币在川省既拒绝行使，本省纸币川省更不使用。当此法币尚未流行本省期间，实亦无法收换。依照辅币条例第六条之规定，旧辅币收回销毁改铸，其权属于财部。似应由部规定收换标准，由有发行辅币专权之附近中央分行，以新辅币收回改铸，以符法定。所议是否有当，理合具文呈请鉴核，训示遵办。等情。据此，查呈复各节，尚属实情，拟请准如所拟，对于流行川省滇铸银币，饬由附近之中、中、交分行派员携带法币，按照兑换法币办法，前往收换。对于镍币，请饬财部规定收换标准，由有发行辅币专权之附近中央分行，以新辅币收回改铸。似此办理，收换既属便利，亦与公布法令不相抵触。是否有当，理合具文呈复，伏乞鉴核办理示遵。谨呈

国民政府军事委员会委员长蒋

云南省政府主席　龙　云(印)

中华民国二十五年六月十一日

［国民政府财政部档案］

38.关吉玉抄送云南省币制调查报告函

（1936年6月23日）

立庵司长吾兄勋鉴：顷想勋履嘉绥，至为企颂。云南所得税事务，经敝处派专员魏华业前准查洽筹进。第以滇省币制复杂，于新税推行实有密切关系。当此开办伊始，亟应详彻调查，以明真相。经饬据该专员查报前来，经核尚属翔实。兹将原调查报告照抄一份附函奉上。敬祈查照为荷。专此祗颂。勋绥。

附滇省币制调查报告一份

弟：关吉玉　抄启　六月廿三日

云南金融与币制

一、金融概况。

滇省金融组织，民元以前与内地各省无殊，惟云南向为受协省份，每年均由川省拨助协饷。民元成立中国银行，发行钞票，同时本省又筹资五百万元创立富滇银行，护国军兴中行停办。本省金融即以此行为资本，始则该行信用巩固，对外汇兑亦能与港申平衡，继以护靖建国诸役支用浩大，遂发行逾额纸币，不得不

限制兑现及停止兑现，因之富滇银行纸币遂降落至每十元抵国币一元。此种纸币即现时市面之富滇币，破碎者一面收毁，而完整者仍行通用也。此民十七年前之概况。迨民十八，省政改组，决心从事整顿。其整顿之方法：(一)确定以本省半开银质硬币为本位，凡一切收支均以本位币为标准，以前之旧币以本位币一元折换五元收回焚毁，未收回焚毁者，照此价格暂行流通，无异辅币。(二)实行本位币后，财政收入增加，而支出力从节俭，因之每年盈余数百万元。组设金融整理委员会，购成条银，鼓铸半开银币。(三)结束富滇银行，由整军会拨银币一千六百万元，于二十一年九月成立富滇新银行，发行富滇新纸币，与半开银币同时并用，无限制兑现，唯因半开银币含银实量仅等于国币五角，故时有涨落，但差数甚微。自实行法币政策后，中央纸币、富滇旧纸币与富滇新纸币均并行于市面，而富滇旧币每五元换富滇新纸币一元，富滇新币二元可换法币一元，则国币一元当值滇币十元也。至滇省金融机关约分以下四种：

甲：省方银行

(1)富滇新银行为本省金融之中心，民二十一年由前富滇银行改组而成，资本金一千六百万元。业务：存放、汇兑、押汇，昆明总行，个旧、下关、昭通、上海，均有分行，香港黑井区、罗平、南宁、叙府、汉口则有办事处。

(2)劝业银行系由建设厅拨款成立，基本金为半开币二十万元。专营存放款等业务。民二十一年成立昆明总行个旧分行。

(3)实业合作银行系由建设厅前办之实业银行筹备处改组而成，基金总额为新银币十二万元。专营小款借贷，以辅助工商业及救济农村。

乙：外商银行

(1)东方汇理银行系法商开办，在民十八以前本省金融紊乱时，该行一度繁荣。现以本省金融稳固，该行遂无能进展，唯以滇越路运费及过境税均须行使越币，故该行仍有一部分力量也。

丙：银号

专营存放信托业务。

丁：兑换钱庄

本省各地均有钱庄，大都规模简单，唯省垣较为发达。均以本国货币及外国货币之兑换为中心，昆明钱庄计有新源、永梅、昌鸿、茂源、铨记、官义昌、银杏号、贵发祥。

二、币制

1.沿革。本省币制原以银锭为主币，而铜质制钱为辅币。清光绪末年湖北银币输入，旋本省也设厂制铸，以后即以银元为主币，五角、二角、一角及一仙、两仙铜币相继行使于市，而银锭遂成一种货品。本厂造币厂所铸银币有一元（库平七钱二）、五角（三钱六）、二角三种，有粗字粗龙，细字细龙之分。宣统三年，为统一币制起见，乃将粗字粗龙停铸，专造细字细龙五角纪念币，民八护国功成，添铸五角纪念币（唐像）。以上各币成色较高。迨后，五角、二角各币成色低落，因之市面使用价格须二元换标准银币一元。至中央行使法币，停止兑现。本省五角银币曾一度高涨，旋禁银出口令下，始渐平息。至中央及各省所铸银币虽也不少，价格时有涨落，寻常交易多不使用。又本省民八年因金价低落，曾铸五元、十元金币，旋因价格高涨，多被商家收毁，市面流通极少也。民十二至民廿四年间开铸一角半开镍币，惟多流通迤东、昭通及迤西、华永等县，价格极不一致，大约一角镍币三十枚可换半开银币二枚，至现在市面流通铜币，多来自湖南等省，每新币一元可换廿文铜元百枚。自中央行使法币政策，本省即停铸硬币矣。

本省纸币除民初中行发行之纸币外（现已收尽），富滇银行之纸币因发行逾格，并不兑现，经清理，共发行约九千二百余万元，曾经数次用新滇币收回焚毁，计已毁去五千二百七十万元。其余仍流通市面，其在未行使法币以前，纸币与现银并用，但限制现金移动，民间概用纸币。去岁中、中、交等纸币即多通行，本年五一五宣布实施法币后，亦不见银币，市面行使者多为中中交新滇、旧滇各纸币耳。

〔国民政府财政部档案〕

39.唐海安关于赴粤会商改革广东币制等情况致孔祥熙等函电

（1936年5—7月）

（1）唐海安致孔祥熙函 （5月19日）

庸之部长钧鉴：代表钧座为吊唁胡先生丧事已妥办，谅邀鉴悉矣。为粤省改革币制事及严厉缉私事宜，弟本早已晋谒陈总司令及林主席、区厅长等，商量改革币制事极详细。据陈伯南及林主席二公称，对于吾兄意旨当然接受，惟因粤币制非常复杂，须讨商各种难题及解决后，方可接受新币制制度。因粤省素以小洋为本位，对于民间之方面，须要筹划相当办法及步骤应付之。国家币制之统一，为粤省当局均热诚赞同，钧座对粤币制改革之盛意，表示敬谢及接受，不过重乎迟早问题。并又称，决于此数日间召集各重要银行家及各当局开一重要会议，实行讨商一切云云。照职意，陈、林、区三公确已表示诚意接受新币制政策，决于日内呈复钧座。陈、林二公已邀弟日内参加会议，谅俟胡先生丧事毕妥后，方可开会，谅此事（改革币制事）当无问题也。

谅及应付缉私事宜，亦曾详细商及，现下粤省已以武装对付△国在汕走私漏税事宜。汕头方面此二星期来私货已减小，税收亦见增加。弟贡献他们一点，就是提议由地方长官负责召集各商家团体及人民，合力组织一强有力之商人总商会，来抵制买其私货及抵制代其运输，各商家须要互商担保，誓愿永不代敌人运输及买其货。如果此层能办到者，敌人私货将来不打自灭矣。此点，陈、林、区三公极称赞同弟之提议，并即日饬令就地各长官

执行，此可为告慰吾兄者也。专此呈报，此颂

钧安

弟唐海安拜启

五月十九日

（2）唐海安致孔祥熙密电 （5月30日）

孔部长钧鉴：肇密。昨晤陈运使维周，谈及粤省改革币制后外汇问题迄今未得解决，连日港纸市价增涨不已，关系匪轻。现拟将大洋贰仟万元或较多数交存广州中、交两行作为抵押，请求钧部借拨相当外汇数目，俾资调剂等语。窃意粤省港汇暴涨，实于当地金融、人民生计均有妨碍，陈运使现商办法，似不容视为缓图，且如能办到，将来进而谋币制统一，似亦较易妥商。是否有当，谨电请钧裁示遵。

唐海安呈。

（3）唐海安致孔祥熙密电 （7月9日）

孔部长钧鉴：密。今日晤伯南兄详谈，悉彼因对中央已立意服从，撤退抗日军队，但彼抗日之爱国心及维持时局之苦心，未蒙中枢谅解，甚为消极，对时局不知所措。弟意请兄恳求中央即派要员来宣慰，一切币制大致可接受，望速催唐、贝来。林、肖已晤，态度极佳。林因事暂不来出席，伯南派黄麟书。弟海安叩。香港来沪转。

（4）唐海安致徐堪函 （7月14日）

可亭吾兄钧鉴：上次付上调查中华印书局承印两粤钞票及辅券情形报告，谅邀钧鉴矣。兹此次奉命再度南旋，本承中央孔座及兄等之美德，来协助粤省整理金融，俾人民将来得以安居乐业及华侨继续汇款归国，人民民生藉之是赖。奈抵粤后，粤当局不但无诚意接纳及接洽各件，反决欲将所收得人民血膏之白银售与外

商，图为个人之利益。弟见及此，只向天而叹，即日匆匆离省，抵港后已将各情形发表于报上，揭露其一切之腐败及阴谋，俾三千万人民知其白银之所在及其滥发法币之惊人巨额，并换【唤】醒粤民共图民生之计也。自报章发表后，法币暴跌，陈济棠知后，即暗派侦探八人，日夜监视我之行动，或置我于死地而后已。惟弟只知尽忠国家，就是为国家死，亦乐所为也。只要陈济棠早日离省，俾统一早日实现，人民早日得解除痛苦，弟死亦所甘心也。兹付上该日发表谈话之报纸一张及粤省当局所谓骗人民整理金融之讯，付上一看。弟现仍增【更】加努力工作，以期不负兄等所托也。专此奉达。此颂

钧安

弟唐海安拜启

七月十四日

香港天气过热，热度约一百零七度，终日汗水流流，身滚热，如在火炉内无异，执笔难写，祈原谅是幸。如无事，弟准于下星期返沪复命也。此颂

弟海安再上

七月十四日

[附剪报两张]

（广州专讯）本省改用大洋制问题，自财部顾问唐海安再度来粤后，经与当局磋商，惟仍无结果，唐氏昨且离省赴港（参观港闻栏）。日前所传之财部另有新途径，殆亦无法进行矣。记者昨（十一）赴各方探询此事消息，据银业界称：本省改制问题，日前唐海安再度南下，区厅长经与详商，其最难解决者为本省请求中央拨助一千万元，为改制损失费，此点经财部允拨五百万，但区厅长以本省向用小洋，若一旦改用大洋，损失不少。以目前计，每元大洋券，辄值现行法币一元六角左右，将来实行后，政府方面实损失不赀，故认为非请中央照前定拨助一千万元不可。对于此点，迄未解决。次为白银保管问题，亦有磋商未妥之处，故此

事暂已搁置。但区厅长为先安定外汇计，拟召集省、市两行长及经济顾问、法律专门委员等，日间召开谈话会议，精密商讨云。又据另讯，粤省改革币制已无可转圜，唐海安匆匆离省。前传中国银行经理贝祖诒及交通银行总经理唐寿民等来粤一事，现闻亦已中止不来，本省今后只有自行办理整理金融之事。查近来省、市两银行所收集之白银，已先后移送法币会保管，由该会派第三科人员前往接收。昨据消息，本省当局以西南抗日军兴，对于白银之保管，亟应妥谋安全办法，故有将白银移港保存之说。目前法币会又派委员邹殿邦、卢霭云、唐品三等三人，□□建筑银仓或租赁银仓。该三员与汇丰银行商妥，允予借出大仓一处，为保管白银之用。邹殿邦等旋即返省，向会复命。近法币会各委员以该会接收所得白银已达八千余万，市面既无安全保管仓库，对于白银保管，似未妥善。特决定续将接收所得之白银，酌移出若干，定期运港，交由汇丰银行保管，体察该仓容量多少，然后定夺运港多少，移至港仓充实为止。届时商请海军司令部派舰一艘，负责载运。闻拟先将五千万白银移港保管，在小北造币厂中【下缺】

(广州专讯)本省财政当局，迩来对于整理金融，安定外汇，推行甚为急亟。兹为集中现金，以实现整□计划起见，决定由昨(十一)日起，暂时停支各机关一切政费，俟集中至相当时期，始体察情形，恢复开支，昨已由财厅通告各机关知照。又，查当局对于充实省银行准备金，拟发行有价证券一事，顷据财政界消息，厅长区芳浦现以本省发行货币多种，为彻底整理币制，决定发出广东整理币制库券，数额则定九千余万，分十年偿还，每年摊还本息九百余万，由政府划出某种税项为担保品，现已将发行章程草案拟定，俟呈准省府后，八月一日即可实行。将来划定一部为整理货币之用，一部则为省行准备金。兹将该库券章税草案录下，以为关心金融者告。(第一条)本库券定名民国二十五年广东整理币制库券。(第二条)本库券发行总额，九千一百四十六万元。(第三条)本库券面额共分三种：一万元、一千元、一百元。(第四条)本库券偿还日期定为十年。(第五条)本库券由廿六年起，每年摊还本息九百余万元。(第六条)本库券由二十五年某月某日起发行。(第七条)本库券发行办法，由该管理机关另定之。(第八条)本库券用途，一部为省行准备金，一部为发行整理货币之用。(第九条)本库券俟省行核准后施行。

[国民政府财政部档案]

40.有关整理广东财政金融的一组文电

(1936年7月)

(1)孔祥熙致唐海安密电 (7月19日)

香港唐监督海安兄：香密。译转范处长展鹏、林校长时清、利司令树宗均鉴：顷据唐监督报告，兄等保管现银、维持治安、妥慎应付，颇具苦心，等情。当此人心恐慌之际，使金融得以安定，闾阎不致骚扰，热心毅力，殊深佩慰。粤事定后，中央将有以奖励贤劳，仍希益抒荩筹，共维全局，是所企幸。孔祥熙。皓。沪处。

(2)蒋介石致孔祥熙密电 (7月20日)

孔部长勋鉴：证密。请速派财政专员由港入粤，筹划整个财政计划，并准备临时接济余汉谋总司令款项，约再须三百万元。中正。号午。机牯。

(3)孔祥熙复蒋介石密电稿 (7月20日)

急。牯岭蒋委员长钧鉴：密。号午机牯电奉悉。昨已令派子良为粤财政特派员兼财厅长，经电陈谅达。子良准养晨偕邹次长玉林乘机飞粤，所需接济余幄奇之款，已嘱其到粤后即行筹发。

知念谦陈。弟〇叩。号亥。沪处。

（4）林云陔致孔祥熙电　（7月20日）

财政部孔部长庸之兄勋鉴：皓电奉悉。云陔经于哿晨回府，照常负责处理职务，地方安堵，堪纾远注。承示已派邹次长来粤整理财政金融，并派唐海安为两广盐运使，宋子良为广东财政厅长兼财政特派员，吴健陶为粤、桂、闽统税局长，至深欣忭。此间大局初定，财政金融之整理刻不容缓，请转达邹次长、唐运使、宋厅长、吴局长早日来粤为荷。弟林云陔叩。哿。印。

（5）曾养甫致邹琳徐堪密电　（7月20日）

邹代部长玉林兄、徐次长可亭兄勋鉴：哿密。汕头市商库证现以时局影响，颇形紧急。又，本省金融财政各事亟待奉商之处亦多，特派吴健陶兄明日飞沪面陈一切，希切实指示，俾资解决，以安粤局，无任祝祷。弟曾养甫叩。哿。广州来沪处转。

（6）蒋介石致孔祥熙密电①　（7月21日）

照抄上海转来牯岭蒋委员长致部长电

密。广东财厅长等职发表时间太早，今既发表，则切属子良等对粤中文武人员应事事以谦和协商，不使粤人有中央争权夺位之感为要。中正叩。马未。机牯。印。

（7）宋子良致孔祥熙电　（7月23日）

财政部孔部长钧鉴：职于七月养日飞抵广州，漾日接广东财政特派员兼代财政厅长事务，所有署厅职员，除呈准前厅长辞职外，其余均勉令照常安心服务，静候考核，再行加委。国、省库

---

① 此系抄件。

公款仍存省银行保管，并请钧长派周叔亮为该行监理官，以资稽核。此间人心安定，足慰廑念，谨先电呈。宋子良谨呈。漾。印。

(8)林云陔唐海安致孔祥熙密电 (7月24日)

南京财政部孔部长勋鉴：首密。查粤省三年计划内工厂筹设部份，尚有扩张榨量为贰千柒百五拾吨之市头糖厂及制纸厂、硫酸亚厂、棉织厂、人造丝厂等，正在加紧建筑，限期完成。所有订购各厂机器、建筑材料免税进口办法，前经派员赴部详陈，经总税务司梅乐和交粤税务司酌办，旋由粤税务司与西南政务委员会分头订议，其第一项内载：广东省政府所购运建筑省营工厂机械及零件、配件、建筑材料，概照西南政务委员会护照免税放行等语。年来照此执行，弥感便利。现政委会已告结束，自应向部领照。谨拟将各厂订购之机器、材料分别造具说明书，由府转部核发，免税放行，以奖励生产事业，俾免工程中辍，致滋损失。惟领照手续动需一月内外始能办竣，而各厂与外商所订运购机器、建筑合约互有限期，勿能延缓，且各厂所需原料，均经向农民或商场订购，苟工程稍有停滞，则届时无法应付，政府与人民损失尤重。爰拟请贵部先予电令粤税务司，遇有此项机械暨零件、配件、建筑材料运入，仍照来货清单予以登记验放，俟护照领到，再行照数核销，俾利建筑进行，统祈电复。广东省主席林云陔、运使唐海安同叩。迥。印。

(9)孔祥熙致宋子良密电稿 (7月25日)

宋特派员览：查粤省开海禁之先，贸易最盛，年征国地税额，为数綦巨，积弊特深，国计民生，交被其害，粤民身受痛苦，切盼昭苏，呼吁请求，函电纷沓。中央轸念粤民，至深悯恻，自应亟图整顿，俾登衽席。兹值粤局大定，庶政更新之际，该员负有整顿全省财政之职，对于中央所定国地税制之划分统一办法，应即恪守奉行，一切税务之征收积弊，应即彻底剔除，庶几上有以裕国库之收入，下以轻人民之负担，本部长有厚望焉。合亟电仰该员遵办具报备查。部长孔〇〇。有戌。沪处。

(10)孔祥熙致邹琳宋子良唐海安电 (7月25日)

邹次长、宋特派员、唐运使览：查食盐为民生日用必需之品，国家因正供需亟，不得已而加以课征，并以我国幅员辽阔，遂因距离产区之远近，厘定税率之重轻，担负每苦不均，苦乐因而迥异。政府统筹兼顾，辄思所以改良；而各地方当局则转因盐税普遍易于课税，辄任意增课附加。粤省盐务行政历隶军人，异常紊乱，既以附加重苦粤民，复运私盐损害国库，人民致有淡食之虑。亟应统筹整顿，以济民生。合行电仰即日详查实况，将违法附加酌量裁撤，各区缉私认真执行，仍将办理情形具报候核。部长孔。有亥。沪处。

(11)宋子良致孔祥熙密电 (7月25日)

南京。孔部长钧鉴：良密。查省行原直隶省府，财厅仅居监督地位，故嘱守良兄亲往该总行查核发行帐目及已发行毫券号码。据该行主管员称：自实施法币后，每月发行毫券颇巨，无法记录号码，故前总部最近领去毫券暂难设法取消。又，该行毫券据查系美钞公司、中华书局、新华公司、华德鲁(?)公司、香港印券公司五家承印，并陈。宋子良叩。有。印。广州来沪转。

(12)邹琳致孔祥熙密电[1] (7月25日)

中央银行孔部长钧鉴：玉密。(一)寿民、淞荪昨夜抵粤，近三日市面坚定。(二)余幄奇对于金融略有意见，林云陔昨在省府会议提一金融案，尚属切近事理，已交宋厅长审查。(三)两广盐

---

① 此系抄件。

运使所属之盐警总队暨他处盐区之税警分驻各场负责缉私，现余幄奇委其副官处科长彭光廷为该总队队长，请钧座径电余主任撤销。(四)陈维周时呈准每盐一担带收购舰附加三角，其临去时方停止征收，共收过二百七十万元。除购置海周、海维二舰外，余充盐警特务队经费，共有六团饷足械精，嗣改编为师，现驻南路。中央特派军事人员正设法收抚，海安亦正接洽。(五)广东所用印花，尚系就地制印，请饬税务署速运本部印花来粤。琳叩。有。印。

(13)蒋介石致孔祥熙密电 (8月27日)

南京。财政部孔部长：精密。关于粤省财政金融各节略均悉。区芳浦以库券向省行押借款项，偿还旧欠，以余款用私人名义存入省银行，陆续提用一千六百余万元，此案情节可疑，应即严令彻查为盼。中正。感。侍四羊。印。

(14)宋子良致孔祥熙密电 (8月29日)

南京。财政部长孔钧鉴：良密。宥秘牯电谨悉。查敬电所陈，均系指整理地方捐税而言，关于国税事项，自当随时秉承钧部核示办理。职宋子良叩。艳。印。

[国民政府财政部档案]

41.唐海安报告有关广东财政收支情形致孔祥熙密电①

(1936年7月)

部长钧鉴：香密：宋、邹二位未到以前，弟本日赴厅，已遵电谕，代表钧座向各税收机关人员训话及宣布钧座德意，并接洽一切。兹将查确省库存款情形如下：

---

① 此系抄件。

计至七月十九日止

法币毫券　一百零七万三千九百零六元三毫三仙
银　　毫　六十万零五千九百三十三元四毫六仙
中央纸　二十七万四千七百六十六元二毫二仙
大　　洋　四十八万零九百一十七元四毫二仙
五元中央纸　六万八千一百七十五元
五十元中【央】纸　二千零五十元
港纸　一十万零三千元

省库每月收支状况：

收入金额

田赋　二五三，四八六．五五
契税　六九，六七三．七〇
当税　四六，四一〇．八八
屠宰税　一一二，八一〇．六九
商店税　五，一九八．七四
船税　七六六．三二
房捐　一，五四八．〇九
营业税　五三，四九六．五八
煤油贩卖业营业税　一五〇，六二七．七七
舶来农用品什项专税　一，〇八三，七二七．四三
各项税捐　三七四，三三八．七六
地方财产收入　二四九．四七
筹饷收入　八六一，二四四．九四
地方行政收入　一五六，二〇二．一〇
其他收入　二五，五〇三．四八
官营事业收入　一六，〇〇〇．〇〇
各项捐税加二专款　一三四，六三七．八四
已裁厘费未缴税　五，六三二．六三

合计　三，三七一，六四七.九七

支出金额

党务费　八一，八八九.五〇

行政费　四七四，二〇二.〇六

司法费　一〇六，四七一.〇一

财务费　四五八，七九〇.九四

教育费　三九二，九九〇.三九

农矿费　九四，五〇二.〇五

工商费　五，〇〇五.〇〇

交通费　二八，九二七.三八

建设费　六二三，六一四.八七

协助费　九四，六七〇.二二

其他支出　八，六三五.〇〇

合计　二，三六九，六六二.五三

国库存款

七月十九日止

法币　六万八千九百一十二元五毫四仙

毫银　一万八千四百九十九元二毫二仙

中央纸　二千六百零七元四毫六仙

大洋　三万零七百三十一元一毫九仙

港币　二千元正

广东财政特派员公署代理国库二十四年度平均每月约收支数目表

收入科目(金额毫洋计)

盐　税　七七二五〇〇

关　税　七四四一

印花税　二〇〇〇〇〇

烟酒税　四一六六六六

统　　税　一一三七〇八三

爆烈品收入　二七四〇〇

禁烟收入　九〇〇〇〇〇

肥田收入　五四七〇八

司法收入　二四〇〇

大洋溢水　九三〇〇〇

烟酒加二国防费　八三三〇〇

其他收入　七〇〇〇

合　　计　三七〇一四九八

支出科目(金额毫洋计)

党务费　二〇〇〇

国务费　一〇九九八四

军务费　四六九八八二五.九一

外交费　五六〇

财政费　三五五三〇九.四二

教育费　一七三三八九.二〇

内务费　二七二〇〇.五〇

司法费　二二七二

补助费　一四六三三.三三

恤　金　三五三七五

国立中山大学建筑费　五四七〇八

勷勤大学建筑补助费　一〇〇〇〇

盐税拨还外债款　一四二五〇〇

广东全省地方警卫处补助费　二三〇〇〇

合计　五八四九九五七.三六

现作准备明细表　六月三十日止

毫洋准备会接收　六三〇〇〇〇〇〇〇〇

存　国　华　仓　二二六〇〇〇〇〇〇

存广东仓　三五〇〇〇〇〇〇〇
存加南仓　一〇〇〇〇〇〇〇〇
存市立仓　一二〇〇〇〇〇〇〇
存省行仓　五六四〇〇〇〇〇〇
存港行仓　一八三〇〇〇〇〇〇
各分支行及收买处　一九六〇〇〇〇〇〇
合　　　　计　八〇三九〇〇〇〇〇〇
大洋准备会接收　一六〇〇〇〇〇〇〇
存　省　行　仓　六四八〇〇〇〇〇〇
存　港　行　仓　九八六八〇〇〇〇〇
银专折合按成色　一五〇〇〇〇〇〇〇
分支行及收买处　一二〇〇〇〇〇〇
合　　　　计　一九五五〇〇〇〇〇〇

又计开：

一、库存法币三百余万元(约数)。

一、军费已发至七月底止，支付令已发，曾否领清，待查。

一、七月十八日以前，经区厅长核行者，继续缮发。

一、七月十九日以后，接有来文，暂行登记保管，移交新任。

一、七月十九日以后，一概支出暂停。

一、法币保管委员会保管数目列左：

甲、小洋银毫存八千三百九十九万元，

乙、大洋白银存一千七百万元，

丙、银专申大洋三百万元。

一、已发出法币共约二万四千余万元，号码均由该会公报。

弟海安

〔国民政府财政部档案〕

42.唐寿民等缮具整理广东省金融报告

（1936年8月）

第一节　整理原则

粤省习用毫银，民国三年，北京政府收回前官银钱局滥币，即有改用大洋制之议。只以当时于粤民经济及地方情形未予深切之研究，且全国各地国际贸易货币之重心，上海有规元、汉口有洋例、天津有行化、香港有港纸，又以政变相寻，以致改制之议时兴时辍。兹查我国自上年十一月四日实施法币政策以来，商市无扰，外汇稳定，于国民经济及国内外贸易已有显著之进步。广东金融枢纽而为港纸所操纵，亟应乘此时会在粤确立中央法币之基础，以完成法币为全国国际贸易唯一之媒介，不独使粤省商民于国际间贸易可减少汇兑上之损失，即省际间贸易亦可减少彼此货币更翻转换之亏耗。汇兑之障碍既除，货物之流通自畅。惟粤省既而以毫券为本位，若一旦以定价尽使转换中央法币，则物价、工资、饷薪等项恐须受剧烈之变动，影响粤民经济至巨。必须于施行之后由财政当局考察市面情形，会商国家银行，予以逐渐之调整，俾于一定期内市面能照法定价格行使法币，以期达到自然调整之目的。唯吾人所当注意者，上项调整方案须不违背下列两项原则。

1.不摇动中央法币之信用

中央法币之准备，政府规定綦严，计现金准备六成，内除金或金汇兑外，现银元或银块不得少于发行总额百分之二十五，其保证准确四成，须以基金确实可靠之中央公债或财政部认可之有价证券充之。今若以中央法币在粤收兑毫券，关于所增发之法币准备，须合符上项之规定，方不致动摇中央法币之信用。

2.顾念粤省人民之经济

粤省历年感受纸币紊乱之痛苦至巨且深，人民经济上所受之损失甚大。此次中央改善粤省币制，本顾全粤民生计之旨，似当处以宽大，实则今日粤民经济所最需要者，为币值之稳定。毫券与中央法币之比率规定后，须有充分维持之力量，以取得人民之信仰。民国二十一年粤省国际入超达二万万元以上，民国十八年入超为最少数，亦达四千七百万元，私运之数不计在内。省际入超自民国十六年至今从未少于一万万元之数，全恃华侨汇入之款以为挹注，迩来华侨因粤币涨落无定，汇回之款大都先存香港，需用时再行转汇内地，故华侨汇款与币值之稳定有密切之关系，吾人之视线应不仅注重于目前定价之高下，而尤须注重于定价之如何推行，方不伤害粤省人民之经济。

综上所述，欲推考币值之如何稳定，非先探讨金融与经济之现实状况，不能有所论列。兹将调查所得，于下列各节详叙之。

第二节　广东省市两银行发行与准备之概况

（截至二十五年六月三十日止）

甲：发行总额　毫券二四九，五八〇，〇〇〇.〇〇元

乙：准备情形

1.现金准备：现金一〇七，四五〇，〇〇〇.〇〇元。此项现金准备约合发行总额百分之四十三强，依中央规定发行准备六成现金，尚缺现毫四千二百二十九万余元，合发行总数百分之十七弱。

2.保证准备

省库券　毫洋九千一百四十六万元。

市有财产（已由市府决定发市库券）　毫洋四百十八万元。

财政欠款　毫洋二千五百万元。

上列省市两库券并无指定的款为偿还本息基金，故未流通市面，亦无市价。

第三节　毫券之实际价值

甲　根据现金准备毫券之实值

若将前项现金准备毫洋一万零七百四十五万元所含之纯银，折合中央法币纸，合八千四百四十五万一千三百六十三元。以之抵毫券二万四千九百五十八万元，则每毫券一元约合现洋三角三分八厘强。

乙　依中央规定发行准备四六制毫券之实值

中央规定，发行准备六成现金四成保证，今保证准备姑置不论，照六成现金言，则以此项合成中央法币八千四百余万元之现金准备，仅可发行中央法币一万四千零七十五万二千二百七十一元，然今已发行毫券二万四千九百五十八万元，则每毫券一元只能合法币五角六分四厘弱。

注：近日外间颇有误会，如政府以现银出售于纽约或伦敦市场，其市价高于上海外汇，故可获利。查财政部最近规定，中央法币现金准备，其存库至少须占发行总额百分之二十五，其余百分之三十五，即使照上海现大洋含银成分，在国外市场销售，除去水脚、保险、熔工火耗等项，比上海外汇率只多百分之二.七。至于广东毫银准备，不足百分之六十，实际上可售部分不及发行百分之三十五，若杂以轻质劣毫，更无余利之可言。

第四节　整理粤省币制各方意见

甲　余主任幄奇为体恤民艰，主张毫券与法币之比价，有希望不超过一三〇说，即毫券一百三十元合中央法币一百元，如照此定价计算，中央应设法填补现金准备三千零七十三万余元及保证准备七千六百七十九万余元。

乙　有主张根据昔日粤省政府收买现大洋之价格一四四计算，则中央应填补现金准备一千九百五十四万余元，保证准备六千九百三十余万元。

丙　有主张照市价计算者，若按七月三十日市价一五七计算，则中央须填补现金准备一千零九十二万余元及保证准备六千三百五十八万余元。

丁　有主张折衷办法，照一五〇计算者，则中央应填补现金准备一千五百三十八万余元，保证准备六千六百五十五万余元。

戊　照第二条乙项所述，依毫券实值定价一七七.三，则可无须填补现金准备，只须保证准备五千六百三十万余元。

第五节　广州经济与金融市面情形

广州银业公所买卖每日分上、下午两市，上午约十时至十一时开市，下午五时至六时开市。其所做交易以港纸为本位，凡本省与国内外各种货币之换算，而以港纸行市为计算之标准。故以过去事实而论，港纸与毫洋市价之涨落与本省物价之涨落关系至深。试观二十三年六月至本年七月港汇行市及同时期广州市批发物价之指数之变动，已足资证明，若照过去二十六个月之港汇市价与物价，用互联法(Correlation Method)计算，其互联系数(Co-efficient of Correlation)为+716，尤足见港汇行市之涨落为广州物价涨落之最大因素。

再就本省物价指数与津沪汉各地物价指数比较，则在上年十一月份以前尚属平衡，其在施行法币之后，则本省物价演进之程度比津沪汉各地为速，而本年六、七两月广东物价指数竟达一〇九与一一一.四之高，又试观港汇行市六、七两月之平均价亦达一七八〇与一七六五，更足以证明港汇行市与广东物价关系之密切。其汇价与物价突涨之原因有二。

1.粤省以毫洋法币收兑现毫，用加二成算，故通货之膨涨较多。

2.六、七两月间政局不定，人民竞购港汇以自卫。又查近数日来港汇行市已回复至一五四〇至一五五〇之间，则揆之已往事实，此项市价如能稳定，粤省物价必可逐渐调整。

第六节　毫券与中央法币比率之推算

当此世界经济战争时代，各国群相抑低币值以减少国际之支出。广东既属入超之省，尤不宜使币值过高，障碍国产销路，影响农村经济，且必因此牵动工商，增加失业，为害尤甚。夫整理金融之最大目的为稳定物价与汇价之稳定，须视汇价之能否稳定，而汇价之能否稳定，端赖毫券与中央法币之定价是否适当。此项定价不应以目前高下之得失为标准，宜以粤省人民经济永久之福利为前提，若此际偶一不慎，将来遗患无穷。

又查本省自收买现银以来，照省、市两行开来表报，实际收得现银约合现毫银一万零三百余万元（现大洋以一二〇升算现毫）。除省城附近四郊已遵用毫券外，四乡仍多使用现毫。闻四邑及高雷、钦廉、潮梅各属尚有大宗现银约毫洋一万万元可收。近数月来收买现银之数减少，一则由于毫券市价跌落，照加二升算，商民无利可图；二则由于政局不定，商民咸存观望，粤省现金准备不足六成之数。民间现金急宜继续收兑，俾可将现金准备成分陆续提高，唯收兑现金法令在中央规定以现大洋一元换中央法币一元，在粤省政府规定以毫券加二换现毫洋一元。此次规定比率应谋适合上两项法令，庶使人民无可争议。管见以为，收兑大洋应遵照财政部规定以法币一元换现大洋一元，收兑毫银仍照省政府定价加二升算。若中央法币与毫券比价定在一五〇与一五一之间，政府须受损失自百分之三、二〇至百分之十八、四八。如定价在一五五与一、七四之间，则政府可得益百分之十一、一四。惟商人锱铢必较，如定价太低，于政府有利，港粤相距咫尺，私运必多。若定价过高，改为一三〇或一三五，取销从前省政府规定加二收买现毫办法，则省内现毫又有尽被偷运至香港之虑。盖现在港市每港纸一元只合省双毫一元二毫七仙左右，若使省政府规定继续有效，则政府一面须填补粤省发行准备之不足部分，一面又须填补此收银之亏耗，担负过重事，理以至不平，似宜避重就轻，就第八表中在一五〇与一五五之间决定之。其理由再申述如下：

1.为防止私运现毫，出口港汇应维持在一、五五左右。

2.又照公式四以毫洋含银量定毫券实价之算法，每国币一元应合毫券一·五五二九。

3.按照广州与国内各地货价及收入平均之比较，以及风潮发生以前数月之兑换价目平均之比较，若拟定行市为一元五角至一元五角五分至为平稳，对于本省货币价值既不致抬高，而实际上尚予以相当适宜之贬价。

第七节 粤省现金准备短缺部分补充办法

如照第四节丁项计算，应填补现金准备之数为一千五百三十八万余元。若以后续收现洋，除六成抵充增发法币准备外，其余四成现金可拨充此次整理案内现金短缺部分，则中央只须填补四成公债为保证准备。照此计算，粤省如能续收现大洋三千八百四十五万余元或现毫洋四千九百六十余万元，则中央除填补整理案内保证准备六千六百五十余万元外，另填补增发部分保证准备一千五百三十八万余元，粤省毫券便可与中央法币处于同等地位矣。

第八节 整理办法

一、由中央规定毫券折合大洋法价，定期实施，并由财政部与省政府会同布告通知。

二、自实施之日起，所有省内公私交易收支债权、债务向以大洋为本位者，应概用大洋法币或用毫券以法价升算；其以毫洋为本位者，得暂仍使用毫券。

三、广东省银行大洋券既以加二升毫券流通市面，应仍照加二毫券升算。

四、上项法价应由广东省银行负责稳定，惟广东财政厅得指派熟悉汇兑人员协助之。

五、外汇之买卖，应以中央法币为本位，由中中交三行按照逐日上海电报外汇买卖行市，仿照津、汉、青、厦等处一律办理。

六、中中交三行对于国内汇兑应遵照财政部规定，省外每中央法币千元收手续费一元，省内每中央法币千元收手续费五角，并于省内重要城市由三行会商，设立汇兑机关以利便商民。

七、广东省银行收兑之毫券得按照法价向中中交调换中央法币。

八、其需用中央法币之现金准备，即以现在粤省所有之现毫约合法币八千四百四十五万元陆续移充之（收回毫券调出中央法币若干，即按六成现金数移充若干）。至总额内不足六成之数，应暂向中中交三行垫借补足，俟照第七节办法，粤省续收现银，积有成数时，再行陆续拨还三行。

九、其四成保证准备及前条向三行垫借现金之担保品，拟请指定粤省国税收入为基金，发行长期低利公债，交发行准备管理委员会广州分会填补之，大致在票面一万二千万元之谱。中央如允许发行公债，则中央对粤省债务如何抵销，应另案审查、计划，再行决定。

十、中中交收兑毫券得向发行准备管理委员会广州分会调换六成现金、四成保证准备。

附注：前广东中央银行尚有未收回毫券一千二百五十余万元，应另案办理，未列入本案整理范围内。

〔中国国货银行档案〕

43.孔祥熙关于办理收回滇币经过情形代电

（1936年10月1日）

财政部快邮代电　第五一三四号

巴县行营蒋委员长钧鉴：前奉七月梗行旨室代电，以据滇省府呈复奉令收回流行川省滇铸银、镍币一案，电请查核办理等因。到部。经将应行分别办理各节分咨川、滇两省政府暨函令中央、中国两行转饬照办，并以马钱代电复请察照在案。兹准中央银行九月二十二日函复称：经饬据本渝行、渝局会函略称：查川省流通者，云南所铸龙半圆及唐像半圆，现均以两枚兑换法币壹圆，另有一种云南半圆银币，其成色平均在零四三八，向照杂色银币收兑。至钢、镍滇币，此间尚无发现，以后如遇新旧滇币，其成色平均在零四三八者，遵当以四枚掉换法币一圆办理。钢版滇币含有银质成分者，则按杂色银币简则规定办法收兑。除录函转知东川邮政局查照外，复请鉴核。本万处函复略称：当遵照部定办法办理。本蓉行复称：查滇币在省城向不通用，惟川北各地间有通用者，自应量数收兑，以一币制。本三台办事处电称：三台向以滇制半圆为主币，当遵照规定办法办理。各等情。前来。据此，相应转复，即希查照。等由。除函复仍转饬查照前函，速向川省宁属一带推行法币，以一币制，而便民用外，特再电请察照。孔祥熙叩。东。钱印。

〔国民政府财政部档案〕

44.安定广东币制意见书①

（1936年11月4日）

安定广东币制意见书译文

查华南政令业归统一，对上海汇率之安定，自不容或缓。粤省现行币制向来杂乱，尤应于短期间以法币替代之，俾收统一全国币制之效。苟迟不解决，则危险堪虞。目前沪粤汇率之安定，仅恃广东省银行以有限之资力从事维持，究非久远之方策。最久远之举措，厥为将广东省市两行之发行债务由中央银行负担，同时并接收该两行之发行准备金，而使广东目前流通之纸币与中央银行纸币处于同等地位。中国、交通两行不在本计划之内，盖将来至适当时，全国纸币均将统一，仅中央银行得有单独发行权故也。目前流通中粤省毫券之准备金亟应补足，关于保证部份之

① 译文。作者不明。

不足额，中央业发行一万二千万元之整理广东金融公债，足资补充。关于现金部份之不足额，计不到发行额百分之十。亦已定以公债补充，可暂作为省银行之欠款，而随后由该行以在粤省所收之现银逐渐清还。

或有谓粤人对粤省毫券之现金准备，具有成见，不愿其运出省外，因之惧中央银行之无法接收，则应之曰，此批现银不妨作为中央现金准备之一部，而任其暂留该省境内。查中美白银协定规定，中国法币准备之四分之一须属白银。故此项白银即须收存国内，不克售出。但关于此项白银之存放地点，则为沪为粤了无轩轾。故自接收而来之粤省现银，可作为全国币制中应保存之银准备之一部，而听其存在粤省，将来过相当时后，对于粤省人士不妨施以鼓吹，俾其认识现银移转之正当意义。目前第一步，可将政令统一后所收集之现银先行运出，所有安定粤币应采之步骤如下：

一、发行准备管理委员会代表广州分会接收广东省市两行之发行准备。以上之准备金中一小部系广东省银行之债务，即系代表现金准备之不敷额。

二、上项之发行准备金，由发行准备管理委员会指定，作为中央银行之“寄库金”。

三、所有定案流通之粤省毫券由中央银行承受，作为该行流通钞票之一种，而逐渐收回之。

四、如粤方需要申汇时，中央银行广州分行即可发出法币、或对申发出汇票而收进粤省毫券，加以保存不与发出，如是，则中央银行发行之通货总量(即法币与粤省毫券之总和)并无变更。反之，如外省对粤省毫券有需要时，中央银行之广州分行，即可将收存中之粤省纸币发出，而将所收进之法币加以保存，粤省毫券于此时之发出，足以阻止其价值之上腾，而避免华南之通货收缩，如斯之兑换行为，了无流弊，不须加以阻止。如于粤币需要盛时，强欲求法币之流通，则为害滋大，不可不察。苟粤人对中央法币逐渐发生信仰后，则于汇款来粤时，自将舍弃粤币而需要法币。如此，中央银行所收藏之粤省毫券乃将逐渐增加，因之可将其一部分销毁，假以时日，则全部粤省毫券均可如此收回，并消灭之。

以上第一、第二两步骤实行之后，粤省毫券对法币之一五比率，即应由财政部公布，中央银行既有全部准备，自可对两种货币之相互兑换准其为无限制的实现也。

安定广东币制之最大理由，厥为此事实现后，中央银行之外汇资金将大为增加，盖现在有巨款之华侨资金滞留香港，专俟广东币制安定后，始行汇归本省。苟中央银行能早日将粤币汇率安定，则华侨资金自可早日归还。此巨额资金归来时，中央银行之外汇准备将突形增加，尤有进者，目前华南流通之港纸，为额在一万万港币以上，均散在中国人民之手中，中央银行苟欲以法币替代港纸，则必先安定粤省币制，使粤人均认中央法币之信用，殊不下于港纸。能如是，则中央银行之港币资金骤增，亦即对英之存款将因之而增进也。

根据以上所论，广东币制之现状，诚未可轻心操持，致有差池，苟以远大的及有魄力的行动，照以上所陈之步骤加以实施。则利益将不可腾计，深冀于最短期间得见其实现也。

［中国国货银行档案］

45.孔祥熙与关吉玉关于四川市面情形金融状况来往密电

（1937年1月19日）

（1）孔祥熙致关吉玉密电

关特派员佩恒兄鉴：久密。川省市面情形、金融状况，现亟欲明瞭，希即查明电复。孔祥熙。皓。秘。

（2）关吉玉复孔祥熙密电稿

急。南京、上海。部长孔钧鉴：皓电奉悉，久密。川省市面情形、金融状况迩来日趋良好，谨分陈如下：（1）委座安然抵京后，四川善债由六八折涨至七一六五折，正值银行结帐之期，银行资产陡增，帐面均有盈余。譬如省行，今据康协理面称，尚可有五十余万之盈余，其他如聚兴诚、美丰各均盈三十万元，川康约十八万元，川盐、重庆各约二十余万元，各钱庄则各三、五、六万元不等，详细数目容调查续报。（2）川银钱业每半月结帐一次，名曰比期。半年来比期利息，即半月之利息，均高至八、九元以上，即合月息二分上下。十二月底比期则降至月息一分四厘。（3）利息降落原因，众认为系川河水小，由宜昌至万县须换船三次，运输不便，入口货少，钱积省内所致。（4）陕变时川省公债亦未大跌，金融界谓，系钧座能将沪上债市维持平稳，故四川及各省均蒙其利。且以法币政策成功，人民无兑现及窖存现银可能，故市面未致扰乱也。（5）渝市金融界刻已能改为阳历年结帐，故逆料将来阴历年亦不致有何紧迫情形。且阴历年非比期，在川省当无何影响也。余俟查明再禀。职关〇〇叩。皓。印。

〔国民政府财政部驻港办事处档案〕

46.顾翊群呈报广东币制风潮及处理意见电

（1937年3月4日）

急。南京。孔部长钧鉴：财密。连日粤币潮及〔起〕，遵奉电示维持经过，叠经电呈察核，计自上月效日迄今兑出省毫券已达二千五百万元，平均每日约须二百万元。潮起以来，迄未稍息。观其来势汹涌，挟申汇、港汇两重势力以俱来，币价一日未定，风潮一日不息。职行遵命维持，自当竭力以赴。惟核计职行库存及分会未发行之毫券，只余四千三百万元，而营业帐上应付之同业存款，约贰仟万元，苟来者仍不断相迫，利用机会，且可运用港汇四五千万元，以为采胜之工具。一旦职行存券缺乏，币价即无法维持，自非先事绸缪，不足以应事势。窃查毫券自维持比率以后，信用日见增进，现金准备经继续补充，亦已达到百分之六十，其中且有相当之生金与外汇。确定比率公布，似已到适当时机。拟恳钧座（一）从速确定比率公布，国币与粤币一体照定率行使；（二）如比率一时未便公布，仍须由职行继续维持，则请准职行于短期间内赶印新币壹万万元，以应急需；（三）如不可行，请另定有效办法。如何之处，敬乞电示祇遵。广东省银行行长顾翊群叩。支。广州来沪转。

〔国民政府财政部档案〕

47. 曾养甫为收回广东毫券确定与法币比率致宋子良密电

（1937年6月22日）①

中国国货银行转宋厅长子良兄勋鉴：皓电计达。介密。法币与毫券比率，经委座核定为加四四，并限年内悉数收回毫券，业于昨日正式公布，各界对于中央德意均极感戴。经于昨日下午召集省、市两商会及各同业公会代表，指示收回毫券、统一币券办法，极为顺利，特电奉闻。弟养甫叩。祃。

〔中国国货银行档案〕

① 原电无年月，此系据文意判断。

（五）特种金融

一、交易所

1.财政部关于实施交易所暂行办法令

（1927年11月22日）

国民政府财政部令 第 459 号
十六年十一月二十二日

令金融监理局

为令遵事，据上海交易所监理官徐可亭称：窃交易所为特种营业之一，非经政府核准不能设立。设立以后，非有详密之法令，俾资遵守，不足以防患未然。现在上海设立之华商证券交易所等六、七所，概由北京农商部发给执照，并未奉行北京政府所发布关于交易所之一切法令。我国民政府奠都南京以后，对于北庭法令凡未经明令暂准适用者，当然失其效力，上海之各交易所事实上已处于无法可守之地位。可亭奉令监理，即拟将北庭业已颁行之交易所法例重新修订，呈候核准公布，以为依据。惟法例繁多，势非仓卒间所可竣事。而近在咫尺之上海，即未可听其仍奉北庭之法令，尤不应使之无法可守。再思筹思，特拟就交易所暂行办法九条，为过渡之法。兹谨随文缮呈，敬恳核定，并请迅予提交国民政府财务会议通过，明令公布，以资遵守而利进行，实为公便。等情。附呈交易所暂行办法清折一扣。据此。合行抄发原办法，令仰该局查核办理。此令。

部长 孙科

中华民国十六年十一月二十二日

交易所暂行办法

第一条　从前北京政府发布之证券交易所法、证券交易所法施行细则、证券交易所法附属规则、物品交易所条例、物品交易所条例施行细则、物品交易所条例附属规则、交易所交易税条例、交易所监理官条例及其他关于交易所之法令，在未经国民政府改订公布以前，一律暂行适用。

第二条　前条所载关于交易所一切法例命令中属于北京农商部之职权者，由国民政府财政部行使之。

第三条　业已设立之各交易所及其经纪人，限本办法公布后一个月内，各遵照交易所法令之规定，重新呈请国民政府财政部核准，给予执照，方得继续营业。

其北京农商部之执照，应一律无效。

第四条　各交易所业经遵照法令将保证金缴存银行者，得免再缴保证金。但须各将银行存据呈请国民政府财政部验明盖印后，发还收执。

前项存据呈验时，其保证金总额或仍存原银行或指定提存代理国库之银行，由国民政府财政部以命令定之。但其保证金内之国债票，如有现在市价跌落过多者，得酌令更换其他国债票或加补相当数目之国债票。

第五条　各交易所欠缴之税款，由国民政府财政部饬监理官核明，转令补缴。

第六条　凡不遵守关于交易所之一切法令及本办法之规定之交易所，国民政府财政部应饬监理官停止其营业。

第七条　国民〔北京〕政府财政部发布之交易税条例废止之。

第八条　本办法自公布日施行。

第九条　本办法于国民政府改订交易所法例公布后，失其效力。

〔国民政府财政部档案〕

2.财政部公布交易所暂行章程令

（1927年11月22日）

国民政府财政部令 第460号 十七年十一月二十二日

令金融监理局

为令遵事。据徐可亭呈拟交易所暂行章程一份，合行令发，仰该局查核办理。此令。

部长 孙科

中华民国十六年十一月廿二日

交易所暂行章程

第一条 关于交易所法例未经国民政府公布以前，所有从前之证券交易所法、证券交易所法施行细则、证券交易所法附属规则、物品交易所条例、物品交易所条例施行细则、物品交易所条例附属规则、交易所交易税条例、交易所监理官条例及其他关于交易所之法令一律暂行适用。

第二条 前条所载各项法令关于管理交易所之职权，由国民政府财政部行使之。

第三条 业已设立之各交易所及其经纪人，限本章程公布后一个月内，各将原领执照呈请国民政府财政部验明加盖部印发还收执，方得继续营业，如逾限不呈验者，其原领执照应即无效。前项呈验执照之规费适用各该法令之规定。

第四条 各交易所业经遵照法令将保证金缴存银行者，得免再缴保证金。但须各将银行存据呈请国民政府财政部验明加盖部印后发还收执。前项存据呈验时，于其保证金总额或仍存原银行或指定提存代理国库之银行由财政部以命令定之。但其保证金内之国债票如有现在市价跌落过多者，得酌令更换其他之国债票或加补相当数目之国债票。

第五条　各交易所欠缴之税款，由国民政府财政部饬监理官核明转令补缴。

第六条　凡不遵守关于交易所之一切法令及本章程之规定之交易所，国民政府财政部应饬监理官停止其营业。

第七条　本章程自公布日施行。

〔国民政府财政部档案〕

3.陈行呈送交易所暂行通则等条例

（1928年2月17日）

呈。为拟具交易所暂行通则暨交易所交易税条例呈请核定公布事。窃职局组织条例业奉国民政府明令公布在案。伏查组织条例系属大纲，其关于课交易税以及交易所法例诸端须有规定以为准则。兹谨依据组织条例第四条第三项及第五条第一项之规定，并参酌情形悉心研究拟就交易所暂行通则七条、交易所交易税条例七条，缮具清折备文呈请核定，并提交国民政府公布施行。谨呈

部次长

附清折二份

金融监理局局长陈行（印）

中华民国十七年二月十七日

交易所交易税条例

第一条　交易所各经纪人之买卖约定金额，依左列税率征收其交易税。

第一种：证券买卖属于现期者征收万分之一，属于定期或约期者征收万分之二。

第二种：商品买卖应课之交易税与第一种同。

第三种：金银买卖属于现期者征收万分之零二，属于定期或约期者征收万分之零四。

国民政府及其所辖各省政府发行之公债或库券之买卖，不课交易税。

第二条　交易所之经纪人每做成一交易，应将其交易税与买卖经手费同时缴纳于交易所，由交易所按月汇缴于金融监理局转解国民政府财政部核收。

第三条　交易所之经纪人应按照市场逐日所制之交易帐簿分别成单数量及其约定金额作成报告书按日提出于交易所，由交易所复查明确附以证明，于每月纳税前十日汇呈金融监理局查核。

第四条　交易所对于其经纪人之缴纳交易税应负保证之责，如经纪人有不能按期缴纳交易所税时，应由交易所将其应缴税额代缴于金融监理局。

第五条　交易所或其经纪人怠于为第三条之报告或报告中有虚伪时处以百元以下之罚金，其因而至漏税者处以漏税三倍以上之罚金，并即时征收其应纳税额。

第六条　交易所对于应缴交易税有违反第二条规定之期限至二次以上时处以千元以上五千元以下之罚金，并同时征收其应纳税额。

第七条　本条例自公布之日施行。

交易所暂行通则

第一条　关于交易所法例未经国民政府公布以前，所有从前之证券交易所法、证券交易所法施行细则、证券交易所法附属规则、物品交易所条例、物品交易所条例施行细则、物品交易所条例附属规则及其他与其有关系之法令，除与国民政府现行法令有抵触者外，得暂适用之。

第二条　前条所载各项法令关于管理交易所之职权，由财政部金融监理局行使之。

第三条　业经设立之交易所及其经纪人应于本通则公布后一个月内，将原领执照呈请金融监理局验明加盖关防，发还收执，方得继续营业，如逾期不呈验者，其原领执照应即无效。

前项验照费由财政部以命令定之。

第四条　交易所之营业保证金业经遵照法令缴存银行者，得免再缴，但须将各银行存据呈请金融监理局验明加盖关防发还收执。为巩固交易所资金起见，前项保证金应否仍存原银行，金融监理局遇必要时，得呈明财政部以命令定之，但其保证金内之证券部分如有市价剧变情事，得酌令更换或加补。

第五条　交易所以前欠缴之税款由金融监理局核明饬令补缴。

第六条　凡违反本通则规定之交易所，财政部得令金融监理局停止其营业或解散之。

第七条　本通则自公布之日施行。

〔国民政府财政部档案〕

4.国民政府核准备案之修正交易所税条例

（1928年11月2日）

修正交易所税条例　十七年十一月二日国府核准备案

第一条　交易所之课税，依本条例行之。

第二条　交易所税于各所每期结帐之赢余总额内，依左列定率征收之。

一万元以内者	免税
超过一万元至五万元以内者	课百分之七.五
超过五万元至十万元以内者	课百分之十
超过十万元至十五万元以内者	课百分之十二.五
超过十五万元至二十万元以内者	课百分之十五

超过二十万元至二十五万元以内者　　课百分之十七.五
超过二十五万元至三十万元以内者　　课百分之二十
超过三十万元以上者　　　　　　　　课百分之二十五

第三条　前条赢余总额之计算，得扣除其营业费（营业费指营业一切必须费用而言，其他股息、红利、公积金等，均不在扣除之列）。

第四条　交易所税应各按期呈解财政部核收。

第五条　交易所应将每月交易种类、数量及其所得经手费金额作为报告书，于翌月五日以前呈报财政部查核。

第六条　交易所不为前条之报告或报告中有虚伪时，处以百元以下之罚金，因而致漏税者，处以漏税额五倍以下之罚金，并征收其应纳税额。

第七条　凡交易所应纳税额有滞欠等情事，经本部二次以上之令催犹不遵缴时，本部得以命令停止其营业或解散之。

第八条　本条例自公布日施行。

〔国民政府财政部档案〕

5.上海金业交易所等反对停止标金买卖电

（1930年6月11日）

急。南京国民政府工商部孔部长、财政部宋部长钧鉴：报载政府为挽救金贵银贱问题，拟下令暂停交易所标金买卖，以免操纵等语，不胜惶惑。查金价之暴涨，固由于银价之低落，然银价之低落，一因印度、安南等处改用金本位，二因各国辅币多不用银，三因各矿出产银额年有增加。而最近国内发生战事，内地无现银之需要而集中上海，原料因交通之阻塞而不能出口，甚至农产物亦告不足，仰给外人。入超过巨，用金自多，尤为重要原因，固非交易所所能操纵，亦非停止交易所买卖所能挽救。今岁属所所做标金，每条记帐价格，常较英、美、日各国小至三〔二〕、三十两，有时小至六、七十两，维持银价，本具苦心，谓为操纵金价，实昧于事理之论。况属所现存之期货交易，为数颇巨，倘贸然下令停市，将来市价必生剧烈变动，经纪人无力践约，必致牵动全市之金融，其形〔影〕响所及，尤非短视者所能预料。属所心所谓危，不敢缄默，谨电呈明，统候裁夺。上海金业交易所、上海证券物品交易所同叩。队。

〔国民政府档案〕

6.中执会秘书处转上海执委会呈请取缔上海标金市场函

（1930年6月12日）

中国国民党中央执行委员会秘书处公函　第9804号

顷据上海特别市执行委员会呈，（会字九八〇四号）为据第九区党部呈请急电中央咨国府严厉取缔上海标金市场，俾平金价一案。祈鉴核施行等情到会。奉常务委员会批：交国民政府饬部妥筹办法，特抄同原呈函达，即烦查照，转陈办理为荷。此致

国民政府文官处

附抄原呈一件

中华民国十九年六月十二日

抄呈

呈。为转呈事。案据职会属第九区党部呈称，呈。为请予急电中央咨行国府严厉取缔上海标金市场，俾平金价事。窃我国自中英鸦片之役订立南京条约开始不平等待遇以来，已届九十八载，其过程中，外交迭次惨败，历受资本帝国主义之压迫，无时无刻不在积极经济侵掠中夺民财，尚不足填满其私欲，复以抬高金价压制政府，以金本位归偿外债利息，以致国库现金空乏，革命建设殊难实现，并使国内公债丧失信用，引起社会金融之恐怖。再期工商业进出贸易，因间接之牵制，损失浩大，无以应付，只有

宣告破产，证之最近事实，若再不急救，势必出于国民经济之总破产之一途。我政府最近鉴于金价暴涨之危害民生至深且巨，特交工、财两部会商具体办法，即为国税征金与禁止现金出口，并研究整个救济办法，以杜后患。但一波未平一波又起。查六月三日标金市场突生激变，最高价为五百六十九两余，暗盘最高到五百七十一两以上，比之上周末收盘价狂涨近三十两，竟开未有之新纪录，人人自危，有汲汲焉不可终日之势。乃现金又复有私运出洋之说，闻金市场之投机家，鉴于现金既可私运出洋，遂在市场买进，准备吸收现金以得差益，是由投机家操纵，所以有如此其骤者，此其一也。近年我国产米之区匪灾天荒，生产减少，惟有纷纷向外洋采办，为数殊巨，而此种结款，均属迫不及待，兼以他种进口洋货日增，而出口因共匪与反动分子叛乱之结果，交通阻滞，运输几于完全停顿，无法抵偿，是汇价之紧，莫可言状。此其二也。关于现金私运出口影响一国经济财力之涵养，在保有多额现金之美国，保有世界半数以上之现金，然仍防止其出口。次如日本解禁问题，朝野认为何等重大事件，反复讨论，尚不能遽以解决。而我国政府自金价上涨以后，一再禁令现金出洋，但近日闻又有私从大连出洋之说，果其属实，则犯之者，不仅藐视法令，并葬送生民于坟墓。此其三也。此外，国际金融资本主义悉数投资创办工商业后，物品剩余，发生调济资本之恐慌，惟有向外榨取现金及原料，以资救济，群以中国为其独一出路，遂至酿成金价暴涨继高之势。此亦原则之四也。综上四因以观之，实以上海标金市场之投机，而亦有激成之也，故目前惟一办法，工商部应根据交易法第四十一条，以其妨害公益扰乱公安，从速命令其停止营业，然后再画救济之法。至于国民方面，更宜一致用国货，以杜绝外汇亏损之一法，方足以救国民经济之危亡。理合备文，伏乞钧会迅予电呈中央咨行国府核办，俾安社会人心，实为党便，等情。据此。查上海标金市场，近乘金价腾贵之际，投机者任意抬抑，尽操纵垄断之能事，以达其倖获之目的，此实为不可掩之事实，我中央似有加以取缔之必要。爰经职会第二十一次会议议决，转呈中央在案，理合备文，呈请钧会仰祈鉴核施行，至感党便。谨呈

中央执行委员会

上海特别执行委员会常务委员

潘公展

范争波

十九年六月七日

〔国民政府档案〕

7.行政院关于取缔上海标金市场应有所顾虑函

（1930年7月29日）

行政院公函　字第一五四七号

径启者：案查前准贵处第三九六六号公函，以上海金业交易所等电，为报载政府为挽救金贵银贱问题，拟令暂停交易所标金卖买，势必牵动金融，乞审慎一案。奉谕交院函达查照，等由。经交财政、工商两部核议，旋准第四零一三号公函，以中央交办上海市执委会请严厉取缔上海标金市场，俾平金价一案。奉谕交院饬部妥办，函达查照。等由。准此。又经令行财政、工商两部妥筹办法去后，兹据工商部复称，查近来金价涨风愈演愈烈，各方多以为此种情形系属投机事业所致，纷请取缔交易所营业，以期遏止投机到部。复奉交办金业交易所队电，并令开前因。窃念投机事业，其影响所及，关系金融市场，自属甚巨。前当金融风潮发生之始，迭经本部严令上海金业交易所防止投机操纵，以免市场变动因以加剧，并据陈明遵令办理情形各在案。此次金价再涨，本部又复详加考虑，并征询各专家意见，佥谓金业交易所虽可依照交易所法第四十一条之规定，在相当期间内令其停止营业，

惟有须顾虑者三点：(一)停止交易所标金营业后，难保不有暗盘情事，或以他种原因，金价仍行步涨，则于政府威信关系甚巨。(二)交易所居金融市场中心，设令全体停业，势影响市面。(三)令停业三星期或两星期期满以后，未及筹具相当办法，将无以善其后。故各方虽有暂停买卖标金之建议，而迟未采行者，实缘兹事体大，不能不详加考虑，以免激动市面不安，反生意外影响。至于取缔办法，如停止期货交易、增加买卖保证金、限制任意购买金汇等项，意在消极制止投机事业，亦正在反复研究之中。综合金融市场情形，似金价高涨原因颇为复杂，中央政治会议为通盘筹划起见，认为应从调查入手，并规定亟应先行调查者六点，令由钧院分饬各主管机关逐细查明，具报本部，遵经调查完竣，另文呈复，其他各机关当亦在查报之中，似宜静候政治会议汇案察核，酌定整个方案，再由本部等切实奉行，以期有利无弊。所有奉令妥筹取缔标金市场办法，理合胪陈本部意见，备文先行呈请钧院鉴核示遵，等情，前来。查所陈暂停标金买卖应须顾虑各点，尚属实情。至中央政治会议对于金贵银贱问题，饬院分饬应行调查各点，前据财、工、农三部呈复到院，业经汇转在案。该部以金贵原因颇为复杂，请俟中央政治会议酌定整个方案后，再行切实奉行不为无见，应否准如所议办理之处，相应函请贵处查照转陈，转请中央政治会议核示遵行，并希见复为荷。此致
国民政府文官处

院长　谭延闿

中华民国十九年七月廿九日

〔国民政府档案〕

8.许建屏陈行拟具上海各交易所营业状况报告

（1931年6月—1932年2月）①

上海交易所监理员报告书（二十年六月份）

敬陈者：窃查建屏、行奉令委充上海交易所监理员，遵于六月四日就职，同时假九江路一号组织办公处，派任职员开始办公。谨将一月来工作情形及各交易所交易状况胪陈如次，伏乞鉴核。

查上海交易所自民十狂潮泛烂之后，渐入正轨，而今屹然存立者不过上海证券物品交易所、华商证券交易所、华商纱布交易所、金业交易所，麦粉交易所及杂粮油饼交易所等六家，其中以证券、金业两项关系金融较为切要，营业出入亦视其他数家为繁用，分类缕述之。

一、证券　自五月间粤事发生，谣诼繁兴，加以反动分子抛出，图谋捣乱，债市顿失常态。当时交易所为安定金融计，即行增收证据金，藉加限制，期以一周，迨建屏、行等就职，奉宋部长八日条谕开：自即日起，凡买进本月期及下月期债券者，每票面万元应缴证据金，现款六百元，代用品四百元；卖出本月期债券者，仍缴证据金，现款六百元，代用品四百元，另加特别证据金，现款六百元，代用品四百元；卖出下月期债券者，应现品提供，免缴证金。其套利者经监理员证明，得免提供现品。等因。当即照函上海证券物品交易所及华商证券交易所遵办，并饬检查员从严审察，以杜流弊。至现品提供，原非习例，一旦施行，自应妥订办法，以资率循，免滋纷歧。复以反动分子抛空捣乱，影响尤大，势非严厉取缔，不足以遏止乱萌。经悉心研究，除拟订债券期货交易现品提交办法十条分函实行并呈报备案外，并按照交易所法施行细则第廿九条经纪人在交易所买进卖出及交割之行

① 缺1932年1月份报告。

为其通知书非有所属之交易所盖章证明不生效力之规定，函嘱各交易所特加注意，切实办理。良以此项规定一足以取缔非法交易，二足以检查交易根源。查本月份债市步高，几复原状。固由于时局乐观，人心安定，一部分亦由于增高证金、现品提供及严饬守法之力也。

再查法律原则，同一区域内不许有二个同种营业之交易所，而证券一项有关债信尤为中外观瞻所系。职等就职之始，对于上海有两交易所为买卖证券之营业，深以有背原则期期以为未可，旋以两所债价纷歧，财政部曾令证券物品交易所将证券部暂时停拍，经该所请求，勉维现状。现闻行政院国务会议通过令两所合并，此事实行则债市庶可一致矣。

综观本月份上海证券市场，月初因现品提交之限制，七月期交易稍为沉静，唯时局乐观，投资买进势甚，踊跃成交，亦不亚于上月，且债价步涨，中旬尤烈，若廿关卷烟、裁兵均曾一度停拍，其他债券亦日涨一二元不等，月终虽近交割，成交仍盛。总计本月成交数四万一千一百五十五万余元，交割数五千三百五十四万五千元，超过上月几达一倍。交割数内，二十年关税一种，占二千一百八十八万五千元；二十年卷烟、裁兵、编遣，十九关税，十九善后，亦均有五六百万元，除先行划帐二千四百四十九万元外，月终实际交割计二千九百零五万五千元，交割经过尚称顺利。

二、金业　查我国金货交易向以上海为中心，金业公所权兴于光绪三十一年，金业同业另有金业商会之附设，专为金货买卖之市场公所则处于监督地位，民十改组为金业交易所。民九间上海证券物品交易所成立亦有标金市场，而其交易数额远不逮金业交易所，盖金交历史较久，势力极大，至今犹握金业枢纽，惟交易手续率多陋规，一有风潮，秩序大乱，经知照该所设法整顿，现在该所营业细则已酌量修正，并加订市场罚则四项：甲、停止买卖，乙、处过怠金，丙、除名，丁、解职，内容尚称周详。又改制市场买卖之入场证中嵌代理人照相不得顶替等等办法犹能悉心改善。

标金市价当五月杪最高曾达八百十八两，六月一、二日回跌入关，嗣后盘旋于八百两内外，迨六月廿二日美国胡佛总统提议战债停付一年之宣言发言，晴天霹雳，颇引起国际市场之活跃，金货市价尤发生空前未有之剧变，跌风之烈，一泻千里，是日开盘七百九十一两五钱，午收仅七百五十三两五钱，瞬息间相差达四十两，下午收盘七百三十五两，全日惨跌五十余两之巨。当时市场颇呈纷乱之象。职等深恐摇动金融，特派检查员严密调查，并嘱交易所慎重处理，以免发生扰乱。惟标金市价乃根据国际汇兑，其涨落升降未能勉强控制，此次剧变，卒无搁浅倒闭情事，诚属大幸。此后一周间仍继续下跌，三十日下午收盘为七百零六两五钱，总计六月份成交数为四百三十八万九千四百另六条，金业交易所所收经手费共计银四万九千三百八十两另八钱二分。

三、纱布　上海纱布市场有二，一为上海华商纱布交易所，一为上海证券物品交易所之纱花部，证券物品买卖数额不及华商纱布什一。纱布营业种类原定棉花、棉纱、棉布三种，棉布向未开拍，纱花市价多以国际市场为标准，与金价更有连带关系。本月份上旬，金价坚稳，纱花亦多上趋，至下旬，金价狂跌，虽海外纱花昂腾，本埠期纱期棉反见暴降，实以外汇变动剧烈有以致之。

总计六月份棉纱成交一百万另另五千包，棉花一百六十九万八千二百担，华商纱布交易所共收经手费银三万六千三百十七两五钱八分。

四、麦粉杂粮　上海麦粉交易所为中国唯一麦粉市场，交易尚称发达。六月份成交数一千九百五十九万五千五百包，计收经手费银二万九千三百九十三两二钱五分，杂粮、油饼交易所其交易物品规定为属于杂粮种类之豆麦、油饼、芝麻、菜子等各货，及同业习惯上通行交易者，米谷一项不在该所交易范围之内。六月份营业亦尚称是，经手费所获计三万四千一百余两，谨此报告。

上海交易所监理员 许建屏（印）
陈 行（印）

二十年七月份上海交易所监理员工作情形及各交易所营业状况报告书

一、证券 本月上海交易所重要事件足资记述者，唯证券市场合并问题而已。查本月五日奉令上海证券物品交易所证券部与上海华商证券交易所合并，并嘱建屏、行等督促进行，当于本月八日召集两所全权代表在办公处讨论进行办法，当由两方推举叶琢堂、胡孟嘉两君居间调停，不意本月二十日接叶、胡两君函复，各谓于十四日、十八日会同该两所全权代表虞洽卿、张慰如两君先后洽商，再三磋议，唯两方见解不同，对于合并问题相距甚远，致未克尽调停之任，等语。因此调停方法已失其效能，而进行合并已势在必行，限期甚促，何能久延，特函该两所对于合并问题各抒己见，并将最低限度之合并条件陈复，当于本月三十日先后函复到处。综观来函，见解纷歧，似无让步可能，若照最初计划，由两所推举仲裁人，畀以取决之权，则各怀私见，亦恐无裨实际，故即转呈核示，以资率循。

六月终为各交易所上届决算之期。查上海华商证券交易所上届结帐营业报告内损益表利益类列：期货经手费收入九拾五万三千四百二十九元一角，现货经手费收入四百五十二元二角五分，及过户费、让渡费收入八百五十三元四角。损失类列：营业费二十三万八千一百八十六元八角二分，提存公益会基金五百元，备抵款项三十万元，除过本届营业盈余四十一万六千零四十七元九角三分，又查资产盈余为十三万八千四百九十六元五角八分，其拟定利益支配办法乃在营业盈余项下先提营业税百分之一五五计泚六万四千四百八十七元四角三分，加资产盈余共计四十九万八千零零五十七元八分。照章提公积及所员花红外，加上届积余滚存洋二千九百九十一元九角三分，股东红利六分，尚余洋一万一千七百二十七元八角三分，滚入下届滚存，该所所谓营业税当系交易所税也(附营业报告一份)。

上海证券物品交易所，其决算在每年五月底、十一月底举行。查本年上期决算损益表利益之部列经手费收入二十万零一千四百六十二元一角六分，收入利息四万二千四百九十五元八角四分，收入房租二万八千四百七十七元七角九分；损失之部列营业费十四万三千一百三十八元三角九分，付出利息二十五万八千六百四十四元四角五分，经纪人奖励金一万六千四百四十六元二角一分，则损益相抵，本期纯损十四万六千八百零四元八角八分。附决算书一册。

本月一、二两日因上期决算，证券无市，三日开市，各债均一致上涨，盖因债市环象，颇可乐观，人心良好，各方投资买进势殊活泼，而卖方受现品提供之限制，不敢抛空。七日以后，因债价腾涨甚高，供求形势平衡，日趋呆滞，中旬石部异动，北邦抛出，债市下降，各债跌二、三元不等。二十关税跌落较巨，约四五元之谱，迨十九日人气稍昂大半，因交割在迩，新空户渐少，北邦以前抛出亦多陆续补进，惟以新债发行，至月终仍现疲态。统税库券于本月十五日开拍，初开盘为七十元，无甚交易，最低曾至六十二元五角，本月华商证券交易所成交总数三万六千八百六十万零八千三百元，收入经手费二十万五千一百二十三元九角。证券物品交易所成交总数六千一百二十三万二千元，收入经手费三万二千七百二十一元。

一、金业　查上海金业交易所上届决算营业盈余十六万一千三百二十六元□角三分，资产盈余十一万零九百十九元一角五分，上期共收佣金三十五万六千五百零六元三角五分，营业与前届无甚出入。附决算报告书一册。

标金市价上月底曾猝跌至六百八十五两，本月一、二日因决算无市，三、四日又盘旋七百两内外。惟战债停付之消息纷歧，行市变化莫定，特以海外银市跌势犹厉，自五日后涨落颇巨，日有十余两曲折，上旬末盘旋于七百三十两左右，旋德国借款及财政不安之消息接踵而来，中旬金市在七百四、五十两之间，迨下旬传闻德国将铸银币，须购买银块等消息，人心颇虚，曾狂跌二十余两，不久又转缓和，恢复原状，月终仍在七百四十两以上，总计七月份成交，金业交易所三百十四万九千二百八十六条，收入佣金银三万五千四百念九两四钱三分。证券物品交易所成交八十万零四千三百七十条，收入佣金银一万七千四百七十二两四钱五分。

二、纱布　纱布交易所历来营业尚称稳健，本年上届结帐计营业纯益一万四千七百二十三元三角六分，资产纯益十一万一千七百零三元四角，营业项下经手费收入五十三万二千六百四十二元九角七分，除营业费摊提呆帐及垫款，纯益如上数。

纱布市价上旬金价出入在七百两内外，较上月疲软，期纱近期因日商脱手，市价稍低。中旬因反日会议决停购日货，华商多以将来日纱难购，争相贩运期货，新买户激增，纱价突现一百六十五两新高峰，旋以纱厂大宗抛出，益以美棉，天气良好，回跌三两。下旬续涨，期棉因天时多雨亦趋涨势，总计华商交易所本月份成交数：标准纱一百二十三万零八百包，标准花二百十万零六千二百包，共收经手费四万六千四百五十六两一钱一分。证券物品交易所本月份成交数：标准纱四万一千九百包，标准花七万一千五百包，共收经手费一千五百六十九两一钱五分。

三、麦粉　麦粉交易所本年上期决算营业纯益四万一千零七十七两五钱七分二厘，资产纯益五万六千二百八十五两九钱四分三厘，经手费收入十五万九千七百十六两二钱五分，营业损益表内，损失类列有提存准备金三万两，提存购置生财预备金五千两两款，故营业纯益减少(附营业报告一册)。

本月份麦粉交易所成交数二千零四十万零四千包，计经手费三万零六百零六两。

四、杂粮　查杂粮油饼交易所上期决算后营业报告迄未付梓。兹据其报告草案所列营业纯益四万三千四百三十三两三钱七分九厘，资产纯益三万零九百零九两六钱九分八厘（附决算报告草案一册)。

本月份杂粮油饼交易所标准小麦成交一万三千九百五十八车，标准豆饼成交四百三十三万片，黄豆成交六百七十九车，豆油成交十六万二千三百担，共收经手费四万三千九百零八两七钱五分。

上海交易所监理员　陈　行(印)
许建屏(印)

二十年八月份上海交易所监理员工作情形及各交易所营业状况报告书

按交易所法第三十四条规定：股份有限公司组织之交易所依照前条规定负赔偿之责者应缴营业保证金于国库，又交易所法施行细则第五条规定交易所法第三十四条之营业保证金为其资本总额三分之一，以通用货币为限各等语，兹查上海各交易所上期决算报告所列有未经依法办理者，现正详密稽查，容另文呈报。

据检查员报称，华商证券交易所第四十六号经纪人于八月七日卖出九月期一九善后编遣四卷廿关及一九关税各五万元，并未现品提交等语。但细核该所表报亦有未符，当经去函查询。嗣据复称，系八日卖出，有中南银行来函证明受押，但该号屡欲了结，该所要求中南银行续函证明。因此上项交易在该所帐簿上至今尚未了结，等语。该所处理尚无不合。

本办公处原在九江路一号中央银行屋内，本月因国民政府救济水灾委员会成立，经宋委员长促令他迁，爰租定仁记路廿一号公平洋行四楼四〇四号为办公处，月需租金六十两，于廿七日迁入办公。

一、证券 上海华商证券交易所本月因职员任期届满，举行重选，计当选理事张文焕、尹韵生、沈长赓、杜镛、嵇馥荪、张寅、袁崧藩、杨敦甫、吴蕴齐、孙衡甫、周守良、吴震修、俞寰澄、王本滋、莫杏林等十五人，监察人孔颂馨、汤再如、陈朵如等三人，并经理事会互选，张文焕为理事长，尹韵笙、沈长赓为常务理事。

本月份证券行市，初旬因北方局势甚佳，石军溃败，军事将告结束。湘赣讨赤亦暂告段落，加之粤桂有和平空气，故人心极佳，各方纷纷收进，步涨甚劲，统税约涨三元，廿关、廿卷、裁兵、十九关税等各涨二元左右，旋以环境无新变化，债市呆滞，呈盘旋状态。中旬、下旬亦甚平静，求供形势均衡，各债略有上涨，颇觉坚定。华商证券交易所自上月起并开拍公司股票，若上海银行、浙江实业银行股票亦略有成交。

二、金业 上旬标金颇呈涨势，唯萎挺时见盘旋于十两之间，七日则涨至七百五十五两三钱，十日曾达七百八十两，颇有坚定之象。旋以毕德门返美条陈国会请求速开银价会议，消息传布，人心顿虚，一泻十两，十四日复因大户脱售，曾打破七十两为七百六十八两五钱，十五日，因大条不动，内盘似紧，又回至七百七十八两，下旬无大变化。

三、纱花 本月份北方军事虽告结束，现销仍无起色，各地大水为灾，影响于内地人民之购买力，秋后纱市引为隐忧，期纱、期棉均现疲象。中旬因美政府报告美棉意外丰收，全世界棉市惶骇，均见新低价，本市期纱猛跌五两左右，期棉亦暴跌二两余，下旬稍有回涨。

四、麦粉、杂粮　本月因各处水灾奇重，收成无望，行市步涨，近以美麦运华之议将成事实或能回跌也。

上海交易所监理员　许建屏(印)
陈　行(印)

二十年九月份工作情形及各交易所营业状况报告书

本月份上旬因各省水灾关系，市面银根甚紧，且时局沉闷，债市向下。中旬复以新价发行，市上供过于求，加以南方频传有军事行动，人心颇虚。十九日忽因日人袭占沈阳，市场大震，证券市价首当其冲，人心恐慌异常，多头手足无措，争先放手。迨下旬又以交割在即，转瞬即将实行收解，于是相率了结，大批卖出之现象发生，空头方面见有机可乘，乃倾轧备至，造成反常之市价，库券之远期价格竟高于近期，市况之混乱，空方之疯狂达于极点，遂至公债惨落不已，情形之严重实为空前所未有，各债自十九日起几跌至十元左右。

财部张次长恐月终交割发生问题，爰召集中央、中交等各大银行出而维持承受债券押款，由交易所代办手续，银行团由中央银行负责办理，其办法如后。

(一)各经纪人截至本月廿二日止代委托人所做本月份（九月份)买进交易，对于交割收货，如有困难，得由受委托之经纪人负责向交易所请求登记，将所买之债券抵押款项，(二)请求登记手续须于本月廿六日下午五时前将委托人姓名，住址、种类、数目开单(套利除外)，报告总务科登记核办，(三)前项抵押债券凡九种(库券须附带本月期本息票)，押款折扣系照本月廿四记账价格计算，(四)前项债券押款系按照市值七折作抵，月息一分二厘，期限三个月，闻结果各经纪人登记票面数额约有八百万元云。兹再将债券所定押款折扣列后(每百元)：

裁兵：四三.〇〇	十九关：四一.〇〇
编遣：三二.〇〇	统税：四〇.〇〇
关税：三〇.〇〇	二十卷：三七.二〇
一九善：四〇.〇〇	二十关：四一.〇〇
监税：三九.〇〇	

结果华商证券交易所代办抵押，计债券票面七百八十七万五千元，押借银元二百九十五万二千八百五十元，证券物品交易所代办抵押计债券面额三百万元，押借一百十三万八千一百元，共计银元四百零九万零九百五十元，各银行承押数分配如下：

中央	九十万零九千二百八十一元八角二分
中国	一百三十万二千五百五十八元一角八分
交通	五十四万五千四百六十元
中南	十三万六千三百六十五元
盐业	十三万六千三百六十五元
金城	十三万六千三百六十五元
大陆	十三万六千三百六十五元
浙江兴业	十二万二千七百三十八元五角
四明	十二万二千七百三十八元五角
浙江实业	十二万二千七百三十八元五角
中国实业	十二万二千七百三十八元五角
上海	十二万二千七百三十八元五角
江苏	四万零九百零九元五角
中孚	四万零九百零九元五角
中国通商	四万零九百零九元五角
国华	四万零九百零九元五角
中国垦业	四万零九百零九元五角

经此番维持后，交割难关勉强度过，然瞻前顾后，不得不预

筹妥策，遂由财部令饬债券期货交易，无论本月份或下月份概须现品提交，当即照函转知。想际此灾祸，外侮频乘，经济恐慌之候，限制债券期货交易，至少足以减少一部分真空头也。

监理员办公处为整饬办事精神起见，特草拟办事规则，以资率循。现已将草案呈请核示。

本月上海金业交易所以营业期限届满，呈请续展十年，奉令核议具复。查划一上海标金市场，行、建屏本有建议，今该所既以营业期限届满，呈请续展，根据交易所法施行细则第十三条，但书之规定原有未合，然该所历年营业发达，大宗交易集中，于是为事实法律并顾起见，拟将证券物品交易所标金部与该所先行合并，以资划一，经呈复在案。

本月标金上、中两旬辄盘旋于七百六十两与八十两之间，而因卖气较狂，倾向跌势，迨下旬因沈阳事件加以英国停止金本位，禁止现金流出之讯传出，无日不在疯狂状态之中。二十日初开，即降二十四两六钱为七百四十二两，午收仅七百三十两，下午开盘复疲廿五两五钱，旋即破七百两关，收市七百零六两，次日又跌三十四两，最低跌至六百三十八两，嗣后上落辄数十两，月终仍回出七百三十五两，此次狂跌暴涨，市场震动。行、建屏颇注意及之，爰根据金业交易所营业细则第十章买卖交割除现标金外并得以美、日两国现金币代行交割之规定，函嘱金业及证券物品对于标金交割限于现标金或现金币，以昭示需供之实在。查标金交割向以日汇为标准，现各该所因此已改美汇为标准，盖美汇稳健，现金可随时运输也。

纱布、杂粮、麦粉三交易所营业如常，交易平平，无甚足述。谨此报告。

上海交易所监理员 陈　行(印)
许建屏(印)

二十年十月份工作情形及各交易所营业状况报告书

债券期货交易奉令概须现品提交，自本月份起实行。然下月期虽已开拍而未有交易，本月期亦甚寥寥，市价趋势因宁、粤和平空气浓厚，一日情形稍佳，约抬高三元左右，继又步跌，八日因连日跌去甚巨，金融界集议维持，曾一度猛涨停拍，次日复趋下降，亦至停拍，大致上旬跌多涨少，极形虚弱，中旬交易稀少，人心缓和，盖和平统一有希望，外交局势亦有进步，趋势益佳，下旬环象险恶，日方态度强硬，加以银根奇紧，厘拆高翔，且交割期近，市面呈轧多之势，近期债券价益低落。总之，迩来债市全视外交局势为转移也。本月二十日奉令债券交易本月份现品提交应予取消，下月份仍照旧案办理，证据金亦应照旧，以示双方兼顾等因。当即分别函饬照办。去后旋据华商证券交易所复称：本月份为日无几，瞬届交割，若一经开放，债市上涨益巨，请俟交割后再行将十一、十二两月份现品提交一律取消，俾得远方顾客便于买卖，价市亦不致于呆滞，至于证金一项，由该所自行订定等语，详核所陈，不无理由，当经呈奉照准，定于本月份交割后实行，至交易证据金现定双方各缴本证据金四百元，特别证据金一千元。

标金市价，上旬间因美国有金银并用与召集银会议之说，及日本内阁动摇又有禁金出口之议。自七百三十九两步跌至六百八十三两五钱，相差有五十余两之巨，中旬则国外消息纷歧，人心迷惑，多空两方互有牵制，以致市价时进时退，恍忽莫定，结果较上旬无大上落，下旬因英美维持金币消息曾一度涨至七百十五两八钱，然若美法巨头会议，若印度改银本位，若胡佛维持银价会议种种传说俱于卖方有利，月终收盘为六百九十四两七钱。

本处为安定标金市场起见，上月曾函饬金业交易所责令买卖两方以现金或现金币交割，现在金业交易所已改以美汇为标准，并将营业细则第十章第四十七条改为定期买卖，至期末日如货未交清，即照是日汇丰银行初次所挂美汇价格为标准，连装运费，以二百四十元合标金一条核算了结，业经转陈备案。

金业交易所营业年限届满呈请续展一案，现奉令暂行，继续营业，从速依法与证券物品交易所标金市场合并，现正在进行协议中。

纱布营业如常，该交易所呈请续展营业年限十年，已奉令照准转知在案，证券物品交易所纱布交易已转饬停拍。

本月粉市上旬以国外逐见报小，现销呆滞，洋商一再贬价求售，市价江河日下，多头所缴证金早已亏蚀殆尽，交易所追证大部分以银根紧急，不得不忍痛割脱，一跌再跌，厂家趁小收买，市价略定，复受美麦到埠影响，价又趋疲，嗣现销起色，但又逢俄麦跌价兜售，并传美麦振灾余额有标售之说，市价每况愈下，本月份曾小至一两八钱半之新低价。中旬以洋麦继涨，厂空收补甚力，北帮趁小购进，涨风突炽，未几，大户抛出，价回小，厥后业外多头进胃不弱，又传振麦余额备荒，绝不出卖价，又趋劲，然厂方与北帮有所出脱，重见萎靡。下旬以北销畅旺，传日本向美购麦粉之说，空头争补，本月份曾抬高至二两零一分半，其后稍疲，旋以洋麦续涨，各方均有收进，价又见俏，惟鉴于小麦狂跌之故，重趋虚软，后传美麦全数与厂家掉换现粉振灾，但厂家存不丰，引起各户一致收抵，市价飞黄，嗣闻厂家以三两七钱之扯价定批大宗俄麦，价又略疲，结局行情与上月杪无大出入也。

杂粮交易所营业如常，该所呈请减少资本，理由谓为资本过剩，空耗利息，然详查历年营业情形及资产负债状况并无过剩情事，且现在营业较前发达，值此银根紧缩之秋，为稳健起见，似以不减为宜，谨此报告。

上海交易所监理员 陈　行（印）
许建屏（印）

二十年十一月份工作情形及各交易所营业状况报告书

本月上旬盛传和平统一空气浓厚，东北形势亦较有转机，加以银根松动，债券投资忽形活泼。二日各债竟涨至停拍，旋趋平和，略有回降。中旬初因天津暴动未平，国联迄今无办法，人心观望，十九关税及廿年关税等现货稍涨，其他期货均跌一元左右，嗣以日军攻黑甚力，形势险恶，债价步跌。迨黑省失陷，跌势更劲。二十日各债跌二、三元，有数种几飞跌停拍。廿一日市场情形混乱，为一月来所未有。下旬多方无力收货者急求脱售，价更猛涨，当时财政部鉴此情况，遂规定债券以十一月廿一日收盘价格为最低价格，以资救济华商证券交易所，复为慎重起见，并停止卖方新交易，而对于买方则不加限制，藉以和缓市面。廿八日开盘，果涨一元左右。三十日且涨至停拍，默察债券趋势或暂可稳定也。

本月初旬标金发现惊人之剧变，怒潮巨波不可遏止，日有二十余两之差，人心惶悚，自六百八十九两至六百二十六两之新低价，七日稍转和缓，回涨六百四十两。中旬变幻仍剧，跌风更厉，曾进六百两关最低至五百八十六两三钱，大概由于国际银行又有稳固银市之提议所致，迨至十七日忽趋涨风，开盘即为六百四十一两，嗣后日有十余两盘转，下旬更形坚挺。综观本月金市风潮甚狂，而金业中尚无危象，亦大幸也。

职处奉令调查华商证券及证券物品交易所资产负债情形及历年营业状况，即经制就表式十五种，函饬两所照填，华商证券已填送来处，并派员覆核，尚无差歧。物品因十一月底决算来函，请求稍缓，现在严催赶办。以后对于其他交易所亦拟一律办理，以资明了各交易所内容情形。

纱布、杂粮、面粉各交易所情形如常，无甚足述，谨此报告。

上海交易所监理员　许建屏（印）
陈　行（印）

二十年十二月份上海交易所监理员工作情形及各交易所营业状况报告书

本月上旬债市因前月底部令规定最低限价维持市面交易所并有新卖出交易之举，卖方遂受绝对限制，价突腾涨，旋以暴日横行益厉，国内和平问题尚有波折，趋势甚疲。中旬继续下降，十四日除整六关税、九六裁兵外，其他均跌至最低价格，十五日概达限价，嗣以蒋主席辞职，日内阁改组，人心转佳，当时交易所方面因最低价之规定，诸多未便，迭函陈请取销前来。当经转呈财部，准予斟酌新□□□□□□□最低限价撤消，然以外交□□势严□□□□□本息将展缓拨付，故下旬市场人心极形不安，各债均见新低价，自廿四日起稍有转机，随后竟成轧空之势，交割尚称顺利，成交数逊上月多多矣。

标金交易，本月上旬起伏甚巨，日有二十余两之差额，混乱之状不可遏止，自六百九十九两曾一度冲出至七百廿五两，旋复入关。迨十一日突因日本内阁总辞职，且有重施金禁之说，以此急转直下，惨落三十两为六百四十九两，嗣后稍转 和 缓，惟倏高倏低，殊难揣测，始终盘转六百五、六十两之间，下旬稍现坚挺。

纱布、面粉、杂粮交易所如常，无甚足述，谨此报告。

上海交易所监理员 许建屏（印）
陈　行（印）

上海交易所监理员二月份报告书

自一月廿八日日兵犯境以来，上海商业完全陷于停顿状态，各交易所因金融停滞，时事纠纷，匪但不能进行营业，即求将前此已做交易速行了结，已成绝大之困难，内中金业交易所因外汇伸缩关系勉于二月九日起每日营业一小时，并藉便结束。前此交易规定标金每条交易须缴纳保证金六十两，以严限制，兹二、三月期货均已交割清楚，市场最高价格为六百八十一两，最低为五百九十四两五钱。物品交易所虽九日起亦有半日市场，然交易寥寥，聊为点缀。□□□券方面，因二月份不能履行交割议决，延期一月，所有二月□□□□□□□□□□□□□□□□□□□□。至三月份交割日交□□□□□□□□□□□□□□□□□□□□□□□□还二月份本息为标准。□□兵公债、整六公债，买方贴与卖方票面，每百元洋一元。又九六公债，买方贴与卖方票面，每百元洋二角。此种办法，卖方稍占便宜，然买方以无力付出现款，不得不隐忍吃亏也。至纱布、面粉、杂粮、油饼各交易则自目前至六月期全部概行了结之前十日逐盘成交，价格相扯，而得之数为了结价格。面粉以一月廿八日各月份收盘价格了结。杂粮、油饼办法最为复杂，饼、豆两种根据一月二十七日与二月十七日所接大连电报行情之相差数公定价格结算。连油则根据前项电报行情以比较涨落之差数为了结价格。惟小麦则依照一月二十七日收市行情结价，是皆临时议决处置之法，而委托人方面因利害关系之不同，则时时啧有烦言焉。

上海交易所监理员　何秀峰（印）
　　　　　　　　　陈　行（印）

［国民政府财政部档案］

9.交易所监理员暂行规程

（1931年7月16日）

交易所监理员暂行规程　二十年七月十六日公布

第一条　凡设有交易所地方设置交易所监理员若干人，由实业、财政两部派充之。

第二条　监理员承实业、财政两部部长之命，依照交易所法及本规程之规定，执行交易所之监督检查事项。

第三条　监理员得随时检查交易所及经纪人关于营业一切簿

据文件。

第四条　监理员得随时监察交易所及经纪人关于营业一切行为。

第五条　监理员认为必要时，得令交易所及经纪人编制营业概况及各种表册。

第六条　监理员如发觉交易所及经纪人关于营业之簿据、文件及关于营业一切行为有虚伪及违法等情事，应即据实呈报实业、财政两部核办。

第七条　监理员对于交易所一切事项认为有应行纠正或取缔之必要时，应随时呈请实业、财政两部核办。

第八条　监理员每月须将各交易所之营业情形、市场概况及各种关系表册书类，于次月十日以前呈报实业、财政两部查核。

第九条　监理员须将每月工作情形编成报告，于次月十日以前呈报实业、财政两部查核。

第十条　监理员不得参加交易所买卖，违者以渎职论。

第十一条　监理员得酌用办事员，其名额由实业、财政两部定之。

第十二条　本规程自公布日施行。

〔国民政府财政部档案〕

10.行政院议决通过并抄发取缔上海纱布交易所投机办法指令

（1937年7月1日）

行政院指令　字第陆一二八〇八号

令实业部

二十六年六月十七日商字第五五七二零号呈为拟具取缔上海纱布交易所投机办法请鉴核由。呈件均悉。案经提出本院第三一九次会议决议：修正通过。应即以部令公布施行，仰即遵照修正办法随令抄发。此令。

计抄发取缔上海纱布交易所投机办法一份。

院长　蒋中正

中华民国廿六年七月一日

取缔上海纱布交易所投机办法

一、上海纱布交易所经纪人，不得受非纱厂或花纱商号之委托，代为期货买卖。

（说明）：纱布期货买卖固为修正交易所法第二十八条所许可，然买卖方法，依同法第三十条之规定，由实业部以部令定之。防止投机，必先杜绝投机分子之羼入，非纱厂、非花纱商号而为期货买卖，本与设立交易所之宗旨违背，且事实上无此必要，徒使投机分子羼入。实业部依法律委任，规定买卖方法，非先就此着手，不能澄清纱布交易市场。

二、凡纱厂或花纱商号，非开具厂名或号名（用堂名记名者无效）、营业所在地、经理人姓名，向交易所监理员登记后，不得委托经纪人为期货买卖，经纪人亦不得代为期货买卖。监理员于登记后，并应将名册报部备案，其登记事项有变更时亦同，但不征收登记费。

（说明）：前项既限制期货买卖必须为纱厂或花纱商号，则为监督检查计，不能无登记办法，故本项对于厂号规定其登记之义务及登记与报部之程序，至此种登记，非关资格之证明，应予免缴费用。

三、凡已登记之纱厂或花纱商号，不得代他人委托经纪人为期货买卖，实业部依法检查时，得查对其簿据。

（说明）：由上两项之限制，非厂号或未登记之厂号自不能为期货买卖，然影射之弊一生，则限制之力全失，故禁止已登记之厂号代他人为之，以期杜绝流弊，他人二字包括非厂号或未登记之厂号而言。

四、交易所及经纪人均应逐日造具期货买卖清单，载明两方厂名、号名、营业所在地及其数量、日期、价额呈报交易所监理员，由监理员逐日核对，并汇报实业部及财政部，实业部并得随时派员检查清单及簿据。

（说明）：修正交易所法第四十三条规定：实业部应派交易所监理员检查交易所业务簿据及经纪人簿据，交易所职员有提供物件之义务。故前三项所定办法欲知是否遵守，必须加以检查，以便施行下列各项之处分。交易所及经纪人逐日造具清单，监理员逐日核对，实业部随时派员检查，庶监督得以周密。

五、经纪人违反本办法第一项、第二项之规定，受委托为期货买卖时，实业部得准用修正交易所法第十三条或第四十二条第五款处分之；交易所不予检举时，实业部依修正交易所法第四十二条第四款予以处分。

（说明）：违反本办法第一、二两项之规定，即构成“用不正当手段”之行为，其违反之行为为交易所应知之事；若不检举，即构成“违背法令妨害公益”之行为，且交易所之检举，应由职员为之，故各施以法定之处分。

六、已登记之纱厂或花纱商号违反本办法第三项之规定时，由监理员呈明实业部，或实业部令行监理员撤销其登记，非其经理人更换后，不得再请登记。

（说明）：厂号本身虽无从施以修正交易所法之制裁，然一受撤销登记之处分，其自身即不能再为期货买卖，自可使其畏法，而不敢尝试。

七、违反本办法第一项、第二项或第三项之规定而成立之期货买卖，其非厂号或未登记之厂号一方受益部分无效，交易所经纪人及其关系人，均得向实业部或交易所监理员举发之。

（说明）：此项专对非厂号或未登记之厂号而设，其买卖盈余部分既无效，而受亏部分仍须负责，交易所经纪人及其他利害关系人且能举发，投机者有损无益，且无法可以蒙混，则其弊自绝。

八、必要时实业部得指定一日之市价为最高价或最低价，于一定日期内限制交易所之买卖价格。

九、凡每个月之期货，应于到期前一个月月底结清，不得再为本月份期货买卖，到期一个月中，卖方可随时交货，其详细手续，由实业部令交易所拟具核定之。

十、遇有修正交易所法第五十二条所称意图变动交易所市价之情事发生时，交易所应立时呈请实业部查办，实业部并得呈请监察院依修正交易所法第四十三条第三项办理。交易所怠于呈报时，由实业部依修正交易所法第四十二条第四款予以处分。

（说明）：本项系补充办法，为预防变动计，不得不令交易所负责呈报。

十一、实业部得适用本办法各项规定，制定各种交易所取缔办法颁布之。

十二、本办法自公布日施行。

〔国民政府行政院档案〕

11.实业部拟定取缔上海纱布、面粉、杂粮交易所投机办法咨稿

（1937年7月6日）

查本部所拟取缔上海纱布交易所投机办法，业经行政院决议修正通过，奉指令应以部令公布等因。遵于七月六日，以部令公布。又上海面粉、杂粮两交易所之面粉、小麦等项市价，近来一致上涨，各该项物品，关系民食，自有亟行取缔投机之必要。本部业于七月二日规定，暂以该两交易所六月二十四日之收盘价为最高价，以后各月期买卖，均不得超过该项限价，分别电令该两交易所及上海交易所监理员、上海市社会局遵照办理。兹特依据取缔上海纱布交易所投机办法第十一项之规定，分别另拟取缔上海面粉、杂粮两交易所投机办法各十一项，于同日公布施行。至

前订防止上海纱布交易所放任投机办法四项，其中关于缩短期货交易期限为四个月一项，业经陈明行政院，俟取缔投机办法施行后，即予取销。其余关于依法缴纳证据金、限制交易数额、改聘花商鉴定员三项，仍赓续办理。除分别令饬遵办外，相应抄同各该项办法共三份咨达贵部查照。此咨

财政部

附送取缔上海纱布、面粉、杂粮各交易所投机办法共三份（略）

[国民政府实业部档案]

12.余恺湛等关于上海交易所1936年下期交易所税征解情形呈①

(1937年12月31日)

照抄上海交易所监理员呈一件 监字第459号

窃查二十五年下期交易所税征解情形，业经呈报钧部，并由国库转账各在案。兹查二十六年上期交易所税业已征收蒇事，除金业交易所亏损不予征税外，计证券交易所盈余三十七万二千一百二十四元六角二分，按税率百分之一五·五计算，应缴税五万七千六百七十九元三角二分，纱布交易所盈余六十六万四千七百零三元九角九分，按税率百分之一七·五计算，应缴税一十一万六千三百三十三元二角，杂粮交易所盈余五万九千七百七十九元三角六分，按税率百分之五计算，应缴税二千九百八十八元九角七分，面粉交易所盈余四万五千三百四十一元四角，按税率百分之二·五计算，应缴税一千一百三十三元五角四分。共计应缴税款一十七万八千一百二十五元零三分整。除职处廿六年一月至六月坐支经费一万零八百元及预存廿六年七月至廿七年六月之全年

① 此系抄件。

度经费二万一千六百元，又已核准廿六年七月至十月之追加经费三千九百二十元，共计三万六千三百三十元外，当解税款一十四万一千八百零五元零三分。业经如数解库，执有国库收据现字第五四九号，计□十三万三千九百六十五元零三分，又现字第六一七号，计七千八百四十元，除另行编制收支旬报表外，理合填具交易所收税一四纸，解款一六纸，领款书六纸，连同中央银行国库局收款一二纸及职处廿六年一月至六月坐字支付命令通知各二纸，各交易所营业报告一五册，一并备文，呈乞鉴核示遵。谨呈
部长孔、次长邹、徐。

（附件如文）

上海交易所监理员 余恺湛（印）
王孝赉（印）

中华民国二十六年十二月三十一日

〔国民政府财政部档案〕

二、保 险 业

1.上海保险公会申请成立同业公会并抄送章程及会员名单呈

（1928年12月5日）

呈。为组织同业公会正式成立仰请鉴核立案事。窃敝公司等于上海地方经营水火人寿各项保险事业，历有年所，深以欲谋发展公共利益及矫正营业弊害，水火人寿两方联合团体具有设立公会之必要，爰经同业公会组织订定规章，全体议决于十一月四日正式成立。除呈工商部立案外，理合检同本会章程及各公司经理人姓名表，具文呈请鉴核，伏乞准予立案，实为公便。谨呈
财政部

计附公会章程一件、会员姓名表一件

上海保险公会(印)

十七、十二、五

上海保险公会章程

第一章　总　　则

第一条　本公会定名为上海保险公会。

第二条　本公会为上海保险公司所组织，以完全本国人资本之公司，经政府核准注册者为限。凡本国保险公司，如合以下资格者得随时自愿入会。但中外合资设立之公司，依照国民政府法令注册设立与本公会章程第五条相符者，亦得入会。

第三条　本公会以联络意见，团结实力，互相辅助，履行保险章程，维持保险价格，矫正营业弊害，促进同业发达为宗旨。

第二章　会　　员

第四条　凡入会之各公司，皆为本公会会员，其代表人以有权代表公司之重要职员充之。倘遇更换代表时，其姓名须先函知本公会。

第五条　本公会会员以具有下列之资格者为限。

一、公司资本至少实收通用银元二十万元者。

二、在上海正式成立之公司或在他埠设有总公司，已满三年以上而在上海设有分公司或代理处者。

第六条　凡欲入本公会者，须由会员二人以上之介绍，填具入会请愿书，送请本公会董事部审查。请愿书内，除书明下列事项外，并须介绍人及代表人签名盖章。

一、公司名称。

二、资本数目。

三、已收资本金数目。

四、总分公司之详细地址。

五、董事监察人及经理之姓名。

六、公司代表人之姓名。

七、总分公司所在地有无保险公会及会否在他处入会。

第七条　依前条之规定入会时，董事部须将其入会请愿书审查加以意见提交会员会讨论。以无记名投票法决其可否，但须有全体会员三分之二以上同意，方得入会。

第八条　凡公司入会经会员会通过后，本公会应即备函通告，惟入会之公司，接到前项通告后，应照第二十四、第二十九、第三十条之规定期限内，交纳会费及保证金，方取得会员资格。

第九条　本公会除照请愿书所载各事项登于会员簿外，入会年月、介绍人姓名、保证金、入会费等，均须详细登记，遇有变更时应即随时改正。

第十条　会员请求出会，须在两个月以前出具请愿书，送交本公会，但在未经取消会员名义以前，仍应遵守本公会定章办理。

第十一条　有下列事项之一者不得为本公会会员。

一、于本公会通告限期内不纳入会费、常年经费及保证金。

二、有不正当行为及有妨害本公会之名誉时。

三、公司受破产宣告时。

四、公司迁移他埠时。

第三章　职　　员

第十二条　本公会设董事七人，由会员用单记名投票法选举之。

第十三条　董事组织董事会，由董事中互推正副主席各一人，以公司完全本国人资本，经政府核准注册者之代表为限。

第十四条　董事任期一年，但任满后得连举连任。

第十五条　本公会重要事务，须经会员会议决，交由董事会执行之，但会中常务得由董事会正副主席执行之。

第十六条　正副主席主持会务，对外为全体代表本公会，函牍及出纳银钱，均应由正主席或副主席及书记长二人以上签名盖章。

第十七条　正副主席有事故时于董事中互推一人代理其职务。

第十八条　本公会聘任书记长一人，由正副主席委托办理会务，设书记会计若干人，承正副主席及书记长之命分任会务，其任免由书记长商由正副主席行之。

第四章　会　　议

第十九条　本公会每年阳历一月内开大会一次，选举董事及通过预算决算并其他重要事项，常会每月至少开一次，如有重要事件发生，得由董事会召集或会员二人以上之请求，开临时特别会议，董事会亦每月至少开会一次。

第二十条　会议事件须会员三分之二到会，经到会会员过半数同意，方得议决。

第二十一条　会员有事故不能到会时，得具函委托其有权代表公司之重要职员代理之。

第二十二条　凡会员提议事件，须于开会三日前函告书记长列成议案分送各会员，于开会时讨论公决，经议决各事件，亦须分送各会员备查。

第五章　权　　限

第二十三条　本公会依照法令，遇必要时，得有查核会员营业状况之权。

第六章　经　　费

第二十四条　本公会常年经费由各会员担任，自入会之日起按季预缴，自通知之日起，必须在一星期内交纳。

第二十五条　本公会收款须用本公会名义，由正副主席商由董事会存放妥实银行。

第二十六条　本公会存款，其存单或存折由董事会保管，各会员有随时查问之权。

第二十七条　本公会经常费，由董事会编制预算交会员会议通过之。

第二十八条　本公会收支及存放银行各款，应于每阳历年底制表由书记长核定报告董事会，阳历年底由董事会编制总决算，以备次年提出大会报告各会员。

第七章　会费及保证金

第二十九条　本公会会员入会时，须于一星期内交纳会费银四百元，永为本公会公有之款。

第三十条　本公会会员入会时，限一星期内缴纳同业保证金一万元，现金二成，余得以代用品抵充，但代用品之种类及价格，须经董事会审定之。

第三十一条　同业保证金，非因会员停止营业或本公会解散，经会员会议决定本利发还时不得提取。

第三十二条　同业保证金，为准备会员停业时补偿同业分保费之用。依照前项补偿同业分保费外，如有同业往来欠款，亦得由该保证金内补偿之。

前二项之补偿，以各该会员保证金所缴纳之数为限。

第八章　附　　则

第三十三条　本章程如有未尽事宜及应变更者，得于大会时提议修正之。

第三十四条　本公会各种办事规则另订之。

公司名称	所在地	经理姓名	年岁	籍贯	住址
华安水火保险有限公司	黄浦滩七号	傅其霖	41	镇海	上海
华成经保火险股分有限公司	南市万聚码头二号	顾馨一	59	上海	法租界亚尔培路
上海联保水火险有限公司	宁波路九号	正理：刘石荪 副理：冯佐芝	43 50	贵州 广东	惠园路三百号 北四川路厚福里
先施保险置业有限公司	浙江路五十四号	正理：黄泽生 副理：梁国华	55 32	广东 广东	施高塔路 露香园路26号
永安水火保险有限公司	南京路	郭瑞祥	47	广东	乍浦路会元里
联泰保险公司	江西路60号	正理：潭永业 副理：黎树芳	32 34	广东 广东	新体育会路1号 福生路德康里6号
丰盛实业公司	四川路29号	经理：盛恩顾 协理：李金门	37 36	江苏 河南	静安寺路乍浦路 顾和里102号
金星水火保险有限公司	江西路60号	总理：陈亦康 副理：蔡健民	30 38	广东 广东	爱而近路23号 北四川路百13号
中央信托公司保险部	北京路98号	总理：严成德 协理：袁近初	46 54	浙江 浙江	北京路98号
永宁水火保险分行	天津路519号	刘体智	50	安徽	爱而近路3号

续表

公司名称	所在地	经理姓名	年岁	籍贯	住址
宁绍公司	江西路211号	袁履登	50	浙江	贝勒路文安坊4号
安平水火保险股份有限公司	天津路507号	吴蔚如	52	浙江	上海
华兴水火保险公司	爱多亚路38号	厉树雄	37	浙江	金神文路63号
通易信托公司保险部	北京路126号	黄溯初	46	浙江	北京路126号
肇泰水火保险股份有限公司	广东路13号	陈干清	38	江苏	广东路13号
羊城保险公司	江西路64号	赵甫臣	46	广东	倍开尔路70号
华安合群保寿股份有限公司	静安寺路34号	吕岳泉	52	上海	康脑脱路190号
永安人寿保险有限公司	南京路	郭乐	54	广东	静安寺路264号
先施人寿保险有限公司	浙江路45号	马文甲	28	广东	浙江路15号
中国仁济和水火保险股份有限公司	福州路5号	欧阳荣之	57	广东	上海

〔国民政府财政部档案〕

2.行政院关于国有财产及国营事业一律归中国公司保险训令

（1931年7月3日）

行政院训令　字第03218号

令财政部

为令行事。案据实业部呈称：案据上海市保险业同业公会呈称：窃奉五月十四日行政院秘书处第一八四九号函开：奉兼院长蒋谕：查前据上海保险同业公会呈，为官有财产如需水火保险，请一律归华商公司投标承保等情。到院。当经交实业部去后，兹据复称：查关于国有财产及国营事业应一律归中国公司保险一案，在前工商部时期，提经工商会议议决通过，当以案关维护保险事业，业经本部呈奉令准，通饬遵照在案。等情。前来。着由秘书处函知原呈请人。等因。奉此，仰见钧部翊襄盛治，维护同人企业之至意，曷胜感戴。本会同业比因胶济路局财产保险经奉铁道部以每千元取费一元一角之价率，交由太古洋行及美国保险公会两洋商承保，佥愿以同样价格呈请铁道部将各路尚未保险之件，划归华商承保。旋奉批示：届时仍应公开投标等因。并未明示以华商公司投标为限，且显与工商会议议决原案适然相反。似此情形，是上有雨露之施，而下仍不能蒙膏之被也。用敢合请吁恳，仍请钧部俯念微忱，系为杜塞漏卮，挽回国家利权起见，准予据情转呈行政院，准将此次秘书处函示刊登政府公报，一面通饬京内外国有财产及国营事业之主管官吏，嗣后遇有保险事项，应按照前项工商会议议决，并经钧部呈奉令准通饬原案切实遵行，俾本会同业公司与各该主管机关接洽时得所依据，则感荷鸿施，永无纪极矣。是否有当，伏候批示祗遵。等情。查关于国有财产及国营事业应一律归本国保险公司保险一案，前经本部呈奉钧院令准通饬遵照在案，据呈前情，自应准如所请办理。除批示外，理合备文呈请鉴核，准予通饬各机关切实遵行，以符前案，实为公便。等情。据此，查关于国有财产及国营事业应一律归中国保险公司保险一案，前据实业部呈请到院，当经通令遵照在案。据呈前情，除指令准予照办并分令外，合行令仰该部即便转饬所属一体切实遵行。此令。

院　长　蒋中正

中华民国二十年七月三日

〔国民政府财政部档案〕

3.中国保险股份有限公司章程

（1931年11月9日）①

中国保险股份有限公司章程

第一章　总　　则

第一条　本公司定名为中国保险股份有限公司。

第二条　本公司以经营保险业务、藉图财产之保障而促商业之发达为宗旨。

第三条　本公司营业范围如左。

一、承保各种房屋、货栈、商品、物产等火险。

二、承保各种运输货物及船身现金等水险。

三、承保寿险及其他保险。

四、代理他公司委托之水火寿险及其他保险业务。

五、承受他公司之转保。

六、兼营有确实担保之抵押放款及其他妥实可靠之投资。

第四条　本公司设本店于上海、各省会及商业繁盛地方，将来得斟酌情形设立支店或与他公司订立代理合同，设立代理处。

第五条　本公司营业年限自本店核准登记之日起算，满三十

① 系上海市社会局批准设立备案时间。

年为期，期满由股东会议决呈请主管官署登记转报实业部备案。

第六条　本公司之公告登载于上海通行之日报。

第二章　股　　份

第七条　本公司资本总额定为国币五百万元，计分五万股，每股一百元，先收半数开始营业，其余得经董事会之议决定期续收。

第八条　本公司股票分一股、五股、十股、五十股、一百股五种，用记名式，股东以中华民国人民为限。

第九条　本公司股息定为年息六厘，均自交款之次日起算，但无盈余时得停止发息。

第十条　本公司股东应先期将其印鉴交存公司，股票如有转让、买卖，应由原股东于股票背面签盖原存印鉴，向本公司过户登载，股东名簿改换姓名为有效。

第十一条　股东所有股票如有遗失，应即报告本公司，一面登报声明，俟登报后三个月倘无纠葛发生，可觅具妥保向本公司换取新股票，唯应缴纳股票费每张一元及该股票上应贴之印花税。

第三章　股东会

第十二条　本公司股东会分常会、临时会两种。

第十三条　股东常会每年结帐后二个月内在本店之所在地召集之。

第十四条　股东临时会由董事会或监察人认为必要时或有本公司股份总数二十分之一以上之股东提出理由请求时召集之。

第十五条　股东常会之召集，于一个月前通知，各股东临时会之召集，于十五日前通知之。

第十六条　股东会表决，除公司法有特别规定外，须有本公司股份总数二分之一以上之股东到会，而以到会股东表决权之过半数行之。

第十七条　股东表决权每一股有一权，但一股东而有十一股以上者，自十一股起，每十股为一权，遇有奇数为一权。

第十八条　股东因事不能到会，得出具委托书，委托本公司股东代理。

第四章　董事监察人

第十九条　本公司设董事十五人，由一百股以上之股东中选出之，监察人五人，由五十股以上之股东中选出之。

第二十条　董事任期以三年为限，监察人以一年为限，均得连举连任。

第二十一条　董事、监察人之职务与权限悉照法律之规定。

第二十二条　本公司设常务董事五人，由董事互选之。

第二十三条　本公司设董事长一人，由常务董事互选之。

第二十四条　董事长主持本公司一切事务，常务董事协助董事长办理本公司事务，均常川驻在公司。

第二十五条　董事长为董事会及股东会之主席，对外代表公司。

第二十六条　本公司董事会分常会、临时会两种。常会每月一次，临时会遇有重要事项时召集之。

第二十七条　董事会由董事长召集之。以到会之多数取决可否，同数时由主席决之，但到会董事不及半数以上不得议决。

如董事长因事不能出席时，由董事中互推一人为临时主席。

第五章　盈余分配

第二十八条　本公司定每年十二月底结帐一次，除将所获盈余先提十分之一为公积金次付股东股息年息六厘外，倘再有余，按照十成分配，以二成为股东红利，四成为特别公积金，一成为发起人特别利益，三成为董事、监察人及各职员之酬劳金。本公司发起人依照前项规定应派之，特别利益照各发起人用自己姓名所认股份总数按股分派(其用代表名义所认股份不在此例)。倘发起人将其自己姓名所有股份之全部或一部转让时，则其股份之特别利益随转让而消灭其全部或一部。

第二十九条　本公司每年结帐由董事会造报财产目录、资产负债表、营业报告书、损益计算书、公积金准备金、及盈余分配案，交监察人查核签字后，提交股东会请求承认。

第六章　附　　则

第三十条　本章程所规定未尽事宜，悉遵照公司法办理。

第三十一条　本公司办理细则另定之。

第三十二条　本章程自经股东会依法议决，呈经主管官署登记、转报实业部给执之日起实行，修改时亦同。

第三十三条　本公司发起人姓名、住址用自己姓名所认股数及用代表名义所认股数如下：

姓　名	住　　址	用自己姓名所认股数	用代表姓名所认股数

［中国保险公司档案］

4.行政院奉准颁布简易人寿保险法训令

（1935年5月18日）

行政院训令　字第02841号

令财政部

案奉国民政府第三八二号训令开：为令知事。查简易人寿保险法现经制定，明令公布，应即通行饬知。除分令外，合行抄发该法条文令仰知照，并转饬所属一体知照。此令。

计抄发简易人寿保险法一份

院长　汪兆铭

中华民国二十四年五月十八日

简易人寿保险法

第一条　简易人寿保险为国营事业，属交通部主管，其他保险业者不得经营之。

第二条　简易人寿保险由邮政储金汇业局管理，并指挥各邮政储金汇业分局或邮局经理之。

第三条　简易人寿保险以邮政储金汇业局为保险人，依本法负给付保险金额之责任。

第四条　简易人寿保险分终身保险，定期保险两种。终身保险于被保险人死亡时给付保险金额，定期保险于契约满期时或未满期而被保险人死亡时给付之。

第五条　简易人寿保险金额以国币五十元至五百元为限。如同一被保险人订立数个保险契约时，其保险金额之总数不得超过五百元。

第六条　简易人寿保险之收支，以国币为标准。

第七条　简易人寿保险对于被保险人免验身体。

第八条　保险费率及积存金额以章程定之。

第九条　凡中华民国人民年龄自满十二岁至满六十岁者，皆得为被保险人。

第十条　要保人应照章缴纳保险费。

第十一条　要保人得以自己或他人为被保险人。以他人为被保险人时，应先得其同意。

要保人在赔偿事故发生前，得指定或变更受益人。但被保险人为他人时，应得其同意。

未指定受益人时，在终身保险其保险金额视为被保险人之遗产。

在定期保险视被保险受益人，被保险人死亡时其保险金额视为被保险人之遗产。

第十二条　以他人为被保险人时，须要保险人或受益人与被保险人有经济上切身利害关系者方得要约。

第十三条　要保险人于要约时，须将章程所定应缴纳或声明各事项据实缴纳或声明之。

第十四条　保险人承认要约后，应填发保险单。

保险单应记载之事项以章程定之。

第十五条　保险契约自填发保险单之日发生效力。

第十六条　保险契约发生效力后被保险人死亡时受益人依左列各款之规定，分别享受利益。

一、未满六个月死亡时，领受已纳之全部保险费。

二、逾六个月未满一年死亡时，领受保险金额五分之一。

三、逾一年未满二年死亡时，领受保险金额之半数。

四、逾二年后死亡时，领受全部保险金额。

第十七条　要保人得照章程请求变更保险契约。

第十八条　要保人得随时向保险人声明终止契约，其终止效力不溯既往。

第十九条　要保人不依章程所定犹豫期间内缴纳到期保险费时，保险人应停止其契约之效力。

契约效力停止后，要保人得于一个月内照章变更其契约为一次纳费保险契约。

第二十条　保险契约停止效力后，一年以内要保人得为回复效力之要约。

保险人承诺前项要约时，应于保险单上记明其情事，并签字或盖章。

第二十一条　保险契约之回复，自签字或盖章之日发生效力。

第二十二条　前条保险契约回复效力后，被保险人死亡时，受益人依左列之规定，分别享受利益。

保险契约停止效力时，缴纳保险费已逾二年者。

一、未满六个月死亡时，领受回复效力前之积存金额及回复效力后所纳之保险费。

二、逾六个月未满一年死亡时，领受回复效力前之积存金额，及保险金额之半数。

三、逾一年后死亡时，领受全部保险金额。

保险契约停止效力时，缴纳保险费未满二年者。

一、未满一年死亡时，领受回复效力前之积存金额，及回复效力后所纳之保险费。

二、逾一年未满二年死亡时，领受回复效力前之积存金额，及保险金额之半数。

三、逾二年后死亡时，领受全部保险金额。

第二十三条　有左列各款情事之一者，保险人除依第二十四条之规定办理外，不负赔偿责任。

一、被保险人在保险契约发生效力或回复效力后一年以内自杀者。

二、要保人故意致死被保险人者。

三、受益人故意致死被保险人者。但受益人系二人以上时，其他受益人应得之利益不受影响。

四、被保险人死亡，要保人或受益人不照章通知保险人者。

第二十四条　遇有第十七条、第十八条或第十九条或前条第一款、第二款或第四款情事发生，其保险费已缴纳二年以上者，受益人得照章请求发还积存金之一部分。

第二十五条　保险契约由要保人，被保险人或受益人之诈欺而成立者，保险人得解除之。

依前项之规定契约解除时，要保人除照章请求发还积存金之一部分外，不得为其他请求。

第二十六条　简易人寿保险之保险人，不得代位行使要保人或受益人因保险事故所生对于第三人之请求权。

第二十七条　简易人寿保险之保险人，对于保险费不得以诉讼请求给付。

第二十八条　要保人、被保人或受益人因保险契约所发生之一切权利，非依章程之规定不得让与或出质于他人。

第二十九条　由保险契约所发生之权利，自得为请求之日起，逾五年不行使而消灭。

第三十条　保险费缴纳至二年以上者，要保人得照章请求借款。但受益人系第三人时，应得其同意。

第三十一条　无行为能力人及限制行为能力人，关于简易人寿保险之行为，以对于保险人者为限，视为有行为能力人之行为。

第三十二条　简易人寿保险之会计，应与其他邮政业务之会计划分独立。

第三十三条　邮政储金汇业局应于每年度终了后将简易人寿保险业务及金融状况公告之。

第三十四条　简易人寿保险积存金，除以左列各款所定投资方法运用外，不得移作他用。

一、保户以保险单为抵押之借款。

二、购买中央政府发行之公债、库券。但购买之资金，不得超过其积存金总额及公积金总额百分之十五。

三、以妥实有价证券或栈单为质之放款。

四、以有确实收益不动产为抵押之放款。但其总额不得超过本局积存金总额百分之十五，抵押金额不得超过该不动产估值百分之五十。

五、本局定期存折或存单为质之放款。

六、票据之贴现。

七、押汇。

八、经营仓库业。

九、农业放款。

十、其他经邮政储金汇业局监察委员会通过交通部核准投资于国营生产事业之放款。但其总数不得超过积存金总额百分之二十。

第三十五条　简易人寿保险之业务，应受邮政储金汇业局监察委员会之监察。

第三十六条　简易人寿保险契约，及因契约所得之利益，并各种文据簿籍，免除各项税捐。

第三十七条　本法附属各项章则，由交通部拟订呈请行政院核定之。

第三十八条　本法之施行日期及区域分别以命令定之。

〔国民政府财政部档案〕

5.行政院奉颁修正简易人寿保险法有关条文训令

（1935年10月26日）

行政院训令　字第05622号

令财政部

案奉国民政府二十四年十月十九日第七八六号训令内开：查简易人寿保险法前经制定，明令公布。兹将该法第十六条及第二十二条条文酌加修正，应再通行饬知。除公布并分令外，合行抄发修正条文令仰知照，并转饬所属一体知照。此令。等因。奉此。除分行外，合行抄发原附修正条文令仰知照，并转饬所属一体知照。此令。

计抄发修正简易人寿保险法第十六条及第二十二条条文一份

院长　汪兆铭

中华民国二十四年十月二十六日

第十六条　保险契约发生效力后，被保险人死亡时，受益人以下列各款之规定，分别享受利益。

一、未满一年死亡时，领受所纳之全部保险费。

二、逾一年后未满二年死亡时，领受保险金额之半数。

三、逾两年后死亡时，领受全部保险金额。

第二十二条　前条保险契约回复效力后，被保险人死亡时，受益人依下列各款之规定分别享受利益。

保险契约停止效力时，缴纳保险费已逾二年者。

一、未满六个月死亡时，领受回复效力前之积存金额，及回复效力后所纳之保险费。

二、逾六个月未满一年死亡时，领受回复效力前之积存金额，及由保险金额减去该积存金额所得差额之半数。

三、逾一年后死亡时，领受全部保险金额。

保险契约停止效力时，缴纳保险费未满二年者。

一、未满一年死亡时，领受回复效力前之积存金额，及回复效力后所纳之保险费。

二、逾一年未满二年死亡时，领受回复效力前之积存金额，及由保险金额减去该积存金额所得差额之半数。

三、逾二年后死亡时，领受全部保险金额。

〔国民政府财政部档案〕

三、邮政储金汇业局与中央信托局的设立

1.徐堪关于邮政储金汇业总局章程与现行银行业务有所抵触呈

（1930年1月22日）

案准行政院秘书处函开：奉院长谕，交通部拟订邮政储金汇业总局章程，现经提出本院会议议决，设立邮政储金汇业总局，通过章程，由交通部与财政部再商酌等因。抄同交通部原呈及章程，函达查照办理等由。查交通部拟仿照各国成法，设立邮政储金汇业总局，扩充储金及汇业事务，自系为提倡储蓄起见，用意尚善。惟查邮局设立储金之要旨，按照原定邮金条例，原为鼓励人民节俭，便利零星存款，以养成国民储蓄之美德。故于储金总额及提款数目，均有制限，以示与普通商业银行存款有别。其兼营汇兑，亦以邮局为政府设立之递信机关，遍及全国，凡属零星数目、偏僻地方，均可汇兑，此为东西各国办理之通例。兹查此次所拟章程第七条内载：邮政储金汇业总局除办理各种储蓄及国内外汇兑外，得经营其他金融事业等语。是该局业务如果照此扩张，不惟与普通银行相同，且与中央银行亦有抵触。并查邮局办理储金汇兑业已有年，照原条例规定，应以邮局为营业机关，若另设局专办，近似普通银行，转于人民易滋疑虑，似应仍就邮局设立，不必另设门面较为妥适。是否有当，谨乞鉴核示遵。

钱币司司长徐堪（印）

一月二十二日

〔国民政府财政部档案〕

2.交通部抄发请设立邮政储金汇业总局呈及章程训令

（1930年1月29日）

交通部训令　字第二八五号

令邮政储金汇业总局

为令行事。查本部仿照各国成法设立邮政储金汇业总局，扩充储金及汇业事务，以利民生而宏建设，业经拟订章程于本年一月六日呈请行政院转呈国民政府核准公布在案。兹于一月二十七日奉行政院训令开：案查前据该部呈请设立邮政储金汇业总局，并拟具章程前来，经院议决议，设立邮政储金汇业总局，通过章程，交该部与财政部再商酌，随据将章程修正，复提出第五十三次院议决议通过，转呈政府各在案。兹奉国民政府指令第一三〇号开：呈件均悉。交通部邮政储金汇业总局章程业经明令公布，并通饬施行矣，仰即知照，此令。等因。奉此。合行令仰该部知照。此令。同日又奉训令开：现奉国民政府第二七号训令开：为令知事。查交通部邮政储金汇业总局章程业经制定，明令公布，应即通饬施行。除分令外，合行抄发原条文令仰知照，并转饬所属一体知照。此令。等因。计抄发交通部邮政储金汇业总局章程一份。奉此。除分令外，合行抄发原条文令仰知照，并转饬所属一体知照。此令。等因。奉此。除分行外，合抄原呈及章程令仰该总局即便查照。此令

附抄发原呈及章程各一份

交通部长　王伯群

中华民国十九年一月廿九日

呈。为仿照各国成法设立邮政储金汇业总局，扩充储金及汇业事务，以利民生而宏建设事。查邮政储金之创设，其要旨厥为提倡储蓄与流通金融。盖邮局为国有营业机关，凡属国民莫不信

赖，兼营储金事业，则人民乐于储蓄，而节俭之德资以养成。又以其局所遍及全国，兼营汇拨事业，不仅人民储蓄至为便利，且社会金融得资周转，而后国民伟大之实业与夫政府生利【产】之建设皆得因以促进而速其实现。然此犹为有形之利显而易见者也。至于无形之利尤有足多者。盖此种储蓄，其事虽似甚微，然其效果足使人民与政府发生经济上连锁之关系，而增进其爱戴政府之心。夫人民既以血汗之资委托政府机关代为保管，则政府之休戚亦即其本身之休戚。试考各国邮政储金与汇业之成绩，即可知其国民经济力之发达与其爱国心之深切矣。英美大邦殆不具论，即德、奥两国经大战后，民生凋敝，然德国邮局常存划拨之款合华币四万五千万元。奥国版图欧战后已失去三分之二，而储金划拨存款犹值华币九千三百万元。比国、荷兰、瑞士等国，其幅员不及我国一省之丰，储金及汇拨之款竟达八千万至三万万元之多。日本则逾二十万万日金，且近两年统计，每半年增加一万五千万日金。反观吾国邮政办理汇兑垂三十年，最近成绩每年始达一万万余元，储金开办亦已十年，存储之款未及千万，划拨一种，则尚未举办。以土地人口例之各国，相去何啻天渊。推原其故，虽缘政治变迁，币制未定，国民储蓄性趣尚未养成，有以致之，然尤以无专管机关统筹深思，一意经营，实为其中最大主因。此次职部邮政司司长刘书蕃奉命出席英京万国邮政会议，曾赴欧美日本考察邮政，对于储金汇业各事务尤多心得。乃知各国对于国民储蓄，莫不注其全力以事提倡，且感以扩充邮政储汇事业为根本普及办法。故欧洲各国均将邮政储汇事务与邮政其他事项分划管理。日本亦早采用此项制度，当其划分之初，储汇事业尚不及我国现时状态，然至今日，则规模宏大，组织严整，业务发达，一日千里矣。且证以我国邮局，初隶海关，虽具规模，未能发展，及乎专设总局，乃获长足之进步，是以事贵专责发展。乃宏观乎各国之情形，考诸中外之事实，益信时至今日，我国特设储金汇业总局办理储金汇拨及其他金融事业，实属刻不容缓。兹经职部审慎研究，拟订邮政储金汇业总局章程若干条，并缕陈分设该局理由，呈请鉴核转呈国民政府核准公布施行。谨呈

行政院

交通部长　王伯群

交通部邮政储金汇业总局章程　十九年一月廿二日公布

第一条　邮政储金汇业总局依国民政府交通部组织法第五条组织之，直隶于交通部，管理全国邮政储金及汇兑等事务。

第二条　邮政储金汇业总局设于首都或上海，其他各地业务由指定之各邮局兼办之，于必要时，得设分局专办。

第三条　邮政储金汇业总局设总办一人，由交通部长呈请简派，承部长之命管理全国邮政储金汇业事宜。

总办任期三年，期满得续派连任。

第四条　邮政储金汇业总局设会办二人，由交通部长派任，襄助总办办理邮政储金汇业事务。

第五条　邮政储金汇业总局设总务、营业、会计、储金、汇兑、划拨、保险等处。

第六条　邮政储金汇业总局各处设处长一人，承长官之命分掌处务。

第七条　邮政储金汇业总局除办理各种储金并国内外汇划暨保险外，得经行政院核准，经理其他性质相同事业。

第八条　邮政储金汇业总局每年应编造支出预算书，呈由交通部审核，归入邮政预算，转送国民政府审计机关核准。

第九条　邮政储金汇业总局以每年六月终为总决算期，应编造表册书类呈报交通部归入邮政决算，分呈国民政府备查，并刊布各种报告书。

第十条　每年邮政储金汇业净余项下除留十分之二为公积金

及特别准备金外，其余报请交通部并归邮政收入帐内。

第十一条　邮政储金汇业总局所有收支款项概须经总会办中之二人签字方为有效。

第十二条　邮政储金设监察委员会，以财政部长、交通部长、审计部长、邮政储金汇业总局总办、邮政总局总办五人组织之。

第十三条　邮政储金汇兑悉按现行条例章则办理，如遇条例有修改必要时，应呈请交通部转请行政院核准。

第十四条　邮政储金汇业总局办事细则另定之。

第十五条　本章程呈请行政院转呈国民政府公布施行。

〔国民政府邮政储金汇业局档案〕

3.刘书蕃陈报邮政储金汇业总局开幕日期及情形请备案呈

（1930年3月18日）

为呈报职局开幕情形恳祈鉴核备案。窃查本月十五日为职局正式开幕之期，各项事宜均已先期筹备完竣，是日上午九时举行开幕典礼，蒙部长亲临训话，行礼如仪，各界来宾陆续来局致贺约数百人。沪上各银行界全数均到，所收储金款项计共七百九十二户，存洋八万九千四百九十元零一分，存银一万八千五百零八两零四分。至各银行所送堆花数百万元，以纯系虚文，无关实际，皆婉词谢绝，以节糜费。此职局开幕之情形也。理合备文呈乞钧部鉴核备案。谨呈

交通部部次长

代理邮政储金汇业总局总办　刘〇〇

〔国民政府邮政储金汇业局档案〕

4.交通部关于准予南京邮政储金汇业局按时开业并备案指令

(1931年4月24日)

交通部指令　字第1992号

令邮政储金汇业总局

呈一件。为呈报南京储金汇业局于四月十五日正式开幕，请鉴核备案由呈悉。准予备案。此令

中华民国二十年四月廿四日

交通部长　王伯群

[国民政府邮政储金汇业局档案]

5.国民政府公布之邮政储金法

(1931年6月29日)

邮政储金法　廿年六月廿九日国民政府公布

第一条　邮政储金事务由交通部设置邮政储金汇业总局办理之。

第二条　邮政储金之存入及支取，均以国币或当地之通用银币为限。

第三条　邮政储金每一人或一团体仅得为一存户。

邮政储金机关发现一人或一团体有两户以上之储金时，除保留其最初之一户外，余均截止发还本金，不给利息。

第四条　邮政储金得分存簿储金、支票储金、定期储金及划拨储金四种。

第五条　存簿储金每次存入须满一元，其未满一元者，应先向邮政储金机关领取储金格纸，陆续购贴邮票，俟贴满存入。

第六条　存簿储金每户存入总额以三千圆为限，逾限之数不给利息。前项限制于政府机关、自治团体或公益法人不适用之。

第七条　邮政储金初次存入时，由存入之局按其种类分别发给存簿或单据，以后续存、支取，均以存簿单据为凭。

第八条　邮政储金存簿及单据存户不得私自添注涂改。

第九条　存簿储金在通储区得向任何邮政储金机关续存或支取。

通储区及其办法由邮政储金汇业总局拟具，呈请交通部核定之。

第十条　存簿储金及支票储金得随时支取。但个人存簿储金如一次支取达五百圆以上时，邮政储金机关得要求支取人先一日通知。

第十一条　存户如五年内并无存入、支出或其他声请，邮政储金机关应速通知该存户取回存款，并自五年期满之日起停止给利息。

第十二条　划拨储金办法如左。

(一)无论何人得以现金请求邮政储金机关拨入划拨储金存户名下。

(二)划拨储金存户得以储金请求邮政储金机关互相划拨。

(三)划拨储金存户得以储金请求邮政储金机关拨付现款于他人。

第十三条　邮政储金本息以邮政财产担保之。

第十四条　邮政储金汇业总局每三个月应将全部资产负债表公告一次。

第十五条　邮政储金之利率结算方法及其运用范围，由邮政储金汇业总局拟具，提请监察委员会定之。

第十六条　存簿储金之利息应免一切税捐。

第十七条　无行为能力人及限制行为能力人关于邮政储金事务，于邮政储金机关所为之行为，视为有行为能力人之行为。

第十八条　本法施行细则及各种储金章程，由交通部定之。

第十九条　本法自公布日施行。

［邮政储金汇业总局档案］

6.邮政国内汇兑法

（1931年6月29日）

邮政国内汇兑法　廿年六月廿九日国民政府公布

第一条　邮政汇兑事务，由交通部设置邮政储金汇业总局办理之。

第二条　邮政汇兑之汇款及费用，均以国币或当地之通用银币为限。

第三条　邮政汇兑得分为普通汇兑、电报汇兑及小款汇兑三种。

第四条　邮政汇兑金额之限制，由交通部定之。

第五条　邮政汇兑应以邮政汇票为凭。

第六条　汇票不得私自添注、涂改。

第七条　邮局为调查取款人之真伪，得令其出具必要之证明。

第八条　汇票之有效期间，由交通部分别种类，依地方之远近定之。但不得少于三个月。

第九条　汇票逾有效期间未经取款者，应由邮局送还原局通知汇款人领还，前项情形汇款人不得要求退还汇费。

第十条　汇票如有遗失、污毁，汇款人或受款人得请求邮局发给副汇票。副汇票一经发出，原汇票即作无效。

第十一条　遇第九条第一项情形，汇款人不领还汇款时，应自汇票开出之日起算，满三年后，即将汇票作废，其汇款收作公款。

第十二条　邮政汇兑应免一切税捐。

第十三条　无行为能力人及限制行为能力人关于邮政汇兑事

务，于邮政汇兑机关所为之行为，视为有行为能力人之行为。

第十四条　本法施行细则及各种汇兑章程，由交通部定之。

第十五条　本法自公布日施行。

〔国民政府邮政储金汇业局档案〕

7.邮政储金汇业局组织法

（1935年3月1日）

邮政储金汇业局组织法　二十四年三月一日公布

第一条　邮政储金汇业局直隶于邮政总局，管理全国邮政储金汇兑。

邮政储金汇业局对各邮局办理储汇保险事务，有指挥监督之权。

第二条　邮政储金汇业局得于重要交通地点经交通部呈请行政院核准，设立分局。

第三条　邮政储金汇业局设局长一人，由邮政总局副局长兼任，承长官之命综理局务，副局长二人，由交通部部长遴派，襄助局长处理局务。

第四条　邮政储金汇业局置总务、营业、计核、储金、汇兑、保险六处，每处设处长、副处长各一人，由局长遴选专门人才呈请邮政总局局长转呈交通部部长委用，处长承长官之命，分掌处务，副处长襄助处长办理处务。

第五条　邮政储金汇业局设秘书二人至四人，由局长遴选，呈请邮政总局局长转呈交通部部长委用，承长官之命，办理文书事务。

第六条　邮政储金汇业局设处员六十人至一百人，由局长呈请邮政总局局长就甄别或考试及格专门人员中委用，承长官之命办理各处事务。

第七条　邮政储金汇业局置监察委员会，监察局内收支帐项及一切重要业务，监察委员会以监察委员九人组织之，其中五人由交通部呈行政院转呈国民政府就审计、主计人员简派，余由交通部就国内重要工商业、金融业富有经验资望之人员中遴选四人，呈请行政院聘任之。

第八条 监察委员会设委员长一人、副委员长二人，由交通部呈请行政院就委员中指定之。

第九条 监察委员每年改任三分之一。

第十条 监察委员会章程由交通部拟订，呈请行政院核定之。

第十一条 邮政储金汇业局得营左列业务。

一、购买中央政府发行之公债、库券，但购买之资金不得超过其储金总额及公积金总额百分之十五。

二、以妥实有价证券或栈单为质之放款。

三、以有确实收益不动产为抵押之放款，但其总额不得超过本局储金总额百分之十五，抵押金额不得超过该不动产估值百分之五十。

四、以本局定期存折单为质之放款。

五、票据贴现。

六、押汇。

七、经营仓库业。

八、农业放款。

九、经营简易人寿保险。

十、其他经监察委员会通过，交通部核准投资于国营生产事业之放款。但其总数不得超过储金总额之百分之二十。

第十二条 邮政储金汇业局会计独立，一切收支另立专帐，报由邮政总局汇报交通部。

第十三条 邮政储金汇业局收支款项，均应用邮政储金汇业局名义，由局长、副局长会同签字盖章。

第十四条　邮政储金汇业局订定关于储汇及其他章程并契约，应呈经邮政总局转呈交通部核准。

第十五条　邮政储金汇业局办事规则，由交通部定之。

第十六条　本法自公布日施行。

［国民政府邮政储金汇业局档案］

8.邮政储金汇业局检送二中全会报告函(稿)

（1936年6月22日）

接奉贵处第四二二八七三号大函祗悉。关于二中全会报告书一案，兹已遵嘱编就，相应检同报告书一份，备函送请察核汇编为荷。此致

邮政总局总务处

附报告书乙份

二中全会工作报告

一、关于交通者

甲、邮政

丑、邮政储汇业务之推进

（1）邮政储金

查邮政储金，信誉素佳，自交通部竭力提倡后，储金数额，截至二十五年五月底止，计达五千四百余万元，较之一中全会时，（二十四年十二月一日）增加百分之十七，储金局所，同时计有六百七十八处，现仍继续添设局所，以冀储款尽量增加，达到裕国利民之本旨。

邮政储金之种类，现有存簿储金、定期储金及支票储金三种。自二十五年度起，拟开始办理礼券业务，以沟通邮电双方使用之便利。此项礼券除得在本区各储金局兑换现款及存作储金外，并可充作邮电项下付款之用。如购买邮票、缴付电报费等。

逆料将来开办以后，对于公众裨益定匪浅鲜。此外尚拟添办儿童储金一种，俾养成人民节俭储蓄之美德，以定立业之基础。现正由交通部令饬主管机关筹备中。

（2）邮政汇兑

查二十五年上半年邮政汇兑事务，虽受全国工商业不振之影响，然因邮局之努力改革扩充，故业务尚能发展。自二十五年一月份起，至四月份止，各项汇票开发总数计达七千四百四十七万六千余元，（五六两月数字未经各邮区报齐故未包括在内）在此半年内，并添设汇兑局二十七处，汇兑代办所五百二十九处。兹将改革扩充情形略述于次：

（一）邮政汇票汇费之核减：自政府改革币制以后，国内金融情形逐渐转佳。为使邮政汇兑业务之发展，已自二十四年十二月份将国内汇票汇费予以减低。凡有银行设立之各处邮局往来汇款，其汇费均经改订，依照后开汇费表征收。

汇票款数	应收汇费
自一分至五元	五分
自五元零一分至二十元	一角
自二十元零一分至二百元	二角
自二百元零一分至一万元	每千元一元

同时并将各邮政管理局及各一等邮局之汇款限额由二千五百元提高至一万元，以适应公众之需要。

（二）邮政代办所汇票业务之推广：邮政代办所汇票，自联区通汇以来，乡村公众对于汇款感觉非常便利，故其业务亦突飞猛进，开发汇票总数超过以前一倍以上。但查全国一万零四百余处邮政代办所中，尚有三千三百余处未曾开办汇兑，预料此项业务将来大有发展之可能。现正由主管部局转令各邮区继续推广，务使全国邮政代办所一律办理汇兑，以便公众。

（3）简易人寿保险

查简易人寿保险为社会政策之一，直接安定国民经济，间接援助国家建设，欧美日本行之已久，成效卓著，其中由政府专营者以日本办理成绩为最佳，吾国采取日本成规办理，遂于民国廿四年五月十日由政府公布简易人寿保险法，责由邮政储金汇业局专司其事，乃经积极筹备，于二十四年十二月二日在南京、上海、汉口邮政储金汇业局及分局首先开办，二十五年三月并于苏、浙、皖、赣、鄂、湘及上海各邮区邮政管理局及一等邮局同时举办，逐渐推行，以谋农工生活之安定。开办以来，成立保险契约已达一万余件，现拟于二十五年七月一日起，逐渐推及闽、粤两区及已开办之二等邮局（约二百余所），其他各区当再相机推行，务使普及全国，嘉惠平民。

（4）储汇资金之运用

查储汇资金之运用，一以便利商业救济农工为宗旨，截至二十五年五月底止，投资于工商业者计六百七十余万元，投资于国营生产事业者计一千零二十万元。关于农村方面，亦经规定举办农产抵押放款，积极推行，并于广东、长沙、吴兴、昆山等处租赁仓库，开始抵押，取利低廉，手续简便，数月以来，成绩尚著，旋于昆山自建仓库百间，计可容米四万石，于二十五年一月间落成，农民前往交易者，颇为踊跃，将来逐渐推广，对于农村经济，当亦不无裨益也。

〔国民政府邮政储金汇业局档案〕

9.邮政储金汇业局检送三中全会工作报告函（稿）

（1937年1月13日）

接准贵处本年一月六日第二〇号移付一件，并附编制工作报告办法一纸，均已祗悉，关于三中全会工作报告，本局应编材料，业已编竣，相应检同稿件一份，送请察收汇编为荷。此致

邮政总局总务处

附稿一件

三中全会工作报告

邮政储汇业务之推进

甲、邮政储金

1.邮政储金之增加

邮政储金经竭力提倡，数额日益递增，查二十五年六月储金总数为五千四百五十四万余元，截至同年十一月底止，该项总额已达五千五百七十七万余元，五月之间，计增加达一百二十三万元，其中存簿储金总数为三千八百四十三万余元，定期储金为一千一百八十一万余元，支票储金凡五百三十万九千余元，零存整付，存本付息及儿童储金计共二十万六千元。

2.储金局所之扩充

储金局所得随业务之进展而扩充，截至二十五年六月止，全国办理储金之局所计共六百七十八处，同年七月至十一月，五个月中计增加八处，山东邮区增加三处，广东邮区增加二处，福建邮区增加一处，江苏邮区停办二处，边远如贵州邮区原未办理储金业务者，亦于二十五年七月间开办储金局所四处，办理存簿与定期两项储金，截至十一月止，开办仅及五个月，该区储金总数亦达六万八千余元，其他如滇、桂各邮区亦正在筹划推进中。

3.邮政礼券之创办

查邮政礼券业务，原为应民众喜庆婚丧酬酢而设，以邮政局所之普遍，复与电报局新办之交际电报互相合作，益臻便利，于社会交际之中，寓节约储蓄之意，自二十五年七月开办以来，截至同年十一月底止，该项礼券售出兑付滚余之数，共达一万四千五百三十四元。

4.儿童储金之开办

儿童储金之提倡，足以培养青年储蓄之习惯，树立国民俭约之基础，二十五年为儿童年，爰开办是项儿童储金，由各邮局派员向就地各学校分别宣传与指导，并制备储金袋及铅质美观储金邮筒，以便推行。此外，为奖励儿童储蓄起见，复将该项储金利率提高为周息五厘，总计自二十五年十月一日开办至十一月底止，两个月间，该项储金共达三千一百六十八元。

乙、邮政汇兑

1.减低国内汇费

邮政汇兑业务，每年总计约在二万万元之谱，局所密布乡村，莫不称便，近更将设有银行各处邮局列为特类汇兑局，减低汇费，增高汇额，以应需要。查二十四年七月至十一月间，该项汇费收入共计一百零六万余元，二十五年七月至十一月间，仅及九十七万二千余元，收入虽形减少，而汇兑之开发，则自二十五年七月至十月止，已达八千万元，较之二十四年同时期之五千八百九十万元，计增二千二百余万元，盖邮政储汇事业要以便利民众为主旨也。

2.推广代办所汇兑

我国幅员辽阔，交通不便，内地金融，极感阻滞，为谋公众汇款便利起见，于二十四年四月起，各区先后实施邮政小款汇票联区通汇办法，俾内地居民得以畅汇无阻，截至二十五年底止，全国邮政代办所开办小款汇兑者，已达一万零一百七十三处，占代办所总数约百分之九十六以上，现正向未开办各处积极推行，以期达到全国通汇之目的。

3.改良国际汇票办法

我国海外侨民，历年汇返祖国之款项，为数甚巨，惟以我国与各国邮政互换汇票，向以外国钱币为本位，致汇款人不能预知收款人兑得国币之确数，甚感不便，而是项业务之发展亦因以减色，经与各关系国分别商定，凡开发我国之汇票，悉以中华民国国币为本位，如华侨丛集之马来亚、美国、坎拿大、香港、暹罗、法属安南、英属北婆罗岛及萨拉瓦克等处，开发我国汇票，均先后改用国币为本位，实行以来，华侨汇款，极见踊跃。如马来亚、英属北婆罗岛及萨拉瓦克发来汇票中，华侨汇款约占百分之九十五以上，香港、安南亦占百分之八十以上，暹罗占百分之六十，美国、坎拿大占百分之十。现复与其他各国邮政继续洽商，期将是项办法推行世界各部，以利华侨之汇款。

丙、储金运用

储金运用，首在稳妥安全，运用方针，复经政府严密规定，综其要点，端在便利商业，救济农工，协助建设，截至二十五年十一月底止，投资于国家公债及优良股票者，凡六百零八万余元，投资于国营生产事业者，凡一千万元，工商界各项抵押放款，凡四百八十余万元，房地产各项投资，凡六百余万元，关于农产放款方面，除在昆山、吴兴、长沙等处分别设立办事处及堆楼并建购仓库经营储押外，复有广东之麻糖杂粮储押，四川之土布押汇，浙江之桐油押汇等，近复计划于二十六年一月在无锡设立农产放款办事处一所，以资推广，截至二十五年十一月底止，昆山、吴兴、长沙三处放款总数共计五十九万三千余元。

丁、邮政简易人寿保险

简易人寿保险为社会政策之一，与德之国民保险、英美之工业保险及日本之简易生命保险性质相同。办理以来，积极宣传推广，截至二十五年六月底止，计开办局所有储汇局暨京汉两储汇分局及苏、浙、皖、赣、湘、鄂、上海七邮区之管理局及一等局，二十五年七月复推广至闽粤两邮区之管理局及一等局，并将上述七邮区之二等局及各支局同时开办，计至二十五年十一月底止，办理此项业务之局所达二百七十九处，成立契约共计一万六千六百七十四件，保险金额达三百四十三万一千余元，每月保费收入达一万八千二百余元。

戊、邮政储汇事业之宣传事项

我国邮政储金之存款，依照统计数字计算，其分配于城市者，占百分之七十二，而内地存户，则仅占百分之二十八，良以内地民智闭塞，对于邮政储金之认识，尚不清楚，为使内地民众明瞭邮政储汇业务起见，特制宣传汽车一辆，配制发电机、放映机、播音机等，并自摄制血汗钱电影一本，派遣宣传专员，携带各项宣传文件字图画等件，循公路通达地方实施宣传，以期内地居民对于邮政储金之稳固，邮政汇兑之迅捷，以及简易寿险之简便可靠，均能深切了解，而善为利用，该项宣传车于二十五年十二月一日开始出发，驶往江、浙两省各地村镇分头映演，观众踊跃，兴趣极为浓厚。

己、保管库业务

年来我国保管事业渐形发达，而尤以上海为商业中心，各方需要，感觉更殷，邮政储汇局自二十五年六月迁至江西路新址，爰添设保管库业务，库壁与上海公共捕房为邻，安全方便，自无可虞，且设备坚固，式样新颖，颇为租户所赞许，内计装置大小保管箱一千四百余只，截至二十五年年底止，已租出者为二百四十只，约为六分之一，该项业务，自以全数租出为目的。兹则鉴于上海一市所设公共机关为数极多，而房屋设备，大都不甚完善，所有重要文件契据，每苦无适当贮藏之所，邮政储汇局为国营机关，其信用固已藉藉人口，且备有大容量之保管箱，颇宜于机关之租用，嗣后拟即由此接洽宣传，以期营业日有扩展。

〔国民政府邮政储金汇业局档案〕

10. 中央信托局分局组织规程①

（1935年8月9日）

第一条　中央信托局依照中央信托局章程第二条第三条之规定，得于各地酌设分局。

① 本规程于1935年8月9日理事会第一次会议通过。

第二条　中央信托局分局得附设于中央银行分行或办事处。

第三条　中央信托局分局设经理一人或主任一人，但因事实之需要，得于经理之下增设襄理一人，均由理事长派充，得以中央银行分行经理、副经理或办事处主任兼任之。

第四条　中央信托局分局经理或主任秉承中央信托局之命处理分局一切事务，分局襄理辅佐经理处理局务。

第五条　中央信托局分局业务经中央信托局之核准，得设课或系办理之。

第六条　中央信托局分局各课或系设主任或系长一人、办事员、助员、练习员各若干人。

第七条　中央信托局分局各课主任由中央信托局局长呈请理事长派充之；各系系长、办事员、助员、练习员均由中央信托局局长派充之。

第八条　中央信托局分局办事细则另定之。

第九条　本规程经理事会议决施行，并陈报中央银行备案，修改时亦同。

〔中央银行档案〕

11.中央信托局筹准开业公告

（1935年9月29日）

中央信托局公告　第一号

九月廿九日卅日十月一日登报

本局经国民政府令准中央银行特许设立，经营信托业务，业已筹备就绪，拨足资本国币一千万元整，定于十月一日成立，开始营业，特此公告。

业务种类

储蓄业务

（一）公务员储蓄

(二)军人储蓄
(三)其他特定之储蓄
经理购料业务
(一)政府购料
(二)公共团体购料
(三)其他特约购料
信托业务
(一)公共机关或团体信托存款
(二)公共机关或团体信托投资
(三)公共机关或个人保证金及准备金之经收
(四)公共机关或团体委托企业之设计及清理
(五)国营或公用事业证券之募集与发行
(六)各种保证
(七)其他信托
保险业务
(一)公务员及军人保险
(二)公有产物保险
(三)其他保险
保管业务
(一)政府产物保管
(二)公共团体产物保管
(三)其他委托保管
(另备业务概要及各种章则)
理事长孔祥熙　常务理事张嘉璈　叶琢堂
理事宋子良　徐堪　监事陈行　李铭　陈光甫

理事长　孔〇〇　　局长　张〇〇

〔中央信托局档案〕

12.国民政府准中央信托局开业并备案令

（1935年10月11日）

国民政府指令　第二四三一号

令中央银行

二十四年九月三十日总字第一五二二号呈一件，为中央信托局已筹备就绪，经派本行副总裁张嘉璈兼领该局局长，同时发给资金一千万元，并定于十月一日成立，开始营业，理合呈报鉴核备案由。呈悉。准予备案。此令。

国民政府主席　林　森

中华民国廿四年十月十一日

〔中央信托局档案〕

13.中央信托局章程

（1935年10月15日）

中央信托局章程　二十四年十月十五日呈经行政院转呈国府备案

第一章　总　　则

第一条　中央银行遵照国民政府训令，特设中央信托局经营信托业务。

第二条　中央信托局设于上海，并得于各地酌设分局或约定代理处。

第三条　中央信托局分局之设置或废止及代理处之约定，须经理事会之议决，陈报中央银行转呈国民政府备案。

第四条　中央信托局营业期限依照中央银行营业之期限。

第五条　中央信托局资本总额定为国币一千万元，由中央银行一次拨足，如须增加资本时，经理事会议决、监事会同意，呈报中央银行转呈国民政府核准，由中央银行加拨之。

第二章　组　　织

第六条　中央信托局设理事五人，组织理事会，除中央银行总裁为当然理事，并为理事长外，其余四人由中央银行总裁派充之，任期三年，期满得续派连任。

理事会设常务理事三人，除中央银行总裁为当然常务理事外，其余二人由中央银行总裁就理事中指定之。

第七条　中央信托局设监事三人，组织监事会，由中央银行总裁派充之，任期二年，期满得续派连任。

监事会主席由监事互选之。

第八条　中央信托局设局长一人，秉承理事长之命处理局务，由中央银行总裁就本局常务理事中派充之。

设副局长若干人，辅佐局长处理全局事务，均由理事长派充之。

第九条　中央信托局经理事会议决，分设处、科办理业务。

第十条　各处设经理、副经理，由理事长派充之，各科设主任、副主任，由局长呈请理事长派充之。

第十一条　中央信托局得酌设人员办理处科事务，由局长呈请理事长派充之。

第十二条　中央信托局设秘书二人，由理事长派充之，分别掌理理事会及局务文件。

第十三条　中央信托局设顾问若干人，由理事长聘任之。

第三章　理事会及监事会

第十四条　理事会应议决左列各款事件。

一、业务方针。

二、预算决算。

三、各项规章。

四、各分局之设置或废止及代理处之约定或废止。

五、理事长交议事项。

第十五条　理事会每月至少开会一次，由理事长召集之。非有理事过半数之出席，不得开会，其议事以出席之理事过半数决之，可否同数，取决于理事长。

第十六条　常务理事应常川到局。办事细则由理事会另订之

第十七条　监理会之职务如左。

一、全局帐目之稽核。

二、预算决算之审核。

第十八条　监事会每两月至少开会一次，由主席召集之，其议事以出席之监事过半数决之，可否同数，取决于主席。

第十九条　理事会、监事会之议事，应作议事录，均由主席署名保存之。

第二十条　理事会、监事会议事规程，由各该会另订之。

第四章　业　　务

第二十一条　中央信托局之业务如左。

一、办理公务员及军人储蓄、保险事项。

二、办理公有财物及政府或公共机关重要文件、契据等之保险及保管事项。

三、经理国营事业或公用事业债券股票之募集与发行。

四、保管公私机关团体寄存之各种证券票据及法定保证准备。

五、承受公私机关或个人之法定保证金或准备金。

六、经收公私机关或公共团体之信托存款并代理运用。

七、办理各种保证事项。

八、其他关于政府或公共机关委托代理事项。

第二十二条　中央信托局得兼营左列各款业务。

一、办理公有财产或公营事业之检查整理或清算事项。

二、承办公私企业之委托调查或设计事项。

三、其他关于政府法院指定或许可之信托事项。

四、代理收付各种信托款项。

第二十三条　中央信托局非依左列各款方法，不得运用其资金。

一、购入政府债券及其他担保确实经财政部认可之有价证券。

二、承受政府债券及其他担保确实经财政部认可之有价债券为质之放款。

三、承受中央银行或本局定期存单或存折为质之放款。

四、购入他银行或信托公司承兑之票据。

五、存放银行。

六、对于公共团体或合作社之抵押放款。

第二十四条　中央信托局对于前条第四款之票据为同一公司或银行发行及第五款之存款亦在同一银行存放者，合计其收受及存放总额不得超过该公司或银行已缴资本及公积金总额五分之一。但存放银行有以政府债券及其他担保确实经财政部认可之有价债券为担保者，不在此限。

对于前条第六款之放款，须经理事会议决。

第二十五条　中央信托局收受之信托资金，应分别独立管理计算，非因特别事故预得委托人之同意者，不得以信托资金转托他公司或银行经理。

第五章　决算及报告

第二十六条　中央信托局以每年十二月终为总决算期，应制左列各项表册书类，交理、监事会核定后，呈报中央银行查核。

一、营业报告书。

二、资产负债表。

三、损益计算书。

四、财产目录。

五、盈余分配表。

前项资产负债表及损益计算书应登载国民政府公报，并于总分局所在地公告之。

第二十七条　中央信托局应于每年纯益项下提百分之五十以上为公积金。但公积金达资本总额时，经理事会议决、监事会同意，得将定率减为百分之二十五以上。

第二十八条　每年纯益除提公积金外，其余额之分配，由理事会议决，呈报中央银行核准备案。

第六章　附　　则

第二十九条　中央信托局应依本章程之规定，由理事会订立各项规程及办事细则，呈报中央银行备案。

第三十条　本章程经中央银行理事会议决施行，并呈请国民政府备案，其修改时亦同。

〔国民政府财政部档案〕

14.中央信托局关于组织整理中法中实储蓄委员会呈稿

（1936年2月21日）

查中法储蓄会甲、乙两部储蓄暨中国实业银行特别有奖储蓄，自奉令接收以来，遵经积极整理，兹为便利讨论划一办法起见，于一月二十三日组织整理中法、中实储蓄委员会，除本局副局长为当然委员外，并指定储蓄处经理陈钟馨、中央储蓄会经理李叔明、会计处总会计林兆棠、信托处副经理刘建华、襄理邓易园为委员，对于整理该行会储蓄随时开会，讨论办法，藉资应付。理合呈报鉴核备案。谨呈

理事长

〔中央储蓄会及分支机构档案〕

15.中央信托局(1935—1936年)损益表

年度	部别	信托处	储蓄处	购料处	保险部	中央储蓄会	易货部	共计
二十四年	毛益	71,933.99	-28,537.02	-12,211.11	43,731.58			74,917.44
	提存准备	0	0	0	0			0
	纯益	71,933.99	-28.537.02	-12,211.11	43,731.58			74,917.44
二十五年	毛益	306,060.05	56,195.52	197,050.53	329,269.56	469,004.26		1,357,579.92
	提存准备	200,000.00	0	0	5,000.00	140,000.00		345,000.00
	纯益	106,060.05	56,195.52	197,050.53	324,269.56	329,004.26		1,012,579.92

〔中央信托局档案〕

16.中央信托局营业报告(节选)

(1937年5月24日)

中央信托局营业报告

(自二十四年十月一日起至二十五年年底止)

一、本局创立经过

民国廿三年第二次全国财政会议决议，为厉行新生活运动，由中央银行增设信托局，办理军人、公务人员强迫储蓄，以及其他信托业务，以培养廉洁性，增厚国民经济。经财政部呈请行政院会议通过，呈奉国民政府训令，由中央银行设立专局。廿三年六月，中央银行理事会推定叶理事琢堂为筹备主任，苦心擘划，规模粗具，厘订章则，尤费研□。□□八月成立理监事会，依据本局章程，由中央银行总裁孔庸之先生为当然理事，并为理事长，派张公权、叶琢棠、徐可亭、宋子良诸先生为理事，陈健庵、李馥荪、陈光甫诸先生为监事。旋派张公权先生为本局局长，由中央银行拨出资本国币壹千万圆，以独立会计，办理信托、储蓄、保险、购料等业务。二十四年十月一日正式开幕，先设储蓄、信托、购料三处，嗣又成立保险部。旋张局长公权出长铁道部，辞去本局局长职务，由中央银行理事会推定叶琢堂先生继任。念五年三月十六日设立中央储蓄会，由本局拨给基金五百万元，办理按目抽签给彩之储蓄事宜。所有以前有奖储蓄机关，如中法储蓄会、中国实业银行特别有奖储蓄，奉财政部令由本局接收，以杜流弊。本局即订定接办办法，以免储户利益蒙受影响。中法储蓄会已接收竣事，现正着手中国实业银行有奖储蓄之归并。综□本局业务，自成立迄今，循序进展，并陆续就通都大邑，如南京、天津、汉口、杭州、厦门、南昌、青岛、济南、芜湖、扬州、开封、北平、郑州、福州、九江、新浦、西安、长沙、镇江、蚌埠、徐州、安庆、重庆、兰州、贵阳、成都等处设立分局，次要城市则酌量设立代理处。中央储蓄会因业务性质不同，亦在全国各地单独设立分会、支会及代理处。此本局成立经过之梗概也。

二、本局业务及工作概况

本局成立迄今，计一载又六月，营业进展情形大致如下：各项存款为国币五千一百万零零三百八十一元四角二分，内分活期存款二千三百九十三万八千八百十九元一角八分，定期存款二千七百零六万一千五百六十二元二角四分，此等存款之来源除军人储蓄及中央储蓄会储蓄外，大部份为公共机关及团体之基金与信托存款。至于本局之放款共计国币一千五百六十七万九千七百十四元二角五分，内分活押及透支一千二百六十八万六千三百三十二元五角，定期押款二百九十九万三千三百八十一元七角五分，本局因章程限制綦严，对于放款审慎周详，力求稳妥。其余有流动资金三千八百七十三万二千六百五十元零九分，大部份存入中央银行，因未有稳妥运用途径，故暂未放出。至于投资，则亦慎重将□，计有价证券七百四十七万零一百二十四元六角一分，其中大部份为内国公债。至于信托处之代客担保，为本局重要业务之一，共计一千二百七十四万三千四百五十九元八角六分，内分付款担保及契约履行担保，以铁道部购料委员会为最多。至购料处委托代办之公私机关共一百九十六处，与各商行订定购料合同共九百四十余件，总值一千九百八十余万元。其余保险部之保险金总额达一，二七五，一七四，二八三元，内分火险、水险、船舶险、汽车险等，承保时审慎异常，故赔款比例较低。至中央储蓄会自三月十六日开幕后，共销售会单三万一千三百六十九号，计储户八万四千四百七十八户，共发出彩金七十一万四千四百八十二元。此外尚有工作方面，如会计处之对外服务，以及虬江码头之设备，并整理中法储蓄会之各种储蓄等。

至本局一年来之损益，在收益方面有利息收益八六四，八四四，二三元，证券及兑换收益三八一，〇六三.〇五元，手续费四四

中央信托局资产负债表

中华民国二十五年十二月三十一日

资产类	国币	负债类	国币
现金及存放中央银行	38,732,659.09	资本	10,000,000.00
活期押款及透支	12,686,332.50	盈余滚存	74,917.44
定期押款	2,993,381.75	备抵损失	409,158.55
有价证券	7,470,124.61	活期存款	23,938,819.18
应收款项	793,176.97	定期存款	27,061,562.24
应收未收利息	928,989.40	应付款项	748,413.18
开办费及营业用器具	238,886.19	应付未付利息	603,180.38
期收款项	1,282,324.63	期付款项	1,277,244.25
未收款项	38,515.00	代收款项	38,515.00
应收保证款项	18,416,965.59	保证款项	18,416,965.59
		本年纯益	1,012,579.92
合计	83,581,355.73	合计	83,581,355.73

中央信托局损益计算书

中华民国二十五年一月一日至十二月三十一日

损失类	国币	利益类	国币
各项开支	646,993.01	利息	864,844.23
各项摊提	112,697.68	证券及兑换收益	381,063.05
提存准备	395,000.00	手续费	441,202.11
本年纯益	1,012,579.92	其他收益	480,161.22
合计	2,167,270.61	合计	2,167,270.61

一，二〇二.一一元，其他收益，包括有彩储蓄及保险等，计四八〇，一六一.二二元，共计二，一六七，二七〇.六一元。在损失方面，有各项开支（中央储蓄会部份与该会提存总会开支冲抵不列在内）六四六，九九三.〇一元，各项摊提一一二，六九七.六八元，提存准备三九五，〇〇〇.〇〇元，共计一，一五四，六九〇.六九元，收益与损失相抵，计余纯益一，〇一二，五七九.九二元，此本局本年度损益之大概情形也。至公务员储蓄，其条例原则正由中央政治会议送交立法院审查中，一俟通过，即须开办。保险部之人寿保险、信用保险，不久亦即可举办。至政府机关之集中购料，虽经行政院通令各机关嗣后遇有采购事项，尽量委托本局代办，然各机关各自为谋者仍复不少，但集中力量以图国际贸易之发展，本国有识之士俱有同感，故本局未来购料业务，似有与时俱进之可能。其他业务，如信托、担保及贴现等，亦有适应时势需要而加以推进之势。

…………

〔中央信托局档案〕